GOLDMANN

Buch

Als die Welt im Juli 1918 von der Ermordung des russischen Zaren und seiner Familie in Jekaterinburg erfuhr, waren nicht nur die gekrönten Häupter Europas schockiert. Daß Zar Nikolaus II. dem revolutionären Terror zum Opfer fallen könnte, hatte man seit seiner Gefangennahme durch die Bolschewiken befürchtet. Was aber viele Beobachter nicht nur in Rußland empörte, war die Tatsache, daß außer dem Zaren und der aus Deutschland stammenden Zarin auch ihre Töchter und der Thronfolger niedergemetzelt wurden.

Edward Radsinski beschreibt das Leben des letzten Zaren, seine Kindheit und Jugendjahre, erste Liebeserfahrungen, die Ehe mit Alexandra, die Geburt der Töchter, den Schock, als sich herausstellt, daß der Thronfolger Bluter ist. All das wird durch Texte aus den Tagebüchern des Zaren, den hier erstmals veröffentlichten Tagebüchern der Zarin, ausführlichen Zitaten aus dem Briefwechsel zwischen Nikolaus und Alexandra sowie Erinnerungen von Zeitgenossen illustriert.

Radsinski hat bei seinen Nachforschungen aufsehenerregende Entdeckungen gemacht: Er ist der erste Autor, der mit dem von ihm aufgefundenen Telegramm des Jekaterinburger Sowjet an Lenin belegen kann, daß Lenin und Swerdlow die Liquidierung der Romanows sanktionierten. Zum erstenmal vollständig abgedruckt ist in seinem Buch auch der ausführliche Bericht des Kommandanten des Ipatjew-Hauses in Jekaterinburg über die Erschießung der Romanows, der siebzig Jahre lang im Geheimarchiv aufbewahrt wurde.

Autor

Der 1936 geborene Edward Radsinski stammt aus einer Mokauer Intellektuellenfamilie. Sein Studium schloß er 1960 am Staatlichen Historischen Archiv in Moskau ab. Im gleichen Jahr debütierte er als Dramatiker am Moskauer Theater der jungen Generation. Bis 1985 folgten zahlreiche, auch im Ausland inszenierte Theaterstücke. In Rußland ist er derzeit der nach Tschechow am häufigsten aufgeführte Dramatiker. Seit den sechziger Jahren erforscht er das Leben der Zarenfamilie und hat mit vielen Zeitgenossen und Augenzeugen gesprochen. Als erster und vielfach als einziger erhielt Edward Radsinksi Zugang zu Geheimarchiven.

Edward Radsinski

Nikolaus II.

Der letzte Zar und seine Zeit

Aus dem Russischen von Renate Landa

GOLDMANN VERLAG

Die Originalausgabe erschien unter dem Titel
«ГОСПОДИ, ... СПАСИ И УСМИРИ РОССИЮ»
ЖИЗНЬ И СМЕРТЬ НИКОЛАЯ II.

Bildnachweis:

Archiv des Zentralen Revolutionsmuseums: 1, 6 (o), 9, 10 (ol), 13 (o), 13 (u), 14 (u), 15 (o), 15 (u); Zentrales Staatsarchiv der Oktoberrevolution: 10 (u), 14 (o), 16 (o); Zentrales Staatsarchiv für Film- und Fotodokumente: 4 (ol), 4 (or), 4 (u), 7 (o), 7 (u), 8 (o), 8 (u), 11 (o), 12 (u); Archive der Russischen Nachrichtenagentur Novosti: 2, 3, 6 (u), 10 (or), 11 (u), 12 (o); Tjutschew Museum »Muranowo«: 5; »Wetschernij Jekaterinburg« (Zeitung): 16 (u).

Umwelthinweis:
Alle bedruckten Materialien dieses Taschenbuches
sind chlorfrei und umweltschonend.
Das Papier enthält Recycling-Anteile.

Der Goldmann Verlag
ist ein Unternehmen der Verlagsgruppe Bertelsmann

Vollständige Taschenbuchausgabe Juli 1994
Wilhelm Goldmann Verlag, München

Umschlaggestaltung: Design Team München
Umschlagfoto: Archiv für Kunst und Geschichte, Berlin
Druck: Presse-Druck Augsburg
Verlagsnummer: 12561
ss · Herstellung: Ludwig Weidenbeck
Made in Germany
ISBN 3-442-12561-8

1 3 5 7 9 10 8 6 4 2

Inhalt

I. Die Tagebücher des Zaren

II. Der Tod von Nikolaus und Alexandra

III. Die Mordnacht

Prolog

Die beiden glücklichen jungen Menschen, Nikolaus und Alexandra, verliebt und durch die Ehe vereint, Herrscher über ein Sechstel der Erde, lebten im Gefühl einer glücklichen Zukunft. Der Tag ihrer Krönung, für den 14. Mai 1896 festgesetzt, versprach der Prolog zu einem noch glücklicheren Leben im bevorstehenden neuen Jahrhundert zu werden.

Die Glocken der Kremlkathedralen läuteten. Der junge Nikolaus und die blonde Schönheit, die künftige Zarin, betraten die Mariä-Himmelfahrts-Kathedrale. Der Glockenklang verhallte, und die Menschenmenge auf dem alten Platz verstummte.

In der Mariä-Himmelsfahrts-Kathedrale wurde die Messe der heiligen Krönung gelesen. Dann kam der große Augenblick: Der Herrscher nahm aus den Händen des Metropoliten die Krone entgegen und setzte sie auf sein Haupt. Alexandra kniete nieder. Nikolaus nahm die Krone des Imperiums ab, berührte damit ihren Kopf und setzte sie sich wieder auf.

18. Juli 1918. Jekaterinburg. »Wir legten die Leichen in die Grube und übergossen die Gesichter und die Körper mit Schwefelsäure, um sie unkenntlich zu machen und um Verwesungsgerüchen vorzubeugen... Wir bedeckten sie mit Erde und Reisig, legten Bahnschwellen darauf und fuhren ein paarmal darüber, von der Grube blieben keine Spuren zurück« (aus der »Aufzeichnung« Jurowskis über die Erschießung der Zarenfamilie in der Nacht zum 17. Juli 1918).

Die Stammväter des Bojarengeschlechts Romanow waren im 14. Jahrhundert der aus dem Land der Pruzzen stammende Andrej Iwanowitsch Kobyla und sein Bruder Feodor.

Der Enkel Andrej Kobylas, Sacharia, gab seinem Geschlecht den Namen Sacharjin. Die Nachkommenschaft seines Sohnes trug bereits den Namen Sacharjin-Jurjew. Die Tochter seines Enkels Roman wurde die erste Frau des Zaren Iwan des Schrecklichen. Ihr Bruder Nikita Romanowitsch stand dem Zaren nahe. Nach dem Tod Iwans des Schrecklichen gehörte er zu den wichtigen Ratgebern Feodors, des neuen Zaren.

Die Söhne Nikita Romanowitschs nannten sich »Romanow«.

Der älteste Sohn wurde aufgrund einer Verleumdung des allmächtigen Boris Godunow – Schwiegervater des schwachsinnigen Zaren Feodor – unter dem Namen Philaret zum Mönch geschoren. In den Tagen der Wirren und des Einmarschs der Polen in Rußland wurde er aus der Verbannung zurückgeholt und zum Metropoliten von Rostow ernannt.

Als Moskau von den Polen befreit war, zog sich Philarets Sohn Michail mit seiner Mutter in das Ipatjew-Kloster in Kostroma zurück.

Aus dem Ipatjew-Kloster wurde Michail Romanow zum Herrscher berufen. Die Ständeversammlung wählte ihn am 21. Februar 1613 einstimmig zum Zaren.

Damit begann die dreihundertjährige Herrschaft des Hauses Romanow.

Die Mystik der Geschichte: Das Kloster, aus dem der erste Romanow zum Herrscher berufen wurde, trug den Namen Ipatjew. Und das Haus, in dem der letzte herrschende Romanow, Nikolaus II., sein Leben verlor, hieß nach seinem Besitzer, dem Ingenieur Ipatjew, das Ipatjew-Haus.

Michail ist der Name des ersten Zaren aus dem Hause Romanow, Michail ist auch der Name des letzten Zaren, zu dessen Gunsten Nikolaus II. vergeblich abdankte.

»Wenn du gleich in die Höhe führest wie ein Adler und machtest ein Nest zwischen den Sternen, dennoch will ich dich herunterstürzen, spricht der Herr.«

Obadja 1,4

I.
Die Tagebücher des Zaren

Die Zeit des Friedens
und der herannahenden
Revolution

1.
Die Erzählungen der Vera Leonidowa Jurenewa

In den sechziger Jahren unseres Jahrhunderts lebte in Moskau eine merkwürdige alte Frau. Das runzlige Gesicht war von einer dicken Schicht Schminke bedeckt, die gebeugte Gestalt schwankte auf hohen Absätzen... Sie konnte kaum etwas sehen, weigerte sich aber, eine Brille zu tragen. Sie wollte nicht alt aussehen.

Laut Theaterlexikon war sie damals über achtzig.

Es handelt sich um Vera Leonidowna Jurenewa, die zu Beginn des Jahrhunderts eine berühmte Schauspielerin war. Einst hatten sich nach ihren Theatervorstellungen ihre Verehrer, vor allem Studenten, vor ihre Kutsche gespannt und sie nach Hause gefahren. Jetzt lebte die ehedem bewunderte Schönheit in einer Gemeinschaftswohnung von ihrer kümmerlichen Rente. Eines ihrer beiden Zimmer vermietete sie mir, dem Studenten des Instituts für Geschichte und Archivwesen.

Abends plauderte ich des öfteren mit ihr in der Gemeinschaftsküche. Die Separées der Restaurants, der geheimnisvolle Jachtklub mit den Großfürsten, die Paläste in einer geisterhaften weißen Nacht... Diese untergegangene Welt, in der sie einst gelebt hatte, nannte Frau Jurenewa spöttisch Atlantis... Sie warf mit Namen um sich: Anja – das war Anna Wyrubowa, die verhängnisvolle Freundin der Zarin... Und Sana... Für das übrige Rußland war Sana die Zarin Alexandra Fjodorowna... So begannen unsere allabendlichen Gespräche, unsere Ausflüge zu dem versunkenen Atlantis. Ich schrieb mir begierig ihre Erzählungen auf. Auch jetzt noch, nach der Lektüre zahlreicher Erinnerungen von Teilnehmern jener stürmischen Ereignisse, haben Frau Jurenewas Berichte für mich ihren Zauber bewahrt.

Hier eine ihrer Erzählungen über das Ende von »Atlantis«:

»Nach der Revolution wurde Michail Kolzow, ein berühmter Journalist des bolschewistischen Rußland, mein Mann. ›Noch ein Sieg der Bolschewiken‹, schrieb eine Emigrantenzeitung über unseren Ehebund.

Damals wohnten die prominenten Bolschewiken im Hotel ›Metropol‹. Zur Unterhaltung luden sie häufig Schriftsteller und Journalisten ein, die der neuen Macht dienten. Auch Kolzow war häufiger Gast im ›Metropol‹. Einmal lernte er dort zwei Männer kennen. Der eine war der Kopf der Bolschewiken in Jekaterinburg gewesen, als die Zarenfamilie erschossen wurde. Der andere hatte die Erschießung befehligt. Sie tauschten Erinnerungen an jene Zeit aus, während sie an Zuckerstückchen saugten, die sie in den Tee getunkt hatten. Sie erzählten, daß die Kugeln von den Mädchen abgeprallt und durchs Zimmer geflogen waren, daß sie Angst bekamen und nicht mit dem Jungen fertig wurden, der immer noch über den Boden kroch und versuchte, sich mit der Hand vor den Kugeln abzuschirmen. Später erfuhren sie, daß in den Gürteln der Großfürstinnen Brillanten eingenäht waren. Die hätten sie geschützt. Michail sagte mir, daß es bestimmt ein Photo von dieser Greueltat gebe. Die waren so stolz, den ›Blutigen Nikolaus‹ liquidiert zu haben, daß sie sich einfach mit den Ermordeten photographieren lassen mußten, zumal der oberste Mörder früher Photograph gewesen war... Und er suchte immer wieder nach jenem Photo.«

Dieses Bild – die Zarenmörder beim Teetrinken im »Metropol«... die Kugeln, die von den Mädchen abprallten, der Junge auf dem Fußboden, und das schreckliche Photo – all das konnte ich nicht vergessen.

Später hörte ich in meinem Institut von einer geheimen Aufzeichnung eben jenes ehemaligen Photographen, der die Erschießung der Zarenfamilie befehligt hatte. Er hieß Jakow Jurowski. In seiner Aufzeichnung soll er von allem berichtet haben.

Als ich während meines Praktikums im Zentralarchiv der Oktoberrevolution arbeitete, fragte ich reichlich naiv nach der »Aufzeichnung« Jurowskis. »Wir haben keine Aufzeichnung Jurowskis«, antwortete die Mitarbeiterin schroff, als wolle sie die Taktlosigkeit meiner Frage unterstreichen.

Aber das, was von den Romanows an Unterlagen übriggeblieben war, wurde mir gezeigt. Zu meinem Erstaunen durfte ich in einer Zeit, in der alles geheimgehalten wurde, diese Dokumente einsehen.

Zuerst bekam ich die Alben mit den Photos der Romanows zu sehen. Dieselbe Mitarbeiterin mit dem blutleeren Archivgesicht brachte ein großes Album nach dem andern – in Saffian oder Leder gebunden, mit Zarenwappen oder ohne. Sie ließ mich keine Sekunde mit den Photos allein. Anfangs erklärte sie mir gleichgültig, dann immer lebhafter jedes Photo, als wolle sie sich mit dem wunderlichen entschwundenen Leben jener Menschen brüsten. Es war für sie ein Blick aus ihrem armseligen, langweiligen Leben.

»Sie haben alle geknipst«, erklärte sie mit einem gewissen Stolz, »sie hatten alle einen Photoapparat: die Töchter, der Zar und die Zarin.«

Photos, Photos... eine hochgewachsene schlanke schöne Frau und ein netter junger Mann – ihre Brautzeit.

Ihr erstes Kind – ein Mädchen auf schwachen Beinchen. Und da sitzen schon vier Töchter auf dem Ledersofa. Dann endlich der Junge... der lang erwartete Thronfolger. Mit Hund, auf dem Fahrrad... Aber immer öfter im Bett, und neben ihm die Zarin. Wie sie gealtert ist. Sie blickt in den Photoapparat, blickt uns an. Eine bittere Falte um den Mund. Und da sind Nikolaus und der künftige englische König Georg, sie schauen einander an – verblüffend, wie ähnlich sie sich sehen, ihre Mütter waren Schwestern.

Ein Photo von der Jagd: der riesige Hirsch mit mächtigem Geweih liegt im Schnee. Und hier Erholung: Nikolaus schwimmt unter Wasser, vollkommen nackt, sein kräftiger Rücken ist zu sehen.

Ich habe später oft an diese Photos gedacht: der tote Hirsch, der nackte Zar... Ich mußte daran denken, wie der tote Zar nackt auf der warmen Julierde neben der Grube lag, in die er dann geworfen wurde.

Dann bekam ich sein Tagebuch ausgeliehen.

Im Juli 1918 rückten eine tschechoslowakische Einheit und Kosakentruppen auf Jekaterinburg vor. Die Bolschewiken mußten die Stadt aufgeben. Mit dem letzten Zug verließ Jakow Jurowski Jekaterinburg. In den Lederkoffern des Zaren brachte der »Geheimkurier«, wie er offiziell in den Dokumenten genannt wurde, das Familienarchiv der eben erst erschossenen Romanows aus der Stadt.

Im Zug sah er sich die Photoalben an. Das war für ihn als ehemaligen Photographen natürlich interessant. Aber vor allem las er das Tagebuch des Zaren. Das Tagebuch des Mannes, mit dem sein Name von nun an für immer verbunden sein würde. Ob er sich wohl beim Lesen dieses Leben vorzustellen versuchte, das vor den Augen der ganzen Welt abgelaufen war?

So gelangte das Tagebuch von Nikolaus II. ins Archiv der Oktoberrevolution, es wird im »Romanow-Archiv« aufbewahrt. Ich nenne es das »Blut-Archiv«.

36 Jahre lang führte Nikolaus Tagebuch. Die erste Eintragung machte er 1882 mit 14 Jahren im Gatschina-Palais, die letzte als fünfzigjähriger Gefangener in Jekaterinburg.

50 Hefte füllte er mit seiner akkuraten Schrift. Das 51.Heft war nur zur Hälfte beschrieben: Das Leben brach ab, und die vom Autor sorgsam durchnumerierten Seiten blieben leer.

Das Tagebuch birgt keine tiefgründigen Betrachtungen und kaum Wertungen. Dieser verschlossene Mensch war wortkarg. Das Tagebuch hält die wichtigen Ereignisse des Tages fest, mehr nicht. Dennoch ist Nikolaus' Stimme zu hören.

Die Revolution richtete ihn ohne Gerichtsverhandlung hin, ohne ihm ein letztes Wort zuzugestehen. Ein Porträt dieses rätselhaften Mannes wurde erst nach seinem Tod geschaffen – von seinen Gegnern und seinen Anhängern. Hier nun wird er mit seinen eigenen Worten über sein Leben erzählen. Er ist der Autor.

Ich blättere in seinem Tagebuch und habe das Gefühl, das man häufig im Archiv hat: Man glaubt über Jahrhunderte hinweg von anderen Händen berührt zu werden.

2.
Tagebuch eines jungen Mannes

Der Autor des Tagebuchs wurde am 6. Mai 1868 geboren.

Ein altmodisches Photo: Ein engelgleicher Säugling mit langen Locken, in einem Spitzenhemdchen, versucht in ein Buch zu schauen, das ihm die Mutter hinhält. Da ist Nikolaus ein Jahr alt.

Ein anderes Photo: ein Jüngling, die Haare nach der Mode gescheitelt.

1882 bekam Nikolaus von seiner Mutter ein »Erinnerungsbüchlein« mit Goldschnitt, der Einband war aus kostbarem Holz mit Intarsien. Dieses Büchlein wurde das erste Heft seiner Tagebücher. Der Grund, warum er ab 1882 regelmäßig Tagebuch führte, ist ein verhängnisvoller Tag der russischen Geschichte – der 1. März 1881.

In der naßkalten Nacht auf den 1. März 1881 brannte in einer Petersburger Wohnung lange Licht. Am Tage waren von früh an pausenlos junge Leute vorbeigekommen. Nach acht Uhr abends blieben sechs in der Wohnung – vier junge Männer und zwei junge Frauen. Die eine war Vera Figner, die berühmte Leiterin der revolutionären Terrororganisation »Narodnaja Wolja« (Volkswille). Sie beschrieb später diesen Tag in ihrer Autobiographie.

Die andere Frau war Sofja Perowskaja. Sie sollte am nächsten Tag an einer *Sache* teilnehmen und wurde überredet, ein wenig zu schlafen.

Vera Figner und die vier Männer arbeiteten die ganze Nacht hindurch. Erst gegen Morgen hatten sie die vier selbstgebastelten Bomben fertig. Die *Sache* war die Ermordung Alexanders II., eines der größten Reformer in der Geschichte Rußlands. In jenen Vorfrühlingstagen bereitete er sich darauf vor, Rußland eine Verfassung zu geben, die die feudale Despotie in den Kreis der zivilisierten Staaten führen sollte.

Aber die jungen Leute fürchteten, die Verfassung könne eine falsche Zufriedenheit in der Gesellschaft hervorrufen und das Interesse an der Revolution erlahmen lassen. Außerdem ging es ihnen mit den Reformen des Zaren zu langsam. Sie hatten es eilig.

Zu dieser Zeit hatten die Terroristen der Narodnaja Wolja bereits sieben mißglückte Attentate auf den Zaren verübt. Einundzwanzig Todesurteile waren der Preis. Und nun gingen sie wieder auf die Straße, um Alexander II. zu töten.

An diesem Tag stand in der Kaserne des Pawlowsker Regiments, die auf den Moika-Kanal blickte, der junge Soldat Alexander Wolkow Wache. Aus der Richtung des Katharinenkanals hörte er zwei mächtige Explosionen. Er sah Rauch aufsteigen, dann jagten Polizeischlitten an ihm vorbei.

In einem Schlitten saß der sterbende Zar, gestützt von drei Kosaken der Zareneskorte. Die zerfetzten Beine bluteten stark.

Der Schlitten fuhr zum Winterpalast. »Dort will ich sterben«, sagte der Zar, tödlich verwundet von der Bombe, die in jener Petersburger Wohnung hergestellt worden war. Sie war als Osterkuchen getarnt. Ein schönes Ostergeschenk – die jungen Leute hatten Sinn für Ironie.

Dann jagte eine Kutsche mit Eskorte an Wolkow vorbei. Darin saßen ein großer, schwerer, glatzköpfiger Mann und ein dreizehnjähriger Knabe – der neue Zar Alexander III. und sein Sohn Nikolaus, der an diesem Tag zum russischen Thronfolger geworden war.

Das ganze Leben Alexander Wolkows wird mit diesem Knaben in der Kutsche verbunden sein ... Zwischen zwei Zarenmorden wird sein Leben vergehen.

Unterdessen hatte Vera Figner von der tödlichen Verwundung Alexanders II. erfahren. Eine merkwürdige Begeisterung erfaßte die junge Frau. »Vor Erregung konnte ich kaum aussprechen, daß der Zar tot war, ich weinte. Der schwere Alptraum, der das junge Rußland jahrzehntelang niedergedrückt hatte, war zu Ende. Diese Minute, dieses von uns vergossene Zarenblut, sühnte alles.« Die jungen Menschen, die den Zaren getötet hatten, umarmten sich vor Glück.

»Ein Revolutionär ist ein verurteilter Mensch« – so ein Zitat aus dem berühmten »Katechismus des Revolutionärs« von Bakunin. Nach diesem Katechismus muß ein Revolutionär mit den Gesetzen und Konventionen der zivilisierten Welt brechen, sich im Namen der Revolution von jeglichem Privatleben und von verwandtschaftlichen Bindungen lossagen. Er muß die Gesellschaft verachten und ihr gegenüber gnadenlos sein, darf auch selbst keine Gnade von der Gesellschaft erwarten und muß auf den Tod gefaßt sein, mit allen Mitteln die Not des Volkes vertiefen, um es zur Revolution zu drängen. Er muß wissen: Alle Mittel werden durch das eine Ziel gerechtfertigt – die Revolution.

Die jungen Leute beschlossen, den unbeweglichen russischen Bauernwagen mit Blut zu schmieren. Damit er vorwärts rollte, bis zum Jahre 1917, dem Souterrainzimmer in Jekaterinburg, zum großen roten Terror.

Alexander II. verschied unter Qualen im Palast.

Der Anblick des verblutenden, sterbenden Großvaters begleitete Nikolaus sein Leben lang.

Durch Blut war er zum Thronfolger geworden. Sein Leben gehörte fortan der Geschichte. Von nun an mußte er sein Leben als Thronfolger im Tagebuch festhalten.

Die Familie des Tagebuchautors

Zahllose Ehen hatten es mit sich gebracht, daß die russischen Zaren aus dem Hause Romanow zu Beginn des 20. Jahrhunderts kaum noch russisches Blut in den Adern hatten.

Dennoch empfanden sich die Zaren als Russen. Die deutsche Prinzessin, die den russischen Thron bestieg und als Katharina die Große in die Geschichte einging, fühlte sich so sehr als Russin, daß sie, als ihr leiblicher Bruder Rußland besuchen wollte, entrüstet sagte: »Wozu? Es gibt in Rußland auch ohne ihn mehr als genug Deutsche.« Nikolaus' Vater, Alexander III., war nach seinem Äußeren wie seinen Gewohnheiten ein typischer russischer Gutsbesitzer, der alles Russische vergötterte. Und die stolze Formel »Selbstherrschaft, Rechtgläubigkeit und Volkstümlichkeit« lag den russischen Zaren im nichtrussischen Blut.

Nikolaus' Mutter war die dänische Prinzessin Dagmar, seine Großmutter die dänische Königin. Die Großmutter wurde »Schwiegermutter ganz Europas« genannt, denn ihre zahlreichen Töchter, Söhne und Enkel hatten in fast alle Königshäuser eingeheiratet und vereinten auf diese vergnügliche Weise den Kontinent von England bis Griechenland.

Prinzessin Dagmar war anfangs mit dem ältesten Sohn Alexanders II., mit Nikolai, verlobt. Aber er starb in Nizza an der Schwindsucht. Nun wurde Alexander Thronfolger. Mit dem Titel übernahm er auch die Braut des verstorbenen Bruders. Nikolai selbst hatte auf dem Sterbebett beider Hände ineinandergelegt. Aus der dänischen Prinzessin Dagmar wurde die kaiserliche Hoheit Maria Fjodorowna.

Die Ehe war glücklich und kinderreich. Nikolaus' Vater hatte einen starken Familiensinn: Die Grundpfeiler der Familie und des Staates zu bewahren war sein oberstes Prinzip, Beständigkeit seine wichtigste Devise.

Ganz anders sein Vater Alexander II., der Reformen, d. h. Veränderungen und die Suche nach neuen Wegen zu seinem Leitmotiv erklärt hatte.

Diese Begeisterung für neue Ideen fand eine eigenartige Fortsetzung in seinen endlosen Liebesaffären. Alexander II. hatte eine Romanze nach der andern, bis sie kam – die schöne Fürstin Dolgorukaja. Zum Erstaunen aller blieb Alexander II. seiner neuen Geliebten treu. Kinder kamen zur Welt. Es entstand eine zweite offizielle Zarenfamilie, bei der Alexander II. fast seine gesamte freie Zeit verbrachte. Dort empfing er auch die Minister zum Vortrag. Und als die Revolutionäre Jagd auf den Zaren zu machen begannen, entschloß er sich zu einem extravaganten Schritt: Zur Sicherheit brachte er seine beiden Familien im Winterpalast unter.

1880 starb Nikolaus' Großmutter – Maria Alexandrowna, die offizielle Frau Alexanders II.

Daraufhin heiratete der Zar seine Geliebte. Zwar beeilte sich die kluge Fürstin, auf alle Thronansprüche für den Sohn zu verzichten, dennoch konnte das damals Unmögliche schon morgen eintreten. Alexander II. war 62 Jahre alt, strotzte aber vor Kraft und Gesundheit. Nikolaus' Vater rückte deutlich in den Hintergrund. Doch einige Monate nach der Hochzeit tötete die Bombe den Zaren. Und natürlich hörte auch Nikolaus, was ringsum gesprochen wurde: Das war Gottes Strafe für den sündigen Zaren!

Der Einband des Tagebuchs

Im Herbst 1882 sang Nikolaus ein Lied, das ihn so beeindruckte, daß er es in seinem Tagebuch auf die Innenseite des Einbandes schrieb.

»Das Lied haben wir gesungen, während sich einer von uns versteckte...«

»Auf der Kasanka,
auf dem kleinen Flüßchen
schwamm ein blauer Enterich.
Immer am Ufer,
an dem steilen Ufer
geht spazieren ein junger Mann.
Er hat blonde Locken,
schöne blonde Locken,
und er redet vor sich hin:
Wer wird meine Locken,
meine blonden Locken,
einmal kämmen mit dem Kamm?
Meine blonden Locken,
meine schönen Locken
kämmt mir jetzt ein Mann.
Aber er kämmt nicht,
aber er streichelt nicht,
reißt mir nur die Haare aus...«

Das Tagebuch des Knaben

»Mein Tagebuch beginnt am ersten Januar 1882. Am Morgen habe ich Schokolade getrunken und die Reserveuniform der Leibgarde angezogen.«

»Ich bin mit Papa in den Garten gegangen. Wir haben gesägt, gehackt und ein großes Feuer entfacht. Gegen halb zehn haben wir uns schlafen gelegt.«

»Papa, Mama und ich haben zwei Abordnungen empfangen. Mir

haben sie einen vortrefflich gearbeiteten Holzteller mit der Aufschrift ›Von den Woronescher Bauern für den Zesarewitsch‹ geschenkt. Mit Brot und Salz und einem russischen Handtuch.«

Spiele in Gatschina, Besuche der gleichaltrigen Cousins, der Großfürsten... die große Romanowfamilie.

»Am Morgen haben wir die Kanarienvögel in kleine Holzkäfige umgesiedelt...«

»Sandro, Sergej... Wir sind Schlittschuh gelaufen, haben Ball gespielt. Als Papa gegangen ist, haben wir eine Schneeballschlacht gemacht...«

Die Jungen spielen... Das Leben ist ein Fest. Sergej und Sandro sind die Söhne des Großfürsten Michail, des Bruders von Nikolaus' Großvater. Für sie empfindet Nikolaus (oder Nicky, wie ihn alle nennen) eine besondere Freundschaft. Sergej, Sandro (Alexander) und Georgi Michailowitsch sind die Hauptfiguren im Tagebuch, die Kameraden seiner Kinderspiele, seiner Jugend.

Der älteste Michailowitsch, Nikolai, ein namhafter liberaler Historiker, beobachtete ihre Spiele spöttisch. Er behandelte auch später den Zaren Nicky mit leichter Ironie.

Und diese ganze lustige, lachende Gesellschaft wird *dann*...

»Dann« – das ist, als im Hof der Peter-und-Pauls-Festung Nikolai und Georgi Michailowitsch erschossen werden. Und am Grunde der Grube liegt mit durchschossenem Kopf noch ein Teilnehmer dieser lustigen Spiele – Sergej Michailowitsch.

»Im Garten gearbeitet. Wir entfernten von drei übereinandergefallenen Bäumen die Äste. Dann zündeten wir ein gewaltiges Feuer an. Mama kam sich unser Feuer angucken, so verlockend war es...«

Das gewaltige Feuer brennt lichterloh in der dunklen Nacht... Viele Jahre später wird dieser grauäugige Knabe ein anderes Feuer entfachen, in dem das Imperium zugrunde geht.

Das alles spielte sich in Gatschina ab. Hierhin zog sich Alexander III. nach der Ermordung des Vaters mit seiner Familie zurück. In Petersburg hielt er sich nur von Neujahr bis zu den großen Fasten auf. Dann wurden Hofbälle veranstaltet, die mit ihrem orientalischen Pomp die ausländischen Gesandten in Erstaunen versetzten. Aber das war nur das Schaufenster, das Familienleben fand in Gatschina statt. Die vielköpfige Familie wohnte nicht in den Paradesälen des prächtigen Palastes, sondern im Mezzanin, in den ehemaligen kleinen Räumen der Dienerschaft, wo kaum ein Klavier hineinpaßte. Der Schatten des ermordeten Vaters verfolgte Alexander III. Eine Kette von Wachposten entlang der Umfriedung, Wachen rund um den Palast, Wachen im Park. Das Leben des jungen Nikolaus bekam etwas Gefängnishaftes.

Unterdessen begann Alexander Wolkow, Karriere zu machen. Er wurde der inneren Bewachung des Palastes zugeteilt. Am See beobachtete er nach Mitternacht, wie der Zar Fische harpunierte.

Der Mond schien über dem Park. Wolkow stand allein am Ufer. Es sollte so aussehen, als wäre er der einzige Wachposten. Doch die richtige Wache, bestehend aus 30 Mann, hielt sich in den Büschen rund um den See versteckt. Dem Boot des Zaren folgte ein anderes mit einer Eskorte.

Im Zarenboot leuchtete ein Jäger mit der Laterne, die Fische kamen auf das Licht zugeschwommen, und der Zar spießte die auftauchenden Fische mit der Harpune.

Fischen und jagen – da blieben zuweilen sogar Staatsgeschäfte liegen. »Europa kann warten, wenn der russische Zar fischt« – dieser Satz des mächtigen Monarchen, der über ein Fünftel der Erde herrschte, ging durch die Weltpresse.

Nikolaus durfte auch mit auf die Jagd und zum Fischen, aber häufiger wurde der jüngste Bruder Michail mitgenommen. Der vor Gesundheit und Übermut strotzende Michail war der Liebling seiner Eltern.

Eines Tages trank der Zar mit Gästen auf dem Balkon Tee, während Mischa unten spielte. Da hatte der Vater einen umwerfenden

Einfall: Er griff nach der Gießkanne und begoß den Jungen von oben mit Wasser. Mischa lachte, der Zar lachte, und die Gäste lachten ebenfalls.

Doch dann kam eine unerwartete Reaktion: »Und jetzt sind Sie dran, Papa.« Der hünenhafte Zar hielt gehorsam seine Glatze hin, und Mischa goß die Gießkanne über ihn aus.

Aber mit der Zeit brach der eiserne Wille des Vaters die kindliche Selbständigkeit Michails – beide Brüder wuchsen zu gütigen, weichen und schüchternen Menschen heran, wie es oft bei starken Vätern der Fall ist.

Damals erlebte Nikolaus das Bitterste für einen Knaben: Sie lieben nicht mich, sie lieben den Bruder! Das machte ihn nicht böse, finster oder aufsässig. Er wurde nur verschlossener.

Zu seinem Erzieher bestimmte der Vater Konstantin Pobedonoszew, den Oberprokurator des Synods.

Alexander III. hatte den Thron mit einer nachvollziehbaren Logik bestiegen: Sein Vater hatte Reformen eingeführt, und womit hatte es geendet? Mit Mord. Darum gewann Pobedonoszew, der für die Erhaltung der Selbstherrschaft eintrat, großen Einfluß auf Alexander III.

Pobedonoszew, ein ausgedörrter Greis mit abstehenden Ohren und dem trockenen Atem des vom Fasten ausgemergelten Großinquisitors, erklärte in einer programmatischen Rede: Rußland ist ein besonderes Land; Reformen und freie Presse führen in diesem Land zwangsläufig zu Wirren und Ausschweifungen.

»Er hält wie der Frost die weitere Fäulnis auf, aber wachsen wird unter ihm nichts«, so schätzte ein russischer Publizist Pobedonoszew ein. Doch dieser spürte schon damals den unbändigen Brand, der sich auf das Imperium zubewegte: die Revolution. Wer würde sich ihr entgegenstellen? Dieser freundliche Junge, der so gar nicht den Charakter eines Zaren hatte? Pobedonoszew achtete in Nikolaus den künftigen Monarchen, konnte ihn aber nicht liebgewinnen. Auch bei seinem Lehrer fand Nikolaus also keine Liebe.

Statt Liebe bekam er – die Armee!

Alexander III. wurde »Friedenszar« genannt. Er vermied Kriege, doch auf der Gesellschaft lastete nach wie vor der Koloß der Armee, die schon immer Rußlands Stärke war. »Rußland ist kein Handels-

und kein Agrarstaat, sondern ein Militärstaat, und seine Bestimmung ist, eine Gefahr für die Welt zu sein«, stand in einem Lehrbuch für Kadetten. Die Armee – das ist vor allem Gehorsam und Gewissenhaftigkeit. Diese beiden Eigenschaften, die in dem schüchternen Jüngling schon angelegt waren, sollten sich durch die Armee verhängnisvoll verstärken.

Der Thronfolger leistete seinen Dienst in der Garde. Seit dem 18. Jahrhundert schickten die angesehensten und reichsten Familien ihre Söhne in die Garde nach Petersburg. Zechgelage, Zigeuner, Duelle – das gehörte zu einem Gardisten. Alle Palastrevolutionen in Rußland gingen von der Garde aus. Gardisten hoben Elisabeth und Katharina aus dem Hause Romanow auf den Thron, sie töteten die Zaren Peter III. und Paul I. Aber die Garde führte nicht nur gegen den Zarenpalast Krieg, sie stand in allen großen Schlachten Rußlands in vorderster Linie.

Nikolaus begann seinen Dienst in der Kompanie eines Gardebataillons. Der Thronfolger befehligte die eine Hälfte der Kompanie, die andere stand unter dem Kommando von Alexander Wolkow, der inzwischen Unteroffizier war. Auf der Zarendatscha »Alexandria« brachte Wolkow dem Thronfolger die Kunst des Marschierens bei.

Nikolaus liebte Körperübungen und war darin unermüdlich. Während er gedrillt wurde, saß sein mittlerer Bruder, der ewig kranke Georgi, im Gebüsch und sah begeistert zu.

»Ich bin zwanzig, ein alter Mann…«

6. Mai 1888. »Ich bin zwanzig, ein alter Mann…«

7. Mai. »Dieser Kostümball hat mir sehr gefallen. Die Damen trugen weiße Kleider, die Männer gingen in Rot… Ich habe Mazurka und Kotillon getanzt.«

Bälle, das Regiment, das Leben ist ein Fest, aber…

Am 17. Oktober 1888 entging er zum erstenmal wie durch ein Wunder dem Tod. Unweit von Charkow entgleiste der kaiserliche Zug. Zum erstenmal in seinem Leben verbindet sich die Zahl 17 mit einem Unglück.

»Ein verhängnisvoller Tag für alle. Wir könnten alle tot sein, aber es war nicht Gottes Wille. Während des Frühstücks entgleiste unser Zug. Der Speise- und der Salonwagen wurden zertrümmert. Wir blieben unversehrt. Aber es gab 20 Tote und 16 Verletzte. Auf der Station Losowaja wurden ein Gottesdienst und eine Totenmesse abgehalten.«

Und wieder ist das Leben ein Fest: 1889.

»Ich war halb zwei vom Ball zurück. Habe die erste Unterrichtsstunde verschlafen.«

»Ich habe mich in die Zigeunerin ganz hübsch verguckt. Um zwei war ich zu Hause…«

»Ein komisches Gefühl, in Gatschina aufzuwachen. Der Anblick meines Zimmers, von Sonnenlicht durchflutet. Nach dem Tee bei Mama habe ich gefochten.«

»Ich habe es nicht ausgehalten und angefangen zu rauchen, nachdem ich mir einredete, das sei statthaft…«

»Um Mitternacht bin ich mit Papa auf Birkhähne gegangen. Ich saß in einer Laubhütte, die Balz war erstaunlich. Bis zehn durchgeschlafen…«

»6. Mai… Ich wurde Mitglied des Reichsrates und des Ministerrates.«

Verblüffend, mit welcher Begeisterung sich der schüchterne und sanfte Nikolaus in die zügellose Gardewelt stürzte. Sein Vorgesetzter war der Bruder seines Vaters, Großfürst Sergej Alexandrowitsch.

Solange der Onkel lebte, sah Nikolaus in ihm den Vorgesetzten, ungeachtet seiner Laster. Der riesige, strenge Kommandeur Sergej Alexandrowitsch war ein äußerst unglücklicher Mensch. Tief religiös, litt er unendlich unter seiner widernatürlichen Veranlagung: Er war homosexuell.

Die Garde, die Männergemeinschaft verführte zur Homosexualität. Und zum Trinken.

Die Trunksucht hatte Tradition in der russischen Garde. Der bekannte Held und Zecher, der Husar Denis Dawydow, hatte darüber Romanzen verfaßt, die in den Gardekasernen gesungen wurden:

»Großväter! Ich denk an euch,
die den Schnaps aus Kellen tranken,
rotnasig am Fenster saßen,
kein Wort sprachen. Dichter Qualm.
Nicht ein Wort! Betrunken alle.
Köpfe sanken auf den Tisch.
Doch sowie der Tag anbricht,
pfeift der Säbel, fällt der Feind.
Nach dem Kampf, kaum ist es Abend,
geht das Trinkgelage weiter.«

Nikolaus' Tagebuch aus der Zeit seiner Ausbildung in Krasnoje Selo: »Gestern leerten wir 125 Flaschen Champagner. Ich hatte Wachdienst bei der Division. Um ein Uhr zog ich mit der Schwadron zum Truppenübungsplatz. Um fünf bei strömendem Regen Besichtigung der Offizierschulen. Aber am Abend ging das Trinkgelage weiter.«

»Als ich aufwachte, war mir, als hätte in meinem Mund eine Schwadron übernachtet.«

Sie tranken, wie es Denis Dawydow beschrieben hat: Da gab es »Ellbogentrinken« (sie stellten die Gläser auf den Ellbogen und leerten sie in einem Zug), »Treppentrinken« (sie verteilten über die ganze Treppe Gläser und leerten sie beim Hinaufsteigen, doch häufig kamen sie gar nicht bis nach oben, sondern fielen vorher bewußtlos um) oder »Wolfstrinken« (sie zogen sich nackt aus und sprangen bei klirrendem Frost ins Freie, wohin ihnen ein Diener einen Kübel Sekt brachte, den schlürften sie aus dem Kübel und heulten dabei wie die Wölfe). Diese merkwürdige Zerstreuung soll sich der Großfürst Sergej Alexandrowitsch ausgedacht haben, der für seine wahrlich gardehafte Trunksucht berühmt war.

Aus Nikolaus' Tagebuch: »16. März 1892... Eine solche Menge Zigeuner habe ich noch nie gesehen. Vier Chöre sangen. Wir aßen wie beim letzten Mal zusammen mit Damen zu Abend. Um sechs Uhr morgens war ich stockbetrunken.«

Bei all diesen greulichen Vergnügungen brachte es Nikolaus fertig, sanft, keusch und einsam zu bleiben.

Er wartete auf die Liebe, die ideale Liebe...

»19. Januar 1890. Ich weiß nicht, wie ich es erklären soll, aber ich bin in einer komischen Stimmung: halb traurig, halb fröhlich. Ich habe Tee getrunken und gelesen.«

Diese Einsamkeit konnte nur *sie* vertreiben.

Ein mittelgroßer junger Offizier schritt in der Menge rasch über den Newski-Prospekt.

Zur gleichen Zeit rollte die Kutsche des Petersburger Stadthauptmanns langsam den Newski-Prospekt entlang, der Stadthauptmann betrachtete aufmerksam die Gesichter der Passanten.

Endlich entdeckte er in der Menge den jungen Offizier; er ließ anhalten und überbrachte dem jungen Mann den Befehl des Vaters, in den Palast zurückzukehren.

Frau Jurenewa erzählt:

»Er ging sehr gern spazieren. Es wurde gemunkelt, er sei bei einem Spaziergang einer schönen Jüdin begegnet... Und es habe sich eine Romanze entsponnen. Darüber wurde in Petersburg viel geklatscht. Aber da griff der energische Vater ein, und die Jüdin wurde mitsamt ihrem Hausgesinde ausgewiesen. Als das vonstatten ging, war Nikolaus in ihrem Haus. ›Nur über meine Leiche‹, erklärte er dem Stadthauptmann. Doch soweit kam es nicht, denn er war ein gehorsamer Sohn. Er gab klein bei und ließ sich zum Vater ins Anitschkow-Palais bringen, und die Jüdin verschwand aus der Hauptstadt.«

»Alix von H.«

Ich sitze im Archiv. Vor mir liegen Papiere – alles, was vom Leben der Alix von H. übrig ist.

Die Papiere haben auch eine Reise hinter sich, und auf ihnen liegt der Staub des schrecklichen Ipatjew-Hauses.

Endlose Briefe von Nikolaus, Hunderte Briefe... Alix' Tagebücher – genauer, was von ihnen übrig ist. Offensichtlich hatte sie ihre Tagebücher Anfang März 1917 verbrannt, als das Imperium zusammenbrach.

Erhalten sind kurze Notizen aus den Jahren 1917 und 1918, ihren beiden letzten Lebensjahren.

Hefte mit Auszügen aus theologischen und philosophischen Werken, Zeilen ihrer Lieblingsgedichte: Maikow, Fet, Lermontow, Puschkin, Großfürst Konstantin Romanow, ein bekannter Dichter der Jahrhundertwende, der unter dem Pseudonym »K. R.« schrieb, eine gewisse Bronizkaja, und wieder Puschkin, und wieder Fet, und wieder K. R.

Aber da ist noch ein *besonderes* Heft – mit Aussprüchen eines recht verblüffenden Philosophen, der den Geist und die Seele der glänzend gebildeten Alix beherrschte. Es ist der ungebildete russische Bauer Grigori Rasputin.

Sie wurde 1872 als Tochter des Großherzogs von Hessen-Darmstadt, Ernst Ludwigs IV., und seiner Frau Alice in Darmstadt geboren.

Bewaldete Hügel, die in die neblige Rheinebene auslaufen, eine Gegend, die Goethe sehr liebte. Hier liegt Darmstadt, die winzige Hauptstadt eines deutschen Kleinstaates – des Großherzogtums Hessen. Damals, im Jahr 1872, versank die Stadt in Blumen, und im Schloßmuseum hing eine zarte Madonna von Hans Holbein.

Alice, die exaltierte Frau von Ludwig IV. und Tochter der englischen Königin Victoria, hegte eine fast schon fanatische, aber völlig platonische Leidenschaft für den bekannten deutschen Theologen David Strauß. Auf ähnliche Weise vergötterte später ihre Tochter den Bauern Rasputin. Nervosität und entsetzliche Kopfschmerzen, all das, was Alice früh ins Grab brachte, erbte ihre Tochter.

Zu dieser familienbedingten Exaltiertheit gesellte sich das dunkle Gedächtnis der Jahrhunderte. In den Adern der Alix von Hessen floß das Blut von Maria Stuart.

Alix' Mutter war mit 35 Jahren gestorben. Sie hinterließ eine große Familie. Alix war die Jüngste. Ihre älteste Schwester, zu Ehren der Großmutter »Victoria« genannt, hatte den Prinzen von Battenberg, den Oberbefehlshaber der englischen Flotte, geheiratet. Die zweite Schwester, Ella, stand vor der Heirat mit dem Großfürsten Sergej Alexandrowitsch. Irene, die dritte Schwester, ehelichte den Prinzen Heinrich, den Bruder von Kaiser Wilhelm. So vereinten die hessischen Prinzessinnen durch verwandtschaftliche Bande das russische, englische und deutsche Herrscherhaus.

Nach dem Tod der Mutter nahm die Großmutter, die berühmte

englische Königin Victoria, Alix zu sich. Das nach ihr benannte Viktorianische Zeitalter betraf nicht nur Sitten, Möbeldesign und Lebensstil. Königin Victoria hielt sich untadelig an die Verfassung; für die Macht war das Parlament zuständig, für weise Ratschläge sie, die Königin.

Alix war die Lieblingsenkelin der Königin.

Ein hübsches blondes Mädchen. Wegen ihres sonnigen Charakters nannte der englische Hof Alix »Sunshine«. Der deutsche Hof hatte sie wegen ihres Übermuts und Ungehorsams »Spitzbube« genannt. War die Waise, fern von den Schwestern, dem Bruder und dem Vater, wirklich so heiter und unbeschwert? Oder wollte Großmutter Victoria sie so sehen? Ging Alix mit der Gewitztheit des Kindes auf deren Wünsche ein?

Königin Victoria hatte etwas gegen die deutschen Prinzen, besonders aber gegen den späteren Kaiser Wilhelm. Alix, die englisch sprach und dachte, mußte sich lächelnd die giftigen Scherze der alten Königin anhören. Wie sollte sie keine Sehnsucht haben: nach dem Vater, dem Bruder Ernie, dem blühenden hessischen Land, nach ihrer großen Familie, die auseinanderbrach, als sie sechs war?

Wenn sie heiratete, würde sie sich darum bemühen, eine ebenso große Familie zu gründen. Das einsame Mädchen bereiste die Königshäuser ihrer zahlreichen Verwandten.

1884 wurde die zwölfjährige Alix nach Rußland gebracht.

Ihre Schwester Ella heiratete den Großfürsten Sergej Alexandrowitsch. Aufmerksam beobachtete der Onkel – der deutsche Kaiser Wilhelm (»Onkel Willy«) – das Auftauchen der hübschen blonden Alix am russischen Hof. Hatte Sergej Alexandrowitsch, der Bruder des russischen Zaren, eine deutsche Prinzessin geheiratet, so könnte es der russische Thronfolger, der immerhin schon sechzehn war, ihm gleichtun. Das hessische Geschlecht spielte in der Geschichte der Romanows eine besondere Rolle. Ihm entstammte die erste Frau des Zaren Paul, die bei der Entbindung gestorben war. Und die Zarin Maria Alexandrowna, Nikolaus' Großmutter, war ebenfalls eine hessische Prinzessin.

So begegneten sie sich zum erstenmal: Alix und Nicky. Er verliebte sich auf den ersten Blick in sie. Sie waren in Peterhof auf der kleinen Zarendatscha »Alexandria«.

Viel später, ein Jahr nach ihrer Hochzeit, fuhren Nikolaus und Alexandra wieder nach »Alexandria«. Nikolaus schrieb in sein Tagebuch: »Es regnete den ganzen Tag, nach dem Kaffee gingen wir nach oben... Zu dem Fenster, in das wir 1884 unsere Namen eingeritzt hatten.« (Sie ritzte gern mit einem Edelstein Buchstaben in Glas. Im Winterpalast sind auf einem großen Fenster ihre Initialen zu sehen.)

In der Folgezeit liebten sie das alte »Alexandria«, das eine kostbare Erinnerung für sie barg.

1884 standen die beiden an jenem Fenster. Es war der Beginn ihres gemeinsamen Schicksals.

Danach sprach Nikolaus mit seiner Schwester Xenia, der einzigen, mit der sich die nicht sehr gesellige anglo-hessische Prinzessin angefreundet hatte. Xenia gab ihm einen Rat.

Daraufhin erbat er sich von der Mutter eine brillantenbesetzte Brosche und schenkte sie Alix. Sie nahm sie an. Nikolaus war glücklich, aber er kannte Alix nicht. Ihr Bewußtsein hatte sich am puritanischen englischen Hof geformt: Unnachgiebigkeit, streitbare Strenge, Hochmut – sie galten als Eigenschaften einer englischen Prinzessin. Alix fand, daß sie sich unziemlich verhalten hatte. Als sie am nächsten Tag auf dem Kinderball im Anitschkow-Palais mit ihm tanzte, schob sie ihm die Brosche in die Hand. Ohne ein Wort zu sagen.

Genauso wortlos gab Nikolaus diese Brosche seiner Schwester Xenia. Um sie sich zehn Jahre später zurückzuholen.

Mit dieser Brosche sollte es noch eine traurige Bewandtnis haben.

Erst fünf Jahre später erschien die siebzehnjährige Alix wieder am russischen Hof. Sie besuchte ihre Schwester Ella. In all den Jahren hatte Nikolaus die Erinnerung an das schöne Mädchen bewahrt.

»Ohne Charme, steif, kalte Augen, eine Haltung, als hätte sie ein Lineal verschluckt«, war das Urteil am Hof. Es wurde kolportiert, die Prinzessin habe der Zarin nicht gefallen. Die Stimme der Zarin klang immer dann besonders laut, wenn der Zar seine Stimme nicht hören lassen wollte.

Alles war ganz einfach Politik. Alexanders Politik war auf ein Bündnis mit Frankreich gerichtet. Eine Prinzessin aus dem Hause Orleans, die Tochter eines Pariser Grafen, war die erwünschte Partie. Außerdem konnte eine Ehe mit der englisch erzogenen Alix (England – das ewige Symbol des Liberalismus) die Hoffnungen der liberalen Partei, die von Alexander und Pobedonoszew niedergehalten wurde, neu beleben.

Niemand im Land und in der Familie wagte dem mächtigen Herrscher zu widersprechen. Der konfliktscheue, weiche Nicky schon gar nicht. In Peterhof hatten Vater und Sohn eine Aussprache. Nicky gab nach, bestand nicht auf der Ehe mit Alix. Aber die Pariser Prinzessin wies er entschieden zurück. Er wählte einen dritten Weg: warten, schweigen, ohne zu murren und ohne zu hoffen. Warten, bis Gott ihn mit Alix vereinen würde. Das war die einzig mögliche Form seines Verhaltens: sanft und gehorsam, aber dennoch widerspenstig.

Sein Tagebuch von 1889 beginnt mit einem Photo der jungen Alix. Er hatte es gleich nach ihrer Abreise eingeklebt. Nun wartete er.

Schwester Ella (nach ihrem Übertritt zum orthodoxen Glauben – Großfürstin Jelisaweta Fjodorowna) half der abgewiesenen Alix, mit der unangenehmen Situation fertig zu werden. Sie erklärte, von einer Eheschließung sei nie die Rede gewesen, denn Alix habe nicht die Absicht, ihre Religion zu wechseln.

Alix kehrte nach England zurück. Seltsamerweise mit einer gewissen Erleichterung. Sie erklärte sich das so: Die Schwester hat recht, ich kann nicht einfach die Religion wechseln. Der Glaube nahm in Alix' Leben breiten Raum ein.

Bei dem nächsten Besuch der blonden Prinzessin im Jahr darauf wurde dem unglücklichen Nikolaus verboten, sie zu sehen.

Alix blieb bei ihrer Schwester auf dem Gut Iljinskoje bei Moskau.

»20. August 1890. Mein Gott! Wie gern möchte ich nach Iljinskoje fahren... Wenn ich sie jetzt nicht sehe«, schrieb Nikolaus in sein Tagebuch, »muß ich wieder ein ganzes Jahr warten, und das ist schwer!!!«

Iljinskoje bei Moskau gibt es heute noch. Ein paar Wochen lebte Alix auf dem Gut und stellte ihre Beobachtungen an. Die Verbindungen zwischen Darmstadt, London und Petersburg waren so eng, daß man alles voneinander wußte: Ella führte wegen der Neigungen ihres Mannes eine fiktive Ehe und würde niemals Kinder haben. Obendrein quälte Sergej Alexandrowitsch sie mit Zechgelagen und grundloser Eifersucht. Dennoch sah Alix erstaunt, daß ihre Schwester glücklich war, daß ihre Augen leuchteten. Ella liebte ihren unglücklichen Mann, weil Gott es so geboten hatte. Was sind die flüchtigen Freuden des Lebens gegen die ewige Freude, Gott zu dienen...

Auch die Kirche in Iljinskoje steht heute noch. Damals brannten dort Kerzen, tönten die Stimmen der Singenden, und die beiden Schwestern beteten im Gotteshaus.

Nikolaus setzte seine gehorsame Rebellion fort. Er führte die Befehle des Vaters aus. Man konnte ihm verbieten, Alix zu sehen, aber man konnte ihm nicht verbieten, auf sie zu warten.

Tagebuch: »21. Dezember 1890. Am Abend sprachen wir bei Mama über das Familienleben der heutigen Jugend. Dieses Gespräch berührte die lebendigste Saite meiner Seele. Es berührte den Traum und die Hoffnung, von der ich jeden Tag lebe. Schon anderthalb Jahre sind vergangen, seit ich mit Papa in Peterhof darüber sprach, und es hat sich seitdem nichts zum Guten oder Schlechten verändert. Ich träume davon, irgendwann einmal Alix von H. zu heiraten. Ich liebe sie seit langem, aber noch tiefer und stärker seit 1889, als sie im Winter sechs Wochen in Petersburg verbrachte. Lange widerstand ich diesem Gefühl, indem ich mir einredete, daß die Erfüllung meines Wunschtraums unmöglich ist... Unser einziges Hindernis ist die Religionsfrage. Eine andere Barriere gibt es nicht, ich bin fast überzeugt, daß unsere Gefühle gegenseitig sind. Alles liegt in Gottes Hand, im Vertrauen auf seine Gnade sehe ich ruhig und *gehorsam* in die Zukunft.«

Er wurde zur Ablenkung auf eine Reise geschickt.

Das Mittelmeer, die Adria, Venedig... Das Leben war immer noch ein Fest! Ein Ball!

»Wir fuhren in der Gondel ans Ufer, besichtigten einen Palast, die Markuskirche und fuhren einen Kanal entlang. Die Stadt machte auf mich einen eigenartigen Eindruck. Wir saßen auf dem Platz und tranken Kaffee.«

Als er nach Petersburg zurückkehrte, begriff der Vater, daß sich nichts geändert hatte, daß nun etwas unternommen werden mußte.

Bald darauf tauchte in Nikolaus' Tagebuch eine wichtige Person auf – die »kleine K.«.

»Ich bin schrecklich verliebt in... die kleine K.«

Ein Petersburger Märzabend, Traber, die zum berühmten Jachtklub preschten. Alle Gardeoffiziere, das Zarengefolge und die Zarenfamilie waren Mitglieder im Klub. Dort fiel im März 1890 zum erstenmal der Name der kleinen K.

Alle Klubmitglieder schwärmten fürs Ballett. Die Kolonnade der Rossi-Straße, wo sich die Petersburger Ballettschule befand, war die Flanierstrecke der Stutzer. Es war eine alte Tradition der Petersburger Notabeln, eine Ballerina zur Geliebten zu haben.

Ebenso wie die Garde war das Ballett mit dem Hof verbunden.

Der Großfürst – man kann unterschiedliche Namen einsetzen – verliebt sich in eine Ballerina, kauft ihr ein Haus und zeugt Kinder mit ihr. Die Liste solcher Skandalgeschichten ist lang. Der Direktor der kaiserlichen Theater mußte Diplomat und Stratege sein, und er mußte immer die Übersicht behalten über die komplizierten Verbindungen zwischen seinen Tänzerinnen und den Mitgliedern der Zarenfamilie. Die Zuschauer interessierten sich in erster Linie dafür, wer von der Zarenfamilie in der Loge saß, das bestimmte häufig den Rang der Tänzerinnen.

Frau Jurenewa erzählt: »Sie war nicht schön, hatte kurze Beine. Aber ihre Augen! Zwei Abgründe... Sie war bezaubernd, verführerisch. Sie hatte bei Italienern tanzen gelernt und war technisch perfekt. Einmal führte sie 32 Fouettés aus, und als sich ein Beifallssturm erhob, wiederholte sie es noch einmal. Irgendwer sagte über sie: ›Sie liebte das Ballett im allgemeinen und das Leben im besonderen.‹ Im Gegenteil: Sie liebte das Ballett im besonderen und das Leben im allgemeinen. Ihr Leben lang strebte sie danach, eine große Ballerina zu werden. Sie wurde jedoch nicht als eine solche angesehen... In der Gesellschaft war es damals modern, wider den Stachel zu lökken: Als der künftige Zar sie liebgewann, verlor sie die Zuneigung der Zuschauer. Meine Freundin, eine Tänzerin, versuchte sie eines Tages auszuzischen... Sie merkte es... Und nach ihrem eigenen Auftritt erhielt meine Freundin einen riesigen Korb Blumen und ein Billett: ›Mathilda Kschessinskaja dankt Ihnen sehr.‹ Sie konnte umwerfend sein. Wegen ihrer Augen wurde sie ›die Fee vom Hirschpark‹ genannt. Im Hirschpark hatte der französische König Ludwig XV. seinen Harem untergebracht.«

Mathilda Kschessinskaja kam aus einer polnischen Tänzerfamilie. Bei ihrem Vater Felix Kschessinski lernte das vornehme Petersburg Mazurka tanzen. Er inszenierte Ballettaufführungen und tanzte selber mit allen berühmten Tänzerinnen jener Zeit. Am Ende des Jahrhunderts standen bereits seine Kinder auf der Bühne: Josef und Julia (oder »Kschessinskaja die Erste«, wie sie genannt wurde, als der Stern ihrer jüngeren Schwester aufging).

Tagebuch: »23. März 1890. Ich fuhr in der Kutsche zur Jelagin-Insel, zu einem Gestüt, und kehrte mit einer neuen Troika zurück. Um acht habe ich einen Imbiß zu mir genommen. Wir fuhren zur Vorstellung in der Theaterschule. Ich habe sehr gut mit den Elevinnen zu Abend gespeist.«

Hinter diesem ungeschickten Satz steht der Anfang einer Liebesgeschichte.

Mathilda Kschessinskaja wurde 1872 geboren. Sie starb 1971 in Paris, fast hundert Jahre alt. In Paris schrieb sie ihre Memoiren – die rührende Liebesgeschichte zwischen der jungen Tänzerin und dem Thronfolger. Sie schrieb auch über jenen 23. März 1890 – über einen Abend auf dem versunkenen »Atlantis«.

Nach dem Abschlußball, an dem der Zar und der Thronfolger teilnahmen, waren die Tische gedeckt. Der Zar und der Thronfolger blieben unverhofft zum Essen. Sie wurden an einem Extratisch plaziert, und plötzlich fragte der Zar: »Wo ist denn Kschessinskaja die Zweite?«

Die junge Tänzerin wurde geholt. Der Zar sagte ihr ein paar Artigkeiten und fügte hinzu, daß er ihren Vater kenne. Er wies ihr einen Platz neben dem Thronfolger zu und sagte scherzhaft: »Aber flirten Sie bitte nicht zu sehr.« Zum Erstaunen der jungen Tänzerin saß Nikolaus den ganzen Abend schweigend neben ihr. In seinen sanften blauen Augen war Hilflosigkeit.

Der romantischen Erzählung lassen wir einen prosaischen Bericht folgen. Frau Jurenewa: »Ja, das war üblich. Wenn in den wohlhabenden Familien ein Jüngling herangewachsen war, wurde ein schönes und, was noch wichtiger war, gesundes Dienstmädchen ins Haus genommen... Es war ein gefährliches Jahrhundert.«

Die Syphilis raffte damals tausende junge Menschen hinweg. Zechgelage, Homosexualität und Bordelle gehörten zum Gardeleben. Die Gesundheit des Thronfolgers aber berührte das Schicksal des gesamten Landes. Die Geschichte mit der Jüdin war ein bedrohliches Signal, und der Vater der Familie und des Landes beschloß, sich darum zu kümmern. Die Tänzerin war eine glänzende Kandidatin: Eine Liebesaffäre mit einem künftigen Ballettstar konnte die Biographie des jungen Mannes nur zieren. Vor allem aber sollte er dadurch die hessische Prinzessin vergessen.

Ob die junge Ballerina die Spielregeln kannte? Oder sah sie wirklich alles in romantischem Licht? Der Thronfolger, der Zesarewitsch! Aber wie auch immer – es war ein Spiel.

Erst im Sommer konnte das kleine großäugige Mädchen die Liebesgeschichte fortsetzen. Im Juni 1890 wurde Mathilda Kschessinskaja in die Truppe des kaiserlichen Marientheaters aufgenommen. In Krasnoje Selo fanden die Manöver der Garde statt, an denen Nikolaus teilnahm. Das kaiserliche Ballett tanzte den Sommer über auf der Bühne in Krasnoje Selo.

Sie wußte, daß es während der Pause passieren würde; die Großfürsten kamen gern hinter die Kulissen. Und er würde gewiß auch kommen, sie wußte, daß er es wollte.

Und er kam. So trafen sie sich hinter den Kulissen. Er sagte irgendwelche Belanglosigkeiten, und sie wartete die ganze Zeit... Am nächsten Tag war er wieder hinter den Kulissen, und wieder – nichts. Einmal wurde sie in der Pause aufgehalten, und als sie dann erhitzt und mit glühenden Augen angelaufen kam – sie hatte solche Angst, ihren schüchternen Anbeter zu verpassen –, wollte er gerade gehen. Eifersüchtig und hilflos stieß er hervor: »Ich bin sicher, Sie haben soeben geflirtet!« Verwirrt lief er hinaus. Das war seine Liebeserklärung.

Direktor der kaiserlichen Theater war zu dieser Zeit I. A. Wsewoloschski. Zum Erstaunen der ihm anvertrauten Theater war er nicht hinter den Schauspielerinnen her. Er hatte andere Leidenschaften: Er war ein Feinschmecker und hielt sich einen französischen Koch. Er liebte die französische Komödie und die italienische Oper. Da aber Alexander III. Patriot war, beherrschte das Nationale die kaiserliche Bühne. Der unglückliche Wsewoloschski mußte die russische Oper lieben, die er verachtete, und beim Schauspiel mußte er sich für den russischen Dramatiker Ostrowski begeistern. Er begeisterte sich, denn er war darum bemüht, es dem Zaren immer recht zu machen. Darum richtete er auch sofort sein Augenmerk auf die neue Ballerina.

Die Zarenfamilie hatte die erste linke Loge inne, die sich fast auf der Bühne befand. Während die neue Ballerina tanzte, verschlang sie mit ihren großen Augen den Thronfolger, der mit seinem Vater in der Loge saß. Erstaunlicherweise rief dies bei dem gestrengen Herrscher nicht den geringsten Mißmut hervor. Wsewoloschski begriff und war fortan darauf bedacht, dieser Ballerina besonders interessante Rollen zu übertragen. So wurde sie in kürzester Zeit zur Primadonna des kaiserlichen Balletts.

»17. Juni. Die Manöver sind im Gange... Kschessinskaja die Zweite gefällt mir ausnehmend gut.«

»30. Juni. Krasnoje Selo. Auf der Anhöhe geht es heiß her... Ich war im Theater und habe mit der kleinen K. gesprochen.«

In Paris würde sie sich daran erinnern, wie er in der Loge stand und sie vor ihm auf der Bühne. Wieder endete das Gespräch ohne Erklärung. Dann kam er sich verabschieden: Er ging auf eine Weltreise.

»31. Juni. Zum letzten Mal bin ich ins liebe Theater gefahren und habe mich von K. verabschiedet. Bei Mama bis ein Uhr zu Abend gespeist.«

Sie verstand ihn nicht. Dabei war alles so einfach: Er wartete auf Alix. Er blieb ihr treu.

Nun las die kleine K. täglich die Zeitungen – sie verfolgte seine Reise. Da erschütterte eine Nachricht ganz Petersburg: In einer japanischen Kleinstadt hatte ein Polizist den russischen Thronfolger auf der Straße überfallen und ihn mit dem Säbel am Kopf verletzt. Wie durch ein Wunder hatte Nikolaus überlebt.

Die Hauptstadt war voller Gerüchte. Phantastische Versionen einer Liebesgeschichte waren im Umlauf. (Die Kschessinskaja, die den Charakter ihres schüchternen Verehrers kannte, glaubte nicht daran.) Schließlich wurde der Attentäter zum verrückten Fanatiker erklärt.

»27. April 1891. Wir sind in Kyoto angekommen; so viele Wunder, daß man nicht weiß, wo man hinschauen soll. Wir haben ein Bogenschießen gesehen und ein Pferderennen in historischen Kostümen... Um neun bin ich mit Georgie (dem griechischen Prinzen Georg, der ihn auf der Reise begleitete) zu einem Teehäuschen gefahren. Als Georgie tanzte, haben die Geishas vor Lachen gekreischt.«

Das Viertel der Teehäuschen in Kyoto... Hunderte Geishas bevölkern die Gäßchen. Die Bewohnerinnen der Teehäuschen sind Brokatpuppen in golddurchwirkten Kimonos... Die japanische Erotik ist verfeinerter und sinnlicher als die groben Liebesanträge auf den europäischen Straßen... Die Teezeremonie ist zu Ende... Alles weitere bleibt ein Geheimnis.

»29. April. Ich erwachte an einem wunderschönen Tag, dessen Ende ich nicht erlebt hätte, wenn mich nicht Gottes große Gnade vor dem Tode errettet hätte.

Von Kyoto fuhren wir mit Rikschas in die kleine Stadt Otsu... Dort suchten wir das Haus des kleinwüchsigen, rundlichen Gouverneurs auf. In seinem völlig europäisch eingerichteten Haus wurde ein Markt abgehalten, wo jeder von uns für viel Geld ein kleines Andenken erwarb. Georgie kaufte einen Bambusstock, der mir eine Stunde später einen großen Dienst leisten sollte. Nach dem Frühstück machten wir uns auf den Rückweg, Georgie und ich freuten uns, daß wir uns in Kyoto bis zum Abend noch würden ausruhen können. Wir bogen mit den Rikschas nach links in eine schmale Straße voller Menschen. Plötzlich bekam ich einen heftigen Schlag auf die rechte Kopfhälfte, über dem Ohr. Ich drehte mich um und sah die widerliche Visage eines Polizisten, der mit beiden Händen einen Säbel hielt und zum zweitenmal ausholte. Ich rief: ›Was ist?‹ und sprang auf den Fahrdamm. Als ich sah, daß der Unmensch mich verfolgte und keiner ihn aufhielt, lief ich die Straße hinunter und versuchte mit der Hand das Blut zu stoppen, das aus der Wunde rann. Ich wollte in der Menge untertauchen, konnte es aber nicht, weil die Japaner vor Schreck in alle Richtungen davongerannt waren. Als ich mich noch einmal umdrehte, sah ich Georgie, der dem mich verfolgenden Polizisten nachsetzte. Ich lief noch etwa 60 Schritt bis zu einer Nebengasse und blickte zurück. Da war, Gott sei Dank, alles vorbei. Georgie, mein Retter, hatte den Schurken mit einem Stockhieb niedergestreckt, und als ich herankam, schleiften ihn unsere Rikschafahrer und ein paar Polizisten an den Beinen. Ich konnte nicht begreifen, wieso sie Georgie und mich allein gelassen hatten, wieso mir keiner zu Hilfe gekommen war... Vom Gefolge konnte offensichtlich keiner helfen, weil sie in einer langen Kette fuhren. Selbst Prinz Ari Sugawa, der als dritter fuhr, hatte nichts gesehen. Ich mußte alle beruhigen und mich auf den Beinen halten. Rambach (der Arzt) legte mir einen ersten Verband an und brachte vor allem die Blutung zum Stillstand. Die Menschen auf den Straßen rührten mich: Die meisten knieten nieder und hoben die Hände zum Zeichen des Bedauerns. Am meisten quälte mich der Gedanke, daß Papa und Mama sich sorgen würden, wenn sie von dem Vorfall erfuhren.«

Nikolaus rief in dem schrecklichen Augenblick: »Was ist?« 27 Jahre später rief er dasselbe, als er in Jekaterinburg in dem bewußten Keller stand. So bezeugt es sein Mörder Jurowski.

1891 entging Nikolaus also zum zweitenmal dem Tod. Er fühlte sich nun unter Gottes sicherem Schutz.

»1. Mai. Tokio. Ich zürne den guten Japanern nicht wegen der scheußlichen Tat eines Fanatikers. Ich schätze nach wie vor ihre mustergültige Ordnung und Sauberkeit, und ich muß bekennen, ich liebäugle weiterhin mit den..., die ich von weitem auf der Straße sehe. Um elf Empfang beim Mikado.«

Der Vater rief ihn zurück nach Petersburg. Wieder war alles eitel Freude, das Leben ein einziger Ball. In Wladiwostok war er dabei, als mit dem Bau der großen Eisenbahnlinie durch ganz Sibirien begonnen wurde. Dann folgte eine fröhliche Fahrt über die sibirischen Flüsse, mit Kartenspiel und Trinkgelagen – das Fest eines Menschen, der zum zweitenmal dem Tode entgangen ist.

Auf dem Rückweg besuchte er Tobolsk.

»10. Juli 91... Um sieben legten wir im grauen Frühlicht im Hafen an; wie immer begrüßte uns das Stadtoberhaupt mit Brot und

Salz, die Bürger der Stadt Tjumen waren gekommen, der Gewerbeverein und die Ehrenwache... Ich setzte mich in die Droschke und fuhr bergauf zur Kirche – über die originellen holzgepflasterten Straßen der Stadt. Dann besichtigten wir die Sakristei, in der viele Gegenstände aus der Zeit der Eroberung Sibiriens aufbewahrt werden. Ich fuhr zum Museum, dort interessierte mich am meisten die Glocke, die aus Uglitsch verbannt worden war, weil sie am Todestag des Zarewitsch Dmitri Sturm geläutet hatte...«

Später würde er selber, wie diese Glocke, nach Tobolsk verbannt werden. Als Häftling würde er den vereisten Hügel hinaufsteigen, um die Straßen und die Stadt zu sehen, die ihm in seiner glücklichen Jugend gefallen hatten.

Er kehrte zurück. Ohne in Petersburg haltzumachen, fuhr er zu den Eltern nach Krasnoje Selo.

»7. August 1891. Seltsam, nirgendwohin mehr fahren zu müssen. Keine Übernachtungen mit später Ankunft und zeitiger Abreise.«

Das geregelte Leben trat wieder in seine Rechte.

»7. Dezember. Ich habe herrlich geschlafen... Nach dem Kaffee sind wir Schlitten gefahren... Ich fühlte mich in meinem sibirischen Pelzmantel sehr wohl.«

»15. Dezember. Am Morgen hat man mir einen Sack voll Papiere aus dem Reichsrat gebracht. Ich begreife nicht, wie man in einer Woche so viele Papiere lesen kann. Ich beschränke mich stets auf die zwei, drei interessantesten Fälle, das übrige kommt ins Feuer.«

»31. Dezember. Ich kann nicht sagen, daß es mir leid tut, vom Jahre 1891 Abschied zu nehmen. Es war für unsere Familie verhängnisvoll: der Tod von Tante Olga (der Mutter seiner Freunde, der Michailowitschs), die Krankheit Georgis (des Bruders) und die lange Trennung von ihm, und schließlich meine Sache in Otsu – alles folgte rasch aufeinander. Zu diesen schweren Unglücksfällen gesellte sich noch die Hungersnot. Ich bitte zu Gott, daß das kommende Jahr nicht dem vergangenen gleichen möge...«

»5. März 1892. Mama sagt, daß sie mich kaum sieht, weil ich mich dauernd herumtreibe, aber ich glaube, in meinem Alter muß das so sein.«

»8. März. Ich bin kurz vor der Mittagsmesse aufgewacht, ich habe einen so festen Schlaf, daß ich ganz verzweifelt bin.«

So verging dieses zerstreute Leben... Alix, der Traum, der Mythos, war weit weg, aber in der Nähe war dieses verliebte Mädchen, das allen so gefiel – ihm, Sergej, der ganzen Truppe...

»25. März. Als ich zum Anitschkow-Palais zurückkam, schneite es in großen Flocken. Das soll ein Frühling sein? Ich habe mit Sergej bei mir Mittag gegessen, und dann bin ich zu den Kschessinskis gefahren, wo ich anderthalb angenehme Stunden verbrachte...«

An jenem Tag entschloß er sich zu einem Schritt, der für den sonst so unentschlossenen jungen Mann bemerkenswert war. Wahrscheinlich hatte er den kühnen Entschluß während des Mittagessens gefaßt, beim Wein und im Gespräch mit dem Freund der Kindheit, dem Großfürsten Sergej, der seine Begeisterung für die Reize der jungen Ballerina nicht verhehlte. Man kann sich denken, was für Ratschläge ihm der Schürzenjäger und Petersburger Dandy Sergej gab.

Die Kschessinskaja erinnerte sich an diesen Petersburger Märztag... Sie saß zu Hause, krank, mit einem verbundenen Auge. Die romantische Tänzerin wurde in jenen Tagen von einem prosaischen Furunkel gepeinigt. Da meldete ihr das Hausmädchen, daß ein Gardeoffizier, ein Herr Wolkow, sie zu sprechen wünsche. Die erstaunte Ballerina, die keinen Herrn Wolkow kannte, ließ ihn dennoch in den Salon bitten. Und sie traute ihren Augen (genauer, ihrem einen gesunden Auge) nicht, als sie Nikolaus erblickte.

(Offensichtlich hatte der Zesarewitsch den Namen seines Lehrmeisters im Kriegshandwerk – Alexander Wolkow – benutzt.)

Zum erstenmal waren sie allein. Sie erklärten sich, und... nichts! Nach »anderthalb angenehmen Stunden« entfernte er sich zur Verblüffung der kleinen K.

Am folgenden Tag erhielt sie ein Briefchen: »Seit ich Ihnen begegnete, bin ich wie berauscht. Ich hoffe, ich kann Sie bald wiedersehen. Nicky.«

Nun war er für sie Nicky. Es begann ein wunderschönes und (erstaunlich für die damaligen Sitten) unschuldiges Liebesspiel. Seine Korpskameraden überbrachten der Kschessinskaja Blumen von dem Verliebten. Der Verliebte selbst war jetzt häufiger Gast in der Wohnung von Felix Kschessinski. Aber merkwürdigerweise war die übrige Familie jedesmal abwesend, wenn er kam.

Er schrieb unentwegt Briefchen, wenn er nicht kommen konnte. Jetzt nannte er sie »Panotschka«. Doch bemühte er vergebens die Gogolschen Figuren; die Geschichte des Kosaken Andrij, der die Gebote des Vaters, des alten Taras Bulba, aus Liebe zu einem polnischen Mädchen verriet, ist hier völlig unangebracht. Denn hinter den Kulissen der Liebesgeschichte stand die ganze Zeit der furchteinflößende Bulba persönlich – der Vater und Zar.

Dennoch träumte Nikolaus auch weiterhin von der anderen, gegen die sein Vater war. Der Bund mit ihr war Verrat am alten Bulba. Die Kschessinskaja war nur eine Pseudopanotschka. In der Tiefe seiner Seele verbarg sich nach wie vor Alix.

»31. März. Wir sind auf kurze Zeit zu Onkel Mischa gefahren... Er führte uns durch die Zimmer seiner verstorbenen Frau – alles ist unberührt.« Hier dachte er an Alix...

»Nach Gatschina zurückgekehrt. Ich bin überhaupt nicht in Fastenstimmung. (Es war die Zeit der großen Fasten.) Bloß gut, daß ich in Gatschina bin, 49 Werst von der Hauptstadt entfernt.«

Hinter diesen Worten stand Mathilda, die kleine K.

»1. April... Eine sonderbare Erscheinung, die ich an mir wahrnehme: Ich hätte nie gedacht, daß zwei gleichartige Gefühle, zwei Lieben gleichzeitig in einer Seele Platz haben könnten. Schon seit vier Jahren liebe ich Alix von H. und hege ständig die Hoffnung, sie mit Gottes Hilfe eines Tages zu heiraten... Aber seit den Manövern 1890 liebe ich leidenschaftlich die kleine K. Unser Herz ist ein seltsam Ding. Zur gleichen Zeit denke ich dauernd an Alix, woraus man schließen kann, daß ich leicht entflammbar bin. Bis zu einem gewissen Grade, ja! Aber ich muß hinzufügen, daß ich im Innern ein strenger Richter bin und äußerst wählerisch. Das meinte ich, als ich gestern schrieb, nicht in Fastenstimmung zu sein.«

Fast jeden Abend kam im Zimmer der kleinen K. eine lustige Gesellschaft zusammen. Nikolaus brachte seine Freunde mit: Sergej, Sandro (Alexander) und Georgi. Drei Großfürsten und der Thronfolger vergnügten sich in der bescheidenen Wohnung des Ballettlehrers.

Nicky fuhr mit dem Zaren nach Dänemark, und Mathilda erhielt von dort leidenschaftliche Briefe. Doch zugleich sprach Nikolaus mit dem Zaren vorsichtig über Alix.

Der Zar war beunruhigt – sein Spiel brachte bisher kein Resultat. War das der Grund, daß Mathilda den entscheidenden Vorstoß wagte?

»In dieser Zeit dachte ich immer mehr daran, ihm nahe zu sein«, erinnerte sie sich später in Paris. »Ich betete den Zarewitsch an und wollte nur eins – mein Glück, wie kurz es auch sein mochte.«

Sie brachte Nikolaus schließlich dazu, einen Entschluß zu fassen. An der Englischen Uferstraße mietete er ein »entzückendes Hotel«, in dem die platonische Liebe schließlich enden mußte. Dieses Hotel hatte einst dem Großfürsten Konstantin Nikolajewitsch gehört, der es für die Tänzerin Kusnezowa gekauft hatte. Die kleine K. verließ ihr Elternhaus und wurde die Geliebte des Zesarewitsch. »Mein Vater war niedergeschlagen. Er fragte, ob ich mir darüber klar sei, daß ich niemals seine Frau werden könne und daß unsere Idylle sehr kurz sein werde. Ich antwortete: ›Das weiß ich, aber es ist mir egal. Ich will alles Glück auskosten, das mir bestimmt ist.‹« So schrieb die Kschessinskaja viel später. Aber man kann es auch prosaischer sagen. Ihr Vater hatte ihr die Bedingungen mitgeteilt, unter denen der andere Vater, der über das Land und die Familie herrschte, eine Liaison erlaubte. Und die Bedingung war: Sobald der Zesarewitsch heiratet, ist ihre Beziehung beendet.

Sie hatte also gesiegt. Aber der Sieg war der Anfang vom Ende.

»Wir haben meinen Einzug in die neue Wohnung gefeiert... Der Thronfolger schenkte mir ein Wodkaservice – acht goldene Gläser, mit Edelsteinen besetzt...«

»Er bringt mir sehr oft Geschenke. Ich wollte sie nicht annehmen, aber das betrübte ihn so, daß ich sie nehmen mußte.«

Sie war kein Traum mehr. Und er sehnte sich noch stärker nach der fernen Alix. Leben und Traum: die kleine zugängliche Mathilda und die hochgewachsene majestätische Prinzessin. Die kleine K. verschwand aus den Tagebüchern.

Wieder war ein Jahr seines Lebens vergangen.

»31. Dezember. Das liebe Anitschkow-Palais strahlte in elektrischem Licht. Um halb acht gingen wir zur Messe. Um 12 Uhr haben Papa, Mama und ich das neue Jahr begrüßt. Gebe Gott, daß es so wird wie das vergangene.«

In dieser Zeit tanzte die kleine K. eine Rolle nach der andern. So mußte es auch sein – der erste Jüngling in Rußland mußte die erste Ballerina zur Geliebten haben.

Als der große Ballettmeister Marius Petipa ihr die Rolle der Esmeralda übertrug, fragte er: »Bist du verliebt?« – »Ja.« – »Leidest du?« – »Natürlich nicht!« antwortete die kleine K. Petipa erklärte ihr, nur eine leidensfähige Tänzerin könne die Esmeralda tanzen. »Das begriff ich später«, erinnerte sich Mathilda traurig, »und die Esmeralda wurde meine beste Rolle.«

Sie mußte es begreifen lernen. Sie sah Nikolaus jetzt immer seltener. Aber sie klammerte sich an die alten Verbindungen – in ihrem Haus wurde die Verlobung von Nickys bestem Freund Sandro mit Nickys Schwester Xenia gefeiert.

Nikolaus fuhr nach Coburg zur Hochzeit von Alix' Bruder Ernie. Bald darauf schrieben die Zeitungen von der Verlobung des Zarewitsch mit Alexandra von Hessen-Darmstadt. Nach seiner Rückkehr aus Coburg ging er nie wieder zur kleinen K.

Doch sie blieben im Briefwechsel. Umsichtig, wie sie war, bat sie ihn um die Erlaubnis, sich im Notfall an ihn wenden zu dürfen. Er antwortete, die mit ihr verbrachten Tage wären die schönsten Erinnerungen seiner Jugend; sie könne sich immer an ihn wenden.

Er bat Mathilda, den Ort einer letzten Begegnung zu bestimmen. Sie trafen sich an der Großen Straße von Petersburg nach Krasnoje Selo. Sie kam in einer Kutsche aus der Stadt und er zu Pferde aus dem Lager. »Wie immer in solchen Fällen findet man nicht die richtigen Worte, Tränen erstickten die Stimme.« Sie blickte ihm nach, er ritt davon und drehte sich immer wieder nach ihr um. So beschrieb sie das Ende.

Nachwort zum Spiel

In Wirklichkeit versuchte die mutige kleine K. das Ende hinauszuzögern. »In meinem Kummer war ich nicht allein. Der Großfürst Sergej Michailowitsch blieb bei mir, um mich zu beschützen und zu unterstützen. Ich hegte für ihn nie solche Gefühle wie für den Zarewitsch, doch seine Anhänglichkeit, seine Umgangsformen eroberten mein Herz.«

Man kann die rührende Erinnerung auch anders auslegen: Sie wechselte zu dem, der ihr die Stellung im Ballett sichern konnte. Sie war immer nur einem treu – dem Ballett.

Großfürst Sergej Michailowitsch leitete die Theatergesellschaft und das russische Ballett. Leider leitete er neben dem Ballett auch die gesamte russische Artillerie. »Das Ergebnis ist«, wurde damals ironisch gestichelt, »daß wir ein gutes Ballett haben, aber keine Artillerie.«

Sie blieb also mit dem Hof verbunden. Jedesmal, wenn Nicky seinen alten Freund Sergej sah, mußte er an sie denken. Übrigens brachte sie sich auch selbst in Erinnerung, indem sie von seiner Versicherung Gebrauch machte, sie könne sich immer an ihn wenden.

Im Mai 1896 fand in Moskau die Krönung statt, es wurde ein glänzendes Galakonzert gegeben. Auf dem Programm der Bühnen stand das Beste, was die russische Kunst zu bieten hatte. Natürlich mußte die erste Ballerina Rußlands tanzen. Trotzdem war allen klar, daß Mathilda nicht auftreten würde. Das war jedenfalls der Wunsch der verwitweten Zarin, der nahezu allmächtigen Mutter des neuen Zaren. Der Hofminister und der Direktor der kaiserlichen Theater strichen den skandalumwitterten Namen aus dem Verzeichnis der Tänzerinnen.

Für die Krönungsaufführung war das Bolschoi-Theater ausersehen. Ein Akt aus dem Ballett »Die Perle« in der Inszenierung von Petipa sollte getanzt werden. Das verblüffte Publikum sah im Programm den Namen Mathilda Kschessinskaja. Sie tanzte die Hauptrolle – die Gelbe Perle.

Die Mutter und der Hofminister hatten alles getan, um Nicky vor einem Skandal zu bewahren, aber Mathilda kannte ihren verflossenen Liebhaber nur zu gut. Sie fuhr zum Großfürsten Wladimir, dem Lieblingsbruder des verstorbenen Alexander III. Man kann nur vermuten, welche Waffe sie einsetzte, jedenfalls machte sich der alternde Don Juan auf den Weg, um bei Nikolaus ein gutes Wort für sie einzulegen. Außerdem verwandte sich sein Jugendfreund Sergej für sie. Und Nikolaus ordnete an, daß sie tanzte.

So zeigte die kleine K., welchen Einfluß sie immer noch besaß. Ja, sie verstand mit den Romanows umzugehen! Der Großfürst Wladimir würde ihr immer zu Diensten sein, wie übrigens auch Sergej.

Wladimir wagte es nicht einmal, ihre Liaison mit seinem Sohn Andrej zu unterbinden, er hob sogar das Kind aus der Taufe, das ihm zu Ehren den Namen Wladimir bekam.

Mathilda sorgte dafür, daß sie nicht in Vergessenheit geriet. Wenn im Michail-Theater der Zar erwartet wurde, saß sie häufig in der Loge gegenüber der seinen.

Auch er vergaß sie nicht. Immerhin war sie die einzige Geliebte in seinem fünfzigjährigen Leben. Als für den 13. Februar 1911 ihre Benefizvorstellung angekündigt wurde, beschloß er, hinzugehen und ihr traditionsgemäß ein Geschenk zu überreichen. Am Vorabend der Aufführung glich das Theater einer belagerten Stadt. Es war bekanntgegeben worden, daß auch die Zarinmutter erscheinen würde – *zusammen* mit Nikolaus. Alle begriffen: Sie wollte verhindern, daß sich Nikolaus mit »dieser Frau« unter vier Augen traf. Solche Angst hatte man immer noch vor der kleinen K.

Der Hofminister ließ den Theaterdirektor kommen: »Diese Frau darf nicht die Loge des Zaren betreten. Das würde Ihnen die Zarinmutter nie verzeihen.«

Am Tag der Benefizveranstaltung wurde ein Geschenk vom Zaren ins Theater geschickt – ein Anhänger in Form eines brillantenen Adlers. Dieses Geschenk wolle der Zar der Kschessinskaja selbst überreichen, wurde dem Direktor zu seinem Entsetzen mitgeteilt.

Als Nikolaus zusammen mit der Mutter eintraf, fragte der gewitzte Direktor plötzlich laut: »Befehlen Majestät, das Geschenk der Kschessinskaja jetzt gleich zu übergeben oder bei der öffentlichen Ehrung?« Ein Blick der Mutter genügte, und Nikolaus murmelte: »Von mir aus jetzt gleich.« Der Direktor ging zu Mathilda und händigte ihr das Geschenk aus.

Wie oft würde sich die kleine K. noch von der Bühne verabschieden! Ungeachtet zahlreicher Verabschiedungen tanzte die alternde Ballerina noch bis 1917. Und die ganze Zeit über hielt sie Verbindung zur Romanowfamilie.

Frau Jurenewa erzählt: »Über ihr Haus gingen Legenden um. Wie viele Tänzerinnen und Debütantinnen dieses Schloß gesehen hat! Die Tänzerinnen warteten in einem riesigen Saal. Dann wurden die Kerzen gelöscht, die Türen gingen auf, und die jungen Großfürsten stürmten wie erregte Hengste herein – das nannte man ›Raub der Sabinerinnen‹. In den unzähligen Zimmern, in die sich die Räuber mit den Geraubten zurückzogen, dauerten ›Die lebendigen Bilder‹ bis zum Morgen.

Im Ersten Weltkrieg wurden Sergej Michailowitsch und die Kschessinskaja beschuldigt, gewaltige Bestechungsgelder für die Vermittlung günstiger Munitions- und Waffenaufträge erhalten zu haben. Im Haus der Kschessinskaja spielte man in großem Maßstab Karten, dort wurden Konzessionen verteilt, Millionen hin und her geschoben.«

»...ob Sergej bald seines Postens enthoben wird, alles spricht gegen ihn... K. ist wieder darin verwickelt«, schrieb Alix drohend an Nikolaus. Doch er gab die kleine K. nicht preis.

In all den Jahren war Sergej Michailowitsch mit der kleinen K. zusammen, obwohl die Situation einigermaßen heikel war. An der Schwelle des 20. Jahrhunderts, als der windige Großfürst eine ernsthafte Liebesbeziehung einging, kümmerte sich die kleine K. auch um einen anderen Romanow. Das »reizende Hotel« bekam einen neuen Bewohner. Er war ebenso schüchtern wie Nikolaus. Bei ihrer ersten Begegnung vergoß er Wein auf ihr Kleid, und sie hatte das Gefühl, mit diesem Jüngling sei Nicky zu ihr zurückgekehrt. So trat der Großfürst Andrej Wladimirowitsch in ihr Leben. Sie fuhren nach Venedig, dann in die Provence, wo er ihr am Meer ein Haus kaufte. Es war das dritte Haus, das sie von den Romanows erhielt. Als sie nach Petersburg zurückkehrten, war sie wieder mit Sergej Michailowitsch zusammen. Dann wurde ihr Sohn Wladimir geboren. Ob sie genau wußte, von wem er war? Sie wußte auf jeden Fall, daß er ein Romanow war.

Im Februar 1917 fand der letzten Empfang in dem »reizenden Hotel« statt. Am nächsten Morgen sah sie eine endlose Menschenmenge über die Brücke laufen – zu *seinem* Palast. Dann rief sie der Chef der Petrograder Polizei an und teilte knapp mit: »Die Situation ist kritisch, retten Sie, was Sie können.«

Frau Jurenewa erzählt: »In den Februartagen 1917 war ich in der Wohnung meines Bekannten, des berühmten Schauspielers Jurjew... Dorthin rettete sich Mathilda für ein paar Tage. Sie kam in einem ärmlichen Mantel, mit dem kleinen Sohn, einem Hündchen und einer winzigen Handtasche. Darin hatte sie alles, was von ihren Schlössern und unermeßlichen Reichtümern übriggeblieben war.«

Frau Jurenewa zeigt mit zittrigen Händen voller Altersflecken, wie die Kschessinskaja ihre Handtasche hielt.

Das »reizende Hotel«, das ihr Nicky überlassen hatte, wurde nach der Februarrevolution von den Bolschewiken besetzt. Die oberen Zimmer waren von Machorka verräuchert, über die Treppen trampelten pausenlos Menschen. In Mathildas Lieblingssalon mit dem hohen Spiegel über dem Kamin fand im April 1917 eine Konferenz der Bolschewiken statt. Auf den Stühlen der kleinen K. saß Filipp Golostschokin, dem die Führung der Bolschewiken im Ural übertragen worden war. Er würde das Schicksal der beiden Menschen entscheiden, die ihr am nächsten standen – Nikolaus und Sergej.

Sie glaubte nicht an die Stabilität der Lage, an die Provisorische Regierung, und verließ mit ihrem Sohn Petrograd.

Sergej begleitete sie zum Bahnhof. Der Zug fuhr an, er stand auf dem Bahnsteig, in einem langen Mantel, mit Hut, wie eine Vision aus jener für immer verschwundenen Welt. In Kislowodsk traf sie Andrej. Dort erhielt sie den letzten Brief von Sergej. Der Brief war sehr lange unterwegs gewesen. Als sie ihn las, lag sein Absender, der Petersburger Stutzer, mit schmutzigen Schuhen, blutig geschlagen, mit durchschossenem Kopf am Grund des Schachts...

In Paris erfüllte sich endlich der Traum der kleinen K.: Der Großfürst Andrej Wladimirowitsch heiratete sie.

Sein Bruder Kirill wurde im Exil russischer Zar und sie seine Verwandte.

»Dort am Fenster im Coburger Schloß«

Anfang 1894 stand fest: Alexander III. würde nicht mehr lange leben. Offensichtlich war das eine Folge des schrecklichen Zugunglücks bei Borki. Er hatte damals eine Verletzung davongetragen, aus der sich eine tödliche Nierenkrankheit entwickelte. Jetzt mußte die Eheschließung des Thronfolgers rasch vorbereitet werden.

So beendete die Erkrankung des Zaren das Spiel mit dem Schicksal der kleinen K.

Die Diplomaten traten in Aktion, Petersburg und Darmstadt standen in ständiger Verbindung. Im April sollte in Coburg Alix' Bruder Ernie die Prinzessin Victoria von Sachsen-Coburg (in der Familie Ducky genannt) heiraten. Kaiser Wilhelm II., die englische Königin und unzählige Prinzessinnen reisten nach Coburg. An der Schwelle des 20. Jahrhunderts gaben die Königshäuser Europas einen der letzten großen Bälle.

Rußland war mit einem mächtigen Aufgebot von Großfürsten vertreten. Auch der Geistliche Johann Janyschew – der Beichtvater der Zarenfamilie – reiste an. Seine Anwesenheit zeugte von den ernsten Absichten der Gäste. Vater Johann sollte Alix in den Grundlagen der rechtgläubigen Lehre unterweisen. Auch Jekaterina Adolfowna Schneider war in Coburg; sie unterrichtete Alix' Schwester Ella in russischer Sprache. Im Falle erfolgreicher Verhandlungen sollte sie der hessischen Prinzessin Russisch beibringen. Natürlich war auch Ella, die Großfürstin Jelisaweta Fjodorowna, gekommen. Auf Ernies Hochzeit sollte die Verlobung von Nikolaus und Alix erfolgen. Das wußten alle.

Nikolaus' Tagebuch: »5. April. Sie ist noch schöner geworden, sieht aber überaus traurig aus. Man ließ uns allein, und wir führten das Gespräch, das ich schon so lange wünschte und zugleich fürchtete. Wir sprachen bis 12 Uhr, aber ohne Erfolg: Sie weigerte sich, die Religion zu wechseln, die Ärmste weinte viel, doch als wir uns trennten, hatte sie sich etwas beruhigt...«

Alles versank im Flieder. Ein kalter, schöner Frühling. Trotz ihrer Absage erfüllte ihn freudige Gelassenheit, er wußte, daß alle ihre Verwandten für die Ehe waren, und vor allem wußte er, daß sie ihn liebte. Zweimal war er knapp dem Tod entronnen, seitdem hatte er es sich zur Regel gemacht, in allem auf Gott zu vertrauen. Davon ließ er sich sein ganzes weiteres Leben leiten. In jenen Coburger Tagen zeigte er dennoch eine für ihn ungewöhnliche Hartnäckigkeit. Das Mädchen, das er zur Frau wollte, war sehr religiös. Und er bedauerte sie zutiefst, als er begriff, was der erforderliche Religionswechsel für sie bedeutete. Er liebte sie für ihre Verzweiflung und ihre Tränen und half ihr mit seiner sanften Beharrlichkeit, die Verantwortung für diese Entscheidung auf ihn zu übertragen. Später würde sie oft schreiben, wie schwer ihr der Übertritt zu einem anderen Glauben gefallen war. Natürlich spielte die Religion in ihrem Leben eine große Rolle. Aber vor ihr hatten schon andere hessische Prinzessinnen, die ins ferne Rußland heirateten, die Religion gewechselt. Auch ihre Schwester Ella war mit ihrer neuen Religion glücklich geworden. Aber da war noch etwas anderes, das sie in jenen Tagen beunruhigte. Dieses Etwas konnte sie nicht in Worte fassen. Exaltierte, nervöse Naturen haben die Gabe, in entscheidenden Minuten die Zukunft zu erfühlen.

»7. April. Der Hochzeitstag von Ducky und Ernie. Es begann damit, daß ich zu spät zum Frühstück erschien, und so mußte ich vor der Menge allein über den Platz gehen. Um zwölf versammelten sich alle oben, und nachdem die Urkunde der Ziviltrauung unterzeichnet war, gingen wir in die Kirche. Ernie und Ducky sind ein schönes Paar. Der Pastor hielt eine treffliche Predigt, deren Inhalt dem sehr nahekam, was ich in dieser Frage fühle. Ich hätte in diesem Moment schrecklich gern Alix in die Seele geschaut. Nach der Trauung war die Familientafel. Die Neuvermählten fuhren nach Darmstadt. Ich ging mit Onkel Wladimir spazieren. Wir kamen schließlich zum Schloß und besichtigten das Waffenmuseum. Dann speisten wir bei Tante Marie, in Uniform, wegen des Kaisers, der nie Zivil trägt. Danach gingen, nein, liefen wir bei Wolkenbruch ins Theater. Es wurde der ›Bajazzo‹ gegeben.«

Nikolaus fand es lustig, den Berg zum Schloß hinaufzusteigen, am Abend über die Straße zu laufen und in nasser Uniform im Theater zu sitzen. Er fand damals alles lustig, denn er war davon überzeugt, daß er Alix gewinnen konnte. Und er liebte sie alle: den lieben Ernie, die liebe Ducky, den lieben Onkel Willy, der die Uniform so vergötterte, und den lieben Onkel Wladimir.

»8. April. (Das Datum ist im Tagebuch dreimal unterstrichen.) Ein wunderbarer, unvergeßlicher Tag in meinem Leben! Der Tag meiner Verlobung mit der kostbaren, heißgeliebten Alix. Nach einer Aussprache waren wir uns einig. Wie freuten sich Papa und Mama. Ich ging den ganzen Tag wie betäubt herum. Dann begann der Ball. Mir war nicht nach Tanzen zumute, ich setzte mich mit meiner Braut in den Garten. Ich kann es noch gar nicht glauben, daß ich eine Braut habe.« Im Brief an die Mutter beschrieb er die Verzweiflung und die Tränen von Alix.

»Sie weinte die ganze Zeit, und hin und wieder flüsterte sie: ›Nein, ich kann nicht...‹ Ich übergab ihr ihren Brief (den Brief der dänischen Prinzessin, die mit ihrem Religionswechsel glücklich war), und danach konnte sie nicht mehr widersprechen... Sie kam zu uns in den Salon, wo ich mit Ella und Wilhelm« – wie hoffte Onkel Willy auf diese Ehe – »saß, und nun gab sie ihre Zustimmung. Gott allein weiß, was in mir vorging. Ich weinte wie ein Kind und sie auch. Nein, liebe Mama, ich kann nicht beschreiben, wie glücklich ich bin. Die ganze Welt hat sich schlagartig verändert: die Natur, die Menschen – alles erscheint mir gut, lieb und glücklich. Ich kann nicht einmal mehr schreiben, so zittern mir die Hände... Sie ist wie umgewandelt, fröhlich, unterhaltsam, gesprächig.«

Er schenkte ihr einen Ring mit einem Rubin und dieselbe Brosche, die er ihr schon einmal auf einem Kinderball geschenkt hatte. Sie trug den Ring an einer Halskette und trennte sich nie von der Brosche.

Aus ihrem Brief am 21. Jahrestag ihrer Verlobung: »8. April 1915. Meine Gebete kreisen an unserem Jahrestag um Dich. Ich habe noch das graue Prinzessinnenkleid, das ich an jenem Morgen trug. Und ich werde Deine liebe Brosche anstecken.«

Der 22. Jahrestag: »8. April 1916. Ich möchte Dich umarmen und von neuem die wunderbaren Tage unserer Brautzeit durchleben. Heute werde ich Deine liebe Brosche tragen... Ich fühle noch immer Deine graue Kleidung und spüre ihren Geruch – dort, am Fenster im Coburger Schloß...«

Als an jenem schrecklichen 17. Juli 1918 ihre Kleidung verbrannt wurde, fand man im Scheiterhaufen einen zwölfkarätigen Brillanten. Das war von der Brosche übriggeblieben. Alix hatte sie bis zu ihrem Ende getragen.

Wie glücklich war Nikolaus damals! Auch sie bemühte sich, glücklich zu sein. Dennoch weinte sie immer noch. Ihre Umgebung begriff das nicht. Eine einfältige Hofdame schrieb in ihr Tagebuch: »Alix liebt ihren künftigen Mann nicht.« Alix begriff ihre Tränen selber nicht, denn sie liebte Nikolaus wirklich. Am 8. April 1916 schrieb sie in ihrem Brief: »Die süßen Küsse, von denen ich so viele Jahre sehnsüchtig träumte und die ich nicht mehr zu bekommen hoffte... Wenn ich mich einmal für etwas entscheide, dann für immer. Das gilt auch für Liebe und Zuneigung – das Herz ist zu groß, es frißt mich auf...«

Sein Leben lang würde sich Nikolaus voller Heiterkeit daran erinnern, wie das Orchester im Coburger Schloß spielte, wie während der Trauungszeremonie der vom Mittagessen ermüdete Onkel Alfred (der Herzog von Edinburgh) einschlief und sein Stock polternd zu Boden fiel. Er glaubte so an die Zukunft! Und all seine Tanten und Onkel, die Königin, der Kaiser, Herzöge, Prinzen, Fürsten, die damals noch das Schicksal der Völker entschieden, drängten sich in den Sälen des Coburger Schlosses und glaubten ebenfalls an die Zukunft. Wenn sie damals ihre Zukunft hätten voraussehen können!

Ernie und Ducky, »das schöne Paar«, würden sich schon bald trennen, Ella würde ermordet am Grund des Schachts liegen. Onkel Willy, der Uniformen so liebte und ein Militärbündnis mit Rußland anstrebte, würde Rußland den Krieg erklären. Onkel Pawel, der jetzt Mazurka tanzte, würde mit durchschossenem Herzen daliegen, und Nicky...

»Wenn du gleich in die Höhe führest wie ein Adler und machtest ein Nest zwischen den Sternen, dennoch will ich dich herunterstürzen, spricht der Herr.«

Am 9. April überbrachte Alexander Wolkow im Auftrag seines Herrn, des Großfürsten Pawel, den Verlobten ein Geschenk. Er traf Nikolaus und Alexandra im Salon an; sie saßen auf dem Sofa, hielten sich bei den Händen und waren so ineinander versunken, daß sie Wolkow nicht gleich bemerkten.

»Ach, du bist es, lieber Freund Wolkow!« sagte Nikolaus.

Auch Wolkow war lieb. Alle waren »lieb« (Nikolaus' Lieblingswort).

Zu dieser Zeit hatte Alix schon Russischunterricht bei Jekaterina Schneider. Sie konjugierten Verben, und Alix schrieb alles ordentlich in Hefte. Sie lernte gern.

Ich blättere ihre Hefte durch: Alix konjugierte drei Verben – vergessen, singen und glauben. Ihre Lehrerin, Jekaterina Schneider, wurde Vorleserin am Zarenhof, 1917 ging sie mit ihrer Schülerin freiwillig in die Verbannung. 1918 wurde sie, tausend Kilometer von Petersburg entfernt, erschossen.

Glückliche Tage nach der Verlobung. Eine poetische Liebe im Goetheschen Stil. Sie fuhren beide im Kremser, pflückten Blumen in der Umgebung.

Das Osterfest brach an. Aus Petersburg kamen Sänger angereist, die am Ostersonnabend der deutsch-englischen Prinzessin die Feierlichkeit eines orthodoxen Gottesdienstes vermittelten. Der Feldjäger brachte aus Petersburg Geschenke, Briefe vom Zaren und der Zarin und einen Orden – für Alix. 12 Tage waren vergangen.

»20. April. Ich habe Alix zum Bahnhof gebracht und mich dort von ihr verabschiedet. Wie öde ist mir alles vorgekommen, als ich wieder zu Hause war. Nun werden wir anderthalb Monate voneinander getrennt sein. Ich bin alleine zu Bekannten und zu den mir jetzt lieb gewordenen Plätzen gegangen, habe ihre Lieblingsblumen gepflückt und sie ihr am Abend im Brief geschickt...«

»21. April. Wir haben gefrühstückt... Neben meinem Teller stand ein altes Photo von Alix, umrahmt von rosa Blumen...«

Alix war nach Windsor zur Königin Victoria gereist. Schon anderthalb Monate später näherte sich die Jacht »Polarstern« dem britischen Ufer. Sie würde zur Lieblingsjacht der Zarenfamilie werden. Die weiße Jacht lief in die Themse ein.

»Wir verbrachten ganze Tage zusammen, fuhren Boot und picknickten am Ufer – eine richtige Idylle... aber dann mußten wir nach Windsor. Übrigens kann ich mich nicht beklagen – die Großmutter war sehr liebenswürdig und erlaubte uns Ausfahrten ohne jede Begleitung... Ich gebe zu, daß ich das nicht von ihr erwartet hätte.«

Während dieser Zeit schrieb sie ihm ihre Lieblingsverse ins Tagebuch: »Und Freud und Leid und Glück und Not so miteinander tragen, vom ersten Kuß bis in den Tod sich nur von Liebe sagen.«

»11. Juli. Der traurige Tag des Abschieds, der Trennung nach mehr als einem Monat paradiesischer Glückseligkeit. Auf der ›Polarstern‹ erhielt ich einen Brief von Alix. Ich bin ganz müde und traurig.«

Beim Abschied gaben sie sich das Versprechen, einander zu schreiben. Wie in einem Märchen der Gebrüder Grimm: die entschwindende Jacht, die Türme des Königsschlosses, die Prinzessin und der Thronfolger...

Der Nachhall dieses Märchens ist in der von Wachsoldaten mit unflätigen Darstellungen beschmierten Toilette ihres letzten Hauses in Jekaterinburg erhalten geblieben... 1918 wurde nach dem Tod der Zarenfamilie in dieser Toilette ein kleines Büchlein mit der Aufschrift gefunden: »Für meinen geliebten Nicky zum nützlichen Gebrauch, wenn er fern von seinem ›Spitzbuben‹ ist. Von der liebenden Alice Osborne, Juli 1894.«

Das war die Chiffre für ihren Briefwechsel, die ihm die »liebende Alice« während der glücklichen Tage in Osborne gab.

Nicky und Alix sind ein schönes Paar. Als sie voneinander getrennt waren, schrieben sie sich fast täglich.

Er schrieb ihr aus dem Schloß in Spala, wo er zur Jagd war, aus dem kaiserlichen Zug, der ihn nach Liwadia zum todkranken Vater brachte. Hunderte Briefe von ihm. Und hunderte Antwortbriefe von ihr... Endlose Liebesbeschwörungen.

Anfang Oktober erhielt Alix in Darmstadt ein Telegramm, das sie dringend auf die Krim rief: Alexander lag im Sterben. In Berlin brachte sie Onkel Willy zum Bahnhof. Was für Hoffnungen er hegte! Kannte er doch den unbeugsamen Charakter der bezaubernden Alix und die Nachgiebigkeit des lieben Nicky. Für ihn gab es keinen Zweifel, wer in dieser Ehe den Ton angeben würde. Und er glaubte, daß sie ihre deutsche Heimat und ihren Onkel Willy nicht vergessen würde.

Aber da kannte Onkel Willy die hessische Prinzessin schlecht.

»Mein Volk ist dein Volk geworden und mein Gott dein Gott«, lehrten sie ihre Vorfahren, die in die Fremde gegangen waren.

Der Zar liegt im Sterben. Ins Schlafzimmer des Sterbenden tritt langsam der Arzt Sacharjin. Der Arzt leidet an Kurzatmigkeit, alle paar Schritte muß er sich setzen. Der Weg vom Saal zum Schlafzimmer ist deshalb mit Sesseln vollgestellt.

Im Schlafzimmer sind der Geistliche Johann von Kronstadt, Johann Janyschew, der Beichtvater des Zaren, und Ärzte. Sie treffen sich bei dem Sterbenden: die machtlose Medizin und die Vertreter der Kirche, die ihm mit ihren Gebeten die letzten Leiden erleichtern.

Alles ist zu Ende. Die Schlafzimmertür wird geöffnet. Der Körper des toten Zaren ist in einem mächtigen Voltairesessel versunken. Die Zarin umarmt ihn. Etwas weiter weg steht der bleiche Nicky. Der Zar ist sitzend im Sessel verschieden.

3.
Das Tagebuch des neuen Zaren

»20. Oktober 1894. Mein Gott! Mein Gott! Was für ein Tag! Der Herr hat unseren angebeteten, heißgeliebten Papa zu sich gerufen. Mir schwindelt, ich kann es nicht glauben, so unwahrscheinlich kommt mir die entsetzliche Wahrheit vor! Den ganzen Vormittag waren wir bei ihm. Gegen halb drei hat er das heilige Abendmahl empfangen. Herrgott! Mehr als eine Stunde stand ich bei ihm und hielt seinen Kopf. Es war der Tod eines Heiligen...«

»21. Oktober. In diesem tiefen Lied gönnt uns der Herr eine stille und lichte Freude. Um zehn Uhr empfing meine Alix die Salbung. Dann wurde ein Trauergottesdienst abgehalten, abends ein zweiter. Der teure Papa hatte einen wundersamen Gesichtsausdruck, als wollte er lachen. Es war kalt, und das Meer brüllte.

Es gab Aufregung darüber, wo meine Hochzeit stattfinden soll; Mama und ich meinen, daß es hier am besten wäre, solange der teure Papa noch unter dem Dach des Hauses ist, aber die Onkel sagen, ich müsse in Petersburg heiraten.«

Die Onkel siegten. Kaum war Alexander tot, wurde auf ihre Stimme gehört.

Wie immer war die Thronbesteigung von Gerüchten begleitet. Eine Version besagte, daß die Zarinmutter Nikolaus durch ihren Lieblingssohn Michail ersetzen und Nikolaus veranlassen wollte, auf den Thron zu verzichten.

Aber das war nur ein Gerücht. Minister Sergej Witte zitiert in seinen »Erinnerungen« ein Gespräch, das er mit der Zarinmutter über Nikolaus führte.

»Sie wollen sagen, daß er nicht den Charakter eines Zaren hat?«

»Das ist richtig«, antwortete Maria Fjodorowna, »im Notfall muß ihn Mischa ersetzen, aber er hat noch weniger Willen und Charakter.«

Viel eher geschah folgendes. Alexander, dieser unverwüstlich scheinende Riese, lag mit knapp fünfzig Jahren im Sterben. Als Nikolaus von der tödlichen Krankheit seines Vaters erfuhr, erfaßte ihn Angst. Wie panisch er reagierte, beschrieb sein Freund Sandro in seinen Memoiren. Also darf man wohl eher einem anderen Gerücht glauben, das auch durch die Mauern des Palastes in Liwadia schlüpfte: Nikolaus hatte um die Erlaubnis gebeten, auf den Thron zu verzichten. Doch Alexander war unbeugsam: Das Gesetz der Thronfolge mußte eingehalten werden. Um ihm aber eine Freude zu machen und seine Willenskraft zu festigen, hatte ihm der Vater die Eheschließung mit der hessischen Prinzessin erlaubt.

Petersburg. Ein düsterer Herbsttag. Der Trauerzug fuhr auf dem Nikolajewski-Bahnhof ein.

Auch Witte begrüßte die Ankommenden.

»Der neue Zar traf mit seiner Braut ein, der künftigen Zarin, in die er, wie man sagt, verliebt ist«, notierte er.

Alix' Vorahnungen begannen Wirklichkeit zu werden: Sie kam im Gefolge eines Sargs nach Petersburg.

Die Beisetzung dauerte lange. Als der Metropolit seine Rede hielt, bekam die Witwe einen hysterischen Anfall und schrie: »Genug! Genug! Genug!«

Der Zar wurde in der Peter-Pauls-Kathedrale beigesetzt. Im Land war eine einjährige Trauer verkündet worden. Aber die Hochzeit fand eine Woche nach der Beisetzung statt – am Geburtstag der Zarinmutter. Bis zur Hochzeit lebten die Brautleute getrennt: Sie bei ihrer Schwester Ella, im Schloß des Großfürsten Sergej Alexandrowitsch, er im geliebten Anitschkow-Palais bei der Mutter.

»Meine Hochzeit war die Fortsetzung der Beerdigung, nur daß ich weiß gekleidet war«, sagte Alix später.

»13. November 1894. Anitschkow. Um elf gingen wir zur Messe in unsere liebe Kirche. Es ist traurig und schmerzlich, dort zu stehen und zu wissen, daß ein Platz für immer leer bleiben wird. Es läßt sich nicht mit Worten sagen, wie schwer es ist, wie leid mir die teure Mama tut... Beim Tee habe ich die liebe Alix gesehen. Um acht Uhr habe ich mich von ihr verabschiedet, länger dürfen wir uns nicht sehen! Bis zur Hochzeit! Es kommt mir so vor, als ginge es um eine fremde Hochzeit, merkwürdig, unter solchen Umständen an die eigene Hochzeit zu denken.«

Aber warum beeilten sie sich so mit der Hochzeit? Warum wurden nicht einmal die vorgeschriebenen vierzig Tage nach dem Tod des Vaters eingehalten? Der 14. November war der letzte Tag vor dem Beginn der Fastenzeit, die bis Anfang Januar dauerte. So lange hätte die Hochzeit sonst aufgeschoben werden müssen.

»14. November. Der Tag meiner Hochzeit. Nach dem gemeinsamen Kaffee ging ich mich ankleiden. Ich zog die Husarenuniform an und fuhr um halb zwölf mit Mischa in den Winterpalast. Auf dem ganzen Newski Militär. Mama war bei Alix. Während sie im Malachitsaal zurechtgemacht wurde, warteten wir.«

Endlich erschien sie: ein silbernes Kleid mit einem Brillantkollier, darüber ein hermelingefütterter Mantel aus Goldbrokat mit einer langen Schleppe. Und auf dem Kopf eine im Brillantfeuer funkelnde Krone. Die neue Zarin.

»Zehn Minuten nach zwölf gingen wir in die Große Kathedrale, aus der ich als verheirateter Mann herauskam... Man überreichte uns einen riesigen Silberschwan als Geschenk der Familie. Als sich Alix umgezogen hatte, setzten wir uns in eine Kutsche und fuhren zur Kasan-Kathedrale. Unzählige Menschen waren auf den Straßen. Im Hof des Anitschkow-Palais wurden wir von der Ehrenwache des Ulanen-Leibgarderegiments empfangen. Mama erwartete uns mit Brot und Salz... Den ganzen Abend beantworteten wir Telegramme... Wir hauten uns früh aufs Ohr, denn sie hatte Kopfweh.«

Der saloppe Gardeausdruck »hauten uns aufs Ohr« überdeckt seine Verwirrung, die Angst vor dem Geheimnis ihrer Jungfernschaft. Und sie? Er erwähnte nicht von ungefähr ihr Kopfweh. In der Hochzeitsnacht beschloß sie, ihr Glück in seinem Tagebuch zu verewigen, doch es waren merkwürdige Worte: »Ist dieses Leben zu Ende, so treffen wir uns in der anderen Welt wieder und bleiben für immer zusammen...« Noch immer quälten sie Schwermut und ein seltsames Entsetzen. Sie versuchte es sich damit zu erklären, daß Trauer und Hochzeit zusammenfielen.

Die verwitwete Zarinmutter versuchte, sie so lange wie möglich bei sich zu behalten; in der ersten Zeit wohnten sie im Anitschkow-Palais.

»15. November. Also, ich bin verheiratet...«

»16. November. Ich habe die liebe Alix den ganzen Vormittag über nur eine Stunde gesehen. Wir sind ausgefahren. Ein ungewohntes Gefühl, mit ihr in Petersburg zu sein.«

»17. November. Ich bin unglaublich glücklich mit Alix. Schade, daß der Dienst so viel Zeit in Anspruch nimmt, die ich gern ausschließlich mit ihr verbringen möchte...«

Sie genierte sich wegen ihrer schlechten Russischkenntnisse und mußte zu ihrem Kummer untätig zusehen, wie die Zarinmutter und die Minister ihren Nicky lenkten. Dafür ertönte in seinem Tagebuch immer öfter ihre Stimme. Sie schrieb Belehrungen hinein: »Erst die Pflicht, dann das Vergnügen.« – »Fürchte nicht die Gefahr, der Herr ist mit dir und beschützt dich.« Die Harmonie ihrer Ehe ergab sich aus seiner Weichheit und ihrer Festigkeit. Sie wollte ihm in allem zur Seite stehen. Das bedeutete ihn lenken. Bislang tat sie das nur in seinem Tagebuch.

Ein Jahr Trauer: keine Bälle, keine Zerstreuungen, sie waren sich selbst überlassen. Um drei Uhr, wenn er sich von den Vorträgen der Minister und sonstigen Staatsgeschäften freigemacht hatte, fuhren sie zum Newski-Prospekt und dann zum Winterpalast, wo ihre Wohnung eingerichtet wurde. Dann kehrten sie zum Anitschkow-Palais zurück und waren wieder zusammen. Abends las er ihr vor, wie es früher sein Vater getan hatte. Als der erste Schnee fiel, fuhren sie nach Zarskoje Selo, und dort waren sie zum erstenmal eine ganze Woche allein.

Am letzten Tag des Jahres machten sie Eintragungen in sein Tagebuch: Er: »Zusammen mit tiefstem Leid hat mir der Herr ein Glück beschert, von dem ich nicht einmal zu träumen wagte – er gab mir Alix:« Sie: »Der letzte Tag des alten Jahres. Was für ein Glück, ihn gemeinsam zu verbringen. Meine Liebe ist so tief, stark und rein – sie kennt keine Grenzen. Der Herr möge dich segnen und schützen.« Und Verse von Lermontow: »Es dämmert. Goldner Lampenschimmer umflirrt das Kreuz, den Heiligenschrein; der Frieden Gottes weht im Zimmer...«

Sie war ruhiger geworden.

Als er den Thron bestieg, wurden große Erwartungen an ihn geknüpft. Das ewige russische Warten auf einen guten neuen Zaren! Man hatte sich sein Bild schon zurechtgemacht: Als Thronfolger war er immer gern dem Palast entwischt, um sich zu vergnügen. (Also dürstete er nach Freiheit.) Er hatte sich in eine Jüdin verliebt. (Also würde er die Fremdstämmigen nicht unterdrücken.) Er hatte den Oberpolizeimeister für 24 Stunden in die Hauptwache sperren lassen! (Das bedeutete das Ende der Polizeiwillkür.) Aus diesen Hoffnungen heraus reichten die Landstände zahllose Bittgesuche und Vorschläge für Reformen ein.

Pobedonoszew entschied: Es ist an der Zeit, Einhalt zu gebieten! Der Zar muß eine entsprechende Rede halten (die natürlich Pobedonoszew schrieb).

Am 17. Januar 1895 zeigten sich der junge Zar und die neue Zarin, die in der Feodor-Kathedrale auf den Namen Alexandra Fjodorowna getauft worden war, zum erstenmal dem Land.

»Im lieben Anitschkow-Palais« versammelten sich die Vertreter der Landstände, der Städte und der Kosakenheere. Der Anblick der vielen Menschen, die nach Pobedonoszews Behauptung auf Aufruhr sannen und denen er Einhalt gebieten mußte, stürzte den schüchternen Nikolaus in Verwirrung. Er hatte die Rede in seiner Schaffellmütze.

In überkippendem Falsett begann er vorzulesen. »In letzter Zeit sind in einigen Semstwo*-Versammlungen Stimmen von Leuten laut geworden, die sich sinnlosen Träumen hingeben.« Vor Unsicherheit und Beklemmung schrie er den Satz heraus und starrte dabei einen alten Mann an, den Vertreter des Twerer Adels. Der ließ vor Schreck die goldene Schale mit Brot und Salz fallen, die dem neuen Herrscher nach altem Brauch überreicht werden sollte.

Die goldene Schale rollte klirrend über den Boden, das Brot brach

* Landstände, lokale Selbstverwaltung (Anm. d. Übersetzerin).

auseinander, das goldene Salzfäßchen fiel heraus und rollte hinter der Schale her. Der untadelig erzogene Zar tat das, was ein junger Mann zu tun hat, wenn einem alten Menschen etwas aus der Hand fällt: Er versuchte, die Schale aufzuheben, womit er endgültig alle verblüffte. Der Hofminister, der alte Woronzow-Daschkow, jagte hastig der Schale nach und fing sie ein.

Dieser Vorfall wurde als böses Omen für die künftige Herrschaft gedeutet.

Aus dem Tagebuch des Grafen von Lamsdorff: »19. Januar 1905. In der Stadt wird die Rede des Zaren heftig kritisiert, sie hat einen äußerst bedrückenden Eindruck hinterlassen... Und der jungen Zarin wirft man vor, daß sie sich so steif hielt, als hätte sie ein Lineal verschluckt, daß sie sich nicht vor den Abgeordneten verneigte.«

Alix war ebenso gehemmt wie ihr Gatte. Sie suchte ihre Verlegenheit durch majestätische Haltung zu kaschieren.

»Die von Gott gesandte Tochter...«
Tagebuch eines jungen Vaters

Im Sommer fuhren sie in den Süden, auf die Krim, in das Schloß Liwadia, wo noch vor kurzem der tote Zar im Sessel gesessen hatte: die Zarinmutter, der Bruder Mischa, der Freund Sandro mit seiner Frau Xenia. Xenia und Alix waren guter Hoffnung.

»31. Juli 1895. Nach dem Tee arbeitete ich, als ich plötzlich erfuhr, daß die liebe Xenia die Tochter Irina zur Welt gebracht hat. Ich fuhr mit Alix sofort hin. Wir sahen Xenia und die kleine Nichte. Gott sei Dank ist alles gut gegangen...«

Die in der Wiege schreiende Irina wurde später die Frau von Felix Jussupow, der Rasputin ermordete.

Im Herbst kehrten sie nach Petersburg zurück, nach Zarskoje Selo. Von 1895 bis zum Ende seiner Herrschaft war Zarskoje Selo das bevorzugte Wohnhaus seiner Familie. Im Park, zwischen kleinen künstlichen Seen, stand nicht weit vom prunkvollen Katharinenschloß halb hinter Bäumen versteckt das kleine weiße Alexander-Palais. Darin lebten sie. In der Nacht zum 3. November wurde die verwitwete Herrscherin aus Gatschina dorthin gerufen.

»3. November, Freitag. Ein unvergeßlicher Tag, an dem ich sehr gelitten habe. Schon um ein Uhr nachts setzten bei der lieben Alix die Wehen ein, und sie konnte nicht schlafen. Den ganzen Tag lag die Ärmste im Bett und quälte sich sehr. Ich konnte sie nicht ruhig ansehen. Gegen zwei Uhr nachts kam die gute Mama aus Gatschina. Sie blieb zusammen mit Ella ununterbrochen bei Alix. Um neun Uhr erscholl Kindergeschrei, und wir atmeten erleichtert auf. Der von Gott gesandten Tochter gaben wir während des Gebets für Wöchnerin und Kind den Namen Olga.«

»6. November. Am Morgen habe ich mich an unserer entzückenden Tochter erfreut. Sie sieht gar nicht aus wie ein Neugeborenes, denn sie ist groß und hat ein behaartes Köpfchen.«

Die russische Amme, die als Gehilfin der englischen Amme fungierte, sagte, »ein behaartes Köpfchen« sei ein untrügliches Omen für das spätere Glück des Mädchens.

1918 würde sie das Glück haben, neben der Mutter in jenem Souterrainzimmer zu stehen. »Die Zarin und Olga versuchten, sich zu bekreuzigen, kamen aber nicht mehr dazu. Schüsse knallten« (aus den Aussagen des Schützen A. Strekotin).

Die Tochter gedieh. Ein Photo, aufgenommen von ihm: Alix, und neben der Mutter auf schwachen Beinchen die winzige Olga.

Nikolaus verglich seine Tochter mit der Tochter seiner Schwester. »21. März 1896. Nach der Messe wurden unsere Töchter zum heiligen Abendmahl geführt. Unsere Tochter war ganz ruhig, Irina schrie ein bißchen.«

»1. April. Xenia brachte Irina zu unserer Kleinen in die Wanne. Sie wiegen beide 20 Pfund, aber unsere Tochter ist dicker.«

Die Geburt fiel mit dem Ende der Trauerzeit zusammen. Im Winterpalast wurde ein rauschender Ball gefeiert: Tausende von geladenen Gästen, das Orchester spielte eine Polonaise, der Zeremonienmeister klopfte dreimal mit dem Stab, Mohren mit weißem Turban öffneten die Türen, und alle verneigten sich. Zar und Zarin betraten den Saal.

Alix beherrschte die russische Sprache noch immer nicht und ging deshalb nicht gern unter Menschen. Sie widmete sich ganz dem Kind, herrschte zu Hause in Zarskoje Selo.

Das Land wurde von Nikolaus' Mutter und ihren Leuten regiert. Es gibt die Version der sich entfaltenden Blume: Früher vom eisernen Willen ihres Mannes niedergehalten, konnte sich die herrschsüchtige Mutter nun endlich entfalten. In Wirklichkeit war alles einfacher und tragischer. Die verwitwete Zarin, die in der Romanowfamilie »Tante Miechen« genannt wurde, kannte ihren Sohn nur zu gut. Sie fürchtete, daß irgendwer den guten Nicky negativ beeinflussen könnte. Das konnte der Großfürst Sergej Alexandrowitsch sein – ein geradliniger Reaktionär – oder der zweite Bruder des verstorbenen Zaren, Wladimir, der ebenso charmant wie einfältig war, oder der liebe, aber leichtsinnige dritte Bruder Pawel. Jeder von ihnen wäre verhängnisvoll für das Reich gewesen. An Alix dachte sie damals noch nicht. An sich selbst jedoch glaubte die tatkräftige Frau, die viel von Alexander III. gelernt hatte. Witte notierte damals in seinem Tagebuch, als er mit Nikolaus über die Ernennung eines Ministers gesprochen hatte, habe der Zar gesagt: »Fragen Sie meine Mutter.« Und an anderer Stelle, wieder in einer schweren Minute: »Ich werde meine Mutter fragen.«

Maria Fjodorowna bewies Weitblick, indem sie auf Witte setzte, den Finanzminister ihres Mannes. Witte, das war eine ganze Epoche. Er war ein Anhänger von Reformen, ein gemäßigter Liberaler, wie er nach der Eiszeit unter Alexander gebraucht wurde. Witte wußte: In Rußland darf man die Temperatur nicht zu schnell wechseln. In der ersten Zeit versuchte die Zarinmutter, überall zusammen mit ihrem Sohn zu erscheinen.

Frau Jurenewa erzählt: »In jener Zeit wirkte die verwitwete Kaiserin plötzlich erstaunlich verjüngt. Damals beschäftigte sich ganz Petersburg mit diesem Rätsel. Es wurde erzählt, diese umwerfende Frau habe sich in Paris operieren lassen. Sie hatte den Erfolg einer solchen Operation bei der künftigen englischen Königin Alexandra gesehen, die ungeachtet ihres Alters alle durch ihr jugendliches Aussehen in Erstaunen versetzte. Das war ein ungeheuerliche Operation: Zuerst wurde die Epidermis entfernt, und das Gesicht verwandelte sich in eine einzige Wunde. Wenn sie verheilt war, wurde durchsichtiger Lack auf das Gesicht aufgetragen. Dann kam das Schmerzhafteste: Lange Wimpern wurden eingepflanzt. Die Operation erforderte Heldenmut.«

Die Zarin ertrug diese Schmerzen, denn der junge Zar mußte eine junge Mutter an seiner Seite haben.

»Wie ein Traum«

In der alten Mariä-Himmelfahrts-Kathedrale in Moskau wurden seit jeher die russischen Herrscher gekrönt. Am 6. Mai fuhr der kaiserliche Zug mit der großen Romanowfamilie nach Moskau.

»6. Mai 1896. Zum erstenmal seit unserer Hochzeit mußten wir getrennt schlafen. Sehr langweilig. Ich bin um neun aufgestanden. Nach dem Kaffee habe ich Telegramme beantwortet. Nicht einmal auf der Bahn hat man seine Ruhe. In Klina begrüßte uns Onkel Sergej (der Großfürst Sergej Alexandrowitsch, sein ehemaliger Kommandeur, inzwischen Moskauer Generalgouverneur). Wir kamen um fünf bei schrecklichem Wetter in Moskau an: Regen, Wind, Kälte...«

Nach altem Brauch mußten der Zar und die Zarin vor dem feierlichen Einzug in Moskau im alten Peterpalast wohnen, der vor dem Twerer Stadttor stand, etwa eine Werst vom damaligen Moskau entfernt. Hier im Palast, den Katharina die Große zur Erinnerung an den Sieg über die Türken bauen ließ, mit gotischen Fenstern und romanischen Türmen, wohnten sie drei Tage.

»7. Mai. Wir wachten bei dem gleichen trostlosem Wetter auf... Dann empfingen wir das riesige Gefolge Heinrichs (der Bruder von Kaiser Wilhelm), der Prinzen von Baden, von Württemberg und von Japan...«

Die Königshäuser Europas und die übrige Welt nahmen an der Krönung des russischen Selbstherrschers teil. Der Tag des feierlichen Einzugs in Moskau. Zum erstenmal schien die Sonne, und die zahllosen Goldkuppeln der Moskauer Kirchen flammten auf.

Früher Morgen... Die junge Kaiserin – goldenes Haar bis zum Gürtel – stand am gotischen Fenster und blickte auf die Türme des Peterpalastes. Aber es wurde Zeit, sich in die Kutsche zu setzen. Die prächtige Prozession bewegte sich zum Kreml.

»9. Mai. Der erste schwere Tag für uns – der Einzug in Moskau. Gegen 12 Uhr kamen all die Prinzen, mit denen wir zusammen frühstückten. Um halb drei begann die Prozession. Ich ritt auf Norma, Mama saß in der ersten goldenen Kutsche, Alix in der zweiten – ebenfalls allein.«

In diesen Tagen ereignete sich etwas Merkwürdiges. Sie besuchten das größte Heiligtum Rußlands – das Dreifaltigkeits-Sergi-Kloster. Doch niemand kam zur Begrüßung heraus. Die Organisatoren der Krönungsfeierlichkeiten hatten die Termine schlecht abgestimmt. Aber die Kenner von Omen vermerkten: Der meistgeachtete russische Heilige, Sergi Radoneschski, hatte den neuen Zaren nicht begrüßt.

Aus dem Tagebuch vom 13. Mai: »Wir sind in den Kreml umgezogen… Ich mußte eine Armee von Prinzen empfangen. Möge uns der barmherzige Herr helfen, möge er uns morgen stärken und für ein friedliches, tätiges Leben segnen.« Hinter diesen Satz setzte er drei Ausrufezeichen und ein Kreuz. Die Krönung war für den religiösen Nikolaus einer der größten Tage seines Lebens.

14. Mai 1896. Die Prozession bewegte sich zur Mariä-Himmelfahrts-Kathedrale. Die Zarinmutter trug eine kleine brillantenbesetzte Krone, vier Generale hielten ihren Purpurmantel. Dann betraten Nikolaus und Alexandra unter Hurrarufen die Kathedrale.

»14. Mai 1896. Ein großer und feierlicher, aber in moralischer Hinsicht schwerer Tag für Alix, Mama und mich. Seit acht Uhr waren wir auf den Beinen. Zum Glück hatten wir wunderschönes Wetter. Die Rote Treppe bot ein strahlendes Bild. Was in der Himmelfahrts-Kathedrale geschah, kommt mir zwar wie ein Traum vor, aber ich werde es mein Leben lang nicht vergessen.«

Kerzen brannten… Cherubinischer Gesang ohne Orgel…

Aus den Händen des Metropoliten nahm Nikolaus die große Krone entgegen und setzte sie auf sein Haupt. Alix kniete vor ihm nieder, Nikolaus nahm die Krone des Imperiums ab, berührte damit ihren Kopf und setzte sie wieder auf. Auf ihrem Kopf funkelte bereits die kleine brillantenbesetzte Krone. Vier Hofdamen steckten sie mit goldenen Haarnadeln fest. Das Zarenpaar setzte sich in der alten Kathedrale auf den Thron. Die Zarinmutter küßte Nikolaus viermal und streifte Alix' Wangen mit zwei Küssen.

Auf der Roten Treppe verneigten sie sich dreimal bis zum Gürtel vor dem Volk.

»Um drei Uhr gingen wir in den Empfangssaal... Wir aßen bei Mama zu Mittag, die diese lange Folter gut überstanden hat. Um neun gingen wir auf den oberen Balkon. Die Türme und Wände des Kreml erstrahlten nacheinander im Licht.«

Die hessische Prinzessin blickte auf die goldene Kuppel der Großen Kathedrale: die Hauptstadt der halben Welt strahlte im Licht.

Die Zarinmutter hatte die lange Folter wirklich gut überstanden. Ihre Selbstbeherrschung sollte ihr am nächsten Tag sehr zustatten kommen.

»17. Mai. Viertel zwei kamen die Damen gratulieren. Zuerst die Großfürstinnen, dann die Hofdamen, die Stadtdamen... Die Füße taten ein wenig weh...

Wir fuhren ins Bolschoi(-Theater) zur Festaufführung. Es wurde wie üblich ›Das Leben für den Zaren‹ gespielt, der erste und der letzte Akt, dann das neue schöne Ballett ›Die Perle‹...«

In eben diesem »neuen schönen Ballett« erschien zum Erstaunen des Publikums die Kschessinskaja auf der Bühne.

Die Zarinmutter blickte auf die Bühne, auf die verhaßte kleine K., und beschloß, Konsequenzen aus diesem Affront zu ziehen.

Doch der folgende Morgen des 18. Mai ließ sie Ballett und Tänzerin vergessen. Der 18. Mai wurde zu einem der schrecklichsten Tage in der Regierungszeit ihres Sohnes.

Nach der Krönung sollte das Volksfest mit der Verteilung von kostenlosem Essen und Süßigkeiten beginnen. Der Zar speiste gleichsam sein Volk. Als Ort für die Volksbelustigung war das Chodynkafeld außerhalb Moskaus ausgewählt worden. Die uralte Brot-und-Spiele-Veranstaltung mit dem Cäsar und seinem Volk.

Auf dem Chodynkafeld standen bunte Zelte mit Geschenken. Auch Krönungsbecher mit Wappen sollten verschenkt werden. Aber zwischen den Zelten und der schon in der Nacht des 17. herbeigeströmten Menge lagen Gräben, die die Organisatoren aus Schlamperei nicht zugeschüttet hatten. Nicht weniger als eine halbe Million Menschen standen dicht gedrängt in Erwartung der Geschenke. Plötzlich ertönten Schreie – Menschen wurden in der Menge erdrückt. Irgendwer hatte geglaubt, die Verteilung der Leckereien beginne. Sofort setzte Gedränge ein, Menschen stürzten in die Gräben, die Nachfolgenden zertrampelten die am Boden Liegenden. Im Morgengrauen wurden die Leichen auf Kastenwagen weggefahren.

Als sich Minister Witte in die Droschke setzte, um zur Fortsetzung der Feierlichkeiten zu fahren, wußte er bereits, daß auf dem Chodynkafeld mehr als tausend Menschen ums Leben gekommen waren. Doch als die prächtigen Droschken am Chodynkafeld ankamen, war alles schon sorgfältig aufgeräumt, waren keine Spuren mehr von der Katastrophe zu sehen. Die Sonne schien, im Pavillon war der Adel Europas versammelt, und ein gigantisches Orchester spielte eine Kantate zu Ehren der Krönung. Auf dem Feld drängten sich herausgeputzte Menschen. Auch der Zar war anwesend. Ständig an seiner Seite hielt sich Großfürst Sergej Alexandrowitsch, der die Feierlichkeiten arrangiert hatte. Alle bemerkten, daß Nikolaus verwirrt und niedergeschlagen war.

»18. Mai 1896. Bis jetzt lief alles glatt, aber heute hat sich ein großes Unglück ereignet: Die Menge, die in Erwartung des Essens und der Becher auf dem Chodynkafeld übernachtet hatte, rückte gegen die Gebäude vor, und es kam zu einem schrecklichen Gedränge, bei dem etwa 1300 Menschen totgetrampelt wurden. Ich habe halb elf davon erfahren... Diese Nachricht hat einen ekelhaften Eindruck hinterlassen. Halb zwölf haben wir gefrühstückt, und dann sind wir zum Chodynkafeld gefahren, um an diesem traurigen Volksfest teilzunehmen. Vor der Bühne, auf der die ganze Zeit die Hymne gespielt wurde, standen viele Menschen. Wir fuhren zum Peterschloß, wo ich am Tor einige Abordnungen empfing... Ich mußte ein paar Worte sagen... Wir speisten bei Mama. Später fuhren wir zum Ball zu Montebello.«

Diese für ihn unheilvolle Zahl 17! Am 17. Oktober das Zugunglück bei Borki, das er wie durch ein Wunder überlebte. Am 17. Januar sein erstes mißglücktes Auftreten vor der russischen Gesellschaft. Am 17. Oktober 1905 das Ende der Selbstherrschaft – an diesem Tag unterschrieb er das Manifest über die erste russische Verfassung. Am 17. Dezember der Tod Rasputins. Und 1917 – das Ende seines Reiches. In der Nacht zum 17. Juli sein Tod zusammen mit seiner Familie. Und diese schreckliche Katastrophe auf dem Chodynkafeld, in der Nacht des 17. Mai.

Übrigens begriff die Zarinmutter sehr rational die Ursache der

Katastrophe. Sie hatte sich die Regierungsprinzipien ihres Mannes zu eigen gemacht. Das Kommandosystem der Selbstherrschaft funktioniert nur dann, wenn die Spitze der Pyramide Angst verbreitet. Mit dem Tod des starken Zaren war die Angst verschwunden. Wie ein Organismus durch hohes Fieber seine Erkrankung anzeigt, so signalisierte das System durch die Katastrophe seine tödliche Erkrankung: Die Angst verschwindet, der Zar ist schwach.

Also beschloß die Mutter, die Angst zurückzuholen. Die Schuldigen mußten hart bestraft werden. Schuld war der Großfürst Sergej, der Bruder ihres Mannes. Wenn er exemplarisch bestraft wurde, kehrte auch die Angst zurück.

Sie forderte die unverzügliche Einberufung einer Untersuchungskommission und die Bestrafung der Schuldigen. Nikolaus war einverstanden. Ferner forderte sie die Absetzung aller Vergnügungen, auch des abendlichen Balles bei dem französischen Botschafter Montebello.

So eine Unterhaltung verbarg sich also hinter der Notiz: »Wir speisten bei Mama.«

Da widersetzte sich Alix zum erstenmal der Zarinmutter. Sie ließ nicht zu, daß der Mann ihrer Lieblingsschwester geopfert wurde. Sie duldete auch nicht, daß die Vergnügungen abgesagt wurden. Sergej Alexandrowitsch hatte recht: Alles mußte so weitergehen, als wäre nichts geschehen. Eine Krönung wird nur einmal im Leben zelebriert, der Ball hatte stattzufinden.

Sie hoffte, der Ball und die Musik würden alles vergessen machen. Und Nikolaus war wieder einverstanden. »Wir fuhren zum Ball zu Montebello.«

Zum Entsetzen der Freunde des neuen Zaren tanzten Nikolaus und Alix auf diesem Ball. Und wieder hielt sich der Großfürst Sergej Alexandrowitsch ständig an Nikolaus' Seite. Moskau nannte ihn bereits »Fürst Chodynski«.

Die nächsten Tage. »Am 19. Mai fuhr ich mit Alix um zwei zum alten Katharinenkrankenhaus, wo die Unglücklichen liegen, die gestern zu Schaden gekommen sind...«

»20. Mai. Um drei fuhr ich mit Alix zum Marienkrankenhaus, wo wir die zweitgrößte Gruppe der Verletzten besuchten...«

Er spendete großzügig für die Verletzten. Aber das Land nahm nur eins zur Kenntnis: »Wir fuhren zum Ball zu Montebello.« Die Mutter hatte recht behalten.

Es gibt den Begriff »Zarencharakter«. Das ist die Summe der Eigenschaften, die von einem unbeugsamen Willen zeugen. Nikolaus hatte nichts davon. »Schlapp und mitleidig«, »willenlos« nannten ihn die einen. Andere nannten ihn »heimtückisch«. In Wirklichkeit war er hartnäckig. Seine Schwäche bestand darin, daß er keinem Bittsteller ein klares Nein entgegensetzen konnte. Er war zu taktvoll und zu gut erzogen, um mit harter Bestimmtheit aufzutreten. Statt eine eindeutige Absage zu erteilen, zog er es vor zu schweigen. Der Bittsteller hielt dieses Schweigen für Zustimmung. Dabei wartete Nikolaus nur, bis jemand kam, der seinen Standpunkt vertrat. Dann faßte er sofort einen Entschluß. Das Ergebnis war, daß der Bittsteller die Willenlosigkeit und Heimtücke des Herrschers verfluchte. So war es auch mit der Kschessinskaja gewesen. Als die Mutter und der Minister ihren Namen aus der Darstellerliste der Festaufführung strichen, hatte Nikolaus geschwiegen – er konnte die Mutter nicht kränken. Aber er wartete. Und als sein Onkel kam, um für Mathilda zu bitten, war Nikolaus sofort einverstanden. Genauso war es bei der Katastrophe auf dem Chodynkafeld. Er begriff den Gemütszustand seiner Frau und wollte auch selber die Feierlichkeiten fortsetzen, wagte aber nicht, seiner Mutter zu widersprechen. Als er dann doch zum Ball fuhr, sah es so aus, als hätte er den Forderungen Sergejs nachgegeben.

Er setzte eine Untersuchungskommission ein und übertrug dem Grafen Pahlen, einem Protegé der Zarinmutter, den Vorsitz. Sofort erfolgte ein Gegenschlag. Wladimir und Pawel, die Onkel des Zaren, teilten mit, sie würden sich unverzüglich vom Hof zurückziehen, falls es zu einer Bestrafung Sergej Alexandrowitschs käme.

Ein harmloses Ultimatum, denn sie wußten, daß sie nicht in die Verbannung zu gehen brauchten. Hinter ihnen stand Alix.

In dem Bemühen, es allen recht zu machen, kam der zartfühlende Nicky unentwegt den konträren Richtungen entgegen. Pahlens Bericht verschwand in den Archiven. Dafür wurde der Oberpolizeimeister Moskaus, ein Untergebener des Großfürsten Sergej, entlassen. Zum Entsetzen der Mutter fuhr Nikolaus unmittelbar nach der Chodynka-Katastrophe auf das Gut Sergejs nach Iljinskoje.

Er wollte nicht Zar sein, er wollte nicht die Mutter betrüben , er wollte nicht, daß Menschen getötet wurden, er wollte nicht, daß Alix traurig war... Aber das alles war unumgänglich. Eben das bedeutete Zar sein.

Der Feiertag der Ermordeten

Noch heute gibt es bei Moskau die breite Allee mit den jahrhundertealten Bäumen, die zu dem berühmten Gut Iljinskoje führte. Erhalten geblieben sind auch die alten Linden im Park und die alte Kirche.

»3. Juni. Hochzeitstag von Sergej und Ella.«

Dieser Tag wurde in Iljinskoje geräuschvoll begangen. Auf dem Grundstück tollten die Kinder, die neue Generation der Romanowfamilie.

Das 19. Jahrhundert ging zur Neige, schon waren, wenn auch noch unsichtbar, die Dekorationen für das neue schreckliche Jahrhundert aufgebaut, und die handelnden Personen betraten die Bühne. Hier in Iljinskoje waren auch die Romanows, denen ein Leben im 20. Jahrhundert bevorstand, z. B. ein fünfjähriger Junge in Samthöschen – Dmitri, der Sohn des Großfürsten Pawel. Er war auf dem Gut geboren und hatte seine Mutter getötet. Das geschah, bevor Nikolaus und Alix geheiratet hatten.

Noch heute führt vom Gipfel des Hügels der Pfad zur Moskwa hinab, wo man noch immer halbzerfallene Brückchen sehen kann. Dorthin war 1891 an einem sonnigen Sommermorgen eine junge Frau gelaufen – die griechische Königin Alexandra, Gattin des Großfürsten Pawel. Als sie sich ins Boot setzte, kam es zu einer Frühgeburt. Alexandra starb. Der Junge blieb am Leben. Er wurde auf den Namen Dmitri getauft.

Wie erstaunlich sich das Schicksal all der Menschen fügte, die zur Feier in Iljinskoje zusammenkamen! Und wie tragisch!

Dmitris Vater, Großfürst Pawel, würde aus Rußland ausgewiesen werden. Nach dem Tod seiner Frau hatte er eine skandalöse Affäre mit der Frau des Adjutanten des Großfürsten Wladimir. Pawel beschloß, sie zu heiraten. Aber die Zarinmutter war unerbittlich, und

Pawels Brüder, Sergej und Wladimir, ergriffen notgedrungen ihre Partei. Das war der erste Skandal in der Familie Romanow, über den der arme Nicky richten mußte. Er sah sich gezwungen, den »lieben Onkel Pawel« aus Rußland auszuweisen. Doch Pawels Sohn Dmitri blieb in Rußland und wurde zusammen mit seiner Schwester von Sergej Alexandrowitsch und Ella erzogen.

Dieses Ehepaar konnte keine eigenen Kinder haben und verschenkte seine ganze Zärtlichkeit an Dmitri und seine Schwester.

In den Revolutionstagen von 1905 wartete der Sozialrevolutionär Kaljajew mit einer Bombe vor dem Bolschoi-Theater. Alles war genau berechnet. Im Schneesturm leuchteten die Scheinwerfer des großfürstlichen Wagens auf, und Kaljajew stürzte mit der Bombe dem Wagen entgegen. Da sah er neben dem Großfürsten Ella und die Kinder sitzen und ließ die Hand mit der Bombe sinken. Der romantische Terrorist des idyllischen 19. Jahrhunderts! Doch beim nächstenmal, als Sergej Alexandrowitsch allein fuhr, warf Kaljajew die Bombe.

Nach dem Tod ihres Mannes widmete sich Ella (Jelisaweta Fjodorowna) der Gründung eines Schwesternordens, Dmitri lebte nun bei Onkel Nicky. Er nannte Nicky und Alix Papa und Mama.

Dieser »Sohn« Dmitri sollte sich später an der Ermordung des russischen Bauern Grigori Rasputin beteiligen, der »Mama« Alix so nahestand. »Er hat seine Mutter noch einmal getötet«, sagte Alix von ihm.

Damals aber tollte Dmitri auf der Wiese, und mit ihm spielten noch zwei Knaben – die Söhne des Großfürsten Konstantin Konstantinowitsch.

Das ganze lesende Rußland kannte diesen Mann unter dem Pseudonym »K. R.«. Seine romantischen Gedichte standen in den Tagebüchern und Alben junger Mädchen. Sogar die Zarin schrieb sie in ihre Hefte. Tschaikowski und Aljabjew vertonten Gedichte von ihm. Seinem ältesten Sohn Johann widmete K. R. das »Wiegenlied«:

»Schlaf in der schmucken Wiege,
in Spitze und Seide gehüllt.
Schlaf, mein herzliebes Söhnchen,
in deinem warmen Bett...

Tief in der stillen Nacht
ruhen in heiliger Trauer
die Augen der Muttergottes
schützend auf dir, mein Kind...
Ihre Augen sind voller Mitlied,
als wüßten sie von dem Leid
in deinem künftigen Leben...
Schlaf, noch sind sie nicht da,
die Jahre der Wirren und Stürme!«

K. R. starb 1915. Gott war ihm gnädig und ersparte ihm, seine Prophezeiungen in Erfüllung gehen zu sehen. Johann, seine Brüder Konstantin und Igor würden in den »Jahren der Wirren und Stürme« in der schmutzigen Grube sterben, in die sie nach brutalen Schlägen noch lebend geworfen wurden. Mit ihnen würde Tante Ella sterben.

Ella! Eine der bezauberndsten Frauen jener entschwundenen Zeit. Der französische Botschafter in Rußland, Maurice Paléologue, schrieb über sie: »Ich weiß noch, wie ich in Paris mit ihr zu Mittag aß... ungefähr 1891. Ich sehe sie genau vor mir: hochgewachsen, streng, tiefe, naive helle Augen, zarter Mund, weiche Gesichtszüge und eine gerade, schmale Nase... hinreißende Anmut ihres Ganges und ihrer Bewegungen. In der Unterhaltung ließ sie einen reizenden weiblichen Verstand erkennen, natürlich, ernst, voll verborgener Güte.«

Am Grund der Grube würde Ella noch die Kraft finden, Johann die Kopfwunde zu verbinden, demselben Johann, der einst in »Spitze und Seide« im Marmorpalais gelegen hatte, dem Lieblingshaus des Dichters K. R.

Lustig war es in Iljinskoje. Johann und Konstantin liefen mit Dmitri über die Wiese. Auf den Knien des Großfürsten Pawel saß mit aufgerissenen Augen noch einer, der später ermordet werden würde – der Säugling Igor, K. R.s jüngster Sohn. Übrigens würde auch Onkel Pawel erschossen werden.

Oben im Haus sang die Hausfrau Ella das »Wiegenlied«, und ihr Mann blätterte die Noten um.

Unten sahen Nicky und Alix den ausgelassenen Kindern zu: er

wohlwollend, sie sehnsüchtig. Alix träumte von einem eigenen Sohn!

Doch das Fest des Lebens ging weiter. Sie machten eine Reise. Österreich – eine Stippvisite bei dem alten Kaiser Franz Josef. Dann besuchten sie Nickys Großeltern (das dänische Königspaar). Von dort ging es nach England zur anderen Großmutter, der Königin Victoria. Die Rundreise durch die Königshäuser endete in einer Republik – in Frankreich.

Chodynka, das ihm später in Rußland noch so oft in Erinnerung gebracht wurde, hatte das übrige Europa nicht abgeschreckt. Frankreich empfing sie begeistert – die schöne Zarin in offener Kutsche, der junge Herrscher und ein bezauberndes kleines Mädchen... Zum erstenmal besuchte ein russischer Zar wieder Paris, seit bei der letzten Visite der Pole Berezowski auf Nikolaus' Großvater geschossen hatte, um das unterdrückte Polen zu rächen.

Diesmal schoß niemand, im Gegenteil: jubelnde Menschenmassen, Ovationen... Nur eine freie Republik kann sich so für einen Monarchen begeistern. Es wurde sogar der Grundstein für eine Brücke zu Ehren seines Vaters gelegt.

»Am 25. September war die Grundsteinlegung einer Brücke, die Papas Namen tragen wird. Wir saßen in einem großen Zelt... Dann fuhren wir zu dritt nach Versailles. Der ganze Weg von Paris nach Versailles war von Menschen gesäumt. Mir ist fast der Arm abgestorben vom Grüßen.

Halb fünf kamen wir an. Wir kutschierten durch den schönen Park, betrachteten die Springbrunnen... Es besteht wirklich eine Ähnlichkeit mit Peterhof. Die Säle und Zimmer des Schlosses sind in historischer Beziehung interessant.«

Nikolaus war von der Ähnlichkeit mit Peterhof beeindruckt, Alix von der »historischen Beziehung«. Sie stand auf dem Balkon des Schlosses, zu dem während der Revolution die Massen geströmt waren und das Königspaar gezwungen hatten herauszukommen.

In Paris erzählte man Alix von dem Graben, wohin einst die Guillotinierten gekarrt wurden... Sie stellte sie sich im Schmutz vor: Danton... Robespierre... die Girondisten... Sie hatten sich erdreistet, ihren König hinzurichten. Aber Gott strafte sie mit Wahnsinn, und sie brachten sich gegenseitig um. Sie vergaß es niemals. Als sie zwanzig Jahre später von Nickys Abdankung hörte, wiederholte sie auf französisch: Abdiqué! Abdiqué!

Das Jahr 1896 ging zu Ende, Alix erwartete ein Kind. Sie hoffte auf einen Jungen.

Tagebuch: »29. Mai 1897. Der zweite glückliche Tag in unserem Familienleben... Um zehn Uhr morgens hat uns der Herr mit der Tochter Tatjana gesegnet. Sie wiegt achteinhalb Pfund und ist 54 cm groß. Ich habe Telegramme gelesen und geschrieben...«

Die Unerfüllbarkeit von Träumen

Er regierte noch dank der Kraft seines verstorbenen Vaters, aber schon brodelte ein unsichtbarer Vulkan: Unruhen in der Armee (über die nicht geschrieben wurde, denn die Armee muß immer loyal sein) und die schreckliche Hungersnot von 1898 (über die viel geschrieben wurde).

Dennoch ging das glückliche Leben weiter. In diesen Jahren war Nikolaus oft auf der Jagd.

Tagebuch: »20. September. Die Strecke: 100 Hirsche, 56 Böcke, 50 Keiler, 10 Füchse, 27 Hasen, 243 in elf Tagen.«

So war die kaiserliche Jagd. Aber schon begann in seinem Land eine andere Jagd – die Jagd auf Menschen.

Im Februar 1901 wurde der Unterrichtsminister erschossen, von einem ehemaligen Studenten. Dieser erklärte, die Moskauer Universität sei mit den reaktionären Ansichten des Ministers unzufrieden. Im Jahr darauf wurde Innenminister Sipjagin getötet. Der finnische Generalgouverneur mußte sterben, später auch der neue Innenminister Plehwe. So begann die terroristische Organisation der Sozialrevolutionäre mit der Vorbereitung der Revolution.

Der junge Zar benahm sich seltsam. Er schien seine ermordeten Minister bald zu vergessen. Nach der Ermordung Sipjagins schrieb er in sein Tagebuch: »Wir müssen mit Demut und Festigkeit die Prüfungen ertragen, die uns der Herr zu unserem eigenen Wohl schickt.« Und nach der Ermordung Plehwes: »Es ist Sein heiliger Wille.«

Noch immer derselbe Grundzug seiner Weltsicht: Alles auf dieser

Welt wird von Gott bestimmt: die Schicksale der Völker und die Schicksale der Menschen. Es ist uns nicht gegeben, Gottes Vorsehung zu erkennen und das Heil, das in jedem seiner Werke verborgen ist.

Das half ihm, sich mit der Unerfüllbarkeit aller seiner Unternehmungen abzufinden. Schon damals fühlte er: Was er auch tat, was er auch anpackte, wie gut seine Absichten auch waren – alles verkehrte sich ins Gegenteil oder zerstob.

Wie sein Vater noch verfügt hatte, erließ er sofort nach seiner Thronbesteigung ein Gesetz gegen die Trunksucht, »die russische Krankheit«, wie sie in Europa genannt wurde. Das Gesetz war gut, aber wirkungslos; die Leute bezahlten jetzt mehr für den Wodka, tranken wie früher und ruinierten sich weiter. Das nächste Gesetz schlug der rastlose Witte vor. Er führte die Golddeckung für den Rubel ein. Die russische Währung sollte die Stabilität der europäischen Währungen erreichen (was auch geschah). Jetzt machten die russischen Reichen in Europa Furore – Vermögen wurden verjubelt, Landgüter in Pariser Restaurants verpraßt. Die Nachkommen hochangesehener Familien verarmten. Die Goldmünzen, in die Nikolaus' Profil geprägt war, regierten sein Land immer mehr.

Der russische Zar geht unter das Volk

Nikolaus und Alix begannen den Reichen zu mißtrauen. An der Schwelle des 20. Jahrhunderts entstand in ihm die Idee: Volk und Zar – und dazwischen niemand. Eine seltsame Wahrheitssuche bewegte ihn.

Im Gespräch mit einem Großfürsten erfuhr er von der Existenz eines armen Nowgoroder Grundbesitzers mit dem ulkigen Namen Klopow (Wanze). Dieser Klopow schrieb dem Zaren unentwegt Briefe, in denen er plastisch die Unterschlagung von Staatseigentum im Müllereiwesen schilderte. Die Briefe erreichten Nikolaus natürlich nicht, aber der unermüdliche Mann schrieb weiter. Nikolaus erzählte Alix von dem Mann, sie ließen sich die Briefe geben, lasen sie und waren frappiert von der Integrität dieses einfachen Mannes. Vielleicht war er gefunden, der Mann aus dem Volk, vielleicht war er von selber zu ihnen gekommen? Das Volk und der Zar, und dazwischen keiner.

Der Titularrat Klopow wurde zum Zaren gebracht. Der stille, schüchterne kleine Klopow mit den freundlichen Augen hatte Ähnlichkeit mit dem zierlichen, schüchternen Mann, der ihn in seinem Kabinett empfing und Herrscher über die halbe Welt war.

Nikolaus schickte Klopow mit einem Geheimauftrag und umfassenden Vollmachten los, um Rußland zu inspizieren. Er sollte die Ursachen der Mißernten herausfinden, die Übergriffe der Beamten untersuchen und dem Zaren die Wahrheit mitteilen. Nicht die »Wahrheit des Gouverneurs«, die Wahrheit der Bürokratie, nein, die Wahrheit des Volkes, die dem Zaren vorenthalten wurde. Klopow machte sich auf den Weg.

»In Rußland ist alles geheim, aber nichts bleibt verborgen.« Bald wußte das ganze Land von dem geheimnisvollen Klopow. Zahllose Menschen bestürmten den Abgesandten des Zaren mit Bittschriften.

Doch Klopow war nur ein kleiner Gutsbesitzer, der etwas von der Müllerei verstand. Hohe Beamte unterhielten sich liebenswürdig mit ihm und versprachen, alle Mißstände im Müllereiwesen zu beheben. Der gerührte Klopow brachte seinem Herrn aus den Weiten Rußlands folgende Wahrheit: »Innenminister Plehwe und sein ganzes Ministerium sind von den besten Absichten beseelt.«

So begann die gefährliche Wahrheitssuche. Nach Klopows Reise wußte Nikolaus wieder einmal um die Unerfüllbarkeit der Träume...

So war es in allem. Seinen furchtgebietenden Vater nannte man »Friedenszar«, weil er es verstanden hatte, Kriege zu vermeiden. Nikolaus hatte den Thron mit derselben Absicht bestiegen. An der Jahrhundertwende las er die Werke eines gewissen I. Bloch, eines Industriellen und Philosophen, der über die Unmöglichkeit schrieb, im heutigen Europa einen lokal begrenzten Krieg zu führen. Im 20. Jahrhundert werde jeder Krieg globale Ausmaße annehmen. »Der Sieger kann fürchterliche Zerstörungen nicht vermeiden, denn jede Regierung, die sich heutzutage auf einen Krieg vorbereitet, muß sich auch auf eine soziale Katastrophe vorbereiten.« Bloch sagte voraus, daß ein Krieg zum Untergang der großen europäischen Monarchien führen könne. Nikolaus empfing Bloch. Das Gespräch beeindruckte ihn.

Zu diesem Zeitpunkt schlug Nikolaus in seinem »Appell an die Staaten« Europa den allgemeinen Frieden vor.

Über die Grundidee des »Appells« schrieb Witte in seinen »Erinnerungen«: »Ganz Europa soll den Frieden wahren, soll nicht Unmengen an Geld für die Rivalität zwischen den Staaten vergeuden, soll kein Militärlager sein wie heute … Europa siecht unter gegenseitiger Feindschaft und Kriegen zwischen den Völkern dahin…, und bald werden Amerika und Japan für Europa die gleiche Achtung empfinden wie für eine sieche Schönheit.«

Die Idee des allgemeinen Friedens würde mit dem Krieg gegen Japan ein baldiges Ende finden.

1899 wurde die dritte Tochter geboren, Maria. Der lang ersehnte Sohn ließ noch immer auf sich warten. Mit drei Töchtern ging die Zarenfamilie ins 20. Jahrhundert. 1899 starb Nikolaus' Bruder Georgi an Tuberkulose, Thronfolger wurde nun der jüngste Bruder Michail.

Zauberer

Im Herbst 1900 erkrankte Nikolaus auf der Krim an Typhus.

Er lag im Sterben. Schon erhob sich die Frage seiner Nachfolge. Für Alix stand außer Frage, daß ihre älteste Tochter Olga den Thron besteigen mußte, so wie es in England üblich war. Schließlich hatten auch in Rußland schon etliche Kaiserinnen regiert. Doch Witte erklärte, nach dem Thronfolgegesetz sei die Reihe an Michail. Dieses Gesetz war unter Paul I. angenommen worden, der seine Mutter, Katharina die Große, haßte und verhindern wollte, daß künftig eine Frau den russischen Thron bestieg. Aber da gab es ein delikates Detail: Alix war schwanger und glaubte fest an einen Sohn. Nach dem Gesetz hatte das nichts zu bedeuten. Anrecht auf den Thron hatte nur, wer zum Zeitpunkt des Ablebens eines Monarchen der Thronfolger war. Witte war jetzt täglicher Gast im Schloß in Liwadia. Die Minister wohnten in Jalta im Hotel und pendelten zwischen Jalta und Liwadia hin und her. Sie kamen Alix vor wie Geier, die auf Beute aus waren. Aber Nikolaus genas – und entging zum drittenmal dem Tod. Nun erschienen die montenegrinischen Prinzessinnen am Hof. Die Töchter des montenegrinischen Fürsten studierten in Rußland am berühmten Smolny-Institut. Sie hießen Miliza und Stana. Am Hof wurden sie gehässig »Montenegrinerin Nr. 1« – Stana – und »Montenegrinerin Nr. 2« – Miliza – genannt. Sie hatten Großfürsten aus dem Clan der Nikolajewitschs geheiratet: Miliza den schwachbrüstigen Pjotr Nikolajewitsch, Stana seinen Bruder Nikolai Nikolajewitsch, »Nikolascha«, wie er in der Romanowfamilie genannt wurde. In der Armee und am Hof nannten sie ihn »Nikolai den Langen«, die einen ironisch, die andern bewundernd. Mit seiner Hünengestalt und seiner kräftigen Stimme war er der Liebling der Armee.

In Gegenwart der Montenegrinerinnen fühlte sich Alix als Zarin. Statt der höflichen Kälte am Hof erfuhr sie von den beiden Frauen Verehrung und Anbetung. Sie verstanden sich einzuschmeicheln.

Die Montenegrinerinnen hatten von zu Hause den unerschütterlichen Glauben an das Übersinnliche mitgebracht. In den hohen, bewaldeten Bergen ihrer Heimat lebten seit jeher Hexen und Zauberer, dort gab es Menschen, die mit Toten reden und das Schicksal der Lebenden voraussagen konnten. Diese neue geheimnisvolle Welt zog Alix in ihren Bann. Vor allem aber verhießen ihr die Montenegrinerinnen die Erfüllung ihres Traums, einem Thronfolger das Leben zu schenken: Das sei ein leichtes, man müsse nur den Mann mit der entsprechenden Kraft finden. Die romantische Alix ergab sich ganz diesem neuen Aspekt. Es begann mit einem Ausländer, dem in Lyon geborenen Monsieur Philippe, der sich seiner in Frankreich vollbrachten Wunder rühmte. Wenn Alix etwas glaubte, dann mit ihrem ganzen Wesen. Sie glaubte, also würde sie den ersehnten Sohn bekommen.

Die russische Kirche verurteilte Magier und Zauberer. Aber die Montenegrinerinnen erklärten: »Monsieur Philippe ist kein Zauberer. Ein Zauberer hat sich von Gott losgesagt, bekreuzigt sich nicht, empfängt nicht die heiligen Sakramente. Er verkörpert die Kraft des Teufels. Etwas anderes sind die Wundertäter. Sie sind Christen, und aus ihnen spricht Gottes Stimme.« Niemand am Hof wagte gegen diese keineswegs naive Definition aufzutreten. Philippe kam nach Petersburg. Ungeachtet seiner zweifelhaften Bildung und ebensolcher Empfehlungen seitens der französischen Behörden erhielt Philippe den Grad eines Doktors der Medizin und den Rang eines wirklichen Staatsrats. Am Hof erzählte man sich, Monsieur Philippe wohne im kaiserlichen Schlafzimmer, um mit seinen Gebeten die Geburt eines Thronfolgers herbeizuführen. Die Zarinmutter sprach mit Nicky und verlangte die Ausweisung des Franzosen. Es kam wie immer: Nicky stimmte zu, aber Philippe blieb. Er brachte es nicht über sich, der geliebten Alix die Hoffnung zu nehmen.

Und was für ein Glück: Alix fühlte sich schwanger. Sie wagte nicht, die Ärzte zu Rate zu ziehen, um nicht die Zauberkünste des Monsieur Philippe zu gefährden. Doch die Schwangerschaft verlief so merkwürdig, daß sie sich schließlich doch an die Ärzte wenden mußte. Es wurde eine Scheinschwangerschaft festgestellt. Sie war mit einem Traum schwanger gegangen. Doch dann bestätigten auch die Ärzte eine Schwangerschaft. Philippe sagte einen Jungen voraus.

Am 5. Juni 1901 brachte Alix das vierte Mädchen zur Welt, Anastasia. Der Franzose deutete das als ein besonderes Zeichen: Wenn statt des Jungen, den die Sterne verheißen hatten, ein Mädchen geboren werde, weise dies auf das ungewöhnliche Schicksal des Mädchens hin.

Der Franzose war den Montenegrinerinnen zu zivilisiert. Sie suchten etwas Geheimnisvolleres und Absonderlicheres. Der Narr Mitka wurde an den Hof gebracht. Miliza und Stana erklärten Alix: »Narren in Christo« gibt es nur in diesem Land. Sie stellen sich verrückt, treiben zuweilen Unzucht, laufen in Lumpen herum und manchmal auch nackt, um die erbärmliche sichtbare Welt zu verspotten und die Schmähungen der Menschen zu ertragen. Sie offenbaren uns den Widerspruch zwischen Gottes tiefer Wahrheit und dem oberflächlichen gesunden Menschenverstand. Wir müssen in ihrer verworrenen Rede Gottes Wort suchen. Sie besitzen die Gabe, zu prophezeien und Wunder zu vollbringen.

Aber die wirren Worte Mitkas ermüdeten Alix.

Da erschien Darja Ossipowna. Frau Jurenewa erzählt: »Damals lebten alle von Wundern. Dieses mystische Gefühl stellt sich wahrscheinlich immer am Ende eines Jahrhunderts ein. Vielleicht war es auch ein Vorgefühl, daß Atlantis untergehen würde. Wir schwärmten für spiritistische Sitzungen, schnupften Kokain und begeisterten uns für Darja Ossipowna ... Sie litt an Epilepsie, und wenn sie einen Anfall hatte, schrie sie ihre Prophezeiungen heraus. Wir schrieben uns ihre Beschwörungen auf, ich habe sie heute noch ... Bei Gewitter und Vollmond im Fluß zu baden, das war ihr Rezept für die Empfängnis. Sie erzählte auch, wie man einen Trunk zusammenbraut, um sich in eine Hexe zu verwandeln und nachts herumzufliegen. Übrigens traf sie die Voraussage, unter den drei letzten russischen Zaren werde alle 12 Jahre ein Umschwung in der russischen Geschichte eintreten. Nun urteilen Sie selbst, mein Freund: 1894 besteigt Nikolaus den Thron. Im 12. Jahr seiner Herrschaft, am 17. Oktober 1905, wird die Verfassung angenommen, und die russische Selbstherrschaft geht zu Ende. 12 Jahre später, 1917, bricht auch das Imperium zusammen. Nach weiteren 12 Jahren übernimmt 1929 unser neuer Zar Stalin endgültig die Macht. 1941 beginnt der Krieg. 1953 stirbt Stalin, und Chruschtschow kommt. Ich würde gern noch erleben, was uns 12 Jahre später erwartet.«

Frau Jurenewa erlebte es nicht mehr, aber 12 Jahre später wurde Chruschtschow gestürzt. Breschnew kam. Aber das war kein Zar mehr, das war eine Parodie, eine Puppe.

Offenbarungen, die weit ins heidnische Rußland zurückgehen ... Die Prophezeiungen der Ossipowna lehrten Alix, später einen Sinn in Rasputins Prophezeiungen zu sehen. Die unverständlichen Erzählungen über die Unzucht der »Narren in Christo« werden zur Rechtfertigung für Rasputins Ausschweifungen. So bereiteten all diese Hellseher die Ankunft des »Heiligen Teufels« vor.

Offensichtlich beunruhigte dieses verhängnisvolle Spiel den Geistlichen Johann von Kronstadt.

Vater Johann von Kronstadt erzählte Alix von dem wirklichen Heiligen und Wundertäter Serafim von Sarow, dessen postumer Ruhm bereits durch Rußland drang.

Der Starez* Serafim war bereits 1833 in der Sarow-Wüste gestorben. »Sich in Gottes Weisheit versenkend und unablässig gottgefällige Bücher lesend, war Serafim auserwählt, geistige Visionen zu sehen, zu heilen und zu prophezeien...«

Mit 18 Jahren war Serafim (damals noch Prochor Moschnin, »Serafim« wurde er erst im Kloster genannt) von zu Hause fortgegangen, in die große Stadt Kiew, ins Heilige Höhlenkloster. Als Mönch lebte er später lange in völligem Schweigen in der Wüste. Er lehrte: Die Seele braucht Gottes Wort, das Brot der Engel.

Der Starez war heiter und sanftmütig. »Eine von Verzweiflung erfüllte Seele wird töricht; wer die Leidenschaft besiegt, der besiegt auch die Verzweiflung. Verzagtheit und Verzweiflung sind sündhaft.«

Serafim umgab sich mit keuschen Jungfrauen, glücklichen Bräuten Gottes.

Über Serafim und die Mädchen kursierten Gerüchte. Die weltliche Obrigkeit war beunruhigt und befahl den geistlichen Oberen, Serafim zu verhören. Das Geheimnis der Heiligkeit wurde zum Gegenstand polizeilicher Ermittlungen. Bald wurde der Fall beigelegt, denn es war gar kein Fall. Aber Serafim soll damals gesagt haben: »Das deutet darauf hin, daß mein Ende nahe ist.« Bald darauf starb er friedlich.

Alix glaubte sogleich, daß Starez Serafim, der bei Gottes Thron stand, für sie eintreten werde. Das Heilige Rußland würde einen Thronfolger erhalten. So kam der sanftmütige Serafim in ihr Leben.

Mit all ihrer Energie erreichte Alix die Heiligsprechung des Starez Serafim. Die ganze Familie fuhr zur feierlichen Heiligsprechung nach Sarow. Alix wollte sich vor den Reliquien des Heiligen verneigen und einen Sohn erbitten.

Am 16. Juli 1903 erreichte der kaiserliche Zug die Bahnstation

* Mönch, Eremit: Lehrmeister anderer Mönche (Anm. der Übersetzerin).

Arsamas, von dort begab sich die Familie in die Wüste und ins Kloster.

Das Innenministerium unter Plehwe hatte die Reise lange vorbereitet. Wie in Rußland üblich, verwandelten die damit beauftragten Sonderdienststellen alles in eine gigantische Farce. Die Bewohner der Ortschaften, die auf der Wegstrecke des Zarenzuges lagen, wurden angewiesen, die Dorfeingänge mit Bögen und die Häuser mit Fahnen zu schmücken, sich zu beiden Seiten der Strecke aufzustellen usw. In aller Eile wurden Häuser getüncht, mit Schindeln und sogar mit Blech gedeckt. Strengste Sicherheitsmaßnahmen wurden ergriffen. Plehwe hatte sich noch etwas Besonderes ausgedacht. Während der feierlichen Zeremonie auf dem Bahnhof fiel aus seinem Mantel, den ein Diener trug, zufällig (!) ein geladener Revolver, aus dem sich ein Schuß löste. Der Schuß sollte schreckliche Erinnerungen wachrufen, damit der Zar die Vorsichtsmaßregeln des Ministers zu würdigen wußte.

Aber diese Polizeispiele entgingen der Aufmerksamkeit des Zarenpaares. Sie sahen nur die begeisterten Menschen am Wegrand und das Meer von Menschen – etwa anderthalb tausend – im Kloster. Diese Menschen wurden nicht davongejagt. Wer gekommen war, um sich vor Serafim zu verneigen, der mußte Nikolaus besonders ergeben sein. Der große Schriftsteller Wladimir Korolenko war als Pilger dort und beschrieb den Jubel der gewaltigen Menge, die den Zaren begrüßte.

Die Reise nach Sarow machte tiefen Eindruck auf Nikolaus und Alix. Im Gebet verbrachten sie dort drei Tage. Nachts badete die Kaiserin im heiligen Teich und bat Serafim um einen Sohn. Nikolaus saß am Ufer und schaute auf ihren silbrig schimmernden Körper.

Stille Beschaulichkeit am Grab des Heiligen. In Sarow erfaßte Alix den erstaunlichen Begriff »Starez«: Starez, das ist dein Fürsprecher vor Gott. Du gibst deinen Willen, deinen listigen Verstand in seine Hand, und er, der mit Ihm verbunden ist, wird dich lenken. Er ist dein Wegweiser, er hat das Brot für deine Seele. Starez Serafim war bei ihnen, sie spürten seine Anwesenheit, hörten seine Lehren: »Der Mensch gleicht nach seinem Körper einer angezündeten Kerze, sie muß niederbrennen, und er muß sterben. Seine Seele aber ist unsterblich, und unsere Fürsorge muß mehr der Seele gelten als dem Körper.«

Serafim wurde zum Beschützer der Zarenfamilie erklärt.

Auf dem Sterbebett soll Serafim gebeten haben, ihn nach seinem Tod wie einen Kadaver wegzuwerfen, damit ihn die wilden Tiere fressen. 1920 wurden seine Reliquien konfisziert. So »empfing« er lange nach seinem Tod zusammen mit der russischen Kirche »Leid und Erniedrigung«. Die Spur seiner Reliquien verlor sich, sie galten als vernichtet. Erst siebzig Jahre später wurden sie im Atheismusmuseum der Kasan-Kathedrale wiedergefunden.

Siebzig Jahre nach seinem Tod wurde Serafim heiliggesprochen. Siebzig Jahre nach seiner Schändung kehrten seine Reliquien zurück. Und alles hatte er vorausgesagt.

Witte erzählt in seinen »Erinnerungen«: Als Nikolaus nach Portsmouth fuhr, um den Friedensvertrag abzuschließen, wurde ihm eine Depesche hinterhergeschickt: Er solle sich nicht aufregen, der heilige Serafim habe den Abschluß des Friedensvertrages vorausgesagt.

Auch das Polizeidepartement ließ dem Zaren Voraussagen Serafims zukommen. Darunter war eine, die Nikolaus verblüffte: »Am Beginn seiner Herrschaft gibt es große Not im Volk, ein erfolgloser Krieg wird geführt, große Wirren brechen im Staat aus. Der Vater erhebt sich gegen den Sohn und der Bruder gegen den Bruder. Doch die zweite Hälfte seiner Herrschaft ist licht, und dem Zaren ist ein langes Leben beschieden.«

Was fühlte Nikolaus, als alles schon nach einem Jahr Wirklichkeit wurde – zuerst der erfolglose Krieg, dann die großen Wirren? Vielleicht blieb der mystische Zar, weil er die Voraussagen kannte, in den Tagen der schlimmsten Not so ruhig?

Wann hörte er auf, an die Voraussagen zu glauben? Wann begriff er, daß die letzten Worte der Prophezeiung im Polizeidepartement für ihn hinzugefügt worden waren?

Wir werden nicht mehr erfahren, was ihm Serafim wirklich vorausgesagt hatte.

1904 begann sein erster Krieg – der Russisch-Japanische. Obwohl der Sohn des »Friedenszaren« den Krieg so haßte, befand er sich plötzlich im Krieg. Witte erinnerte sich später: »Sie drängten Nikolaus, Gebiete der Mandschurei zu annektieren, und redeten ihm ein, das kleine Japan werde nie wagen, Rußland anzugreifen.«

Witte und die Mutter setzten ihm auseinander, wie gefährlich die Situation war. Nikolaus stimmte zu und beauftragte Witte, ein Konzept zur Bereinigung der Beziehungen mit Japan auszuarbeiten. Dann fuhr der Zar nach Polen zu seinem Jagdschloß; und während er dort Wild tötete, wurde die Tötung von Menschen vorbereitet.

Witte arbeitete ein Papier aus, das in den Tiefen der Archive verschwand. Die Verhandlungen mit Japan scheiterten.

Nikolaus' Tagebuch: »26. Januar 1904... Um acht fuhr ich ins Theater, es wurde ›Russalka‹ gegeben. Sehr schön. Nach Hause zurückgekehrt, erhielt ich von Alexejew ein Telegramm mit der Nachricht, daß in der Nacht japanische Torpedobootzerstörer die auf Reede liegenden Schiffe ›Zesarewitsch‹ und ›Pallas‹ angegriffen und leck geschossen haben. Und das ohne Kriegserklärung?! Gott stehe uns bei!«

»27. Januar. Am Morgen kam ein Telegramm über die Bombardierung von Port Arthur... Überall steigt der Kampfgeist.«

Gelassene Notizen... Man hatte ihn glauben lassen, daß die Japaner nicht zu kämpfen verstünden. Seine Minister stritten: Wie viele japanische Soldaten sind einen russischen Soldaten wert – zwei oder anderthalb?

Aber schon bald mußte er in sein Tagebuch schreiben: »schwer und schmerzhaft«.

Die russische Armee erlitt bislang nicht gekannte Niederlagen, die Flotte wurde vernichtet.

Von wem wurde Nikolaus »gedrängt«, Gebiete in der Mandschurei zu annektieren? Als Innenminister Plehwe, dem auch das Polizeidepartement unterstand, einem Bombenattentat erlag, wurden in seinem Archiv die Kopien aller Papiere gefunden, die den Fernen Osten betrafen. »Um die Revolution aufzuhalten, brauchen wir einen kleinen siegreichen Krieg.« Das hatte Minister Plehwe am Vorabend des Krieges zu einem seiner Untergebenen gesagt.

In seinen »Erinnerungen« erzählt Witte eine interessante Episode: Während seiner Amtszeit als Premierminister bekämpfte er die Judenpogrome. Natürlich mußte ihn das Polizeidepartement unterstützen. Und es unterstützte ihn! Zu seinem Erstaunen erfuhr Witte von einem Polizeibeamten, daß das Polizeidepartement, das die Pogrome bekämpfte, gleichzeitig Proklamationen verfaßte, in denen die Bevölkerung zu Judenpogromen aufgerufen wurde! Diese Proklamationen wurden heimlich, in Warenballen versteckt, in die Provinz geschickt. Der schreckliche Judenpogrom in Gomel ist auf eben diese Proklamationen zurückzuführen. Es gab Kräfte, deren Handlungen nicht einmal der Premierminister zu kontrollieren vermochte.

Frau Jurenewa erzählt: »Mein damaliger Freund stand dem Grafen Witte sehr nahe. Dieser wies nach, daß vieles, was unter Nikolaus geschah, mit dem geheimen Wirken einer Kamarilla zusammenhing. Dieses Wort liebte Graf Witte sehr. Es kommt aus dem Spanischen und bezeichnete eine Gruppe einflußreicher Intriganten am Hof des spanischen Königs Ferdinand. Es wurde zu einem Schimpfwort. Kamarilla – in Rußland waren das die vornehmsten degenerierenden Familien. Sie fürchteten, ihren Reichtum und ihre Macht zu verlieren, und haßten die neue Zeit – den unverständlichen Kapitalismus. Aus solchen Leuten setzte sich der Hof zusammen, sie waren die nächste Umgebung des Zarenpaares. Mein Freund nahm an, daß sich in Rußland wie in jedem Land mit jahrhundertealter konservativer Tradition längst ein Geheimbund gebildet hatte – eine reaktionäre Kamarilla mit einer Geheimpolizei. Als Alexander II. die Verfassung vorbereitete, ›gab‹ die Polizei ›nicht acht‹ – und er wurde getötet ... Mein Freund erzählte, daß in dem strengbewachten Palast in Gatschina ständig gegen den Zaren gerichtete Drohbriefe von Terroristen eingingen. Sie wurden durch die Geheimpolizei lanciert und bestärkten den Zaren in seinem Haß auf die Liberalen... Mein Freund meinte, daß das Polizeidepartement gegen Ende des Jahrhunderts der Kontrolle des Zaren entglitt. Damals begann die Geheimpolizei Provokateure in die revolutionären Organisationen zu schleusen... Die Provokateure lenkten die Bomben der ahnungslosen Revolutionäre auf die Zarenbeamten, die der Kamarilla nicht genehm waren.

In eben dieser Zeit, so sagte mein Freund, heckten die Kamarilla und die Geheimpolizei eine ganze Serie gefährlicher Intrigen gegen den Zaren und die Gesellschaft aus.«

Eine davon war der Krieg gegen Japan...

»Gott für den Trost zu danken«

Der Krieg begann, und die russische Bürokratie tat wie immer das Ihre: Wurde ein kluger Plan ersonnen, so verkehrte er sich in sein Gegenteil. Der Krieg, der die Revolution abwenden sollte, entfachte sie.

Und als Rußland die schlimmsten Niederlagen hinnehmen mußte, als die Revolution immer näher rückte, war es endlich soweit...

Es geschah in Alexandria, in dem kleinen Sommerpalast, wo Nikolaus als vierzehnjähriger Junge das Lied vom Tod gehört hatte, wo sie beide, ganz jung noch, verliebt am Fenster gestanden und ihre Namen in die Scheibe geritzt hatten. Es war am 30. Juli 1904. »Die Kaiserin«, erinnerte sich Anna Wyrubowa, »schaffte es vom kleinen Zimmer kaum die Wendeltreppe hinauf, als der Thronfolger zur Welt kam.«

Tagebuch: »30. Juli. Ein unvergeßlicher, großer Tag, an dem uns die Gnade Gottes zuteil wurde. Viertel zwei gebar Alix einen Knaben, dem wir im Gebet den Namen Alexej gaben. Alles ging unwahrscheinlich schnell, zumindest für mich. Mir fehlen die Worte, um Gott gebührend für den Trost zu danken, den er uns in diesem Jahr der schweren Prüfungen sandte...«

Der Kommandeur der Kürassiere, General Rauch, erinnerte sich, was Nikolaus damals zu ihm sagte:

»Die Zarin und ich beschlossen, den Thronfolger ›Alexej‹ zu nennen. Die Reihe der Alexander und Nikolaus mußte endlich durchbrochen werden«, scherzte der glückliche Vater.

In der Tat hatten ein Jahrhundert lang Zaren mit den Namen Nikolaus und Alexander Rußland regiert.

Aber mit dem Namen Alexej war es so eine Sache. Er stand in der Romanowfamilie nicht in Ehre. Seit auf Geheiß Peters des Großen sein Sohn und Nachfolger Alexej getötet worden war, mieden die Romanows diesen Namen. Es wurde sogar erzählt, der Zarewitsch Alexej habe vor seinem Tod das Geschlecht der Romanows verflucht. Aber Nikolaus entschloß sich zu diesem Namen, weil ihn seit langem ein anderer Alexej, der Zar Alexej Michailowitsch aus dem Hause Romanow, faszinierte.

Kurz vor der Geburt des Thronfolgers fanden die berühmten »historischen Bälle« statt. »Bojaren und Bojarinnen« aus den Zeiten der ersten Romanows füllten die Säle des Winterpalastes. Nikolaus erschien im goldfunkelnden Gewand des Zaren Alexej Michailowitsch. Alix trug das edelsteinübersäte Kleid der Zarin Natalja Michailowna, der Frau Alexejs. Für Nikolaus war das nicht nur ein Kostümball, sondern ein Gedenken an seinen Lieblingszaren. Der religiöse Alexej, wegen seiner Güte und Sittsamkeit »der Fromme« genannt, hatte viel für den Staat getan, aber nicht mit Grausamkeit wie Peter der Große, sondern mit Sanftmut und Reformen. Darum gab Nikolaus dem Sohn seinen Namen.

Tagebuch: »Die Taufe begann um elf. Es war ein klarer, warmer Morgen... Vor dem Haus standen vergoldete Kutschen und je eine Korporalschaft Husaren und Ataman-Kosaken...«

Der Schweizer Gilliard, der künftige Lehrer Alexejs, unterrichtete zu dieser Zeit dessen Schwestern. Manchmal kam die Zarin mit dem Säugling ins Unterrichtszimmer. Ein Prinz wie aus dem Märchen – mit blonden Locken und großen graublauen Augen. Sie badete den Jungen selber und war ständig mit ihm zusammen.

Aber bald sah der Schweizer den zauberhaften Jungen immer seltener. Dunkle Gerüchte über eine Krankheit schwirrten durch den Palast.

Eines Tages kam der Junge ins Unterrichtszimmer gelaufen. Ihm folgte sogleich sein fürsorglicher Erzieher, ein Matrose, der den empört brüllenden Jungen hinaustrug. Wieder verschwand er für Monate.

Das Rätsel löste sich für Gilliard während der kaiserlichen Jagd in Spala, dem Jagdgebiet der polnischen Könige, wo auch der Zar gern auf die Jagd ging. Die Familie wohnte in dem alten Jagdschloß. Jagd, zahllose Vergnügungen... Während einer solchen Lustbarkeit verließ Gilliard den Ballsaal und ging einen Korridor entlang.

Plötzlich hörte er hinter einer Tür verzweifeltes Stöhnen. Im nächsten Augenblick kam Alix gelaufen, das lange Kleid hochgerafft. In ihrer Aufregung bemerkte sie den Schweizer nicht.

Kurz nach der Geburt des Jungen hatten die Ärzte das konstatiert, was Alix am meisten fürchtete: Ihr Sohn hatte die Erbkrankheit ihrer hessischen Familie, die unheilbare Bluterkrankheit, die nur an männliche Sprößlinge weitergegeben wurde, also an die Thronfolger. Als Gilliard die Erziehung Alexejs anvertraut wurde, erklärte ihm der Arzt des Thronfolgers, Doktor Derewenko, ausführlich die Symptome: Die Arterienwände sind so spröde, daß jede Verletzung, jede Gewaltanwendung einen Riß der Blutgefäße hervorrufen und zum Tode führen kann.

Endlich hatte Alix den Sohn geboren, nach dem sie sich so sehnte, und hatte ihm die tödliche Krankheit vererbt. Das war der Grund für ihre rasch fortschreitende Hysterie. Jetzt konnten sie nur noch auf ein Wunder hoffen. Alix glaubte mit aller Leidenschaft an das Wunder einer Heilung. Darum sollte niemand von der vorübergehenden Krankheit erfahren. Der heilige Serafim würde sie nicht verlassen. Er würde ihnen jemanden schicken, der den Thronfolger rettete. Im Arbeitszimmer des Herrschers hing ein Bild des heiligen Serafim.

Die Familie mied von nun an Petersburg. Sie zog sich auf die Zarenresidenz in der Umgebung der Hauptstadt zurück. Die Krankheit des Jungen wurde zum Staatsgeheimnis. Alix wartete auf den Erlöser.

Da erreichten sie wundersame Gerüchte: Irgendwo in Sibirien, am breiten Fluß Tobol, in dem kleinen Dorf Pokrowskoje, wohnte *er* – der Starez.

So erschien kurz vor der ersten Revolution, im Feuer des verlorenen Krieges, Grigori Rasputin – um im Feuer eines anderen Krieges und kurz vor einer anderen Revolution zu verschwinden.

4. Generalproben für den Untergang des Imperiums

Die Revolution begann mit einem geheimnisvollen Ereignis, das als »Blutiger Sonntag« bekannt geworden ist.

1881 sagte sich der Sozialist Subatow, erschüttert von der Ermordung Alexanders II., von den sozialistischen Ideen los und trat in den Dienst der Polizei. Als Nikolaus gekrönt wurde, war Oberst Subatow bereits Chef der Moskauer Ochrana*. Der ehemalige Sozialist ersann einen phantastischen Plan. Im Kampf gegen die Sozialisten müsse man Einfluß auf die Arbeiter gewinnen, und zwar mit Hilfe der Polizei! Die Polizei begann Arbeitervereine zu gründen.

Bei Streiks stellte sie sich nun auf die Seite der Arbeiter. Subatow rang den Kapitalisten Zugeständnisse ab. Die Erfolge blieben nicht aus. 1902 versammelten sich Tausende Arbeiter auf dem alten Kremlplatz und sangen »Gott schütze den Zaren«. Kniend, mit entblößtem Kopf beteten sie für die Gesundheit des Herrschers. Der Moskauer Generalgouverneur, Großfürst Sergej Alexandrowitsch, dankte den Arbeitern für ihre Ergebenheit gegenüber dem Thron. Die Zeitungen schrieben über das unerhörte Spektakel – den Polizeisozialismus. Aber wie in Rußland üblich, wurde der Reformator Subatow schließlich entlassen. Seine Organisation jedoch lebte weiter.

1905 hielt in Subatows Arbeitervereinen der Priester Gapon eine Rede. In diesen schweren Jahren der militärischen Niederlagen und der Verarmung rief er die Arbeiter auf, mit einer Petition zum Zaren zu gehen, ihm von den Nöten der einfachen Menschen, von der Unterdrückung durch die Fabrikanten zu erzählen.

---

* Berüchtigte Geheimpolizei (Anmerkung der Übersetzerin).

Der Petitionszug der Arbeiter war für den 9. Januar angesetzt. Mit Kirchenfahnen, mit Zarenbildern und Ikonen wollten Tausende treuergebener Arbeiter unter Gapons Führung zu ihrem Zaren gehen.

In dieser Manifestation verwirklichte sich Nikolaus' Wunschtraum von »Volk und Zar«. Das einfache Volk suchte Schutz bei dem Selbstherrscher.

Doch plötzlich verließ der Zar am Vorabend der Demonstration die Hauptstadt und fuhr nach Zarskoje Selo.

Drei Tage vor der Demonstration, am heiligen Dreikönigstag, geschah etwas Merkwürdiges. An der Uferstraße vor dem Palast wurde der »Jordan« hergerichtet – der Ort der Wasserweihe. Nikolaus stand unter einem blauen Schutzdach mit goldenen Sternen, als der Metropolit die Wasserweihe vornahm. Danach sollte nach altem Brauch die Kanone der Peter-und-Pauls-Festung, die am anderen Newa-Ufer stand, dem »Jordan« genau gegenüber, eine Manöverladung abfeuern. Der Schuß krachte. Zum Entsetzen der Versammelten war die Kanone mit scharfer Munition geladen. Wie durch ein Wunder blieb der Zar unverletzt. Getroffen wurde ein Polizist namens Romanow!

Die Polizei, die derartige Dinge gewöhnlich aufbauschte, erklärte das Ereignis als einen ärgerlichen Zufall. Doch die erwünschte Wirkung war erreicht: Nikolaus wurde an das schreckliche Ende seines Großvaters erinnert, der Name des Polizisten war wie ein Omen. Der Schuß hatte Nikolaus in Angst versetzt.

Die Merkwürdigkeiten setzten sich fort. Das Polizeidepartement war über die kaisertreue Stimmung der Demonstration sehr wohl unterrichtet, denn Gapon, der die Demonstration organisierte, war ein Agent dieses Departements (er wurde später von der Kampforganisation der Sozialrevolutionäre entlarvt). Dennoch begann die Sonderabteilung dem Zaren Angst einzujagen. Die Polizei verbreitete dunkle Gerüchte: Während der Manifestation werde es zu blutigen, von Revolutionären gelenkten Ausschreitungen kommen. Man müsse sogar mit einer Besetzung des Palastes rechnen. Großfürst Wladimir, der Kommandant der Petersburger Garnison, zog Vergleiche zum Beginn der Französischen Revolution.

Nikolaus fuhr zu seiner Familie nach Zarskoje Selo.

In der Nacht vor der Demonstration wurde in den Kasernen scharfe Munition ausgegeben. Die von Gapon vorgesehene Wegstrecke war für eine Beschießung der Demonstranten sehr gut geeignet. Lazarette wurden hergerichtet. Gapon hielt den Arbeitern eine letzte Rede; der Agent provocateur rief die Arbeiter auf, zum Winterpalast zu ziehen.

So wurde der »Blutige Sonntag« vorbereitet.

Am Morgen strömten Tausende Menschen zum Schloßplatz. Über der Menge schwebten Zarenbilder, viele Kinder waren unter den Demonstranten. Vorneweg schritt Gapon. An den Zugängen zum Schloßplatz erwartete Militär die Demonstranten und befahl ihnen auseinanderzugehen. Die Leute weigerten sich, Gapon hatte ihnen versichert, daß der Zar sie erwarte. Und sie gingen auf den Platz. Schüsse knallten. Mehr als tausend Menschen wurden getötet, zweitausend verwundet. Im Schnee lagen die Leichen von Kindern. Den ganzen Tag fuhren Schlitten durch die Stadt, in denen die mit Stricken zusammengebundenen Toten lagen. Am Abend wandte sich Gapon mit einem Aufruf an die Arbeiter.

»Liebe Brüder, durch Blut zusammengeschweißt... Das Blut Unschuldiger wurde vergossen! Die Kugeln der Zarensoldaten haben die Zarenbilder zerschossen und unseren Glauben an den Zaren getötet. Wir werden unsere Brüder rächen. Nieder mit dem vom Volk verfluchten Zaren und seiner Schlangenbrut, den Ministern und allen Räubern der unglücklichen russischen Erde. Tod ihnen allen...« So schrieb der Provokateur des Polizeidepartements.

In Zarskoje Selo wurde dem Zaren gemeldet, daß er einer tödlichen Gefahr entronnen sei, da die Truppen schießen mußten, um den Palast zu verteidigen. Es habe 200 Opfer gegeben.

Das waren die Version der Polizei und die offizielle Zahl für den Zaren. Er schrieb in sein Tagebuch: »9. Januar 1905. Ein schwerer Tag! In Petersburg kam es zu ernsten Unruhen, weil die Arbeiter zum Winterpalast vordringen wollten. Die Truppen waren in verschiedenen Stadtteilen gezwungen zu schießen, es gab viele Tote und Verwundete. Mein Gott, wie schmerzlich und schwer!«

Dann wurden zwei Dutzend Arbeiter nach Zarskoje Selo gebracht. Sie bekundeten dem Zaren ihre Ergebenheit. Nikolaus hielt eine kurze Ansprache und versprach, sich um ihre Nöte und Wünsche zu kümmern. Er sei über die zweihundert Opfer auf dem Schloßplatz sehr betrübt.

Er erfuhr also nicht, was wirklich geschehen war.

Seit jenem Tag hieß er der »Blutige Nikolaus«. So wurde er fortan von den Freiheitsliebenden genannt.

»Jede Kindermütze, jeder Kinderhandschuh, jedes Frauentuch, das an diesem Tag in Petersburg in den Schnee fiel, ist ein Merkzeichen dafür, daß der Zar sterben muß, daß der Zar sterben wird ...«, schrieb der Dichter Mandelstam.

Der »Blutige Sonntag« war ein wichtiger Anlaß für die spätere Rache der Revolutionäre, der Prolog zur Ermordung der Zarenfamilie.

Was war geschehen?

Eine Version

Frau Jurenewa: »Alle interessierten sich damals für Politik ... Das war in Mode gekommen. Alle waren in Opposition. Auch mich faszinierte, was mir mein liberal denkender Freund erklärte, der Witte nahestand ... Um den ›Blutigen Sonntag‹ zu verstehen, muß man die Situation kennen. Die Revolution stand vor der Tür, das wußten alle. Die Rechten wurden nervös. Sie versuchten, die japanische Karte auszuspielen. Es ging daneben. Natürlich kam auch die jüdische Karte zum Einsatz. Sie sahen in dem Judentum stets ein Ventil, mit dessen Hilfe der Dampf der Volkswut abgelassen wurde. Darum inszenierten sie Pogrome ... Wir hatten auf unserem Gut bei Kiew ein Dienstmädchen. Sie kam nach einem Pogrom zu uns und erzählte: ›Die Menge war in ein Haus eingedrungen und hatte dem Hausherrn unter Gejohle und Gelächter den Bauch aufgeschlitzt. Dann banden sie die Frau an ihren blutüberströmten toten Mann und federten beide.‹ Als sie das erzählte, bekreuzigte sie sich und sagte: ›Der Herr wird sie strafen!‹ Und er strafte. Die stumpfsinnige antisemitische Politik war nicht nur widerlich, sie erwies sich auch als gefährlich. Sie beschleunigte den Ausbruch der Revolution. Nur in einem kurzen Zeitraum unter Alexander II. wurden die russischen Juden als Menschen behandelt. Nikolaus' Vater war zum staatlichen Antisemitismus zurückgekehrt. Die Juden mußten sich in bestimmten Siedlungsgebieten niederlassen. Sie wurden in die Emigration getrieben. Zehntausende Menschen mit Unternehmungsgeist verließen Rußland. Bei meinem Vater diente ein genialer Feldscher. Er ging nach Amerika, wo er eine Berühmtheit wurde. Aber Millionen blieben. Sie waren eine gewaltige brachliegende Reserve an Verstand, Energie und Leidenschaft. Diese Reserve machte sich die revolutionäre Partei zunutze... Meine Schwester war eine schreckliche Revolutionärin, obwohl unser Vater General war. Im Untergrund hatte sie eine Freundin – Tochter eines armen jüdischen Schneiders... Mein Freund sagte, Witte habe Nikolaus' Vater mehrfach darauf hingewiesen, daß die Lage der Juden für die Zukunft des Landes gefährlich werden könne...«

Es war jedoch subtiler. In Wittes »Erinnerungen« gibt es folgende Stelle: »Sind Sie wirklich für die Juden?« fragt Alexander III. Witte bittet um die Erlaubnis, die Frage mit einer Gegenfrage zu beantworten. »Kann man denn alle russischen Juden im Schwarzen Meer ertränken? Wenn das möglich ist, akzeptiere ich eine solche Lösung der Judenfrage. Wenn es aber unmöglich ist, muß die Judenfrage dahingehend gelöst werden, daß man ihnen die Möglichkeit gibt zu leben, das heißt ihnen Gleichberechtigung und gleiche Rechte zugesteht.«

Witte war ein brillanter Höfling, und wenn er dem Despoten so mutig antwortete, hatte er gespürt, daß der Zar eine derartige Antwort hören wollte. Offensichtlich überlegte der Landesvater Alexander III., wie er vier Millionen Juden für den Staat nutzbar machen könne. Aber es blieb bei Überlegungen. Kurz vor der Revolution kam Witte zu einem erschreckenden Ergebnis: »Waren fast alle Juden noch vor dreißig Jahren unwahrscheinlich feige, so gibt es jetzt viele, die ihr Leben für die Revolution opfern, die zu Bombenwerfern, Mördern und Räubern geworden sind... Keine andere Nation in Rußland stellt so viele Revolutionäre wie die jüdische.«

Frau Jurenewa erzählt: »Also beschloß die Kamarilla am Vorabend der Revolution, die Aktionen der jüdischen Revolutionäre zu beantworten, indem sie die jüdische Karte auf neue Weise ausspielte. In Europa kursierte das ›Vermächtnis Peters des Ersten‹. Das war eine Fälschung von Franzosen, die sie zur Zeit Napoleons angefertigt hatten. Daraus ging hervor, Peter der Große habe auf dem Sterbebett den russischen Zaren das Vermächtnis hinterlassen, die Welt zu erobern. Nach diesem Muster begann die Geheimpolizei Bücher herauszugeben, in denen die ›russische Gefahr‹ durch die ›jüdische‹ ersetzt wurde. So erschienen auch die ›Protokolle der Weisen Zions‹. Das Büchlein ist wie ein Krimi geschrieben: Geschildert wird die Geschichte der Menschheit als eine Kette von Katastrophen, an denen die Juden und die von ihnen gelenkten Freimaurer schuld sind. Das Kuriose war, daß in Rußland die angesehensten Familien zu den Freimaurern gehörten. Freimaurer waren Kutusow, Alexander I. und Tschaikowski gewesen. Der Freund Nikolaus' II., Großfürst Alexander, war Freimaurer, ebenso sein älterer Bruder Nikolai. Ich selber interessierte mich auch für das Freimaurertum. Meine Idole Mozart und Goethe hatten der Freimaurerei angehört. Freimaurer waren immer Liberale. In Rußland gab es einen ewigen Kampf zwischen den liberalen und den bornierten Adligen. Die Kamarilla versuchte, den liberalen Teil des Adels zu diskreditieren, indem sie ihn den Juden gleichsetzte. Mein Freund war übrigens auch Freimaurer und entstammte einem berühmten Adelsgeschlecht. Die ›Protokolle‹ wurden Nikolaus vorgelegt. Man wußte, daß Nikolaus von Kind an im ›staatlichen Antisemitismus‹ erzogen worden war. ›Diese widerlichen Juden‹, ›Feinde Christi‹, das war die Terminologie des Hofes. Mein Mann Kolzow zeichnete in seinem Buch ein vernichtendes Porträt von Nikolaus. Er verstand ihn nicht. Ich sagte, der Zar ist ein Mensch aus einem chinesischen Theaterstück. Dort verläuft die Handlung folgendermaßen: Der Bösewicht belügt den guten Menschen, und der glaubt ihm aufs Wort. Darauf wird die Intrige aufgebaut. So verfuhren sie auch mit Nikolaus. Die von der Polizei organisierten Pogrome stellten sich dem Zaren als heiliger Ausbruch der Volkswut gegen die Revolutionäre dar. Die Zusammenrottung von Kutschern und finsterem Abschaum – den ›Bund des russischen Volkes‹ – erklärten sie zur spontanen Bewegung des einfachen Volkes, das seinen Zaren schützen wolle. Und er glaubte es. So, wie er auch Grigori Rasputin glaubte. Kindliches Vertrauen ist bei einem normalen Menschen eine bezaubernde Eigenschaft, für einen Herrscher ist es jedoch verhängnisvoll. Um so erstaunlicher war es, daß der Zar den ›Protokollen‹ mißtraute.«

Der Revolutionär Burzew, der den Zaren wirklich nicht liebte, schrieb in seiner Analyse der »Protokolle«: »Brachte Nikolaus II. den ›Protokollen‹ anfangs Vertrauen, ja sogar Begeisterung entgegen, so begriff er sehr rasch, daß sie eine Fälschung waren...«

»Kurzum«, so Frau Jurenewa, »sie drängten den Zaren vor der Revolution mit aller Kraft nach rechts. Aber er begann sich plötzlich zu widersetzen und sprach sogar von Reformen. Da begriffen sie, daß der schwache Zar die Revolution nicht aufhalten konnte und zu Zugeständnissen bereit war. Die Kamarilla beschloß zu handeln. Mein Freund nahm an, daß es Ende 1904 am Hof eine Verschwörung gab. Der ›Blutige Sonntag‹ war ein Teil davon.«

Subatow erzählte Witte von den Geheimberichten des Polizeidepartements: Im Land kündigte sich ein Sturm an. Und die Rechten waren wütend auf den Zaren.

1904 ging mit Nikolaus plötzlich eine Veränderung vor. Nach der Ermordung des reaktionären Plehwe ernannte er den Fürsten Swjatopolk-Mirski, einen Aristokraten und Liberalen, zum Innenminister. Ende 1904 bewog Swjatopolk-Mirski den Zaren, Maßnahmen zur Beruhigung der öffentlichen Meinung zu erörtern. Hatte früher jemand die öffentliche Meinung erwähnt, so hatte Nikolaus geantwortet, wie es einem russischen Selbstherrscher zusteht: »Was geht mich die öffentliche Meinung an.« Doch nun erörterte er dieses Problem ernsthaft. Der Krieg gegen Japan hatte ihn verändert. Er begriff die Gefahr einer Revolution. Doch statt die gnadenlose Ordnung seines Vaters wieder einzuführen, wie es die Kamarilla erwartete, entschied er sich für etwas anderes. Er fand Gefallen an seinem neuen Minister, der statt der Unterdrückung des Landes eine friedliche Einigung vorschlug. Ende des Jahres berief Nikolaus eine beratende Versammlung aller führenden Politiker Rußlands ein. Er sprach über die revolutionäre Bewegung, die sich mit jedem Jahr in Rußland verstärkte, und stellte die für ihn neue Frage »Soll man den Forderungen der Gesellschaft entgegenkommen?«.

Eine rhetorische Frage. Denn er hatte schon alles entschieden. Doch wie üblich wollte er von den andern zu diesem Entschluß genötigt werden. Ein Würdenträger nach dem andern stand auf und sprach sich für Zugeständnisse aus. Pobedonoszew war isoliert. Nikolaus mußte sich nun den andern fügen und gegen seinen Lehrer und die Gebote seines Vaters handeln. Es wurde beschlossen, ein Gesetz »über die Vervollkommnung der Staatsordnung« auszuarbeiten. Alle begriffen, daß dies der Anfang künftiger Reformen war. Vielleicht einer Verfassung! Die Ausarbeitung des Gesetzes wurde Witte übertragen. Es war ein voller Sieg der Liberalen. Alle waren gerührt. Der Verkehrsminister Chilkow konnte sich nicht der Tränen erwehren. Der Vorsitzende des Reichsrates dankte Nikolaus im Namen der Anwesenden: Rußland sei auf friedliche Weise gerettet.

Aber alsbald folgte die Antwort der Rechten: Bereits am 1. Januar trat zum Zeichen des Protests gegen die Politik Swjatopolk-Mirskis ein führender Rechter, Dmitri Trepow, der Leiter der Moskauer Polizei, von seinem Posten zurück. Und eine Woche darauf war der »Blutige Sonntag«.

Angenommen, es gab tatsächlich eine Verschwörung der Kamarilla, aber wozu dieses Blutbad? Wollten sie den Zaren erschrecken, um ihn endlich auf ihre Seite zu ziehen und die Gesellschaft in die Schranken zu weisen?

Oder hatte alles noch ernstere Hintergründe? Der schwache Zar, der verlorene Krieg, die drohende Revolution, und dann noch die verhaßte Verfassung... Vielleicht inszenierten die Rechten die blutige Provokation, um den schwachen Zaren mit einem Schlag zu diskreditieren. Dann war der »Blutige Sonntag« der Anfang, der zu Nikolaus' Ablösung führen mußte.

Destabilisierung mit dem Ziel einer späteren Stabilisierung – das Erscheinen eines starken Monarchen?

Zumindest besteht zwischen den folgenden Ereignissen eine merkwürdige Verbindung, gleichsam ein gemeinsamer Plan, eine Intrige, ein Spiel.

Der »Blutige Sonntag« zeitigte Früchte: Swjatopolk-Mirski ging in den Ruhestand. Nikolaus kapitulierte: Am 11. Januar wurde der reaktionäre A. Trepow zum Petersburger Generalgouverneur ernannt.

Aber das war erst der Anfang, der zweite Schlag erfolgte in Moskau. Dort war Großfürst Sergej Alexandrowitsch der wichtigste Berater des Zaren.

Aus Nikolaus' Tagebuch: »Eine entsetzliche Greueltat ereignete sich in Moskau: Als Onkel Sergej im Wagen am Nikolskije-Tor vorbeifuhr, wurde er von einer Bombe getötet, der Kutscher ist lebensgefährlich verletzt... Unglückliche Ella! Gott segne sie und stehe ihr bei!«

Am 4. Februar hatte der Sozialrevolutionär Kaljajew auf dem Senatsplatz vor dem Kreml auf Sergej Alexandrowitsch gewartet und die Bombe in die Droschke geworfen.

Kurz vor seinem Tod schrieb Kaljajew in einem Brief aus dem Gefängnis: »Es roch nach Rauch, und Splitter flogen mir ins Gesicht, die Mütze wurde mir vom Kopf gerissen... Dann sah ich in fünf Schritt Entfernung Fetzen der großfürstlichen Kleidung und einen entblößten Körper...«

Die Bombe hatte den Moskauer »Vizekönig« (wie er am Hof genannt wurde) zerfetzt: Der Kopf wurde ihm abgerissen, nur noch ein Arm und ein Stück Bein hingen am Körper.

Ella kam aus dem Palast gelaufen und stürzte zu den blutigen Klumpen, kroch auf Knien zwischen den Überresten ihres Mannes herum. Der Revolutionär Kaljajew wußte nicht, daß die Bombe in einer Werkstatt angefertigt worden war, die dem Polizeidepartement gehörte! Den Mord selbst hatte ein Agent des Departements organisiert – der Führer der Kampforganisation der Sozialrevolutionäre, der Provokateur Asef.

Stand hinter dem Ereignis wieder der Schatten der Sonderabteilung?

Aus dem Tagebuch Konstantin Romanows (»K. R.«): »5. Februar. Ich war wie vom Blitz getroffen und begriff zuerst überhaupt nichts; erst allmählich erfaßte ich, was ich verloren hatte, und weinte. Ich mußte es meiner Frau schonend beibringen, sie hat Sergej so gern gehabt. Wir haben beide das Gefühl, daß ich nach Moskau fahren muß, zu meinem armen toten Freund, zur armen Ella, die keinen einzigen Verwandten bei sich hat.«

»9. Februar. Der Zar und beide Kaiserinnen sind untröstlich, daß sie dem Toten nicht die letzte Ehre erweisen können. Es ist für sie zu gefährlich, Zarskoje Selo zu verlassen. Alle Großfürsten wurden schriftlich angewiesen, nicht nach Moskau zu fahren, es ist ihnen sogar verboten, an den Trauergottesdiensten in der Kasan- und der Isaaks-Kathedrale teilzunehmen.«

Unterdessen spielte sich in Moskau eine erhabene Tragödie ab.

Ella betete ununterbrochen bis zum Tag der Beisetzung. Auf den Grabstein ihres Mannes ließ sie die Worte einmeißeln: »Herr, vergib ihnen, denn sie wissen nicht, was sie tun.«

Sie hatte die Worte des Evangeliums verinnerlicht und ließ sich am Tag vor der Beisetzung ins Gefängnis zu Kaljajew bringen. Man führte sie in seine Zelle, und sie fragte ihn: »Warum haben Sie meinen Mann getötet?«

»Ich habe Sergej Alexandrowitsch getötet, weil er ein Werkzeug der Tyrannei war. Ich habe das Volk gerächt...«

»Hören Sie nicht auf Ihren Stolz. Bereuen Sie..., und ich bitte den Zaren, Ihnen das Leben zu schenken. Ich selber habe Ihnen schon verziehen.«

Am Vorabend der Revolution hatte sie einen Ausweg gefunden: Verzeihen und damit das blutige Rad noch stoppen. Mit ihrem Beispiel wandte sich die arme Ella an die Gesellschaft und rief sie auf, nach dem christlichen Glauben zu leben.

»Nein«, antwortete Kaljajew, »ich bereue nicht, ich muß für meine Sache sterben, und ich werde sterben... Mein Tod wird meiner Sache mehr nützen als der Tod Sergej Alexandrowitschs.«

Kaljajew wurde zum Tode verurteilt. »Ich bin glücklich über Ihr Urteil«, sagte er zu den Richtern. »Ich hoffe, Sie werden es ebenso offen und vor allem Volk vollstrecken, wie ich das Urteil der Partei der Sozialrevolutionäre vollstreckt habe. Lernen Sie, der heranrükkenden Revolution ins Auge zu schauen.«

Kaljajew empfing furchtlos den Tod. Nikolaus hatte Moskau verloren.

Doch die Väter der Intrigen kannten die Fortsetzung: Nikolaus mußte bald auf seine wichtigste Ratgeberin verzichten. Die Zarinmutter fuhr nach Dänemark, zu ihrem todkranken Vater. Jetzt blieb dem Zaren nur noch Wladimir Alexandrowitsch. Das Polizeidepartement war darüber informiert, daß Wladimirs Sohn Kirill die Ehe von Ernie, dem Bruder der Zarin, zerstört hatte. Victoria ließ sich scheiden, und Kirill war entschlossen, sie zu heiraten, womit der Familienskandal publik wurde. Kirill wurde bestraft, und sein Vater Wladimir Alexandrowitsch mußte vom Posten des Kommandanten der Petersburger Garnison zurücktreten.

Nikolaus schrieb seiner Mutter in Dänemark: »In dieser Woche gab es ein Familiendrama anläßlich Kirills unglückseliger Hochzeit. Du erinnerst Dich gewiß an meine Gespräche mit ihm und auch an die Folgen, die ich ihm in Aussicht stellte. Entlassung aus dem Dienst, Einreiseverbot nach Rußland, Entzug aller Apanagen und Verlust des Großfürstentitels. In der vergangenen Woche erfuhr ich, daß er geheiratet hat... Ich hatte mit seinem armen Vater ein sehr unangenehmes Gespräch, er trat nicht für seinen Sohn ein, und ich bestand auf meiner Forderung. Wir einigten uns darauf, daß er um seinen Abschied bittet.

Zugleich überkamen mich Zweifel, ob es angebracht ist, einen Menschen mehrmals hintereinander öffentlich zu bestrafen... Nach langen Überlegungen, von denen ich Kopfschmerzen bekam, beschloß ich... zu telegraphieren, daß ich Kirill die Titel zurückgebe... uff! Waren das öde, unangenehme Tage.«

Wer sollte Nikolaus ersetzen?

Angenommen, man hatte die Absicht, Nikolaus durch einen starken Zaren zu ersetzen, aber durch wen? Nach dem Gesetz würde im Falle einer Abdankung der minderjährige Alexej auf den Thron kommen. Doch Alexej war schwerkrank, er kam nicht in Frage. Der nächste gesetzmäßige Anwärter war Michail. Aber der hatte auch keinen »Zarencharakter«!

Die Drahtzieher des Spiels wußten, daß man auch Michail übergehen konnte. Michail war verliebt und gedachte zu heiraten, und zwar eine Frau, die keineswegs fürstlichen Geblüts war. Das Polizeidepartement war natürlich über die Liaison unterrichtet. Nach dem Thronfolgegesetz würde er durch die Ehe den Großfürstentitel einbüßen.

»Liebe, teure Mama! Mischa hat mir geschrieben, daß er mich um die Heiratserlaubnis bittet, daß er nicht länger warten kann... Natürlich werde ich niemals meine Einwilligung zu dieser Ehe geben. Ich fühle mit meinem ganzen Wesen, daß der teure Papa ebenso gehandelt hätte. In solch einer gefährlichen Zeit seinetwegen das Gesetz zu ändern, halte ich für ausgeschlossen. Teure Mama, hilf mir, ihn zurückzuhalten. Der Herr beschütze Dich...«

Nikolaus II. – ein Bild aus seiner Kindheit.

Nikolaus II. (1868–1918), 1914.

Die Zarin Alexandra Fjodorowna (1872–1918), 1914.

Mathilda Kschessinskaja, 1897.

Alexandra und Nikolaus II. am Tag ihrer Verlobung, 8. April 1894.

Nikolaus II., seine Frau Alexandra, sein Bruder Michail Alexandrowitsch und dessen zukünftige Ehefrau Sergejewna Brassowa während eines Urlaubs auf der Krim, nach 1914.

Großfürst Nikolai Nikolajewitsch – »Nikolascha«, »der lange Nikolai« – hatte eine ähnliche Statur wie der verstorbene Zar. Den »schrecklichen Onkel« nannten ihn die jungen Leute der Romanowfamilie. Wer ihn einmal während einer Militärparade gesehen hatte, konnte ihn nicht mehr vergessen. Husaren auf Rappen, die schwarzen Helme mit einem Haarbusch geschmückt... Sie reiten im Galopp auf die kleine Figur zu – auf den Zaren, der zu Pferde die Parade abnimmt. Inmitten dieser Lawine der Riese Nikolascha, eins mit seinem Pferd... Ein paar Schritte vor dem Zaren erschallt mit Donnerstimme sein Kommando: »Halt!« Augenblicklich kommt die Lawine zum Stehen. Nur das schwere Atmen von Menschen und Tieren ist zu hören.

Ja, er hatte den Habitus eines Zaren. Und er war für seine konservativen Ansichten bekannt. Nach dem zurückgetretenen Wladimir war er jetzt Kommandant der Petersburger Garnison. Auch Alix war ihm zugetan.

Wußte er selber von den Absichten der andern? Oder »wußte er, ohne zu wissen«, wie es zuweilen vorkam? Jedenfalls diente Nikolai Nikolajewitsch in den Tagen der Erschütterungen treu dem Zaren. Alles geschah ohne sein Zutun.

In Rußland neigt man dazu, hinter allem eine Verschwörung zu sehen. Doch meist steckt nur Schlamperei dahinter. Irgendwer hatte irgend etwas versäumt und irgendwen nicht benachrichtigt. Irgendwer hatte beschlossen, sich rückzuversichern, hatte die Truppen gerufen und den Zaren aus Petersburg entfernt... Aus Dummheit oder Faulheit erwachsen bei uns große und schreckliche Dinge.

Aus dem Tagebuch von K. R.: »6. Februar 1905... Nicht zu glauben, mit welch schnellen Schritten wir ungeahnten, unbekannten Nöten entgegengehen. Überall Zügellosigkeit und Durcheinander... Die starke Hand der Regierung ist nicht mehr zu spüren. Es gibt sie auch nicht.«

Alles würde kommen – Barrikaden aus umgestürzten Straßenbahnen, Generalstreik, Meutereien in der Armee. Der aufständische Kreuzer würde sich dem Ufer nähern, und auf den Gütern der Großfürsten würde man voller Entsetzen auf die Beschießung warten. Der rote Hahn würde auf die Gutshöfe spazieren. Man witzelte von der bevorstehenden »Illumination«.

In Petersburg stand der vielen bekannte Terrorist Sawinkow mit verschränkten Armen und spöttischer Miene in der Kunstausstellung »Welt der Künste«, niemand wagte es, ihn zu verraten.

Frau Jurenewa: »Alle streikten. Es war wie ein Fest. Im Marien-Theater streikte das Ballett, sogar Josef Kschessinski, dessen Schwester einst die Geliebte von Nikolaus gewesen war, streikte. Ich kannte ihn gut. Übrigens, nach der Revolution wurde ihm seine Beteiligung am Streik hoch angerechnet. Er wurde sogar ›Verdienter Künstler der RSFSR‹. Ich sah ihn kurz vor dem Krieg zum letztenmal. Er verhungerte später im belagerten Leningrad. Der Stammgast der vornehmen Restaurants, der Gourmand, der Festessen auf Silbergeschirr veranstaltete, verhungerte!«

»Liebe Mama, Du kannst Dir nicht vorstellen, was ich gelitten habe«

Im Herbst 1905 saß die Zarenfamilie, völlig abgeschnitten durch den Streik, in Peterhof. Die einzige Verkehrsverbindung mit Petersburg war der Dampfer. Nikolaus' Sturz schien unmittelbar bevorzustehen.

Der aus dem Ausland zurückgekehrte Witte fuhr mit dem Dampfer nach Peterhof und bekam von Hofmarschall von Benckendorff zu hören, daß die Zarenfamilie mit fünf Kindern nur sehr schwer eine Zuflucht bei den gekrönten Häuptern in Europa finden werde. Doch Nikolaus manövrierte das Schiff des Reiches aus dem Sturm.

Bereits im Sommer 1905, als die revolutionäre Bewegung immer mehr um sich griff, hatte der Zar, der sich nach außen an die Rechten klammerte, einen unerwarteten Zug getan. Im Juni bot Präsident Roosevelt seine Vermittlerdienste zwischen den kriegführenden Staaten Rußland und Japan an. Der Zar schickte den liberalen Witte nach Amerika! Anfangs triumphierten die Rechten – Wittes Mission schien hoffnungslos. Die Japaner waren zu sehr im Vorteil, undenkbar, mit ihnen zu günstigen Bedingungen Frieden zu schließen. Aber Witte schloß Frieden, und zwar zu den besten Bedingungen, die unter diesen Umständen möglich waren. Als er nach Rußland zurückkehrte, verlieh ihm Nikolaus den Grafentitel.

In dieser Zeit hatte der Zar zwei Möglichkeiten: Nikolai Nikolajewitsch zum Militärdiktator auszurufen (und selbst allmählich von der Bühne abzutreten, was die Kamarilla offensichtlich erwartete) oder entgegen dem Vermächtnis seines Vaters Reformen und eine Verfassung zu gewähren.

Dazu riet Witte. »Rußland ist über die Formen des existierenden Staatsaufbaus hinausgewachsen... Wenn wir dem Land keine Verfassung geben, wird das Volk sie erzwingen...«

Den hochgewachsenen, korpulenten Witte würde der Hüne Stolypin ablösen. Die beiden bedeutendsten Minister des Zaren waren von reckenhaftem Wuchs. Darin lag Nikolaus' verborgener Komplex: Sein riesenhafter Vater war immer ein zuverlässiger und starker Schutz gewesen. Darum vertraute er großen Menschen.

Der Zar war elastisch genug, um der Verfassung zuzustimmen. Zugleich schwankte er. Hinter Wittes Rücken suchte er weiterhin den Großfürsten Nikolai Nikolajewitsch zu bewegen, Diktator zu werden. Witte war wütend, er sah darin eine erbärmliche Willenlosigkeit. Das große Imperium der Selbstherrschaft mußte mit Nikolaus zu Ende gehen.

Wieder wartete er, daß andere ihn baten, das zu tun, was er schon längst beschlossen hatte.

Es war an Nikolai Nikolajewitsch, ihn zu bitten. Selbst wenn der Großfürst von dem Spiel wußte, hatte er keine Gelegenheit, die Ergebnisse zu nutzen. Die Armee befand sich an der Front in der Mandschurei. Es war keiner da, der die Revolution niederhalten konnte... Die Zustimmung, Diktator zu werden, hätte den Untergang der Dynastie bedeutet.

An dem Tag, an dem Nikolaus das Manifest unterzeichnete, hatte er furchtbare Kopfschmerzen. Er mußte an den Japaner denken, der ihm damals den Säbelhieb verpaßt hatte. Der Hofminister Graf Frederiks erzählte Witte, der Zar habe Nikolai Nikolajewitsch erneut gebeten, Diktator zu werden, woraufhin der die Pistole gezogen und gesagt habe: »Entweder ich erschieße mich jetzt, oder du unterschreibst.«

Jetzt hatte Nikolaus das Recht zu unterschreiben.

»17. Oktober... Nikolascha und Stana saßen beim Frühstück. Wir unterhielten uns und warteten auf Witte. Ich habe um fünf das

Manifest unterschrieben. Nach einem solchen Tag hatte ich einen schweren Kopf, und die Gedanken gingen durcheinander. Herr, hilf uns, rette und befriede Rußland.«

Auf dem Rückweg zum Dampfer umarmte Nikolai Nikolajewitsch feierlich Witte: »Heute ist der 17. Oktober – ein denkwürdiges Datum. Genau vor siebzehn Jahren wurde mit Gottes Hilfe bei Borki die Dynastie gerettet. Und heute wird die Dynastie vor keiner geringeren Gefahr gerettet.«

Er hatte recht. Die Zahl 17 war bedeutsam für die Familie.

In diesen Tagen blieb Nikolaus wie immer ruhig und schweigsam. Aber in einem Brief an die Mutter schrieb er: »Peterhof. 19. Oktober 1905... Mir ist, als hätte ich Dir das letztemal vor einem Jahr geschrieben. Wieviel Schweres haben wir durchlebt. Du erinnerst Dich natürlich an die Januartage, die wir gemeinsam in Zarskoje Selo verbrachten... Aber sie sind nichts, verglichen mit dem, was wir jetzt erleben. Die Eisenbahnerstreiks, die rund um Moskau begannen, haben auf ganz Rußland übergegriffen. Petersburg und Moskau sind von den inneren Gouvernements abgeschnitten... Die einzige Verbindung zur Stadt erfolgt über das Meer – wie bequem in dieser Jahreszeit! Nach der Eisenbahn erfaßte der Streik die Fabriken und Betriebe, dann sogar die Behörden der Stadt... Bedenke, was für eine Schande! Wir hörten nur noch von Streiks, getöteten Polizisten, Kosaken und Soldaten, von Unruhen und Aufständen... Und die Herren Minister debattierten wie begossene Pudel, statt energisch zu handeln. Als auf den ›Meetings‹ – ein neues Modewort – der bewaffnete Aufstand beschlossen wurde, erfuhr ich sofort davon... Im Falle eines Angriffs auf die Truppen wurde der Einsatz von Waffen angeordnet. Stille, bedrohliche Tage brachen an. Ein Gefühl, wie man es im Sommer manchmal vor einem schweren Gewitter hat. Die Nerven waren bei allen bis aufs äußerste gespannt. Natürlich konnte eine solche Situation nicht lange andauern. In diesen entsetzlichen Tagen habe ich ständig Witte gesehen. Unsere Gespräche begannen am Morgen und endeten abends bei völliger Dunkelheit. Es galt, einen von zwei Wegen zu wählen – entweder Militärdiktatur oder die Einführung von Bürgerrechten, Freiheit für Presse, Versammlungen und Verbände usw.... Außerdem die Verpflichtung, alle Gesetzesentwürfe über die Reichsduma einzubringen... Also eine Verfassung. Witte vertrat leidenschaftlich diesen Weg. Er hat zusammen mit Alexej Obolenski das Manifest ausgearbeitet. Wir haben es zwei Tage lang besprochen, und dann habe ich es nach einem Gebet unterzeichnet... Liebe Mama, Du kannst Dir nicht vorstellen, was ich gelitten habe. Mein einziger Trost, daß es Gottes Wille ist und daß diese schwere Entscheidung das teure Rußland aus dem unerträglichen, chaotischen Zustand herausführt, in dem es sich fast ein Jahr befindet...«

Der Lehrer der Zarentöchter Gilliard sah die Zarin an dem Tag, an dem das Manifest unterzeichnet wurde. Sie saß da wie eine Traumwandlerin und starrte auf einen Punkt. Ihre Welt war zusammengebrochen. Man hatte ihren Sohn in der Wiege bestohlen. Er würde kein Selbstherrscher mehr sein. Sie beschloß zu kämpfen.

Im November revoltierte die zweite Hauptstadt. In Moskau wurden Barrikaden errichtet, Straßenbahnen umgekippt. Nikolaus empfand die Wut des Betrogenen. Er hatte ihnen die Verfassung gegeben, er war über seinen Schatten gesprungen. Und als Antwort ging alles weiter!

Seine Truppen befriedeten Moskau.

Zu Weihnachten schrieb der gute Nicky der Mutter einen zärtlichen Brief, doch auch in diesem Brief ging es um vergossenes Blut. Er gewöhnte sich immer mehr an Blut.

»22. Dezember. Liebe, teure Mama! In all meinen Gebeten bist Du an den Feiertagen besonders innig bedacht... Es wird sehr traurig sein, das Fest ohne Dich zu verbringen. Es war immer so gemütlich in Gatschina... In Moskau ist der Aufstand, wie Du weißt, gottlob niedergeschlagen, dank der Treue und Standhaftigkeit unserer Truppen... Die Revolutionäre erlitten gewaltige Verluste, aber genaue Angaben sind schwer zu bekommen, denn viele der Getöteten sind verbrannt, und die Verwundeten wurden weggebracht und versteckt...«

In den Tagen der Revolution überzeugte ihn Alix mit ihrem Glauben und ihrer Leidenschaft von der üblen Gesinnung Wittes. Das Manifest habe nichts gebracht. Die Aufstände seien weitergegangen. Seine wahren Verbündeten seien seine Vorfahren und der himmlische Beschützer Serafim von Sarow. Sie hätten ihm geholfen, die Revolution niederzuschlagen, nicht aber das erbärmliche Manifest, zu dessen Unterschrift er in den schweren Tagen gezwungen worden sei.

Witte war ein Protegé der Mutter. Wenn sie ihn bekämpfte, entfernte sie die Mutter von der Macht.

Zu dieser Zeit stand fest: Nikolaus war mit der Revolution fertig geworden. Nachdem der Sturm überstanden war, dachten die Rechten offenbar nicht mehr an einen Thronwechsel. Aber an einen Wechsel der Thronwache. Nun war es an der Zeit, mit den Liberalen abzurechnen... »Witte hat seine Schuldigkeit getan...«

Nicht zufällig verbündete sich bald darauf der Großfürst Nikolai Nikolajewitsch mit Alix. Hatte er noch gestern Witte umarmt und das Manifest gerühmt, so war er jetzt sein Feind. Der Zar wollte gern an das neue Spiel glauben... Die Wut des Kampfes hatte ihn verändert. Ein Ritter, der mit der Waffe die ihm von Gott gegebenen Rechte verteidigt, ein Held für Volk und Dynastie – dieses neue Bild gefiel ihm. Jetzt hatten seine Briefe an die Mutter etwas Kriegerisches: »Ich will meine Regimenter besichtigen und beginne mit dem Semjonowski-Regiment... War zur Besichtigung der Kavalleriegarde... der Marine.«

Bald teilte Nikolaus der Mutter mit:

»Ich habe noch nie ein solches Chamäleon gesehen, einen Menschen, der so wie er (Witte) seine Überzeugungen wechselt. Dank dieser Charaktereigenschaft glaubt ihm fast keiner mehr...«

Im April reichte Witte sein Gesuch um Suspendierung ein, und Nikolaus antwortete ihm erfreut: »Graf Sergej Juljewitsch! Gestern morgen erhielt ich Ihren Brief, in dem Sie um Entbindung von allen Ämtern bitten. Ich komme Ihrer Bitte nach. Nikolaus.«

Frau Jurenewa: »Die Revolution lag im Sterben... Dunkelheit brach an, Verzweiflung. Die Intelligenz stürzte sich in Ausschweifungen, in Anarchie... Wenn ich jetzt zurückblicke, begreife ich, daß es die Verzweiflung derer war, die zum erstenmal der Revolution ins Gesicht geblickt hatten. Nachdem die Intelligenz das blutige Gesicht der Volksmeuterei gesehen hatte, schauderte sie... Die Revolution erwies sich nicht als Fest der Freiheit, sondern als Naturkatastrophe, gleich einem Wirbelsturm... Doch das schlimmste war, wir fühlten, wenn auch unbewußt: Sie würde zurückkehren.«

Ende April beobachtete der suspendierte Witte im Thronsaal des Winterpalastes eine Begegnung zwischen der Reichsduma und dem Zaren. Nikolaus sei blaß gewesen, vermerkte Witte in seinem Tagebuch. Der Zar hielt eine Rede:

»Mögen sich meine innigen Wünsche erfüllen, mein Volk glücklich zu sehen und meinem Sohn ein starkes, wohlgeordnetes und aufgeklärtes Reich zu übergeben.«

Wahrscheinlich mußte Witte lächeln, als er diese Worte hörte. Der alte Minister hatte sie verstanden. Nikolaus verkündete dem ahnungslosen russischen Parlament, daß sein Nachfolger das bekommen werde, was ihm gebührte, und zwar die alte Selbstherrschaft ohne Verfassung. Mit anderen Worten: Nikolaus sagte der Duma, daß er sie auseinanderjagen werde.

Dann war der kaiserliche Empfang der ersten russischen Parlamentarier: Im schwarzen Frack stolzierten sie wie Dohlen zwischen den blitzenden Uniformen der Zarensuite. Witte sah den unausweichlichen Konflikt zwischen dem Zaren und der Duma voraus. Er glaubte, Nikolaus werde sich wie immer im Augenblick der Not an ihn wenden, und er schrieb spöttisch: »Es ist ins Bewußtsein der Gesellschaft gedrungen: Ungeachtet meiner gespannten Beziehung zu Seiner Majestät…, ungeachtet meiner Suspendierung wird in einer kritischen Situation sogleich mein Name fallen, aber man vergißt eins – alles hat ein Ende.« Das war ein prophetischer Satz. Doch am Horizont tauchte bereits eine neue mächtige Figur auf.

Stolypin war das ganze Gegenteil von Witte. Er entstammte einem alten Adelsgeschlecht, gehörte also dazu. Er galt als Liberaler, war aber ein liberaler Gutsbesitzer. Er kannte und liebte die Bauern, wie es sich für einen Gutsbesitzer gehört, und sah in den Bauern die Zukunft des Landes. Darum schloß ihn der Zar sofort ins Herz. Stolypin verstand seinen langgehegten Traum – »Volk und Zar«.

Die Erste Duma wurde aufgelöst, eine zweite gewählt, aber Nikolaus sah zu seinem Erstaunen, daß sich nichts änderte. Selbst die friedlichsten Leute wurden am Rednerpult zu Aufrührern.

Da war zum Beispiel Alexander Gutschkow, ein geachteter Mann, Staatsrat und Stadtverordneter der Duma. Stolypin bot ihm einen Ministersessel an. Aber Gutschkow lehnte nicht nur ab, sondern schmähte in der neuen Duma alle Großfürsten.

Die Attentate gingen weiter: Der Unterwerfer Moskaus, General Min, wurde erschossen. Auf der Apotheker-Insel explodierte eine Bombe in Stolypins Datscha. Es war ein Sonnabend, der Empfangstag Stolypins. In den Zimmern des Erdgeschosses erwarteten ihn zahlreiche Besucher. Im Obergeschoß waren die Wohnzimmer, dort spielten Stolypins Kinder – Tochter und Sohn.

Drei Männer in Uniform betraten das Haus. Ein Ochrana-Mann bemerkte sofort, daß mit ihrer Uniform etwas nicht stimmte, und versuchte sie aufzuhalten. Da warf einer von ihnen mit dem Ruf »Es lebe die Revolution!« die Bombe. Alle im Zimmer, einschließlich der Terroristen, kamen ums Leben. Die Explosion war so stark, daß die Bäume auf der Uferstraße mitsamt den Wurzeln herausgerissen wurden. Stolypin wurde von der Druckwelle zu Boden geschleudert, blieb aber unverletzt. Unter den Trümmern des eingestürzten Hauses bewegten sich verletzte Menschen, einzelne Körperteile lagen herum. Stolypins Tochter wurde verletzt aus den Trümmern geborgen. Seinen vierjährigen Sohn zog Stolypin selber unter einem Schuttberg hervor.

In dieser Zeit wurde der russische Zar zum Einsiedler im eigenen Haus. Er hatte erfahren, daß in Peterhof, wo er den Sommer verbrachte, Terroristen aufgetaucht waren. »Wir saßen fast wie Gefangene in Alexandria. Eine Schmach und Schande, darüber zu reden... Die abscheulichen Anarchisten sind nach Peterhof gekommen, um auf mich, Nikolascha und Trepow Jagd zu machen... Du verstehst meine Gefühle: Ich kann weder reiten noch ausfahren, wohin auch immer. Und das zu Hause, im sonst immer ruhigen Peterhof! Ich werde rot, während ich Dir davon schreibe...«, teilte er der Mutter mit.

Sein damaliges Leben verlief unter Bewachung, ohne Spaziergänge, in ständiger Angst um Alix und die Kinder. Es war wie eine Probe des künftigen Lebens – elf Jahre später.

»Sonnenstrahl«, »Baby«, »kleiner Mann«, so nannten sie ihren kranken Sohn. Und er, der Vater und Zar, konnte ihn nicht vor Bomben im eigenen Haus schützen. In ihm ging eine Wandlung vor. Er mußte sich für alle Qualen und Erniedrigungen rächen. Und er mußte den Staat bewahren, die Aufrührer bezwingen und dem Land Ruhe geben. Dazu brauchte er den Schatten des Vaters, dazu brauchte er Alix und die Mutter. »Die Ungeheuer müssen vernichtet werden!« schrieb sie ihm. Er bemühte sich, gnadenlos zu sein.

Aber das wäre ihm wohl schwerlich gelungen, wenn er nicht einen starken Mann an seiner Seite gehabt hätte – Stolypin. Dieser harte und machthungrige Mann hatte eines gemein mit dem weichen Nikolaus: Er vergötterte seine Familie und war sehr abhängig von seiner geliebten Frau. Die verletzten Kinder hatten das Ehepaar verhärtet. Jetzt war Stolypin bereit, Todesurteile zu unterschreiben. »Stolypinsche Krawatten« – so würden die Revolutionäre den Strick um ihren Hals nennen.

Im Juni 1906 hatte die Duma die Todesstrafe abgeschafft. Aber während Europa noch Glückwunschtelegramme schickte, nahm Nikolaus ein Gesetz über Standgerichte an.

Der Galgen bekam Arbeit. Seit Iwan dem Schrecklichen hatte Rußland nicht mehr so viele Hinrichtungen gesehen.

Als Witte den ehemaligen Liberalen Stolypin an seine früheren Ansichten erinnerte, antwortete der Minister: »Ja, das war einmal... vor der Explosion auf der Apotheker-Insel.«

Am 26. August 1907 »geruhte« der Herrscher, den Befehlshabern der Truppen mitzuteilen, sie hätten dafür zu sorgen, daß dem Zaren keine Gnadengesuche mehr zugeleitet würden.

Unter der Herrschaft seines Vaters war Alexander Uljanow gehängt worden. Sein Tod hatte den Charakter Wladimir Uljanow-Lenins, des künftigen Führers der Revolution, geprägt. Er war in sein Unterbewußtsein eingegangen. Unter Nikolaus schworen die Brüder und Schwestern der Hingerichteten, Rache am Zaren zu nehmen.

»Man möchte so gar nicht sterben: Nachts wird man in den Hinterhof geführt, noch dazu bei Regen. Auf dem Weg dorthin weicht man völlig durch, aber wie sieht das aus, einen nassen Menschen zu hängen... Am Morgen steht man auf und freut sich, daß man noch lebt, daß man noch einen ganzen Tag das Leben genießen kann...« Solche Briefe wurden in den Familien gelesen.

Blut begleitete den lieben Nicky sein Leben lang: als Thronfolger und als Zar... Der »Blutige Sonntag«. Das blutige Chodynkafeld. Das Blut der ersten Revolution... Und es war wie ein Omen, daß sein unglücklicher Sohn an der Bluterkrankheit litt.

Die erste Revolution war zu Ende. Doch die Warnung verhallte ungehört. Nikolaus und Alix begriffen nicht, daß nicht Kugeln die Revolution beendet hatten, sondern die Buchstaben auf dem Papier, das er, Nikolaus, unterschrieben hatte. Sie setzten weiterhin auf Stärke.

Der weise Witte erkannte schon damals: Das wird ihr Untergang sein. Der alte Mann saß in seinem Arbeitszimmer, überdachte die Ereignisse der Epoche und schrieb prophetische Worte:

»Man kann viel Blut vergießen, aber in diesem Blut kann man auch selber zugrunde gehen... und seinen Erstgeborenen, den Nachfolger, mit in den Tod reißen... Gebe Gott, daß dies nicht geschieht. Daß ich zumindest das Entsetzliche nicht mehr erleben muß.«

Gott gab, daß Witte im Januar 1915 starb. Er hatte zuvor an Nikolaus einen Brief geschrieben, der ihm erst nach seinem Tod übergeben werden durfte.

In dem Brief bat Witte den Zaren, seinen Grafentitel auf seinen Lieblingsenkel L. Naryschkin zu übertragen. Aber das war nur ein Vorwand. Wichtiger war, daß er in seinem Brief die größten Taten Nikolaus' aufzählte. Sie waren alle mit Wittes Namen verbunden. An erster Stelle stand die Verfassung: »Das ist Ihr unsterbliches Verdienst vor dem Volk und der Menschheit.«

Mit diesen Worten wollte der alte Mann Nikolaus nicht verletzen oder ihm die eigenen Verdienste ins Gedächtnis rufen. Der große Politiker begriff schon 1915, daß die Situation der von 1905 ähnelte. Er begriff, daß das Unwetter losbrechen würde. Darum beschloß er, den Zaren an die wichtige Lektion von 1905 zu erinnern: Man muß Zugeständnisse machen!

Aber in jenem Jahr trugen Alix und Nikolaus wieder einmal einen Kampf gegen die Duma aus. Nikolaus war wütend, an seine »frühere Sünde« (wie er die Verfassung jetzt nannte) erinnert zu werden, und ließ die Bitte seines ehemaligen Ministers unerfüllt: Naryschkin wurde nicht Graf Witte.

Doch es gibt auch andere Meinungen darüber, wie der Untergang des Imperiums hätte verhindert werden können.

Das Jahr 1905 war eine große Lektion, die Nikolaus nicht verstand... Im 17. Jahrhundert, als die alte Zarendynastie in Rußland jäh abriß und die Zeit allgemeiner Wirren anbrach, als die Bojaren Rußland an Ausländer verrieten, bewahrte die Macht der Kirche, der Patriarch, das Land. Nicht umsonst trugen die Patriarchen unter den ersten Romanows den Titel »großer Gossudar«*. Peter der Große hatte die Patriarchen abgeschafft, um die weltliche Macht zu festigen. Zwei Jahrhunderte ohne Patriarchen schwächten die Kirche. Unter Nikolaus war davon die Rede, zum Patriarchentum zurückzukehren, aber es blieb bei der Absicht. Die Ereignisse der ersten Revolution machten dem Zaren deutlich, wie schwach er war. Gott hatte ihm eine Warnung geschickt, aber er hatte sie nicht verstanden. Um neuen großen Erschütterungen zu begegnen, hätte er ein zweites Zentrum schaffen, die Macht des Patriarchen wieder einführen müssen. Nur eine starke Kirche hätte das Heilige Rußland vor der endgültigen Katastrophe bewahren können. Aber er hatte die Warnung nicht verstanden.

5. Ein mächtiges Paar

Die Revolution in Rußland fiel mit einer Revolution in der Familie zusammen. In dieser Zeit erschienen in Zarskoje Selo zwei neue Gesichter. Nikolaus erwähnt sie kaum in seinen Tagebüchern, obwohl sie eine große Bedeutung in seinem Leben erlangten, besonders im Leben der Familie und des Landes: Grigori Rasputin und Anna Wyrubowa (Tanejewa).

* Herrscher (Anmerkung der Übersetzerin).

In ihren Memoiren erzählt Anna Tanejewa von ihrer Familie: Ihr Vater Alexander Sergejewitsch Tanejew war Staatssekretär, Oberhofmarschall und Oberverwalter der kaiserlichen Kanzlei. Ihr Großvater und Urgroßvater hatten die gleichen Ämter unter den früheren Zaren bekleidet. Ihr anderer Urgroßvater war der Feldmarschall Kutusow, der Bezwinger Napoleons. Unerwähnt blieb in ihrem Buch ein anderer Vorfahr, den die Fama sehr glaubwürdig dem Geschlecht Tanajew zuschlug – der Zar Paul I. Das Blut dieses schwachsinnigen Kaisers (vielmehr seines illegitimen Sohnes) floß in Anna Tanejewas Adern: Sie war eine Romanowa.

Mit siebzehn Jahren tanzte sie auf zweiundzwanzig Bällen. Sie fiel der Zarin auf und wurde ihr vorgestellt. Bald darauf teilte ihr der Läufer (ein solches Amt gab es bei Hof, wie in einem Märchen von Andersen) sehr prosaisch per Telephon mit, daß die Zarin sie zu sehen wünsche.

Ihr erstes Gespräch. Anna Tanejewa erzählte Alix, daß sie als Kind an Typhus erkrankte und dem Tod nahe war. Doch ihr Vater rief Johann von Kronstadt, und der heilte sie durch Gebete. Diese Geschichte mußte die Zarin faszinieren. Eine wundersame Heilung – nur daran dachte Alix, wenn sie ihren kranken Sohn ansah.

Anna war sehr musikalisch. Sie traf auf Anhieb den richtigen Ton. Bald wurde sie zu einer Fahrt mit der kaiserlichen Jacht eingeladen. Es ging zu den finnischen Schären, dem beliebten Ausflugsziel der Zarenfamilie. In der sonnendurchfluteten Kabine spielten sie vierhändig Klavier. Dann sangen sie zweistimmig. Alix hatte eine tiefe Alt-, Anna eine Sopranstimme. Als Anna an Land ging, sagte Alix: »Dank sei dem Herrn, er hat mir eine Freundin geschickt.«

Von nun an wurde Anna oft zu den Schären mitgenommen. Helle, ruhige Abende auf der kaiserlichen Jacht. Am Ufer friedliche Lichter. Der Geruch von Wasser, in der Hand eine Zigarette. Die weiße Jacht »Polarstern« glitt in die anbrechende Nacht.

1918 war die verhaftete Anna Tanejewa wieder auf der Jacht. Dort saß jetzt der Stab der baltischen Flotte. Alles war vollgespuckt und verdreckt. Sie wurde in den schmutzigen Laderaum gesperrt, der von Ungeziefer wimmelte. Dann wurde sie zum Verhör auf Deck gebracht. Später berichtete sie über jene Nächte.

Warum hatte die junge Hofdame einen solchen Erfolg bei der Zarin? »Eine ganz gewöhnliche Petersburger Hofdame, die sich in die Zarin verliebt hat und sie mit ihren honigfarbenen Augen anhimmelt. Sie ist häßlich und sieht aus wie ein aufgegangenes Teigstück«, schrieb Witte in seinen Memoiren.

Nach dem Sturz des Zarenregimes im Februar 1917 wurde eine »Außerordentliche Untersuchungskommission zur Prüfung des Amtsmißbrauchs seitens der Minister und anderer hoher Würdenträger des gestürzten Regimes« geschaffen. In die Kommission berufen wurde auch ein typischer Liberaler – ein gewisser W. Rudnew, Kollege des Staatsanwalts des Jekaterinoslawer Bezirksgerichts. Er schrieb später über die Verhöre Anna Wyrubowas: »Ich ging, offen gesagt, mit einer feindseligen Einstellung hin... Und mich frappierte sofort der besondere Ausdruck ihrer Augen. Ein Ausdruck von überirdischer Sanftheit.« Der Untersuchungsrichter kam zu dem Schluß, daß sie arglos und der Zarenfamilie aufrichtig ergeben gewesen sei – eine Seltenheit am kalten Zarenhof. Er fügte hinzu: »Frau Wyrubowa konnte keinerlei politischen Einfluß ausüben. Dazu hatte die Zarin ein zu starkes Übergewicht an Verstand und Willen.«

Also treuherzig, dumm und häßlich? Frau Jurenewa beurteilt Anna Tanejewa völlig anders: »Sie war sehr schön... Eine russische Schönheit: aschblondes Haar, riesige blaue Augen, üppige Figur... Ich weiß noch, wie ich sie das erstemal sah. Nach einer Probe ging ich den Newski entlang... Atlantis lebte noch: Elegante Wagen jagten vorüber, in billigen Droschken saßen Kutscher in langem blauen Mantel... Ich höre jetzt noch die Geräusche des verschwundenen Lebens... Der prächtige Federbusch eines Chevaliergardisten schwebte vorüber. Dann mit dem Rücken zum Kutscher, den Mantel übergehängt, der Stadthauptmann von Petersburg. Offensichtlich mußte der Zar bald hier vorbeifahren... Es war zwei Uhr. Da sah ich in einer Kutsche eine junge Frau, die Hutfeder hing ihr ins schöne, volle Gesicht, die Beine waren mit einem Pelzplaid bedeckt. ›Das ist sie‹, sagte mein Freund. Über sie wurde damals viel gesprochen. Wenn nach den Gerüchten die Zarin etwas mit Rasputin hatte, so wurde Anna als Geliebte des Zaren *und* Rasputins angesehen. Übrigens wußte sie immer sehr lustige Geschichten über sich zu erzählen. Nur kluge Menschen können über sich selbst lachen. Sie war klug. Außerdem eine große Schauspielerin. Diese Frau, die an allen politischen Spielen Rasputins beteiligt war, die Minister einsetzte und stürzte und hochkomplizierte Intrigen am Hof einfädelte, konnte sich das Aussehen eines treuherzigen Dummchens geben. War das eine Maske? Oder war die Maske für immer zum Gesicht geworden?«

Sie hatte »Sanas« Charakter sofort erfaßt. Die Gebieterin Rußlands war schüchtern. Ihre Natürlichkeit prallte an der Kälte des Hofes ab. Sie verschloß sich. Ihre Zurückhaltung wurde für Hochmut gehalten. Anna fand den Schlüssel zu Sanas Herz: begeisterte, beständige, grenzenlose Anbetung.

Da sie sich mit einem so einförmigen Spiel nicht 12 Jahre lang bei Sana halten konnte, dachte sie sich immer neue spannende und gefährliche Spiele für ihre kaiserliche Freundin aus.

Annas Spiele

Unter den Papieren, die Jurowski nach der Erschießung der Zarenfamilie mitnahm, waren viele Briefe. Den ganzen Ersten Weltkrieg überschütteten Alix und Nicky einander mit Liebesbriefen. Darin standen auch rätselhafte Zeilen. Zum Beispiel hatte ein Brief von Alix an Nikolaus den merkwürdigen Zusatz: »Liebling, Du verbrennst doch ihre Briefe, damit sie nicht in fremde Hände fallen?«

Wessen Briefe? Warum durften sie nicht in fremde Hände fallen? An anderer Stelle: »Wenn wir jetzt nicht festbleiben, erleben wir Liebesszenen und Skandale wie auf der Krim… Wenn Du zurück bist, wird sie Dir erzählen, wie furchtbar sie unter Deiner Abwesenheit gelitten hat… Sei lieb, aber bestimmt. Sie braucht immer mal eine kalte Dusche.« Also wagte »sie« es, Nikolaus mit Liebesszenen, Skandalen und wohl auch Briefen zu verfolgen? Und Alix scheute keine Worte, um die Unbekannte zu schmähen: »Sie ist grobschlächtig, hat nichts Weibliches an sich.« – »Sie ist aufdringlich und sehr ermüdend.«

Dann eine giftige parodistische Beschreibung, die von Alix' maßloser Eifersucht zeugt: »Sie wird völlig davon aufgefressen, so sehr ist sie abgemagert. Doch ihr Bauch und ihre Beine sind immer noch kolossal (obendrein äußerst unappetitlich), Gesicht und Wangen noch genauso fett, und dann die Schatten unter den Augen.« Alix nannte sie in ihren Briefen eine »Kuh«.

Was für eine Eifersucht! Aber dann fast ein Schrei: »Wer immer es wagt, Dich besitzen zu wollen, Du gehörst mir… und nicht ihr… Anja will morgen zu uns kommen, und ich war so froh, sie für eine Weile nicht im Haus zu haben.« Ja, »sie«, die »Kuh« ist immer Anna. Die naive, sanfte Anna? Also stimmten die Gerüchte? Es gab keine idyllische Liebe zwischen Alix und Nicky? War Anna die Geliebte des Zaren? Aber geben wir dem Untersuchungsrichter Rudnew das Wort.

»Das ärztliche Gutachten, das die Außerordentliche Untersuchungskommission im Mai 1917… anfertigen ließ, konstatierte zweifelsfrei, daß sie jungfräulich war.« Also wieder nichts? Aber irgend etwas muß gewesen sein. Weshalb sonst die Verwünschungen der Zarin?

Übrigens schrieb Alix fast zur gleichen Zeit ihrem Mann: »Vielleicht erwähnst Du in Deinem Telegramm, daß Du Anna für die Zeitung dankst, und läßt sie grüßen?« Und in einem anderen Brief: »Anna redet von ihrer Einsamkeit – das ärgert mich. Sie kommt zweimal am Tag her, verbringt jeden Abend vier Stunden mit uns, und Du sagst…« Also kam die Frau, die sich in die Ehe gedrängt hatte, in aller Seelenruhe jeden Tag zur Zarin, und ihr wurde erlaubt, viele Stunden im Palast zu verbringen?

Was geschah wirklich?

Ich unterhalte mich mit einer italienischen Journalistin. Am Ende des Jahrhunderts erörtern wir die Geschichte zweier Frauen, die Anfang des Jahrhunderts befreundet waren. Die italienische Journalistin schreibt ein Buch über Nikolaus, und ich erzähle ihr, was ich von Frau Jurenewa gehört habe.

Am 2. September 1915 schrieb Alix an Nikolaus: »Ich habe Anna zu Orlows Grab mitgenommen.« Und am 4. Oktober: »Ich bin mit Anna zum Friedhof gefahren, um dem armen Orlow Blumen aufs Grab zu legen.« Jeden Besuch, den sie Orlows Grab abstattete, teilte sie Nikolaus mit. Das ist erstaunlich, denn Orlow war dem Gerücht nach Alix' Geliebter. Es wurde sogar gemunkelt, er sei Alexejs Vater.

Alexander Orlow war Generalmajor der Suite und Brigadekommandeur, ein Namensvetter des bekannten Alexej Orlow, der einst Katharina die Große auf den Thron gehoben hatte. Orlow ahmte diesen charmanten Lebemann aus dem galanten 18. Jahrhundert ein wenig nach. Doch er tat es im Stil des 20. Jahrhunderts, das Kokain und andere schöne Dinge bereithielt. Alles änderte sich jedoch, als die junge hessische Prinzessin in Petersburg erschien. Orlow legte die groben Husarenallüren ab und betete Alix an wie ein Ritter, der seiner »Wunderbaren Dame« begegnet ist. Auch als Alix von Nikolaus' Eltern abgelehnt wurde, blieb er unbeirrt in seiner Verehrung. Wir unterstreichen – Verehrung. Alix vergaß den treuen Orlow auch nicht, als sie Zarin geworden war.

Orlow wurde in das Regiment versetzt, dessen Patin die »Wunderbare Dame« selbst war. Jetzt brachte er der Zarin mit vollem Recht Blumen. Die mittelalterliche Romanze ging weiter. Jack London hat eine Erzählung über zwei Menschen geschrieben, die die Götter betrügen und ihrer Leidenschaft Ewigkeit verleihen wollen, indem sie es nicht zur letzten Umarmung kommen lassen. Alix suchte zu verhindern, daß die romantische Liebe zwischen ihr und Nicky in der Realität des Lebens erlosch. Mit dem Instinkt der liebenden Frau ahnte sie, daß dafür ein »Dritter« gebraucht wurde, der das Feuer am Brennen hielt. Dieser »Dritte« war Orlow, der arme Ritter, der die unerreichbare Prinzessin liebte.

Der Hof reagierte wie üblich: Er munkelte von einer Liebesaffäre der Zarin. Doch Alix wollte sich dieses aufregende Spiel nicht nehmen lassen. Sie kam auf die Idee, Orlow mit Anna zu verheiraten, damit das Gerede verstummte. Darauf ging der schöne General jedoch nicht ein. Das war offenbar sein Untergang. Er wurde ins Ausland geschickt und starb unterwegs. Vielleicht war die allmächtige Sonderabteilung um das Ansehen der Zarenfamilie besorgt gewesen.

Den »Dritten« gab es nicht mehr. Drohte die Liebe zwischen Alix und Nicky in Alltäglichkeiten zu ersticken? Jetzt übernahm Anna die Rolle des »Dritten«. Orlow hatte die Zarin platonisch angebetet. Nun sollte Anna den Zaren platonisch lieben und für Spannung im ewigen Liebesspiel des Zarenpaares sorgen. Außerdem betete sie nach wie vor Alix an – wie eine Schülerin, die in ihre Freundin verliebt ist und deren Liebsten auch vergöttert. Natürlich wagte sie nicht, mit der Zarin zu rivalisieren, sie erlaubte sich nur, in unerwiderter Liebe zu schmachten, machte sogar Szenen, aber lustige, naive. Im Mittelpunkt dieser neuen Liebesspannung stand der Statist Nicky, umgeben von den beiden Schauspielerinnen des raffinierten Liebesdramas.

Zu dieser Zeit war Anna am Hof schon gefürchtet. In der großen Romanowfamilie wurden Stimmen laut: Die Freundin müsse entfernt werden. Aber Anna blieb.

Eines Tages erklärte sie Alix, daß sie ihrer Liebe zur Zarenfamilie entsagen wolle, um den Hof zu beruhigen. Bald darauf heiratete die allmächtige Anna zur allgemeinen Verwunderung den bescheidenen Flottenoffizier Wyrubow. Nach Wittes boshafter Bemerkung »heulte die arme Kaiserin wie eine Moskauer Kaufmannsfrau, die ihre Tochter verheiratet...« Doch Anna kannte das Ende ihrer Ehe im voraus – sie hatte genaue Informationen über ihren Bräutigam eingeholt. Bald verließ sie das Ehebett, denn ihr Gatte hatte sich als »sexuell pervers und rauschgiftsüchtig« erwiesen. Der mystisch veranlagten Zarin erzählte Anna, das sei die Strafe dafür, daß sie ihre Bestimmung verraten habe. Ihr Schicksal sei, auf eine eigene Familie zu verzichten und der Ersten Familie Rußlands zu dienen.

Wie war sie nun also wirklich? Einfältig, gütig, klar, offen? Ja. Außerdem hinterlistig, verschlossen, klug. Eine gefährliche Frau, die sich ganz einer Leidenschaft hingab. Witte schrieb: »Alle Höflinge machten Anna Wyrubowa die Cour, und nicht nur sie, sondern auch ihre Frauen und Töchter. Anna erwies ihnen diese oder jene Gunst und hatte darauf Einfluß, welche Politiker in die Nähe des Zaren gelassen wurden.«

Ihre Leidenschaft war die Macht. Die Macht, die ihr so mühelos zugeflogen war und der sie ihr ganzes Leben unterordnete. Das heimliche Blut des Zaren Paul... Anna war die unsichtbare Gebieterin des prächtigsten Hofes in Europa.

Plötzlich 1914 dieser überraschende Orkan unsinniger Eifersucht seitens der Zarin.

Was war geschehen? Hatte Anna ihr Spiel zu weit getrieben? Waren die südlichen Nächte im weißen Schloß in Liwadia schuld, Nächte, die einen um den Verstand bringen können?

Diese Menschen sind längst von der Bühne des Lebens abgetreten. Der Vorhang ist gefallen. Damals, 1914 (zu Beginn des Krieges ihrer neuen Heimat gegen ihre frühere Heimat), befand sich Alix am Rande der Hysterie. Das läßt sich auch mit dem Schrecklichen, Sinnlichen erklären, das zusammen mit dem »Heiligen Teufel« in den Palast gekommen war. Obwohl sich der »Teufel« im Palast in einen Heiligen verwandelt hatte, fühlte die hysterische Zarin das unsichtbare Magnetfeld seiner Wollust, die elektrischen Ladungen seiner zügellosen Kraft. Daher ihre sinnlichen Wunschträume in den Briefen an Nikolaus. Und das alles fand einen Ausweg in ihrer rasenden Eifersucht. Anna spielte nach wie vor gewissenhaft die Rolle der ungefährlichen »Dritten«. Aber Alix sah sich selbst im Spiegel: zerquält, gealtert... erste graue Haare und neben Nicky diese junge, blühende Frau, die honigfarbenen Augen, die um Zärtlichkeit zu bitten schienen.

Anna benahm sich weise. Rechtfertigungen hätten den Argwohn nur noch angefacht. Die Freundin reagierte mit der verletzenden Kälte und Verachtung der zu Unrecht Gekränkten. Und mit Grobheit. Letzteres war etwas Neues für die Zarin. Doch erwies es sich als die beste Medizin. Bald beklagte sie sich bei Nicky: »Heute morgen war sie wieder unfreundlich zu mir, vielmehr grob...« Anna fügte noch eine bittere Pille hinzu. »Sie flirtet heftig mit einem jungen Ukrainer«, schrieb die Zarin, »aber sie sehnt sich nach Dir...« Doch der Sturm legte sich bereits. Ein wenig später: »Ich fürchte Annas Stimmungen..., aber ich ertrage jetzt alles mit größerer Kaltblütigkeit und nehme mir ihre groben Ausfälle nicht mehr so zu Herzen. Wir sind Freunde, ich liebe sie sehr und werde sie immer lieben, aber etwas ist verlorengegangen...«

Alles war zurechtgerückt.

Übrigens konnte Anna der Eifersucht ihrer kaiserlichen Freundin jetzt ganz gelassen begegnen. Sie hatte an ihrer Seite jemanden, der sie vor jeder Kränkung schützen würde. Der mächtige Partner in ihren Spielen mit Alix war Grigori Rasputin.

Die montenegrinischen Prinzessinnen hatten Anna von Rasputin erzählt. Als sie ihn sah, erkannte sie sofort seine Bedeutung.

»Der phantastische Mensch«

»Im Dorf Pokrowskoje lebt der gottesfürchtige Grigori. Gleich dem heiligen Serafim oder dem Propheten Elias vermag er den Himmel zu verschließen, dann senkt sich Dürre auf die Erde, bis er dem Himmel befiehlt, sich zu öffnen und lebensspendenden Regen herabzusenden.« Das erzählte der Rektor der Petersburger Geistlichen Akademie, Vater Feofan, den Großfürsten Pjotr und Nikolai Nikolajewitsch. Und die Frauen der Großfürsten, die Montenegrinerinnen, verbreiteten die Kunde am Hof: Wie der gerechte Serafim geht Grigori in seinem Dorf umher, umgeben von unschuldigen Mädchen, und ebenso predigt er Sanftmut, Liebe und Zärtlichkeit und heilt Krankheiten.

Ende 1903 tauchte Rasputin in den Korridoren der Petersburger Geistlichen Akademie auf: speckiges Jackett, ausgebeulte Hosen, Stiefel, zerzauster Bart, Haarschnitt wie ein Kneipenkellner. Und hypnotische graublaue Augen, mal sanft und zärtlich, mal wild und wütend. Am häufigsten aber wachsam. Und er redete so merkwürdig, zusammenhanglos, einlullend, irgendwie urtümlich.

Während die Montenegrinerinnen der Zarin von dem Starez vorschwärmten, beschloß die Freundin, ihn an den Hof zu bringen. Wie ein glänzender Regisseur inszenierte sie seinen Auftritt: Der Starez erscheint der Zarin.

Später Abend, die beiden Frauen spielen vierhändig Beethoven. Gegen Mitternacht wird auf Annas Befehl Rasputin lautlos in das halbdunkle Zimmer geführt. Die Zarin sitzt mit dem Rücken zu ihm und spielt weiter. Die Uhr schlägt Mitternacht.

»Sana, fühlst du nicht, daß etwas vorgeht?«

»Ja, ja«, antwortet die Zarin beinahe erschrocken.

Da wendet Anna langsam den Kopf, und die arme Zarin tut es ihr nach. Als die nervöse Alix an der Tür wie eine Vision die verschwommene Gestalt eines Bauern sieht, verfällt sie in Hysterie. Rasputin tritt zu ihr, drückt die zerquälte Frau an seine Brust, streichelt sie und sagt zärtlich: »Fürchte dich nicht, meine Liebe, Christus ist mit dir.«

Rasputin gehört zu den populärsten Mythen des 20. Jahrhunderts. Der Wahnwitz der russischen Ausschweifung, die sexuelle Kraft, der die vornehmen Petersburgerinnen verfielen, Brillanten und Pelze, die dem »Teufel« vor die schmutzigen Füße geworden wurden, dieser Bauer, der vor den Augen des Landes das Ehebett der Ersten Familie Rußlands schändete – das alles wurde in unzähligen Büchern beschrieben.

Der Untersuchungsrichter der Außerordentlichen Untersuchungskommission Rudnew verfaßte später eine hochinteressante Schrift: »Äußerst wertvoll für die Erhellung der Persönlichkeit Rasputins waren die Materialien, die die Agenten der Ochrana aufgrund ihrer geheimen Überwachung Rasputins erstellten. Auch Rasputins Wohnung wurde ständig überwacht... Im Zusammenhang damit, daß die Presse sich besonders gern über die Zügellosigkeit Rasputins ausließ, die zu einem Synonym seines Namens* wurde, widmete die Untersuchungskommission dieser Frage die gebührende Aufmerksamkeit. Dazu lieferte die ständige geheime Überwachung der Wohnung sehr reiches Material... Es stellte sich heraus, daß die Liebesabenteuer Rasputins nicht über nächtliche Orgien mit leichten Mädchen, Chansonsängerinnen und einigen seiner Bittstellerinnen hinausgingen... Was intime Beziehungen zu Damen der vornehmen Gesellschaft betrifft, so gibt es dafür in den Unterlagen keine Bestätigung.« Also, keine »intimen Beziehungen zu Damen der vornehmen Gesellschaft«!

Grigori Rasputin wurde im sibirischen Dorf Pokrowskoje als Sohn des Bauern Jefim Nowych geboren. Sein Vater war ein Trinker, der plötzlich zur Vernunft kam, das Trinken aufgab und zu Wohlstand gelangte. Als seine Frau starb, begann er jedoch wieder

---

* Russisch »rasputnik« = »Wüstling« (Anmerkung der Übersetzerin).

zu trinken und brachte das Ersparte durch. Sein Sohn Grigori war zu dieser Zeit schon für sein ausschweifendes Leben bekannt. Unter dem Namen Rasputin war er nach Tobolsk gefahren, hatte dort in einem Gasthaus als Kellner gearbeitet und das Dienstmädchen Praskowja geheiratet. Sie gebar ihm drei Kinder: einen Sohn und zwei Töchter.

Poetisch beschreibt Grigori selber seine ausschweifende Jugend: »Mit fünfzehn Jahren, als im Sommer die liebe Sonne schien und die Vögel himmlische Lieder sangen, träumte ich in meinem Dorf von Gott... Meine Seele zog es in die Ferne... Während ich so träumte, weinte ich manchmal und wußte selber nicht, warum... So verging meine Jugend – in Betrachtungen und Träumereien. Dann, als das Leben nach mir griff, lief ich in einen Winkel und betete heimlich. Ich fand keine Befriedigung, wußte auf vieles keine Antwort und war traurig... Da begann ich zu trinken.«

Was für schöne Worte. Er besaß wirklich die Gabe der Verführung. Bis zu seinem dreißigsten Lebensjahr war er ein Wüstling, ja, schlimmer, ein Dieb. Doch dann kreuzte ein studierender Mönch seinen Weg und brachte ihn auf den rechten Pfad. Nun begann die geheimnisvolle Vita des Starez Grigori. Eines Tages, als die Familie beim Dreschen war und über seine Heiligkeit lachte, stieß er die Schaufel in den Getreidehaufen und machte sich auf den Weg zu den heiligen Stätten... Er war länger als ein Jahr unterwegs, kehrte nach Hause zurück, hob im Stall eine Grube aus und betete darin zwei Wochen. Dann ging er wieder auf Pilgerschaft und verneigte sich vor den heiligen Stätten. Er war in Kiew, wie der gerechte Serafim, dann in der Sarow-Wüste, er wallfahrte nach Moskau und zog weiter durch unzählige Städte und Dörfer.

Nach langen Wanderungen kam er wieder nach Hause, betete in der Kirche und schlug inbrünstig mit der Stirn auf den Boden. Seit dieser Zeit vermochte er zu prophezeien und zu heilen.

Frau Jurenewa erzählt: »Das war ein phantastischer Mensch. Als das Moderestaurant ›Wien‹ eröffnet wurde, führte mich Arzybaschew dorthin, der Autor des bekannten Theaterstücks ›Eifersucht‹, in dem ich mit großem Erfolg spielte. Mit uns war Manassewitsch-Manuilow, ebenfalls ein ungewöhnlicher Mensch... Es gingen Gerüchte um, er sei Agent aller möglichen Geheimdienste. Er schlug uns vor: ›Gehen wir zu Rasputin.‹ Der wohnte gleich neben dem Restaurant, in der Gorochowaja-Straße. Arzybaschew lehnte ab, aber ich war abenteuerlustig. Rasputin saß im Speisezimmer zwischen zwei jungen Mädchen, das waren seine Töchter. Seine Augen saugten sich an mir fest, ich erinnere mich noch physisch an dieses Gefühl. Ihm gegenüber saß die junge bleiche Munja – Maria Golowina, eine Hofdame der Zarin. Die ganze Zeit läutete es an der Tür, immer mehr Frauen kamen. Munja lief mit dem Eifer einer Dienerin zur Tür, um zu öffnen. Dann sagte er zu ihr: ›Schreib.‹ Und begann zu reden – über Sanftmut und über die Seele. Ich versuchte es mir zu merken, schrieb es zu Hause sogar auf, aber es war nicht mehr das Richtige... Als er sprach, bekamen alle glühende Augen... Ich war wie berauscht.«

An diese Erzählung mußte ich im Archiv denken. Ein dunkelblaues Heft der Zarin. Auf dem Einband der Name der Besitzerin – Alexandra. Neben den eleganten Schriftzügen der Zarin das Gekritzel Rasputins. Ohne Satzzeichen hatte er geschrieben: »Hier ist meine Ruhe die Quelle meines Ruhms auf der Welt ist Licht ein Geschenk für meine Herzensmama Grigori...« Er nannte sie »Mama« – Mutter der russischen Erde. Und Nikolaus nannte er »Papa«.

Alix schrieb seine mündlichen Belehrungen sorgsam in ihre Hefte. Später nahm sie die Hefte mit nach Tobolsk und Jekaterinburg und las sie bis zu ihrem Todestag immer wieder.

Hier einige Beispiele: »Wer mit sich selbst beschäftigt ist, der ist ein Dummkopf oder ein Quälgeist der Welt. Bei uns sind die Minister mit sich selbst beschäftigt, das darf nicht sein! Die Heimat ist groß, ihr muß man die Freiheit der Arbeit geben, aber nicht den Linken und den Rechten. Die Linken sind dumm und die Rechten blöd. Warum? Weil sie mit dem Knüppel lehren wollen. Ich habe schon fünfzig Jahre gelebt, das sechste Jahrzehnt bricht an, und ich kann sagen: ›Wer denkt, daß er gelehrt ist, daß die Weisen die Wahrheit sagen, der ist ein Dummkopf...‹«

»Die Muttergottes war klug, hat aber nie über sich geschrieben... Dennoch kennt unser Geist ihr Leben...«

»Fürchtet euch nicht, Gefangene freizulassen, die Sünder zu einem gerechten Leben zu erwecken. Die Gefangenen werden durch ihre Leiden vor Gottes Angesicht mehr gelten als wir...«

»Liebt das Paradies, es entstand aus Liebe; wo der Geist ist, dort sind auch wir. Liebt die Wolken – dort leben wir…«

Der große Einfluß des halbgebildeten Bauern auf die Herrscherin ganz Rußlands erklärte sich daraus, daß er nicht nur den Leib ihres unglücklichen Sohnes, sondern auch ihre Seele kurierte.

Von seinen Lippen floß ein Strom christlicher Wahrheiten, in seiner Gegenwart fand Alix Läuterung und Ruhe. Mit Hilfe religiöser Bücher und seinen hypnotischen Fähigkeiten verstand er es, für sie zu dem *Starez* zu werden, von dem sie in der Sarow-Wüste geträumt hatte. Er war der auferstandene Serafim.

In der ersten Zeit benahm sich Rasputin im Palast sanft und freundlich. Als er dann endgültig in die Rolle des Starez geschlüpft war, ging er familiär, rüde, spöttisch und drohend mit dem kaiserlichen Ehepaar um. Das war keine Pose, sondern seine natürliche Art.

Rasputin und der kranke Thronfolger

Sein Geheimnis lag nicht in der Kraft des Wundertäters, diese Kraft steht außer Frage. Sie rettete dem Zarewitsch immer wieder das Leben. Darum mußte er stets erreichbar sein. Als Zauberer des 20. Jahrhunderts benutzte er Telephon und Telegramme.

Oft beschriebene Geschichten: Rasputin erhält einen Anruf aus Zarskoje Selo: Der Junge leidet, ihm tut das Ohr weh, er kann nicht schlafen.

»Hol ihn ans Telephon«, sagt der Starez zur Zarin. Und dann, als der Junge am Telephon ist, ganz liebevoll: »Aljoscha, was machst du denn mitten in der Nacht? Dir tut nichts weh, dein Öhrchen tut nicht mehr weh, ich sage es dir. Schlaf jetzt.« Eine Viertelstunde später ein Anruf aus Zarskoje Selo: Das Ohr tut nicht mehr weh, er schläft.

1912 lag der Thronfolger in Spala im Sterben – Blutvergiftung. Doch Alix, bleich und übernächtigt, zeigte den Ärzten triumphierend Rasputins Telegramm: »Gott hat deine Tränen gesehen und deine Gebete erhört. Sei nicht traurig, dein Sohn wird leben.« Die berühmten Ärzte schüttelten nur den Kopf, das schreckliche Ende schien unausweichlich.

Doch der Junge genas.

Während des Krieges nahm Nikolaus den Thronfolger mit ins Hauptquartier. Alexej erkältete sich und bekam einen gewöhnlichen Schnupfen. Er schneuzte sich, Blutgefäße platzten. Die Ärzte vermochten die Blutung nicht zu stillen. Gilliard und der hilflose Doktor Derewenko brachten Alexej mit dem kaiserlichen Zug nach Zarskoje Selo. Die Zarin erwartete sie auf dem Bahnsteig.

»Die Blutung hat aufgehört!« sagte Gilliard.

»Ich weiß«, antwortete Alix. »Wann war das?«

»Etwa halb sieben.«

Alix hielt ihm ein Telegramm von Rasputin hin: »Gott wird helfen, er wird gesund.» Das Telegramm war 6.20 aufgegeben worden. 1914 erlitt Anna bei einem Zugunglück zwischen Petersburg und Zarskoje Selo lebensgefährliche Verletzungen. Sie lag mit zertrümmerten Beinen und Schädelbruch bewußtlos in einem Bahnwärterhäuschen. Rasputin kam. Er stand vor ihrem Bett, die Augen traten ihm vor Anspannung aus den Höhlen, plötzlich flüsterte er zärtlich: »Annuschka, wach auf, sieh mich an.« Sie schlug die Augen auf.

Wie mußte Alix zu einem Menschen stehen, der vor ihren Augen Tote wieder zum Leben erweckte! Zu dem einzigen Menschen, der ihren Sohn zu retten vermochte und es schon so oft getan hatte. Konnte Nikolaus ihr den Arzt des Sohnes nehmen? Und den Arzt ihrer Seele? Rasputin zu entfernen hätte bedeutet, sie und den Jungen zu töten.

Also ertrug er alles und spielte sogar mit.

Er fügte sich Alix' Bitten, ein wundertätiges Stück Brot von Rasputins Tisch zu essen und sich mit seinem wundertätigen Kamm zu kämmen. Alix glaubte an die wunderbare Kraft. Und Nikolaus mußte so tun, als ob er es auch glaubte. Doch er tat nicht nur so.

Für ihn war Grigori die Bilanz seiner Wahrheitssuche, die mit Klopow angefangen hatte und nun mit einem richtigen Bauern im Palast endete. Der Bund zwischen »Volk und Zar« war zustande gekommen. Natürlich wußte er von den Ausschweifungen Grigoris. Doch im Unterschied zu Alix dachte er sich dafür keine mystischen Begründungen aus. Nein, er nahm sie als die Ausschweifungen des einfachen Volkes. Sie bewiesen ihm ein übriges Mal, daß sein Volk nicht reif für die Verfassung war. Doch zugleich sah er bei Rasputin gesunden Menschenverstand, Güte und Glauben. Grigoris Stimme war für ihn Volkes Stimme.

»Er ist ein einfacher russischer Mensch, sehr religiös und fromm«, erklärte er dem Grafen Frederiks. »Die Zarin mag seine Aufrichtigkeit, sie glaubt an die Kraft seiner Gebete ... für Alexej, aber das ist unsere Privatangelegenheit. Erstaunlich, wie gern sich die Menschen in Dinge einmischen, die sie nichts angehen.«

Doch die Menschen mischten sich ein. Entrüstet erzählte man sich in der Gesellschaft von einem Ritual am Zarenhof: Ein sibirischer Bauer küßt dem Zaren und der Zarin die Hand, und dann küssen sie – der Selbstherrscher und die Kaiserin – die knorrige Bauernhand. In diesem gegenseitigen Kuß war etwas Evangelienhaftes: Christus hatte seinen Jüngern die Füße gewaschen. Nun küßten Rußlands Herrscher einem sibirischen Bauern die Hand. Dem Volk. Die religiöse Zarenfamilie und die atheistischer werdende Gesellschaft verstanden einander immer weniger.

Das Rätsel Rasputin

Rasputin besaß zweifellos übermenschliche Fähigkeiten. Für unser Jahrhundert, das an die dunklen Kräfte der Parapsychologen gewöhnt ist, liegt darin kein Geheimnis. Dennoch waltete ein Geheimnis.

Es begann schon mit seinem sonderbaren Benehmen. Unzählige Skandale, Saufereien, Orgien verbanden sich mit seinem Namen. Vor den Augen Petersburgs und Moskaus veranstaltete Rasputin skandalöse Zechgelage in schicken Restaurants.

Warum aber? Er hatte eine von der Polizei überwachte Wohnung und konnte sich nach Herzenslust der Ausschweifung und Zecherei hingeben, ohne übermäßigen Klatsch und allgemeinen Zorn zu provozieren. Doch er bevorzugte Abenteuer vor den Augen des ganzen Landes.

Vielleicht wollte er damit sagen: »Ich, ein einfacher Bauer, stehe mit meinen Ausschweifungen über eurer gesitteten Petersburger Pracht, über euren vornehmen Manieren ... Ich mache, was ich will!«

Das ist eine Erfindung der Literatur, um dem Geheimnis der russischen Seele beizukommen.

Doch die handelnden Personen stimmen nicht. Ein gerissener Bauer mit stechendem und vorsichtigem Blick. Die gespannte *Vorsicht* seiner Augen fiel allen auf. Warum dann so eine Unvorsichtigkeit? Wo ist die Erklärung dafür?

Einer der schlimmsten Skandale ereignete sich 1915. Rasputin fuhr nach Moskau, um ein Gelübde zu erfüllen: sich im Kreml vor dem Grab des Patriarchen Hermogen zu verneigen. Es endete mit einem wüsten Gelage im Restaurant »Jar«. Darüber gibt es ein hochinteressantes Polizeiprotokoll.

»Am 26. März dieses Jahres gegen elf Uhr abends erschien der bekannte Grigori Rasputin im Restaurant ›Jar‹, in seiner Begleitung waren Anissia Reschetnikowa, Witwe eines geachteten Bürgers, Nikolai Sojedowy, Mitarbeiter Moskauer und Petersburger Zeitungen, und eine nicht ermittelte junge Frau. Die ganze Gesellschaft war schon angeheitert. Sie besetzten ein Separée, bestellten per Telephon den Verleger der Moskauer Zeitung ›Neuigkeiten der Saison‹, Semjon Kugulski, zu sich und engagierten einen Frauenchor, der ein paar Lieder sang und ›Machiche‹ tanzte... Dann tanzte der betrunkene Rasputin einen russischen Tanz, wonach er mit den Sängerinnen ein vertrauliches Gespräch in der Art führte: ›Diesen Kaftan hat mir meine Großmutter geschenkt, sie hat ihn auch selber genäht...‹ Im weiteren Verlauf des Abends nahm Rasputins Benehmen den gemeinen Charakter eines sexuellen Psychopathen an: Er entblößte sein Geschlechtsorgan und setzte in diesem Zustand seine Unterhaltung mit den Sängerinnen fort, wobei er eigenhändige Aufzeichnungen verteilte, in denen unter anderem stand: ›Liebe uneigennützig.‹«

Dieser listige Bauer lud also gleich zwei Journalisten zu einem Zechgelage ein! Und im Beisein dieser Journalisten, von denen einer für alle Boulevardblätter schrieb, gab er eine obszöne Vorstellung.

So konnte er nur handeln, wenn er den Wunsch hatte, daß der Vorgang sofort überall publik wurde.

Ja, er wollte, daß alle von seinen Exzessen erfuhren. Denn er war dahintergekommen, daß seine öffentlichen Skandale seine mächtigen Feinde aktivierten. In der Hoffnung auf einen leichten Sieg unternahmen sie unverzüglich Schritte gegen ihn. Doch wenn sie das taten, verschwanden sie aus dem Palast. Es war paradox, doch mit seinen Skandalen vernichtete er seine einflußreichen Feinde. Ein häßliches Detail: Im »Jar« sagte er etwas über die Zarin, was man nicht ins Protokoll zu schreiben wagte! »Ich mache mit ihr, was ich will«, brüllte er im Beisein der Journalisten. Ähnliches war des öfteren während seiner öffentlichen Zechgelage zu hören.

Der schlaue Bauer hatte das Paradoxon begriffen: Weder der Zar noch die Zarin konnten glauben, daß er schmutzige Worte über die vergötterte Zarin sagte. Der Mann, dessen ergebene Liebe zur »Mama« sie seit so vielen Jahren kannten, sollte so etwas über die Lippen bringen! Wer dem Zarenpaar solche Worte hinterbrachte, machte sich unglaubhaft. Nikolaus und Alix sahen darin eine Verschwörung gegen den armen Bauern, den der Teufel zum Trinken verleitete, was seine Feinde ausnutzten.

Und noch etwas: Rasputin wußte, daß die Zarin nicht ohne ihn leben konnte. Sie würde alles tun, um seinen Feinden *nicht* zu glauben, und sich an ihnen rächen.

Rasputins Geheimnis: Seine Orgien, die schmutzigen Reden über die Zarenfamilie waren eine unglaubliche Provokation. Er gab seinen Feinden selber die Waffe in die Hand, aber sowie sie sie benutzten, hatten sie verloren. Die Hofdame Tjutschewa, Enkelin des Dichters Tjutschew, Erzieherin der Zarentöchter, nahm den Kampf gegen den Starez auf. Nach einem seiner Abenteuer forderte sie, Rasputin den Umgang mit den Zarentöchtern zu verbieten.

Die Folge war, daß sie Zarskoje Selo verlassen mußte.

Das allmächtige Regierungsoberhaupt Stolypin verfaßte eine Liste über Rasputins Abenteuer und überreichte sie Nikolaus. Der Zar las sie, sagte kein Wort dazu und bat Stolypin, sich den laufenden Geschäften zu widmen. Der Minister mußte mit seiner Suspendierung rechnen.

Schließlich wandte sich Großfürst Nikolai Nikolajewitsch gegen Rasputin, früher ein Bewunderer. Er hatte inzwischen begriffen, welche furchtbare Gefahr Rasputin für die Dynastie heraufbeschwor. Damit standen sich der oberste Befehlshaber der Armee, ein dem Zaren sehr nahestehender Mensch, und ein sibirischer Bauer gegenüber. Der Bauer erwies sich als stärker.

Bis zu Rasputins Ermordung tappten seine Feinde in seine Falle. Immer wieder beschuldigten sie ihn der Ausschweifung und Unzucht. Sie wußten nicht, daß er Alix und seinen treuen Verehrerinnen ein für allemal die geheimnisvolle Ursache seines sonderbaren Benehmens erklärt hatte.

Felix Jussupow, sein künftiger Mörder, erfuhr die erstaunliche Deutung des Rasputinschen Verhaltens von seiner Bekannten Maria Golowina, einer Hofdame der Zarin. Mit freundlicher Nachsicht erklärte sie ihm wie einem unverständigen Kind: »Wenn er so etwas tut, dann mit dem besonderen Ziel, sich sittlich zu stählen.«

Ein Starez, der die Sünden der Welt auf sich nahm und sich freiwillig der Geißelung durch die Gesellschaft unterwarf, wie das im alten Rußland die Narren in Christo taten – so mystisch erklärte ihnen Rasputin seine Abenteuer. Vater Georgi Schawelski, der Oberpriester der kaiserliche Armee und Flotte, erinnerte sich, daß die Zarin das Buch »Die Narren in Christo der russischen Kirche« gelesen und die Stellen markiert hatte, wo von Formen sexueller Haltlosigkeit die Rede war. Rasputin und Anna waren die beiden Menschen, die der Zarenfamilie am nächsten standen. Um beide rankten sich Mythen, mit denen die künftige Revolution operieren würde: der willenlose, jämmerlich gehörnte Zar, die Zarin in den schamlosen Umarmungen des ausschweifenden Bauern und Anna als Geliebte des Zaren.

In ganz Rußland kursierten bei Ausbruch der Revolution zahlreiche unanständige Zeichnungen.

Eines dieser »Graffiti«: ein bärtiger Bauer (Rasputin) hält zwei breithüftige Schönheiten (die Zarin und Anna) im Arm, und das alles vor dem Hintergrund schamlos tanzender Mädchen (der Zarentöchter).

6.
Die Zarenfamilie

Es war eine fast idyllische Familie, die zurückgezogen lebte. Kaum einer kannte ihr wahres Leben. Ein bezauberndes Porträt dieser Familie hinterließ uns in ihren Erinnerungen die Frau, die soviel für den Untergang der Familie getan hatte – die Freundin.

Früher Morgen. Die Familie erwacht. Alix' Traum hat sich erfüllt: Alles ist wie in ihrer Kindheit, als sie eine ebenso große Familie hatte. »In der unermüdlichen Arbeit der Liebe« wurde die Familie geschaffen. Und sie – Ehefrau und Mutter – ist Schirm und Stütze der Familie.

Das Alexander-Palais ist längst zu eng für die fünf Kinder. In der Nähe steht der riesige Katharinenpalast leer. Aber Alix möchte nicht umziehen. Das ist nicht nur die Gewohnheit, sondern das Bewußtsein, daß das gemeinsame Leben in dem kleinen Schloß verbindet, zusammenschweißt.

Von ihren Töchtern wissen wir wenig, sie sind Schatten im blutigen Widerschein der künftigen Tragödie.

Die viktorianische Erziehung, die Alix bei der englischen Großmutter erhielt, gibt sie an die Töchter weiter: Tennis, eine kalte Dusche am Morgen und eine warme am Abend. Das ist für die Gesunderhaltung des Körpers. Und für die Seele – die religiöse Erziehung: Lektüre gottgefälliger Bücher, strikte Einhaltung der kirchlichen Rituale. »Olga und Tatjana haben ihren ersten Gottesdienst ausgezeichnet überstanden«, schreibt Nikolaus befriedigt in sein Tagebuch.

Als Olga noch ganz klein ist, wird sie von den älteren Mädchen geärgert: »Was bist du für eine Großfürstin, wenn du nicht mal bis zum Tisch hochreichst?«

»Das weiß ich auch nicht«, antwortet Olga, »aber fragt Papa, er weiß alles.«

In weißen Kleidern mit bunten Gürteln kommen sie herunter ins blaßlila Zimmer der Zarin. Darin ist ein riesiger Teppich und auf dem Teppich ein großer Korb mit Spielsachen. Das Spielzeug geht von den Älteren auf die Jüngeren über. Sie wachsen heran. »Olga ist neun geworden, schon ein großes Mädchen.«

Olga und Tatjana werden häufig zusammen im Tagebuch erwähnt. »Olga und Tatjana sind nebeneinander Fahrrad gefahren«, schreibt Nikolaus in sein Tagebuch.

»Olga und Tatjana sind erst gegen zwei zurückgekommen...« (aus einem Brief der Zarin).

Man könnte die Beispiele endlos fortsetzen.

Olga ist eine Blondine mit Stupsnäschen, ein bezauberndes, temperamentvolles Mädchen. Die schöne, grauäugige Tatjana, die der Mutter ähnelt, ist zurückhaltend, weniger natürlich und weniger begabt, macht diesen Mangel aber durch einen ausgeglichenen Charakter wett. Sie leitet alle Entscheidungen der Mutter weiter. Die Schwestern nennen sie ihren »Gouverneur«.

Die beiden Jüngsten, die so zärtlich aneinander hängen, beide fröhlich und rundlich, kommen nach dem Großvater: Maria, eine russische Schönheit, und die gutmütige Anastasia.

Sie lernen nicht sehr gern. In ihren Tagebüchern finden sich unzählige Fehler. Nur Olga ist eine gute Schülerin. Sie schlafen zu zweit in großen Kinderzimmern, in Feldbetten, fast ohne Kissen.

Diese Feldbetten werden sie in die Verbannung bis nach Jekaterinburg mitnehmen. Auf ihnen werden sie in ihrer letzten Nacht schlafen. Dann werden ihre Mörder darauf liegen.

Wie die ganze Familie führten auch die Töchter Tagebuch. Später in Tobolsk, als ein Kommissar aus Moskau kam, verbrannten sie ihre Tagebücher. Nur ein paar Hefte blieben erhalten.

Ich sehe die Tagebücher von Maria und Tatjana durch – traditionelle »Erinnerungsbücher« mit Goldschnitt und Moiréeinband. Eine monotone Aufzählung von Ereignissen: »Heute morgen waren wir in der Kirche, abends aßen wir mit Papa und Alexej, tagsüber fuhren wir zu Anna und tranken Tee...«

Olga benutzte ein schlichtes schwarzes Heft, sie wollte es sogar darin dem Vater gleichtun. Und wieder: »Wir tranken Tee... Wir spielten das Flohspiel« usw. Immer heißt es »wir«, so sehr hingen sie aneinander.

Ein rührendes Detail: In den Tagebüchern der Mädchen liegen getrocknete Blumen. Blumen aus dem Park von Zarskoje Selo, wo sie so glücklich waren. Sie nahmen sie mit in die Verbannung und bewahrten sie zwischen den Seiten ihrer Hefte auf. Als sie fast alle

Tagebücher verbrannten, legten sie die Blumen in die übriggebliebenen Hefte. Erinnerung an ein zerstörtes Leben.

Ich blättere vorsichtig die Seiten um und achte darauf, daß die Blumen, die von den Mädchen im letzten unbeschwerten Sommer getrocknet wurden, nicht zu Staub zerfallen.

Das Album der Zarin enthält ein Photo: Sie lehnt mit zurückgelegtem Kopf auf der Couch – ein seltsames, tragisches Profil. Um sie herum sitzen die Töchter auf kleinen Bänken, und auf einem Kissen am Boden sitzt Alexej. Die Mädchen himmeln ihn an. Er hat ein schmales Gesicht, kastanienbraunes gelocktes Haar mit einem Bronzeschimmer und die grauen Augen der Mutter. Der kleine, ewig kranke Prinz.

»Schenk mir ein Fahrrad«, bittet er die Mutter.

»Du weißt doch, du darfst nicht.«

»Ich will Tennis spielen wie die Schwestern.«

»Du weißt doch, das geht nicht.«

Da weint er herzzerreißend und fragt: »Warum bin ich nicht so wie die andern?«

Die Mädchen helfen der Mutter, ihn zu pflegen, wenn er krank ist. Im Krieg werden sie gute Krankenschwestern.

Rauschende Bälle, das turbulente Leben der vornehmen Welt – das alles gibt es kaum für die ersten Mädchen Rußlands...

Aber dafür im Sommer... Die Jacht »Standarte« legt an der Mole an. Die Mädchen, in langen weißen Kleidern, riesige weiße Hüte auf dem Kopf, setzen sich in die bereitstehenden offenen Wagen.

Der Traum der Zarin hat sich erfüllt: An der Stelle des alten Palastes, in dem Alexander III. starb und in dem Nikolaus beinah gestorben wäre, wurde ein wunderschönes weißes Schloß im italienischen Stil errichtet, direkt am Meer. An dieses Paradies werden sie sich in der sibirischen Haft erinnern, in dem eiskalten Haus.

In Liwadia photographierten sie einander sehr oft: Da ist Alexej, neben ihm sein geliebter Spaniel, der Joy heißt.

Sie haben alle ihre Hunde. Anastasia besitzt einen King Charles, den die Schwestern im Lazarett von einem verwundeten Offizier bekommen haben. Er ist so winzig, daß er im Muff getragen werden kann.

Michail Medwedew (der Sohn des Tschekisten, der an der Erschießung der Familie teilnahm) berichtet: »Vater erzählte, daß er den Abtransport der Erschossenen leitete. Als die Leichen auf den Lastwagen geladen wurden, fiel ein totes Hündchen aus dem Jackenärmel einer der Großfürstinnen.«

In Liwadia wurde Olga 16 Jahre alt. Sie wurde Patin eines Husarenregiments. Am Abend fand ein Ball statt. Ein Militärblasorchester spielte. In einem langen rosa Kleid, mit weißblondem Haar, stand Olga mitten im Saal, und alle eingeladenen Husarenoffiziere waren in sie verliebt.

An jenem Abend legte sie zum erstenmal ihr Brillantkollier an.

Zu jedem Geburtstag schenkte die sparsame Alix den Töchtern eine Perle und einen Brillanten, damit sie mit 16 Jahren zwei Kolliers besaßen.

Den Winter verbrachte die Familie stets in Zarskoje Selo, im alten geliebten Alexander-Palais. Alles verlief nach der von Alix eingeführten Ordnung:

Um zwei Uhr fuhr sie mit den Kindern im Wagen aus. Da sie schwache Füße hatte, lief sie nicht gern. Sie ließ sich zu irgendeiner entfernteren Kirche fahren, wo niemand sie kannte, kniete sich auf die Steinplatten und betete. Um acht wurde das Essen eingenommen, zu dem auch Nikolaus erschien. Alix trug ein tief ausgeschnittenes Kleid mit Brillanten. Um neun ging sie hinauf ins Kinderzimmer und betete mit Alexej, während Nikolaus in seinem Arbeitszimmer sein Tagebuch schrieb. Dann kam das traditionelle Vorlesen.

Der goldene Käfig, wie ihn die Freundin Anna beschrieb, hatte sich seit Jahrhunderten nicht verändert. Die Möbel rochen noch genauso wie unter Katharina der Großen, dasselbe goldene Mobiliar, die gleichen Diener mit dem federgeschmückten Mützchen auf dem Kopf.

Der französische Botschafter in Rußland, Maurice Paléologue, erzählt:

»Das Alexander-Palais macht auf mich einen ganz alltäglichen Eindruck... Ein Diener, der ein Mützchen mit roten, schwarzen und gelben Federn auf dem Kopf hat, führt mich durch die Säle, durch den Salon der Kaiserin, einen langen Korridor entlang, von dem die Räume der Herrscher abgehen. Ein Lakai in sehr schlichter Livree kommt mir mit einem Teetablett entgegen. Dann sehe ich eine Innentreppe, die zu den Räumen der kaiserlichen Kinder führt, ein Zimmermädchen läuft die Treppe hinauf...«

Eines Tages erhielt ich einen Brief.

»Mein Name ist Maria Nikolajewna Ersberg...«, schrieb die Absenderin.

Ich gestehe, daß ich zusammenzuckte. Ersberg, so hieß das kaiserliche Zimmermädchen, das mit der Zarenfamilie die Verbannung teilte.

»Mein Großvater Nikolai Ersberg war unter Alexander III. Heizer am Hof. Er heizte die Öfen im Anitschkow- und Gatschina-Palais und auch im Winterpalast. Bei dem Zugunglück bei Borki wurde er schwer verletzt und starb 1889. Seine Tochter, die jüngere Schwester meines Vaters, Jelisaweta Nikolajewna Ersberg (geboren am 18. 9. 82 und gestorben am 12. 3. 42 während der Blockade), beendete das Patriotische Gymnasium und wurde von Nikolaus' Mutter, Maria Fjodorowna, als Zimmermädchen ausgewählt. Sie diente treu und redlich von 1898 bis Mai 1918. Als die Zarenfamilie 1917 in die Verbannung gehen mußte, rief die Kaiserin die Dienerschaft zusammen und erklärte, sie wäre froh, wenn der eine oder andere ihnen auch in der Verbannung dienen wolle. Da jedoch alles ungewiß war, konnte sie keine Entlohnung versprechen. Jelisaweta, geleitet von Pflichtgefühl und aus Anhänglichkeit für die Zarentöchter, entschloß sich, ihnen in die Verbannung zu folgen. Im Grundriß des Alexander-Palais sind alle Räume nach ihrer Bestimmung eingezeichnet. Auch das Zimmer meiner Tante. Als ich 1932 mit meinem Vater zum erstenmal das Alexander-Palais besuchte, war die Einrichtung noch genauso ›wie bei der Abreise der Hausherrn‹ (so sagte mein Vater). Im kaiserlichen Schlafzimmer, das einen Erker hatte, waren Hortensien, Alexandras Lieblingsblumen. Da standen Eisenbetten mit Verzierungen am Kopfende (wie wir sie auch zu Hause hatten). Überm Bett zahlreiche Ikonen – von mittlerer Größe bis hin zu kleinen Medaillons – und Ostereier aus Porzellan mit den Abbildungen von Heiligen. Oben im Kinderzimmer das Pferdchen Alexejs... Meine Tante erzählte: Ihr oblagen das Aufräumen der Kinderzimmer und die Zusammenstellung der Garderobe, später unterrichtete sie die Mädchen in Handarbeit. Meine Tante fuhr auch immer mit der Familie auf die Krim. Als der Krieg ausbrach, unterwies Jelisaweta die Mädchen in Krankenpflege. Die Zarentöchter arbeiteten im Lazarett als Krankenschwestern und Pflegerinnen, ebenso alle Zimmermädchen. Die Zarin leitete das Kollektiv der Laienmediziner. Nach den Erzählungen meiner Tante waren die Kinder bescheiden und arbeitsam. Olga, die Älteste, war ein bißchen verwöhnt und launisch, manchmal auch etwas faul, aber Tatjana und Anastasia waren nie untätig, sie nähten und stickten und räumten sogar ihr Zimmer selber auf. Der Vater widmete den Kindern mehr Aufmerksamkeit als die Mutter. Sie lag oft mit Migräne im Bett oder stritt mit den Zimmermädchen oder verhandelte mit den Aufkäuferinnen alter Sachen (die Zarin befahl, alte oder unmoderne Kleidungsstücke zu verkaufen, wobei die Perlmuttknöpfe vor dem Verkauf durch Bein- oder Glasknöpfe ersetzt wurden). Etwa 1905 erhielt meine Tante eine Hilfe, das Zimmermädchen Anna Stepanowna (Stefanowna) Demidowa. Sie freundete sich mit meiner Tante und ihrer Familie an und wurde später die Braut meines Vaters, der zu dieser Zeit Beamter der Eisenbahninspektion war. Er unterstand dem Staatsrat Wladimir Skrjabin, dem Bruder von Wjatscheslaw Skrjabin-Molotow, der unter Stalin Premierminister wurde.

Die Zimmermädchen durften Besuch zu sich einladen. Da die Zarin sehr sparsam war, mußten die Mädchen ihre Gäste auf eigene Kosten bewirten. Sie waren darauf angewiesen, während ihrer Dienstzeit Geld zu sparen, denn eine Rente bekamen sie nicht. Die Zimmermädchen und die Diener mußten ledig bleiben. Wenn sie heirateten, wurden sie entlassen oder bekamen eine andere Arbeit zugewiesen.

Wir hatten zu Hause eine Schatulle mit Photos der Zarenfamilie. Die Widmungen waren nicht sehr einfallsreich: ›Für Lisa zur Erinnerung vom dankbaren Vater‹, ›Für Lisa als Dank für Treue‹ (Alexandra). Widmungen der Kinder: ›Für die liebe Lisa von Tanja‹ und, mit krakeliger Kinderschrift, ›Lisa, näh mir einen Knopf an‹ usw. 1932 brachte mein Vater die Schatulle, wir öffneten sie, sahen uns die Photos genau an und verbrannten sie, die Tante und ich weinten. Grund der Vernichtung waren die Massenhausdurchsuchungen bei den ›Ehemaligen‹. Sie suchten Gold, wühlten in den Kellern und auf den Dachböden. Vater war sehr vorsichtig und beschloß, sich der gefährlichen Last zu entledigen.«

Die Mädchen wuchsen heran, und Alix dachte immer öfter daran, sie zu verheiraten.

»Ach, könnten doch unsere Kinder genauso glücklich in ihrer Ehe werden wie wir«, schrieb sie Nikolaus.

1912 redeten alle davon, daß Olga Dmitri heiraten werde. Sie war verliebt.

Dmitri war ein bezaubernder Windbeutel. Selbst der spitzzüngige Großfürst Sergej Michailowitsch sagte von ihm: »schön wie eine Statuette von Fabergé«.

Am 26. August 1912, dem hundertsten Jahrestag der Schlacht von Borodino, ritt die Kavalkade der Großfürsten mit dem Zaren zum berühmten Feld von Borodino. Sie sahen vorn einen Zaun.

»Zeig uns doch mal, du Olympionike (in jenem Jahr hatte Dmitri an den Olympischen Spielen in Stockholm teilgenommen), wie man springen muß«, sagte Großfürst Kirill Wladimirowitsch zu Dmitri.

Dmitir setzte mühelos über den hohen Zaun. Dann im Wald, wo der kaiserliche Zug stand, galoppierte er auf dem Eisenbahndamm bis zum Waggon... Aus dem Fenster blickte Alix und lächelte. Und Olga.

Doch plötzlich fiel die Verlobung ins Wasser. Hinter den Kulissen stand die lächelnde Alix. Sie mochte Dmitri nicht.

Sie suchte für die Tochter eine andere Partie: den rumänischen Thronfolger. Doch Olga blieb ihrem Gefühl treu, wie einst ihr Vater. Sie dachte sich eine patriotische Rechtfertigung aus: »Ich bin Russin und will Russin bleiben.«

Die Verlobung mußte dennoch stattfinden, und die Familie fuhr mit der kaiserlichen Jacht »Standarte« nach Konstanta.

Feierliche Begrüßung am Hafen, am Abend ein offizielles Essen. Olga saß neben dem Prinzen und unterhielt sich freundlich mit ihm. Währenddessen demonstrierten die übrigen Großfürstinnen tödliche Langeweile.

Am nächsten Morgen war von Heirat keine Rede mehr...

Warum war die Zarin gegen eine Ehe mit Dmitri? Wollte sie ihre älteste Tochter als Königin sehen, oder wollte sie aus einer dunklen Vorahnung heraus ihre Tochter um jeden Preis außer Landes bringen? Aber selbst wenn es keinen dieser Gründe gegeben hätte, wäre die Ehe mit Dmitri nicht zustande gekommen, denn der Großfürst wagte es, gegen Rasputin aufzutreten.

7.
Das Tagebuch des erfolgreichen Zaren

Das idyllische Jahrzehnt vor dem Krieg. Die Zarenfamilie und die europäischen Königshäuser lebten ihr besonderes Leben. Sie besuchten einander, standen im Briefwechsel, schlossen Ehen untereinander. Diese Menschen, die ellenlange Titel trugen, waren füreinander Georgie und Nicky, Willy, Alix und Miechen – einfach Schwestern, Tanten, Brüder, Onkel, Väter und Kinder.

Diese Jahre fügten sich in Nikolaus' Tagebuch zu einer Chronik des mondänen Lebens der Monarchen.

1908 kam der schwedische König Gustav Adolf zu Besuch. Begegnungen mit dem französischen Präsidenten Fallières und dem englischen König Eduard VII. folgten.

Das neue dänische Königspaar besuchte Rußland. Nikolaus war nun der Onkel des dänischen Königs. Beim Festessen versäumte die Zarinmutter nicht, ihre Macht zu zeigen, vielmehr das, was von dieser Macht übrig war. Auf ihre Bitte hin wurde Graf Witte, der dem schwedischen König nicht vorgestellt worden war, gleich neben den großen Zarentisch plaziert.

Der Jahrmarkt der Eitelkeiten ging weiter: Ende Juli fuhr die »Standarte« nach Frankreich, dann nach England – Gegenbesuch bei Eduard VII. Dann wieder die Krim, Schloß Liwadia. Von dort fuhr Nikolaus 1909 zum italienischen König.

Am Vorabend der Abreise saß Alix mit ihrer Freundin Anna im Schloßpark. Die Freundin hörte ein bekanntes Pfeifen. Bei diesem Laut sprang Alix immer auf und sagte errötend: »Er ruft mich.« Dann lief sie ihrem Mann entgegen. Alles war wie im Jahr 1894.

Auf dem Rückweg machte Nikolaus einen Umweg, um Österreich nicht besuchen zu müssen. Damit protestierte er gegen den

Anschluß von Bosnien und der Herzegowina an Österreich. Diese Geste wurde in der Weltpresse ausführlich erörtert, sie gehörte zu den Präludien des künftigen Weltkrieges.

Großfürst Michail Nikolajewitsch starb, der Vater seiner Kindheits- und Jugendfreunde. Immer mehr Menschen seiner Jugend verschwanden.

Auch der Geistliche Johann von Kronstadt starb. Seine Prophezeiungen und Wundertaten waren in ganz Rußland bekannt. Er war kein Mönch gewesen und hatte auch nicht auf ein Familienleben verzichtet, dennoch verehrte ihn das Volk als Heiligen. Mit ihm war der einzige Mensch gestorben, der Rasputin hätte entgegentreten können.

Jahr um Jahr verging... Der englische König Eduard VII. starb, einer der Begründer des Bundes zwischen Rußland, England und Frankreich. Neun Monarchen und unzählige Prinzen fuhren zur Beisetzung. Sie glaubten den englischen König zu Grabe zu tragen, doch sie trugen das monarchistische Europa zu Grabe. Es blieben nur noch wenige Jahre bis zu den großen Erschütterungen des Weltkrieges. Neuer König wurde Georg, der Nikolaus so erstaunlich ähnlich sah.

Auf der Rückreise stattete Nikolaus Onkel Willy einen Besuch in seiner Residenz in Potsdam ab. Die Kompaßnadel der russischen Politik mußte genau zwischen England und Deutschland stehen. Im Dezember 1910 starb Tolstoi. Als Nikolaus vom Tod des Schriftstellers berichtet wurde, schrieb er, Tolstoi sei ein großer Künstler gewesen und Gott sei sein Richter.

Im Februar 1911 wurde der 50. Jahrestag der Bauernbefreiung gefeiert. Noch vor 50 Jahren hatten die Menschen in Rußland als Leibeigene gelebt. Bei den Feierlichkeiten in Kiew wurde ein Denkmal Alexanders II. eingeweiht. Bei den Feierlichkeiten zu Ehren des getöteten Reformers wurde ein anderer großer Reformer getötet – Stolypin. Er wurde vor Nikolaus' Augen erschossen. Der tödlich verwundete Stolypin vermochte den Zaren noch zu bekreuzigen.

So sahen Nikolaus' Kinder zum erstenmal einen Mord. Wieder hatte »die Polizei versagt«, wieder war der Mörder ein Revolutionär, den das Polizeidepartement als Agenten angeworben hatte. Der Schatten der allmächtigen Sonderabteilung!

Am 15. Oktober gab es in der Duma eine Anfrage:

»In den letzten zehn Jahren hatten wir eine ganze Reihe von Attentaten auf russische Würdenträger, bei denen die politische Ochrana ihre Hand im Spiel hatte... Überall entstehen Verlage für illegale Literatur, Werkstätten zur Bombenherstellung, werden Terroraktionen vorbereitet... Sie (die Ochrana) ist zur Waffe des innerpolitischen Kampfes zwischen einzelnen Personen und Gruppen der Regierungskreise geworden...«

Der Zar zog es vor, über solche schrecklichen Vermutungen nicht nachzudenken. Für ihn waren Leben und Tod vorherbestimmt.

Offensichtlich sprach Alix in diesem Sinne mit dem Nachfolger Stolypins, dem Grafen Kokowzew.

»Man darf nicht so sehr die bedauern, die nicht mehr sind... Wenn einer nicht mehr unter uns weilt, dann deshalb, weil er seine Rolle zu Ende gespielt hat. Stolypin ist gestorben, um Ihnen Platz zu machen.«

Das Jahr 1913 brach an; es war das Jahr eines großen Jubiläums: Seit dreihundert Jahren herrschten die Romanows über Rußland. Nun war es Nikolaus von Gott beschieden, das triumphale Datum zu begehen – in Wohlfahrt. Nach den Reformen Stolypins hatte ein ungeahnter Aufschwung eingesetzt. Europa beobachtete mit Staunen den aufstrebenden Giganten. Frankreichs Regierung schickte den Ökonomen Edmond Théry nach Rußland, der in seinem Buch »Rußland im Jahre 1914« schrieb: »Kein europäisches Volk hat ähnliche Erfolge erzielt. Mitte des Jahrhunderts wird Rußland in Europa dominieren.« Im Land kam es zu einer intellektuellen Explosion. Die Heimat Tolstois und Tschechows wurde zum Laboratorium der künftigen Kunst des 20. Jahrhunderts: Malewitsch, Kandinsky, Chagall, Chlebnikow, Majakowski, Rachmaninow, Skrjabin, Strawinski, Stanislawski, Meyerhold.

Doch alle diese erfreulichen Veränderungen erschreckten Nikolaus. Noch vor kurzem hatte alles in der alten Hauptstadt Moskau die von ihm geliebte Vergangenheit geatmet. Nun verschwand diese Stadt zusehends: Fabrikschlote rauchten, riesige Häuser wurden errichtet, in der alten Hauptstadt der russischen Zaren und auch in Petersburg herrschten die Leute des großen Geldes.

Je besser es seinem Land ging, desto einsamer fühlte sich Nikolaus. Die aufgeklärte Gesellschaft bezeichnete seine Zarenmacht als asiatisch und träumte davon, Rußland mit Europa zu vereinigen. Eine verworrene, beunruhigende Zukunft rückte näher, vorbereitet von Witte und Stolypin.

Nikolaus hielt dies nach wie vor für eine Verirrung der Intelligenz, die Bauern hatten Angst vor Europa. Das Mißtrauen gegen die Ausländer und der Glaube an die heilige Zarenmacht lagen dem Volk im Blut.

Bald würde die Revolution des Volkes die Zarenmacht beseitigen, damit zehn Jahre später neue Zaren die Macht ergriffen und Rußland sich wieder für Jahrzehnte von Europa abgrenzte.

Am Tag des dreihundertjährigen Jubiläums der Dynastie wurde im Marien-Theater wie üblich die Oper »Das Leben für den Zaren« gespielt. In der Kasan-Kathedrale kreisten während des feierlichen Gottesdienstes zwei Tauben unter der Kuppel. Nikolaus stand neben dem Sohn und betrachtete das wunderbare Vorzeichen. Der heilige Serafim hatte recht: Die zweite Hälfte seiner Herrschaft würde glücklich verlaufen. Alles schien so unerschütterlich!

Tagebuch: »21. Februar 1913. Donnerstag. Der Festtag des dreihundertjährigen Jubiläums war licht und frühlingshaft. Viertel eins setzte ich mich mit Alexej in den Wagen, Mama und Alix fuhren in einer russischen Kutsche.« Den beiden Frauen fiel es schwer, jetzt zusammen in einer Kutsche zu sitzen. »Als auch die Töchter im Landauer saßen, ging es zur Kasan-Kathedrale. Vorn und hinten je eine Eskorte von einer Hundertschaft.«

Während der Feierlichkeiten litt Alix unter Kopfschmerzen und Wehmut.

»Ich bin eine Ruine«, sagte sie zu ihrer Freundin Anna.

»In der Kathedrale wurde ein feierlicher Gottesdienst abgehalten und ein Manifest verlesen«, notierte Nikolaus im Tagebuch. »Dann kehrten wir in der gleichen Ordnung in den Winterpalast zurück. Die freudige Stimmung erinnerte mich an die Krönung. Wir speisten mit Mama. Dreiviertel vier versammelten wir uns alle im Malachitsaal. Im Konzertsaal nahmen wir bis halb sechs die Glückwünsche entgegen. Ungefähr eintausendfünfhundert Menschen waren gekommen. Alix war sehr müde und hat sich hingelegt. Ich las und sortierte ein Meer von Telegrammen. Ich blickte vom Fenster auf die angestrahlte Admiralität. Es blies ein kräftiger Südwest.«

»Ich war so traurig, als ich Deine einsame Gestalt sah«, schrieb ihm Alix in einem Brief.

Einsamkeit. Nur die Familie. Alix, die Kinder und er. Die Jugendfreunde wurden nur noch selten eingeladen. Sergej Michailowitsch war nach wie vor mit der alternden Mathilda zusammen. (Diese »schreckliche Frau« war in der Zarenfamilie ein Tabuthema.) Nikolai Michailowitsch, liberaler Historiker und Vorsitzender der Russischen Historischen Gesellschaft (deren Ehrenvorsitzender Nikolaus war), hatte eine monumentale Biographie über Alexander I. verfaßt. Ihn interessierten besonders die geheimnisvollen Legenden, die sich um den merkwürdigen Tod Alexanders I. rankten. Im Familienarchiv der Romanows versuchte er eine Erklärung des Rätsels zu finden. Er hielt es für möglich, daß Alexander I. heimlich dem Thron entsagt hatte und als Starez Fjodor Kusmitsch nach Sibirien gegangen war. Diese rätselhafte Geschichte bewegte auch Nikolaus sehr, aber er konnte mit Nikolai nicht darüber sprechen. Nikolai war Mystiker, Freimaurer und Freidenker. In Petersburg lebte er einsam in seinem Palast, umgeben von Büchern und Manuskripten. Wohl fühlte er sich nur »zu Hause«, in Paris, wo er vergeblich versuchte, seinen Freunden Nickys Regierungsprinzipien zu erklären. In der Familie wurde er »Herr Egalité« genannt. Diesen Spitznamen trug einst der liberale Prinz von Orléans, der Bruder Ludwigs XVI. Der liberale Prinz von Orléans wurde während der Französischen Revolution guillotiniert, der liberale Nikolai Michailowitsch während der Oktoberrevolution in der Peter-und-Pauls-Festung erschossen. Übrigens hatte dieser merkwürdige Mann seinen Tod vorausgesehen und sogar beschrieben: »in einer dunklen feuchten Nacht, ein paar Schritte von den wuchtigen Gräbern der Vorfahren entfernt«.

Herbst 1913 im Schloß Liwadia. Die Wege des wunderschönen Parks lagen verödet. Dmitri, der früher häufig hier zu Gast war, hatte keinen Zutritt mehr. Er mußte sich in den Petersburger Salons wüste Gerüchte über seine ehemalige Braut und den schmutzigen sibirischen Bauern Rasputin anhören. Auch Nickys einziger Bruder war nicht auf den Alleen des Parks zu sehen. Er konnte das Versprechen, das er im schrecklichen Jahr 1906 seiner Mutter gegeben hatte, nicht einhalten. Noch immer unterhielt er eine Liaison mit der zweimal geschiedenen Frau Wulfert und folgte ihr ins Ausland.

Ein chiffriertes Telegramm ging an die russischen Botschaften: »Der Überbringer, Generalmajor des Gendarmeriekorps A. W. Gerassimow, wurde auf allerhöchsten Befehl ins Ausland entsandt mit dem Auftrag, alle Maßnahmen zu ergreifen, um eine Eheschließung zwischen Frau Brassowa (Wulfert) und dem Großfürsten Michail Alexandrowitsch zu verhindern.«

Der arme Michail hatte alles getan, um seine Absichten vor seinem Bruder Nikolaus geheimzuhalten. Er reiste durch Europa, um einen geeigneten Ort für die heimliche Trauung zu finden.

Ein chiffriertes Telegramm: »Aufgrund meiner Ermittlungen habe ich die Ehre mitzuteilen, unter welchen Umständen und zu welchem Zeitpunkt seine kaiserliche Hoheit die Ehe geschlossen hat. Am 29. Oktober erklärte er seinen Reisegefährten, er wolle mit Frau Wulfert im Auto über die Schweiz und Italien nach Cannes fahren, während die ihn begleitenden Personen und die Dienerschaft mit dem Zug über Paris nach Cannes reisen sollten. Am 29. Oktober fuhr er mit Frau Wulfert jedoch nur bis Würzburg, wo sie den Zug nach Wien nahmen. Am Morgen des 30. Oktober kam seine kaiserliche Hoheit in Wien an. Am selben Tag um vier Uhr nachmittags fuhren der Großfürst und Frau Wulfert zur serbischen Kirche des heiligen Sawwa, wo sie getraut wurden. Das Gefolge des Großfürsten hatte keine Ahnung von dieser Reise. Die ganze Zeit über haben Agenten den Großfürsten mit einem speziellen Auto begleitet.«

Was für ein Bild – eine Verfolgungsjagd per Auto Anfang des Jahrhunderts! Die vom Zaren beauftragten Agenten hielten jede Station der Reise fest.

Die Mitteilung über die »empörende Ehe« erhielt Nikolaus, als sein Sohn gerade einen schweren Anfall seiner Krankheit hatte.

Alix verlangte von Nikolaus, unerbittlich gegen den Bruder zu sein. Nikolaus mußte den weiteren Zerfall der Romanowfamilie akzeptieren.

Botschaft in Paris. Ein chiffriertes Telegramm: »Eingegangenen

Nachrichten zufolge erschien am 13. November der Flügeladjutant des Zaren in Cannes, um dem Großfürsten im Namen Seiner Majestät die Einreise nach Rußland zu untersagen.«

Nach der Geburt des Zesarewitsch hatte Michail statt des Thronfolgertitels den Titel »Staatsverweser« erhalten. Dieser Titel wurde ihm jetzt abgesprochen.

Von denen, die den Anfang der glücklichen Ehe von Nikolaus und Alix miterlebten, war Ella noch bei ihnen. Noch immer eine schöne Frau, ging sie im grauen Nonnenkleid durch den Park. Nachdem sie ein Jahr um ihren Mann getrauert hatte, löste sie ihren Hausstand auf und zog aus dem Palast in ein Haus auf der Ordynka. Sie gründete den Martha-Marien-Orden. Die Bezeichnung des Ordens verweist auf das uralte Leitbild – das Haus des Lazarus, in dem Christus von Martha und Maria bewirtet wurde... Die Schwestern des Ordens kümmerten sich um kranke und verlassene Kinder, um arme und sterbende Menschen.

Die weise Ella begriff: Mit Alix über Rasputin zu reden hätte bedeutet, die Beziehungen abzubrechen. Ella konnte nur noch für sie beten.

In Nikolaus' Tagebüchern wird auch der Prinz Pjotr Alexandrowitsch von Oldenburg, ein Freund aus der Kindheit des Zaren, erwähnt. Er entstammte einem alten Geschlecht, das für seine Grausamkeit bekannt war. Voller Entsetzen berichteten die europäischen Chroniken darüber. Später verband sich eine Linie des Oldenburger Hauses mit dem Haus Romanow. Pjotr von Oldenburg war ein gütiger, ungefüger, hochgewachsener Mann, der in den Mußestunden sentimentale Erzählungen schrieb. Er war mit der Schwester seines kaiserlichen Freundes, der Großfürstin Olga, verheiratet. Doch er war homosexuell, und die unglückliche Olga spielte immer wieder mit dem Gedanken, ihn zu verlassen.

Pjotr überlebte wohlbehalten die Revolution und den Freund seiner Kinderspiele. Nach der Revolution lernte ihn der Schriftsteller Bunin auf einem Emigrantenabend kennen. Er erzählte lächelnd, wie Pjotr von Oldenburg dem Gespräch der alten Revolutionäre lauschte und ausrief: »Ach, was sind Sie doch für liebe, wunderbare Menschen. Schade, daß Nicky nie auf Ihren Abenden war! Alles wäre anders gekommen, wenn Sie einander gekannt hätten.«

Die Seiten des Tagebuchs huschen vorbei – das Leben vergeht.

»6. Mai 1913. Ein merkwürdiger Gedanke, daß ich 45 geworden bin. Das Wetter war traumhaft, leider fühlte sich Alix nicht wohl. (Das kam jetzt häufig vor.) Gottesdienst, Glückwünsche, alles wie immer, nur mit dem Unterschied, daß alle Töchter da waren.«

Sein 45. Geburtstag war der Tag des leidgeprüften Hiob. Immer öfter nannte er sich jetzt selber Hiob.

»Eines Tages schlug Stolypin dem Zaren eine wichtige innenpolitische Maßnahme vor. Nikolaus II. hörte ihm nachdenklich zu und machte dann eine skeptische, unbekümmerte Bewegung, die gleichsam besagte: Das oder etwas anderes – ist es nicht einerlei? Schließlich entgegnete er traurig: ›Was ich auch unternehme, nichts gelingt mir. Ich habe kein Glück. Außerdem ist der Wille des Menschen schwach. Wissen Sie, wann ich Geburtstag habe?‹

›Wie könnte ich das nicht wissen?‹

›Am sechsten Mai. Und welcher Heilige hat an diesem Tag sein Fest?‹

›Verzeihung, Majestät, daran erinnre ich mich nicht.‹

›Hiob, der Leidgeprüfte.‹

›Gott sei Dank wird die Herrschaft Eurer Majestät ruhmreich enden, denn Hiob wurde nach Erduldung der furchtbarsten Prüfungen mit Gottes Segen und mit Wohlergehen belohnt.‹

›Nein, glauben Sie mir, Pjotr Arkadjewitsch, ich habe mehr als ein Vorgefühl. In mir ist die tiefe Gewißheit, daß ich zu schrecklichen Prüfungen verurteilt bin. Doch ich werde nicht hier, auf Erden, belohnt werden. Wie oft habe ich Hiobs Worte auf mich bezogen: Denn was ich gefürchtet habe, ist über mich gekommen, und um was ich mich sorgte, hat mich getroffen‹« (aus den Erinnerungen des französischen Botschafters Maurice Paléologue).

Mit 45 Jahren schon ein alter Mann. Auch dieses Gefühl: Das Leben gleicht immer mehr einem Traum. Diesen Stimmungen war er besonders in den Jahren relativer Ruhe ausgesetzt. Noch herrschten Stille und Frieden in Europa, noch pflegte er freundschaftlichen Umgang mit Onkel Willy.

In seinem Tagebuch sind seltsame Photos eingeklebt: Der Sohn in Uniform salutiert. Die Zarin und die Großfürstin – ebenfalls in der Uniform der Regimenter, deren Patinnen sie waren.

Ein merkwürdiger militärischer Akzent machte sich in den Tagebüchern bemerkbar. Und auch im Leben.

Die nervöse Alix litt an Vorahnungen. Furchtbare Kopfschmerzen quälten sie.

Das Jahr 1913 ging zu Ende, das Jahr, in dem sein Reich den höchsten Wohlstand erlebte. Am 31. Dezember schrieb er in sein Tagebuch: »Herr, segne Rußland und uns alle mit Frieden und Stille und Frömmigkeit.«

Am 6. Januar 1914 fand im Winterpalast die letzte Parade zum Dreikönigsfest statt. In den Sälen waren die Korporalschaften der Garde und der Militärschulen angetreten. Die Zarinmutter trug einen russischen silbernen Sarafan mit dem blauen Band des Andreasordens. Alix erschien in einem goldbestickten dunkelblauen Sarafan mit riesiger, zobelbesetzter Schleppe. Den Kopf zierte ein Diadem mit Brillanten und Perlen. Die legendären Schätze der Romanows!

In der Jekaterinburger Gefangenschaft würden sie sich an den riesigen, kalten Marmorsaal erinnern, an die Gardisten, an den hünenhaften Nikolai Nikolajewitsch inmitten seiner riesenhaften Grenadiere. Sie würden sich erinnern, wie sie aus dem Palast auf die Uferstraße gingen. Wie der Metropolit zur zugefrorenen Newa hinunterstieg, um das Wasser in einem Eisloch zu weihen.

Der Krieg

An jenem heißen Junitag 1914 fuhren sie wie immer mit den Kindern auf der Jacht zu den finnischen Schären. Tagsüber machte ein Boot mit einem Feldjäger aus Petersburg an der Jacht fest. Nikolaus las zwei Telegramme und ging rasch in seinen Arbeitsraum. Am 28. Juni waren in Sarajewo der österreichisch-ungarische Thronfolger Franz Ferdinand und seine Frau durch Revolverschüsse getötet worden. Der Wagen war langsam und ohne spezielle Bewachung durch die von serbischen Nationalisten beherrschte Stadt gefahren. Wie eine Zielscheibe. Der Attentäter war der serbische Nationalist Gawriil Princip. In der Sprache der damaligen Politiker bedeutete dieses blutige Ereignis: Krieg.

Das zweite Telegramm hing möglicherweise mit dem ersten zusammen. In dem sibirischen Dorf Pokrowskoje war Grigori Rasputin von seiner ehemaligen Verehrerin Feonia Gussewa durch Messerstiche schwer verletzt worden. Er hatte sich vehement gegen einen Krieg mit Deutschland ausgesprochen.

Der Anlaß für den künftigen Krieg war also gegeben und vielleicht der einzige Mensch beseitigt, der Einfluß auf den Zaren hatte und versuchen konnte, den Krieg abzuwenden. Alix war jetzt hilflos. Als die Jacht in Peterhof anlegte, ging die Zarin rasch in den Palast, schloß sich in ihrem Zimmer ein und weinte.

War das ein zufälliges Zusammentreffen? Ein Spiel des Schicksals, wie so oft in der Geschichte der Romanows? Oder war es ein Spiel der russischen und der deutschen Geheimpolizei? In der Kamarilla wollten viele diesen Krieg, unter anderem auch Großfürst Nikolai Nikolajewitsch. Auch der sich kriegerisch gebärdende Onkel Willy träumte längst von diesem Krieg.

Im Juli 1914 kam der französische Präsident Poincaré mit dem Panzerkreuzer »Frankreich« nach Rußland, um über ein Bündnis im kommenden Krieg zu verhandeln.

Im Peterhofer Schloß wurde ein Empfang für Poincaré gegeben. Der Hofminister Graf Frederiks, trotz seines Alters noch immer von eindrucksvoller Haltung und vornehmen Gesichtszügen, der Oberhofmarschall Fürst Wassili Dolgorukow, ein hochgewachsener Mann mit den erlesenen Manieren der alten Aristokratie, und der geschniegelte Benckendorff bildeten ein erstaunliches Trio, das den französischen Präsidenten an den prächtigen Hof der französischen Könige erinnerte.

Der französische Botschafter Paléologue, der der Zarin gegenübersaß, schrieb in sein Tagebuch: »Während des Essens beobachtete ich Alexandra Fjodorowna. Ihr Gesicht, von funkelnden Brillanten umrahmt, ist noch recht schön, ebenso ihre Figur in dem dekolletierten weißen Brokatkleid. Sie versucht, ein Gespräch mit Poincaré anzuknüpfen, der zu ihrer Rechten sitzt, aber bald verkrampft sich ihr Lächeln, die Wangen überziehen sich mit roten Flecken. Sie beißt sich ständig auf die Lippen, ihr Atem geht stoßweise, so daß die Brillanten auf ihrer Brust ein buntes Feuer versprühen. Bis zum Ende des Essens, das lange dauert, kämpft die arme Frau offensichtlich mit einem hysterischen Anfall. Ihre Züge glätten sich schlagartig, als der Zar aufsteht, um einen Toast auszubringen.«

Die arme Alix ahnte, daß der Besuch des Präsidenten Krieg bedeutete.

Das befürchteten alle. Während des Essens bei Großfürst Nikolai Nikolajewitsch rief dessen Frau, die montenegrinische Prinzessin, wie in plötzlicher Eingebung: »Noch vor Ende des Monats haben wir Krieg... Unsere Armeen werden sich in Berlin vereinen. Deutschland wird vernichtet!« Der Blick des Zaren machte ihren Prophezeiungen ein Ende.

Der Krieg war eine Falle für Alix. Sie mußte jetzt ständig ihren Patriotismus, ihren Haß auf Onkel Willy und Deutschland unter Beweis stellen.

Aber in Deutschland lebte ihr Bruder Ernie, der gegen ihren Mann kämpfen mußte. Dort war ihre alte Heimat, die ihre Söhne gegen ihre neue Heimat schicken würde. Und natürlich würde der Krieg ihren zahlreichen Feinden einen schrecklichen Trumpf in die Hand geben. Hinter ihrem Rücken hörte sie schon das künftige Raunen über »die Deutsche«. Doch all das spielte sich in den geheimsten Winkeln ihrer Seele ab. Der einzige Mensch, der in ihrer Seele zu lesen verstand, war der sibirische Bauer Rasputin. Er hatte sofort alles begriffen und war gegen den Krieg mit Deutschland. Er hatte die ganze Zeit von möglichen Katastrophen gesprochen, hatte düstere Prophezeiungen von sich gegeben. Dabei sprach Rasputin stets nur das aus, was die Zarin hören wollte – und manchmal das, was sie sich nicht einmal selbst eingestand.

Wäre Rasputin in Petersburg gewesen, so hätte Alix sich auf ihn als die Stimme Gottes und des Volkes berufen können. Sie hätte Nikolaus beschwören können, auf ihn zu hören. Aber Rasputin lag schwerverletzt im fernen Sibirien.

Am nächsten Tag führten 60 000 Männer unter glühendem Himmel Manöver durch. Am Abend fand ein Abschiedsessen auf dem Panzerkreuzer »Frankreich« statt, ein Militärorchester spielte Märsche. Alix lauschte mit gefrorenem Lächeln. Dann bat sie mit leidendem Gesicht den französischen Botschafter: »Könnten Sie nicht...« Der Botschafter erriet, was sie wollte, und brachte mit einer Handbewegung das Orchester zum Schweigen. Auf dem vom

Mond beschienenen Finnischen Meerbusen lag der Schatten des Panzerkreuzers auf dem Wasser.

Aus Nikolaus' Tagebuch: »19. Juli. Nach dem Frühstück bestellte ich Nikolascha zu mir und teilte ihm seine Ernennung zum Oberbefehlshaber mit. Halb sieben fuhr ich zur Abendmesse. Bei meiner Rückkehr erfuhr ich, daß Deutschland uns den Krieg erklärt hat.«

»20. Juli. Ein schöner Tag, besonders, was den Enthusiasmus betrifft. Halb drei fuhr ich nach Petrograd, mit dem Schiff direkt bis vor den Winterpalast. Ich habe das Manifest über die Kriegserklärung unterschrieben. Wir gingen in den Nikolaussaal, wo das Manifest verlesen wurde. Nach dem Gottesdienst sang der ganze Saal ›O rette, Herr‹. Ich sagte ein paar Worte. Die Damen stürzten auf mich zu, um mir die Hand zu küssen. Dann trat ich mit Alix auf den Balkon, und wir verneigten uns vor der gewaltigen Volksmenge auf dem Alexanderplatz. Gegen sechs gingen wir durch eine große Ansammlung von Offizieren und Zivilisten zum Schiff. Viertel acht kamen wir in Peterhof an. Der Abend verlief ruhig.«

»23. Juli. Am Morgen erhielt ich eine gute Nachricht: England hat Deutschland den Krieg erklärt.«

»24. Juli. Österreich hat uns endlich den Krieg erklärt. Jetzt ist die Lage klar.«

So begann der Krieg, der das Imperium vernichten sollte.

Am 31. Dezember hielt Nikolaus wie immer Rückschau auf das vergangene Jahr. »Wir beteten zu Gott dem Herrn, er möge uns im kommenden Jahr den Sieg schenken. Und ein ruhiges Leben nach dem Krieg. Herr, segne und stärke unser unvergleichliches, tapferes und ergebenes Heer für weitere Heldentaten.«

Und Rasputin? Er erholte sich von der Verletzung und schickte Telegramme. Später würde viel über ein geheimnisvolles Telegramm geschrieben werden, das er der Zarin schickte und in dem er Unheil und Untergang voraussagte.

Alix erzählte erst in Tobolsk von diesem Telegramm. In ihren Heften mit Rasputins Aussprüchen fand ich jedoch ganz andere Telegramme, die Rasputin in jenen Tagen schickte. Noch am 19. Juli prophezeite Rasputin Frieden! »Ich glaube und hoffe, daß friedliche Ruhe sein wird. Große Greuel werden kommen, aber wir werden nicht daran teilhaben.«

Die Prophezeiung erfüllte sich nicht, der Krieg war ausgebrochen, und Rasputin sagt nun den Sieg voraus. Wie immer sagte er das voraus, was seine Herren hören wollten:

20. Juli 1914. »Jegliche Untat und Heimtücke wird den Übeltätern hundertfach vergolten... Stark ist Gottes Gnade, unter ihrem Schutz bleiben wir in unserer Größe bestehen.«

Als er nach Petersburg zurückkehrte und Alix' Stimmung spürte, versuchte er jedoch seine apokalyptischen Voraussagen zu erneuern. Nikolaus erteilte ihm Hausverbot. Wie immer lenkte der »Heilige Teufel« rechtzeitig ein. Er verkündete nun seinen Verehrern: »Ich freue mich über diesen Krieg. Er befreit uns von zwei großen Übeln: von der Trunksucht und der Freundschaft mit den Deutschen.«

»Ein wunderbarer Aufschwung hat ganz Rußland erfaßt«

Die deutschen Vertretungen standen in Flammen, Menschen mit deutschem Namen mußten den Literatur- und Kunstkreis verlassen, der künftige Premierminister Stürmer überlegte, ob er seinen Namen ändern sollte. Petersburg hieß nun Petrograd.

Alle Auseinandersetzungen in der Duma waren vergessen. Vergessen waren auch alle Unstimmigkeiten in der großen Romanowfamilie. Nikolaus hatte jetzt, in den Tagen des Volkskrieges, das Recht zu verzeihen. Der Bruder Michail durfte nach Rußland zurückkehren. Um hier zu sterben. Einigkeit, Einigkeit!

Nikolaus hatte das Beispiel seines Ururgroßvaters vor Augen: Wie der Krieg gegen Napoleon wird dieser Krieg ein Vaterländischer sein. Vom ganzen Volk getragen. Er fuhr nach Moskau – in die alte Hauptstadt, dem Symbol des Vaterlandes.

Der Zar betrat mit seiner Familie den weißmarmornen Georgensaal im Kreml. Alexej, der wieder einmal krank war, weil er sich das Bein verletzt hatte, wurde von seinem Erzieher, dem Matrosen, getragen. Neben der Zarin ging ihre Schwester Ella.

Maurice Paléologue notierte die begeisterten Worte des Zaren: »Ein wunderbarer Aufschwung hat ganz Rußland erfaßt, unabhängig von Nationalität und Alter. Von hier, aus dem Herzen Rußlands, schicke ich meinen tapferen Soldaten heiße Grüße. Gott ist mit uns!«

Vor der Mariä-Himmelfahrts-Kathedrale hatte sich eine unübersehbare Menschenmenge eingefunden. Das Glockengeläut übertönte die begeisterten Schreie des Volkes. Hofmarschall Graf Benckendorff blickte auf die jubelnden Menschen und sagte spöttisch und siegesbewußt: »Da haben wir die Revolution, die man uns in Berlin versprochen hat!«

Berlin hatte tatsächlich gewarnt: Wenn es zum Krieg käme, könnte er mit einer Revolution in Rußland enden. Aber man hatte den Zaren schon bei seinem Machtantritt vor der Revolution gewarnt. Jetzt war alles vergessen. Jubelrufe. Das Volk begrüßte die Zarenfamilie. Alix' Gesicht zeigte Freude, das erstemal seit vielen Monaten. Der Traum war Wirklichkeit geworden. Unerwartet hatte sich die lang ersehnte Einigkeit zwischen dem Volk und dem Zaren eingestellt!

Im goldenen Dämmerschein der alten Mariä-Himmelfahrts-Kathedrale flackerndes Kerzenlicht. Hofsänger in den silberglänzenden Gewändern des 16. Jahrhunderts, in dem die Romanowdynastie ihren Anfang nahm. Die Klänge des Gottesdienstes. Die Edelsteine auf dem Brokatornat des Geistlichen flimmern im Schein der Kerzen.

Drei Jahre später werden sie sich im winterlichen Sibirien an diesen Glockenschlag erinnern, an die Begeisterung des Volkes beim Anblick seines Zaren. Das Leben ist wie ein Traum.

»Aus ganz Rußland erreichen mich die gleichen offiziellen und privaten Meldungen. Überall jubelndes Volk, andächtiger Eifer, Geschlossenheit um den Zaren. Keinerlei Mißstimmigkeiten. Die schweren Tage von 1905 scheinen aus dem Gedächtnis gestrichen. Die Kollektivseele des Heiligen Rußland zeigte sich seit 1812 nicht mehr mit solcher Kraft wie jetzt«, notierte der französische Botschafter. Mit welch feierlichem Ton begann dieser Epilog des Zarismus.

»Alle haben sich zusammengeschlossen, die Revolutionäre haben sich versteckt, alle denken nur daran, gemeinsam Rußland zu dienen. Es atmet sich leicht in dieser reinen Atmosphäre, die wir kaum noch kannten«, schrieb ein Duma-Abgeordneter.

1914 herrschte bei den Revolutionären, den Bolschewiken, Verzagtheit, die an Verzweiflung grenzte.

Die Führer der Bolschewiken waren in der Emigration: Lenin, Sinowjew, Trotzki. Doch wer in Rußland dachte jetzt an sie? Höchstens die Polizei. Apathie und Hoffnungslosigkeit hatte auch die Revolutionäre erfaßt, die in der Turuchansker Verbannung lebten. Eine höchst interessante Gesellschaft war da beisammen. Tagelang lag ein junger Georgier auf der Pritsche, das Gesicht zur Wand gedreht. Er ließ sich gehen, wusch nicht einmal das Geschirr, der Hund leckte ihm seine Teller ab. Einer seiner Parteinamen war Stalin. Nur vier Jahre später würde er im Kreml leben.

Noch ein Verbannter wurde von schwersten Depressionen heimgesucht. Im September 1914 besuchte ihn der ebenfalls verbannte Swerdlow. Sie hatten nicht nur die gleichen Ansichten, sie waren auch seit langem eng befreundet. Swerdlow schrieb seiner Frau bekümmert: »Ich habe ein paar Tage mit Schorsch verbracht. Ihm geht es schlecht. Es ist ihm unerträglich, lange Zeit abseits vom brodelnden Leben zu sein. Wir müssen irgendeinen Ausweg für seine Energie finden.«

»Schorsch« war einer der Parteinamen für Golostschokin. So trafen sich in der Turuchansker Verbannung die beiden alten Freunde Golostschokin und Swerdlow, die später die Erschießung der Zarenfamilie organisieren würden.

Großfürst Nikolai war Oberbefehlshaber, und bald fuhr der Zar an die Front, ins Hauptquartier.

Der Zar zog also in den Krieg, und die Zarin schrieb ihm Briefe. Als sie sich im idyllischen 19. Jahrhundert auf ihren Machtantritt vorbereiteten, hatten sie einander endlose Briefe geschrieben. Jetzt, kurz vor dem Verlust des Throns, war es ebenso. Wie sich alles wiederholte! Zwischen diesen beiden Strömen von Briefen lag ihr ganzes Leben. Während dieser zwanzig Jahre brauchten sie nicht zur Feder zu greifen, denn sie trennten sich nur selten.

Wie früher schrieben sie einander auf englisch. Obwohl Alix schon so lange in Rußland lebte, dachte sie noch immer in der Sprache ihrer Großmutter Victoria. Ans Briefende setzte sie ein Kreuz.

8.
Ein Roman in Briefen

SIE: »Z(arskoje) S(elo), 19. September. Mein Lieber, ich freue mich für Dich, daß Du gefahren bist, denn ich weiß, wie sehr Du die ganze Zeit gelitten hast, Dein unruhiger Schlaf hat es mir gezeigt.

Ich bin mit dem Herzen bei Dir, bei unserer lieben Heimat und dem Volk, doch zugleich bangt meine Seele um meine kleine ›alte‹ Heimat, um ihr Heer, um Ernie.

Ich bin so egoistisch, daß ich schon jetzt unter der Trennung leide. Wir sind nicht gewöhnt, voneinander getrennt zu sein. Ich liebe ja meinen Schatz so unendlich. Schon zwanzig Jahre bin ich die Deine, was für eine Wonne waren all diese Jahre!«

»20. 9. 14. Oh, mein Liebster, wie schwer war mir zumute, als ich von Dir Abschied nahm und im Fenster des Waggons Dein einsames blasses Gesicht mit den großen traurigen Augen sah. In Gedanken habe ich gerufen: Nimm mich mit... Zu Hause habe ich gebetet. Dann habe ich mich hingelegt und geraucht, um mich zu beruhigen. Als meine Augen wieder einigermaßen normal aussahen, bin ich hinauf zu Alexej gegangen und habe eine Weile im Dunkeln neben ihm gelegen. Leb wohl, mein Sonnenlicht. Ich habe Dein Kopfkissen geküßt und gesegnet. Du bist immer in meinen Gedanken und Gebeten.«

ER: »Hauptquartier, 22. 9. 14... Wie entsetzlich war es, mich von Dir und den lieben Kindern zu trennen, obwohl ich wußte, daß es nicht für lange ist. Die erste Nacht habe ich schlecht geschlafen, denn die Lokomotiven fuhren auf jeder Station sehr ruckhaft. Ich bin halb sechs hier angekommen, es regnete heftig und war kalt. Nikolascha hat mich am Bahnhof empfangen. Ich habe bei ihm im Zug, in dem es entsetzlich heiß war, einen langen und interessanten Vortrag gehört. Meine Liebste, ich küsse Dich immer wieder. Jetzt bin ich frei und habe Zeit, über mein Frauchen und die Familie nachzudenken. Seltsam, aber so ist es.«

SIE: »24. 9. 14. Liebster, ich hoffe, Du schläfst jetzt besser, was ich von mir nicht sagen kann. Das Gehirn arbeitet die ganze Zeit angestrengt und kann nicht ausruhen. Tausende Gedanken und Kombinationen gehen mir durch den Kopf und bringen mich durcheinander. Ich lese Deine Briefe und versuche mir vorzustellen, daß mein Liebster sich mit mir unterhält. Wir sehen einander so wenig. Du bist so beschäftigt, daß ich Dir nicht mit Fragen zusetzen mag, wenn Du müde nach Hause kommst. Wir sind nie allein.«

»25. 9. 14. Dieser entsetzliche Krieg – wird er irgendwann zu Ende sein? Ich bin überzeugt, daß Wilhelm zuweilen verzweifelt ist bei dem Gedanken, daß er selber unter dem Einfluß einer russenfeindlichen Clique diesen Krieg begonnen hat und sein Volk in den Untergang führt. All diese kleinen Staaten werden noch lange Jahre nach dem Krieg an seinen schrecklichen Folgen zu tragen haben. Mein Herz blutet bei dem Gedanken, wieviel Mühe mein Vater und Ernie auf das Wohlergehen unserer kleinen Heimat verwandt haben. Gebete und rückhaltloser Glaube an Gottes Gnade geben dem Menschen die Kraft, alles zu erdulden. Unser Freund hilft Dir, das schwere Kreuz und die Verantwortung zu tragen. Alles wird gut, die Wahrheit ist auf unserer Seite.« (»Unser Freund«, »Gr.« oder »Er« – so nennt sie in ihren Briefen den »Heiligen Teufel«. Rasputin wird ständig dabeisein. Hundertfünfzigmal erwähnt sie ihn in ihren Briefen.)

Nikolaus kam hin und wieder nach Zarskoje Selo und fuhr bald wieder in den Krieg. Jedesmal fand er im Waggon schon einen Brief von ihr vor.

SIE: »20. Oktober. Morgen jährt sich zum zwanzigstenmal der Tag Deiner Thronbesteigung und meines Übertritts zum orthodoxen Glauben. Wie schnell die Jahre verflogen sind! Wie viel wir zusammen erlebt haben!«

»22. 10. 14. Welche Gemeinheit, daß sie aus dem Flugzeug Bomben auf König Alberts (des belgischen Königs) Villa geworfen haben. Gott sei Dank haben sie keinen Schaden angerichtet. Aber ich habe noch nie gehört, daß jemand einen Herrscher zu töten versuchte, nur weil er während des Krieges ein Feind ist.« (Sie lebte noch immer im 19. Jahrhundert, die Maßstäbe des neuen Jahrhunderts verwirrten sie.)

»Ich habe Dein Kopfkissen geküßt. In Gedanken sehe ich Dich in Deinem Abteil liegen und bedecke Dein Gesicht mit Küssen.«

»24. 10. 14. Heute gab es viele Verwundete. Ein Offizier lag vier Tage in dem Lazarett, in dem Olga arbeitet, und sagte, er habe noch nie eine Krankenschwester wie sie gesehen.« (Die Zarin arbeitete mit ihren Töchtern im Lazarett.)

»27. 10. 14. Oh, dieser entsetzliche Krieg! Der Gedanke an fremde Leiden, an das vergossene Blut zerreißt einem die Seele. Die ganze Welt erleidet Verluste. Aber es muß doch irgend etwas Gutes daraus entstehen, sie dürfen ihr Blut nicht umsonst vergossen haben. Der Sinn des Lebens ist schwer zu begreifen. ›Es muß sein, ertrage es.‹ Das ist alles, was man sagen kann. Ich möchte so gern zu den vergangenen, ruhigen Tagen zurückkehren. Aber wir werden lange warten müssen.«

ER: »27. 10. 14. Endlich kann ich Dir ein paar Zeilen schreiben. Ich habe hier den alten Petja (Prinz Pjotr von Oldenburg) vorgefunden. Drei Stunden lang lag er mit seinen Leuten unter schwerem österreichischen Artilleriebeschuß. Er bewies große Kaltblütigkeit und bat mich danach um eine Auszeichnung. Ich gab ihm das Georgskreuz. Er war ganz außer sich. Den ganzen Sonnabend konnte ich mit Mischa verbringen, er ist wieder ganz der alte und sehr lieb.«

(Der liebe Mischa war mit seiner Frau, nun Gräfin Brassowa, zurückgekehrt. Er kommandierte die Reiter der »wilden Division« und würde auch das Georgskreuz erhalten. Die beiden Brüder waren sich ähnlich. Beide liebten ihre Frauen über alles, und beide fürchteten deren Nervosität. Gräfin Brassowa hatte die ihr angetane Demütigung nicht verziehen. Ihr Salon stand den linken Abgeordneten der Duma offen. »In Hofkreisen wird sie sogar beschuldigt, den Zarismus zu verraten. Sie sagt Dinge, für die ein anderer zwanzig Jahre nach Sibirien käme«, notierte Paléologue.)

Wieder kam Nicky nach Zarskoje Selo, um bald darauf wieder abzufahren.

SIE: »17. 11. 14. Ach, wie schrecklich ist die Einsamkeit nach Deiner Abreise! Mit Dir geht ein Teil meines Lebens fort – wir beide sind eins... Du bringst immer eine ›Erneuerung‹ mit, wie unser Freund sagt. Wie schön zu wissen, daß Dich seine Gebete begleiten. Es ist gut, daß Du mit N(ikolascha) ein grundsätzliches Gespräch führen kannst. Du wirst ihm Deine Meinung über einige Personen sagen und ihm ein paar Gedanken nahebringen.«

(»Unserem Freund« war zu Ohren gekommen, daß der Oberbefehlshaber gegen ihn ermitteln ließ. Er beschwerte sich bei

»Mama«, und nun bat Alix ihren Mann, dem Oberbefehlshaber »ein paar Gedanken nahezubringen«.)

»Ich denke an unsere letzte Nacht. Es ist so entsetzlich traurig ohne Dich, so still, keiner wohnt in dieser Etage. Mögen die heiligen Engel Dich schützen.«

ER: »18. 11. 14. Meine heißgeliebte Sonne, mein Frauchen. Ich habe Deinen Brief gelesen und hätte beinahe geweint. Diesmal ist es mir gelungen, mich beim Abschied zusammenzunehmen, aber es war ein schwerer Kampf. Meine Liebste, Du fehlst mir so sehr, daß ich es nicht beschreiben kann! Ich versuche, Dir sehr oft zu schreiben, zu meiner Verwunderung habe ich festgestellt, daß ich während der Fahrt schreiben kann. Mein Schaukelreck hat sich als sehr praktisch und nützlich erwiesen. Ich mache vor dem Essen Klimmzüge. Das bringt den Körper und den ganzen Organismus in Schwung.«

Aus den Erinnerungen des Rentners K. Scheboldajews, einem früheren Mitarbeiter im Innenministerium: »Als ich nach Swerdlowsk kam, wurde mir das Ipatjew-Haus gezeigt. Damals durften nur Auserwählte das Haus besichtigen, in dem die Zarenfamilie erschossen worden war. Übrigens zeigten sie mir die Stelle am Zaun, wo sein Reck gewesen war. Als er ankam, hatte er es sofort aufgestellt und daran seine Übungen gemacht.«

SIE: (Brief 250) »20. 11. 14. Eine übriggebliebene Mücke surrt um meinen Kopf, während ich Dir schreibe, mein Lieber. Ich küsse und bekreuzige Dein Kopfkissen jeden Morgen und jeden Abend und sehne mich nach Dir. Heute ist sehr mildes Wetter, Baby fährt in seinem Auto. Dann wird ihn Olga in den Großen Palast mitnehmen, um Offiziere zu besuchen, die ihn zu sehen wünschen. Ich bin zu müde, um mitzufahren. Außerdem steht uns eine Amputation im großen Lazarett bevor. Mich verfolgen die entsetzlichen Gerüche der infizierten Wunden.«

Samsonows Armee ging in den Sümpfen zugrunde, die schrecklichen Schlachten und Verluste kühlten die Begeisterung des Volkes ab. Verwundete, Flüchtlinge, Schweiß, Blut und Dreck. Darin versank ganz Europa.

SIE: »24. 11. 14. Die Nachrichten von der Front machen mir Sorge. Natürlich messe ich den entnervenden Stadtgerüchten keine Bedeutung bei. Ich glaube nur, was Nikolascha mitteilt. Nichtsdestoweniger habe ich Anna gebeten, unserem Freund zu telegraphieren, daß die Lage sehr ernst ist und daß wir ihn bitten zu beten.«

»25. 11. 14. Ich schreibe Dir in größter Eile ein paar Zeilen. Ich habe den ganzen Morgen gearbeitet. Ein Soldat ist während der Operation gestorben – furchtbar. Der erste derartige Fall. Die Mädchen waren tapfer, obwohl sie nie zuvor den Tod so von nahem gesehen haben. Du kannst Dir vorstellen, daß uns das sehr erschüttert hat. Wie nahe immer der Tod ist.«

In dieser Zeit fuhr Nikolaus durch Kosakenstanizen des Kaukasus.

ER: »25. 11. 14. Im Zug. Mein geliebtes Mädchen, meine Sonne! Ich fahre mit N. P. (er hatte den Flügeladjutanten Nikolai Pawlowitsch Sablin mit auf die Reise genommen) durch eine malerische, für mich neue Gegend – auf der einen Seite hohe Berge, auf der anderen Steppe. Ich saß lange an der offenen Waggontür und atmete mit Genuß die warme Frische der Luft. Auf jeder Station ist der Bahnsteig voller Menschen, viele Kinder. Sie sehen so lieb aus mit ihren winzigen Pelzmützen. Der Zug rüttelt furchtbar, entschuldige also meine Schrift.

Nachdem wir in den Lazaretten waren, schauten wir kurz ins Kubaner Fraueninstitut und in das große Waisenhaus, das noch vom letzten Krieg stammt. Es waren alles Mädchen von Kosaken. Sie sahen gesund aus und gaben sich ungezwungen, hübsche Gesichter waren darunter. Diese Kosakengegend ist wunderschön. Zahllose Obstgärten. Die Menschen hier sind wohlhabend, und vor allem gibt es unwahrscheinlich viele Säuglinge. Künftige Untertanen. All das erfüllt mich mit Glauben an Gottes Gnade. Ich muß mit Zuversicht und Ruhe auf das warten, was Rußland beschieden ist.«

SIE: »28. 11. 14. Mein Schatz! Ich freue mich, daß ihr alten Sünder das Glück habt, hübsche Gesichter zu sehen. Ich bekomme des öfteren andere, weniger ideale Körperteile zu sehen.«

Wieder kehrte er zurück und fuhr erneut weg.

SIE: »14. 12. 14. Wie schwer ist es mir geworden, von Dir Abschied zu nehmen, Dich zwischen den Leuten stehen zu sehen. Ich mußte mich vor allen verneigen und allen zulächeln und konnte Dich nicht mehr anschauen. Aber das wollte ich so sehr. Unser Sonnenschein ist in seinem Schlitten ausgefahren, der von einem Eselchen gezogen wurde. Er küßt Dich.«

»15. 12. 14. Mein Liebling! Unser Botkin erhielt vom Regiment die Benachrichtigung, daß sein Sohn getötet wurde, weil er sich nicht gefangen geben wollte. Der Ärmste ist natürlich ganz niedergeschlagen. Ich habe immer noch Herzschmerzen, manchmal wird mir schwindlig. Ich drücke Dich an mein krankes Herz und küsse Dich ohne Ende.«

Jewgeni Botkin war der Sohn des berühmten russischen Arztes Sergej Botkin, des Leibarztes von Alexander II. und Alexander III. Seine Söhne wurden auch Ärzte.

In jener Zeit klagte die Zarin immer öfter über ein Herzleiden. Sie verbrachte Stunden im Bett und versuchte, den Schmerz zu besiegen. Die berühmtesten europäischen Ärzte wurden an den Hof gerufen. Sie konnten bei der Zarin keine Herzkrankheit feststellen, diagnostizierten aber ein Nervenleiden und empfahlen ihr eine andere Lebensweise.

Alix konnte keinen Widerspruch ertragen. Das galt auch für die Diagnose ihrer Krankheit. Darum wurde der gutmütige Jewgeni Botkin zum Leibarzt bestellt. Einerseits schien er die Tradition der Leibärzte fortzusetzen, andererseits verordnete er der Zarin sofort die vertraute Medizin: reglos liegen. Das tat er nicht, weil er ihren Zustand nicht erkannt hätte. Die bekannte Diagnose *beruhigte.* Alix zu widersprechen hätte bedeutet, die für sie schädliche Erregung zu verstärken.

»Das alte Pärchen hat kaum Gelegenheit zusammenzusein«

Das Jahr 1914 ist zu Ende. Eine blasse Petrograder Wintersonne scheint in die Fenster des Palastes und bringt den Schnee in Zarskoje Selo zum Glitzern. Kutschen und Autos warten vor der Auffahrt des Großen Palastes. In der Spiegelgalerie ist das diplomatische Korps angetreten. Nikolaus geht mit seinem Gefolge die Reihe der Diplomaten ab. Mit dem französischen Botschafter hat er ein langes Gespräch. »Meine Reise durch ganz Rußland hat mir gezeigt, daß ich mich in seelischer Übereinstimmung mit meinem Volk befinde.« Plötzlich mit ganz anderer, besorgter Stimme: »Ich weiß, daß manche mir nachsagen, ich hätte den Mut sinken lassen und glaubte nicht mehr an die Möglichkeit, Deutschland niederzuwerfen, ja, ich hätte sogar die Absicht, Friedensverhandlungen zu führen. Das sind Gerüchte, die von nichtswürdigen Menschen und deutschen Agenten ausgestreut werden.«

Der Zar verbrachte Silvester in Zarskoje Selo und fuhr Ende Januar wieder an die Front.

SIE: »22. 1. 15. Mein Liebster! Baby klagt etwas über Schmerzen im Bein und hat Angst vor der bevorstehenden Nacht. Anna hat gestern vergessen, Dir von unserem Freund auszurichten, daß Du den Oberbefehlshaber (also Nikolascha) in Deinem Manifest nicht erwähnen sollst, das Manifest muß nur von Dir an das Volk sein. Lieber Schatz, ich schreibe im Bett, es geht auf sieben. Das Zimmer ist so groß und leer, seit die Tanne fortgeräumt ist.«

ER: »26. 1. 15. Ich habe Nikolascha einen Besuch abgestattet und mir seinen neuen Eisenbahnwaggon angesehen, der sehr gemütlich und sympathisch ist, aber es herrscht darin eine solche Hitze, daß man es nicht länger als eine halbe Stunde aushält. Wir besprachen ein paar ernste Fragen und erzielten völlige Übereinstimmung. Ich muß sagen: Wenn er allein ist und gut aufgelegt, urteilt er recht vernünftig. Er hat sich seit Kriegsbeginn sehr verändert. Das Leben an diesem einsamen Ort, den er ›seine Einsiedelei‹ nennt, und die gewaltige Verantwortung, die auf seinen Schultern lastet, müssen sehr stark auf seine Seele gewirkt haben. Wenn man so will, ist das auch eine Heldentat.«

Er träumte so von Übereinstimmung. Er mußte Alix beruhigen, darum teilte er ihr mit: Nikolascha ist allein, das heißt ohne die schrecklichen »schwarzen Frauen«, die den Freund ablehnten.

ER: »28. 2. 15. Mein geliebtes Mädchen! Ich war so glücklich, drei Tage zu Hause verbringen zu können, vielleicht hast Du das gesehen. Ich bin dumm und sage nie, was ich fühle. Wie schade, daß wir keine Zeit haben, beieinander zu sitzen und zu plaudern. Nach dem Essen kann ich nicht zu Hause sitzen, da zieht es mich an die frische Luft. So vergehen die freien Stunden, und das alte Pärchen hat kaum Gelegenheit zusammenzusein.«

SIE: »8. 3. 1915. Mein Lieber, Geliebter. Ich hoffe, daß Du meine Briefe alle bekommst. Ich numeriere sie täglich und schreibe sie auch in mein Lieblingsheft. Eben erfuhr ich, daß Irina (Sandros Tochter, die mit Felix Jussupow verheiratet ist) eine Tochter bekommen hat. Ich wußte, daß es eine Tochter wird...«

Frau Jurenewa erzählt: »Der schöne Felix hatte einen sogenannten grammatischen Fehler, d. h., er war bisexuell. Der Tratsch überlebt die Menschen. Aber die beiden waren ein erstaunliches, schönes Paar. Das war Rasse!«

SIE: »9. 3. 1915. Was für ein Glück, zu erfahren, daß ich Dich übermorgen in den Armen halten, Deine liebe Stimme hören und Dir in die geliebten Augen schauen werde. Ich schicke Dir einen Brief von Mascha (aus Österreich). Man hat sie gebeten, Dir im Interesse des Friedens zu schreiben. Ich werde ihre Briefe natürlich nicht mehr beantworten.«

Die Hofdame Maria Wassiltschikowa (Mascha) lebte 1915 in ihrer Villa in Österreich. Eines Tages waren drei Unbekannte zu ihr gekommen, wie sie später erzählte. Sie schlugen ihr vor, sich mit einem Schreiben folgenden Inhalts an den Zaren zu wenden: »Die Friedensliebe Eurer Kaiserlichen Majestät ist in ganz Europa bekannt. Österreich und Deutschland haben sich ausreichend von der Kraft der russischen Waffen überzeugt usw.« Kurzum, die Unbekannten unterbreiteten den (vorerst inoffiziellen) Vorschlag Deutschlands, ein geheimes Treffen zwischen Vertretern Österreichs, Rußlands und Deutschlands zu arrangieren, um über einen Separatfrieden zu verhandeln. Das Treffen sollte in Stockholm stattfinden.

Nikolaus begriff, daß Maschas »Brief« bösartige Gerüchte hervorrufen würde. Darum übergab er ihn unverzüglich seinem Außenminister. Alle sollten wissen, daß dieser Vorschlag für ihn unannehmbar war. Ein Paradoxon: Als sich Wilhelm II. vor 20 Jahren in Berlin von Alix verabschiedete, hatte er fest geglaubt, daß sie eine zuverlässige Stütze Deutschlands in Rußland sein werde. Doch gerade weil sie eine deutsche Prinzessin war, durfte sie nicht in den Verdacht geraten, den Versuch eines separaten Friedensschlusses mit Deutschland zu unterstützen. Obwohl sie die Schrecken des Krieges sah, von einem Frieden mit ihrer alten Heimat träumte und obwohl sie großen Einfluß auf Nickys Entscheidungen hatte, mußte sie schweigen und demonstrieren, daß sie den Krieg bis zum Sieg unterstützte.

Mascha erhielt die Anweisung, unverzüglich nach Rußland zurückzukehren.

Wieder war der Zar für kurze Zeit in Zarskoje Selo.

SIE: »4.4. 1915. Du verläßt uns wieder. Wahrscheinlich voller Freude, denn das Leben hier war langweilig. Wir haben uns kaum gesehen – ich mußte das Bett hüten. Ich hätte Dich gern vieles gefragt, aber wenn wir am späten Abend endlich zusammen waren, konnte ich keinen klaren Gedanken mehr fassen.«

Er war nicht gesprächig, und wenn sie zusammen waren, schwiegen sie. Nur die Trennung brachte einen Schwall von zärtlichen Worten hervor.

SIE: »Ich weine wie ein großes Kind. Ich sehe Deine traurigen, so zärtlichen Augen vor mir. Ich schicke Dir meine innigsten Wünsche für den morgigen Tag. (Am 8. April hatten sie sich einst verlobt.) Zum erstenmal seit 21 Jahren verbringen wir diesen Tag nicht zusammen, aber ich erinnere mich noch genau an alles! Mein lieber Junge, wieviel Glück und Liebe hast Du mir in all den Jahren geschenkt.«

»8. 4. 15. Wie die Zeit verfliegt – schon 21 Jahre sind vergangen! Ich habe noch das graue Prinzessinnenkleid, das ich an jenem Morgen trug, und ich werde Deine liebe Brosche anstecken.«

Mascha Wassiltschikowa war nach Petrograd zurückgekehrt und hatte offenbar Briefe aus Deutschland mitgebracht.

SIE: »17. 4. Ich habe einen langen lieben Brief von Ernie erhalten. Ich werde ihn Dir zeigen, wenn Du wieder da bist. Er schreibt: ›Wenn einer Ihn (d. h. Dich) verstehen kann und weiß, was er durchleidet, dann ich.‹ Er küßt Dich kräftig. Er will versuchen, einen Ausweg aus dem Dilemma zu finden, und meint, daß irgendwer anfangen müsse, eine Brücke für Verhandlungen zu schlagen. Ihm ist der Gedanke gekommen, auf privatem Wege eine zuverlässige Person nach Stockholm zu schicken, die sich dort mit einem von Dir (privat) geschickten Mann treffen soll; sie könnten helfen, viele zeitweilige Hindernisse aus dem Weg zu räumen. Sein Plan beruht darauf, daß es in Deutschland keinen wirklichen Haß auf Rußland gibt. Ernie hat seinen Mann schon zum 28. hingeschickt. Ich habe diesem Herrn ausrichten lassen, daß Du noch nicht zurück bist und er nicht länger warten soll und daß die Zeit für den Frieden noch nicht gekommen ist, auch wenn alle ihn ersehnen. Ich wollte diese Sache bis zu Deiner Rückkehr erledigt haben, denn ich weiß, wie unangenehm Dir das ist.«

Wie hoffte sie darauf, daß er plötzlich sagt: »Die Zeit ist gekommen.« Doch vergebens. Der 6. Mai rückte näher.

SIE: »4. 5. 15. Wie traurig, daß wir Deinen Geburtstag nicht zusammen verbringen können. Es ist das erstemal ... Dir ist ein schweres Kreuz aufgebürdet! Wie gern würde ich Dir helfen, es zu tragen. In Gedanken und in meinen Gebeten tue ich es auch. Wie gern würde ich Dir die Last erleichtern. Du hattest in diesen 20 Jahren viel zu leiden. Du wurdest ja am Tag des leidgeprüften Hiob geboren, mein armer Freund.«

»Ich vertraue sie lieber dem Papier an«

SIE: »13. 6. 15. Ich mache mir Sorgen, daß Dein liebes Herz nicht in Ordnung ist. Bitte, laß Dich von Botkin untersuchen, wenn Du wieder da bist. Ich fühle mit allen, die ein krankes Herz haben, denn ich leide selbst seit vielen Jahren daran. Man darf seine Kümmernisse und Sorgen nicht hinunterschlucken, das schadet dem Herzen. Es ermüdet davon. Ich sehe es manchmal an Deinen Augen. Sage mir immer, was Dich bedrückt, denn ich habe genügend Erfahrung in dieser Hinsicht und kann Dir vielleicht helfen. Sprich Dich mit mir über alles aus, weine sogar – das erleichtert.«

»4. 6. 15. Pawel (der Großfürst) erzählte mir von einer unangenehmen Geschichte, die Du aber wissen mußt. Seit sechs Monaten sprechen alle davon, daß im Hauptquartier ein Spion ist. Als ich nach dem Namen fragte, nannte er General Danilow. Ordne an, daß er unauffällig überwacht wird.«

Die Niederlagen an der Front führten dazu, daß nach Sündenbökken gesucht wurde. Der Ausweg war gefunden: Spione. Eine Jagd auf Spione setzte ein. Zuerst wollte man die Juden zu Spionen machen. In Dwinsk ließ ein Feldgericht ein paar Juden wegen Spionage hängen. Dann stellte sich ihre Unschuld heraus, und sie wurden postum rehabilitiert. Zu der Zeit hatte Großfürst Nikolai Nikolajewitsch schon einen anderen Plan: Er beschloß, größeres Wild zu jagen. Da war der berühmte Fall des Obersten Mjassojedow, der wegen Spionage für Deutschland angeklagt wurde. Mit Hilfe seiner Aussagen brachte Großfürst Nikolai seinen Hauptgegner, den Kriegsminister Suchomlinow, zu Fall. Im Juni wurde Suchomlinow abgesetzt. Von Suchomlinow führte über dessen Frau ein Faden zu »unserem Freund«. Also auch zu Alix! »Die Deutsche ist eine Spionin« – wie einfach.

Nun beschloß die arme Alix zu zeigen, daß sie sich auch an der Jagd auf Spione beteiligte. Sie fand ihren Spion – den General Danilow, der einer der talentiertesten Generäle im Hauptquartier und natürlich ein Feind »unseres Freundes« war.

SIE: »15. 6. 15. Ungeduldig warte ich auf den von Dir angekündigten Brief. Ich bin ein Stündchen bei Mawra (Frau des Großfürsten Konstantin Konstantinowitsch) gewesen – sie ist ruhig und tapfer, Tatjana (Tochter von K. R.) sieht schrecklich aus – noch dünner und bleicher.«

Anfang Juni war K. R. gestorben. Kurz zuvor war an der Front sein jüngster und begabtester Sohn Oleg tödlich verwundet worden. K. R. hatte ihm selbst die Augen geschlossen. Der Tod des Lieblingssohnes beschleunigte sein eigenes Ende. Der Dichter war der letzte Romanow, der in der Peter-Pauls-Kathedrale feierlich bestattet wurde.

SIE: »16. 6. 15. Ich habe Deinen süß duftenden Jasmin ins Evangelium gelegt – er erinnert mich an Peterhof. Tagsüber saß ich auf dem Balkon, abends wollte ich in die Kirche gehen, aber ich war zu erschöpft. Mir ist schwer und traurig ums Herz. Ich muß immer daran denken, was unser Freund sagt. Oft schenken wir seinen Worten nicht die nötige Aufmerksamkeit. Er war so gegen Deine Abreise ins Hauptquartier, weil sie Dich dort zwingen können, Dinge zu tun, die besser unterbleiben sollten. Wenn er Dir von irgendeiner Sache abrät und Du nicht auf ihn hörst, stellst Du im nachhinein jedesmal fest, daß Du unrecht hattest. Er (Nikolascha) mißbilligt Grigoris Besuche in unserem Haus, darum hält er Dich im Hauptquartier fest, möglichst weit weg von ihm. Wenn sie nur wüßten, diese blinden Menschen, wie sie Dir mit ihrem Haß auf Grigori schaden, statt Dir zu helfen. Erinnere Dich, in einem Buch, das wir lasen, stand geschrieben, das Land, das von einem Gottesmann gelenkt werde, könne nicht zugrunde gehen. Oh, laß Dich mehr von ihm lenken.«

ER: »16. 6. 15. Meine geliebte Sonne! Herzlichen Dank für Deinen langen lieben Brief. Was Danilow angeht, so halte ich es für Blödsinn, ihn als Spion zu verdächtigen.«

SIE: »Z. S., 17. 6. 15. Mein Lieber, Guter! Dein Frauchen sollte Dir fröhliche Briefe schreiben, aber das ist so schwer, denn ich bin niedergeschlagen und traurig. So viele Dinge quälen mich. Im August tritt die Duma zusammen. Unser Freund hat Dich mehrmals gebeten, die Sitzung zu vertagen. Jetzt werden sie sich in Dinge einmischen, die sie nichts angehen. Vergiß nicht, daß Du der Selbstherrscher bist und bleiben mußt. Wir sind auf eine konstitutionelle Regierungsform noch nicht vorbereitet. N. (Nikolascha) und Witte sind schuld, daß diese Duma existiert. Dir hat sie mehr Sorgen als Freude gebracht. Entschuldige, daß ich Dir immer davon schreibe, aber ich bin so unglücklich. Alle geben Dir falsche Ratschläge und nutzen Deine Güte aus. Pfeif auf das Hauptquartier! Du bist schon wieder so lange abwesend, Grigori hat Dich davor gewarnt. Seine Wünsche werden nicht berücksichtigt, und mein Herz blutet vor Angst. Ach, könnte ich Dich vor Sorgen und Unglück schützen ...«

Sie hatte Informationen, daß Nikolascha gegen »unsern Freund« vorgehen wollte. Der gute Nicky konnte es nicht verstehen, wollte es nicht glauben!

Unterdessen kreiste man auf der Jagd nach Spionen Rasputin schon ein. War er wirklich ein deutscher Spion? Natürlich nicht. Er diente treu ergeben der Zarenfamilie. Aber er hatte ein Problem: Alix verlangte unentwegt neue Weissagungen, und er durfte sich nicht irren. Darum hatte er in seiner Wohnung in der Gorochowaja-Straße faktisch ein »Gehirnzentrum« aufgebaut: Gerissene Geschäftsleute, Industrielle – »kluge Leute« – trafen sich bei ihm. Mit ihnen erörterte er die Informationen, die er von der Zarin erhielt. Danach wußte der Fuchs, was er als nächstes prophezeien mußte. Natürlich war nicht auszuschließen, daß von den »klugen Leuten« jemand für die deutsche Aufklärung arbeitete, so daß man vielleicht sogar Beweise gefunden hätte. Aber der Oberbefehlshaber wählte den bekannten Weg: Statt geduldig einen Spionagefall herauszuarbeiten, nahm er den Köder, den ihm Rasputin hinhielt, den Skandal im Restaurant »Jar«. So ging er Rasputin in die Falle. Der Kommandant des Moskauer Gendarmeriekorps, Dschunkowski, verfaßte ein Papier über Rasputins Abenteuer. Mit diesem Papier wagte Nikolascha einen Vorstoß.

SIE: »22. Juni. Mein Feind Dschunkowski zeigte Dmitri (dem Großfürsten) ein ekelhaftes Papier (gegen den Freund). Dmitri erzählte Pawel davon. Welche Schande, er sagte, Du hättest das Papier gelesen und gesagt, daß Du diese schmutzigen Geschichten satt hast und eine strenge Bestrafung unseres Freundes wünschst. Ich bin sicher, daß er Deine Worte und Anweisungen verdreht hat; bestraft werden müssen die Verleumder, nicht er. Die im Hauptquartier wollen ihn loswerden, ach, ist das widerlich! Wenn wir zulassen, daß unser Freund verfolgt wird, werden wir und unser ganzes Land für ihn leiden. Ach, mein Lieber, wann schlägst Du endlich mit der Faust auf den Tisch und brüllst Dschunkowski und die andern an? Keiner hat Angst vor Dir, sie müssen vor Dir zittern. Bestelle Dschunkowski zu Dir, sage ihm, Du weißt, daß er dieses Papier in der Stadt herumzeigt, befiehl ihm, es zu zerreißen, und untersage ihm, weiter so über Grigori zu reden! Er handelt wie ein Verräter, nicht wie ein treuer Untertan, der den Freund seines Herrschers schützen muß, wie das in jedem andern Land üblich ist. Ach, mein Junge, bringe alle dazu, vor Dir zu zittern. Du bist immer zu gut, und alle nutzen das aus. So kann es nicht weitergehen!«

Tatsächlich legte der Oberbefehlshaber dem Zaren einen langen Bericht vor. Er brüllte wütend in seinem überhitzten Waggon. Anfangs enthielten seine Beschuldigungen nichts Neues für den Zaren. Die Ausschweifungen des Freundes waren ihm bekannt.

Doch dann erzählte der Oberbefehlshaber schreckliche Dinge: Im Hause Rasputins trieben sich deutsche Spione herum; alles, was im Hauptquartier geschehe, werde durch die vertrauensselige Zarin an Rasputin ausgeplaudert.

»Davon wußte ich nichts... Das konnte ich nicht ahnen«, sagte der Zar verwirrt. Nikolascha schlug vor, die Zarin ins Hauptquartier kommen zu lassen und ihr den Bericht zu zeigen, um dem Freund endgültig das Handwerk zu legen. Die Angelegenheit in der Familie sollte im Hauptquartier bereinigt werden.

Nikolaus willigte ein. Er wollte nur raus aus diesem Zug und nach Hause fahren, nach Zarskoje Selo. Er fürchtete schon, man würde ihn nicht herauslassen. Unterwegs, als er sich beruhigt hatte, begriff er: Das waren alles Emotionen und Vermutungen, es gab keine Beweise für Verrat. Blieben nur die Erzählungen über Rasputins Ausschweifungen.

Als Alix von den Vorgängen im Hauptquartier erfuhr, wurde sie ohnmächtig. Sie bekam Fieber und flehte die ganze Zeit, ihr den Jungen zu lassen und sie nicht ins Kloster zu sperren. Was hatte das zu bedeuten? »Ist der Zar nicht Manns genug, die Frau, die ihn und Rußland verdirbt, die der böse Genius des russischen Volkes und der Romanowdynastie ist, ins Kloster zu sperren?« schrieb ein Jahr später der Monarchist Purischkewitsch in sein Tagebuch. Die Angst der Zarin entsprang also nicht nur ihrer kranken Phantasie.

Offensichtlich erhielt Nikolaus in Zarskoje Selo eine wichtige Information. Wahrscheinlich von Rasputin, der Verbindungen zur Geheimpolizei hatte. Alix schrieb später in ihr Tagebuch: »Wenn er (der Zar) nicht den Platz von N. N. eingenommen hätte, wäre er vom Thron geflogen.« Nikolaus hatte offensichtlich erfahren, daß eine Verschwörung im Gange war.

War das eine Erfindung Rasputins? Eine fixe Idee der Zarin?

Oder hatte die Kamarilla tatsächlich wie im Jahr 1905 angesichts der drohenden Katastrophe beschlossen, den Zaren durch Nikolascha zu ersetzen?

Im Tagebuch des Großfürsten Andrej Wladimirowitsch findet sich eine Eintragung vom 29. Dezember 1916: »Dann erzählte mir Deni (eine Freundin der Zarin), was Alix über Nikolascha gesagt hatte. Sie versicherte Deni, sie habe Dokumente in der Hand, die beweisen, daß sich Nikolascha auf den Thron setzen wolle. Darum mußte er entfernt werden.«

Der Zar erkannte, daß im Hauptquartier keine gütliche Einigung möglich war. Der Oberbefehlshaber forderte, Rasputin zu beseitigen (das bedeutete, Alix zu töten!) und eventuell auch harte Maßnahmen gegen Alix zu ergreifen; er forderte es in dem Wissen, daß der Zar nicht darauf eingehen würde. Daraufhin würden sie ihn nicht aus dem Hauptquartier herauslassen, und ihm bliebe nur die Abdankung. Nikolaus wollte Nikolascha nicht mit solchen Verdächtigungen kränken. Darum erklärte er den Ministern: »In dieser kritischen Situation muß der oberste Führer der Armee auch an ihrer Spitze stehen.« Er hatte einen Entschluß gefaßt, der allen aberwitzig vorkam. Aber einen anderen Ausweg hatte er nicht. Bald darauf schwirrten Gerüchte durch Petrograd: Der Zar hat Nikolascha abgesetzt und sich selber zum Oberbefehlshaber ernannt. Das war ein Schock. Nikolai Nikolajewitsch war eine Autorität und genoß in der Armee großes Ansehen. Der Zar aber war schwach, und dann noch die Gerüchte über die Zarin, die Deutsche, über ihre Verbindungen zum Feind, über den schmutzigen Starez.

Die Zarinmutter begriff: Das ist die Katastrophe.

Der zärtliche Freund der kleinen K., Großfürst Andrej Wladimirowitsch, schrieb am 24. August 1915 in sein Tagebuch:

»Am Tage war ich bei Tante Miechen (Zarinmutter Maria Fjodorowna) auf der Jelagin-Insel und traf sie in entsetzlich deprimierter Stimmung an. Sie meinte, daß die Absetzung von Nik. Nik. Nikolaus unausweichlich in den Untergang führt... Sie fragte dauernd: ›Wohin gehen wir? Wohin gehen wir? Das ist nicht Nicky, nicht er... Er ist lieb, ehrlich, gut – das ist alles sie. Sie allein ist verantwortlich für das, was vorgeht. Das hat nicht mein lieber Junge getan!‹

Als meine Mutter bei ihr war, fügte sie noch hinzu, das erinnere sie an die Zeiten Pauls I., der zuletzt auch alle ihm ergebenen Leute von sich weggestoßen habe, und sie müsse immer an das traurige Ende unseres Großvaters denken... Seit Peter dem Großen stellte sich kein Zar mehr an die Spitze seiner Armeen. Alle diesbezüglichen Versuche, wie von Alexander I. 1812 oder Alexander II., schlugen fehl.«

Nikolaus fuhr ins Hauptquartier. Noch nie war ihm die Abreise so schwer gefallen. Er mußte dem Oberbefehlshaber seinen Entschluß mitteilen, dem riesigen Nikolascha, vor dem er Angst hatte. Im Zug erwartete ihn wie immer ein Brief von Alix.

SIE: »22.8.15. Nie zuvor haben sie Dich so entschlossen gesehen. Endlich zeigst Du Dich als Gossudar, als wirklicher Selbstherrscher, ohne den Rußland nicht existieren kann... Verzeih mir, mein Engel, daß ich Dir in den letzten Tagen keine Ruhe ließ. Aber ich kenne Deinen weichen Charakter nur zu gut. Ich habe in diesen beiden Tagen körperlich und seelisch entsetzlich gelitten (und ich werde so lange leiden, bis im Hauptquartier alles geregelt ist und Nikolascha verschwindet – erst dann werde ich zur Ruhe kommen). Siehst Du, sie haben Angst vor mir, darum kommen sie zu Dir, wenn Du allein bist. Sie kennen meinen starken Willen. Wir beide wissen, daß Du im Recht bist – zwinge sie, vor Deinem Willen und Deiner Härte zu zittern. Gott ist mit Dir, und unser Freund betet für Dich... Mögen die heiligen Engel Deinen Schlaf behüten! Ich bin immer bei Dir, nichts wird uns trennen...«

Nikolascha begriff sofort: Das Spiel war verloren. Der Oberbefehlshaber hielt sich untadelig.

ER: »25.8.15. Dem Himmel sei Dank, es ist geschafft, nun liegt eine neue Verantwortung auf meinen Schultern... Gottes Wille geschehe.

Am 23. August habe ich den ganzen Vormittag gebetet und immer wieder Deinen Brief gelesen. Je näher die Begegnung mit Nikolascha rückte, desto ruhiger wurde meine Seele. Nikolascha trat mit einem guten munteren Lächeln ein und fragte, wann er abreisen müsse. Ich antwortete ihm genauso, daß er noch zwei Tage bleiben könne. Dann sprachen wir über militärische Operationen, über einige Generäle usw. – und das war *alles*. In den nächsten Tagen war er beim Frühstück sehr gesprächig und gut aufgelegt, so haben wir ihn in den letzten Monaten nur selten gesehen. Seine Adjutanten machten bitterböse Gesichter, das war direkt lustig...«

So wurde Nikolaus Oberbefehlshaber der zurückweichenden Armeen.

Von diesem Moment an half ihm Alix mit all ihrer Leidenschaft und ihrem unerschütterlichen hysterischen Willen, das Land und das Heer zu führen.

SIE: »Mein Liebling... Man müßte Gutschkow loswerden, bloß wie, das ist die Frage. Läßt sich jetzt im Krieg nicht etwas finden, wofür man ihn einsperren kann? Er will Anarchie – er ist gegen unsere Dynastie, die, wie unser Freund sagt, unter Gottes Schutz steht.«

Zu dieser Zeit waren respektlose Zeichnungen und abfällige Gespräche über die Frau des Oberbefehlshabers, die Herrscherin des Landes, an der Tagesordnung.

SIE: »Botkin hat mir erzählt, daß ein gewisser Gorodinski (ein Freund von Anna) im Zug ein Gespräch zweier Herren mit angehört hat, die scheußliche Dinge über mich sagten. Er ohrfeigte beide.«

ER: »31. 8. 15. Ich bin Dir so dankbar für Deine lieben Briefe. In meiner Einsamkeit sind sie mein einziger Trost, und ich warte immer ungeduldig darauf... Jetzt ein paar Worte zur militärischen Lage. Sie ist bedrohlich bei Dwinsk und Wilna, ernst bei Baranowitschi und gut im Süden... Das Problem ist, daß die Regimenter nur über ein Viertel ihrer eigentlichen Stärke verfügen. Man kann sie frühestens in einem Monat auffüllen: Die Neueingezogenen sind nicht ausgebildet, und die Gewehre reichen nicht... Auf unsere Eisenbahn ist auch kein Verlaß mehr. Erst am 10. oder 12. September wird der Truppenaufmarsch abgeschlossen sein.

Darum kann ich nicht eher nach Hause kommen.

Deine lieben Blumen, die Du mir im Zug gegeben hast, stehen noch auf dem Tisch, sie sind nur ganz wenig verwelkt.«

SIE: »4. 9. 15. Mein teurer Liebling... Warum gibt es keine Telephonleitung von Deinem zu meinem Zimmer, wie es bei Nikolascha und Stana war? Das wäre herrlich, Du könntest mir die guten Nachrichten mitteilen oder ein Problem mit mir besprechen. Wir würden uns bemühen, Dir nicht lästig zu fallen, denn ich weiß ja, daß Du keine langen Gespräche magst. Aber das wäre ausschließlich unsere private Leitung, und wir brauchten nicht zu befürchten, daß jemand mithört. Das könnte in dringenden Fällen sehr nützlich sein, außerdem höre ich so gern Deine zärtliche Stimme!«

»7.9. 15. Es ist kalt, windig und regnerisch. Ich habe die Zeitungen gelesen. Über unsere Verluste bei Wilna schreiben sie nichts, wieder wird alles vermengt – Erfolge und Mißerfolge.

Übertrage Dmitri keine verantwortungsvollen Aufgaben, er ist jung und eingebildet, am liebsten wäre mir, Du würdest ihn von Dir fernhalten. Aber sage ihm nicht, daß ich das wünsche.«

»11.9. 15. Wie traurig, daß der Sommer vorbei ist, daß der endlose Winter bevorsteht. Stimmt es, daß sie Gutschkow und noch ein paar Leute aus Moskau zu Dir schicken wollen? Das schwere Eisenbahnunglück, bei dem nur er verletzt wurde, war die verdiente Strafe Gottes... Zeige ihnen die Faust, du bist der Gossudar, der Selbstherrscher – das dürfen sie nicht vergessen... Sonst wehe ihnen.

Ich fürchte, Mischa (Nikolaus' Bruder) wird um einen Titel bitten für seine... Das ist unangenehm – sie hat schon zwei Männer verlassen.«

»13.9. 15. Die Blätter färben sich gelb und rot, ich sehe sie aus dem Fenster meines großen Zimmers. Mein Liebling, Du hast mir nicht geantwortet, was mit Dmitri ist. Warum schickst Du ihn nicht zu einem Regiment? Es sieht nicht gut aus, daß kein einziger Großfürst an der Front ist.«

ER: »14. September. Das Wetter ist immer noch wunderschön. Ich fahre jeden Tag mit Mischa im Auto spazieren und verbringe den größten Teil meiner Freizeit mit ihm. Er ist ruhig und lieb und läßt Dich sehr herzlich grüßen.«

Er möchte so sehr, daß in der Familie Friede herrscht.

SIE: »15.9. 15. Vergiß nicht, vor der Ministerversammlung ein Heiligenbild in die Hand zu nehmen und Dich mit seinem (Rasputins) Kamm zu kämmen. Oh, wie ich für Dich beten werde, mein Liebling. Ich finde, daß N. ein zu großes Gefolge mitnimmt. Es ist nicht gut, daß er mit einem Hofstaat und einem Klüngel dort ankommt (im Kaukasus, wohin der ehemalige Oberfehlshaber abkommandiert war), ich fürchte, sie versuchen, ihre Intrigen dort fortzusetzen. Gebe Gott, daß ihnen das im Kaukasus nicht gelingt, daß das Volk Dir seine Ergebenheit bekundet und ihm nicht erlaubt, eine zu große Rolle zu spielen!«

Wieder fuhr der Zar von Zarskoje Selo fort, diesmal gab sie ihm den Sohn mit.

SIE: »Es tut immer so weh, Dich zu verabschieden, und jetzt fährt zum erstenmal auch Baby mit. Es fällt mir entsetzlich schwer. Aber ich freue mich für Dich, daß Du nicht allein sein wirst, und unser Kleiner wird stolz sein, ohne Frauen mit Dir zu reisen, ein großer Junge.«

»2. 10. Guten Morgen, meine Lieben. Wie habt ihr geschlafen? Ach, ihr beide fehlt mir so sehr! Bitte, erinnre ihn immer daran, daß er betet. Wie wird Dir zumute sein, wenn ich ihn zurückhole? Mir ist, als wäre ein Jahrhundert seit eurer Abreise vergangen, solche Sehnsucht habe ich nach euch!«

ER: »Mogiljow. Hauptquartier. 6. 10. 15. Heißen Dank für Deine lieben Briefe. Ich bin untröstlich, daß ich Dir seit unserer Abreise noch nicht geschrieben habe. Aber ich habe hier keine freie Minute. Und die Anwesenheit des Kleinen beansprucht auch Zeit, was mir natürlich nicht leid tut. Es ist sehr gemütlich, nebeneinander zu schlafen. Ich bete jeden Abend mit ihm. Er spricht die Gebete zu schnell, und es ist schwer, ihn zu bremsen. Die Parade hat ihm unheimlich gefallen. Er stand neben mir, während die Truppen vorbeimarschierten. Es war großartig! Nachmittags fahren wir mit dem Auto in den Wald oder an den Fluß, wo wir ein Lagerfeuer machen. Er hat einen ruhigen Schlaf, obwohl das Lämpchen vor seinem Heiligenbild brennt. Morgens wacht er früh auf. Dann setzt er sich im Bett auf und unterhält sich leise mit mir. Ich antworte ihm auf seine Fragen, und er legt sich wieder hin, bis man mich wecken kommt.«

Sie kehrten nach Zarskoje Selo zurück. Und fuhren wieder zusammen weg. Er nahm den Jungen gern ins Hauptquartier mit.

ER: »2. November 1915. Als wir gestern im Zug ankamen, war Baby übermütig und hat so getan, als ob er vom Stuhl fällt. Dabei hat er sich die linke Hand gestoßen. Er lag den ganzen Tag im Bett. Ich erklärte allen, daß er schlecht geschlafen hat.«

Die Krankheit des Jungen blieb Staatsgeheimnis. Das war verhängnisvoll, denn das Zarenpaar konnte dem Land nicht erklären, was Rasputin im Palast zu suchen hatte.

SIE: »5. 11. Die Photos von Alexej sind bezaubernd. Frederiks bat um die Erlaubnis, in öffentlichen Kinematographen Bilder von Baby und Joy (dem Hund) zu zeigen. Baby sagte zu Monsieur Gilliard, das sei lächerlich, der Hund sehe auf den Photos viel klüger aus als er. Die Antwort hat mir gefallen.«

ER: »31. Dezember: Innigen Dank für all Deine Liebe. Wenn Du nur wüßtest, wir mir das hilft und mich für meine Arbeit, die Verantwortung und Sorgen entschädigt. Ich weiß wirklich nicht, wie ich das alles aushalten würde, wenn mir Gott nicht Dich zur Frau und Freundin gegeben hätte. Das ist mein Ernst, es fällt mir manchmal schwer, diese Wahrheit auszusprechen, ich vertraue sie lieber dem Papier an – aus dummer Schüchternheit.«

SIE: »31. 12. 15. Mein Herzallerliebster, ich schreibe Dir zum letzten Mal in diesem Jahr. Ich weiß nicht, wie wir das neue Jahr begrüßen werden, am liebsten ginge ich in die Kirche, aber das ist für die Kinder langweilig... Ach, wie leer ist es in Deinem Zimmer, mein Liebling. Ohne meine Sonne, ohne meinen armen Engel!«

So brach das Jahr 1916 an, das letzte *volle* Jahr ihrer Herrschaft. Neujahr verbrachte Alexej zu Hause, in Zarskoje Selo.

SIE: »4. 1. 1916. Baby führt ernsthaft Tagebuch. Aber es ist sehr komisch, denn abends hat er wenig Zeit, und so schreibt er am Tage, wie er abends schlafen gehen wird. Gestern war er lange bei mir. Er hat gezeichnet, geschrieben, auf meinem Bett gespielt, und ich wünschte, Du wärst bei uns.«

Ich blättere im Tagebuch des russischen Thronfolgers. Des Thronfolgers, der nicht Zar wurde. Es ist ein »Erinnerungsbüchlein für das Jahr 1916« – gelber Seideneinband, Goldschnitt, auf der Rückseite die Aufschrift der Zarin: »Das erste Tagebuch meines kleinen Alexej«. Die ersten Eintragungen machte der Junge in komischen, ungelenken großen Buchstaben. Dabei war er schon elf Jahre. Da er ständig krank war, hatte er spät mit dem Unterricht begonnen.

»1. Januar. Ich bin heute spät aufgestanden. Habe um zehn Tee getrunken. Dann bin ich zu Mama gegangen. Mama fühlte sich schlecht, sie lag den ganzen Tag. Ich blieb zu Hause, denn ich habe Schnupfen. Habe mit Olga, Tatjana, Maria und Anastasia gefrühstückt. Dann war ich bei Kolja und habe mit ihm gespielt. (Kolja ist der Sohn des Arztes Derewenko, sein bester Freund.) Es war sehr lustig. Ich habe um sechs Mittag gegessen und dann gespielt. War nach acht bei Mama, nachdem sie Mittag gegessen hatten. Um zehn im Bett.«

Sein Tagebuch ist ein Abbild von Vaters Tagebuch: knappe Aufzählung von Ereignissen, keine Betrachtungen.

»8. Juli. Am Morgen gebadet. Dann gespielt. Zum Frühstück kamen Mama und die Schwester. Wir sind mit dem Auto ausgefahren. Haben einen Hund überfahren. Bei Mama Tee getrunken. Nach dem Mittagessen war ich im Stadtpark. Dort spielten Kinder.«

Er spielte nicht mit ihnen. Er durfte ihnen nur zusehen. Jede unbedachte Bewegung war für ihn gefährlich. Die Tage verliefen gleichförmig, einer wie der andere. Häufig stehen im Tagebuch die tristen Worte »wie immer«.

»15. Februar. Alles wie immer. Papa ist um zwölf weggefahren. Wir haben ihn begleitet.«

»27. Februar. Aufgestanden wie immer. In der Kirche gewesen. Dann wie immer.«

»3. März. Alles wie immer.«

»7. April. Dasselbe. Ich habe im Bett die Beichte abgelegt.«

»8. April. Dasselbe. Im Bett das heilige Abendmahl empfangen.«

Immer dasselbe, d. h., das Bett, Spaziergang, Essen, Gebet und wieder im Bett. Er träumte davon, ins Hauptquartier mitzufahren, ein phantastisches Ereignis in seinem monotonen Leben.

SIE: »28. 1. 16. Z. S. Wieder entführt mir der Zug meinen Schatz, aber ich hoffe, nicht für lange. Ich weiß, daß ich nicht so reden sollte, daß es bei einer Frau, die so lange verheiratet ist, lächerlich klingen mag, aber ich kann nicht anders. Die Liebe ist mit den Jahren immer stärker geworden. Es war so schön, als Du uns vorgelesen hast. Ich höre jetzt noch Deine liebe Stimme... Ach, könnten doch unsere Kinder genauso glücklich in ihrer Ehe werden wie wir... Was wird das für mich für eine einsame Nacht werden.«

»5. 3. 16. Heute brachte man mir eine ganze Kollektion englischer Bücher, aber ich fürchte, es ist nichts Interessantes darunter. Es gibt seit langem in keinem Land bedeutende Schriftsteller, auch keine bekannten Maler oder Musiker – eine merkwürdige Erscheinung. Wir beeilen uns zu leben, sind ständig neuen Eindrücken ausgesetzt, Maschinen und Geld regieren die Welt und vernichten die Kunst, und wer sich für begabt hält, hat eine verdorbene Geisteshaltung. Interessant, was nach dem Ende dieses großen Krieges kommen wird. Wird alles eine Wiederbelebung und Auferstehung erfahren, wird es wieder Ideale geben, werden die Menschen rein und poetisch sein, oder werden sie dieselben trockenen Materialisten bleiben? Ich möchte so vieles wissen! Gestern erhielt ich einen widerlichen anonymen Brief – zum Glück las ich nur die ersten vier Zeilen und zerriß ihn.«

»6. 4. 1916. Baby war den ganzen Tag fröhlich, bis er sich schlafen legte. Nachts wachte er vor Schmerzen in der linken Hand auf und konnte ab zwei nicht mehr schlafen. Die Mädchen saßen die ganze Nacht bei ihm. Es ist unbeschreiblich traurig: Er macht sich Gedanken um Ostern, darum, wie er morgen mit einer Kerze in der Kirche stehen wird… Offenbar hat er mit dem Brecheisen gearbeitet und sich überanstrengt. Er ist so kräftig und vergißt immer wieder, daß er sich nicht anstrengen darf.«

In diesem Brief schreibt die Zarin von einem verwundeten Juden, der bei ihr im Lazarett lag. »Er hatte in Amerika großes Heimweh nach seiner russischen Heimat, und als der Krieg ausbrach, kam er sofort her, um als Soldat sein Vaterland zu verteidigen. Er hat im Kampf einen Arm verloren und wurde mit dem Georgskreuz ausgezeichnet. Er möchte gern hierbleiben und das Recht auf freie Wahl des Wohnsitzes erhalten. Ein Recht, das die Juden nicht haben… Ich verstehe ihn, man darf ihn nicht verärgern, ihn nicht die Grausamkeit seiner früheren Heimat spüren lassen.«

ER: »7. 4. 16. Auf die Bitte des verwundeten Juden habe ich angeordnet, ihm freies Wohnrecht in Rußland zu gewähren.«

SIE: »8. 4. 16. Christus ist auferstanden!* Mein lieber Nicky. An diesem Tag, dem Tag unserer Verlobung, sind all meine zärtlichen

* Russischer Ostergruß (Anmerkung der Übersetzerin).

Gedanken bei Dir... Heute werde ich Deine liebe Brosche anstekken...«

Im Juli 1916 fuhr sie mit den Töchtern für ein paar Tage zu ihm ins Hauptquartier.

Sie »genossen die Ferien«, dann fuhr sie zurück ins geliebte Zarskoje Selo, Vater und Sohn blieben im Hauptquartier.

ER. »Hauptquartier, 13. Juli. Ich muß Dir danken, daß Du mit den Mädchen hergekommen bist, daß Du mir Leben und Sonne gebracht hast, obwohl es regnete. Ich habe Dir wie immer nicht die Hälfte dessen gesagt, was ich Dir sagen wollte, denn wenn ich Dich nach langer Trennung wiedersehe, überkommt mich immer dumme Schüchternheit. Ich sitze da und schaue Dich an, das ist schon eine riesige Freude.«

In dieser Zeit saß Alix in der Klemme. Der Spionagefall zog immer weitere Kreise. Zusammen mit Suchomlinow wurden Manussewitsch-Manuilow, ein ehemaliger Agent des russischen Innenministeriums, und der Bankier Rubinstein verhaftet. Beide standen Rasputin nahe. Aber das war noch nicht das schlimmste. Über den Bankier Rubinstein hatte Alix ohne Nickys Wissen Geld an ihre notleidenden Verwandten in Deutschland überwiesen. Das konnten ihre Feinde gegen sie ausnutzen. Sie brauchte jetzt einen ergebenen Innenminister, der die Inhaftierten freiließ und diesen für sie und für Rasputin gefährlichen Fall ein für allemal aus der Welt schaffte.

»7. September 16. Mein Liebster. Grigori bittet eindringlich, diesen Posten mit Protopopow zu besetzen. Du kennst ihn, er hat auf Dich einen guten Eindruck gemacht. Er ist Mitglied der Duma (kein Linker) und weiß, wie man mit ihnen umgeht... Seit mindestens vier Jahren kennt er unsern Freund. Und liebt ihn, was für ihn spricht.«

So kam ein neuer verhängnisvoller Name ins Spiel: Protopopow.

SIE: »9. September 16. Ich war in der Stadt, um die arme Gräfin Hendrikowa zu besuchen. Sie liegt im Sterben, ist ohne Bewußtsein. Sie hatte mich einmal gebeten, zu ihr zu kommen, wenn es mit ihr zu Ende geht. Nastja ist sehr tapfer. Sie hat erst geweint, als ich abfuhr.«

Die Hofdame Nastja Hendrikowa hing sehr an der Zarin. Als es ein paar Monate später darum ging, wer die Zarenfamilie in die Verbannung begleitet, meldete sich Nastja als eine der ersten.

ER: »9. September 16. Hauptquartier. Ich glaube auch, daß dieser Protopopow ein guter Mann ist... Rodsjanko hat ihn vor längerer Zeit für den Posten des Handelsministers vorgeschlagen. Ich muß über dieses Problem nachdenken, das kommt alles sehr plötzlich... Unser Freund hat manchmal recht sonderbare Ansichten über Menschen, wie Du selber weißt, darum muß man sehr vorsichtig sein, besonders wenn es um hohe Ämter geht. Das will sorgfältig überlegt sein. Von all diesen Veränderungen schwirrt mir der Kopf. Es ist für den inneren Zustand des Landes nicht sehr gut, wenn die Posten so oft neu besetzt werden, denn jeder neue Mann führt auch Änderungen in der Administration ein. Es tut mir sehr leid, daß der Brief so langweilig geraten ist.«

Von 1916 bis zum Untergang des Reiches wurden die Minister alle nasenlang abgelöst. Goremykin, Stürmer, Trepow, Golizyn wechselten einander an der Spitze der Regierung ab. Nikolaus versuchte einen Mann zu finden, der ihn mit der Duma aussöhnen konnte. Er wollte nicht einsehen, daß es unmöglich war, einen derartigen Mann zu finden. In Wirklichkeit wurde kein neuer Mann gesucht, sondern ein neues Prinzip: ein Ministerium, das der Duma rechenschaftspflichtig war. Das forderte die Duma, aber darauf konnte Nikolaus nicht eingehen. Er sah darin eine Rückkehr des schrecklichen Jahres 1905. Auch Alix war entschieden dagegen, ebenso »unser Freund«, der wie immer die Meinung seiner Gebieterin wiederholte.

In Protopopow meinte Nikolaus den richtigen Mann gefunden zu haben. Protopopow war kürzlich mit einer Delegation der Duma im Ausland gewesen und hatte dort großen Erfolg gehabt. Der Zar hielt Protopopow für geeignet, ihn mit der Duma zu versöhnen. Aber sowie die Duma erfuhr, daß Protopopow von der Zarin und Rasputin empfohlen wurde, war sein Schicksal besiegelt. Nikolaus geriet in maßlose Wut und schlug sogar mit der Faust auf den Tisch. »Bevor ich ihn zum Minister ernannte, fanden ihn alle gut, jetzt ist er schlecht, weil ich ihn ernannt habe.«

SIE: Telegramm vom 10. 9. 16. »Gräfin heute nacht verstorben. Willst du Nastja nicht telegraphieren? Ich küsse euch beide...«

Nach dem Tod ihrer Mutter setzte Nastja die Unterhaltung mit ihr im Tagebuch fort. Sie schreibt Zeilen, die später alle in der sibirischen Verbannung trösten werden: »Ich dem Maße, wie die *Leiden Christi* in uns zunehmen, nimmt auch unser Trost durch Christus zu.«

SIE: »22. 9. 16. Ich habe fast die ganze Nacht nicht geschlafen, jede Stunde, jede halbe Stunde habe ich auf die Uhr geschaut (ich weiß nicht warum, denn der Abend verlief angenehm und ruhig). Ich unterhielt mich mit ihm (Protopopow) anderthalb Stunden. Er ist sehr klug, hat ein einschmeichelndes Wesen und großartige Manieren, spricht Französisch und Englisch. Ich sprach mit ihm darüber, daß Deine Befehle unterlaufen oder auf die lange Bank geschoben werden, daß man kaum einem Menschen trauen kann. Ich geniere mich vor den Ministern überhaupt nicht mehr und rede mit der Geschwindigkeit eines Wasserfalls Russisch! Und sie sind so liebenswürdig, nicht über meine Fehler zu lachen. Sie sehen, daß ich voller Energie bin und daß ich Dir alles sage, was ich höre und sehe, daß ich Deine feste Stütze im Hinterland bin... Deine Augen und Ohren.«

»26. September... Jetzt denkst Du bestimmt – so ein großes Blatt Papier, da wird sie endlos schwatzen! Also, Protopopow hat bei Anna zu Mittag gegessen. Sie kennt ihn schon ein Jahr oder sogar zwei! Protopopow bittet Dich um eine Unterredung, er möchte wissen, ob Du ihm den Befehl erteilst, Suchomlinow auf freien Fuß zu setzen.

Protopopow stimmt in dieser Frage völlig mit unserem Freund überein. Er wird mit dem Justizminister darüber sprechen (schreib Dir das auf, damit Du es nicht vergißt). Sag dem Minister, daß Rubinstein ohne Aufsehen nach Sibirien verbannt werden soll... Protopopow denkt, daß Gutschkow die Militärs aufgehetzt hat, diesen Mann zu verhaften, weil er Beweise gegen unseren Freund zu finden hoffte. Natürlich ist Rubinstein in schmutzige Geldgeschäfte verwickelt, aber nicht nur er!«

Im Oktober 1916 wurde Protopopow zu einer Sitzung der einflußreichsten Mitglieder der Reichsduma eingeladen.

»Wir möchten nicht mit Ihnen reden, denn Sie haben Ihre Ernennung durch Rasputin erhalten, der für die Freilassung des Verräters Suchomlinow gesorgt hat...«

»Ich bin der persönliche Kandidat des Zaren, den ich jetzt näher kennen und lieben gelernt habe«, antwortete Protopopow verärgert. »Sie alle haben Titel, Vermögen, Beziehungen, ich hingegen habe meine Karriere als bescheidener Student angefangen und für 50 Kopeken die Stunde unterrichtet. Ich besitze nichts außer der Unterstützung des Zaren.«

Zu dieser Zeit war sich die Gesellschaft bereits einig in ihrer Ablehnung des neuen Ministers. In der Duma wurden brillante Reden gehalten, die ganz Rußland bewegten.

»Dunkle Gerüchte über Verrat und Untreue kriechen durchs ganze Land. Diese Gerüchte machen auch vor den höchsten Namen nicht halt...« – »Der Name der Kaiserin wird immer häufiger zusammen mit den Namen der sie umgebenden Abenteurer genannt...« – »Was ist das – Dummheit oder Verrat?« fragte vom Rednerpult der Duma der Führer der Kadettenpartei Miljukow in seiner berühmten Rede.

Miljukow wollte beweisen, daß die Dummheit der Regierung das Land in diese Situation gebracht hatte, doch in der Bevölkerung sprach man von Verrat.

»Die Gerüchte über Verrat spielten im Verhältnis der Armee zur Dynastie eine verhängnisvolle Rolle«, notierte General Denikin.

»Voller Entsetzen fragte ich mich manchmal, ob sich die Zarin mit Kaiser Wilhelm verschworen hat«, sagte nach der Revolution Großfürst Kirill Wladimirowitsch in einem Interview mit einer Petrograder Zeitung.

SIE: »28. September 16. Ich bin so froh: In fünf Tagen werden wir uns sehen!!! Ich kann es gar nicht glauben. Das Essen an der frischen Luft ist für Baby sehr gesund, ich werde zwei Klappstühle und einen Klapptisch für ihn mitbringen. Dann kann ich auch im Freien sitzen. Wir wollen am Sonntag um drei losfahren, dann sind wir Montag um fünf zum Tee in Mogiljow. Gut?«

»12. 10. 16. Schweren Herzens verlasse ich Dich wieder. Wie ich diese Abschiede hasse... Du bist so allein in der Menge, hast so wenig Wärme um Dich herum. Ich möchte sehr, daß Du wenigstens für zwei Tage kommst, um den Segen unseres Freundes zu empfangen. Das würde Dir Kraft geben. Ich weiß, daß Du mutig und geduldig bist, aber Du bist ein Mensch, und seine Berührung würde Deine Kümmernisse beschwichtigen und Dir neue Weisheit und Energie spenden. Das sind keine leeren Worte, es ist meine tiefste Überzeugung. Ich weiß um die Beruhigung, die unser Freund zu geben imstande ist. Du bist seelisch erschöpft, das kannst Du vor Deinem alten Frauchen nicht geheimhalten!«

»Mein armer Freund«

Sie hatte recht. Er war sehr müde.

SIE: »1. 11. 16. Mein teurer Liebling... Also, Olga heiratet am Sonnabend – wo wird die Trauung sein?«

Noch ein Skandal in der Zarenfamilie: Nikolaus' Schwester Olga ließ sich von Pjotr von Oldenburg scheiden und heiratete den Rittmeister Nikolai Kulikowski. Er diente in dem Kürassierregiment, dessen Patin die Zarinmutter war.

Die große Romanowfamilie fuhr nach Kiew zur Hochzeit. Alle stimmten darin überein, daß die Situation im Land katastrophal war. Die Familie sah nur einen Ausweg: Nikolaus mußte auf die Forderungen der Duma eingehen und ihr das Recht zugestehen, die Minister selbst zu bestimmen. Das befreite die Regierung vom verhängnisvollen Einfluß der Zarin und Rasputins und den guten Nicky von der Verantwortung in dieser kritischen Lage. Außerdem mußte der »Heilige Teufel« umgehend entfernt werden! Der Familienrat beschloß, den Großfürsten Nikolai Michailowitsch zu Nicky zu schicken.

ER: »2. November. Meine Einzigartige. Nikolai Michailowitsch war für einen Tag hier, und ich hatte gestern abend eine lange Unterhaltung mit ihm. Darüber schreibe ich Dir im nächsten Brief, heute habe ich viel zu tun... Meine geliebte Sonne, Gott schütze Dich und die Kinder! Für immer Dein alter Nicky.«

Das war ein Schachzug, er wußte einfach nicht, wie er ihr von diesem Gespräch erzählen sollte. Also schickte er ihr den Brief, den ihm Nikolai Michailowitsch übergeben hatte.

Hier Auszüge aus dem Brief: »Du hast mir mehrfach gesagt, daß Du niemandem trauen kannst, daß Du betrogen wirst. Wenn das stimmt, dann trifft das sicherlich auch auf Deine Frau zu, die Dich innig liebt, aber dem böswilligen Betrug der sie umgebenden Menschen erlegen ist. Du vertraust Alexandra Fjodorowna, das ist auch verständlich, was aber über ihre Lippen kommt, ist das Ergebnis geschickter Verdrehungen, nicht die Wahrheit. Wenn Du nicht imstande bist, diesen Einfluß von ihr fernzuhalten, dann schütze Dich wenigstens vor der ständigen Einmischung und den Einflüsterungen Deiner geliebten Gattin... Ich habe lange gezögert, Dir die ganze Wahrheit aufzudecken, aber nachdem Deine Mutter und Deine Schwestern mich von der Notwendigkeit überzeugten, habe ich mich dazu entschlossen. Du stehst am Beginn einer Epoche neuer Unruhen, einer Epoche von Attentaten. Glaube mir: Wenn ich so darauf dränge, daß Du Dich von den Fesseln befreist, dann in der Hoffnung und Zuversicht, Dich, Deinen Thron und unsere liebe Heimat vor schwersten und nicht wieder gutzumachenden Folgen zu bewahren.«

Zum Schluß schlug ihm Nikolai Michailowitsch vor, auf die Forderungen der Duma einzugehen, und zwar ohne Druck von außen, d. h., »nicht so, wie die Unterzeichnung des Manifests am 17. Oktober 1905 zustande kam«.

Sie drohten ihm also mit einer neuen Revolution und erinnerten ihn an die vergangene.

SIE: »4. November. Ich habe Nikolais Brief gelesen und bin schrecklich empört. Warum hast Du nicht das Gespräch mit ihm abgebrochen? Warum hast Du ihm nicht gesagt, daß Du ihn nach Sibirien schickst, wenn er noch einmal auf dieses Thema oder mich zu sprechen kommt? Das grenzt schon an Staatsverrat. Er hat mich immer gehaßt und all die Jahre schlecht über mich gesprochen. Aber daß er sich während des Krieges in so einem Moment hinter dem Rücken Deiner Mutter und Deiner Schwestern versteckt, statt die Frau seines Zaren zu verteidigen, das ist Gemeinheit und Verrat... Mein Liebling, Du bist zu gut, zu nachsichtig und zu weich. Dieser Mann muß vor Dir zittern, er und Nikolascha sind Deine größten Feinde in der Familie, außer den Montenegrinerinnen und Sergej... Deine Frau ist Deine Stütze, sie steht wie eine Steinmauer hinter dir...«

Zusatz: »Ich habe geträumt, daß sie mich operieren: Sie haben mir die Hand abgeschnitten, aber es tat überhaupt nicht weh. Und dann erhielt ich diesen Brief von Nikolai...«

Jetzt kämpfte sie gegen die ganze Romanowfamilie.

ER: »5. November: Ich bin sehr betrübt, daß ich Dir mit Nikolais Brief solchen Verdruß bereitet habe. Da ich immer in Eile bin, habe ich ihn nicht gelesen. Er hat ja lange und ausführlich mit mir über dieses Thema gesprochen. Aber Dich hat er überhaupt nicht erwähnt, ist nur auf die Geschichte mit den Spionen und die allgemeine innere Lage eingegangen. Du kannst sicher sein, wenn er etwas über Dich gesagt hätte, wäre Dein Mann für Dich eingetreten.«

SIE: »12. 11. 16. Ich bin nur eine Frau, die für ihren Gebieter und ihr Kind kämpft, für die zwei Wesen, die ihr die liebsten auf der Welt sind. Gott wird mir helfen, Dein Schutzengel zu sein. Aber rüttle nicht an den Stützen, die ich für verläßlich befunden habe (der Freund und Protopopow). Mit welchem Genuß werde ich mich morgen in Deinen Armen erholen, ich küsse und segne Dich. Treu bis in den Tod.«

Zusatz: »Liebling, denke daran, daß es nicht um Protopopow geht, sondern um die Monarchie und Dein Prestige. Glaube nicht, daß sie es damit bewenden lassen, sie werden Dir nacheinander alle wegnehmen, die Dir treu ergeben sind, schließlich auch uns... Erinnre Dich, als Du im vorigen Jahr zur Armee gefahren bist, standst Du auch allein mit uns beiden (d. h. mit ihr und dem Freund) gegen alle, die die Revolution voraussagten. Du bist gegen alle angetreten, und Gott hat Deinen Entschluß gesegnet.«

»4. 12. 16. Zeige ihnen, daß Du der Herrscher bist. Die Zeit der Nachsicht und Güte ist vorbei. Jetzt beginnt die Herrschaft des Willens und der Macht! Man muß ihnen Gehorsam beibringen. Warum hassen sie mich? Weil sie wissen, daß ich einen starken Willen habe und meine Meinung nicht ändere, wenn ich einmal von der Richtigkeit einer Sache überzeugt bin (und wenn mich der Freund gesegnet hat). Das ist für sie unerträglich. Denke an die Worte von Monsieur Philippe, der mir damals die Ikone mit dem Glöckchen schenkte: Weil Du sehr nachsichtig und vertrauensselig bist, muß ich die Rolle Deiner Glocke spielen, um Menschen mit bösen Absichten von Dir fernzuhalten. Ich muß Dich warnen.

Wenn Dir Deine liebe Mutter schreibt, dann denke daran, daß hinter ihr Michailowitsch steht. Nimm Dir das alles nicht so zu Herzen. Gott sei Dank ist sie nicht hier, aber die guten Menschen finden Mittel und Wege, zu schreiben und Gemeinheiten zu begehen.«

Das Glöckchen läutete und läutete. Da griff die Familie zum letzten Mittel: Ella fuhr nach Zarskoje Selo und versuchte, der geliebten Schwester mit aller Freundlichkeit die entsetzliche Lage klarzumachen: Sie sprach von Rasputin. Alix verschloß sich sofort und brach das Gespräch ab.

Dann brachte sie die Schwester zum Bahnhof. Schweigend nahmen sie voneinander Abschied. Es war ihre letzte Begegnung.

ER: »10. 11. 16. In Rumänien sieht es nicht gut aus. In der Dobrudscha mußten sich unsere Truppen bis zur Donau zurückziehen. Um den 15. Dezember wird unser Aufmarsch abgeschlossen sein, und gegen Weihnachten werden wir angreifen. Wie Du siehst, ist die Lage dort ernst.«

In welchem Maße griff er in den Krieg ein? Ein inkompetenter, willenloser Vollstrecker der Wünsche seiner hysterischen Frau und Rasputins – das sagten die einen. Aber es gibt auch eine andere, durchaus kompetente Meinung. Winston Churchill schrieb in seinem Buch »Die Weltkrise« über Nikolaus: Zu keinem anderen Land war das Schicksal so grausam wie zu Rußland. Sein Schiff ging auf Grund, als der Hafen schon in Sicht war ... Alle Opfer waren bereits gebracht, die Arbeit war getan ... Die Zeit der Rückzüge war vorbei. Der Mangel an Granaten war behoben. Der Nachschub floß in breitem Strom. Eine gestärkte, zahlenmäßig aufgefüllte, besser ausgerüstete Armee bewachte die riesige Front ... Alexejew leitete das Heer und Koltschak die Flotte. Außerdem waren keine komplizierten Aktionen mehr erforderlich: nur auf dem Posten ausharren, mit dem schweren Gewicht auf die auseinandergezogenen deutschen Linien drücken, ohne besondere Aktivität die schwächer werdenden Kräfte des Feindes an der eigenen Front binden. Mit anderen Worten – sich halten, das war alles, was zwischen Rußland und dem allgemeinen Sieg stand.

Die Bürde der letzten Entscheidungen lag auf ihm. An der Spitze, wo die Ereignisse das Begriffsvermögen des Menschen übersteigen, wo alles unergründlich ist, mußte er die Antworten geben. Er war die Kompaßnadel. Kämpfen oder nicht kämpfen? Angreifen oder nicht angreifen? Nach rechts oder nach links gehen? Einer Demokratisierung zustimmen oder hart bleiben? Das waren Nikolaus' Schlachtfelder. Warum erweist man ihm dafür keine Ehre? Trotz großer und schwerer Fehler hatte dieses System, das er verkörperte, das er leitete, dem er mit seinen persönlichen Eigenschaften den Lebensfunken verlieh, zu diesem Zeitpunkt den Krieg für Rußland gewonnen...«

ER: »Ich träume davon, daß Deine Reise nach Nowgorod glücklich verläuft und daß Dir Nowgorod gefällt. Ich war einmal dort, im Sommer 1904, kurz vor der Geburt von Baby.«

Er träumte davon, daß die Reise die unbändige Energie des »Glöckchens« in andere Bahnen lenkte und er eine Atempause erhielt.

In Nowgorod ging sie zu der berühmten Prophetin Maria Michailowna, die im Desjatinny-Kloster lebte. Sie war 107 Jahre alt. Später wurde folgende Legende erzählt: Maria Michailowna lag im Dunkeln, als Alix erschien. Da erhob sich die Nonne plötzlich von ihrem Lager, verneigte sich vor der Kaiserin bis zur Erde und sprach: »Schöne Frau, du wirst die Leiden annehmen.« Aber Alix hat die Begegnung selber beschrieben:

»Sie lag in einem dunklen Zimmerchen im Bett, wir hatten eine Kerze mitgenommen, damit wir einander sehen konnten. Sie ist 107 Jahre und trägt Eisenketten. Normalerweise arbeitet sie pausenlos, geht umher, näht für Häftlinge und für Soldaten, noch dazu ohne Brille. Obwohl sie sich nie wäscht, geht von ihr kein übler Geruch aus, sie macht auch nicht den Eindruck der Unreinlichkeit. Sie ist grauhaarig, hat ein liebes, feingeschnittenes ovales Gesicht mit wunderbaren jungen, strahlenden Augen. Ihr Lächeln ist überaus angenehm, sie hat uns gesegnet und geküßt... Zu mir hat sie gesagt: ›Schöne Frau, habe keine Angst vor dem schweren Kreuz.‹ (Das wiederholte sie ein paarmal.) Sie sagte, daß wir uns um die Töchter nicht zu sorgen brauchen, sie werden heiraten, das Restliche konnte ich nicht verstehen.«

Vielleicht hat die arme Alix nicht verstanden, von welcher Trauung die Rede war. Die altertümliche russische Redeweise war für die hessische Prinzessin schwer verständlich. Die Freundin Anna zog es auch vor, nicht zu verstehen. Die Nonne hatte davon gesprochen, daß sich Alix' Töchter bald mit dem Tod vermählen würden.

ER: »3. Dezember 16. Ich danke Dir unendlich für Deinen langen interessanten Brief über Deine Reise nach Nowgorod... Jetzt zu Trepow. (Alexander Trepow war 1916 zum Premierminister ernannt worden.) Er war friedlich und ruhig und hat Protopopow nicht erwähnt. Hinsichtlich der Duma hat er mir seinen Plan dargelegt, sie am 17. Dezember aufzulösen und am 19. Januar neu einzuberufen, um dem ganzen Land zu zeigen, daß die Regierung trotz allem, was in der Duma gesagt wurde, mit ihr zusammenarbeiten will.

Vor diesem Gespräch habe ich vor der Ikone der Muttergottes gebetet, danach fühlte ich mich erleichtert.«

SIE: »14. Dezember. Ich habe wieder fast die ganze Nacht nicht geschlafen. Trepow tut nicht gut daran, die Duma auf Januar zu vertagen. Das Ergebnis ist, daß jetzt keiner nach Hause fährt, alle bleiben in Petrograd und toben. Mein Liebling, unser Freund hat Dich doch gebeten, die Duma schon am 14. zu schließen. Du siehst, jetzt haben sie Zeit für irgendwelche Gemeinheiten. Sei Peter der Große, Iwan der Schreckliche, Kaiser Paul, vernichte sie alle, ich möchte Dich in bezug auf diese Leute so sehen. ›Habe keine Angst‹, sagte mir die Nonne in Nowgorod, darum schreibe ich ohne Furcht meinem kleinen Jungen.«

Ihr ständiger Druck ging ihm auf die Nerven. Sie hatte den Bogen überspannt.

ER: »14. 12. 16. Hauptquartier. Ich danke Dir zärtlich für Deine strenge schriftliche Rüge. Ich habe es lächelnd gelesen, denn Du sprichst mit mir wie mit einem Kind.«

SIE: »15. 12. 16. Verzeih mir meine heftigen Briefe – das kleine Mädchen möchte seinen Engel nicht kränken und schreibt nur aus Liebe. Es ist eben manchmal verzweifelt, wenn es sieht, wie sie Dich betrügen und zu falschen Entschlüssen drängen... Schade, daß die Telephonverbindung so schlecht ist.«

ER: »16. 12. 16. Nein, ich bin Dir nicht böse und verstehe sehr gut Deinen Wunsch, mir zu helfen. Aber ich kann den Tag der Einberufung der Duma nicht ändern, denn er steht schon im Ukas. Einen zärtlichen Gruß und Kuß schickt Dir ›Dein armer willensschwacher Mann‹.«

Diesmal blieb er unerbittlich.

SIE: »17. 12. 16. Es ist wieder sehr kalt und schneit etwas. Ich fühle mich nicht besonders. Mit meinem Herzen ist es schlechter geworden. Die schweren letzten Monate mußten sich natürlich auswirken, da macht die Pumpe nicht mehr mit.

Ist Baby seinen Bandwurm völlig los? Ich hoffe, daß er nun zunimmt und nicht mehr so durchsichtig aussieht, der liebe Junge.«

Der Rest des Briefes ist mit Bleistift geschrieben. Sie hatte inzwischen von einem furchtbaren Ereignis erfahren.

SIE: »Wir sitzen alle zusammen, Du kannst Dir unsere Gefühle und Gedanken vorstellen – unser Freund ist verschwunden. Gestern hat ihn Anna gesehen, er sagte ihr, daß Felix (Fürst Jussupow) ihn für den späten Abend zu sich eingeladen hat, damit er Irina kennenlernt. Felix wollte ihn mit dem Auto abholen.

Ein Auto (ein Militärfahrzeug), in dem jedoch zwei Zivilisten saßen, holten ihn ab. Heute nacht war in Jussupows Haus ein gewaltiger Skandal. Eine große Zusammenkunft: Dmitri (der Großfürst), Purischkewitsch (Wladimir Purischkewitsch, Mitglied der Duma, ein äußerst Rechter) und andere – alle betrunken. Die Polizei hörte Schüsse. Purischkewitsch kam herausgelaufen und schrie den Polizisten zu, daß unser Freund getötet wurde... Die Polizei nahm eine Haussuchung vor. Erst jetzt betrat der Untersuchungsführer Jussupows Haus. Er hatte es vorher nicht gewagt, weil Dmitri dort war. Der Stadthauptmann schickte nach Dmitri. Felix wollte heute nacht auf die Krim fahren, aber ich bat Protopopow, ihn aufzuhalten. Unser Freund war in den letzten Tagen gut gelaunt, aber nervös. Er war auch um Anna besorgt, weil Batjuschin (militärischer Untersuchungsführer, der den Prozeß gegen die deutschen Spione Mjassojedow usw. führte) versucht, Beweise gegen Anna zu finden... Felix behauptet, er wäre nicht im Haus unseres Freundes gewesen und hätte ihn nicht eingeladen. Das Ganze war offensichtlich eine Falle. Ich vertraue noch immer auf Gottes Gnade und hoffe, daß sie ihn nur entführt haben. Wir Frauen sind hier allein mit unseren schwachen Köpfen. Ich lasse Anna jetzt bei uns wohnen, denn sie ist in

Gefahr. Ich kann und will nicht glauben, daß sie ihn getötet haben! Der Herr erbarme sich unser.

Wir sind verzweifelt. Komm unverzüglich, keiner wird es wagen, Anna anzurühren, wenn Du da bist.«

Rasputins Ermordung war seit langem geplant. Die große Romanowfamilie sah darin das einzige Mittel, die Dynastie zu retten. Und der »Heilige Teufel« wußte davon. Als sich die Gewitterwolken immer mehr zusammenzogen, machte er einen glänzenden Schachzug. Er verfaßte ein prophetisches Testament, das er der Zarin zukommen ließ:

»Russischer Zar!

Wisse, wenn Deine Verwandten den Mord begehen, werden alle Deine Angehörigen und Kinder binnen zwei Jahren sterben... Das russische Volk wird sie töten... Sie werden mich töten. Ich bin schon nicht mehr unter den Lebenden. Bete. Bete. Sei stark. Sorge Dich um Dein auserwähltes Geschlecht.«

Rasputin ließ das Testament von seinem Sekretär der Zarin übergeben. Sie zeigte es ihrem Mann nicht. Aber die Bewachung Rasputins wurde verstärkt. Die Zarin fuhr mit den Töchtern zu ihm und bat ihn, ohne ihr Wissen keine Einladungen anzunehmen. Man versteckte seine Kleidung.

Die »verfluchten Aristokraten« überlisteten den listigen und doch einfältigen Starez dennoch.

Frau Jurenewa: »Das war eine komplizierte Intrige im Geiste meines Lieblingsstücks ›Der Maskenball‹. Dmitri und Felix hatten sie ausgebrütet. Felix war schon lange ein Feind des Starez. Über Manja Golowina schien er sich nun um Aussöhnung mit Rasputin zu bemühen. Das sah sehr glaubhaft aus. Rasputin wußte, daß Felix in die Garde eintreten wollte und daß sich der Zar dem widersetzte, weil er keine Homosexuellen mochte. Da bat Felix über die ahnungslose Manja den Starez, bei Alix ein gutes Wort für ihn einzulegen. Rasputin willigte ein. An dem verhängnisvollen Abend fuhr er zur endgültigen Aussöhnung zu Felix. Der hatte ihm Wein und Tanz versprochen, wofür Rasputin eine Schwäche hatte. Er konnte wunderbar tanzen... Zweifellos gehörte er zur Sekte der Geißler... An jenem Abend wollte er die Fürstin Irina heilen. Die Legende, daß er lüsterne Absichten auf Irina hatte, schufen die Mörder erst später zu ihrer Rechtfertigung. Es ging das Gerücht um, man habe Rasputin Zyankali verabreicht, aber er sei gegen das Gift immun gewesen. In Wirklichkeit wollte derjenige, der das Gift beschaffen sollte, die Sünde nicht auf seine Seele laden und brachte ein harmloses Pulver. Als Felix sah, daß das Gift nicht wirkte, schoß er. Rasputin stürzte. Daraus entstand die Legende, Felix habe Rasputin getötet, aber der sei wieder auferstanden. In Wirklichkeit hatte er ihn nur verwundet. Rasputin lag unbeweglich auf einem Eisbärenfell. Felix war allein mit ihm im Zimmer. Da kam Rasputin offensichtlich wieder zu sich und warf sich auf Felix, um ihn zu erwürgen. Er brüllte wie ein verwundetes Tier. Als sich die ›Leiche‹ auf Felix stürzte, verlor er den Kopf, und Rasputin konnte aus dem Keller in den Hof laufen. Am Tor wurde mit einem Revolver auf ihn geschossen, aber er war wohl immer noch nicht tot. Als sie ihn in einen Vorhang wickelten, um ihn ins Auto des Großfürsten Dmitri zu tragen, schlug er die Augen auf… Keiner konnte diesen unbeschreiblichen Blick vergessen.«

SIE: »18. 12. 16. Telegramm: Habe Dmitri in Deinem Namen bis zu Deiner Ankunft verboten, das Haus zu verlassen. Er wollte mich heute sehen, ich lehnte ab. Er ist in die Sache verwickelt. Der Leichnam wurde noch nicht gefunden. Wann wirst Du hiersein?«

Ich blättere in den Tagebüchern der Zarentöchter.

Olgas Tagebuch: »17. Dezember… Vater Grigori ist seit heute nacht verschwunden. Sie suchen ihn überall. Es ist entsetzlich. Wir vier haben zusammen geschlafen. Gott stehe uns bei!«

»18. Dezember. Anna wohnt bei uns, Mama hat Angst um sie… Wir haben endgültig erfahren, daß Vater Grigori getötet wurde. Dmitri muß ihn von der Brücke geworfen haben, denn er wurde im Wasser gefunden. Wir saßen beieinander und tranken Tee, und wir hatten die ganze Zeit das Gefühl, daß Vater Grigori bei uns ist.«

Also war Dmitri an dem Mord beteiligt. Jetzt mußte Olga endgültig alle Hoffnungen aufgeben, ihn zu heiraten.

ER: Telegramm vom 18. 12. 16. »Habe erst jetzt Deinen Brief gelesen. Bin empört und erschüttert. In Gedanken und in meinen Gebeten bin ich bei Euch. Ich komme morgen um sechs.«

War die testamentarische Voraussage Rasputins nur Bauernschläue? Oder war sie von der Kraft des »Heiligen Teufels« diktiert? Oder war es beides? Dieser ausschweifende Bauer, der über die kostbaren Fußböden des Zarenpalasts trampelte, war ein Vorläufer von Hunderten und Tausenden schrecklicher Bauern, die später in die Zarenpaläste eindrangen, die Zarenfamilie töteten und ihre Leichen wie Kadaver verscharrten.

Zuerst wurde Rasputins Leichnam in die Gruft der Feodor-Kathedrale gebracht. Dann wurde er heimlich beigesetzt – unweit des Schloßparks, unter einer im Bau befindlichen Kapelle, direkt unter dem Altar. Er blieb also in der Nähe der Zarenfamilie.

Nikolaus' Tagebuch: »21. Dezember, Mittwoch. Um neun fuhr ich mit der Familie am Photohaus vorbei und weiter nach rechts zum Feld, wo wir ein trauriges Bild sahen: Der Sarg mit dem Leichnam des unvergeßlichen Grigori, der in der Nacht auf den 17. Dezember in F. Jussupows Haus ermordet wurde, war schon ins Grab hinabgesenkt. Vater Alexander Wassiljew las eine Messe, danach fuhren wir nach Hause. Das Wetter war trüb, 12 Grad Frost. Ich machte einen Spaziergang mit den Kindern.«

Nikolaus zeigte Härte: Die »Ungeheuer Dmitri und Felix« würden aus Petrograd verbannt. Nicht nur der Schmerz seiner Frau veranlaßte den Zaren, hart zu sein. Mord ist für einen Christen eine gottlose Tat, noch dazu so ein Mord: Verwandte des Zaren hatten den Starez getötet! Die übrige Romanowfamilie feierte die »Ungeheuer«. Dmitri wurde von seinem Schwiegervater, dem Großfürsten Alexander Michailowitsch, zum Bahnhof gebracht. Wie beneidete der arme Dmitri alle, die im geliebten Petrograd bleiben durften. Viele seiner Verwandten, die in Petrograd blieben, wurden später ermordet. Die verbannten »Ungeheuer« Felix und Dmitri überlebten.

In den ersten Tagen war Alix wie versteinert. Anfangs tobte sie noch, rief »Aufhängen!«, aber dann wurde sie bedrohlich still, fast gleichgültig. Sie hatte begriffen: Das ist das Ende! Das Ende, das Rasputin vorausgesagt hatte.

Jetzt zeigte sie Nicky Rasputins Testament. Er versuchte sie zu beruhigen: Er werde Rasputins Vermächtnis erfüllen. Trepow, den die Zarin und folglich auch Rasputin nicht mochte, wurde davongejagt. Der hinfällige Golizyn wurde zum Premierminister berufen, das bedeutete, daß faktisch Rasputins Protegé Protopopow die Geschäfte führte.

Das alles rief Empörung in der Gesellschaft hervor. Endlose Versammlungen aller Stände gegen die neue Regierung wurden abgehalten. Während alle auf die Revolution warteten, hatte sie bereits begonnen. Wie Rasputin vorausgesagt hatte, begann sie gleich nach seinem Tod.

II.
Der Tod von Nikolaus und Alexandra

»Wahrlich, wahrlich, ich sage euch: Es sei denn, daß das Weizenkorn in die Erde falle und ersterbe, so bleibt's allein; wo es aber erstirbt, so bringt es viele Früchte.«

Johannes 12,24

9. Der Untergang von »Atlantis«

Ein neues Jahr brach an, das Jahr 1917.

Frost. Die Sonne ist hinter Wolken verborgen. Der saubere Schnee in Zarskoje Selo funkelt, als wäre er von Quecksilber übergossen. Im Großen Palast findet das alljährliche Defilee vor dem Zaren statt.

»1. Januar. Sonntag. Es war ein stiller und warmer grauer Tag. Gegen drei kam Mischa, mit dem ich in den Großen Palast zum Empfang der Minister und Diplomaten ging.«

Anfang 1917 zweifelte niemand mehr, daß eine Revolution bevorstand. Verschwörungen reiften in den Petrograder Luxuswohnungen heran. Und in den Palästen.

Die Verschwörung der Großfürsten. Hier fällt natürlich sofort der Name des ehemaligen Oberbefehlshabers Nikolai Nikolajewitsch, des Lieblings der Armee. 16 Großfürsten sandten einen Boten zu ihm nach Tiflis. Auch die Verschwörer der Reichsduma führten mit ihm Verhandlungen. Im Namen des Fürsten Lwow wurde ihm ganz offen der Vorschlag unterbreitet, Nikolaus auf dem Thron abzulösen. Nach einigem Zögern lehnte er ab – er blieb seinem Eid treu.

Die Großfürsten aus dem Wladimirowitsch-Clan entfalteten ebenfalls Aktivitäten. Großfürst Kirill lud den Monarchisten Purischkewitsch zu einer Unterredung ein.

»Ich verließ das Palais des Großfürsten mit der Überzeugung, daß Großfürst Kirill zusammen mit Gutschkow und Rodsjanko etwas Unzulässiges plante... in Bezug auf den Zaren«, notierte Purischkewitsch in seinem Tagebuch. In Wirklichkeit blieb es auch hier bei aufrührerischen Gesprächen. Viele von der Romanowfamilie wiederholten die Worte, die dem Großfürsten Nikolai Michailowitsch entfahren waren: »Er (der Zar) ist mir zuwider, dennoch liebe ich ihn!«

Endlose Sitzungen fanden in den Wohnungen der Duma-Abgeordneten statt. Von der Front traf General Krymow ein. Er berichtete von der tragischen Lage der Armee. Der Ausweg: ein Umsturz.

Wie im 19. Jahrhundert schloß sich die Opposition immer mehr in geheimen Freimaurerlogen zusammen. Diese waren in Rußland nach der Revolution von 1905 aufgeblüht. 1917 vereinten sie die liberale Oberschicht der Gesellschaft, die mit dem Rasputin-Unwesen unzufrieden war. Ein Paradoxon: Vor der Revolution von 1905, als die Polizei Nikolaus mit der Freimaurerei schreckte, existierte sie in Rußland praktisch nicht. Vor der Revolution von 1917 aber, als sie zu einer realen Kraft geworden war, wußte die Polizei von ihr so gut wie nichts. Unterdessen gehörten den Freimaurerlogen Zarenminister, Generäle, Mitglieder des Reichsrates, Dumaabgeordnete, bedeutende Diplomaten und Industrielle an: P. Balk, der Finanzminister; N. Pokrowski, der Außenminister; N. Poliwanow, der Kriegsminister; die Generäle W. Gurko, A. Krymow, N. Russki, der Chef der Gendarmerie K. Dschunkowski. Sie wollten keine Revolution, aber sie drängten auf Veränderungen. Doch auch hier beschränkte sich alles auf aufrührerische Gespräche. »Es wurde sehr viel getan, was den Kopf kosten konnte, aber sehr wenig zur Realisierung der Pläne«, meinte später Gutschkow, der zu den wichtigsten Oppositionellen gehörte. Er plante für März einen Umsturz. Zu diesem Zweck sollten dumatreue Truppenteile in Petrograd zusammengezogen werden. Um ein Blutvergießen zu vermeiden, sollte der Zarenzug unterwegs abgefangen und der Zar zur Abdankung gezwungen werden. Aber keiner der führenden Militärs (außer Krymow) schloß sich der Verschwörung an. »Ich werde mich nie an einem Umsturz beteiligen – ich habe einen Eid geleistet«, sagte der Präsident der Reichsduma Rodsjanko, und viele wiederholten seine Worte.

Zu dieser Zeit legte der Chef der Petrograder Geheimpolizei Innenminister Protopopow unzählige Berichte vor.

9. Januar. »Beunruhigende Stimmung des revolutionären Untergrunds und allgemeine Propagandabeeinflussung des Proletariats.«

28. Januar. »Ereignisse von äußerster Wichtigkeit, die das russische Staatswesen bedrohen, kündigen sich an.«

5. Februar. »Die Erbitterung wächst... Spontane Handlungen der Volksmassen sind die erste und letzte Etappe vor dem Beginn sinnloser und gnadenloser Exzesse einer anarchistischen Revolution, der schlimmsten von allen.«

All diese Berichte wischte Innenminister Protopopow leichtfertig vom Tisch. Sagte doch die Zarin stets: »Eine Revolution kann und wird es in Rußland nicht geben. Gott läßt das nicht zu.«

Nikolaus' Tagebuch: »29. Januar. Sonntag. War tagsüber spazieren und habe im Schnee gearbeitet... Um sechs den alten Klopow empfangen.«

Es war derselbe Klopow, der damals, am Beginn seiner Herrschaft, zu ihm gekommen war. Damals wollte Klopow ihm die Wahrheit über das Volk erzählen. Jetzt kam er, um den geliebten Zaren zu retten.

Nach der Revolution arbeitete Klopow als Buchhalter, er starb 1927. In Klopows Archiv blieb eine Notiz der letzten Audienz erhalten. Er hatte dem Zaren vom Egoismus des Hofes und den verbrecherischen Machenschaften der Regierung erzählt. Nikolaus hörte ihm mit einem seltsamen, wie geistesabwesenden Lächeln zu. Klopow erschrak über die unverständliche Gleichgültigkeit des vor ihm sitzenden müden Mannes.

In dieser Zeit schrieb der Jugendfreund Sandro (Großfürst Alexander Michailowitsch) dem Zaren einen Brief. Er verfaßte mehrere Varianten und zögerte lange, bevor er ihn abschickte.

Tagebuch: »10. Februar. Um zwei kam Sandro und hatte im Schlafzimmer in meinem Beisein ein langes Gespräch mit Alix.«

Alix empfing Sandro im Bett liegend, sie war krank. Er wollte mit ihr allein sprechen, aber Nicky blieb. Sie hatte Angst vor einem Gespräch unter vier Augen.

Was ihr Sandro sagte, legte er später in seinen Erinnerungen dar. Aber im nachhinein sind wir alle klüger. Halten wir uns lieber an den Brief, den er damals an Nikolaus schrieb:

»Wir durchleben den gefährlichsten Moment in der Geschichte Rußlands. Alle fühlen das, die einen mit dem Verstand, die andern mit dem Herzen oder der Seele. Gewisse Kräfte in Rußland führen Dich und folglich auch Rußland in den unausweichlichen Untergang. Ich sage ganz bewußt ›Dich und Rußland‹, denn Rußland kann ohne Zaren nicht existieren, aber man muß bedenken, daß der Zar einen solchen Staat wie Rußland nicht allein regieren kann... Es ist eine unhaltbare Situation, daß die ganze Verantwortung allein auf Dir ruht.

Die Ereignisse zeigen, daß Deine Ratgeber fortfahren, Rußland und Dich in den sicheren Untergang zu führen«, wiederholte Sandro. »Es ist zum Verzweifeln, daß Du nicht auf die Stimmen der Menschen hörst, die über die Lage im Land Bescheid wissen und Dir zu Maßnahmen raten können, die uns aus dem Chaos herausführen... Die Regierung ist zur Zeit das Organ, das die Revolution vorbereitet. Das Volk will keine Revolution, aber die Regierung tut alles, um die Unzufriedenheit zu schüren, und sie hat damit Erfolg. Wir nehmen an dem einmaligen Schauspiel einer Revolution von oben, nicht von unten, teil.«

In dem Gespräch am 10. Februar beschwor Sandro Alix, sich auf ihre häuslichen Angelegenheiten zu beschränken. Sie unterbrach ihn. Er sprach weiter. Sie erhob die Stimme, er ebenfalls. Während dieses leidenschaftlichen Gesprächs rauchte Nicky schweigend. Sandro verabschiedete sich mit den Worten, eines Tages werde sie erkennen, daß er recht gehabt habe.

Von dem ganzen Gespräch begriff Alix nur eines: Sie wollten Protopopow entfernen, den Mann, den ihnen der Starez empfohlen hatte. Sie raste: »Die Duma muß auseinandergejagt werden.«

An diesem Tag bekam Nikolaus noch mehr zu hören.

»Ich ging mit Maria spazieren, Olga hatte Ohrenschmerzen. Vor dem Tee empfing ich Rodsjanko«, notierte er wie immer lakonisch und chronologisch die Ereignisse des Tages.

Das Gespräch mit Rodsjanko war alarmierend. Der sonst stets zurückhaltende »Dickwanst« Rodsjanko war nicht wiederzuerkennen.

Rodsjanko: »Es müssen unverzüglich Personen ausgewechselt werden, ja, das ganze Regierungssystem muß geändert werden.«

Nikolaus: »Sie verlangen die Absetzung Protopopows... Aber er war doch Ihr Kollege in der Duma. Warum hassen ihn jetzt alle?«

Rodsjanko: »Früher habe ich gebeten, jetzt fordere ich. Majestät, wir stehen vor großen Ereignissen, deren Ausgang nicht abzusehen ist… Wie ich sehe, haben Sie schon den gefährlichsten Weg gewählt – die Duma auseinanderzujagen. Ich bin überzeugt, in spätestens drei Wochen wird eine Revolution aufflammen, die alles hinwegfegt. Sie werden kein Zar mehr sein.«

Bevor Rodsjanko das Zimmer des Zaren betrat, war er dem Diener Alexander Wolkow begegnet und hatte ihn gebeten achtzugeben, wie lange er sich beim Zaren aufhalte.

Als er das Zimmer verließ, sagte Wolkow: »Sie waren genau 26 Minuten bei Seiner Majestät.«

Rodsjanko sagte: »Jetzt ist alles egal, jetzt ist alles aus.«

Aber Rodsjanko hatte unrecht – das Gespräch zeigte Wirkung. Nikolaus gab nach.

In den letzten Februartagen kam der alte Premierminister Golizyn ungewöhnlich froh aus Zarskoje Selo zurück. Nikolaus hatte ihm erklärt, er werde in die Duma kommen und seinen Willen verkünden: Er wollte Rußland ein Ministerkabinett verordnen, das dem russischen Parlament rechenschaftspflichtig sei.

Doch am Abend desselben Tages wurde Golizyn erneut in den Palast gerufen. Nikolaus teilte dem erstaunten Premier mit, daß er ins Hauptquartier fahre.

Zwischen diesen beiden Ereignissen lag natürlich ein Gespräch mit Alix. Die permanent zum Kampf Entschlossene ließ nicht zu, daß er die Zugeständnisse von 1905 wiederholte!

Zu dieser Zeit war er sehr müde. Der alte Golizyn spürte diese verzweifelte Müdigkeit und erklärte allen die verblüffende Abreise mit dem Wunsch des Zaren, neuen Vorträgen, Versammlungen und Gesprächen zu entfliehen.

Ja, er floh vor allem: vor dem Wahnsinn seiner Frau, vor dem dikken Rodsjanko, vor dem Zorn der Duma. Vor den Forderungen der Mutter, der Verwandten, der Freunde und des Landes.

»Kein Sklave wollt' ich länger sein und floh.«

Rodsjanko beschrieb in seinen Erinnerungen, wie Nikolaus einmal seinem Vortrag zuhörte und plötzlich ans Fenster trat.

»Warum ist das so, Michail Wladimirowitsch? Ich war heute im Wald, dort ist es still, und man vergißt alles – all diese Streitigkeiten, die Geschäftigkeit der Menschen. Dort war mir wohl ums Herz, dort ist es näher zur Natur, näher zu Gott.«

Alix hatte recht, er war einsam.

Jetzt wollte er allen in seine Einsamkeit entfliehen. Er floh in den Wald, machte lange Spaziergänge auf der leeren Landstraße.

Er erklärte Alix, er fahre nicht für lange, komme um den 1. März zurück, darum nehme er Baby gar nicht erst mit. Aber ihr flößte diese Reise Angst ein. Das Reich hatte noch genau zehn Tage zu existieren.

Am 22. Februar 1917 fuhr er zum letztenmal als Zar von Zarskoje Selo fort. Zum letztenmal fand er im Zug einen Brief von ihr vor.

SIE: »22. 2. 17. Mit Wehmut und tiefer Sorge habe ich Dich allein ohne unser liebes Baby gehen lassen. Was für eine entsetzliche Zeit wir jetzt durchleben! Sie ist noch schwerer zu ertragen, wenn man voneinander getrennt ist. Ich kann Dich nicht streicheln, wenn Du so müde und zerquält aussiehst. Gott hat Dir wahrlich ein schrecklich schweres Kreuz auferlegt... Unser lieber Freund betet in der anderen Welt auch für Dich, er ist uns noch näher, aber ich möchte so gern seine tröstende und aufmunternde Stimme hören... Mein Liebling, bleibe jetzt fest, das brauchen die Russen. Du hast keine Gelegenheit ausgelassen, Liebe und Güte zu erweisen. Gib ihnen jetzt die Faust zu spüren. Das wollen sie, ich habe etliche sagen hören: ›Wir brauchen die Knute!‹ Es ist merkwürdig, aber so ist die slawische Natur. Sie müssen Dich fürchten lernen. Liebe allein genügt nicht. Ein Kind, das den Vater vergöttert, muß auch Angst haben, ihn zu erzürnen... Ich umarme Dich innig und drücke Deinen müden Kopf. Ach, die Einsamkeit der kommenden Nächte, Dein Sunshine ist nicht bei Dir... Fühle meine Hände, die Dich umfangen, meine Lippen, die sich zärtlich auf die Deinen pressen. Ewig zusammen, für immer unzertrennlich.«

Rußland, das ist Faust und Knute, ein sehr alter Gedanke. Der französische Botschafter Paléologue zitierte den Monolog eines russischen Monarchisten:

»Rußland wurde von Zaren gegründet. Die grausamsten und erbarmungslosesten Zaren waren die besten. Ohne Iwan den Schrecklichen, ohne Peter den Großen, ohne Nikolaus den Ersten gäbe es

Zar Alexander III. und seine Familie.

Zar Nikolaus II. mit seiner Familie.

Anläßlich des 300. Jahrestags der Romanow-Dynastie überreicht Bürgermeister Schelaschinow Nikolaus II. das rituelle Brot und Salz.

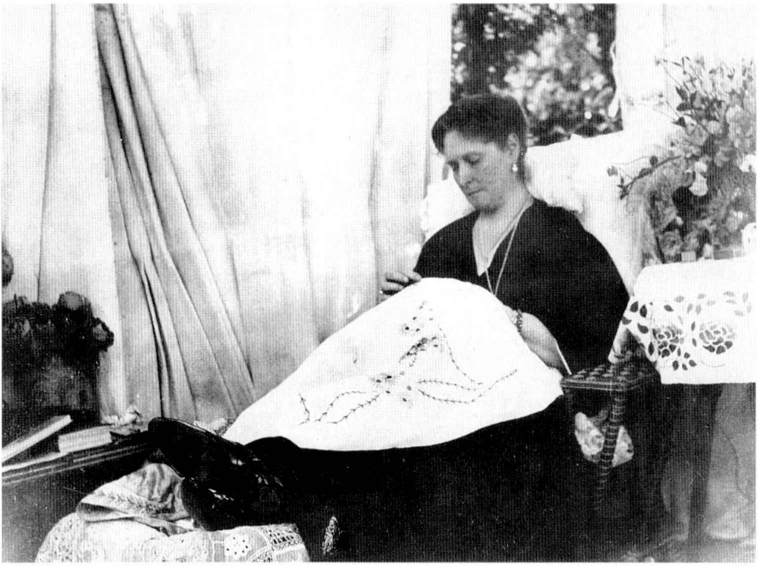

Die Zarin Alexandra in ihrem Zimmer, Zarskoje Selo 1912.

Picknick während einer Jagdgesellschaft, 1912.

Jagdtrophäen des Zaren, Belowesch 1912.

Liwadia: Die Töchter des Zaren mit ihren Hofdamen auf der Krim.

Rußland nicht. Das russische Volk ist das gehorsamste Volk von allen, wenn es strenge Befehle bekommt, aber es ist nicht imstande, sich selbst zu regieren. Sowie ihm die Zügel gelockert werden, verfällt es in Anarchie. Es braucht einen uneingeschränkten Gebieter und geht nur dann geradeaus, wenn es über seinem Kopf die eiserne Faust spürt. Die Knute verdanken wir den Tataren, es ist das Beste, was sie uns hinterließen.«

ER: Telegramm. »Ich fühle mich wieder gefestigt, aber ich bin sehr einsam. Ich danke Dir und Baby herzlich für das Telegramm. Habe schreckliche Sehnsucht. Ich küsse alle zärtlich.«

SIE: »23. Februar. Olga und Alexej haben die Masern. Olgas Gesicht ist ganz von Ausschlag bedeckt. Bei Baby ist er vor allem im Mund, er hustet stark, und die Augen tun ihm weh. Die beiden liegen im Dunkeln... Wir tragen Sommerröcke und weiße Kittel. Wenn Besuch kommt, ziehen wir uns um. Sollte es die andern Mädchen auch treffen, dann lieber heute als morgen. Das wäre für sie lustiger und würde sich nicht so lange hinziehen.«

Alexej hatte sich bei einem kleinen Kadetten angesteckt. Der war extra freigestellt worden, um mit dem Thronfolger zu spielen. In seinem Korps waren schon viele an Masern erkrankt, aber die Zarin wußte nichts davon. Jetzt lief sie im weißen Kittel zwischen den kranken Kindern und der Freundin hin und her. Sie nahm nicht wahr, was im nahen Petrograd vorging. Die Berichte empfing sie jetzt durch den Kammerdiener Wolkow. Mit dieser Krankheit begann der Tod des Imperiums.

ER: »Hauptquartier. 23. 2. 17. Es war ein kalter sonniger Tag, die üblichen Leute empfingen mich, allen voran Alexejew (Stabschef)... Ich hatte mit ihm ein halbstündiges, gutes Gespräch, dann brachte ich mein Zimmer in Ordnung und erhielt Dein Telegramm betreffs der Masern. Ich traute meinen Augen nicht, es kommt so unerwartet... Das nimmt Dich bestimmt sehr mit, mein Liebling. Vielleicht empfängst Du jetzt nicht mehr so viele Leute...«

Er hoffte, daß die Masern ihr Temperament abkühlten, daß sie aufhörte, sich mit solchem Eifer um die Staatsgeschäfte zu kümmern und Druck auf ihn auszuüben.

»Du schreibst, ich solle ein harter Herrscher sein, das ist völlig richtig. Sei versichert, daß ich es nicht vergessen werde, aber es ist völlig unnötig, ständig die Leute anzuschnauzen. Eine ruhige, scharfe Kritik oder Antwort reicht sehr häufig völlig aus, um den einen oder anderen in die Schranken zu weisen.«

24. Februar. In Petrograd brachen Streiks aus. 80000 Arbeiter streikten. Vor den Bäckereien standen hungrige Menschen Schlange. Es gab in der Stadt nicht genügend Brot.

ER: »Hauptquartier. 24. Februar. Ich schicke Dir und Alexej vom belgischen König Orden zur Erinnerung an den Krieg... Alexej wird sich über das neue Kreuz bestimmt freuen.«

SIE: »24. Februar. Mein Schatz! Gestern gab es Unruhen auf der Wassili-Insel und auf dem Newski-Prospekt. Die Leute stürmten eine Bäckerei. Sie schlugen Filippows Laden kurz und klein, Kosaken wurden gegen sie eingesetzt. Das alles erfuhr ich inoffiziell. Um zehn ging ich zu Anna und habe eine Weile bei ihr gesessen (sie hat bestimmt auch Masern). Ich gehe von einem Zimmer ins andere, von einem Kranken zum andern... Ich war kurz weg, um für alle Kerzen aufzustellen.«

ER: »Hauptquartier, 24. Februar. Also, drei Kinder und Anna liegen mit Masern im Bett. Die Zimmer in Zarskoje müssen desinfiziert werden, aber Du möchtest wahrscheinlich nicht nach Peterhof umziehen – wo sollen wir dann wohnen? Das überlegen wir uns in Ruhe, wenn ich zurück bin, was hoffentlich bald sein wird. Mein Geist erholt sich hier. Keine Minister, keine komplizierten Fragen. Ich denke, daß das meinem Geist guttut, doch das Herz leidet unter der Trennung.«

25. Februar 1917. In Petrograd fuhr am Morgen der Präsident der Duma Rodsjanko zum Premierminister Golizyn und forderte seinen Rücktritt. Der gekränkte Golizyn zeigte ihm den vom Zaren im voraus unterschriebenen Ukas über die Auflösung der Duma.

Doch Golizyn wußte ebenso gut wie Rodsjanko, daß sich die Duma nicht fügen würde, denn es gab keine Regierungsmacht mehr.

Auf dem Snamenskaja-Platz versammelten sich Menschen und riefen: »Es lebe die Republik!« Kosaken vertrieben die Polizei. Die Menge verbrüderte sich mit den Soldaten.

SIE: »25. Februar. Geliebter Schatz. Die Streiks und Unruhen in der Stadt sind mehr als provozierend... Es ist Rowdytum. Kleine Jungen und Mädchen laufen herum und schreien, daß sie kein Brot haben, nur um die Stimmung anzuheizen. Und die Arbeiter hindern die andern am Arbeiten. Wenn es sehr kalt wäre, säßen sie bestimmt alle zu Hause. Aber das geht alles wieder vorbei und beruhigt sich, Hauptsache, die Duma benimmt sich anständig... Bei Deiner Abreise hatte ich das Gefühl, daß es Schwierigkeiten geben wird... Wenn Du mir schreibst, laß Anna grüßen, das wird sie freuen. Entschuldige den traurigen Brief, aber ringsum ist alles so trist.«

Erst am Abend des 25. Februar wurde ihm von den Unruhen berichtet, die schon den dritten Tag in der Stadt tobten.

Am 26. Februar erhielt er ein Telegramm vom Kriegsminister: Die Soldaten hatten sich geweigert, auf die Aufständischen zu schießen, und waren auf deren Seite übergelaufen.

Nikolaus gab das Telegramm Chabalow, dem Chef des Petersburger Militärbezirks, und befahl ihm, die Unruhen unverzüglich zu unterbinden.

Tagebuch: »26. Februar. Sonntag. War um zehn zum Gottesdienst. Der Vortrag war rechtzeitig zu Ende. Habe Alix geschrieben und bin auf der Bobruisker Chaussee zur Kapelle gefahren. Das Wetter war klar und frostig. Am Abend Domino gespielt.«

Seine sonderbare Gleichgültigkeit in dieser ernsten Zeit fiel allen auf.

SIE: »26. Februar. Dein Brief war eine große Freude für mich, ich bedeckte ihn mit Küssen und werde ihn noch oft küssen... Es wird viel über die Unruhen in der Stadt gesprochen (es sind wohl mehr als 200000 Menschen), aber davon habe ich Dir ja schon gestern geschrieben, verzeih mir meine Dummheit. Man muß ganz einfach Brotkarten einführen (wie das jetzt in jedem Land üblich ist, Zucker bekommt ja auch jeder genügend auf Karten). Bei uns sitzen Idioten... Das ganze Dilemma kommt von den gutgekleideten Gaffern, von verwundeten Soldaten, Studentinnen und sonstigen, die die andern aufhetzen. Lili (Lili Dehn, die Frau eines Flottenoffiziers, eine Freundin der Zarin, im Unterschied zu Anna besaß sie gesunden Menschenverstand und Sinn für Ordnung) sprach mit Kutschern, um Neuigkeiten zu erfahren. Sie erzählten ihr, Studenten wären zu ihnen gekommen und hätten erklärt, wenn sie morgen zur Arbeit kämen, würde auf sie geschossen. Was für verdorbene Typen! Natürlich streiken die Kutscher und die Straßenbahnfahrer. Aber sie sagen, daß es nicht so ist wie 1905, weil Dich alle vergöttern, sie wollen nur Brot... Was für ein warmes Wetter. Ärgerlich, daß die Kinder nicht mal im geschlossenen Wagen ausfahren können. Aber ich denke, bald wird alles gut. Die Sonne scheint, ich fühle eine solche Ruhe an seinem lieben Grab. Er ist gestorben, um uns zu retten.

Baby ist ganz von Ausschlag bedeckt. Er sieht aus wie ein Leopard. Olga hat große flache Flecke. Anna ist ebenfalls von Pusteln übersät. Alle haben Hals- und Augenschmerzen. Ich muß wieder zu ihnen ins Dunkle gehen. Ich segne und küsse Dich ohne Ende.«

ER: »Hauptquartier. 26. Februar. Bitte, überanstrenge Dich nicht, wenn Du zwischen den Kranken hin und her läufst. Ich war gestern bei der Heiligen Jungfrau und habe eifrig für Dich und die Kinder, für unser Land und auch für Anna gebetet. Heute morgen während der Messe hatte ich einen qualvollen Schmerz mitten in der Brust, der eine Viertelstunde anhielt. Ich konnte mich kaum auf den Beinen halten, Schweiß trat mir auf die Stirn. Ich weiß nicht, was das war, denn ich hatte kein Herzklopfen. Dann setzte es doch ein, aber es verging sofort, als ich vor dem Bild der Jungfrau kniete.«

Am 26. Februar schickte Rodsjanko dem Zaren ein verzweifeltes Telegramm: »In der Hauptstadt herrscht Anarchie. Die Regierung ist gelähmt, der Verkehr und die Versorgung mit Lebensmitteln und Heizmaterial sind zusammengebrochen. Truppenteile schießen aufeinander. Auf den Straßen wilde Schießereien. Man muß unverzüglich eine Person, die das Vertrauen des Landes genießt, mit der Neubildung der Regierung beauftragen. Jede Verzögerung ist tödlich. Ich bete zu Gott, daß in dieser Stunde nicht der Souverän die Verantwortung zu tragen hat.« Das Telegramm traf in der Nacht ein, aber der Stabschef Alexejew mochte den Zaren nicht wecken und legte ihm das Telegramm erst am Morgen vor.

Am Morgen des 27. Februar schickte Rodsjanko dem Zaren ein zweites Telegramm. »Die Lage verschlechtert sich. Es sind umgehend Maßnahmen zu treffen, denn morgen ist es bereits zu spät. Die letzte Stunde ist angebrochen, in der sich das Schicksal der Heimat und der Dynastie entscheidet.«

In Petrograd brannten die Gebäude der Geheimpolizei, die Menge verhinderte die Löscharbeiten. Regimenter zogen zum Taurischen Palais, wo das Provisorische Komitee der Duma tagte. Mit wehenden Fahnen und Musik leisteten sie der neuen Regierung den Eid. Jetzt entschloß sich General Chabalow endlich, die Bekanntmachung über den Ausnahmezustand überall in der Stadt ankleben zu lassen, aber in den Behörden fehlte es an Leim und Pinseln.

Das Bezirksgericht brannte, schon wurde Jagd auf Polizisten gemacht.

Was für seltsame Tagebucheintragungen machte Nikolaus in diesen Tagen. Wenn Alix ihre Informationen von Kutschern erhielt, mit denen Lili gesprochen hatte, so kannte er die ganze Wahrheit, nachdem er die verzweifelten Telegramme Rodsjankos gelesen hatte. Was war der Grund seiner erstaunlichen Untätigkeit und Gleichgültigkeit? Und was hatte der »qualvolle Schmerz mitten in der Brust« zu bedeuten?

Als er abreiste, hatte er mit der Möglichkeit einer Revolution, vor der ihn alle warnten, gerechnet. Aber er hatte im voraus beschlossen, nicht zu kämpfen. Zugleich wußte er, daß Alix ihn daran hindern würde, der Gesellschaft Zugeständnisse zu machen. So, wie die Gesellschaft seine Zugeständnisse nicht akzeptieren würde, wenn Alix blieb. Rasputin und die Gerüchte über Verrat hatten sie zu sehr kompromittiert. Ihm blieb nur die Wahl zwischen *ihr* und dem *Thron*. Er wählte *sie*. Er entschied sich für ein Privatleben mit der Familie, damit seine unglückliche, halb wahnsinnige Frau nicht noch mehr um den Verstand gebracht wurde, damit er endlich ohne Geheimnistuerei seinen todkranken Sohn behandeln lassen konnte. Er beschloß, dem Thron zu entsagen. Dieser Entschluß hätte ihn beinahe umgebracht – er hatte den »qualvollen Schmerz mitten in der Brust« ausgelöst.

Wenn später das Verhalten des Stabschefs Alexejew beurteilt wurde, der sich soviel Zeit ließ, den Zaren über die aus der Hauptstadt drohenden Gefahren zu informieren, kam der Verdacht auf, daß er an einer Verschwörung beteiligt war. Er war eine eigenwillige Persönlichkeit, kam aus einfachen Verhältnissen, hatte alles aus eigener Kraft erreicht und war unter Nikolaus der faktische Oberbefehlshaber. Er war ein Feind Rasputins gewesen und hatte ihm verboten, ins Hauptquartier zu kommen. Dennoch hatte Nikolaus ihn gegen Alix' Wut geschützt. Ihrem Charakter nach waren sie sich ähnlich – der verschlossene, wortkarge Stabschef und der Zar. Und sie liebten und verstanden einander. Darum hatte Alexejew dem Zaren die Telegramme nicht sofort gezeigt. Er hatte ihn durchschaut und unterstützte ihn schweigend.

Den gefaßten Entschluß bis zu Ende durchzuführen gelang Nikolaus nicht. Er hatte erwartet, daß die Duma die Lage unter Kontrolle behielt, daß der Umsturz, von dem alle sprachen, vorbereitet war. Aber er mußte erfahren, daß der Pöbel auf die Straße gegangen war. Die Telegramme machten ihm klar, daß die Schwätzer in der Duma die Lage eben nicht unter Kontrolle hatten. Da bekam er Angst um Alix und um die Kinder. Die Unruhen konnten aus der Stadt auf das geliebte Zarskoje Selo übergreifen. Nikolaus mußte handeln. Am 27. Februar schrieb er in sein Tagebuch:

»In Petrograd brachen vor ein paar Tagen Unruhen aus. Betrüblicherweise beteiligten sich auch Truppeneinheiten. Ein widerliches Gefühl, so weit weg zu sein und bruchstückhafte schlechte Nachrichten zu bekommen! Ich machte tagsüber einen Spaziergang auf der Chaussee nach Orscha. Nach dem Mittagessen beschloß ich, schleunigst nach Zarskoje Selo zu fahren, und setzte mich um eins in den Zug.«

Telegramm: »Fahre halb drei ab. Die berittene Garde erhielt den Befehl, umgehend von Nowgorod nach Petrograd aufzubrechen. Gebe Gott, daß den Unruhen in den Truppen bald ein Ende gemacht wird.«

Tagebuch: »27. Februar, Dienstag. Legte mich Viertel vier schlafen, habe so lange mit N. J. Iwanow (General Nikolai Judowitsch Iwanow) gesprochen, den ich mit Truppeneinheiten nach Petrograd schickte, um Ordnung zu schaffen. Schlief bis zehn. Um fünf Uhr morgens verließen wir Mogiljow. Sonniges Frostwetter. Wir fuhren durch Wjasma, Rshew, waren um neun in Lichoslawl.«

Aber er sollte nicht bis ins geliebte Zarskoje Selo kommen.

»Der Maskenball« von Lermontow ist ein schreckliches Stück. 1941 hatte es am Tag der Kriegserklärung in Moskau Premiere.

Auch Ende Februar 1917, als das Imperium zugrunde ging, fand eine Premiere dieses Theaterstücks statt.

Laternen brannten nicht mehr, nur von der Admiralität leuchtete ein Scheinwerfer über den Newski-Prospekt, und in seinem toten Licht gingen die Menschen ins Theater. Auf den Straßen wurde geschossen. Im Foyer lag ein getöteter Student. Über die Inszenierung gingen viele Gerüchte um. Das theaterbeflissene Petrograd strömte ins Alexander-Theater. Es war wirklich ein phantastisches Spektakel. Auf der Bühne ein unvergleichlicher Prunk, wie er noch nie im Theater zu sehen war. Gigantische Spiegel, goldfunkelnde Türen – der glitzernde Saal eines Palasts. Eine Apotheose des Prunks. Eine Hymne auf den Palast. Es war die Dekoration der Welt, die in jenen Tagen auf den Straßen unterging. Im Taurischen Palais tagte pausenlos die Duma. Enthusiastische Redner redeten sich heiser.

Am 28. Februar meuterte in Zarskoje Selo die Garnison: 40000 Soldaten.

Rodsjanko rief im Palais an. Jetzt war er nicht mehr der »lästige Dickwanst«, sondern der Präsident der Reichsduma, die einzige Macht in der aufständischen Hauptstadt.

Rodsjanko sprach mit Benckendorff und ließ Alix ausrichten, sie solle so schnell wie möglich das Alexander-Palais verlassen.

»Aber die Kinder sind krank«, sagte Benckendorff.

»Wenn das Haus brennt, werden auch die kranken Kinder hinausgetragen«, antwortete Rodsjanko. (Sein Ton besagte: »Hätten Sie nur früher auf mich gehört!«).

»Ich fahre nirgendwohin! Sollen sie machen, was sie wollen«, sagte die Zarin.

Zu dieser Zeit war der Bahnhof in Zarskoje Selo schon von Aufständischen besetzt. Es fuhren keine Züge mehr. Alix schickte zwei Kosaken des Konvois nach Petrograd. Sie verbargen ihre Uniform, auf die sie kürzlich noch so stolz waren, unter Pelzmänteln.

Die Kosaken kehrten mit der Nachricht zurück, daß die Stadt endgültig in der Hand der Aufständischen sei. Die Gefängnisse waren gestürmt, die Polizeireviere wurden demoliert, Polizisten gejagt. Das Stadtzentrum war von Menschen überflutet, überall Fahnen. Die Stadt versank unter blutrotem Fahnentuch.

Im Palast hörten sie den ganzen Tag Schüsse. Das waren die aufständischen Soldaten der Garnison, die aus Begeisterung schossen – vorläufig noch in die Luft. Orchester schmetterten unentwegt die Marseillaise. Einen halben Kilometer vom Palast entfernt das erste Opfer – ein getöteter Kosak. Aber noch näherten sich die Aufständischen nicht dem Palast.

Längs der Palastgitter patrouillierten auf ihren prächtigen Pferden die Kosaken des kaiserlichen Konvois.

Alix bestellte die Generäle Ressin und von Groten zu sich, denen jetzt der Schutz des Palasts oblag.

Die vielen Gesichter von Alix: gehorsame Enkelin von Königin Victoria... Ewige Geliebte... Fanatikerin der Selbstherrschaft. Und schließlich Alix im März 1917. Heldin einer antiken Tragödie: niedergeworfen, aber heroisch. Das Blut der Maria Stuart.

Um neun bliesen die Trompeter im Palast Alarm. Alix nahm die Parade ihrer Truppen ab.

Vor dem Haupttor waren in Linie angetreten: die Zweite Kubaner Leibgardehundertschaft, die dritte Tereker Leibgardehundertschaft, zwei Hundertschaften Kosaken des Konvois.

Aus der Kaserne war ein Gardebataillon der Marine unter dem Kommando des Großfürsten Kirill eingetroffen. (Nachts hatten sich schon zahlreiche Matrosen davongemacht.)

Schließlich noch das Bataillon eines Infanterieregiments und eine Flakbatterie – zwei Geschütze auf Lastwagen.

Das war Alix' ganze Armee, eingekreist von einem Meer grauer Soldatenmäntel aus der Garnison von Zarskoje Selo.

An der Palasteinfahrt brannten Laternen. Schweigend standen die Verteidiger in der frostigen Nacht. Kommandos ertönten: »Ständige Patrouillengänge zwischen Bahnhof und Kaserne. Die Flakgeschütze und Maschinengewehre beziehen Stellung an den Straßen, die zum Palast führen.« Es ging schon auf Mitternacht zu, als Alix aus dem Palast trat.

Einen Pelzmantel übergeworfen, ging sie bei klirrendem Frost über knirschenden Schnee die Reihen ab. Stolze Haltung. Die führende Tragödin im Drama der Revolution. Neben ihr ging Maria, die einzige gesunde Tochter. Im Wachraum des Palasts rief Alix die Offiziere zusammen. »Meine Herren, es darf nicht geschossen werden. Ich möchte nicht, daß unseretwegen Blut vergossen wird.«

Sie wußte: Ein Schuß, und alles würde wie ein Pulverfaß in die Luft fliegen. Die Männer in den grauen Soldatenmänteln würden den Palast verwüsten.

Als sie am nächsten Morgen aufwachte, erwartete sie ein neuer Schlag. Die Zierde und der Stolz des Palasts, das Gardebataillon der Marine, war unter dem Kommando von Großfürst Kirill abgezogen. Mit einer roten Schleife im Mantel und dem Zarenmonogramm auf den Schulterstücken führte der Cousin des Zaren seine Soldaten in das Taurische Palais, um der Duma den Eid zu leisten. Kirill hatte die Demütigung von 1905 nicht vergessen. Und er hatte Alix nicht den schmutzigen Bauern verziehen, der die Dynastie besudelte.

Am selben Morgen zog eine Kompanie des Eisenbahnerbataillons nach Petrograd ab. Nur noch zwei Hundertschaften Kosaken, zwei Geschütze und ein Bataillon Infanterie blieben.

Sie begriff: Der Sturm auf den Palast konnte jede Minute beginnen. Die Aufständischen brauchten niemanden mehr zu fürchten.

Doch sie kamen nicht. Bedrohliche Stille. Im Palast wurde gemunkelt, die Kanonen der Aufständischen seien auf die Kathedrale und den Palast gerichtet.

Tagsüber vergaß Alix beinahe das unausweichliche Gewitter; sie mußte sich um die kranken Kinder und die kranke Freundin kümmern.

Nachts konnte sie nicht schlafen. Sie stieg in den Kellerraum des Palasts hinab, wo sich die Kosaken im Warmen ausruhten, und versuchte sie aufzumuntern und mit Gebeten ihren Kampfgeist zu festigen. Dann unterhielt sie sich bis zum Morgen mit Lili Dehn. Sie sandte Nikolaus ein Telegramm nach dem andern. Sie kamen mit dem spöttischen Vermerk zurück: »Aufenthaltsort unbekannt.« Es war unbekannt, wo sich der Selbstherrscher Rußlands aufhielt. Da schickte sie nach Pawel. Seit dessen Sohn Rasputin getötet hatte, war Pawel nicht mehr in den Palast eingeladen worden. Er kam und erzählte, der Zug mit Nicky sei angehalten worden, aber Nicky sei gesund und munter.

Sie beschwor Pawel, etwas zu unternehmen. Die Katastrophe stehe unmittelbar bevor. Er versuchte ihr nicht zu erklären, daß die Katastrophe schon eingetreten war. Sie dauerte ihn, und er teilte ihr mit, daß er mit Kirill und Mischa ein Manifest ausgearbeitet habe, das sie der Duma übergeben wollten. In diesem Manifest gewähre der Zar ein Ministerkabinett, das der Duma verantwortlich sein solle. Alix stimmte zu. Sie begriff, daß Zugeständnisse unumgänglich waren. (Das von den drei Großfürsten unterschriebene Manifest nahm keiner mehr zur Kenntnis. In der Duma wartete man auf ein völlig anderes Manifest.)

In der Nacht zum 2. März traf Alix noch ein Schlag. Gegen ein Uhr erschien General Iwanow im Palast, derselbe, den Nicky mit einem ausgesuchten Kommando von Rittern des Georgsordens losgeschickt hatte. Im lila Zimmer der Zarin erzählte der alte General, daß Aufständische die Eisenbahngleise demontiert und den Militärzug umringt hatten. Die Georgsritter hatten sich geweigert, die Waggons zu verlassen. Keiner würde dem Palast zu Hilfe kommen. Aber Alix hatte ihre eigenen Vorstellungen, sie beschwor den alten Mann, sich zu Nicky durchzuschlagen.

Als der General gegangen war, begriff sie, wie schutzlos sie waren. Jeden Moment konnten die Aufständischen kommen. Sie schickte wieder einen Kosaken zu Pawel. Der läutete lange am Palais des Großfürsten, ohne eine Antwort zu bekommen. Da kletterte er über das Gitter. Zu seiner Überraschung war der Haupteingang offen. Er irrte durch die leeren Säle und begriff, daß die Dienerschaft davongelaufen war. Schließlich gelangte er zu Pawels Schlafzimmer. Vor der Tür schlief der Kammerdiener. Er war als einziger von der zahllosen Dienerschaft übriggeblieben.

Der Kosak erklärte Pawel, daß im Palast jede Minute mit dem Eindringen der Aufständischen zu rechnen sei. Der Großfürst rief irgendwo an, sprach mit irgendwem. Schließlich ließ er Alix ausrichten, die Duma garantiere die Sicherheit des Palastes, Alix könne ruhig sein. Am Morgen des 2. März schrieb Alix zwei lange Briefe an Nicky. Zwei Kosaken nähten die zusammengefalteten Briefe unter die Hosenbiesen.

SIE: »März 1917. Mein Herz zerspringt bei dem Gedanken, daß Du all die Qualen und Aufregungen in völliger Einsamkeit durchleidest, wir wissen nichts von Dir, und Du weißt nichts von uns. Ich schicke Solowjow und Gramotin mit je einem Brief zu Dir und hoffe, daß wenigstens einer Dich erreicht. Ich wollte einen Aeroplan losschicken, aber alle Leute sind verschwunden. Die beiden jungen Männer werden Dir alles erzählen, so daß ich Dir nichts über den Stand der Dinge zu schreiben brauche. Es ist alles ekelhaft, die Ereignisse entwickeln sich mit kolossaler Geschwindigkeit. Aber nichts kann meinen festen Glauben erschüttern, daß alles gut wird... Sie wollen Dich natürlich nicht zu mir lassen, bevor Du ein Papier unterschreibst, eine Verfassung oder etwas Ähnliches. Du bist allein, hast keine Armee hinter Dir, Du sitzt wie eine Maus in der Falle. Was kannst Du tun? Es ist die größte Gemeinheit in der Geschichte, den eigenen Herrscher gefangenzuhalten... Vielleicht zeigst Du Dich den Truppen und sammelst sie um Dich? Wenn sie Dich zu Zugeständnissen zwingen, bist Du nicht im geringsten verpflichtet, sie einzuhalten, denn sie wurden Dir auf unwürdige Weise abgenötigt. Deine kleine Familie ist ihres Vaters würdig. Ich habe die Älteren und die Kuh (Anna) behutsam über die Lage aufgeklärt, anfangs waren sie zu krank, und ich mußte mich vor ihnen verstellen, was mir sehr schwer fiel. Baby habe ich erst die Hälfte gesagt. Er hat jetzt 36,1 Temperatur und ist sehr fröhlich. Aber Du fehlst allen sehr. Gestern nacht sprach ich von eins bis halb drei mit Iwanow. Ich denke, er könnte über Dno zu Dir kommen. Man hat das Haus von Frederiks angezündet, seine Familie liegt im Lazarett der Kavalleriegarde. Die beiden Strömungen – die Duma und die Revolutionäre – sind zwei Schlangen, die hoffentlich einander den Kopf abbeißen werden. Das würde die Situation retten. Ich fühle, daß Gott etwas tun wird. Was für eine strahlende Sonne. Wärst Du doch bloß hier! Sogar das Gardebataillon hat uns verlassen, sie begreifen überhaupt nichts, in ihnen sitzt irgendeine Mikrobe... Aber wenn die Truppen erfahren, daß man Dich festhält, werden sie in Wut geraten und sich alle erheben.

Nun ja, sollen sie Ordnung schaffen und zeigen, daß sie zu irgendwas in der Duma taugen. Doch sie haben ein zu großes Feuer angefacht, wie wollen sie es jetzt löschen? Die Kinder liegen ruhig im Dunkeln, der Lift ist seit vier Tagen kaputt. Ich gehe jetzt hinaus zu den Soldaten, die vor dem Haus stehen... Ich kann Dir nichts raten, bleibe nur Du selber, mein Liebling. Wenn man sich in die Umstände fügen muß, wird Gott helfen, sich aus ihnen zu befreien. Ach, Du mein heiliger Märtyrer.«

Zusatz: »Trage sein (Rasputins) Kreuz zu meiner Beruhigung, auch wenn es unbequem ist.«

Im dunklen Schlafzimmer begannen die Kinder zu genesen. Aus Krankheit und hohem Fieber kam auch die Freundin zu sich. Als sie erkrankte, war sie die mächtige Freundin der mächtigsten Frau Rußlands gewesen. Nun lag sie in einem belagerten Palast.

Am 3. März erreichten Alix entsetzliche Gerüchte, die sie um den Verstand zu bringen drohten: Er hat abgedankt!

Wieder ließ sie Pawel zu sich bitten.

Pawel brachte ihr das in der Zeitung abgedruckte Manifest der Abdankung. »Nein, nein, das glaub' ich nicht, alles Gerüchte, Verleumdung der Journalisten...« Sie wollte das Manifest nicht lesen und murmelte auf französisch: »Abdiqué! Abdiqué!« Das Leben war zu Ende. Sie hatten das Erbe des Jungen an sich gerissen. Alles war verloren. Doch sie blieb die wunderbare Geliebte. Sie gab Nicky keine Schuld, nicht für einen Augenblick, mit keinem Wort.

»3. März. Mein innig Geliebter, ach, wie mein Herz um Dich leidet.

Es ist zum Verrücktwerden. Ich erfahre nichts außer scheußlichen Gerüchten, die einen in den Wahnsinn treiben. Ich möchte gern wissen, ob die beiden jungen Männer mit den Briefen zu Dir durchgekommen sind. Ach, wenigstens eine Zeile. Diesen Brief wird Dir die Frau eines Offiziers überbringen. Ich weiß nichts von Dir, höre nur grauenerregende Gerüchte. Du hörst zweifellos dasselbe.

Die Sorge um Dich zerreißt mir das Herz, denn du bist ja völlig allein. Ich werde nicht viel schreiben, weil ich nicht weiß, ob Dich der Brief erreicht, ob sie die Frau unterwegs durchsuchen, denn sie sind ja alle übergeschnappt. Abends gehe ich mit Maria immer in den Keller zu unseren Leuten – das muntert sie auf... In der Stadt führt sich Duckys Mann (Großfürst Kirill) widerlich auf, obwohl er so tut, als mühte er sich für den Monarchen und die Heimat... Du, meine einzige Liebe! Wir hatten einen wunderbaren Gottesdienst mit Akathistos vor der Ikone der Muttergottes, die wir ins grüne Schlafzimmer trugen, wo sie alle lagen, das hat sie sehr aufgemuntert. Alles muß gut werden. Ich schwanke nicht in meinem Glauben. Ach, mein lieber Engel, ich liebe Dich so, ich bin Tag und Nacht bei

Dir. Ich weiß, was Dein armes Herz jetzt durchleidet. Gott wird sich erbarmen und Dir Kraft und Weisheit verleihen. Er wird helfen, wird Dich für all die wahnsinnigen Leiden belohnen … Wir werden für unseren Sonnenschein kämpfen, wir sind alle auf unseren Posten …

Man kann den Verstand verlieren, aber wir werden ihn nicht verlieren, wir werden an die lichte Zukunft glauben.

Eben war Pawel da und hat mir alles erzählt. Ich verstehe völlig Deinen Schritt, mein Held. Ich weiß, daß Du nichts unterschreiben konntest, was Deinem Eid bei der Krönung zuwiderläuft. Wir kennen einander, zwischen uns bedarf es keiner Worte, und ich schwöre, wir werden dich wieder auf Deinem Thron sehen, Dein Volk und die Truppen werden ihn Dir zum Ruhm des Zarenreichs zurückgeben.«

Erst am nächsten Tag zwang sie sich, das Manifest zu lesen. Und da hörte sie zum erstenmal wieder seine Stimme. Er rief aus dem Hauptquartier an. Sie munterte ihn auf, sagte ihm zärtliche Worte. Bald nach dem Gespräch wurde ihr ein Telegramm gebracht.

»Hauptquartier. 4. März, 10 Uhr morgens. An Ihre Majestät. (So nannte er sie weiterhin bis zuletzt.) Danke, mein Mädchen … Die Verzweiflung vergeht, Gott segne Euch alle. Ich liebe Euch zärtlich.«

Am Abend des 4. März schrieb sie ihm den letzten, den 653. Brief.

»4. März 17. Mein lieber, geliebter Schatz! Was für eine Erleichterung und Freude war es, Deine liebe Stimme zu hören. Leider war die Verbindung schlecht, und alle Gespräche werden jetzt abgehört. Und Dein liebes Telegramm heute … Baby beugt sich aus dem Bett und schickt Dir einen Kuß. Alle vier liegen im grünen Zimmer im Dunkeln. Maria und ich schreiben, wir können kaum etwas sehen, denn die Vorhänge sind zugezogen. Erst heute morgen habe ich das Manifest gelesen. Unsere Leute sind vor Verzweiflung außer sich, sie beten meinen Engel an. Die Truppen kommen in Bewegung. Ich fühle und sehe vor uns die Sonne strahlen. Über Duckys Mann bin ich äußerst empört.

Jetzt werden wahllos Leute verhaftet, natürlich Offiziere. Gott weiß, was sich da tut: Die Schützen wählen sich ihre Offiziere selbst und verhalten sich ihnen gegenüber abscheulich – sie salutieren nicht und rauchen ihnen ins Gesicht. Ich will gar nicht alles schreiben, so widerlich ist das. Die Kranken wissen nichts von Deinem Entschluß, ich habe Angst, es ihnen zu sagen, vorläufig ist es auch nicht nötig. O Gott! Natürlich wird er Dir hundertfach Deine Leiden vergelten. Mein Liebling, mein Engel, ich wage nicht daran zu denken, was Du erduldest, das bringt mich um den Verstand. Ich kann nicht mehr darüber schreiben. Wie sie Dich erniedrigt haben, indem sie diese beiden Unmenschen zu Dir schickten! Ich wußte nicht, wer es war, bis Du es mir gesagt hast. Ich fühle, daß sich die Armee erheben wird.«

Der Roman in Briefen ist zu Ende. Die Einkerkerung hat begonnen.

Von der Abdankung hatte er ihr kurz in dem Telephongespräch erzählt. Als er zurückkam, erfuhr sie die Einzelheiten.

»Wie eine Maus in der Falle«
Tagebuch der Abdankung

In der Nacht zum 1. März saß Nikolaus im Zug nach Zarskoje Selo.

»1. März, Mittwoch. In der Nacht kehrten wir von M. Wischera zurück, denn Ljuban und Tosno waren von Aufständischen besetzt. Wir fuhren nach Waldai, Dno und Pskow, wo wir übernachteten.«

Als er am Morgen in Pskow erwachte, erfuhr er, daß er nirgendwohin fahren konnte.

»Gatschina und Luga sind ebenfalls besetzt. Schmach und Schande! Wir sind nicht nach Zarskoje Selo durchgekommen, aber meine Gedanken und Gefühle sind ständig dort. Wie schwer hat es die arme Alix, all diese Ereignisse allein durchzumachen. Gott stehe uns bei...«

Gatschina – das war die Kindheit, der Garten, wo sie zu Beginn des Lebens ein Lagerfeuer angezündet hatten, ihre unerschütterliche Welt. Und nun...

»2. März, Donnerstag. Am Morgen kam Russki (Oberbefehlshaber der Nordwest- und der Nordfront) und trug mir sein langes Telephongespräch mit Rodsjanko vor. Nach seinen Worten ist die Lage in Petrograd so, daß das Ministerkabinett der Duma machtlos ist, weil es von der sozialdemokratischen Partei in Form eines Arbeiterkomitees bekämpft wird. (Nikolaus meinte den Petrograder Sowjet der Arbeiter- und Soldatendeputierten.) Ich muß abdanken.«

Alles war sehr schnell gegangen. Aber was er aus Schwäche und Müdigkeit selbst beschlossen hatte, wollte er nun nicht mehr. Er verfluchte seine Schwäche und haßte seine Hilflosigkeit und das nicht vergehende Entsetzen: Alix allein mit den kranken Kindern und er im Zug auf der Station Dno eingesperrt! Er erklärte Russki: Er sei bereit, die Abdankung zu unterschreiben, aber erst wolle er von allen Oberbefehlshabern wissen, ob die Abdankung nötig sei.

Tagebuch vom 2. März (Fortsetzung):

»Russki übermittelte das Gespräch dem Hauptquartier. Alexejew leitete es an die Oberbefehlshaber weiter. Gegen halb drei traf von allen die Antwort ein. Sie lautete, daß zur Rettung Rußlands und zur Aufrechterhaltung der Ruhe in der Armee dieser Schritt notwendig ist. Ich willigte ein.«

Im Verlauf des Tages erfuhr er, daß aus Petrograd Abgesandte der Duma unterwegs waren, um seine Abdankung zu fordern.

Am späten Abend ging er auf den Bahnsteig, um sich die Füße zu vertreten. Es war kalt, der Frost hatte sich verschärft. Der gesamte kaiserliche Zug war erleuchtet. »Die Herrschaften«, wie er spöttisch sein Gefolge nannte, schliefen nicht. Sie warteten.

Auf der Station hielt eine Lokomotive mit einem Waggon.

Zwei Männer kamen in seinen Waggon. Der zweite war Schulgin, Nikolaus kannte ihn: ein Monarchist, dessen Rede in der Duma ihm einst so gefallen hatte. Aber der erste war Gutschkow. Der ewige Feind von Alix! Der verfluchte Feind!

Der Salonwagen, grüne Seidentapeten, ein alter General mit Achselschnüren – der Hofminister Frederiks.

Sie saßen an einem kleinen Tisch: der Zar in einem grauen Tscherkessenrock, ihm gegenüber Gutschkow und Schulgin.

Gutschkow hielt eine lange, hochtrabende Rede. Nikolaus hörte ihm schweigend zu, die Ellbogen gegen die Wand gestützt. Schulgin betrachtete den Zaren: unter den Augen Tränensäcke, faltige bräunliche Haut – die schweren, schlaflosen Nächte.

Endlich kam Gutschkow auf die Abdankung zu sprechen, seine Stimme zitterte. Als er geendet hatte, sagte Nikolaus ruhig, sogar gleichgültig, mit einem besonderen Gardeakzent: »Meine Herren, ich habe beschlossen, dem Thron zu entsagen. Bis drei Uhr nachmittags dachte ich, ich könnte zugunsten meines Sohnes abdanken, aber ich habe meinen Entschluß zugunsten meines Bruders Michail geändert. Ich hoffe, meine Herren, Sie verstehen die Gefühle eines Vaters.«

Er nahm den von Gutschkow mitgebrachten Entwurf der Abdankungsurkunde vom Tisch und ging hinaus.

Während seiner Abwesenheit erfuhren die beiden Abgesandten, daß der Zar inzwischen Doktor Fjodorow konsultiert hatte, und dieser hatte ihm mit aller Bestimmtheit gesagt, daß keine Hoffnung auf eine Heilung Alexejs bestehe.

Alles war so, wie er selber es gewollt hatte. Michail wurde sein Nachfolger, und sie – Alix und die Familie – waren frei. Dennoch empfand er jetzt Schmerz, ja, Entsetzen!

Er kam in den Waggon zurück und legte den Text der Abdankung, den er am selben Tag verfaßt hatte, auf den Tisch. Er war auf Telegrammformulare geschrieben.

»Wie erbärmlich kam mir der Entwurf der Duma vor, den wir mitgebracht hatten«, erinnerte sich Schulgin, »und wie nobel waren seine Abschiedsworte.«

Manifest

»In den Tagen des großen Kampfes gegen den äußeren Feind, der seit fast drei Jahren danach trachtete, unsere Heimat zu unterjochen, geruhte Gott der Herr, Rußland eine neue schwere Prüfung aufzuerlegen. Die inneren Volksunruhen drohen sich verhängnisvoll auf den weiteren Fortgang des Krieges auszuwirken. Das Schicksal Rußlands, die Ehre der heldenhaften Armee, das Wohl des Volkes, die Zukunft unseres teuren Vaterlands machen es erforderlich, den Krieg um jeden Preis bis zum siegreichen Ende zu führen... In diesen für das Leben Rußlands entscheidenden Tagen erachten Wir es als Gewissenspflicht, Unserem Volk den engen Zusammenschluß aller Volkskräfte zur baldigen Erlangung des Sieges zu erleichtern, und haben es in Übereinstimmung mit der Reichsduma für richtig befunden, dem Thron des Russischen Reiches zu entsagen und die oberste Macht niederzulegen. Da Wir Uns nicht von Unserem geliebten Sohn trennen möchten, übertragen Wir die Nachfolge Unserem Bruder, dem Großfürsten Michail Alexandrowitsch, und geben ihm Unsern Segen für die Übernahme des russischen Throns… Wir verpflichten Unseren Bruder, die Staatsgeschäfte in völliger und unverbrüchlicher Übereinkunft mit den Vertretern des Volkes zu führen… auf den Grundlagen, die von ihnen festgelegt werden… Gott der Herr stehe Rußland bei.«

Trotz aller Rührung baten sie ihn sogleich, ein wenig zu lügen. Um nicht den Verdacht aufkommen zu lassen, die Abdankung sei ihm abgezwungen worden, sollte er nicht das wirkliche Datum einsetzen, sondern den Tag, an dem er *selbst* den Entschluß gefaßt hatte. Er willigte ein und unterschrieb: 2. März, 15 Uhr, obwohl es bald Mitternacht war.

Dann noch eine Lüge: Der Zar sollte noch Graf Lwow zum neuen Premierminister ernennen. Er darauf: »Ach, Lwow? Na schön, meinetwegen Lwow.« Er unterschrieb auch das. Er tat alles fast mechanisch, denn seine Gedanken waren in Zarskoje Selo.

Aus dem Tagebuch vom 2. März:

»Aus dem Hauptquartier schickten sie den Entwurf eines Manifests. Am Abend kamen aus Petrograd Gutschkow und Schulgin, ich sprach mit ihnen und übergab ihnen das unterschriebene und überarbeitete Manifest. Ein Uhr nachts verließ ich Pskow, das Herz war schwer vom Durchleben. Ringsum Verrat, Feigheit und Betrug.«

Abschied

Tagebuch des gestürzten Kaisers

Nachdem er das Manifest unterschrieben hatte, stand seiner Weiterfahrt nach Zarskoje Selo nichts mehr im Weg. Doch für alle überraschend kehrte er ins Hauptquartier nach Mogiljow zurück.

Vielleicht fiel es ihm zu schwer, Alix und die Kinder nach dieser Katastrophe zu sehen, und er wollte ihnen Zeit lassen, sich an die Situation zu gewöhnen. Außerdem mußte er sich von der Armee verabschieden. Es war Krieg, und er erfüllte bis zuletzt seine Pflicht als Oberbefehlshaber.

Vielleicht hoffte er auch noch im tiefsten Innern. Womöglich hatte Alix recht: Die treuen Truppen erheben sich, ein Wunder geschieht. Er wollte nicht geschlagen nach Zarskoje Selo zurückkommen.

Und noch etwas: Er mußte von der Mutter Abschied nehmen.

Am 3. März traf er im Hauptquartier ein. Die Offiziere wußten nicht, wie sie ihn jetzt empfangen sollten, wenn überhaupt. Alexejew entschied, ihn wie gewöhnlich zu empfangen. In dem speziellen Pavillon für den Empfang der Zarenzüge traten die Generäle an und warteten schweigend.

Der kaiserliche Zug lief ein. Aber keiner stieg aus. Endlich zeigte sich ein Diener und bat Alexejew in den Zug. Alle warteten.

Schließlich stieg Nikolaus aus – mit einem veränderten Gesicht: gelbe Haut, die sich über den Backenknochen spannte, Tränensäcke. Ihm folgte Graf Frederiks, wie immer sorgfältig rasiert und in straffer Haltung. Der Exzar begrüßte wie immer jeden einzelnen.

3. März, Freitag.

»Ich habe lange und fest geschlafen. Bin weit hinter Dwinsk aufgewacht. Ein sonniger Frosttag... Habe viel über Julius Cäsar gelesen. 8 Uhr 20 Ankunft in Mogiljow. Alle Stabsoffiziere waren auf dem Bahnsteig. Ich empfing Alexejew im Waggon. Halb zehn ins Haus umgezogen. Alexejew kam mit den letzten Nachrichten von Rodsjanko. Mischa hat abgedankt. Sein Manifest endet damit, daß in sechs Monaten Wahlen zur Verfassunggebenden Versammlung stattfinden sollen. Ich möchte wissen, wer ihn dazu gebracht hat, eine solche Gemeinheit zu unterschreiben! In Petrograd sind die Unruhen vorbei, hoffentlich geht es so weiter.«

Eine neue Welt war angebrochen.

Die Abdankung zugunsten Michails war mißglückt. Sie mußte mißglücken, denn die neue Welt wollte keine Romanows. Arbeiter hätten Gutschkow beinahe gelyncht, als er es wagte, vom neuen Zaren Michail Romanow zu sprechen.

Am 3. März fuhren Gutschkow und Schulgin los, um die neue Abdankung zu holen. Auf den Kotflügeln des Autos lagen Soldaten mit blankem Bajonett.

Bereits am 27. Februar hatte Rodsjanko Michail von Gatschina nach Petrograd gerufen. Auf Rodsjankos Drängen ließ sich Michail über eine direkte Leitung mit dem Hauptquartier verbinden und bat Nikolaus, der Duma Konzessionen zu machen und eine Regierung des Vertrauens zu bilden. Nikolaus lehnte ab. Michail konnte nicht zurück nach Gatschina, die Eisenbahnstrecke war von Aufständischen besetzt. Er verbrachte die Nacht im Winterpalast und geriet am Morgen in die Hölle. Generäle, die aus dem Gebäude der Admiralität in den Winterpalast kamen (unter ihnen Kriegsminister Beljajew), schlugen ihm vor, eine Abteilung zu übernehmen, um Petrograd zu retten. Michail weigerte sich. Er zog es vor, in der Millionnaja-Straße in der Wohnung des Fürsten Putjatin Zuflucht zu suchen.

In der Diele die kostbaren Pelze der Duma-Abgeordneten (sehr bald würden sowohl die Pelze als auch deren Besitzer verschwinden).

Michail trat ein, hochgewachsen, blaß, mit jugendlichem Gesicht.

Kerenskis scharfe Stimme ertönte:

»Wenn Sie den Thron übernehmen, werden Sie Rußland nicht retten. Ich kenne die Stimmung der Massen. Alle sind jetzt gegen die Monarchie. Ich habe nicht das Recht, Ihnen zu verhehlen, welchen Gefahren Sie sich aussetzen, wenn Sie die Macht übernehmen. Ich kann nicht für Ihr Leben garantieren.«

Lange Stille. Schließlich Michails Stimme, kaum hörbar: »Unter diesen Umständen kann ich nicht.«

Schweigen und fast ein Schluchzen. Michail weinte. Ihm war es beschieden, die Monarchie auszulöschen. Nach dreihundert Jahren ging sie mit ihm zu Ende.

Ein erleichterter Aufschrei Kerenskis: »Ich achte zutiefst Ihre Geste! Und mit mir ganz Rußland.«

Die neue Welt schickte Michail Romanow Glückwunschtelegramme. Sogar aus Turuchansk, wo die Bolschewiken in der Verbannung saßen, kam ein Glückwunschtelegramm.

Nikolaus wohnte im Haus des Gouverneurs. Täglich ging er in

den Generalstab, wo Alexejew ihm Bericht erstattete, als wäre nichts geschehen.

»4. März, Sonnabend. Um zwölf zum Bahnhof gefahren, um die liebe Mutter abzuholen, die aus Kiew kam. Ich habe sie mit zu mir genommen und mit ihr gefrühstückt. Wir saßen lange zusammen und unterhielten uns... Gegen acht fuhr ich zum Essen zu Mama und blieb bei ihr bis elf.«

Durch die Stadt strömte die neue Welt – Schreiber, Chauffeure mit roten Armbinden und Schleifen und roten Kokarden an den Mützen. Zahllose Kundgebungen, »die freiesten Bürger im freiesten Land der Welt« hielten Reden über das »verfluchte Regime«.

Währenddessen versammelten sich im Waggon der verwitweten Zarinmutter Großfürst Boris Wladimirowitsch (jetzt einfach Boris Romanow), Prinz Alexander von Oldenburg (jetzt einfach Alik) und Sergej und Sandro... Sie glaubten noch, daß Nikolascha bald den Posten des Oberfehlshabers übernehmen würde. Alexejew und die Generäle wollten ihn.

Aber die neue Welt wollte ihn nicht. Nikolascha mußte verzichten. Er war bereits zum Hauptquartier unterwegs, als ihm im Namen der Provisorischen Regierung mitgeteilt wurde: »Das Volk spricht sich energisch und nachdrücklich dagegen aus, daß Mitglieder des Hauses Romanow irgendeinen Posten übernehmen. Die Provisorische Regierung ist überzeugt, daß Sie aus Liebe zur Heimat...« Er antwortete mit einem Telegramm nicht ohne Sarkasmus: »Bin froh, erneut meine Liebe zur Heimat zu beweisen. Woran Rußland bislang nicht zweifelte.«

Die Volksmeinung: Wenn einer der Großfürsten auf die Frage »Ihr Name?« antwortete: »Romanow«, sagte die Bürodame mitfühlend: »Was für ein mißtönender Name.«

Die neue Macht begann – die Macht der siegreichen Massen, die Macht seiner früheren Soldaten. Der Sowjet der Arbeiter- und Soldatendeputierten. Die Duma, die Provisorische Regierung – all die mutigen Schwätzer hatten jetzt Angst vor der neuen Macht. Und scharwenzelten vor ihr.

Mit einiger Schadenfreude würde Nikolaus bereits von Zarskoje Selo aus beobachten, daß die einst so furchtgebietenden Duma-Redner immer hilfloser wurden, daß sie die von ihnen entfesselte Anarchie nicht bändigen konnten.

Vorerst aber führte Alexejew Verhandlungen über die Ausreise der Zarenfamilie. Sie sollte über Murmansk nach England reisen. Nikolaus wollte alles regeln, bevor er zu Alix fuhr.

Aber es kam anders. Die neue Welt war gegen seine Ausreise. Am 3. März, gleich nach seiner Abdankung, beschloß der Petrograder Arbeiter- und Soldatensowjet eine Verfügung: »Über die Inhaftierung Nikolaus' II. und der übrigen Mitglieder der Romanowdynastie«.

Die Provisorische Regierung mußte nachgeben. Solche Angst hatte sie vor der neuen Welt. Dabei hatte er alle ihre Bedingungen widerspruchslos erfüllt und das Manifest unterschrieben.

»Sitzungsprotokoll der Provisorischen Regierung vom 7. März.

Gehört: Über die Inhaftierung des zurückgetretenen Zaren und seiner Gattin.

Beschlossen: Den abgedankten Zaren Nikolaus II. und seine Gattin in Arrest zu nehmen und ihn nach Zarskoje Selo zu überführen...«

Kerenski erklärte die Gründe des Arrests:

»Die äußerst erregte Stimmung der Arbeiter und Soldaten im Hinterland. Die Petrograder und die Moskauer Garnison sind Nikolaus feindlich gesonnen... Erinnern Sie sich an meine Rede auf dem Plenum des Moskauer Sowjets – damals wurde die Todesstrafe gefordert... Ich entgegnete, daß ich niemals die Rolle Marats spielen werde, daß ein unparteiisches Gericht untersuchen wird, ob sich Nikolaus Rußland gegenüber schuldig gemacht hat.«

Die Provisorische Regierung schien Nikolaus vor der Eigenmächtigkeit der Sowjets zu schützen. Aber mit diesem Arrest »war bereits der Knoten geschürzt, der dann in Jekaterinburg durchhauen wurde« (Nabokow, Geschäftsführer der Provisorischen Regierung).

Alexejew teilte Nikolaus mit, was die Regierung inoffiziell weitergab: Das sei nur vorübergehend, um die Wut der Massen zu beschwichtigen. Eine speziell eingesetzte Untersuchungskommission werde nachweisen, daß der Zar unschuldig und die Gerüchte über Alix' Verrat unsinnig seien. Und dann – glückliche Reise nach England!

Tagebuch vom 8. März. »Der letzte Tag in Mogiljow. Viertel elf den Abschiedsbefehl an die Armee unterschrieben.«

Er wollte das Wohl und den Frieden Rußlands, darum gab er die Macht ab und bat sein Volk, der neuen Regierung treu zu dienen: »Zum letztenmal wende ich mich an euch, meine geliebten Truppen, erfüllt eure Pflicht – verteidigt unsere tapfere Heimat, leistet der Provisorischen Regierung Folge, gehorcht euren Vorgesetzten. Gott segne euch, und der heilige Großmärtyrer Georg führe euch zum Sieg.«

Von dem Moment an hatte Nikolaus auch in den Augen der Monarchisten das letzte Ansehen verloren.

Übrigens wagte niemand, den Befehl zu veröffentlichen, der Verfasser war zu unpopulär.

Tagebuch vom 8. März (Fortsetzung): »Halb elf ins Dejouramt gegangen, wo ich mich von allen Offizieren des Stabs und der Verwaltung verabschiedete. Zu Hause verabschiedete ich mich von den Offizieren und Kosaken des Konvois und des Regiments – es zerriß mir fast das Herz. Um 12 zu Mama gefahren, ich frühstückte mit ihr und ihrem Gefolge und blieb bis 4, 30. Ich nahm Abschied von ihr, von Sandro, Sergej, Boris und Alik.«

Er sollte sie alle nicht mehr wiedersehen.

»4, 45 von Mogiljow abgefahren. Rührend viele Leute gaben mir das Geleit. Vier Mitglieder der Duma begleiten mich im Zug... Es ist schwer, schmerzhaft und traurig.«

»Begleiten« – so höflich umschrieb er seinen Arrest.

Abschied von Zarskoje Selo

Tagebuch des Arrestanten

Auf Beschluß der Regierung durchgeführt: 1. Die Familie und alle bei ihr gebliebenen Personen wurden von der Außenwelt isoliert. 2. Eine äußere und innere Bewachung wurde eingerichtet. 3. Der Familie ist nur in den Grenzen des Palasts Bewegungsfreiheit erlaubt. 4. Dokumente des Zaren und der Zarin sind beschlagnahmt und der Außerordentlichen Untersuchungskommission übergeben worden.

Am 8. März fuhr der Wagen von General Kornilow vor dem Alexander-Palais vor. Lawr Kornilow, ein bekannter General mit kriegerischen Schnurrbartspitzen, ließ seinen Wagen vor dem Haupttor stehen. Er wurde vom Sekretär der Zarin, Graf Apraxin, empfangen und zu Alix geführt.

»Majestät, ich habe die schwere Pflicht, Sie über Ihre Arretierung in Kenntnis zu setzen.«

Nachdem Kornilow gegangen war, rief Alix den Sotnik des Konvois, Sborowski, zu sich. Ihre Worte waren des Augenblicks würdig.

»Angefangen bei mir, müssen wir uns alle dem Schicksal beugen. Ich kenne General Kornilow von früher. Es ist ein Ritter, und ich habe jetzt keine Sorge mehr um die Kinder.«

Ein Jahr später, im März 1918, fiel Kornilow im Bürgerkrieg. Die roten Sieger exhumierten seinen Leichnam und verbrannten ihn in der Umgebung von Jekaterinoslaw.

Für 16 Uhr war in Zarskoje Selo die Übergabe der Wache festgesetzt. Der ehemalige Konvoi Seiner Kaiserlichen Majestät mußte den Palast verlassen. Die Tragödie ging weiter: Kaiserin und Konvoi spielten die Abschiedsszene wunderbar. Sie überreichte ihnen Heiligenbildchen und kleine Geschenke der Zarenfamilie. Die Offiziere nahmen die Heiligenbilder entgegen und beugten ein Knie. Dann führte Alix den Sotnik Sborowski in das verdunkelte Zimmer, damit er sich von den kranken Großfürstinnen verabschieden konnte (inzwischen war auch Maria erkrankt). Sborowski verneigte sich tief vor den Zarentöchtern, doch ihm schien, daß sie ihn verständnislos ansahen. Sie kannten die ganze Wahrheit noch nicht.

Die Kaiserin versammelte die Dienerschaft und das Gefolge im Saal.

»Wer bis 16 Uhr nicht den Palast verlassen hat, gilt als verhaftet. Der Zar trifft morgen früh ein.«

Nun stand ihr das Schwerste bevor – es den Kindern zu sagen. Mit den Töchtern sprach sie selber. Es war schrecklich. »Mama war am Ende, ich weinte auch... Aber dann, beim Tee, versuchten wir alle zu lächeln«, erzählte Maria später Anna Wyrubowa. Der Lehrer, Monsieur Gilliard, nahm es auf sich, mit dem Jungen zu reden.

»Wissen Sie, Alexej Nikolajewitsch, Ihr Vater möchte nicht länger Zar sein.«

Der Junge sah ihn erstaunt an und versuchte in seinem Gesicht zu lesen, was vorging.

»Er ist sehr erschöpft und hatte in letzter Zeit große Schwierigkeiten.«

»Ach ja, Mama hat mir gesagt, daß sein Zug auf dem Weg hierher angehalten wurde. Aber Vater wird doch wieder Zar werden?«

Gilliard erklärte, daß der Zar zugunsten Michails abgedankt habe, aber Onkel Michail habe auch auf den Thron verzichtet.

»Aber wer wird dann Zar?«

»Niemand mehr.«

Alexej errötete heftig, schwieg lange, fragte aber nicht nach seiner Person. Dann sagte er: »Wenn es keinen Zaren mehr gibt, wer wird dann Rußland regieren?«

Diese Frage kam dem Schweizer kindlich vor. Der Junge fragte wie Millionen: »Wer wird der neue Zar in dem Land, in dem es immer Zaren gegeben hat?«

Die Revolution konnte die Autokratie nicht vernichten, denn sie lag dem Volk im Blut. Er würde kommen – der neue Zar. Ein revolutionärer Zar, aber ein Zar.

Um 16 Uhr lösten revolutionäre Soldaten den Zarenkonvoi ab. Sie beschützten die Zarenfamilie nicht mehr, sie bewachten sie. Der Sotnik Sborowski blickte diese neue Wache mit den roten Schleifen entsetzt an. Eine Welt war zusammengebrochen.

Es war Alix' erste Nacht unter Arrest, die letzte Nacht vor der Heimkehr des gestürzten Kaisers.

Frost, Mond, im Mondlicht glitzernder Schnee im Park von Zarskoje Selo. In der nächtlichen Stille des Palasts ging Lili Dehn mit einer Decke und einem Laken leise die Treppe hinunter ins Boudoir neben dem Schlafzimmer der Kaiserin – die Mädchen hatten sie gebeten, die Mutter nicht allein zu lassen.

Alix bereitete mit mädchenhafter Begeisterung für Lili ein Lager auf der Couch. »Ach, Lili, die russischen Ladys können kein Bett beziehen. Als ich noch klein war, hat mir Großmutter gezeigt, wie man das macht.«

Das Bett »im Stil der Königin Victoria« war hergerichtet, die Rolle der fürsorglichen Hausfrau gespielt. Alix ließ ihre Schlafzimmertür offen, damit »Lili nicht einsam ist«. Beide blieben in den mondbeschienenen Zimmern allein mit ihren Gedanken. Beide konnten nicht schlafen. Lili hörte das Hüsteln der Kaiserin und dieses neue Geräusch: die klackenden Schritte des Wachpostens im Korridor – vor und zurück, vor und zurück...

Am 9. März um 11 Uhr vormittags fuhren Autos aus der Palastgarage zum Bahnhof – zum kaiserlichen Pavillon. Der Zug lief ein, Nikolaus stieg aus, in einem Soldatenmantel, eine Papacha auf dem Kopf. Dann sprangen Männer des Gefolges aus dem Zug und liefen über den Bahnsteig davon. Sie flohen, ohne sich umzublicken. Das war nicht nur Angst. Es zeigte das wahre Verhältnis der Kamarilla zu Nikolaus.

Der Zar setzte sich ins Auto. Neben ihm nahm Hofmarschall Dolgorukow Platz. Vorn saß seine Ordonnanz, der Wachtmeister des Konvois Pilipenko (Dolgorukow wurde 1918 erschossen, Pilipenko 1920). Das Kommando ertönte: »Tor öffnen für den ehemaligen Zaren!«

Inzwischen verbrannte die Zarin in ihrem geliebten fliederfarbenen Zimmer Papiere. Im Zimmer der Wyrubowa vernichtete sie ihre Briefe an die Freundin. Wahrscheinlich verbrannte sie auch die Briefe ihres Bruders Ernie. Und ihre Tagebücher. Bei ihrer Schreibfreudigkeit kann man sich vorstellen, wie viele es waren. Dennoch beschloß sie, die Erinnerung an jene Tage zu bewahren. Sie dachte sich einen neuen Stil für ihr Tagebuch aus: Sie notierte nur die Ereignisse und die Uhrzeit. Keinerlei Einschätzung. Gleichsam das Skelett für künftige Erinnerungen.

Auf diese Weise übertrug sie auch alle Ereignisse seit Beginn des schrecklichen Jahres 1917. Es war ihr Tagebuch vom Zusammenbruch des Imperiums. Russische und englische Wörter standen nebeneinander. Häufig verband sie russische Buchstaben mit englischen, um die Lektüre zu erschweren, falls ihr das Tagebuch weggenommen wurde.

»1. März. 11 Uhr. Benck. Tee.« Das bedeutete: Benckendorff war zum Tee eingeladen, und sie besprach mit ihm die letzten Neuigkeiten aus Petrograd.

»O. 38 u. 9, T. 38, A. 36 u. 7, Anna 38« – das war die Temperatur ihrer kranken Kinder und der Freundin.

»Iwanow – 1 – 2,5 nachts.« Das ist die Notiz über das tragische nächtliche Gespräch mit General Iwanow, als sie ihre völlige Schutzlosigkeit begriff.

Nun der Tag, der uns besonders interessiert.

»9. März. O. – 36,3,; T. – 36,2; M. – 37,2; An. – 36,5; A. – 36,2« – die Temperatur der Kranken.

»11,45 – N. angekommen.« Ja, er war wieder da.

(Als der Wagen mit dem Zaren vorfuhr, saß sie bei dem Jungen im Spielzimmer.)

»Wie ein fünfzehnjähriges Mädchen lief sie durch die Korridore des Palasts«, schrieb später ihre Freundin. Das ewige junge Mädchen empfing den ewigen Geliebten. Die beiden nicht mehr jungen Menschen umarmten sich leidenschaftlich.

Der Kammerdiener Wolkow beobachtete das Wiedersehen.

»Die Zarin eilte ihm lächelnd entgegen. Sie küßten sich.«

Auch das Zimmermädchen Anja Demidowa beobachtete die beiden: »Als sie miteinander allein waren, weinten sie.«

Genauer – er weinte. Er war ihr zweiter »Junge«.

»Lunch mit Alexej im Spielzimmer.«

Als er sich wieder beruhigt hatte, führte sie ihn zu Alexej ins Spielzimmer. Beim Lunch sprachen sie mit dem Sohn über lustige Belanglosigkeiten, und keiner von den dreien verletzte die Regeln dieses neuen Spiels. Nichts war geschehen, alles war wie früher.

Er ging zu den Töchtern ins verdunkelte Zimmer. Dann wollte er einen seiner langen geliebten Spaziergänge machen.

Alix beobachtete vom Fenster aus, wie Soldaten den ehemaligen Zaren mit Gewehrkolben zum Palast zurückdrängten. »Dorthin dürfen Sie nicht, Herr Oberst, gehen Sie zurück.« (»Herr Oberst« – so wurde er jetzt angesprochen.)

Er kehrte schweigend in den Palast zurück.

Tagebuch: »9. März, Donnerstag. Bin halb elf wohlbehalten in Zarskoje Selo angekommen. Aber, mein Gott, was für ein Unterschied! Auf der Straße und rund um den Palast Wachposten und drinnen irgendwelche Fähnriche. Ich ging nach oben und sah meine Alix und die lieben Kinder. Sie sah gesund und munter aus. Die Mädchen lagen im dunklen Zimmer, aber sie fühlen sich alle wohl bis auf Maria, bei der die Masern erst vor ein paar Tagen ausgebrochen sind. Wir aßen bei Alexej im Spielzimmer. Ich ging dann mit

Valja Dolgorukow spazieren und arbeitete mit ihm im Garten, denn weite Spaziergänge sind nicht erlaubt.«

»10. März. Wir haben gut geschlafen, trotz der Bedingungen, unter denen wir uns jetzt befinden. Uns tröstet der Gedanke, daß wir zusammen sind. Habe Papiere durchgesehen, geordnet und verbrannt.«

»11. März. Am Vormittag Benckendorff empfangen. Ich erfuhr von ihm, daß wir lange hierbleiben werden. Ein angenehmer Gedanke. Habe wieder Briefe und Papiere verbrannt.«

Er führte sein Tagebuch genauso wie früher. Er schrieb alles auf. Dachte er daran, daß es beschlagnahmt werden könnte? Zweifellos. Aber er ließ sich nicht erniedrigen. »Habe Papiere verbrannt« – und basta!

Tatsächlich wurde bald darauf ein Teil der Papiere von der Außerordentlichen Untersuchungskommission der Provisorischen Regierung beschlagnahmt.

»14. März. Habe jetzt viel Zeit, zu meinem eigenen Vergnügen zu lesen. Obwohl ich auch lange oben bei den Kindern sitze.«

»21. März. Am Tage kam unverhofft Kerenski, der jetzige Justizminister. Er ging durch alle Zimmer, wünschte uns zu sehen, sprach etwa fünf Minuten mit mir, stellte mir den neuen Palastkommandanten vor und ging... Er befahl, die arme Anja zu verhaften und zusammen mit Lili Dehn in die Stadt zu bringen.«

Die Freundinnen nahmen Abschied. Der Kammerdiener Alexander Wolkow fuhr Alix in einem Rollsessel herein. Sie umarmten sich. Man mußte sie fast mit Gewalt trennen. Aber Alix vermochte ihrer Freundin noch etwas Erhabenes zu sagen: »Dort«, sie zeigte zum Himmel, »und in Gott sind wir zusammen.« Anna wurde mit dem Auto nach Petrograd gebracht, in die Peter-und-Pauls-Festung.

Sie blickte immer wieder zurück, auf den hinter Bäumen entschwindenden Palast. Der Park von Zarskoje Selo, die weißen Statuen, die Feodor-Kathedrale – das alles würde zum Traum werden. Das Haus der Zarenfamilie... Zwölf Jahre lang war es auch ihr Haus gewesen. Sie würde sich an das große halbrunde Fenster erinnern, das Arbeitszimmer des Zaren. Sie würde sich an ihre Freundin, die Zarin, erinnern... Als kleines Mädchen hatte sie die Zarin in Iljinskoje gesehen – eine hochgewachsene Frau mit dichtem goldschimmernden Haar bis zu den Knien... Dann die Zarin in den ersten Tagen ihrer Bekanntschaft – in dunklem pelzverbrämten Samt, mit einem langen Perlenkollier. Hinter dem Stuhl ein Mohr mit weißem Turban. Und dann der Krieg. Die Zarin in der Schwesterntracht, die schmalen Lippen zusammengepreßt, die Augen bekümmert.

Unterdessen nahmen die Ereignisse ihren Fortgang.

Tagebuch vom 27. März: »Kerenski war da und bat, daß wir (Alix und ich) unsere Begegnungen auf die Essenszeiten beschränken, daß wir getrennt von den Kindern sitzen. Das wäre notwendig, um den ruhmreichen Sowjet der Arbeiter-und Soldatendeputierten zu beschwichtigen. Wir mußten uns fügen, um Gewaltanwendung zu vermeiden...«

Den Briefwechsel und persönliche Dokumente des Zarenpaares konfiszierte die »Außerordentliche Untersuchungskommission zur Prüfung des Amtsmißbrauchs seitens der Minister und anderer hoher Würdenträger des gestürzten Regimes«.

Die Kommission sollte prüfen, ob die Zarenfamilie Verrat begangen und Beziehungen zu Deutschland unterhalten hatte. Derartige Gerüchte hielten sich hartnäckig in der Gesellschaft.

Die Kommission mühte sich im Schweiße ihres Angesichts. Der große Dichter Alexander Block war Sekretär der Kommission und ging jeden Morgen in die Peter-und-Pauls-Festung, um die Verhöre zu protokollieren. Wer saß nicht alles in der Peter-und-Pauls-Festung! Als wäre die gesamte vornehme Welt von Petersburg in die Kasematten umgezogen: Premierminister, Direktoren der Departements, der Kriegsminister, die Chefs der Geheimdienste...

In den Nächten schrieb der Dichter sein »Notizbuch«.

»Manussewitsch-Manuilow – ein widerlicher, glattrasierter Zwerg... Premierminister Stürmer – eine große traurige Ruine, alterschwache Stiefel mit Gummisohlen... Der andere Premierminister Goremykin – ein Volltrottel, so hinfällig, daß es jeden Moment mit ihm zu Ende gehen kann. Der Direktor des Polizeidepartements Belezki – kurze Finger, fette Hände, speckiges Gesicht, geschwätzig... Eigenartige engstehende Augen, in denen immer eine Träne zu schimmern scheint, so ein ständiges Glitzern.«

Block zeichnete auch ein Porträt von Anna Wyrubowa.

»Wir gingen zur Wyrubowa in die Zelle. Sie stand vor dem Bett, die breite (verkrüppelte) Schulter auf eine Krücke gestützt... Sie sprach so hilflos und sah mich bittend an. Sie hat alle Zutaten für eine russische Schönheit... Aber alles ist seit langem und unwiederbringlich entstellt und verflacht.«

Hilflos? Bittend? Immerhin brachte es die »hilflose Anna« in der Festung fertig, mit der gefährlichsten Frau Rußlands, der Kaiserin, in Briefwechsel zu treten.

Block protokollierte auch ihr Verhör.

Vorsitzender: »Wußten Sie, daß Rasputin ein ausschweifender und obszöner Mensch war?«

Wyrubowa: »Das sagten alle. Ich persönlich habe nie etwas Derartiges bemerkt. Vielleicht traute er sich nicht in meiner Gegenwart? Er wußte, daß ich dem Hof nahestehe. Tausende Bittsteller kamen zu ihm, aber mir ist nichts aufgefallen...«

»Haben Sie sich nie mit Politik beschäftigt?«

»Warum sollte ich?«

»Haben Sie nie Ministern zu ihren Posten verholfen?«

»Nein.«

»Aber Sie haben die Kaiserin mit Ministern zusammengebracht?«

»Ich gebe Ihnen mein Ehrenwort, daß nichts dergleichen war.«

So machte sich Anna Wyrubowa über sie lustig. Doch was befand die Kommission schließlich über den Zaren?

Das Präsidiumsmitglied Romanow (wieder einmal ein Namensvetter) schrieb: »Das einzige, was man dem Herrscher vorwerfen kann, ist seine mangelnde Menschenkenntnis... Ein lauterer Mensch ist leichter irrezuführen als ein dummer, betrügerischer Mensch. Der Herrscher war zweifellos ein lauterer Mensch.«

Aber die Kommission machte die Betrachtungen über den lauteren Menschen nicht publik – natürlich im Interesse der Zarenfamilie, um die Leidenschaften nicht noch mehr anzufachen, um keinen Zusammenstoß zwischen Regierung und Sowjet zu provozieren. Immerhin wurde dem Zarenpaar nach einem Monat wieder erlaubt, ständig zusammenzusein. Kerenski erklärte: »Gott sei Dank, der Herrscher ist unschuldig.«

Aber niemand bemühte sich, die Gesellschaft davon zu überzeugen. Die Romanows waren zu unpopulär!

Deshalb war die bekannte Schauspielerin Vera Jurenewa sehr erstaunt, als im Neslobin-Theater »Der König der Juden« von K. R. inszeniert und ihr die Rolle der Christin Anna angeboten wurde. Dieses Stück war einst im Eremitage-Theater aufgeführt worden. Der Theaterunternehmer Neslobin hatte die gesamte Inszenierung für ein paar Groschen gekauft... Zu jeder Vorführung kamen drei junge Männer, die Söhne von K. R. – Johann, Konstantin und Igor. Statisten gingen in großartiger Haltung über die Bühne. Das waren »Ehemalige«: Offiziere, die aus Zarskoje Selo geflohen waren. Sie hatten ihre prächtigen Uniformen gegen Sklavenkostüme getauscht.

Ein schreckliches Gerücht drang zu Alix. Soldaten, die nach Kostbarkeiten suchten, hatten Rasputins Grab unter der Kapelle gefunden. Die Garnison ordnete an, den Leichnam aus Zarskoje Selo wegzubringen. Die arme Alix erreichte das Unmögliche: Kobylinski, der Chef der Wache, setzte sich mit der Provisorischen Regierung in Verbindung und erwirkte, daß die Exhumierung Rasputins verboten wurde.

Sie war wie von Sinnen. Kerenski, der immer mehr Sympathien für die Zarenfamilie hegte (das ewige Gefühl revolutionärer Machthaber gegenüber den gestürzten Herrschern), schickte einen Panzerwagen zur Bewachung des Grabes. Aber der Panzerwagen traf zu spät ein.

Der Sarg mit Rasputins Leichnam stand schon auf einem Lastwagen. Der Sargdeckel lag neben den Rädern. Das unheimliche geschminkte Gesicht des Starez starrte in den Himmel.

Neben dem Lastwagen wurde eine Kundgebung abgehalten. Ein Soldat sprach. Zur Begeisterung der Versammelten zeigte er ein kleines hölzernes Heiligenbild, das dem Sarg entnommen war. Auf der Rückseite standen die Initialien der gesamten Zarenfamilie.

Dann verließ der Lastwagen Zarskoje Selo. An der Wyborger Chaussee, auf einem Ödplatz, wo einmal die prächtige Villa des tibetanischen Arztes Badmajew, eines Freundes Rasputins, gestanden hatte, die von der rasenden Menge angezündet worden war, hielt der Lastwagen. Die Soldaten entfachten ein gewaltiges Feuer und warfen den Zinksarg und den mit Benzin übergossenen Leichnam Rasputins hinein. Das Heiligenbild schickten sie an den Petrograder Sowjet.

Die Stimme des Sowjet erklang immer lauter. Er war die Stimme der neuen Welt.

Bald nach der Verbrennung Rasputins hatte Alix einen Traum. Grigori Rasputin kam zu ihr – sein Körper war von schrecklichen Wunden bedeckt. »Sie werden euch auf Scheiterhaufen verbrennen, alle!« schrie er. Das Zimmer stand sofort in Flammen. Er bedeutete ihr wegzulaufen, und sie stürzte zu ihm... Aber zu spät. Das Feuer hatte sie schon erfaßt. Sie erwachte mit einem Schrei.

Die Provisorische Regierung verlor immer mehr an Einfluß. Der Petrograder Sowjet wurde immer stärker.

Im April 1917 kehrte Lenin mit drei Dutzend Bolschewiken aus der Schweiz – über Deutschland, das sich im Krieg mit Rußland befand – nach Petrograd zurück.

Deutschland erlaubte ihm, in einem plombierten Waggon durch sein Territorium zu fahren. Später schrieb Karl Radeck, der in diesem Zug mitfuhr, daß der Waggon überhaupt nicht plombiert war. Die Passagiere mußten sich lediglich verpflichten, unterwegs nicht auszusteigen. Außerdem saßen zwei deutsche Offiziere im Waggon. Es blieb rätselhaft, warum der Zug so lange in Deutschland unterwegs war.

Aus der stillen Schweiz kam Lenin ins brodelnde Rußland. Hatte er noch zu Jahresbeginn geglaubt, daß zu Lebzeiten seiner Generation in Rußland keine Revolution möglich sei, so verkündete er, sowie er Petrograder Boden betrat, den Kurs für eine neue, eine sozialistische Revolution. Die Macht mußte von der Provisorischen Regierung an die Sowjets übergehen. Lenin sprach von einem friedlichen Machtwechsel, von einer friedlichen Revolution. Aber vom Bahnhof brachte ihn ein Panzerwagen mit bewaffneten Matrosen zur Villa der Kschessinskaja – zum Stab der Bolschewiken.

Im Juli kamen die Matrosen aus Kronstadt in die Stadt, um die Macht der Bolschewiken zu demonstrieren.

Aus dem Gefängnis beobachtete Anna Wyrubowa voller Entsetzen diese entfesselte Masse. »Keiner schlief in dieser Nacht, über unsere Straße marschierten Matrosen zum Taurischen Palais. Etwas Schreckliches und Anarchisches lag in der Luft. Da gingen Tausende eingestaubter, müder Männer mit verrohten, furchteinflößenden Gesichtern. Sie trugen riesige Plakate ›Nieder mit dem Krieg‹. Matrosen, häufig mit Frauen, fuhren auf Lastwagen vorüber, die Gewehre im Anschlag. Im Gefängnis liefen General Beljajew und die inhaftierten Flottenoffiziere entsetzt hin und her. Der Chef unserer Bewachung erklärte, wenn die Matrosen sich dem Gefängnis näherten, würden die Wachsoldaten ihnen entgegengehen und die Waffen abgeben, denn er stehe auf Seiten der Bolschewiken.«

Obwohl die Regierung den Juliaufruhr niederschlug, war in dieser Anarchie die Zukunft zu erkennen.

Die Zarenfamilie sah nichts von alledem.

Ein friedliches Leben. Er bestellte seinen Garten, wie es Rousseau gelehrt hatte. Er säuberte die Wege, schüttete Gräben zu, verbrannte umgestürzte Bäume. Rückkehr in die Kindheit. So hatte er einst mit dem Vater im Garten gearbeitet. Jetzt arbeiteten seine Kinder im ihm. »Am 6. Mai bin ich 49 geworden, bald ein halbes Jahrhundert.« Aber der Haß der neuen Welt drang immer häufiger in den Palast ein.

»3. Juni. Ich habe die Baumstämme zu Ende gesägt. Da kam es zu einem Vorfall: Alexej spielte mit seinem Gewehr, und die Schützen, die im Garten herumgingen, forderten den Offizier auf, es dem Jungen wegzunehmen und in den Wachraum zu bringen... Schöne Offiziere, die ihren Untergebenen nichts abzuschlagen wagen!«

In Petrograd gingen Gerüchte um, der Zar sei mit seiner Familie geflohen. In Zarskoje Selo erschien ein Vertreter des Sowjets, der Sozialrevolutionär Mstislawski. Er trug eine schmuddlige Pelzjacke, aus der Pistolentasche schaute ein Browning. Er wies sein Mandat vor und verlangte, den Imperator zu sehen, denn die Gerüchte über die Flucht Nikolaus' des Blutigen (wie er jetzt immer häufiger genannt wurde) beunruhigten die Arbeiter und Soldaten.

Die Wachsoldaten waren empört: »Bewachen wir vielleicht leere Zimmer?« Aber Mstislawski blieb unerbittlich. Er brauchte dieses revolutionäre Theater: Der Zar sollte ihm vorgeführt werden, so wie die inhaftierten Revolutionäre in den zaristischen Gefängnissen vorgeführt worden waren. Sonst werde der Sowjet revolutionäre Soldaten in den Palast schicken.

Die Wache gab nach. Es wurde beschlossen, daß sich Mstislawski im Innern des Palasts an der Ecke zweier Korridore aufstellte, wo Nikolaus an ihm vorbeigehen würde.

Das Leben im Palast verlief so, wie es seit dreihundert Jahren üblich war: Mohren in goldbestickten himbeerroten Jacken und mit Turban, Vorreiter mit Dreispitz, ein riesenhafter Heiduck, Lakaien im Frack... Dazwischen stand Mstislawski – die neue Welt – in seiner schmutzigen Lederjacke. Ein Türschloß schnappte, Nikolaus erschien in der Uniform des Leibhusarenregiments. Er zupfte an seinem Schnurrbart (wie immer, wenn er sich aufregte). Im Vorbeigehen blickte er Mstislawski gleichgültig an. Doch im nächsten Moment sah Mstislawski seine Augen vor Wut lodern. Der Mann, der 22 Jahre Rußland regierte, hatte sich noch nicht an Demütigungen gewöhnt.

Die Gerüchte über die Flucht der Zarenfamilie wurden von den Zeitungen verbreitet. In Wirklichkeit kam in all den Monaten, in denen die Zarenfamilie in der Nähe von Petrograd gefangengehalten wurde, kein einziges glaubwürdiges Komplott zustande, kein einziger Befreiungsversuch. Aber die jungen Offiziere gefielen sich, wenn sie betrunken waren, in großspurigen Reden.

Am 4. (17.) Juli schrieb J. Naryschkina, eine Hofdame der Kaiserin (Alix nannte sie »Madame Sisi«), in ihr Tagebuch: »Eben erst verließ mich Fürstin Palej (die Frau des Großfürsten Pawel). Sie teilte mir unter dem Siegel der Verschwiegenheit mit, daß eine Gruppe junger Offiziere den Wahnsinnsplan habe, sie nachts im Auto zu einem Hafen zu bringen, wo sie ein englisches Schiff erwarte. Ich bin unbeschreiblich besorgt...«

Warum besorgt? Warum ein Wahnsinnsplan? Weil Sisi und Palej wußten, daß die Zarenfamilie an keinem Hafen ankommen, sondern unterwegs abgefangen und getötet würden. Zum Glück war das alles nur Geschwätz, es gab kein englisches Schiff.

Alexander Block schrieb in jenen Tagen in sein »Notizbuch«: »Die Tragödie hat noch nicht begonnen, sie beginnt entweder gar nicht, oder sie wird furchtbar, wenn sie dem wutentbrannten Volk von Angesicht zu Angesicht gegenüberstehen.«

Was taten in dieser Zeit ihre königlichen Verwandten? Zum Beispiel Georgie, für die übrige Welt der englische König Georg – Nikolaus' Verbündeter im Krieg?

Gleich nach der Arretierung des Zaren sprach der englische Botschafter bei der Provisorischen Regierung vor und verlangte Maßnahmen, die die Sicherheit der Zarenfamilie gewährleisteten. Die Provisorische Regierung verhandelte bereitwillig mit der englischen Regierung über die Ausreise der Zarenfamilie nach England. Bereits ein paar Tage später war ein Übereinkommen erzielt. Am 23. März wurde es dem englischen Botschafter übermittelt. Botschafter Buchanan schrieb, »die Regierung Seiner Majestät und der König schätzen sich glücklich, die Zarenfamilie bei sich...«.

Doch inzwischen war es Juli geworden, und sie saßen immer noch in Zarskoje Selo. Warum?

Später würde der englische Permierminister Lloyd George die Provisorische Regierung beschuldigen, sie habe den Widerstand des Petrograder Sowjets nicht überwinden können. Aber es gibt auch eine andere Meinung: Lloyd George selber riet König Georg, die Einreise der Romanows zu verhindern, um sich bei den Linken in England populär zu machen, auch wenn es seine Verwandten das Leben koste. Seit Beginn der Revolution hatte die russische Gesellschaft über die Zarenfamilie ein unausgesprochenes Urteil gefällt. Darum war auch die Außerordentliche Kommission gebildet worden, die prüfte, ob der Zar und die Zarin die Heimat und die Interessen der Verbündeten verraten hatten. Wie konnte König Georg jemanden aufnehmen, der im eigenen Land beschuldigt wurde, ihren gemeinsamen Kampf verraten zu haben? Wie konnte Kerenski diese Familie aus dem Lande lassen, die den »Verrat« und »das verfluchte alte Regime« verkörperte? So waren all die Verhandlungen nur ein Spiel, um gute Absichten vorzutäuschen und das Gewissen zu beruhigen.

»Wir hoffen aufrichtig, daß die englische Regierung nicht beabsichtigt, dem Zaren und seiner Frau Zuflucht zu gewähren... Das würde die Gefühle der Russen zutiefst verletzen, die gezwungen waren, eine große Revolution zu machen, weil sie pausenlos an unsere jetzigen Feinde verraten wurden«, schrieb damals der »Daily Telegraph«.

Die Zarenfamilie wurde zu einer gefährlichen Karte im Kampf zwischen dem Sowjet und der Provisorischen Regierung. Man beschloß, sie aus Petrograd zu entfernen. Das Zarenpaar hoffte, man werde sie ins sonnige Liwadia bringen. Aber das wagte die Provisorische Regierung nicht. Kerenski fand eine spektakuläre Lösung: die Zarenfamilie nach Sibirien zu schicken, dorthin, wohin die Zaren immer die Revolutionäre verbannt hatten. Man wählte Tobolsk, die Gegend, aus der Alix' verhängnisvoller Liebling Rasputin stammte. Das war eine versteckte Verhöhnung und eine listige Falle. Kerenski begriff, daß Alix darin einen Wink des Schicksals sehen und sich widerspruchslos fügen würde.

Der Tag der Abreise und der Ort wurden geheimgehalten. Kerenski fürchtete den Sowjet und die Massen – zu groß war der Haß auf die Zarenfamilie.

Am 30. Juli saßen sie zum letztenmal am Festtagstisch in dem verödeten Palast.

»30. Juli, Sonntag. Heute wurde der liebe Alexej 13 Jahre. Gott schenke ihm in diesen schweren Zeiten Gesundheit, Geduld, Festigkeit des Geistes und des Körpers. Wir gingen zur Messe, und nach dem Frühstück war ein Bittgottesdienst, zu dem die Ikone der Erscheinung der Gottesmutter hereingetragen wurde. Es war sehr anrührend, mit all unseren Leuten zu dem heiligen Antlitz zu beten ... Alles ist verpackt, nur die Bilder hängen noch an den Wänden.«

Für den nächsten Tag war die Abreise festgesetzt. Aber der Zeitpunkt wurde geheimgehalten. Gegen Abend fuhr ein Wagen vor – Kerenski brachte Michail.

»31. Juli. Unser letzter Tag in Zarskoje Selo. Wunderbares Wetter ... Nach dem Mittagessen warteten wir darauf, den Zeitpunkt der Abreise zu erfahren, der immer wieder verschoben wurde. Kerenski kam unverhofft und erklärte, daß Mischa bald hiersein werde. Wirklich, etwa halb elf kam der liebe Mischa in Begleitung Kerenskis und des Chefs der Wache. Es war sehr schön, sich wiederzusehen, aber im Beisein der Fremden kam kein Gespräch zustande.«

Während die Brüder Abschied nahmen, saß Kerenski in einer Ecke und hielt sich demonstrativ die Ohren zu, zum Zeichen, daß er nicht zuhörte.

Die Brüder standen sich schweigend gegenüber, traten von einem Fuß auf den andern, hielten sich bei den Händen, berührten gegenseitig die Jackenknöpfe, als wollten sie sich alles für immer einprägen, als fühlten sie, daß sie einander nicht mehr sehen würden.

Bevor Mischa ging, bat er um die Erlaubnis, sich von den Kindern zu verabschieden. Aber Kerenski gestattete es nicht.

»Als er fort war, begannen die Schützen der Wache unser Gepäck in den runden Saal zu schleppen. Dort saßen schon die Benckendorffs, die Hofdamen und die Dienerschaft. Wir gingen auf und ab, warteten auf die Lastwagen. Wir waren sehr zermürbt. Alexej wollte schlafen, er legte sich ein paarmal hin und stand wieder auf. Einige Male wurde falscher Alarm gegeben, wir zogen den Mantel an, traten auf den Balkon und kehrten in den Saal zurück.«

Zwischen den kahlen Wänden schrieb Alix ihrer Freundin. Als sie Zarskoje Selo verließ, dachte sie an Anna und an den Starez. Sie verstand es, Freundschaft zu halten.

»Wir wissen nicht, wohin wir fahren und für wie lange. Das werden wir erst im Zug wissen. Aber wir denken, daß es dorthin geht, wohin Du kürzlich gefahren bist. Der Heilige ruft uns dorthin – unser Freund... Meine Liebe, wir leiden unter unserer Abreise, alles ist verpackt, leere Zimmer – es tut weh: unser Heim im Verlauf von dreiundzwanzig Jahren, aber Du, mein Engel, hast weitaus mehr gelitten.«

Tagebuch: »Es wurde Tag, wir tranken Tee, endlich, Viertel sechs, kam Kerenski. Er sagte, daß wir fahren können. Wir stiegen in zwei Autos und fuhren zum Alexander-Bahnhof. Eine Kavallerieabteilung ritt vom Park an hinter uns her.«

Die Autos hielten auf freiem Feld neben der Bahnstation. Neben den Gleisen standen mehr als dreihundert Soldaten, die den Zaren und seine Familie bewachen und beschützen sollten. Es waren Träger des Georgsordens, wahre Recken, Schützen aus dem Ersten, Zweiten und Vierten Garderegiment. Alle trugen neue Uniformjakken und Mäntel. Für den bevorstehenden Dienst war ihnen ein Gehalt versprochen worden, außerdem Prämiengeld. Chef der Abteilung des Kexholmer Leibgarderegiments war Oberst Jewgeni Kobylinski. Er hatte seit Kriegsbeginn an der Front gekämpft und war etliche Male verwundet worden. Im September 1916 hatte er in Zarskoje Selo im Lazarett gelegen, wo ihn die »kaiserliche Krankenschwester« kennenlernte. »Wir besuchten ihn im Lazarett, ließen uns zusammen knipsen... Er ist ein richtiger Krieger«, schrieb sie damals ihrer Freundin. Jetzt war er Herr über ihr Schicksal.

Unter den Schützen der Eskorte war der Feldwebel Pjotr Matwejew. Im Swerdlowsker Parteiarchiv werden seine »Aufzeichnungen – Erinnerungen an Nikolaus Romanow« aufbewahrt.

Aus Matwejews »Aufzeichnungen«: »Wir sahen, daß vom Zarengleis ein internationaler Zug näher kam, auf den Waggons stand in roten Buchstaben: ›Mission des Roten Kreuzes‹. Wir wußten alle nicht, wohin wir fahren und wohin wir sie bringen...«

Zwei Züge waren bereitgestellt. In der Morgensonne stiegen die Menschen in die Waggons.

In einem Zug waren die Schützen, im andern die Zarenfamilie, Wachsoldaten, die Dienerschaft und das Gefolge. 45 Menschen hatten sich bereit erklärt, mit in die Verbannung zu gehen. Schon Anfang März, auf dem Bahnhof in Zarskoje Selo, hatten sich die nächsten Freunde aus dem Staub gemacht: der Chef der kaiserlichen Kanzlei K. Naryschkin, der Kommandeur des kaiserlichen Konvois von Grabbe, der Flügeladjutant N. Sablin, einer der engsten Freunde des Zarenpaares, Prinz Leuchtenburg, Oberst Mordwinow.

Mit ihnen fuhren Valja (Hofmarschall Fürst Dolgorukow), Generaladjutant Tatistschew und einige Hofdamen der Zarin. Das war von ihrem prächtigen Hofstaat übriggeblieben. Die andern waren Dienstboten.

Kerenski war nervös, er leitete persönlich das Verladen – unzählige Truhen, Koffer, Kisten, Möbel... Kommissar Makarow betrat den Waggon, er würde als Vertreter der Provisorischen Regierung die Zarenfamilie in die Verbannung begleiten. Anfang März hatte er den arretierten Nikolaus vom Hauptquartier nach Zarskoje Selo gebracht.

Beide Züge fuhren unter der Fahne des Roten Kreuzes. Mit verhangenen Fenstern würden sie an den großen Bahnhöfen vorbeifahren. Makarow war gehalten, von jedem Bahnhof ein Telegramm an Premierminister Kerenski zu schicken. Nicht einmal die Schützen der Bewachung kannten das Reiseziel.

Nikolaus und Alexandra gingen über die Gleise zu ihrem Waggon. Die Austreibung aus Zarskoje Selo war beendet. Ein Oberst Artabolewski nahm an dieser Austreibung teil und beschrieb später ausführlich, wie das Zarenpaar über die Schienen zum Waggon ging, wie Nikolaus seine Frau stützte (sie hatte schwache Füße) und ihr beim Einsteigen half, wie mühsam sie das hohe Trittbrett hinaufstieg und wie schnell der Exzar (der Gardist!) im Waggon war.

Sie fuhren in einem Schlafwagen der chinesisch-östlichen Eisenbahnstrecke, bei deren Baubeginn er vor vielen Jahren als Thronfolger in Wladiwostok zugegen gewesen war. Jetzt fuhr er auf dieser Strecke in die Verbannung.

Die unzähligen Koffer wurden in den Waggons verstaut.

Generaladjutant Ilja Tatistschew, Hofmarschall Wassili Dolgorukow, der Hauslehrer Pierre Gilliard, der Leibarzt Jewgeni Botkin, die Hofdame der Zarin Anastasia Hendrikowa, die Vorleserin Jekaterina Schneider, die Hofdame Baronesse Buxhöveden, die beiden befreundeten Zimmermädchen Anja Demidowa und Jelisaweta Ersberg, der minderjährige Lakai Iwan Sednew, Alexejs Erzieher Nagorny, der Koch Charitonow und unser alter Bekannter Alexander Wolkow stiegen in den Zug, ebenso die Diener, Schreiber, der Friseur, der Garderobenaufseher und der Kellermeister.

Tagebuch: »Ein schöner Sonnenaufgang, als wir aufbrachen... Wir verließen Zarskoje Selo 6, 10 morgens.«

Die ganze Familie stand an den Fenstern des Waggons und blickte nach Zarskoje Selo, das von der Sonne beschienen war.

Zarskoje Selo verschwand und mit ihm das vergangene Leben.

Aus den »Aufzeichnungen« Matwejews: »Erst als wir Petrograd verlassen hatten, erkannten wir an den Namen der Bahnhöfe, daß wir die Nördliche Strecke fuhren und den ehemaligen Zaren in die sibirischen Wälder und Steppen brachten.«

10.
Tagebuch des sibirischen Arrestanten

Tagebuch: »1. August. Wir richteten uns mit den Kindern in einem schönen Schlafwagen ein... Es war sehr heiß und staubig im Waggon – 26 Grad. Am Tage gingen wir mit unseren Schützen spazieren, pflückten Blumen und sammelten Beeren.«

»2. August. An allen Bahnhöfen mußten wir auf die Bitte des Kommandanten die Fenster verhängen: dumm und langweilig.«

»4. August. Als wir den Ural hinter uns hatten, wurde es merklich kühler. Am frühen Morgen passierten wir Jekaterinburg. In all diesen Tagen holte uns häufig der zweite Zug mit den Schützen ein, wir begrüßten uns wie alte Bekannte.«

Die Kinder und Alix schliefen, er nicht. Vor den verhängten Fenstern war ein Bahnhof. Wie viele Bahnhöfe hatte er in seinem Leben schon gesehen, doch dieser sollte sein letzter sein.

»4. August. Wir sind unwahrscheinlich geschlichen, um möglichst spät in Tjumen anzukommen – 11,30. Der Zug fuhr bis zum Hafen, so daß wir nur ins Schiff hinunterzusteigen brauchten. Unser Schiff heißt ›Rus‹. Die ganze Nacht über wurde das Gepäck umgeladen... Die arme Alix legte sich wieder sehr spät schlafen!«

In Tjumen wurden sie empfangen.

Aus den »Aufzeichnungen« Matwejews: »Ich sah, wie die Wagentür aufging. Als erster kam Nikolaus heraus. Ich drehte mich zu den versammelten Militärs um und sah, daß sie bei Nikolaus' Erscheinen strammstanden und die Hand an die Mütze hoben... Wie viele Leute es doch gibt, die überhaupt nicht vom revolutionären Geist durchdrungen sind!«

Um 6 Uhr morgens legte die »Rus« von Tjumen ab. Ihr folgten zwei Schiffe – »Ernährer« und »Tjumen«, die die Bediensteten und das Gepäck beförderten. Die Schiffskarawane fuhr den Fluß Tura entlang.

Am 6. August erreichten sie den Fluß Tobol.

»Ein breiterer Fluß, höhere Ufer. Der Morgen war frisch, aber als die Sonne herauskam, wurde es ganz warm... Ich vergaß zu erwähnen, daß wir gestern vor dem Mittagessen an dem Dorf Pokrowskoje vorbeikamen – der Heimat Grigoris.«

Ja, am Beginn ihres Weges in den Tod war er wieder bei ihnen – der unsterbliche Starez.

Wolkow hörte, wie Alix gefühlvoll sagte: »Hier lebte Grigori Jefimowitsch. In diesem Fluß fing er die Fische, die er uns nach Zarskoje Selo brachte.« In ihren Augen standen Tränen.

Sie erreichten Tobolsk. Vor einem Vierteljahrhundert war er auch mit dem Schiff hier angekommen, ein junger, glücklicher Mann.

Tagebuch (Fortsetzung): »6. August. Am Ufer standen viele Menschen. Sie wußten also von unserer Ankunft. Ich erinnerte mich an den Anblick der Kathedrale und der Häuser auf dem Berg.«

Aus Matwejews »Aufzeichnungen«: »Am Ufer war ohne Übertreibung die ganze Stadt zusammengeströmt.«

Die Menge starrte auf den zierlichen Mann, der eine Feldbluse mit den Schulterklappen eines Obersten, Pluderhosen mit himbeerroter Borte und Stiefel mit Knautschschäften trug. Seine Uniformmütze hatte eine Kokarde in Form eines Kreuzes, das Hemd war von einem gewöhnlichen Koppel mit glänzendem Messingschloß zusammengehalten, an der Brust leuchtete das silberne Georgskreuz. Neben ihm stand der Sohn im Soldatenmantel mit den Schulterklappen und den Litzen eines Gefreiten, auf dem Kopf eine Soldatenmütze. Alix trug einen schwarzen Mantel, die vier Mädchen dunkelblaue Reisekostüme.

In allen Kirchen läuteten die Glocken. Die Kommissare der Provisorischen Regierung befürchteten eine monarchistische Demonstration in der Stadt, aber man feierte Christi Verklärung.

Tagebuch (Ende): »6. August. Sowie das Schiff anlegte, wurde unser Gepäck ausgeladen. Valja (Dolgorukow), der Kommissar und der Kommandant (Nikolaus bezeichnete den Chef der Bewachung Kobylinski als Kommandanten) gingen sich die Häuser anschauen, die für uns und das Gefolge vorgesehen sind. Nach Valjas Rückkehr erfuhren wir, daß die Räume völlig ohne Möbel und schmutzig sind, also nicht beziehbar. Darum blieben wir auf dem Schiff und warteten auf die Sachen, die wir zum Schlafen brauchten. Beim Abendessen scherzten wir darüber, daß die Leute nicht einmal imstande sind, Räume herzurichten, wir legten uns früh schlafen.«

Sie blieben also auf dem Schiff. Aber sie genossen die Ungezwungenheit und den unbekannten Ort.

Erst am 6. August, als die Kommissare die Ankunft der Zarenfamilie in Tobolsk gemeldet hatten, wurde die offizielle Mitteilung ihrer Abreise veröffentlicht: »Aus Überlegungen staatlicher Notwendigkeit verfügte die Regierung, den ehemaligen Kaiser und die Kaiserin, die unter Arrest stehen, an einen neuen Wohnort zu bringen. Zu diesem Ort wurde Tobolsk bestimmt, wohin der ehemalige Kaiser und die Kaiserin unter Beachtung aller Sicherheitsmaßnahmen geschickt wurden. Zusammen mit ihnen fuhren auf eigenen Wunsch und unter denselben Bedingungen ihre Kinder und ihnen nahestehende Personen in die Stadt Tobolsk.«

Das Haus des Gouverneurs, in dem die Zarenfamilie wohnen sollte, wurde nach der Februarrevolution »Haus der Freiheit« genannt, und die Straße, in der das Haus stand, »Straße der Freiheit«. Das Wort »Freiheit« war damals sehr populär.

Das »Haus der Freiheit« wurde zum ersten Haus ihrer sibirischen Unfreiheit. (Die Bahnstation »Dno«, das Schiff »Rus«*, das »Haus der Freiheit«, das Ipatjew-Haus – war das alles eine Ironie der Geschichte?)

Das »Haus der Freiheit« hatte zwei Geschosse. Die Zarenfamilie wohnte im oberen. Im unteren waren der Speiseraum und die Zimmer für die Bediensteten. Im Kellergeschoß wurden die Sachen untergebracht.

Der untere Teil des Hauses war vollgestellt mit den Truhen und Koffern der Zarenfamilie. In einer Truhe wurden die Alben mit den vergilbten Photos aufbewahrt, ebenso ein dunkler Lederkoffer, der Nikolaus' Tagebücher und Briefe enthielt, alles, was von dem entschwundenen Leben übriggeblieben war.

Während die Fußböden geschrubbt, Vorhänge angebracht, Möbel aufgestellt wurden, wohnte die Zarenfamilie weiterhin auf dem Schiff und machte sogar Ausflüge wie einst auf der Jacht.

»8. August. Wir fuhren den Irtysch etwa zehn Werst** flußauf, legten am rechten Ufer an und stiegen zu einem Spaziergang aus. Wir gingen durch Gebüsch, überquerten einen Bach und gingen das Steilufer hinauf, wo sich uns ein wunderschöner Ausblick bot.«

---

* Alte Bezeichnung für Rußland (Anmerkung der Übersetzerin).

** Altes russisches Längenmaß – 1,06 km (Anmerkung der Übersetzerin).

Am 13. August zogen sie in das »Haus der Freiheit«. Tatjana und die Kaiserin fuhren in der Droschke, die übrigen gingen zu Fuß. »Wir besichtigten das Haus vom Keller bis zum Dachboden. Wir richteten uns im ersten Stock ein ... Etliche Zimmer sehen nicht sehr ansprechend aus. (Es war nach Zarskoje Selo schwer für sie.) Dann gingen wir in den sogenannten Garten – ein scheußlicher Gemüseschlag! Alles sieht alt und verwahrlost aus. Ich habe meine Sachen im Arbeitszimmer untergebracht.«

Das »Haus der Freiheit« erinnerte an eine Arche Noah. Im großen Speiseraum versammelten sich abends der Zar und die Zarin des nicht mehr existierenden Zarenreichs, der Generaladjutant des nicht mehr existierenden Zaren, der Oberhofmarschall des nicht mehr existierenden Hofes und die Hofdame der nicht mehr existierenden Zarin. Sie sprachen einander mit nicht mehr existierenden Titeln an: »Euer Majestät... Euer Erlaucht.«

Die Diener standen ihren Herren nicht nach. Von Generation zu Generation dressiert, bewegten sie sich lautlos in ihrer Livree. Die Speisekarte trug das Zarenwappen, auch wenn nur schlichte Gerichte darauf standen. Wie im Alexander-Palais wurden die Herren des Gefolges an die Zarentafel geladen: Fürst Dolgorukow, Graf Tatistschew, Pierre Gilliard und der Leibarzt Botkin.

Ein Fest der Schatten, ein phantastischer Kostümball. Das letzte Inselchen des dreihundertjährigen Imperiums.

»14. August. Ich habe den ganzen Tag Photos von der Weltreise 1890/1891 sortiert.«

Er versuchte immer noch, in der entschwundenen Welt zu leben. Während jener Weltreise hatte er zum erstenmal Tobolsk gesehen. Nun war er wieder in Tobolsk, der Kreis hatte sich geschlossen.

Das Leben im Tobolsker Haus floß friedlich dahin.

»19. August. Morgens saßen wir eine Stunde im Garten, tagsüber zwei Stunden. Ich habe dort mein Hängereck angebracht.«

Es war immer noch dasselbe Reck. Er würde es auch nach Jekaterinburg mitnehmen. Morgens machte er seine Übungen am Reck, tagsüber spielte er das Knüttelspiel oder sägte Holz.

»Ist das nicht schlimmer als die Zeit der Wirren?« sagte Nikolaus beim Sägen zu Valja.

»Viel schlimmer, Majestät – ein Fürst sägt Holz.«

Tatistschew und Dolgorukow sägten abwechselnd mit dem Zaren: Ermüdete der eine, griff der andere zur Säge. Nikolaus war unermüdlich. Er verschaffte sich gern Bewegung, ging gern spazieren, aber …

»22. August. Was für ein wunderschöner Tag. Zu ärgerlich, daß wir bei solchem Wetter nicht am Flußufer oder im Wald spazierengehen können. Wir haben auf dem Balkon gelesen.«

Der Balkon war ihr Lieblingsplatz.

»16. August. Ich trinke jetzt jeden Morgen mit allen Kindern Tee. Einen großen Teil des Tages verbrachten wir auf dem Balkon, in der Sonne, er hat den ganzen Tag Sonne.«

Vom Balkon war die »Straße der Freiheit« zu überblicken, und von der Straße aus war die Zarenfamilie auf dem Balkon zu sehen: ein zierlicher Mann in Feldbluse, Mädchen in weißen Kleidern und eine majestätische Dame, auch in Weiß, mit einem Spitzenschirm.

Das Erscheinen der Zarenfamilie auf dem Balkon war das Lieblingsschauspiel im stillen Tobolsk.

Aus einem Brief von A. J. Anutschin (Magnitogorsk):

»Sie kamen auf den Balkon. Ich weiß noch, daß wir uns alle über die Mädchen wunderten. Sie hatten kurzgeschorene Haare wie Jungen. Wir dachten, das sei in Petrograd modern. Später wurde erzählt, sie seien krank gewesen, aber genau weiß ich es nicht. Sie sahen alle so hübsch und sauber aus … Die Kaiserin war eine imposante Dame, aber nicht mehr jung. Mein Vater wunderte sich und sagte: ›Was hat Grigori bloß an der Alten gefunden?‹ Vater hatte zusammen mit Grigori Rasputin in einem Hotel in Tobolsk gearbeitet. Rasputin war oft bei uns zu Gast.«

Ein stilles Leben. »25. August. Die Spaziergänge im Gärtchen sind unwahrscheinlich langweilig. Das Gefühl des Eingesperrtseins ist hier viel stärker als in Zarskoje Selo.« Ein tristes Leben, in dem jede Kleinigkeit zu einem Ereignis wurde.

»24. August. Wladimir Nikolajewitsch Derewenko war mit seiner Familie da. Das Ereignis des Tages.«

Doktor Derewenko war Alexejs Arzt. Doch jetzt war der Junge gesund. Es war in seinem Leben selten vorgekommen, daß die Krankheit ihn so lange in Ruhe ließ. Der Arzt hatte seinen Sohn Kolja mitgebracht, der sonntags mit Alexej spielen durfte.

Alix bewohnte im Obergeschoß das erste und größte Zimmer, in dem sie die meiste Zeit verbrachte. Oder auf dem Balkon. Sie ging selten hinunter, nicht einmal zu den Mahlzeiten. Sie las die Bibel – mit braunem Einband und vielen Lesezeichen – und »gute Bücher«, die sie mitgebracht hatte.

Sie wurden später in der Müllgrube des Jekaterinburger Hauses gefunden.

Eine übliche Szene: Im Kamin brennt Feuer, obwohl das Wetter noch warm ist, ein kleiner Hund liegt auf Alix' Knien. Im Wohnzimmer spielt Tatjana Klavier.

Alix schreibt wieder einmal ihrer Freundin Anna.

»Viele Nächte schlafe ich so gut wie gar nicht. Körperlich geht es mir gut, mit dem Herzen ist es besser, weil ich so ruhig lebe. Ich bin schrecklich dünn... Die Haare werden rapide grau.«

In diesem Jahr war sie völlig ergraut und abgemagert.

»Wir sind weit weg von allen, leben ruhig und lesen von all den Schrecken; aber lassen wir das. Ihr müßt mit diesen Schrecken leben, genug davon...«

Von den »Schrecken« schrieb ihr die Freundin Anna. Die Lage der unglücklichen Romanowfamilie wurde immer angespannter. Mischa war verhaftet. Der Sozialrevolutionär Sawinkow, der die Ermordung des Großfürsten Sergej organisiert hatte, war jetzt stellvertretender Kriegsminister. Auf sein Betreiben waren Mischa und dessen Frau, die selbstzufriedene Gräfin Brassowa, verhaftet worden (jetzt verzieh ihr Alix). Auch der arme Onkel Pawel wurde verhaftet (ihm verzieh sie ebenfalls all das Scheußliche, was er gleich nach der furchtbaren Revolution in den Zeitungen geschrieben hatte).

Das Blatt hatte sich gewendet: Gestern hatten sie die Bombenwerfer ins Gefängnis gesperrt, heute sperrten die Bombenwerfer sie ins Gefängnis. Die neue Welt war angebrochen. Zum Glück ließ Kerenski Mischa und Onkel Pawel bald wieder frei.

In dieser Zeit der »Schrecken« träumte die Zarin von einer Übersiedlung ins Iwanowski-Kloster. Im Kloster hatte die Dynastie der Romanows begonnen, im Kloster hätte sie enden sollen.

Folgendes ist überliefert: Ende 1904, als Rußland im Krieg gegen Japan schwere Niederlagen erlitt, hatte Nikolaus eine erstaunliche Idee. Damals wurde im Synod erwogen, in Rußland das alte Patriarchat wieder einzuführen. Nach langen Überlegungen und nach Gesprächen mit der Kaiserin hatte Nikolaus beschlossen, dem Thron zu entsagen und Patriarch zu werden. So, wie einst in der Zeit der Wirren sein Vorfahr Philaret Patriarch gewesen war. Doch der Synod hatte diese Idee kühl aufgenommen.

Wie wünschte Nikolaus jetzt, im Jahre 1917, als eine neue Zeit der Wirren ausgebrochen war, im Kloster zu leben. Geistlicher Herrscher in Tobolsk war Erzbischof Hermogen. Einst war er ein eifriger Anhänger des Starez gewesen, später sein Erzfeind. Darum war er vom Zaren in die Verbannung geschickt worden. Die neue Macht hatte ihn für die erduldete Repression zum Erzbischof von Tobolsk ernannt. Und nun wurde er zur Hoffnung und Stütze der Zarenfamilie: Der Knecht Gottes hatte die Demütigung vergessen und war bereit, dem von Gott Gesalbten zu dienen.

Er griff die Idee des Zarenpaares begeistert auf.

Wolkow wurde zur Äbtissin geschickt. Auf dem Klostergelände war ein neues Haus im Bau, und die Äbtissin war gern bereit, die Zarenfamilie aufzunehmen. Aber diese idyllische Wendung ihres Schicksals sollte sich nicht realisieren.

Im September kam Pankratow, der Kommissar der Provisorischen Regierung, nach Tobolsk, und die Idee wurde begraben.

»1. September. Der neue Kommissar der Provisorischen Regierung Pankratow ist angekommen. Er wohnt mit seinem Gehilfen, einem zerrauften Fähnrich, im Haus des Gefolges. Dem Aussehen nach ist er Arbeiter oder ein armer Lehrer. Er wird unsere Korrespondenz zensieren.«

Das »Haus des Gefolges« hatte dem Kaufmann Kornilow gehört. Es stand gegenüber dem »Haus der Freiheit« und beherbergte Tatistschew, Dolgorukow, Doktor Botkin und dessen Tochter, die später über das Leben in Tobolsk schrieb.

Kerenski hatte Pankratow nach Tobolsk geschickt, weil er in sein effektvoll ausgedachtes Spiel paßte: Pankratow hatte 14 Jahre in der Festung Schlüsselburg gesessen, also den größten Teil der Regierungszeit Nikolaus'. Nun sollte er Nikolaus bewachen.

Alix sah darin immer dasselbe: Die Welt war auf den Kopf gestellt – ein Sträfling bewachte den Gesalbten Gottes. Sie würdigte den merkwürdigen Mann mit der hohen Papacha keines Blicks. Er sah ihr angewidertes Gesicht, wenn er ins Zimmer trat und die Briefe zurückgab – Briefe, die sie ihrer Freundin Anna schrieb und die dieser revolutionäre Zensor las (zu lesen wagte).

Sie lebte von diesem Briefwechsel.

Unterdessen sammelte die aus der Peter-und-Pauls-Festung entlassene Freundin fieberhaft Geldmittel zur Befreiung der Zarenfamilie. In dem riesigen Reich war Anna Wyrubowa wohl die einzige wirkliche Verschwörerin, die die Zarenfamilie zu befreien versuchte. Bereits im August schickte sie die junge Hofdame Rita Chitrowo – eine Freundin von Nastja Hendrikowa und der Großfürstin Olga – mit Briefen nach Tobolsk. Anna war immer voll unbändiger Energie, aber sie war eine unerfahrene Verschwörerin und erklärte Rita die Wichtigkeit der Briefe. Die Hofdame war Feuer und Flamme. Die romantische Aureole der Verschwörerin beflügelte ihre Phantasie, und sie erzählte ihrem Freund völlig glaubhaft von einer Organisation. Sie würden die Zarenfamilie retten! Ritas Freund erzählte es seinerseits weiter…

Tagebuch: »18. August. Am Morgen sah ich Rita Chitrowo auf der Straße. Sie ist aus Petrograd gekommen, um Nastja Hendrikowa zu besuchen. Am selben Abend wurde bei Nastja eine Durchsuchung vorgenommen. Weiß der Teufel, was das soll.«

»19. August. Nastja darf für einige Tage das Haus nicht verlassen, und die arme Rita Chitrowo mußte mit dem Abenddampfer zurückfahren.«

Sie fuhr nicht einfach zurück. Sie wurde unter schwerem Verdacht zu einem Untersuchungsverfahren nach Petrograd gebracht. Man suchte nach einer »Kosakenorganisation«, die man natürlich nicht fand. Rita gab Anna nicht preis.

Anna Wyrubowa wurde aus Petrograd ausgewiesen. Sie fuhr mit dem Zug nach Finnland (im selben Zug saßen General Gurko, der Arzt Badmajew, ein Freund Alexanders III. und Rasputins, Manussewitsch-Manuilow u. a.). In Helsingfors umstellten Soldaten und Matrosen den Zug.

Irgendwer hatte das Gerücht ausgestreut, im Zug säßen Großfürsten.

»Gebt uns die Großfürsten raus! Gebt die Romanows heraus!« tobte die wütende Menge.

Was für ein Haß! Block hatte recht: Die Zukunft der Zarenfamilie ließ sich schon in den Tagen der Provisorischen Regierung voraussehen.

Der Sowjet von Helsingfors verhaftete Anna. Sie wurde auf die Jacht »Polarstern« gebracht, die sich die revolutionären Matrosen angeeignet hatten. Die Matrosen sperrten Anna in den Schiffsraum, der von Ungeziefer wimmelte, und brachten sie später über das vollgespuckte, mit Zigarettenkippen übersäte Deck in den Salon, in dem sie einst mit der Zarin vierhändig Klavier gespielt hatte. In Petrograd wandte sich ihre Mutter an Trotzki. Als Chef des mächtigen Petrograder Sowjets hatte er als einziger Einfluß auf die baltischen Matrosen – »die Zierde und der Stolz der russischen Revolution«. Trotzki erhörte die Bitte, und Anna wurde freigelassen. Wieder war sie in Petrograd. Wieder trat sie in Briefwechsel mit der Zarin.

Tagebuch der Zarin: »7. September. Ich habe gehört, daß Anna festgenommen wurde, als sie auf dem Weg nach Schweden war. Sie wurde in Helsingfors verhaftet und auf die ›Polarstern‹ gebracht.« Elegische Briefe von Alix an die Freundin:

»Meine Liebe, Gute... Ich danke Gott für alles, was war, was ich bekam, und werde von den Erinnerungen leben, die mir niemand nehmen kann. Die Jugend ist vorbei. Die mir nahen Menschen sind alle weit weg... Ich bin von ihren Photos, ihren Sachen umgeben... Ein Schlafrock, Schuhe, eine Teeschale, Heiligenbilder... Ich würde Dir so gern etwas schicken, aber ich fürchte, es geht verloren.

Du weißt, daß ich mit der Seele und dem Herzen bei Dir bin, daß ich Deine Leiden teile und innig für Dich bete... Das Wetter ist wechselhaft: Frost und Sonne, dann wieder Erwärmung und wolkenverhangener Himmel... Entsetzlich langweilig für Menschen, die lange Spaziergänge lieben und sie entbehren müssen... Wie die Zeit verfliegt... Bald ist es neun Monate her, daß ich mich von vielen verabschiedete... Du bist allein in Deinem Leid... Im großen und ganzen sind hier alle gesund, bis auf kleine Erkältungen... In letzter Zeit tat mir das Herz weh. Ich lese viel, lebe in der Vergangenheit, die voll reicher, kostbarer Erinnerungen ist... Behalte den Kopf oben. Ich würde Dir gern etwas Eßbares schicken.

Ich habe die Alben in der Truhe gelassen, es ist traurig ohne sie, aber trotzdem besser so, denn es tut weh, sie anzuschauen, sich zu erinnern… Es gibt Dinge, die ich von mir wegscheuche, sie sind noch so frisch im Gedächtnis, daß sie töten…

Was vor uns liegt, ahne ich nicht… Der Herrgott weiß es und wird es nach seinem Willen richten… Ich überlasse alles ihm… Ich stricke dem Kleinen jetzt warme Socken, denn seine sind voller Löcher… Erinnerst Du Dich, wie ich früher im Winter strickte? Ich mache meinen Leuten jetzt alles selber: Papa trägt über und über geflickte Hosen, die Hemden der Töchter sind zerschlissen. Mama ist ganz grau geworden, Anastasia ist sehr dick, so wie Maria früher – großer und kräftiger Oberkörper, aber kurze Beine, ich hoffe, sie wächst noch. Olga ist schlank, Tatjana auch, ihre Haare wachsen wunderbar nach, so daß sie im Winter kein Tuch brauchen…

Ich denke an Nowgorod und an den furchtbaren 17. (Dezember) Auch dafür leidet Rußland, alle müssen dafür leiden, was sie getan haben, aber niemand versteht es…«

Am 17. Dezember 1916 war Rasputin ermordet worden. Alix war überzeugt, daß die Revolution auch ein Strafe dafür war.

Sie schrieb von dem Seelenhirten, der ermordet wurde, und erzählte von dem eingekerkerten Hirten des Landes, vom Zaren, der verraten wurde: »Es ist einfach umwerfend, wieviel innere Stärke er besitzt, obwohl er unendlich für sein Land leidet… Ich bin alt geworden, aber ich fühle mich als Landesmutter, ich leide um das Land wie um mein Kind und liebe meine Heimat, trotz aller jetzigen Schrecken und Versündigungen… Trotz der schwarzen Undankbarkeit gegenüber dem Herrscher, die mir das Herz zerreißt… Herr, erbarme dich und rette Rußland.«

Durch Trotzkis Intervention war Anna Wyrubowa freigekommen, und sie zog daraus die Lehre, weiterhin Verbindungen zur neuen Welt zu knüpfen, diesmal zu dem berühmten »Sturmvogel der Revolution« – dem Schriftsteller Gorki.

Die arme Alix mit ihren festen Prinzipien konnte die neuen Bekanntschaften der Freundin nicht verstehen. In ihren Briefen schmähte sie Gorki. Aber die Freundin wußte: neue Zeiten, neue Namen. Und diese neuen Namen konnten ihr bei ihrem gefährlichen Vorhaben nutzen. Sie ließ die »von allen verlassene Zarenfamilie« nicht im Stich. Sie handelte.

Voller Ungeduld wartete sie auf Nachrichten von einem gewissen Solowjow, den sie nach Tobolsk geschickt hatte.

Im »Haus der Freiheit« hatte die Ära des Kommissars Pankratow begonnen, »des kleinen Mannes«, wie ihn Nikolaus spöttisch nannte.

»Sie haben selbst so viel durchgemacht, Sie werden Ihre Aufgabe mit Würde und Anstand erfüllen, wie es einem Revolutionär zukommt. Sie und die Ihnen anvertraute Wache werden den ehemaligen Zaren und seine Familie bewachen und beschützen, bis die Verfassunggebende Versammlung über ihr Schicksal entschieden hat«, hatte ihm Kerenski mit auf den Weg gegeben.

14 Jahre hatte der Revolutionär Pankratow in der Festung Schlüsselburg in Einzelhaft gesessen. Dann folgten sibirische Gefängnisse, Transporte unter strenger Bewachung, Ansiedlung in Wiljuisk. Nun war er Aufseher des Zaren!

Im Unterschied zur Kaiserin ging der taktvolle Nikolaus höflich mit dem Kommissar um. Hauptinhalt ihrer Gespräche wurde Nikolaus' Bitte (genauer, Traum): »Warum lassen Sie uns nicht in die Stadt? Haben Sie denn Angst, mein Lieber, ich könnte fliehen?«

Der »kleine Mann« spürte nicht den verborgenen Spott. Er antwortete ernst: »Nein, das denke ich nicht, Nikolaus Alexandrowitsch. Ein Fluchtversuch würde Ihre Lage und die Ihrer Familie nur verschlechtern«, warnte er. – »Was ist also der Grund, mein Herr? Ich war als junger Mann in Tobolsk und weiß, daß es eine sehr schöne Stadt ist. Ich möchte sie gern mit meiner Familie anschauen.«

Doch der Kommissar verweigerte jeden Spaziergang.

Tagebuch: »J. Botkin erhielt dieser Tage von Kerenski ein Schreiben, aus dem wir erfuhren, daß uns Spaziergänge erlaubt sind. Pankratow, dieser Schweinehund, antwortete, davon könne jetzt nicht die Rede sein, weil er um unsere Sicherheit besorgt sei.«

Der gutmütige Pankratow wollte Nikolaus nicht kränken. Darum erklärte er ihm nicht, warum er besorgt war: Aus allen Teilen Rußlands trafen Briefe und Telegramme voller Drohungen und schamloser Anspielungen ein. Widerliche Zeichnungen von der Zarin und Rasputin. Und was den Kommissar besonders beunruhigte: Viele Briefe kamen aus Tobolsk. Hungrige, verbitterte, von der Front heimgekehrte Soldaten, »die ihr Blut für den Zaren vergossen hatten«, strichen durch die Straßen. Nein, er konnte die Zarenfamilie nicht in die Stadt lassen.

Darum mochte ihn Nikolaus nicht.

Auch Dolgorukow und Tatistschew begriffen zu Pankratows Verwunderung nichts. Sie lagen ihm ständig in den Ohren, dem Zaren Spaziergänge zu erlauben, und beriefen sich auf Kerenski. Unterdessen lösten ihre eigenen Spaziergänge in der Stadt bereits Unmut aus. Die Soldaten auf der Straße warnten den Kommissar höhnisch: Wenn der Fürst (Dolgorukow) noch länger durch die Stadt schlenderte, würden sie ihn für den Anfang verprügeln. Rußland war außer Rand und Band.

Der gutmütige Pankratow litt unter Nikolaus' Feindseligkeit. Er hatte ihm die 14 Jahre Festungshaft längst verziehen. Jetzt war der Zar für ihn einfach der Vater einer großen Familie, der sich in diesem neuen schrecklichen Leben überhaupt nicht zurechtfand. Pankratow faßte Zuneigung zu den Zarenkindern und schenkte den Mädchen sein Buch über seinen Leidensweg durch Sibirien. Die Mädchen lasen das Buch laut vor, es gefiel ihnen. Er erbot sich, Alexej in Geographie zu unterrichten. Dennoch mochte ihn Nikolaus nicht.

Er konnte nicht vergessen: Das war ein Revolutionär, d. h., einer von denen, die seinen Großvater getötet hatten und die an den jetzigen Greueln schuld waren. Ebensowenig konnte er Kerenski verzeihen, der jetzt im Winterpalast residierte.

In den Papieren Dr. Botkins fand ich ein Gedicht, das sich offensichtlich in jenen Tagen im »Haus der Freiheit« großer Beliebtheit erfreute. Es ist in eleganter Handschrift geschrieben, die der Schrift der Kaiserin ähnelt.

»Das Flüstern der Spiegel

Spiegel in der Trauerstille
im Palast des Zaren
zeigen glattrasierte Wangen,
eine freche Miene.

Teilnahmslos betrachtet seine
Größe einer im Jackett –
Held des Landes, wähnt verblendet,
ihm gebühre Demut, Kniefall;
Ruhm und Ehre lägen üppig
noch auf seinem Lebensweg.
Doch als Antwort flüstern leise
ihm die Spiegel Worte zu:
›Lasse deine leeren Reden,
dreister Ankömmling,
denn die Glorie alter Zeiten
hütet den Palast.
Ruhmreich, mächtig, unvergänglich
sind der Zaren Schatten,
und ein flüchtiger Besucher
kann die ew'gen nicht vertreiben.
Halte ein und streb nie wieder
nach der Zarenkrone!
Bald erhebt sich unheildrohend
gelbes Morgenrot.‹
Solche Worte künft'ger Wahrheit
flüstern, da die Nebel steigen,
Spiegel, diese treuen Zeugen
der Jahrhunderte ihm zu.«

Tobolsk, 1917

Pankratow war für Nikolaus ein typischer Zivilist, der sich erdreistete, Soldaten zu kommandieren. Nikolaus als echter Romanow konnte Menschen ohne militärische Haltung nicht leiden.

Darum blieb Pankratow für ihn »der kleine Mann«.

Die Wachsoldaten verachteten wie Nikolaus den gutmütigen Kommissar. Sie gehorchten nur Oberst Kobylinski.

Kobylinski war von General Kornilow zum Kommandanten von Zarskoje Selo ernannt worden. Er hatte sich als treuer Anhänger der Februarrevolution und der Duma gezeigt.

Doch inzwischen hatte sich der Oberst sehr verändert. Er bemühte sich nach wie vor, seine Pflicht zu tun, aber Nikolaus' eigenartiger Charme, seine Weichheit und sein Takt, und dann diese wunderschönen Mädchen und die in ihrem Hochmut schutzlose Kaiserin, das alles weckte in dem Oberst immer mehr Verantwortung für das Schicksal der Zarenfamilie.

»Ich habe Ihnen das Kostbarste gegeben, Majestät, meine Ehre«, konnte er mit vollem Recht zu Nikolaus sagen. Der Oberst genoß das Vertrauen des Zaren und seiner Familie. So stand also in dem stillen Städtchen, dessen einzige Militärmacht die 330 Bewacher der Zarenfamilie waren, der Kommandant voll auf der Seite des Zaren. Hier waltete eines der seltsamen Rätsel.

Die Schützen (»gute Schützen«, wie Nikolaus sagte) erhielten von der Zarenfamilie viele Geschenke. Botkins Tochter schreibt: »In diesen Monaten (von August bis zum Oktoberumsturz) hätte die Familie fliehen können. Die Bewachung hätte ihnen zweifellos geholfen.«

Das stille Tobolsk, der Einfluß des mächtigen Erzbischofs Hermogen – das alles hätte zum Erfolg der Flucht beigetragen.

Vielleicht hatte Kerenski sie insgeheim mit dem Gedanken nach Tobolsk geschickt, die Voraussetzungen für ihre Flucht zu schaffen. Darum hatte er den stillen, gutmütigen Pankratow zum Bewacher ausgewählt.

Warum flohen sie nicht?

Kobylinskis Stellvertreter war Hauptmann Axjuta. Er leitete die Wirtschaft der Abteilung und war eine höchst bemerkenswerte Persönlichkeit. Als nach der Oktoberrevolution Mitteilungen über eine mögliche Befreiung des Zaren veröffentlicht wurden, druckte die »Iswestija« einen Antwortbrief aus Tobolsk ab, der im Namen der Bewachung von Hauptmann Axjuta unterschrieben war (7. November 1917).

Zwei Jahre später, auf dem Höhepunkt des Bürgerkriegs, im blutigen Jahr 1919, war der weiße Offizier Graf Mstislaw Gudowitsch auf der Durchreise in der Kleinstadt Jejsk. Dort sah er einen Bekannten wieder – Hauptmann Axjuta, den der Graf noch vom Dienst in Zarskoje Selo kannte.

Axjuta lud ihn zum Übernachten in sein Haus ein und erzählte ihm die ganze Nacht vom Leben der Zarenfamilie in Tobolsk. Er schilderte auch ausführlich die Geschichte ihrer Abreise. Die Zarin hatte ihm vor ihrer Abreise ein Perlenkollier und Brillanten übergeben und der Zar seinen Säbel. Diese Dinge hatte Axjuta in der Umgebung von Tobolsk versteckt. Von dem Versteck wußten nur zwei Menschen: er selbst und General Denikin, dem er während eines Untersuchungsverfahrens davon erzählte. Axjuta war nach seiner Rückkehr aus Tobolsk unter dem Verdacht, den Bolschewiken nahezustehen, verhaftet, aber bald wieder freigelassen worden.

Diese nächtliche Erzählung stimmt mit dem Tagebuch des Zaren überein.

Wie Fürst Dolgorukow und sogar Monsieur Gilliard hatte natürlich auch der Zar den Stolz eines jeden Militärs, seinen Säbel, aus Zarskoje Selo mitgenommen. Am 2. (15.) April 1918, kurz bevor der Zar aus Tobolsk weggebracht wurde, fand im Haus eine Durchsuchung statt, deren Ergebnis der Zar in seinem Tagebuch notierte.

»2. April. Heute morgen ging der Kommandant mit einer Kommission von Offizieren und zwei Schützen durch einen Teil der Räume. Ergebnis dieser ›Durchsuchung‹ war, daß sie Valja und Gilliard den Säbel und mir einen Dolch wegnahmen.«

Sie hatten ihm also nicht den Säbel weggenommen. Offensichtlich war er vor der Haussuchung gewarnt worden und hatte den Säbel jemandem in Verwahrung gegeben – eben Hauptmann Axjuta.

Aber wie hoffnungslos weit war die südliche Kleinstadt Jejsk vom sibirischen Tobolsk entfernt! Im blutigen Durcheinander des Bürgerkriegs gelang es wohl schwerlich einem der beiden Eingeweihten, sich zu dem Versteck durchzuschlagen, so daß aller Wahrscheinlichkeit nach der Säbel des Zaren und die Juwelen der Zarin bis auf den heutigen Tag irgendwo vergraben liegen.

Also können wir den Aussagen Axjutas glauben. Uns interessiert vor allem seine Antwort auf die wichtigste Frage, die ihm Gudowitsch stellte: »Warum habt ihr dem Zaren nicht die Flucht ermöglicht?«

Axjuta antwortete, daß Oberst Kobylinski und er den Zaren befreien wollten, aber er habe ihnen gesagt, in dieser für Rußland so schweren Zeit dürfe kein einziger Russe das Land verlassen, er werde nicht fliehen, sondern hier sein Schicksal erwarten. Ein Echo dieser Gedanken finden wir in den Erinnerungen Pankratows, in denen er ein Gespräch mit einer der Großfürstinnen wiedergibt.

»Papa hat gestern in den Zeitungen gelesen, daß wir ausgewiesen werden, sobald die Verfassunggebende Versammlung zusammentritt. Ist das wahr?«

»Was steht nicht alles in den Zeitungen!«

»Nein, nein. Papa sagt, wir bleiben lieber in Rußland. Sollen sie uns noch tiefer nach Sibirien schicken.«

Der Zar spielt Tschechow *(»schlimme Langeweile«)*

Die Zeit zog sich hin... Jede Kleinigkeit war ein Ereignis: Der lang erwartete Wein, der aus Zarskoje Selo eintraf, wurde am Hafen ausgegossen. Soldaten hatten von dem Wein gehört und umschwirrten den Hafen wie Fliegen den Honigtopf. Pankratow, der ihren »Besuch« im »Haus der Freiheit« befürchtete, befahl, den Wein zu vernichten.

Tagebuch: »Es wurde beschlossen, den ganzen Wein in den Irtysch zu gießen. Die Kisten mit dem Wein wurden auf einen Bauernwagen geladen, und obenauf saß der Gehilfe des Kommissars mit einer Axt in der Hand... Wir sahen es vom Fenster aus.«

Dann der erfolglose Versuch General Kornilows, diktatorische Vollmachten zu erhalten, um mit den Sowjets und den Bolschewiken abzurechnen und im Hinterland und an der Front Ordnung zu schaffen.

»5. September. In Petrograd herrscht großes Durcheinander... Offensichtlich ist aus dem Unterfangen General Kornilows nichts geworden.« In der Gefangenschaft waren diese Ereignisse beinahe weniger schlimm als der Verlust des Weins.

Am 17. (17!) September – kurz vor dem Oktoberumsturz – beendete Nikolaus sein 50. Tagebuchheft. Er begann ein neues Heft, das er nur noch bis zur Hälfte füllen sollte.

»18. September 1917. Montag. Der Herbst ist hier in diesem Jahr wunderbar. Heute waren es 15 Grad im Schatten, eine ganz südliche Luft. Ich spielte mit Valja das Knüttelspiel, was ich viele Jahre nicht getan hatte... Olgas Unpäßlichkeit ist vorüber, sie saß mit Alix lange auf dem Balkon. Ich schrieb Mama einen Brief, der durch Pankratows Zensur ging.«

Mit dieser Eintragung beginnt das 51. Heft.

Ein monotones Leben. Sie zerstreuten sich mit Theaterspielen. Monsieur Gilliard, die Töchter und auch der Zar waren die Schauspieler. »Wir spielten ein kleines Stück..., es war sehr lustig.«

Nikolaus spielte in Tschechows »Bär« die Hauptrolle – den »Gutsbesitzer in den besten Jahren«, der bei der »jungen Witwe mit den Grübchen auf den Wangen« eine Schuld eintreiben will und sich in sie verliebt.

»18. Februar. Wir führten unser Stück (›Der Bär‹) auf, es spielten: Olga, wieder Maria und ich. Zu Beginn der Vorführung hatten wir Lampenfieber, aber dann lief es wohl gut.«

Er kniete vor Olga, die die Witwe spielte. »Ich liebe Sie, wie ich nie geliebt habe: Zwölf Frauen habe ich verlassen, neun haben mich verlassen, aber keine habe ich so geliebt wie Sie.«

Wie sie lachten, als Nikolaus das sagte. Sogar Alix lachte, was nur noch selten vorkam.

»Widerlich zu lesen, was... in Petrograd und Moskau geschah!«

Der Oktober war angebrochen.

Das schneeverwehte Tobolsk döste und wußte nichts von den Ereignissen in Petrograd. Es kamen keine Zeitungen mehr. In diesen Tagen las Nikolaus das Buch »Dreiundneunzig«.

»10. Oktober. Wieder ein warmer Tag, um 0 Grad. Am Tage Holz gesägt. Den ersten Band von ›Dreiundneunzig‹ ausgelesen.«

Dieses Buch las er nicht laut vor, aber Alix sah es natürlich. Und es rief in ihr Erinnerungen wach: Versailles, die Revolution, die Hinrichtung des Königspaares.

»11. November. Seit langem kommen keine Zeitungen mehr aus Petrograd, nicht einmal Telegramme. In so einer schweren Zeit ist das unheimlich.« Am 17. November erfuhr er, daß die Bolschewiken die Macht ergriffen hatten.

»17. November. Widerlich, in den Zeitungen zu lesen, was vor zwei Wochen in Petrograd und Moskau geschah! Das ist schlimmer und schändlicher als die Ereignisse in der Zeit der Wirren.«

Kommissar Pankratow notierte in diesen Tagen:

»Er war sehr deprimiert, aber am meisten deprimierte ihn die Plünderung der Weinkeller im Winterpalast!

›Konnte Herr Kerenski dieser Willkür nicht Einhalt gebieten?‹

›Offensichtlich nicht. Der Pöbel bleibt sich immer gleich, Nikolaus Alexandrowitsch.‹

›Wie ist so was möglich?‹ fragte der Zar plötzlich wütend. ›Kerenski ist vom Volk eingesetzt. Der Liebling der Soldaten... Weshalb verwüstet man den Palast, weshalb läßt man Plünderungen und die Vernichtung von Reichtümern zu?‹«

Sie verstanden einander nicht – der alte Revolutionär und der ehemalige Zar. Nikolaus sprach nicht von Weinkellern, er sprach von »Plünderungen«, vom »sinnlosen und erbarmungslosen russischen Aufruhr«.

Gilliard schrieb in seinen »Erinnerungen«, der Zar sei in den ersten Tagen der Unfreiheit merkwürdig zufrieden gewesen. Als er aber von der Niederlage Kornilows erfuhr, dann vom Sturz der Provisorischen Regierung, habe er immer häufiger seine Abdankung bedauert.

Ihr letztes Neujahr brach an. Es herrschte grimmiger Frost, der Junge wurde zur Nacht in viele Decken gewickelt. Im Zimmer der Zarentöchter war es eisig. Jetzt saßen sie alle bis spät abends in Alix' Zimmer vor dem kleinen Kamin. »Langweilig! Heute ist es wie gestern, morgen wird es wie heute sein. Herr, hilf uns! Herr, erbarme dich unser!« schrieb Alexej in sein Tagebuch.

»Ein grauer und milder Tag... Schlimme Langeweile!« schrieb am 2. Januar sein Vater.

Sie hatten die Tanne direkt auf den Tisch gestellt. Eine sibirische Tanne, aber ohne Schmuck. Ihre letzte Tanne. Zu Weihnachten hatten sie füreinander kleine Geschenke gebastelt. Tatjana schenkte der Mutter ein selbstgemachtes Tagebuchheft: einen karierten Notizblock, für den sie einen fliederblauen Stoffeinband aus einem Stück Schal der Mutter genäht hatte. Auf den Einband hatte sie ein »Hakenkreuz« gestickt, das Lieblingszeichen der Mutter.

Ich schlage den fliederblauen Einband auf. Auf die Rückseite hatte Tatjana in Englisch geschrieben: »Meiner lieben teuren Mama mit den besten Wünschen für ein glückliches neues Jahr. Möge Gottes Segen mit Dir sein und Dich immer schützen. Deine Dich liebende Tochter Tatjana.«

Nun konnte Alix ihr Tagebuch beginnen, das zu beenden ihr nicht vergönnt war.

In der Silvesternacht schrieb sie: »Ich danke Gott, daß wir gerettet und beisammen sind, daß er uns und alle die Menschen, die uns nahestehen, im vergangenen Jahr schützte.«

Eine Überlieferung sagte für das neue Jahr Verhängnisvolles voraus.

Im Tobolsker Haus las der Zar ein Buch von Sergej Nilus. Die Frau von Nilus war mit der Kaiserin bekannt. Alix hatte dem Ehepaar zur Hochzeit eine Ikone und einen Samowar mit ihren Initialen geschenkt. Die beiden verkehrten im Palast und wußten vieles. In seinem Buch »Am Ufer des Gottesflusses« erwähnt Nilus die Überlieferung, die ihm die Kammerfrau der Kaiserin, Frau Heringer, erzählt hatte.

In Gatschina wurde im Palast eine verschlossene und versiegelte Schatulle aufbewahrt. Sie enthielt etwas, das die Witwe des ermordeten Zaren Paul I., Maria Fjodorowna, hineingelegt hatte. Nach ihrem Willen sollte der Zar, der 100 Jahre nach der Ermordung ihres Mannes Rußland regierte, die Schatulle öffnen. Das war im Jahre 1901. Der Zar und die Zarin, damals noch ganz jung, fuhren vergnügt nach Gatschina, um das Geheimnis zu lüften. Als sie zurückkehrten, waren sie nach den Worten der Kammerfrau »sehr nachdenklich und traurig«. Frau Heringer hörte später den Zaren sagen, das Jahr 1918 werde für ihn und die Dynastie verhängnisvoll werden.

Es geschah am Vorabend des neuen Jahres.

In der Kirche der Muttergottes nahm am ersten Weihnachtstag des ersten Revolutionsjahres die Zarenfamilie unter Bewachung am festlichen Gottesdienst teil. Zum Schluß der Messe verkündete der Diakon plötzlich in der überfüllten Kirche: »Ihre Majestäten der Kaiser und die Kaiserin...« Dann folgten die Namen ihrer Kinder mit den früheren Titeln. In dröhnendem Baß wünschte ihnen der Diakon: »Viele Jahre!« So erklang in der Tobolsker Kirche zum erstenmal nach der Februarrevolution das alte »Mnogoletije«* für die Zarenfamilie.

Die Anwesenden antworteten mit einem Stimmengewirr. Der Chef des Konvois und Kommissar Pankratow stellten den Diakon zur Rede. Der berief sich auf die Anweisung Vater Alexejs, des Geistlichen. »Zerrt ihn an den Haaren aus der Kirche«, ereiferte sich ein Schütze des Konvois.

Am nächsten Tag berief der Tobolsker Sowjet, der von Bolschewiken geleitet wurde, eine Untersuchungskommission. Sie kritisierte Pankratow und verlangte ein härteres Regiment. Zum erstenmal wurde die Forderung laut: »Ins Gefängnis mit den Romanows!« Sie nahmen sich auch den Geistlichen vor. Doch der Erzbischof Hermogen entzog ihn der Bestrafung und versetzte ihn in ein entlegenes Kloster.

So ist in der Geschichte der Romanows alles miteinander verwoben. Der Name Hermogen steht am Beginn der Romanowdynastie. In den Zeiten der Wirren hatte der Patriarch Hermogen dazu aufgerufen, die Polen aus Rußland zu vertreiben. Er wurde von ihnen eingekerkert und empfing den Märtyrertod.

Dreihundert Jahre später, zur Zeit der letzten Romanows, hieß der Erzbischof in Tobolsk ebenfalls Hermogen. »Erzbischof... Du trägst den Namen des heiligen Hermogen. Das ist ein Vorzeichen«, schrieb ihm die verwitwete Zarinmutter. Sie erwartete von dem energischen Kirchenmann energische Schritte.

* Gesang (nach der Messe) für das Wohl des kaiserlichen Hauses (Anmerkung der Übersetzerin).

Die Zarinmutter hatte recht. Es war ein Vorzeichen. Der Kreis der Geschichte hatte sich geschlossen.

Zu dieser Zeit war die russische Kirche unabhängig. 1703 hatte Peter der Große das Patriarchat abgeschafft. Im November 1917 wählte die Kirchenversammlung wieder einen Patriarchen von Moskau und ganz Rußland. Anfang 1918 verhängte Patriarch Tichon den Bannfluch über die Bolschewiken. Zugleich ließ er dem gestürzten Zaren durch Hermogen die Hostie und seinen Segen überbringen. Viele Geistliche, darunter auch Hermogen, verhielten sich genauso wie das Oberhaupt der Kirche. Die meisten von ihnen kamen in den Tagen des roten Terrors ums Leben.

Am Beginn des Jahres 1918 besaß der Tobolsker Seelenhirt noch große Macht. Hermogen weigerte sich, Vater Alexej für schuldig zu erklären. Er schrieb dem Sowjet: »Nach der Heiligen Schrift und der Geschichte verlieren Kaiser, Könige und Zaren, die keine Regierungsgewalt mehr ausüben, nicht ihren Titel.« Er schrieb vom Titel, den Gott verliehen und auf den die weltliche Macht keinen Einfluß habe.

In dieser Zeit wollte Hermogen der Zarenfamilie zur Flucht verhelfen. Sibirien, geheime Pfade, ferne festungsgleiche Klöster, Flüsse, an denen Boote versteckt lagen, Gemeindemitglieder, die sich noch nicht von Gott losgesagt hatten.

Aber Alix wollte das Schicksal ihrer Familie nicht dem Todfeind des Starez anvertrauen.

»Hermogen hält bei sich jeden Tag Andachten für Papa und Mama ab«, schrieb sie ihrer Freundin Anna. »Papa und Mama«, so hatte Rasputin das Zarenpaar genannt. Obwohl sie Hermogen Gerechtigkeit widerfahren ließ und ihn sogar lobte, konnte sie nicht vergessen, daß der Starez ihn gehaßt hatte.

So verhinderte Rasputin über den Tod hinaus, daß sie sich mit dem einzigen Menschen verbündeten, der ihnen wirklich hätte helfen können. Statt dessen schickte ihnen der Starez einen anderen Boten.

Die ganze Zeit über sammelte Anna Wyrubowa Geld für die Zarenfamilie. Die Leute spendeten bereitwillig: Besser Geld geben als an gefährlichen Verschwörungen teilnehmen. Außerdem konnte sich ja das Blatt wenden. Graf Benckendorff und Anna Wyrubowa häuften große Geldsummen zur Befreiung der Zarenfamilie an. Da trat Solowjow in Erscheinung.

Seine Vergangenheit sprach für ihn.

Sein Vater war Schatzmeister des Heiligen Synods. Seine Mutter gehörte zum Kreis der treuesten Anhängerinnen des Starez.

Solowjow hatte in Berlin studiert und war dann nach Indien gegangen, wo er als Theosoph ein Schüler der berühmten Blawatskaja wurde.

1914 trat er in ein Reserveregiment ein und konnte in Petrograd bleiben. Er war häufiger Gast in Rasputins Wohnung. Hier lernte er Rasputins Töchter Warwara und Matrjona kennen. Nach der Februarrevolution tauchte der Stammgast des Rasputinschen Kreises im revolutionären Taurischen Palais auf. Der Fähnrich Solowjow ließ seine Soldaten den Eid auf die Duma leisten und wurde Offizier in der Militärkommission der Duma. Aus dem Anhänger Rasputins wurde ein Revolutionär.

Er erzählte Anna Wyrubowa, seine Soldaten hätten ihn gezwungen, den Treueid auf die Duma zu leisten. Anna hörte es sich ironisch lächelnd an. Sie brauchte keine Rechtfertigungen, sie wußte, daß man jetzt so handeln mußte, um zu überleben. Sie beschloß, auf Solowjow zu setzen.

Anna war wohl keine gute Menschenkennerin, sie übergab Solowjow Briefe an die Zarin und viel Geld.

Solowjow kam noch Tobolsk und knüpfte Verbindungen zur Zarenfamilie. Sein wichtigster Agent wurde Vater Alexej. Der hielt häufig Gottesdienste im »Haus der Freiheit« ab. Durch ihn ließ Solowjow der Zarin die Briefe zukommen.

Das war ein Fehler. Die Zarin achtete zwar Vater Alexej, aber er kam von Hermogen, dem Feind »unseres Freundes«. So nahm sie alle Vorschläge, die ihr Solowjow über Vater Alexej unterbreitete, mit äußerster Vorsicht auf. Sie reagierte kühl auf seine Fluchtpläne und ließ Nikolaus darauf antworten: Jeder Befreiungsversuch berge Gefahren für die Kinder, was zu vermeiden sei.

Bevor Solowjow nach Petrograd zurückfuhr, hatte er Vater Alexej offensichtlich geraten, das Mnogoletije anzustimmen. Er hatte den Geistlichen davon überzeugt, daß es eine mutige Tat sei. Obendrein aber eine ungefährliche Heldentat, weil ihn der Einfluß Hermogens schütze.

Das Mnogoletije zeitigte die Folgen, die Solowjow vorausbedacht hatte: Das ruhige Leben der Zarenfamilie war zu Ende. Nun würden sie sich zur Flucht gezwungen sehen und seine Hilfe suchen.

Mit dem letzten Zaren würden noch etliche ausgeklügelte Spiele gespielt werden. Ihnen lag immer eins zugrunde – die Provokation!

Solowjow kehrte nach Petrograd zurück. Offenbar beklagte er sich bei Anna über das Mißtrauen der Zarin, das jeden Fluchtversuch vereitele. Da gab Anna (sie kannte ihre kaiserliche Freundin) Solowjow die glänzende Idee ein, eine Tochter des Starez zu heiraten. Das würde der Passierschein zu Alix' Herzen sein. Solowjow heiratete unverzüglich.

Über seine Gefühle für seine Frau schrieb er in sein Tagebuch: »Wenn ich weiter mit ihr leben wollte, müßte sie wenigstens einen schönen Körper haben, dessen sie sich leider nicht rühmen kann. Für geschlechtliche Beziehungen kann sie mir also nicht dienen, da gibt es weitaus geeignetere Frauen als sie.«

Solowjow fuhr mit Matrjona nach Sibirien, nach Pokrowskoje, wo er gleichsam mit der Gestalt des Starez verschmolz. Erst jetzt nahm er wieder Kontakt mit dem »Haus der Freiheit« auf.

Nun wurde ihm ein ganz anderer Empfang zuteil. Hinter ihm stand der geliebte Schatten, er war der Ehemann *seiner* Tochter, gekommen, sie alle zu retten. Der Name des Starez versetzte Alix in die vertraute phantastische Welt: Rasputin hatte aus dem Jenseits die mächtigen Heerscharen aus der Heiligen Schrift zu ihnen gesandt.

Sie glaubte jetzt mit ganzem Herzen an Solowjow und gab ihm großzügig kaiserliche Juwelen für die Befreiung ihrer Familie.

Anna Wyrubowa schickte Solowjow den Offizier Sergej Markow zur Unterstützung. Markow hatte im Krimschen Kavallerieregiment gedient, dessen Patin die Kaiserin gewesen war. Die Freundin wußte, daß Markow das Vertrauen der romantischen Alix erringen würde: Ein Offizier ihres Regiments rettet seine Kaiserin!

Am 12. März schrieb Alix freudig in ihr Tagebuch: »Ich war auf dem Balkon und sah meinen Exoffizier Markow vorbeigehen, ebenso Stein.«

Wer Stein ist, von dem Alix schreibt, läßt sich aus dem Tagebuch des Zaren ersehen, der wie immer *alles* notierte (auch das, was er auf gar keinen Fall hätte notieren dürfen).

12. (25.) März. »Aus Moskau kam zum zweitenmal Wladimir Nikolajewitsch Stein und brachte eine beträchtliche Geldsumme von guten Bekannten, Bücher und Tee. Er war zu meiner Zeit in Mogiljow zweiter Vizegouverneur. Heute sahen wir ihn auf der Straße vorbeigehen.«

Also hatte Stein, der Gesandte der Freundin und Benckendorffs, eine »beträchtliche Geldsumme« gebracht – zum Lebensunterhalt und zur Befreiung.

Aber die Hauptsache war »mein Exoffizier Markow«! Anna hatte richtig kalkuliert. Alix war begeistert: Sie hatten sich vereint – der Gesandte des Starez und der Gesandte der tapferen russischen Offiziere, die ihrer Kaiserin treu ergeben waren. Nach einem weiteren Brief von Solowjow phantasierte sie von »dreihundert Offizieren«. Sie erzählte Gilliard von diesen Offizieren, die sich in Tjumen versammelt hätten und die Flucht der Zarenfamilie vorbereiteten.

Im Unterschied zu Solowjow war Markow kein Gauner. Er war »der verlassenen Zarenfamilie« (wie er sie später in seinem bitteren Buch nannte) aufrichtig ergeben.

Solowjow organisierte eine Zusammenkunft mit Markow und Sedowy, einem anderen von der Wyrubowa geschickten Offizier. Er erzählte ihnen von »Offiziersgruppen«, die sich auf der gesamten Strecke zwischen Tobolsk und Tjumen schon gebildet hätten. Die Zarenfamilie sollte während der Flucht von einer Gruppe zu anderen geleitet werden. Er teilte den beiden mit, daß er das Telephon des Sowjets kontrolliere. Zu guter Letzt stellte er ihnen sogar den Kapitän vor, der die Zarenfamilie mit dem Schiff außer Landes bringen sollte.

Wer die Rolle des Kapitäns spielte, blieb ein Geheimnis Solowjows. Die von Stein mitgebrachten Gelder und der Zarenschmuck aber gingen weiterhin vom »Haus der Freiheit« an den Gauner über.

Alix' Glauben wirkte ansteckend. Selbst der besonnene Gilliard tauchte in ihre Welt ein und »hielt sich für den Fall der Fälle bereit«.

Als im März 1918 auf der »Straße der Freiheit« Schellengeläut ertönte und bewaffnete Männer in verwegenen Troikas schreiend und pfeifend vorbeifuhren, murmelte Alix, die aus dem Fenster blickte, begeistert: »Was für schöne russische Gesichter!« Sie war gekommen, die mächtige Heerschar, 300 Offiziere, von denen ihr der Gesandte des Starez so oft geschrieben hatte.

In Wirklichkeit waren an diesem Tag verwegene Rotgardisten aus der Stadt Omsk gekommen, um in Tobolsk die Macht der Bolschewiken zu etablieren. Damit endete die idyllische Zeit ihrer Haft. Mit Schellen, Schreien und Pfeifen brach die neue Welt in das stille Tobolsk ein.

So hatte Rasputin die Zarenfamilie nach seinem Tod noch einmal ins Verderben gestürzt.

»Es gab keine Offiziersgruppen zur Befreiung der Zarenfamilie! Es gab nur Gespräche«, schrieb Tatjana Botkina, die Tochter des herzensguten Arztes, in ihren Erinnerungen.

Nachdem der Zar Tobolsk verlassen hatte, fragte sie einen der monarchistischen »Verschwörer«: »Warum hat Ihre Organisation nichts unternommen?«

»Wir haben uns organisiert, um Alexej Nikolajewitsch zu retten.«

Dann wurden Alexej und die Großfürstinnen aus Tobolsk weggebracht. Sie stellte dieselbe Frage.

»Ich bitte Sie, wir wären aufgeflogen, die Rotarmisten hätten uns alle verhaftet.«

»Solche Organisatoren gab es zur Genüge«, schloß Botkins Tochter traurig. Sie hielt Solowjow für einen Provokateur. Wie auch andere im »Haus der Freiheit«.

Aber wer hätte es gewagt, ein Wort gegen den Schwiegersohn Rasputins zu sagen?

War Solowjow wirklich ein Agent der Bolschewiken? Wohl kaum. Vielmehr waren sie füreinander von Nutzen: Die Tscheka* und Solowjow – beide trieben ihr Spiel mit dem Schicksal der ahnungslosen Zarenfamilie.

---

* Gesamtrussische »Außerordentliche Kommission zur Bekämpfung von Konterrevolution und Sabotage«, 1917 geschaffen, 1922 in GPU umgewandelt, 1934 in NKWD umbenannt (Anmerkung der Übersetzerin).

Boris Solowjow, der den Verschwörer spielte, hat die Zarenfamilie schlicht und einfach bestohlen. Seine Scheinverschwörung diente dem Zweck, die Zarenfamilie schleunigst aus dem stillen Tobolsk wegzubringen.

Dieses zweite Spiel wurde in der Hauptstadt des roten Ural, in der Stadt Jekaterinburg ersonnen.

11. Genossen

Ende April 1917 standen vor der Villa der Kschessinskaja Kronstädter Matrosen Wache: In der Villa, die Nikolaus einst seiner Geliebten geschenkt hatte, hielt Lenin eine Konferenz der Bolschewiken ab. »Bolschewiklein« wurden sie verächtlich genannt. Aber schon damals spürte der Dichter Block ihre schreckliche Kraft.

Noch unlängst hatten sie ihre Zeit in der Verbannung verbracht oder waren als Emigranten hoffnungslos durch die europäischen Städte geirrt. Jetzt sprachen sie von der Macht über das größte Land der Welt. »Eine Partei, die nicht die Macht will, ist unwürdig, sich Partei zu nennen«, sagte Trotzki, der zweite Führer der Bolschewiken.

Das war keine Utopie. Die Bolschewiken verfügten noch vom Kampf gegen den Zaren über einen hervorragenden konspirativen Apparat. Und Rußland war zu dieser Zeit das freieste Land der Erde – sie konnten handeln.

Dieser konspirativen Organisation gehörten zwei alte Freunde an, die sich auf jener Konferenz wiedersahen – Swerdlow und Golostschokin... Nach den Maßstäben der Revolution war der Genosse Filipp Golostschokin ein alter Mann. Sein Gesicht war gezeichnet von schlaflosen Nächten und schlechter Ernährung. Natürlich trug er ein Bärtchen. Sie hatten alle dieses Bärtchen – Lenin, Swerdlow, Trotzki, Kamenew. Er hatte Zahnarzt werden wollen, wurde aber Berufsrevolutionär: konspirative Wohnungen, Parteinamen. Sein letzter Deckname war Filipp, er wurde zu seinem Vornamen. Seit 1912 war er Mitglied des ZK der Bolschewiken. 1913, als Nikolaus das 300jährige Jubiläum der Dynastie feierte, wurde er von der Polizei ergriffen und ins Turuchansker Gebiet verbannt, wo er mit dem namhaften Bolschewiken Jakow Swerdlow zusammentraf. Swerdlow und Golostschokin »verband nicht nur die Gemeinsamkeit der Ansichten, sondern auch persönliche Freundschaft«, schrieb Swerdlows Frau in ihren »Erinnerungen«. Der Februar 1917 befreite die beiden Freunde aus der Turuchansker Verbannung.

Auf der Konferenz in der Kschessinskaja-Villa wurde beschlossen, daß Swerdlow, der Kopf der Ural-Bolschewiken, als Sekretär des ZK in Petrograd bleiben sollte. Sein Nachfolger im Ural wurde sein alter Freund, Genosse Filipp.

So fuhr Golostschokin als Führer der Ural-Bolschewiken nach Jekaterinburg, um die Revolution zu organisieren.

Im April 1917 hatte Lenin verkündet, daß sie die Macht auf friedlichem Weg übernehmen würden. Doch bereits im Juli demonstrierten die Bolschewiken ihre Kraft: Die Kronstädter Matrosen zogen in Petrograd ein. Aber der Juliaufstand wurde niedergeschlagen. Lenin erklärte die Regierung Kerenski zum Organ der siegreichen Konterrevolution und die Sowjets zum »Feigenblatt«, das die Macht der Bourgeoisie verdecke.

Lenin bereitete den bewaffneten Aufstand vor.

Die Provisorische Regierung leitete Gerichtsverfahren ein. Die Bolschewiken wurden beschuldigt, eine Meuterei organisiert und Geld von Rußlands Feind, Deutschland, erhalten zu haben. Aber Lenin und sein engster Kampfgefährte Sinowjew weigerten sich, vor Gericht zu erscheinen, sie tauchten unter. Obwohl man viele führende Bolschewiken verhaftete, wurde die Partei nicht für ungesetzlich erklärt. 300 Parteimitglieder nahmen an der Konferenz der Bolschewiken teil.

Der Oberbefehlshaber General Kornilow versuchte die Machtergreifung der Bolschewiken abzuwenden. Er forderte von Kerenski, mit dem ganzen Einsatz der Macht im Hinterland und an der Front Ordnung zu schaffen. Das Kavalleriekorps von General Krymow rückte gegen Petrograd vor.

Kerenski setzte Kornilow ab und bat die Sowjets um Unterstützung.

Da beschloß Lenin, sich mit der Regierung gegen Kornilow zu

verbünden. Kerenski nahm dieses Geschenk an. Aber es war ein Danaergeschenk.

»Die Entwicklung dieses Krieges (gegen Kornilow) mußte uns an die Macht bringen« (Lenin). Den Kampf gegen Kornilow und den Kontakt mit der Regierung nutzte Lenin zu legalen Bewaffnung seiner Anhänger in den Großstädten Rußlands aus.

Genosse Filipp war in Jekaterinburg unermüdlich: Er stellte bewaffnete Arbeiterabteilungen auf, schuf einen Stab der Roten Garde. Zum Stabschef ernannte er den baltischen Matrosen Pascha Chochrjakow, einen bildschönen Mann mit MG-Gurten über der Brust.

Auch die benachbarte Stadt Perm war für den Aufstand gerüstet. Dort stützte sich Golostschokin auf die Brüder Lukojanow. Michail Lukojanow war der Führer der Permer Bolschewiken, und sein Bruder Fjodor leitete die Rote Garde der Arbeiter.

Im Herbst 1917 war die Provisorische Regierung nur noch eine Fiktion. Alle diese brillanten Intellektuellen erschöpften sich im innerparteilichen Kampf, waren unfähig, mit der Anarchie fertig zu werden. »Der Zerfall des Regierungsapparats war vollständig... Rußland wurde von einer Welle barbarischer Pogrome überrollt, durchgeführt von gierigen, hungrigen Bauern. Die Versorgung mit Lebensmitteln war zusammengebrochen. In Petrograd überschritten wir die Grenze, hinter der der Hunger begann. In allen Industriezentren rissen die Streiks nicht ab... Die Lage des Transportwesens war erschreckend... Die gesamte Presse lamentierte über die bevorstehende wirtschaftliche Katastrophe. Dort, wo in Kornilows Truppen revolutionäre Komitees eindrangen, war es mit der gesetzlichen Macht vorbei«, schrieb N. Suchanow in seinen »Aufzeichnungen über die Revolution«.

Anfang Oktober fuhr Golostschokin als Delegierter des Urals zum Sowjetkongreß nach Petrograd. Bald darauf traf in Jekaterinburg ein dringendes Telegramm ein: Am 25. Oktober stürzten die Bolschewiken die Provisorische Regierung.

Daraufhin übernahmen die Jekaterinburger Bolschewiken – die revolutionären Militärkomitees und die Rote Garde – die Macht in der Stadt.

Das gleiche geschah im benachbarten Perm.

Nachdem die Bolschewiken im Ural gesiegt hatten, richteten sich die Blicke des roten Jekaterinburg auf das stille Tobolsk. Dort, gar nicht so weit weg, befand sich die Zarenfamilie. Der heilige Traum der Revolutionäre, mit Nikolaus dem Blutigen abzurechnen! Dann noch die Gerüchte über die unermeßlichen Schätze der Romanows, die sie angeblich aus Petrograd mitgenommen hatten.

Golostschokin arbeitete in Jekaterinburg einen Plan aus.

Genosse Maratow

Nach Erscheinen meines ersten Artikels über die Erschießung der Zarenfamilie in der Zeitschrift »Ogonjok« erhielt ich einen kurzen Brief: »Verehrter Gen. Radsinski! Ich kann Ihnen Einzelheiten zu dem Sie interessierenden Thema mitteilen.« Unterschrift: »Alexander Wassiljewitsch«, ohne Familiennamen. Und eine Telephonnummer. Ich rief an.

EINE GREISENSTIMME: »Reden Sie lauter. Das Telephon ist nicht in Ordnung.« (Alte Leute beklagen sich nicht über ihr Gehör, sondern über das Telephon. Bei meinen Nachforschungen hatte ich es vor allem mit sehr alten Leuten zu tun und bekam diesen Satz oft zu hören.)

ICH: »Ich habe Ihren Brief bekommen und würde mich gern mit Ihnen treffen.«

ER: »Ja. Ich komme am besten zu Ihnen.« (Wie oft habe ich das gehört! Sie haben eine harte Schule hinter sich – die Stalinsche Schule der Angst. Er will nicht, daß ich zu ihm komme, damit ich nicht erfahre, wer er ist. Er hat Angst.)

Er kam zu mir. Ein gebrechlicher Greis mit schütteren weißen Haaren, Ordensspangen auf dem Jackett. Einleitend sagte er:

»Wenn Sie das verwenden, was ich Ihnen erzähle, möchte ich nicht, daß mein Name genannt wird.«

Ich unterbrach ihn. Ich sprach sehr laut, denn er hörte tatsächlich schlecht. »Seien Sie unbesorgt, ich kenne doch Ihren Namen gar nicht.«

Das wußte er selber, aber er wollte es noch einmal von mir bestätigt haben. Niemand auf der Welt kann verstehen, wovor er sich jetzt noch fürchtet. Aber ich und alle, die in meinem Land geboren sind, verstehen es: Er fürchtete sich für alle Fälle. Diese Stalinschen Lektionen werden sie bis zum Grab nicht mehr los.

ER: »Die Geschichte quält mich irgendwie. In jenen Jahren... Sie waren damals noch gar nicht auf der Welt... In jenen Jahren fragten die Leute nicht viel. Das war nicht üblich. So weiß ich von dem Mann, von dem ich jetzt erzählen will, nur wenig. Es war Anfang der zwanziger Jahre. Ich weiß noch, daß dieser Mann vom Ural kam. Mein älterer Bruder war ein bekannter Neuropathologe, und der Mann wollte sich von ihm behandeln lassen. Er hatte einen Verwandten, der im ZK arbeitete – ein ›hohes Tier‹, wie man damals sagte. Mein Bruder bekam einen Anruf, er sollte den Mann zu Hause empfangen und untersuchen, sozusagen privat.

Er kam also zu uns. Am Abend beim Tee erzählte mein Bruder in meinem Beisein unserm Vater davon. Ich habe es mir gemerkt. Was man in der Jugend erlebt, behält man. Dieser Mann hatte in der Ural-Tscheka gearbeitet und war an der Erschießung des Zaren führend beteiligt. Seitdem stand es schlecht um seine Nerven. Jedes Frühjahr mußte er in die Nervenklinik. Als er zu uns kam, war Frühlingsanfang, und es ging ihm übel. Mein Bruder nannte ihn ›Spion‹.«

Er hielt inne, damit ich fragen konnte, was ich auch tat.

»›Spion‹, weil sie ihn zuerst in jenes Haus eingeschleust hatten. Noch vor Jekaterinburg, da war der Zar in einer andern Stadt...«

»In Tobolsk.«

»Vielleicht. Das wissen Sie besser. Dort war ein großes Haus. Und in dem Haus arbeitete er als Zimmermann und beobachtete den Zaren. Das erzählte er meinem Bruder. Der Zar und die Zarin unterhielten sich auf englisch, was dort keiner verstand, aber man mußte wissen, was sie sprachen. Darum wurde er hingeschickt. Irgendwer von der Bewachung half ihm.« Er verstummte.

»Und weiter?«

»Weiter war nichts. Mein Bruder bekam Angst. Genauer, mein Vater sagte: ›Daß mir der Mann nicht mehr über die Schwelle kommt...‹ Mein Vater mochte die neue Macht nicht.«

»Sagen Sie, haben Sie das damals alles aufgeschrieben?«

»Na hören Sie! Wer schreibt so etwas auf? Ich hatte mein Leben lang Angst, auch nur darüber zu reden. Er hat meinem Bruder auch von der Erschießung erzählt. Aber das wollte der Bruder nicht einmal uns wiedererzählen. Er sagte nur: ›Das Blut floß in Strömen. Alles war voller Blut.‹«

Wenn ich mit Dokumenten arbeitete, erlebte ich oft ihre mystische Eigenschaft, die von dem Sprichwort bestätigt wird: Einem guten Jäger ist auch das Glück hold. Bald nach diesem Gespräch stieß ich in dem Buch »Die Revolutionäre an der Kama« (Perm 1966), das von den Kampfgefährten Golostschokins handelt, auf eine erstaunliche Biographie.

»Fjodor Nikolajewitsch Lukojanow (geb. 1894) besuchte bis 1912 in Perm das Gymnasium und war später Student der Juristischen Fakultät der Moskauer Universität.

Sein Vater, Oberinspektor des Steueramtes, ließ bei seinem Tod seine Frau mit fünf Kindern zurück. Seit 1913 war Lukojanow Mitglied eines bolschewistischen Studentenzirkels. Sein Bruder Michail und seine Schwestern Nadeschda und Vera waren ebenfalls Bolschewiken. Nach Perm zurückgekehrt, trat Lukojanow einer bolschewistischen Gruppe bei der Zeitung ›Permskaja shisn‹ bei. Nach dem Sieg der Sowjetmacht arbeitete er in der Tscheka. Er war anfangs Vorsitzender der Permer Gouvernements-Tscheka und später der Ural-Tscheka.«

Im Juli 1918, als die Romanows erschossen wurden, leitete Fjodor Lukojanow in Jekaterinburg die Tscheka.

Weiter in dem Buch: »Eine schwere Nervenerkrankung, die sich schon 1918 bemerkbar machte, schritt immer weiter fort. 1932 wurde Lukojanow in das Volkskommissariat für Versorgung versetzt, von 1934 bis 1937 arbeitete er in der Redaktion der ›Iswestija‹, danach im Volkskommissariat für Erfassung. Er starb 1947 und wurde in Perm bestattet.«

Das Photo zeigte ein hageres, nervöses und intelligentes Gesicht.

Bald darauf erhielt ich einen Brief von K. N. Awdejewa aus Swerdlowsk. Sie schickte mir einen Auszug aus F. Lukojanows Lebenslauf, der in dem mir unzugänglichen Museum des KGB* in

---

* Politische Geheimpolizei, Nachfolgerin der Tscheka und des NKWD (Anmerkung der Übersetzerin).

Swerdlowsk aufbewahrt wurde. Lukojanow hatte ihn 1942 geschrieben.

»Das ganze Jahr 1918 und Anfang 1919 arbeitete ich in den Organen der Tscheka, anfangs als Vorsitzender der Permer Tscheka, später als Vorsitzender der Ural-Tscheka. Ich gehörte zu dem Stab, der die Erschießung der Familie Romanow leitete. Mitte 1919 erkrankte ich und wechselte deshalb zur Parteiarbeit über. Da aber keine gesundheitliche Besserung eintrat, schickte mich das ZK der KPdSU (B) Anfang 1922 in ein Moskauer Sanatorium.«

Ein »Spion«? Das wagen wir nicht zu behaupten, das ist zu phantastisch, es klingt nach Belletristik, nicht nach Wissenschaft. Aber vermuten können wir... Zumal der Lebenslauf ein interessantes Detail enthält: »Das ganze Jahr 1918 und Anfang 1919 arbeitete ich in den Organen der Tscheka, anfangs als Vorsitzender der Permer Tscheka...« Doch zum Vorsitzenden der Permer Tscheka wurde er erst am 15. März 1918 ernannt. Was tat er, und wo war er Anfang 1918?

Fjodor Lukojanows Parteiname war Maratow (die gebildeten jungen Männer der bolschewistischen Zirkel liebten die große Französische Revolution).

Also, nehmen wir an: Ende Februar wurde Genosse Maratow, der »Spion«, nach Tobolsk ins »Haus der Freiheit« geschickt. Damit wurde die Realisierung des Jekaterinburger Plans eingeleitet, der Zarenfamilie habhaft zu werden.

Aber auch Petrograd schlief nicht. Für die Zarenfamilie interessierte sich der bolschewistische Rat der Volkskommissare ebenfalls. Sie hätte zur Trumpfkarte im Spiel mit den mächtigen Verwandten des Zarenpaares in England und Deutschland werden können. Außerdem die Romanowschen Juwelen, von denen so viel gesprochen wurde. Das alles befand sich weit weg im schutzlosen Tobolsk.

Bereits am 2. November 1917 hatte das Petrograder Revolutionäre Militärkomitee den Verbleib der Zarenfamilie erörtert. Das Komitee schlug dem Rat der Volkskommissare vor, die Romanows aus Tobolsk nach Kronstadt zu überführen, ins Bollwerk der Revolution, unter die Kontrolle der baltischen Matrosen mit den MG-Gurten.

Aus einem Brief von Viktor Alexejewitsch Blochin (Moskau):

»Die bestialische Erschießung der Zarenfamilie erscheint jetzt ungerechtfertigt und entsetzlich. Ich bin ein alter Mann und habe jene Zeit miterlebt. Bestialität, Verrohung und Raserei waren an der Tagesordnung. Die Ermordung der Zarenfamilie ergänzt dieses Bild nur. Nicht mehr. Ich kannte Wladimir Bontsch-Brujewitsch, einen liebenswerten Mann mit Brille, aus gutem Haus (sein Bruder war zaristischer General). Der herzensgute Bontsch-Brujewitsch war der Organisator des entsetzlichen Zimmers 75 im Smolny. Dieses Zimmer war der Vorläufer der blutigen Tscheka. Bontsch-Brujewitsch erzählte gern von der schrecklichen Revolution und von den Taten der revolutionären Matrosen. Ich kannte etliche von ihnen. Sie berauschten sich noch viele Jahre nach der Revolution an Erzählungen, wie sie die weißen Offiziere liquidiert hatten. Mit dieser Verrohung im Herzen hat eine ganze Generation glücklich bis zum Tod gelebt. Oder auch weniger glücklich (falls sich Genosse Stalin um sie kümmerte). Wenn uns der Westen verstehen soll, müssen wir uns selber verstehen, uns erinnern: Die Ermordung der Zarenfamilie kam den Menschen damals nicht schrecklich vor, weil es das Normale war, so furchtbar das auch ist.

Hier ein Vorfall, den mir mein Bekannter Bontsch-Brujewitsch erzählt hat. Ein gewöhnlicher Vorfall aus dem Jahre 1918: Anarchistische Matrosen vom Schiff ›Republik‹ nahmen auf der Straße drei Offiziere fest. Den Befehl über die Matrosen hatte Schelesnjakow der Ältere. Der saß immer angetrunken auf seinem Stuhl, starrte mit trüben Augen ins Leere, bekreuzigte die Luft und murmelte von Zeit zu Zeit: ›Tood... Tood... Tood....‹

Dieser Kerl setzte zusammen mit den Matrosen von der ›Republik‹ die gefangenen Offiziere in ein Auto und schlug ihnen vor: Entweder ihr beschafft ein paar tausend Rubel Lösegeld, oder ihr werdet erschossen. Sie schleppten die Unglücklichen durch ganz Petrograd, von einer Wohnung zur andern, und die Offiziere bettelten ihre erschrockenen Bekannten um Geld an. Die Leute gaben wenig, aus Angst, die wackeren Matrosen kämen auf den Gedanken, daß bei ihnen noch viel zu holen sei. Schließlich hatten die revolutionären Helden das Tributeintreiben satt. Sie fuhren zu einem Bordell, um sich zu amüsieren. Damit sich die gefangenen Offiziere nicht langweilten, während sich die Matrosen, ›Zierde und Stolz der Revolution‹, mit leichten Mädchen vergnügten, zertrümmerten sie einem Offizier mit dem Nagantrevolver den Kiefer. Als sie sich den zweiten vornehmen wollten, ging die Puffmutter dazwischen, weil sie kein Blut auf ihrem Teppich haben wollte. Nachdem sich die Matrosen eine Weile mit den Mädchen abgegeben hatten, wurde es ihnen langweilig. Sie setzten die Offiziere ins Auto, fuhren zu einer entlegenen Stelle und ließen sie aussteigen. ›Mantel ausziehen‹, befahlen sie, fuchtelten mit den Revolvern und stießen unflätige Flüche aus. Die Offiziere zogen die Mäntel aus. Einem Offizier befahlen sie, die Mäntel ins Auto zu bringen. Als er beim Auto war, hörte er Schüsse. Dann kamen die Matrosen. ›Ach, du Hundesohn, wie konnten wir dich vergessen? Hol dich der Teufel. Du wirst uns noch zustatten kommen. Morgen machen wir mit dir eine Rundfahrt.‹ Er mußte sich im Auto unten hinlegen, und sie traten ihn während der ganzen Fahrt zu ihrer Belustigung mit den Stiefelabsätzen. Das habe ich fast wörtlich aus den veröffentlichten Erinnerungen meines Bekannten Bontsch-Brujewitsch zitiert. Wenn Sie über die Erschießung der Zarenfamilie oder die Erschießung Michail Romanóws entsetzt sind, dann denken Sie an den Ödplatz, wo die Offiziere wie Hunde abgeknallt wurden. Vergessen Sie nicht Schelesnjakow den Älteren, der die Luft bekreuzigte und ›Tod... Tod... Tod...‹ vor sich hinmurmelte. Übrigens, Schelesnjakow ist ein bekannter Name in der Geschichte der Oktoberrevolution. Denn der ›schlechte‹ Schelesnjakow der Ältere war der Bruder des ›guten‹ Schelesnjakow des Jüngeren, der mit den Matrosen von der ›Republik‹ die Verfassunggebende Versammlung auseinanderjagte – das erste und letzte freie russische Parlament. Nur die Geschichte kann sich so etwas ausdenken!«

Die revolutionären Matrosen von Kronstadt wollten also die Zarenfamilie in ihre Gewalt bekommen, natürlich auch die unschuldigen Mädchen und die Juwelen als Zugabe. Aber der Rat der Volkskommissare blickte bereits mit Mißtrauen auf »die Zierde und den Stolz der russischen Revolution«.

Die bolschewistischen Pragmatiker berieten, wie sie Nutzen aus der Zarenfamilie ziehen konnten. In der neuen Regierung saßen auch Romantiker, die von der Französischen Revolution träumten. Sie forderten, die Zarenfamilie unverzüglich nach Moskau zu überführen und einen großen öffentlichen Prozeß des Volkes über den gestürzten Tyrannen zu veranstalten. Der größte Redner der Revolution, Leo Trotzki, dürstete danach, in dem künftigen Prozeß als Ankläger zu fungieren. Er war damals ungemein populär. Schwarze Haarmähne, blaue Augen, zornige Reden. »Der ewig aufgedrehte Leo Dawydowitsch«, sagten seine Feinde giftig, vielleicht auch neidisch, denn Trotzkis Popularität befand sich damals auf dem Höhepunkt. Das Gesicht Leos – des Löwen der Revolution –, gezeichnet von dem Maler Annenkow, hing in allen Häusern wahrer Revolutionäre.

»Statt Heiland hängt im stillen Kämmerlein
ihr General, gemalt von Annenkow.«

Trotzki wollte vor den Augen der gesamten fortschrittlichen Menschheit den jämmerlich stammelnden Zaren liquidieren. Das würde ein Triumph der Revolution werden! Diese Idee eines Moskauer Prozesses setzte sich durch. Aber wie sollte man den Zaren in die Hauptstadt bringen? 330 bewaffnete Männer, zusammengestellt aus den ehemaligen Soldaten des Zaren, bewachten das Haus in Tobolsk. Die Angelegenheit wurde dem WZIK*, dem höchsten Machtorgan der Republik, übertragen.

An der Spitze des WZIK stand damals Swerdlow. Im Januar 1918 empfing er Vertreter der Abteilung, die die Romanows bewachte. Darunter war Pjotr Matwejew (der Autor der späteren »Aufzeichnungen«).

Matwejew war eine typische Figur der ersten Revolutionsjahre: ein Mann im grauen Soldatenmantel, der die Macht genoß. Zum Vorsitzenden des Soldatenkomitees gewählt, hängte der ehemalige zaristische Feldwebel an seine Tür ein Schild: »Quartier des Genos-

---

* Allrussisches Zentrales Exekutivkomitee (1917–1938) (Anmerkung der Übersetzerin).

sen Pjotr Matwejewitsch Matwejew«, was die Bewohner des Tobolsker Hauses sehr belustigte. Doch die rasche Verwandlung des Feldwebels sollte sie schon bald betrüben.

Aus den »Aufzeichnungen« Matwejews: »Die ersten Nachrichten vom Sturz der Provisorischen (Regierung) erhielten wir erst am 20. November. Aber Kommissar Pankratow versuchte zu beweisen, daß die Bolschewiken längst aus Petrograd vertrieben seien. Ich konnte die Wache von der Notwendigkeit überzeugen, unverzüglich eine Delegation nach Petrograd zu schicken, um genauere Information aus dem Zentrum zu erhalten.«

Matwejew kehrte sehr verändert aus Petrograd zurück.

»Wir verbrachten einige Tage in Petrograd und kehrten am 11. Januar mit dem konkreten Auftrag nach Tobolsk zurück, den Kommissar der Provisorischen Regierung abzusetzen und die Wachabteilung um jeden Preis der Sowjetmacht unterzuordnen. Wir hatten die Anweisung, die Romanows nicht ohne Wissen und spezielle Anordnung des WZIK und des Rates der Volkskommissare herauszugeben. Am 23. Januar fand in Tobolsk eine Versammlung der gesamten Abteilung statt. Nach meinem Vortrag spaltete sich die Abteilung in zwei Lager: Das eine war für die Sowjetmacht, das andere, das ›rechte‹, für Kerenski.«

Fortan verließ Matwejew jeden Abend das Haus. Er ging in den Sowjet, zu den Tobolsker Bolschewiken. In seinem »Quartier« stellte er einen riesigen Globus auf, der an die zu realisierende Weltrevolution mahnen sollte.

Nach den Erinnerungen des Bolschewiken Koganizki legte Matwejew auf einer der nächtlichen Versammlungen des Sowjet, der damals nur aus zwölf oder dreizehn Gardisten bestand, den Schwur ab, eher zu sterben, als die Zarenfamilie lebendig freizulassen. Jeder Wachschicht wurden zuverlässige Männer beigegeben. Bald danach jagte das Komitee Kommissar Pankratow davon. Gegen Kobylinski wagte vorerst noch niemand die Hand zu erheben.

Später erhielt Matwejew für seine Tätigkeit vom bolschewistischen Tobolsker Sowjet folgendes Dokument:

»Hiermit wird bestätigt, daß der Genosse-Bürger Pjotr Matwejewitsch Matwejew der Sonderabteilung zur Bewachung des ehemaligen Zaren und seiner Familie angehörte... Er diente vorbildlich und ehrlich und erfüllte widerspruchslos die ihm übertragenen Aufgaben eines Soldaten-Bürgers und Kämpfers der Revolution, er blieb in allen schweren Momenten und Etappen der russischen Revolution auf dem ihm anvertrauten Posten...

Unterschrift – Chochrjakow, 18. (5.) Mai, Tobolsk« (Zeitung »Uralski Rabotschi«, 16. 9. 1990).

»Er diente vorbildlich.« Vielleicht war es der »Genosse-Bürger Pjotr Matwejew«, der den »Spion« ins Haus eingeschleust hatte?

Kommen wir auf den »Spion« zurück. Er wurde aus Perm in die Hauptstadt des Roten Ural beordert. Hier stand an der Spitze der im Februar geschaffenen Ural-Tscheka Michail Jefremow, seit 1905 Bolschewik und von einem zaristischen Gericht zu lebenslänglicher Zwangsarbeit verurteilt. Doch zum wirklichen Leiter der Ural-Tscheka wurde immer mehr ein anderer Bolschewik – der künftige Zarenmörder Jakow Jurowski.

Genosse Jakow

Er kam aus einer kinderreichen jüdischen Familie, sein Vater war Glaser, die Mutter Näherin.

1938, zwanzig Jahre nach der Ermordung der Romanows, würde er im Kremlkrankenhaus qualvoll an einer Geschwulst sterben.

Vor dem Tod schrieb er seinen Kindern einen Brief und erzählte von seinem Leben: »Schenja und Schura, meine Lieben! Am 3. Juli nach dem neuen Kalender werde ich sechzig. Es hat sich so gefügt, daß ich euch fast nichts von mir erzählt habe, besonders von meiner Kindheit und Jugend. Wir waren zu Hause zehn Kinder, und je größer wir wurden, desto größer wurde die Not, die an Elend grenzte. Aus ihr gab es kein Entkommen, obwohl die Kinder vom 10. Lebensjahr an bei fremden Leuten arbeiteten und Vater und Mutter bis zum Umfallen schufteten... (Er lernte zuerst bei einem Schneider, später bei einem Uhrmacher.) Mein Chef, der Uhrmacher, wurde auf Kosten der halbwüchsigen Arbeiter reich, ich arbeitete bis zu meinem 19. Lebensjahr bei ihm und wußte nicht, was es heißt, sich sattzuessen. Dafür bekam ich nach dem Streik sattsam die

Faust der Herren zu spüren; ich wurde als Rädelsführer hinausgeworfen und durfte in keiner Uhren- und Juwelierwerkstatt der Stadt mehr arbeiten. Seit 1905 arbeitete ich ohne Unterbrechung in der Partei.«

Er wurde ein erfolgreicher Juwelier, fuhr ins Ausland und nahm den katholischen Glauben an. Das alles war nur Tarnung für seine eigentliche, illegale Tätigkeit. Der erfolgreiche Uhrmacher, der reiche Juwelier und Photograph unterhielt in Wirklichkeit konspirative Wohnungen der Bolschewiken. 1912 wurde er verhaftet, doch die Polizei fand nur indirekte Beweise. Er wurde nach Jekaterinburg verbannt, wo er ein Photogeschäft eröffnete. 1915 wurde er eingezogen, mußte aber nicht an die Front. Er beendete die Feldscherschule und kam in der chirurgischen Abteilung des örtlichen Lazaretts unter.

Dann brach die Februarrevolution aus. Das Lazarett wählte ihn in den Sowjet. Zusammen mit Golostschokin bereitete er die Machtübernahme der Bolschewiken vor. Nach dem Oktoberumsturz wurde der Sowjet zur Regierung des Urals, und Jurowski wurde stellvertretender Kommissar für Justiz. Das war der übliche Weg bolschewistischer Funktionäre. Seit Anfang 1918 arbeitete er in der Tscheka. Er war Vorsitzender der schrecklichen Untersuchungskommission beim Revolutionstribunal. Der ehemalige Feldscher und Photograph, der Genosse Jurowski, entschied nun über die Schicksale von Menschen.

Die Tscheka residierte im reichen »Amerikanischen Hotel«. Jurowski richtete sich im prächtigsten Zimmer ein – Zimmer 3: Spiegel, Teppiche, der verflossene Luxus reicher Kaufleute des Urals. Im Erdgeschoß war ein bekanntes Restaurant, in dem noch vor kurzem die Kaufleute gezecht hatten.

Unter der neuen Macht war schlagartig alles verschwunden – die Kaufleute und das Essen. Doch die verführerischen Gerüche des reichen Restaurants hielten sich merkwürdigerweise und beunruhigten die Tschekisten.

Im Zimmer 3 des »Amerikanischen Hotels« empfing Jurowski offensichtlich auch Fjodor Lukojanow.

Jurowski leitete das Gespräch mit einer Belehrung ein. Wie viele nicht sehr gebildete Leute redete er gern:

»Als Lenin Dserschinski zum Leiter der Tscheka ernannte, sagte er: ›Wir brauchen auf diesem Posten einen guten proletarischen Jakobiner. Und einen gebildeten.‹ So einen suchen wir auch für den Posten des Vorsitzenden der Ural-Tscheka. Wie du weißt, hat Genosse Finn (Parteiname für den damaligen Tscheka-Chef Jefremow) keine Universität besucht... Und ich habe überhaupt keine Bildung. Aber in Petrograd sitzen Professoren in der Regierung. Du hast an der Universität studiert, Söhnchen (so nannte er alle jungen Tschekisten), noch dazu Jura. Solch einen brauchen wir an der Spitze der Tscheka, um unser ganzes ›Publikum‹ (Jurowskis Lieblingswort) zu beruhigen. Also, die Frage ist entschieden. Was sollst du in Perm – du wirst der Leiter des gesamten Ural. Aber eine Prüfungsaufgabe stellen wir dir. Genosse Filipp (Golostschokin) ist jetzt in Moskau. Er schlägt dort vor, die Romanows zu uns nach Jekaterinburg zu überführen, weil in Tobolsk eine monarchistische Verschwörung aufgedeckt wurde. Selbstverständlich brauchen wir Beweise für die Verschwörung.« Er machte eine Pause und sagte dann akzentuiert: »Du wirst sie uns beschaffen. Du kannst Englisch und Deutsch, du wirst also verstehen, worüber sie dort reden. Und noch eine wichtige Sache: die Juwelen. Bring heraus, was und wieviel da ist. Das muß alles dem werktätigen Volk zurückgegeben werden.«

Der Brester Frieden

Während irgendwo das Schicksal der Romanows entschieden wurde, setzten sie in dem verschneiten Haus ihr monotones Leben fort. Doch es war beängstigend geworden, die Zeitungen zu lesen.

Nikolaus erhielt russische Zeitungen und ausländische Zeitschriften (die französischen Journale mit den gewagten Karikaturen wurden erst von den Wachsoldaten ausgeschlachtet und erreichten den Zaren mit großer Verspätung).

Die Zeitungen jedoch bekam er pünktlich. Er verfolgte aufmerksam das Geschehen und fühlte sich noch immer für das Schicksal Rußlands verantwortlich.

Die Zeitungen erzählten von dem kurzen Leben der Verfassunggebenden Versammlung. Die bolschewistische Regierung nannte sich auch »provisorisch« und sollte so lange regieren, bis das Volk das Parlament – die Verfassunggebende Versammlung – wählte. Das hatten die Bolschewiken in ihrem Dekret verkündet.

Im Januar 1918 wurde die Konstituierende Versammlung einberufen, »das erste frei gewählte russische Parlament«. Aber die Bolschewiken dachten nicht daran, die Macht abzugeben. Die bolschewistische Regierung bereitete sich auf die Eröffnung des Parlaments wie auf eine Schlacht vor. Ein außerordentlicher militärischer Stab wurde gebildet, Petrograd in Abschnitte eingeteilt. Matrosen- und Soldatenpatrouillen kontrollierten die Straßen. Der Bolschewik Urizki wurde zum Kommandanten des Taurischen Palais bestimmt, wo die Konstituierende Versammlung tagen sollte. Während der Eröffnung führte Schelesnjakow der Jüngere Matrosen vom Panzerkreuzer »Republik« in den Saal. Ihnen fiel die Ehre zu, die Geschichte des russischen Parlamentarismus zu beenden. Am ersten Sitzungstag ging Schelesnjakow der Jüngere nach vorn zum Versammlungsleiter, schlug auf den Tisch und sprach die historischen Worte: »Die Wache ist müde, wir können Sie nicht länger bewachen. Schließen Sie die Versammlung.«

So hatte Lenin seine Regierung von dem Beiwort »provisorisch« befreit. Doch die Kraft der bolschewistischen Macht ging mit erstaunlicher Schwäche einher. Als Urizki in das Taurische Palais kam, um die Konstituierende Versammlung auseinanderzujagen, sah er unglücklich aus und fror. Banditen hatten dem furchtgebietenden Kommandanten auf der Straße, die von bolschewistischen Matrosen bewacht wurde, den Pelzmantel ausgezogen. Und als Lenin, Oberhaupt des Rates der Volkskommissare, stolz die Konstituierende Versammlung verließ, nachdem er ihre Schließung angeordnet hatte, entdeckte er, daß aus seiner Manteltasche der Browning gestohlen worden war. Auch nach 1917 teilten sich die Bolschewiken die Macht noch mit Straßenräubern. Im Dezember 1919 erwartete Lenins Frau ihren Mann in Sokolniki zu einer Kinderneujahrsfeier. Der erste Mann des Landes kam in desolatem Zustand an. Unterwegs hatten Banditen sein Auto angehalten und ihm, der Leibwache und dem Fahrer die Waffen und die Brieftaschen abgenommen. Obendrein nahmen sie sich das Auto. Als der Führer des

Weltproletariats den Gaunern sagte: »Ich bin Lenin. Hier sind meine Dokumente«, kam die unerwartete Antwort: »Das ist uns egal.«

Solche Räubergeschichten aus dieser wirren Zeit erfuhr Nikolaus aus Zeitungen und Briefen. Trotz Chaos und Zerrüttung funktionierte die Post noch. Rief das Auseinanderjagen des Parlaments noch ein sarkastisches Lächeln bei dem Mann hervor, der so viele Jahre gegen die Duma gekämpft hatte, so erschütterte den ehemaligen Oberbefehlshaber zutiefst, was sich im März 1918 tat.

Im März schlossen die Bolschewiken mit Deutschland den Brester Frieden. Rußland erkannte seine Niederlage im Krieg an.

Tagebuch (das Land war am 1. Februar 1918 zum Gregorianischen Kalender, dem »neuen Stil«, übergegangen, nach dem dreizehn Tage hinzugezählt werden müssen; Nikolaus gab seitdem in seinem Tagebuch zwei Daten an):

»12. (25.) Februar, Montag. Heute meldeten Telegramme, daß die Bolschewiken oder der Rat der Volkskommissare, wie sie sich jetzt nennen, die demütigenden Bedingungen der deutschen Regierung für einen Friedensabschluß akzeptieren müssen, denn die feindlichen Heere rücken vor und sind nicht aufzuhalten! Entsetzlich!«

Es war für ihn tatsächlich entsetzlich. Das Baltikum, Polen, ein Teil Belorußlands, ein Teil des Kaukasus gehörten nicht mehr zu Rußland. Das Imperium, das ihm sein Vater hinterlassen hatte, existierte nicht mehr.

Nikolaus war ein typischer »Stier« mit allen Eigenschaften dieses Sternzeichens: bedächtig, hartnäckig, verschlossen, wortkarg, kinderlieb, auf die Familie orientiert.

Aber eine Eigenschaft des »Stiers« schien ihm zu fehlen: *Kraft* – die Fähigkeit, vor Wut zu schäumen. »So werden Sie doch endlich mal wütend, Majestät«, hatte ihn einmal ein Minister vergeblich beschworen.

Er war ein besonderer »Stier«, ein »Stier«, der zum Opferlamm bestimmt war.

Aber als er die Mitteilung über den Brester Frieden las, fühlte er die Raserei des Stiers in sich.

Aus einem Brief von Alix an die Freundin Anna:

»3. März 18. Mein Gott, rette und helfe Rußland... Eine furchtbare Schande... Ich kann mich nicht damit abfinden; wenn ich daran denke, bekomme ich schreckliche Herzschmerzen.«

Lenin hatte sich seit langem auf den Brester Frieden vorbereitet. Nur ein Frieden mit den Deutschen konnte die Armee, diese gefährliche Kraft, demobilisieren und die von seiner Partei so leicht errungene Macht festigen. Als die Bolschewiken das erste russische Parlament auseinanderjagten, hatte Lenin vom Brester Frieden geträumt, dem die Konstituierende Versammlung niemals zugestimmt hätte.

In der Partei hielten viele diesen Vertrag für schändlich. Trotzki rannte dagegen an. Aber Lenin bezwang die Gegner, er berief einen außerordentlichen Parteitag ein und trug nach zermürbenden Debatten und Abstimmungen den Sieg davon. Die ganze Zeit war sein Schatten Swerdlow neben ihm, sein treuer Vollstrecker! (Nach Swerdlows Tod suchte Lenin fieberhaft nach einem »neuen Swerdlow«. Er fand ihn in Stalin. Doch diesmal wurde der Schatten selbständig und besiegte letzten Endes seinen Herrn.)

Der Frieden war also geschlossen. Der Exzar hatte jetzt viel Zeit zum Nachdenken. Als religiöser Mensch beruhigte er sich, er wußte, es war Gottes Wille. Wenn man Abstand von den Ereignissen gewann, wenn die Revolution und die Katastrophe, die Rußland widerfuhr, in die Lethe sanken, würde sich der Plan des Schöpfers der Geschichte offenbaren. Darum las Nikolaus so aufmerksam Lew Tolstois Überlegungen zur Geschichte – »diesen Teil aus ›Krieg und Frieden‹, den ich früher nicht kannte«. – »Maria und ich haben uns in ›Krieg und Frieden‹ versenkt.«

Alix hingegen begriff nicht, wie die Verbündeten so etwas dulden konnten. Sie fühlte, daß etwas geschehen würde. Vielleicht würde dieser entsetzliche Frieden mit den Deutschen auch das Schicksal ihrer Familie beeinflussen? Alix hatte recht. In eben dieser Zeit entschied sich in Moskau ihr Schicksal.

Im Februar nahm auch der Kopf der Ural-Bolschewiken Golostschokin am VII. Parteikongreß teil, auf dem der Brester Frieden erörtert wurde.

Er stimmte mit Lenin für den Brester Frieden. Gegen Trotzki, gegen alle, die nicht begriffen, daß man eine Atempause brauchte: »Sind wir erst einmal zu Kräften gekommen, so können wir alles rückgängig machen.« Die Bolschewiken hatten schon ihr Prinzip aufgestellt: Wenn man ein Abkommen schließt, muß man umgehend darüber nachdenken, wie man es künftig brechen kann. Politik ist nur eine Notlüge im Namen der Revolution.

Nach dem Sieg der Lenin-Anhänger hatte Golostschokin ein Gespräch mit seinem alten Freund Swerdlow, der ebenfalls für den Brester Frieden gestimmt hatte. Das Gespräch drehte sich um die Überführung der Zarenfamilie nach Jekaterinburg.

Golostschokin bat seinen alten Freund um Unterstützung.

Swerdlow stellte ihm wahrscheinlich die Situation dar: Als Vorsitzender des WZIK mußte er auf einer Überführung der Zarenfamilie nach Moskau bestehen. So war es beschlossen worden. Der allmächtige Trotzki wollte einen Prozeß gegen Nikolaus Romanow organisieren.

Fast ohne Worte verstanden sie einander: Swerdlow und Golostschokin. Swerdlow würde die Linie des Zentrums vertreten. Aber wenn der Ural energisch genug war, konnte das WZIK nachgeben.

Nachdem Golostschokin sich der Rückendeckung Swerdlows versichert hatte, hielt er auf dem Präsidium des WZIK einen Vortrag über die ungenügende Bewachung der Zarenfamilie und die Gefahr einer monarchistischen Verschwörung in Tobolsk. Er schlug vor, die Zarenfamilie nach Jekaterinburg zu bringen, unter die strenge Aufsicht der Hauptstadt des Roten Ural.

Wieder in Jekaterinburg, entfaltete Golostschokin eine fieberhafte Tätigkeit und setzte sich offenbar mit dem »Spion« in Verbindung.

Der »Spion« erfuhr, daß die Zarenfamilie in finanziellen Schwierigkeiten war. Solowjow hatte ihnen »für die Verschwörung« viel Geld abgeluchst, und jetzt war die Zarenfamilie knapp bei Kasse.

Von der neuen Regierung der Arbeiter und Bauern kam kein Geld. Kobylinski, Tatistschew und Dolgorukow gingen zu den Tobolsker Kaufleuten und liehen sich von ihnen Geld. Anfangs hatten die Kaufleute bereitwillig Geld gegeben, denn sie erwarteten, daß sich die neue Macht nicht halten würde, aber jetzt gaben sie nichts mehr.

Im »Haus der Freiheit« aber wurde immer noch üppig getafelt. Der einzige Spaziergang der Kaiserin führte in den Wirtschaftshof, wo Enten und Gänse herumliefen. Dort unterhielt sie sich angeregt mit dem Koch Charitonow. Das Essen war eine Abwechslung in der Haft. Sie aßen und aßen, und über dem Hinterhof stand der Geruch der Abfälle.

Doch jetzt hatte sich die Luft im Hof gereinigt. Das Geld war ausgegangen. Die Moskauer Regierung setzte die Familie zu Matwejews Begeisterung auf Soldatenration. Nikolaus Romanow erhielt die Lebensmittelkarte eines Soldaten.

Das neue, karge Essen wurde nach wie vor von livrierten Dienern serviert. Aber auch die Diener begannen zu meutern. Sie bekamen kein Gehalt.

Aus dem Tagebuch des Zaren: »14. (27.) Februar. Wir müssen unsere Ausgaben für Lebensmittel und Dienerschaft drastisch kürzen. In den letzten Tagen waren wir damit beschäftigt, das Minimum auszurechnen, mit dem wir auskommen.«

»15. (28.) Februar. Wir müssen uns von vielen Leuten trennen, denn wir können nicht alle halten. Das ist natürlich sehr schwer, aber unvermeidlich.«

In diesen Tagen erschien der »Spion« im Haus.

»Als was kannst du arbeiten?« fragte ihn Matwejew.

»Als Zimmermann. Die Werkstatt sollte der Abstellraum sein, in dem die Sachen der Romanows aufbewahrt werden. Dann kann ich ein Auge darauf haben.«

»Richtig. Die Diener klauen. Ihre Koffer sind prall gefüllt.«

»Macht nichts. Sie werden in Tjumen von unsern Genossen erwartet. Bevor sie in den Zug steigen, müssen sie alles dem Weltproletariat zurückgeben.«

Dann, in der Nacht, als das Haus längst schlief, durchsuchte der »Spion« zum erstenmal den Abstellraum. Matwejew brachte einen riesigen Schlüsselbund, und sie öffneten die unzähligen Truhen und

Koffer. Dabei bekamen sie viel Seltsames und Unnützes zu sehen. Offensichtlich waren die Sachen in großer Eile zusammengepackt worden. Da war ein Koffer voller Reitgerten, eine Truhe mit winzigen Kinderstiefeln, wohl von Alexej, als er noch klein war. Viele Kleidungsstücke, Wäsche. Juwelen fanden sie natürlich nicht, die wurden oben aufbewahrt. Dafür entdeckten sie einen großen braunen Lederkoffer, in dem schwarze Hefte lagen, die Tagebücher des Zaren! Der »Spion« erkannte sofort, wie wichtig dieser braune Koffer für ihn sein würde.

Dann wurde ein Fest zur Verabschiedung der abfahrenden Dienerschaft gegeben. Die betrunkenen Diener krakeelten die ganze Nacht. Die Zarenfamilie schloß sich in ihren Zimmern ein.

Nikolaus schrieb in sein Tagebuch: »2. (15.) März. Wie lange noch wird unsere unglückliche Heimat von äußeren und inneren Feinden gepeinigt und zerfleischt werden? Manchmal glaubt man, es nicht länger auszuhalten, man weiß nicht einmal, worauf man hoffen, was man wünschen soll. Keiner außer Gott... Sein heiliger Wille geschehe!«

»9. (22.) März. Heute ist der Jahrestag meiner Ankunft in Zarskoje Selo und unserer Inhaftierung im Alexander-Palais. Unwillkürlich denke ich an das vergangene schwere Jahr zurück. Und was erwartet uns in der Zukunft? Alles liegt in Gottes Hand, auf ihm ruht all unsere Hoffnung.«

Die Wache wurde ausgewechselt. Nach Matwejews Rückkehr wurden viele »gute Schützen« entlassen.

»30. Januar. Während des Morgenspaziergangs verabschiedeten wir uns von unseren besten, in die Heimat zurückkehrenden Schützen. Sie fahren sehr ungern jetzt im Winter weg, lieber wären sie bis zur Eröffnung der Schiffahrtssaison hiergeblieben.«

Aus den »Aufzeichnungen« Matwejews: »Den rechten ›Reaktionären‹ haben wir das ›Wolfsbillett‹* verpaßt und ihnen befohlen, sich davonzuscheren.«

Seit der »Spion« im Haus war, beschleunigten sich die Ereignisse. Kobylinski wurde mit den verbliebenen Schützen kaum noch fertig

---

* Dokument mit einer Bemerkung über politische Unzuverlässigkeit im zaristischen Rußland (Anmerkung der Übersetzerin).

und bat den Zaren, ihn gehen zu lassen: »Ich kann Ihnen nicht mehr nützlich sein.« Nikolaus bat ihn zu bleiben. »Wir halten es aus, Sie werden es auch aushalten.« Kobylinski blieb.

Bald konnte der »Spion« in die Hauptstadt des Roten Ural melden: »Die Stimmung der Wache hat sich gewandelt. Es ist soweit!«

Ljuchanow und Awdejew

In dem berühmten Slokasow-Werk arbeitete der Maschinist Sergej Ljuchanow, ein gedrungener Mann mittleren Alters, mit einem unschönen pickligen Gesicht. Er hatte goldene Hände und war ein angesehener Arbeiter. Verheiratet war er mit einer »Gebildeten«, einer Lehrerin mit dem exotischen Namen Augusta. Vor der Revolution war Augustas Bruder ins Werk gekommen, ein gewisser Alexander Awdejew. Ljuchanow machte ihn zu seinem Gehilfen und erledigte für ihn die Arbeit, denn Awdejew war nicht zum Arbeiten in die Fabrik gekommen, sondern um als Berufsrevolutionär bolschewistische Propaganda zu betreiben. Damit hatte er großen Erfolg. Der hochgewachsene blonde Mann mit dem Schnurrbärtchen wurde bald zum Liebling der Arbeiter. Gleich nach dem Oktoberumsturz 1917 nahmen die Arbeiter unter seiner Leitung die Fabrik in Besitz. Der ehemalige Gehilfe Ljuchanows wurde Kommissar im Werk. Er brachte den Fabrikbesitzer auf einem Pferdefuhrwerk weg, angeblich zum Gefängnis, aber niemand sah ihn je wieder.

Awdejew gründete in der Fabrik eine bewaffnete Abteilung.

Ende Februar 1918 wurde er zur Tscheka ins »Amerikanische Hotel« bestellt. Hier erwartete ihn Pascha Chochrjakow, der Chef der Roten Garde und nun einer der Leiter der Tscheka. Mit seinen blonden Locken und dem frischen Teint war dieser baltische Matrose ein schöner Mann. Er strotzte vor Kraft und revolutionärer Unbändigkeit.

Hier in der Tscheka besprachen sie den Plan, den sich Goloschtschokin ausgedacht hatte: Chochrakow und Awdejew sollten mit ihrem Arbeitertrupp heimlich in Tobolsk eindringen, die alte Macht vertreiben und die neue, bolschewistische etablieren. Danach sollten sie sich mit dem »Haus der Freiheit« in Verbindung setzen, die Stimmung der Wachsoldaten ausnutzen und die Zarenfamilie in die Hauptstadt des Roten Ural bringen.

Der Kampf um das »Haus der Freiheit«

Sie kamen nachts in kleinen Gruppen nach Tobolsk. Wie Awdejew später selber beschrieb, »schlichen sich als erste die Aufklärer Pascha Chochrjakow und die Bolschewikin Tanja Naumowa in die Stadt«. Sie gaben sich als Liebespaar aus, und man kann nur ahnen, was für ein Vergnügen der stattliche Matrose und das Mädchen bei dem Spiel empfanden. Das Spiel gipfelte später in der Ehe, doch das Glück dauerte nicht lange, Pascha Chochrjakow fiel 1918 im Bürgerkrieg.

Dann kam Awdejews Gruppe nach Tobolsk – 16 Mann. Sie streuten das Gerücht aus, tausend Bolschewiken hätten die Stadt umzingelt. Die erschrockenen Tobolsker griffen das Gerücht auf, und aus Tausend wurden Tausende. Doch die Awdejew-Leute waren zu spät gekommen.

Noch ein Anwärter auf den Titel des Gefängniswärters der Zarenfamilie hatte sich ins Spiel eingeschaltet: die Stadt Omsk, revolutionäre Hauptstadt Westsibiriens. Auch die Omsker waren nach Tobolsk gekommen, um der Zarenfamilie und der Zarenjuwelen habhaft zu werden.

Tagebuch des Zaren: »14. (27.) März. Die Ankunft dieser Roten Garde (aus Omsk), wie jetzt jede bewaffnete Einheit heißt, hat alle in Angst und Schrecken versetzt. Der Kommandant und unsere Bewacher waren auch ganz durcheinander. Die Posten wurden verstärkt, und am Abend wurde ein Maschinengewehr angeschleppt. Schönes gegenseitiges Vertrauen heutzutage.«

Die Omsker versuchten, mit Gewalt ins Haus einzudringen. Aber Kobylinski und die Bewachung brachten Maschinengewehre in Stellung. Die Wache verteidigte das »Haus der Freiheit«.

Golostschokin schickte den Jekaterinburgern noch eine Abteilung zur Unterstützung. Aber die Omsker waren stärker.

Tagebuch: »22. März. (Nikolaus war wieder zum alten Datum

übergegangen und würde ihm bis zum Ende treu bleiben.) Morgens hörten wir, wie die bolschewistischen Räuber aus Tjumen die Stadt verließen. In 15 Troikas mit Schellen, unter Gepfeife und Gejohle. Eine Omsker Abteilung hat sie vertrieben.«

Aber die Omsker feierten ihren Sieg zu früh. Jekaterinburg führte einen neuen Schlag. Saslawski zog mit der dritten bewaffneten Abteilung in die Stadt ein. Zugleich ergriffen die Jekaterinburger die Macht im Tobolsker Sowjet: Chochrjakow wurde Vorsitzender, Awdejew und Saslawski maßgebliche Mitglieder. Doch obwohl die Jekaterinburger jetzt die Macht in Tobolsk ausübten und Matwejew sich alle Mühe gab, wurden sie nicht ins »Haus der Freiheit« gelassen.

Kobylinski erklärte dem Sowjet: »Wir sind von der Zentralmacht hierhergeschickt worden, und wir werden die Zarenfamilie nur der Zentralmacht übergeben.«

Nun wurde mit Telegrammen um das Haus gekämpft. Der Omsker Sowjet telegraphierte nach Moskau, das Zentrum solle die »alte Bewachung« durch die Omsker Abteilung ersetzen. Der Tobolsker Sowjet forderte von Moskau, die alte Bewachung durch Jekaterinburger Rotgardisten zu ersetzen.

Gleichzeitig schickte Golostschokin »zuverlässige Nachrichten« nach Moskau, die er von dem »Spion« erhalten hatte: über die Verschwörung Solowjows und die geplante Flucht der Zarenfamilie, »sowie die Flüsse eisfrei sind«. Er wußte sogar, daß die Flucht mit Hilfe des Schiffes »Maria« vonstatten gehen sollte. Aber Moskau bewahrte rätselhaftes Schweigen.

Indessen warteten in Tobolsk die Abteilungen der Rotgardisten, wagten aber nicht, sich dem Haus zu nähern. Sie hatten Angst vor den vorzüglichen bewaffneten, noch zur Zarenzeit ausgebildeten Schützen der Wache. Sie hatten auch Angst voreinander.

Schließlich beschloß Moskau, sich einzumischen.

12.
Die geheime Mission

Diese rätselhafte Geschichte begann Anfang April 1918.

Im April kündigten die Zeitungen die bevorstehende Gerichtsverhandlung über Nikolaus den Blutigen an.

Am 1. April nahm das WZIK eine geheime Verfügung an:

»Eine Abteilung von 200 Mann bilden und zur Verstärkung der Wache nach Tobolsk schicken. Wenn möglich, die Verhafteten nach Moskau überführen« (Zentrales Staatsarchiv der Oktoberrevolution).

Die Verfügung wurde nicht veröffentlicht. Dennoch erfuhren die Ural-Bolschewiken sofort davon. (Swerdlow?) Ein Sturm der Entrüstung in Jekaterinburg!

Swerdlow »mußte nachgeben«. Das WZIK nahm eine Ergänzung zur Verfügung an: 1. Die Zarenfamilie ist in den Ural zu überführen. 2. Zu diesem Zweck wird militärische Verstärkung nach Tobolsk entsandt.

Darüber informierte Swerdlow am 9. April in einem offiziellen Schreiben Jekaterinburg. Aber warum stimmten die mächtigen Anhänger eines Moskauer Schauprozesses dieser Ergänzung zu? Wohl deshalb, weil Swerdlow sie zu beschwichtigen verstand. Beschwichtigen konnte er sie nur mit einem: Die »Ergänzung« habe das Ziel, die energischen Jekaterinburger zu besänftigen und ihrer eigenmächtigen Entführung der Zarenfamilie vorzubeugen.

Die nach Tobolsk entsandte »militärische Verstärkung« hatte tatsächlich die geheime Mission, den Zaren und seine Familie nach Moskau zu überführen.

Aber der gewiefte Swerdlow erklärte nicht, daß die »Ergänzung« Jekaterinburg nun das gesetzliche Recht gab, die Zarenfamilie für sich zu fordern.

Das doppelte Spiel Swerdlows hatte begonnen. Dieses Spiel würde alle künftigen Historiker verwirren. Mit der Leitung der geheimen Mission wurde Wassili Jakowlew betraut.

Kommissar Jakowlew. Da steht er, eine Papacha auf dem Kopf, unter dem offenstehenden Pelzmantel ein Matrosenhemd. Ein »eher intelligentes« Gesicht, wie die Tochter Dr. Botkins schrieb.

Wassili Jakowlew war sein Parteiname nach einem seiner vielen gefälschten Pässe. Sein richtiger Name war Konstantin Mjatschin. Er wurde 1886 in Ufa geboren und arbeitete still und friedlich als Schlosser in einem Eisenbahndepot, bis ihn die erste russische Revolution in viele Stürme hineinzog. Der neunzehnjährige Schlosser wurde Mitglied einer Kampfgruppe, genauer, er wurde Terrorist. Der Führer der Bolschewiken, Lenin, definierte damals sehr präzise die Aufgabe dieser Kampfgruppen (Brief an den Kampfausschuß des St. Petersburger Komitees der Bolschewiken vom 3. Oktober 1905):

»Gründet sofort Kampfgruppen, überall und allerorts, sowohl bei den Studenten als auch besonders bei den Arbeitern... Sie sollen sich unverzüglich selber bewaffnen, so gut jeder kann, mit Revolvern, Messern, petroleumgetränkten Lappen, um Feuer anzulegen usw... Die Abteilungen sollen jetzt gleich, unverzüglich ihre militärische Ausbildung mit praktischen Kampfhandlungen beginnen. Die einen werden einen Spitzel töten oder ein Polizeirevier in die Luft sprengen, andere werden eine Bank überfallen, um Geldmittel für den Aufstand zu konfiszieren... Jede Abteilung soll selbständig lernen, sei es durch Verprügelung von Polizisten.«

Diese gnadenlose und von unheilvoller Romantik erfüllte Gruppe in der Partei verübte Banküberfälle, Bombenattentate, tötete Beamte. »Seit meiner ersten Aktion waren mir Kugeln und ein eingeseifter Strick auf den Fersen«, schrieb Mjatschin stolz.

Aber bald waren die Kampfgruppen in der Partei umstritten. 1907 verurteilten die Bolschewiken auf ihrem Parteitag den Terror und verboten Expropriationen. Doch wie immer in der Geschichte der Bolschewiken stand hinter dem Offensichtlichen das Geheime. Die erste Revolution in Rußland endete mit einer Niederlage, und die Bolschewiken suchten fieberhaft nach Geld für das Leben in der Emigration und für den Aufbau einer Untergrundbewegung in Rußland. Nachdem sie den Terrorismus aus Rücksicht auf die öffentliche Meinung verboten hatten, unterstützten sie ihn heimlich. In Tiflis organisierte Stalin den Überfall auf die Post und erbeutete mehr als eine Million Dollar. 1907 wurde Mjatschin der Führer der Kampfgruppen von Ufa. Bald darauf wurde in Miass ein Postwagen überfallen: Die Kämpfer erbeuteten unter Mjatschins Leitung

38 Kilo Gold. Sie wurden verfolgt, manche verhaftet. Mjatschin tauchte in Samara unter. Aber auch dort fanden sie seine Spur. Er entkam jedoch, indem er sich freischoß.

Die von Jugend an illegale Tätigkeit formte den Charakter dieses Mannes.

Mit einem Paß auf den Namen Jakowlew ging er ins Ausland. In Italien – in Bologna und auf Capri – gründete er eine marxistische Ausbildungsstätte (dafür wurde das Zarengold verwendet). Jakowlew und seine Genossen erkannten den parlamentarischen Kampf um die Macht nicht an. In ihrer Schule wurde Untergrundarbeit gelehrt – sich verstecken und töten. In diesen Jahren überschritt er mehrmals illegal die russische Grenze. In einer konspirativen Wohnung in Kiew bereitete er 1911 den Überfall auf das Schatzamt vor. Doch die Polizei war ihm auf der Spur. Jakowlew konnte entkommen. Er verließ die Stadt zu dem Zeitpunkt, als Zar Nikolaus II. feierlich in Kiew eintraf (damals wurde vor seinen Augen Stolypin ermordet).

Wieder ging Jakowlew illegal über die Grenze, diesmal nach Belgien. Aus dem Bombenwerfer und Expropriateur wurde ein bescheidener Elektromonteur in der Allgemeinen Elektrizitäts-Gesellschaft in Brüssel.

Nach der Februarrevolution kehrte er unverzüglich nach Rußland zurück. Im Oktober 1917 bereitete er in Petrograd die Machtübernahme der Bolschewiken mit vor und brachte heimlich Waffen in die Stadt. In den Tagen des bolschewistischen Umsturzes fuhr Jakowlew, auf einer Kanone sitzend, mit einer Abteilung Matrosen durch ganz Petrograd, um das Fernsprechamt zu besetzen. Die Provisorische Regierung, die im Winterpalast tagte, war damit von der Welt abgeschnitten.

Nach dem Sieg der Bolschewiken wurde Jakowlew Kommissar aller Telegraphen- und Fernsprechämter in Petrograd. Als 1918 die unheilvolle Tscheka geschaffen wurde, gehörte Jakowlew zu den fünf Männern, denen die bolschewistische Regierung das »strafende Schwert der Revolution« anvertraute. Viele politische Ereignisse des Jahres 1918 sind mit dem Namen Jakowlew verbunden. In der Nacht, in der die Bolschewiken auf Lenins Befehl das erste russische Parlament auseinanderjagten, wiederholte Jakowlew seinen Trick vom Oktober: Er schaltete im Taurischen Palais das Telephonnetz ab. Später brachte er vierzig Waggons Getreide ins hungernde Petrograd. Um dieses Getreide hatte es unterwegs zahlreiche Schießereien gegeben, Blut war geflossen. Noch eine Transaktion gelang ihm: Er schaffte 25 Millionen Goldrubel aus dem belagerten Petrograd nach Ufa auf die Bank. Wieder Verfolgung und Schießereien.

Das war der legendäre Mann, der im Frühjahr 1918 in Swerdlows Arbeitszimmer saß.

Ausgerechnet Swerdlow hatte vorgeschlagen, Jakowlew nach Tobolsk zu schicken, um die Romanows herauszuholen. Trotzki, der Jakowlew gut kannte, unterstützte diesen Auftrag; immerhin hatte Jakowlew schon die gefährlichsten Unternehmungen gemeistert.

Aber es gab ein Detail in Jakowlews Biographie, das nur Swerdlow kannte. In der Zeit der Illegalität und der Expropriationen waren sich Jakowlew und die Jekaterinburger Kämpfer in die Haare geraten. Als dann Moskau Anfang 1918 Jakowlew zum Kriegskommissar des gesamten Ural ernannte, war das in Jekaterinburg auf strikte Ablehnung gestoßen. Jakowlews Mandat mußte zurückgezogen werden, statt seiner wurde Golostschokin Kommissar. Die Feindseligkeit zwischen Jakowlew und den Ural-Bolschewiken hatte neue Nahrung bekommen.

Vielleicht hatte der schlaue Vorsitzende des WZIK darum Jakowlew mit der geheimen Mission betraut.

Swerdlow händigte Jakowlew das Mandat eines Bevollmächtigten des WZIK aus, unterschrieben von ihm und von Lenin. Alle waren verpflichtet, die Mission des Bevollmächtigten zu unterstützen, auf Ungehorsam stand Erschießung. Doch über die Mission selbst stand in dem Mandat kein Wort. Swerdlow erklärte sie Jakowlew mündlich: Die Zarenfamilie muß nach Moskau gebracht werden.

Swerdlow befragte Jakowlew nach seinem Aktionsplan. Wie es dieser verrückten Zeit entsprach, wollte Jakowlew, ohne jemanden einzuweihen, die Zarenfamilie aus Tobolsk herausholen, sie über den zugefrorenen Tobol nach Tjumen bringen und dort in den Zug nach Jekaterinburg setzen, um feindseligen Handlungen seitens der Ural-Bolschewiken vorzubeugen. Aber an der ersten Ausweichstelle würde er in Richtung Omsk, nach Osten, abschwenken. Über

Omsk, das sich jetzt mit Jekaterinburg befehdete, wollte er die Zarenfamilie nach Moskau bringen. Sollte es Komplikationen geben, konnte er ins heimatliche Ufa ausweichen, wo er zuverlässige Leute hatte. Von dort würde es ein leichtes sein, die Familie nach Moskau zu überführen.

Doch Swerdlow schlug vor, für den Notfall eine *dritte* Variante in Reserve zu halten: Jekaterinburg. Der ehemalige Terrorist Jakowlew war sich des Erfolgs sicher. Wie bei all seinen früheren gefährlichen Abenteuern würde er auch diesmal erfolgreich sein und die Zarenfamilie in Moskau abliefern.

Ihm standen zwei Telegraphisten zur Verfügung, damit er ständig Kontakt zu Moskau und Swerdlow unterhalten konnte, Für die Telegramme vereinbarten sie folgende Chiffren: »Fracht«, »Gepäck« – das war die Zarenfamilie, »die alte Reiseroute« – der Weg nach Moskau, »die neue Reiseroute« – der Weg nach Ufa, und schließlich »die erste Reiseroute« – der Weg nach Jekaterinburg.

Nachdem Jakowlew den Auftrag erhalten hatte, fuhr er sofort ins heimatliche Ufa, um eine Abteilung zusammenzustellen. Die örtliche Tscheka wählte zuverlässige Männer für ihn aus. Es waren größtenteils ehemalige Mitglieder der Kampforganisation, die an dem Goldraub in Miass teilgenommen hatten. »Die Räuber von Miass«, nannte er sie liebevoll.

Jakowlew beorderte den Führer der Jekaterinburger Bolschewisten, den Kommissar Filipp Golostschokin, nach Ufa. Er wies ihm sein Mandat vor und verlangte von ihm eine schriftliche Anweisung, wonach die in Tobolsk herrschenden Jekaterinburger – Chochrjakow, Awdejew usw. – ihm, Jakowlew, unterstellt würden.

Golostschokin war bereit, ihm ein solches Papier zu geben, wollte aber zuerst von Jakowlew das Ziel seiner Mission wissen, denn das WZIK habe versprochen, die Zarenfamilie der Stadt Jekaterinburg zu überstellen. Jakowlew erklärte, er werde die Familie nach Jekaterinburg bringen. Aber das dürfe vorerst keiner wissen. Vor allem nicht in Tobolsk. Warum eine solche Geheimnistuerei? Auch dafür hatte Jakowlew eine glaubwürdige Erklärung: Die Omsker Abteilung in Tobolsk könnte rebellieren und einen offenen Zusammenstoß heraufbeschwören. Außerdem könnte die alte Bewachung meutern, die den Jekaterinburger Bolschewiken seit langem feindlich gesinnt sei und sie nicht einmal ins »Haus der Freiheit« lasse. Darum verlange er von Golostschokin den Befehl über die bedingungslose Unterordnung der Jekaterinburger. Golostschokin gab ihm eine derartige schriftliche Anweisung.

Das alles war ein Spiel. Natürlich war Golostschokin von seinem alten Freund Swerdlow längst über das wahre Ziel der geheimen Mission Jakowlews informiert worden. Und er hatte sich gut darauf vorbereitet.

Was tat der »Spion«, während Jakowlew mit seiner Abteilung auf dem Weg nach Tobolsk war?

Mitte März, nachdem Chochrjakow und Awdejew mit ihrer Abteilung in die Stadt gekommen waren, kehrte er offensichtlich nach Perm zurück. Jedenfalls wurde Fjodor Lukojanow am 15. März 1918 zum Chef der Permer Tscheka ernannt. Doch Ende April verschwand er wieder aus der Stadt – »zur Niederschlagung von Kulakenmeutereien«. In Wirklichkeit kehrte er offenbar ins »Haus der Freiheit« zurück, denn Golostschokin hatte ihn wissen lassen, daß der entscheidende Moment bevorstehe.

Unterdessen lief das Leben im »Haus der Freiheit« unverändert weiter.

Tagebuch: »7. April. Samstag. Um neun war die Abendmesse. Es sang ein vorzüglicher Baß.«

Wie jeden Samstag wurde die Abendmesse im Salon abgehalten. Elektrisches Licht brannte trübe, und im Halbdunkel leuchtete die Ikone des Erlösers.

Alix kam in den leeren Salon, bedeckte das Chorpult mit einer selbstgestickten Decke und ging wieder hinaus. Um acht betraten der Geistliche im Ornat und vier Nonnen den Salon. Sie zündeten Kerzen an. Dolgorukow, Tatistschew und Botkin stellten sich links vom Chorpult auf, dann kamen die ehemaligen Hofdamen und die Dienerschaft.

Schließlich öffnete sich eine winzige Tür in der Wand, und die Zarenfamilie erschien.

Der Chor und der »vorzügliche Baß« sangen: »Preise den Herrn...« Der Zar und seine Familie knieten nieder, nach ihnen auch die andern.

So begrüßten sie den 8. April, den 24. Jahrestag ihrer Verlobung. In dieser Nacht hingen sie wie immer Erinnerungen nach. Der Bruder Ernie, Wilhelm, Georgie, Ella… Wo mochten sie jetzt sein? Sie erinnerten sich an den Kuß im Coburger Schloß. Damals waren sie jung und wahnsinnig glücklich gewesen. Aber: »Wenn du gleich in die Höhe führest wie ein Adler…«

Am 8. April, ihrem Festtag, mußte Nikolaus erfahren, daß er keine Schulterklappen mehr tragen durfte, ebenso der »Kleine«. Sie waren eine Verbindung zur Vergangenheit gewesen: Nikolaus trug Schulterklappen mit den Initialen seines Vaters, und Alexej trug Nikolaus' Initialen.

Als Nikolaus seinen Spaziergang machte, las der »Spion« in seinem Tagebuch: »8. April. Sonntag. Der 24. Jahrestag unserer Verlobung: Halb zwölf war Gottesdienst. Danach zeigte mir Kobylinski das Telegramm aus Moskau, in dem der Beschluß des Soldatenkomitees bestätigt wird, daß ich und Alexej keine Schulterklappen mehr tragen dürfen. Darum beschloß ich, sie bei Spaziergängen nicht mehr anzulegen, sondern nur zu Hause. Diese Schweinerei werde ich ihnen nie vergessen!«

Der »Spion« begriff endgültig, daß der Zar nach wie vor *alles* in sein Tagebuch schrieb. Dabei mußte er annehmen, daß seine Feinde das Tagebuch lasen. So zeigte er ihnen seine Verachtung.

Die Ankunft des Bevollmächtigten

Awdejew, Mitglied des Tobolsker Sowjets, wollte an einem Morgen im April 1918 ins heimatliche Jekaterinburg fahren. Er war zufrieden, denn er hatte die lang erwarteten Dokumente in der Tasche. Das waren die Hinweise über die monarchistische Verschwörung Solowjows, die der »Spion« beschafft hatte (den Briefwechsel der Zarin usw.), und der Beschluß des Tobolsker Sowjet: Angesichts der Gefahr, daß Nikolaus der Blutige aus Tobolsk flieht, wird der Ural-Sowjet gebeten, die Zarenfamilie nach Jekaterinburg überführen zu lassen.

Als Awdejew auf dem Bahnsteig auf seinen Zug wartete, sah er aus einem Zug Soldaten steigen. Der Anblick der unbekannten bewaffneten Männer beunruhigte ihn aufs äußerste. Er zählte 15 Kavalleristen und 20 Infanteristen. Da in dieser Zeit Omsk mit dem Ural verfeindet war, dachte er, eine Omsker Abteilung sei angekommen. Das mußte er herausfinden.

Er trat zu einem Waggon und fragte nach dem Chef. Man führte ihn zu einem Mann, der einen Pelzmantel über dem Matrosenhemd trug und eine Papacha auf dem Kopf hatte. Awdejew zeigte diesem Mann die Beglaubigung des Tobolsker Sowjet. Der Mann las sie und sagte: »Sie kommen mir gerade recht.« Er hielt dem Jekaterinburger sein Mandat mit Lenins und Swerdlows Unterschrift hin, außerdem die von Golostschokin unterschriebene Anweisung, die allen Jekaterinburger Bolschewiken im Tobolsker Sowjet befahl, sich dem Bevollmächtigten des WZIK Jakowlew bedingungslos unterzuordnen.

Awdejew mußte mit Jakowlews Abteilung nach Tobolsk zurückkehren.

Während sie nebeneinander nach Tobolsk ritten, fragte Jakowlew Awdejew über das »Haus der Freiheit« aus. Awdejew antwortete unwillig, er wisse keine Einzelheiten, denn die Wache lasse niemanden ins Haus.

Nach etwa 20 Werst sahen sie vorn auf der Straße Soldaten. Zuerst dachten sie: weiße Kosaken! Zum Glück kam es nicht zur Schießerei. Durch das Fernglas erkannten sie die rote Fahne und rote Schleifen auf den Papachas. Sie ritten aufeinander zu. Es war eine Abteilung aus Jekaterinburg, die die Romanows abholen wollte.

Das war die erste Überraschung des Kommissars Golostschokin. Jakowlew begriff, daß ihn Jekaterinburg kontrollierte.

Die beiden Abteilungen ritten zusammen weiter. Jakowlew ritt zwischen Awdejew und Busjazki, dem Kommandeur der Ural-Abteilung. Ein »Räuber von Miass« erzählte später in seinen Erinnerungen, worüber sich die drei unterhielten. Busjazki schlug Jakowlew einen Plan vor: Während Jakowlew die Zarenfamilie aus Tobolsk holt, liegt Busjazki mit seiner Abteilung in der Nähe des Dorfes Ijewlewo im Hinterhalt. Er inszeniert einen Überfall auf Jakowlews Abteilung, um angeblich den Zaren und seine Familie zu befreien. Bei der Schießerei machen sie alle Romanows nieder. »Man muß den Henker erledigen«, sagte der Jekaterinburger.

Als Antwort zeigte Jakowlew dem Kommandeur schweigend sein Mandat. Busjazki grinste nur. Den restlichen Weg schwiegen sie.

So zogen am 22. April 1918 die beiden Abteilungen in Tobolsk ein.

In Tobolsk erwartete Jakowlew eine neue Überraschung: In der Stadt war noch eine Jekaterinburger Abteilung unter der Leitung des Bolschewiken Saslawski eingetroffen.

So hatte Jakowlew vom ersten Tag an zwei Jekaterinburger Abteilungen gegen sich. Golostschokin hatte sich gut auf die Begegnung mit dem Bevollmächtigten des WZIK vorbereitet.

Jakowlew zog in Kornilows Haus, in dem das »Gefolge« wohnte. In derselben Nacht ging er in den Tobolsker Sowjet und legte sein Mandat vor.

Er hielt eine kurze Rede und teilte mit, Ziel seiner geheimen Mission sei, den Zaren und seine Familie aus Tobolsk wegzubringen.

Auf die natürliche Frage »Wohin?« antwortete Jakowlew, das unterliege keiner Diskussion, wie es auch im Mandat stehe. Saslawski entgegnete wütend: »Wozu das ganze Theater, die Romanows muß man einfach abknallen.«

Jakowlew schnitt ihm das Wort ab.

Aus Jakowlews Erinnerungen: »Ich sagte ihm nur eins: ›Ihre Abteilungen müssen sich mir unterordnen und meine Anordnungen befolgen. Ich hoffe, Sie haben mich verstanden.‹

Saslawski zischte durch die Zähne: ›Ja.‹«

Abschließend kündigte Jakowlew für den nächsten Tag einen Wachwechsel an. Im »Haus der Freiheit« sollten nur noch örtliche Rotgardisten Wache halten. Zum neuen Kommandanten des Hauses bestimmte Jakowlew den Jekaterinburger Awdejew. Das war ein Zugeständnis an die Ural-Bolschewiken.

Aber kaum war Jakowlew gegangen, beschlossen sie, den Bevollmächtigten aus Moskau scharf zu beobachten.

Als Jakowlew begriffen hatte, daß die Jekaterinburger im Tobolsker Sowjet seine Feinde waren, beschloß er, äußerst vorsichtig mit der Wache und mit Kobylinski umzugehen. Wenn auch hier etwas schiefging, war seine Mission gescheitert.

Am Morgen bestellte er Kobylinski zu sich.

Oberst Kobylinski war beeindruckt, wie freundlich der Moskauer Kommissar mit ihm sprach. Jakowlew erklärte ihm, daß er gekommen sei, um die Zarenfamilie wegzubringen. Leider müsse die Reiseroute noch geheim bleiben. Aber der Oberst könne versichert sein, daß er schon bald alles erfahren werde.

Kobylinski beantwortete Vertrauen mit Vertrauen. Er informierte Jakowlew über alle Schwierigkeiten, die ihn erwarteten. Es stellte sich heraus, daß Alexej sehr krank war und unter keinen Umständen reisen konnte.

In letzter Zeit war der Junge erstaunlich lange gesund gewesen und hatte sich im Haus alle möglichen Spiele ausgedacht.

So rutschte er in einem Holzboot die Treppe vom ersten Stock zum Erdgeschoß hinunter. Sein Boot polterte so laut über die Stufen, daß sich die Hausbewohner die Ohren zuhielten. Er schien sich etwas beweisen zu wollen. »Ich weiß nicht, bei welchem Spiel er sich verletzt hat, aber er mußte das Bett hüten«, erinnerte sich Dr. Botkins Tochter.

Dr. Botkin beschrieb Alexejs Krankheit:

»Alexej Nikolajewitsch hat sich aufgrund von Verletzungen, die bei einem Jungen seines Alters unvermeidlich sind, ein Gelenkleiden zugezogen. Jede Verletzung ruft die grausamsten Schmerzen hervor. Der Junge leidet dann so unbeschreiblich, daß keiner seiner Angehörigen, ganz zu schweigen von seiner herzkranken Mutter, die sich für ihn aufopfert, die Kraft hat, ihn längere Zeit zu pflegen. Meine erlöschenden Kräfte reichen auch nicht. Nagorny, der bei dem Kranken wacht, ist nach ein paar schlaflosen, qualvollen Nächten am Ende und würde nicht durchhalten, wenn ihn nicht Alexejs Lehrer, Herr Gibbs und vor allem Gilliard, ablösten und unterstützten. Sie lesen dem Kranken abwechselnd vor und lenken ihn tagsüber von seinen Leiden ab« (aus Botkins Erklärung an das Tobolsker Exekutivkomitee).

Am 23. (10.) April erschien Jakowlew in Begleitung des neuen Kommandanten Awdejew und des Obersten Kobylinski im »Haus der Freiheit«. Dort war man auf die Begegnung vorbereitet.

Nikolaus' Tagebuch: »9. April. Wir erfuhren, daß der Bevoll-

Der »böse Geist« der Zarenfamilie: Grigori Rasputin.

Thronfolger Alexej Romanow.

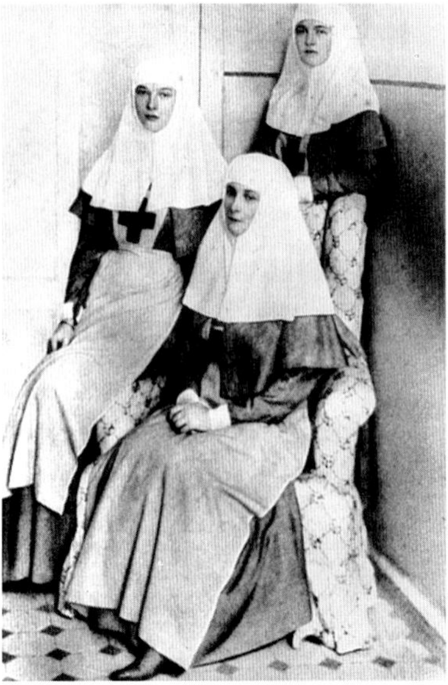

Die Zarin Alexandra und ihre Töchter Olga und Tatjana nach Abschluß einer Krankenschwesternausbildung beim Roten Kreuz.

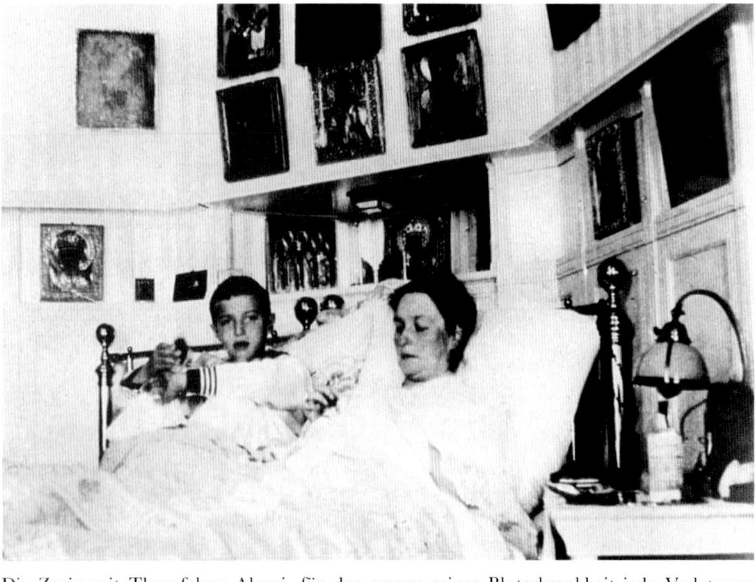

Die Zarin mit Thronfolger Alexej, für den wegen seiner Bluterkrankheit jede Verletzung lebensbedrohende Folgen haben konnte, Spala 1912.

Nikolaus II. vor einer Karte mit militärischen Operationen an der Westfront im Ersten Weltkrieg.

Der Zar mit den Abgesandten der Alliierten, 1916. Von rechts: Colonel Londkijevic (Serbien), Marquess de Laguiche (Frankreich), Nikolaus II., General Williams (Großbritannien), Baron Rikkel (Belgien) und ein Offizier.

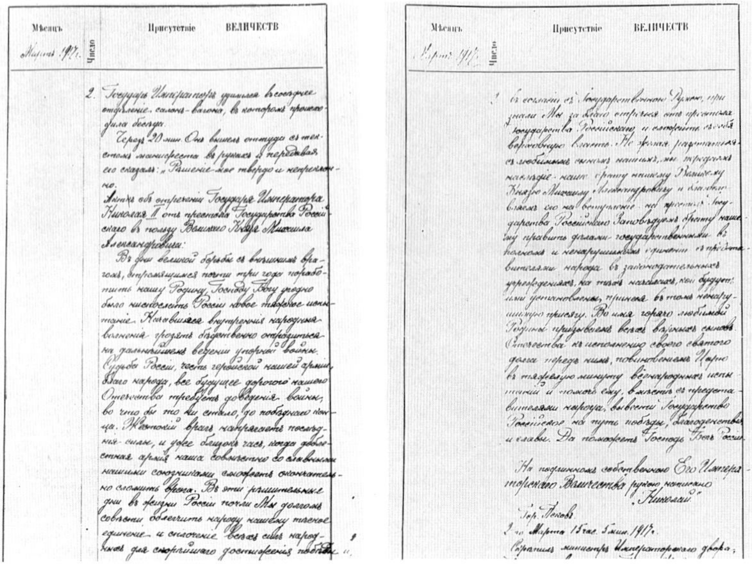

Мѣсяцъ | Присутствіе ВЕЛИЧЕСТВ | Число

Мартъ 1917.

2. Государь Императоръ удалился въ соотвѣтствующее отдѣленіе салонъ-вагона, въ которомъ происходила бесѣда.

Черезъ 20 мин. Онъ вышелъ оттуда съ текстомъ манифеста въ рукахъ и передавая его сказалъ: „Рѣшеніе мое твердо и непреложно.

Актъ объ отреченіи Государя Императора Николая II отъ престола Государства Россійскаго въ пользу Великаго Князя Михаила Александровича:

Въ дни великой борьбы съ внѣшнимъ врагомъ, стремящимся почти три года поработить нашу Родину, Господу Богу угодно было ниспослать Россіи новое тяжкое испытаніе. Начавшіяся внутреннія народныя волненія грозятъ бѣдственно отразиться на дальнѣйшемъ веденіи упорной войны. Судьба Россіи, честь геройской нашей арміи, благо народа, все будущее дорогого нашего Отечества требуютъ доведенія войны, во что бы то ни стало, до побѣднаго конца. Жестокій врагъ напрягаетъ послѣднія силы, и уже близокъ часъ, когда доблестная армія наша совмѣстно со славными нашими союзниками сможетъ окончательно сломить врага. Въ эти рѣшительные дни въ жизни Россіи почли Мы долгомъ совѣсти облегчить народу нашему тѣсное единеніе и сплоченіе всѣхъ силъ народныхъ для скорѣйшаго достиженія побѣды

Мѣсяцъ | Присутствіе ВЕЛИЧЕСТВ | Число

Мартъ 1917.

и въ согласіи съ Государственною Думою, признали Мы за благо отречься отъ престола Государства Россійскаго и сложить съ Себя верховную власть. Не желая разстаться съ любимымъ сыномъ нашимъ, мы передаемъ наслѣдіе наше брату нашему Великому Князю Михаилу Александровичу и благословляемъ его на вступленіе на престолъ Государства Россійскаго. Заповѣдуемъ брату нашему править дѣлами государственными въ полномъ и ненарушимомъ единеніи съ представителями народа въ законодательныхъ учрежденіяхъ, на тѣхъ началахъ, кои будутъ ими установлены, принеся въ томъ ненарушимую присягу. Во имя горячо любимой Родины призываемъ всѣхъ вѣрныхъ сыновъ Отечества къ исполненію своего святого долга передъ нимъ, повиновеніемъ Царю въ тяжелую минуту всенародныхъ испытаній и помочь Ему, вмѣстѣ съ представителями народа, вывести Государство Россійское на путь побѣды, благоденствія и славы. Да поможетъ Господь Богъ Россіи.

На подлинномъ собственною Его Императорскаго Величества рукою написано „Николай.“

Гор. Псковъ.

2-го Марта 15 час. 5 мин. 1917.

Скрѣпилъ министръ Императорскаго двора,

Gutschkows Zeugenaussage über die Unterzeichnung der Abdankungsurkunde durch Nikolaus II.

Der Eisenbahnwagen des Zaren, in dem Schulgin und Gutschkow im März 1917 die Abdankung von Zar Nikolaus II. entgegennahmen.

mächtigte Jakowlew aus Moskau angekommen ist. Er hat sich in Kornilows Haus einquartiert. Die Kinder rechneten mit einer Haussuchung und verbrannten alle Briefe, Maria und Anastasia sogar ihre Tagebücher.«

»10. April. 10.30 Uhr vormittags kam Kobylinski mit Jakowlew und dessen Gefolge. Ich empfing ihn mit den Töchtern im Salon. Wir hatten ihn gegen elf erwartet, darum war Alix noch nicht fertig. Er trat ein und fragte lächelnd und verlegen, ob ich mit der Wache und der Unterbringung zufrieden sei. Dann ging er fast im Laufschritt zu Alexej, besichtigte die übrigen Zimmer, entschuldigte sich für die Störung und sah sich die unteren Räume an.

Nach einer halben Stunde kam er wieder, um sich Alix vorzustellen. Dann ging er noch einmal zu Alexej. Damit war die Besichtigung des Hauses vorerst beendet.«

Aus den Worten des Zaren klang eine gewisse Sympathie: »entschuldigte sich für die Störung«, »lächelnd und verlegen«. Der ehemalige Herrscher über die halbe Welt war an Lächeln und Entschuldigungen nicht mehr gewöhnt.

Der Tschekist Jakowlew wußte mit Menschen umzugehen.

Zweimal besuchte der Kommissar aus Moskau an diesem Tag den kranken Jungen. Er prüfte, ob er vielleicht doch transportfähig war, und begriff, daß es ausgeschlossen war. Das erschwerte seine Aufgabe noch mehr.

Awdejew, der neue Kommandant des Hauses, ersetzte die Wachsoldaten aus Zarskoje Selo durch Rotgardisten. Auf der einen Seite nahmen die hochgewachsenen, schmucken Gardesoldaten in Uniform Aufstellung, auf der anderen Seite die Rotgardisten in speckigen Pelzjacken oder verblichenen Soldatenmänteln und geflickten Filzstiefeln. Genauso war es mit ihrer Bewaffnung; die einen trugen einen MG-Gurt über der Schulter, andere hatten ein Berdangewehr oder einen Nagantrevolver. Die Rotgardisten stellten sich auch nicht der Größe nach auf, sondern nach Freundschaft.

Beide Abteilungen blickten einander verwundert an. Ein Überrest des Imperiums und das Heer der Revolution – ein bedeutsames Bild der Epoche.

Am folgenden Tag kam Jakowlew nicht ins Haus.

Tagebuch: »11. April. Es war ein schöner und verhältnismäßig warmer Tag. Ich saß lange auf dem Dach des Treibhauses, dort wärmt die Sonne sehr schön. Dann arbeitete ich am Hügel und reinigte den tiefen Graben.«

Während der Zar den Graben reinigte und auf dem Dach des Treibhauses seinen Gedanken nachhing, hatte Jakowlew die schwere Aufgabe, mit der alten Wache des Zaren zu sprechen, die über ihre Ablösung murrte.

Jakowlew rief die Schützen zusammen und sprach ihnen seine Anerkennung aus. Dann kam die Hauptsache: Er übergab ihnen feierlich das seit sechs Monaten Sowjetmacht nicht gezahlte Gehalt und verkündete ihnen die frohe Botschaft, daß ihr Dienst beendet sei und sie endlich zu ihren Familien heimkehren könnten. Am Abend berief er eine Sitzung des Soldatenkomitees der Bewachung ein. Jetzt gab er sein Vorhaben bekannt, den Zaren und seine Familie aus Tobolsk wegzubringen. Auf die Frage nach dem Wohin antwortete er wie immer: »Das unterliegt keiner Diskussion.« Als Unzufriedenheit laut wurde, gab er sofort nach und schlug vor, acht Schützen der alten Wache in die Abteilung aufzunehmen, die den Zaren und seine Familie zum Bestimmungsort begleiten würde, »damit sie sich überzeugen können, daß der Zar und seine Familie in Sicherheit sind«.

Man hatte Jakowlew bereits in Moskau gesagt, daß er sich auf Matwejew, den Vorsitzenden des Komitees, verlassen könne.

Aus den »Aufzeichnungen« Matwejews: »Jakowlew bestellte mich zu sich und fragte, ob ich schon militärische Geheimaufträge erfüllt hätte. Als ich bejahte, teilte er mir mit, daß er den Auftrag habe, den ehemaligen Zaren nach Moskau zu überführen. Er schlug mir vor, aus meiner Abteilung acht Mann zur Begleitung Nikolaus Romanows abzustellen.«

Man kann nur vermuten, daß Matwejew die verblüffende Neuigkeit seinem Freund, dem »Spion«, mitteilte.

Am Abend hatte Jakowlew eine wichtige Unterredung mit Kobylinski. Er machte einen geschickten Schachzug und teilte ihm mit, daß er den Zaren zum Gerichtsprozeß nach Moskau bringen müsse, obwohl es natürlich keinen Prozeß geben werde. Der Zar werde mit seiner Familie unverzüglich nach Skandinavien ausgewiesen. Jakowlew nahm dem Obersten das Versprechen ab, das Geheimnis für sich zu behalten. Er wußte jedoch, daß Kobylinski es ausplaudern würde. Genau das wollte Jakowlew, damit die Zarenfamilie beruhigt war und alles reibungslos ablief. In derselben Nacht teilte Kobylinski das Geheimnis unter dem Siegel der Verschwiegenheit Botkin mit, und dieser erzählte es seiner Tochter.

Seine Tochter schrieb: »Vater erzählte uns eine wichtige Neuigkeit. Jakowlew ist auf Befehl Lenins hergekommen, um Ihre Majestäten zum Gerichtsprozeß nach Moskau zu bringen. Es war nur die Frage, ob die Wachabteilung sie ungehindert weglassen würde. Trotz des schrecklichen Wortes ›Gerichtsprozeß‹ nahmen alle die Neuigkeit freudig auf, denn sie waren überzeugt, daß kein Prozeß bevorstand, sondern die Ausreise. Wahrscheinlich hatte Jakowlew selber davon gesprochen, denn Kobylinski ging fröhlich herum und sagte: ›Es wird keinen Prozeß geben, sie werden von Moskau nach Petrograd gebracht und von dort nach Finnland, Schweden und Norwegen.‹«

Kobylinski kam jedoch nicht dazu, den Zaren einzuweihen.

Am frühen Morgen des 25. April erschien Jakowlew wieder im »Haus der Freiheit«. Er erklärte Nikolaus, daß er ihn aus Tobolsk wegbringen müsse, aber nicht sagen dürfe, wohin.

Nikolaus war bestürzt. Er hatte gedacht, Jakowlew sei nur der neue Kommissar, der Nachfolger von Pankratow. Er weigerte sich zu fahren, Alexej sei zu krank.

Jakowlew ging hinunter ins Zimmer des Kommandanten, wo Awdejew und Chochrjakow saßen. Er schien verwirrt und beriet mit den Jekaterinburgern, was zu tun sei. In Wirklichkeit wollte er sie für seine Mission einspannen.

Er ging wieder hinauf zum Zaren und erklärte, Widerstand sei zwecklos. Wenn Nikolaus nicht im guten mitkomme, werde er gewaltsam weggebracht. Das sagte er natürlich sehr freundlich und unter vielen Entschuldigungen. Er schlug Nikolaus vor, allein zu fahren. »Allein!« Darin sah Nikolaus einen Ausweg. Wenn er weg war, würde man die andern bestimmt freilassen. Er willigte ein.

Jakowlew ging, um die Abreise vorzubereiten. Sie sollte gleich am nächsten Tag im Morgengrauen stattfinden.

Nikolaus kehrte zu seiner Familie zurück. Hier erwartete ihn eine Überraschung: Alix hatte inzwischen von Kobylinski erfahren, daß der Zar nach Moskau gebracht werden sollte, und war in heller Aufregung. Sie glaubte an keine Gerichtsverhandlung, sondern dachte: Sie bringen ihn nach Moskau, damit er den schändlichen Brester Friedensvertrag unterschreiben soll. Sie wollen mit seinem Namen dieses widerliche Papier absegnen. Bestimmt verlangen das die Deutschen. Denn nur ein Frieden, der vom Zaren unterschrieben ist, hat Gültigkeit. Darum wollen sie, daß er ohne seine Frau nach Moskau fährt. Immer, wenn sie nicht dabei war, hatten sie ihn zu schrecklichen Entscheidungen gezwungen. Das wollte sie nicht zulassen. Neben ihrer Pflicht als Mutter hatte sie die Pflicht der Zarin zu erfüllen.

Nikolaus ging spazieren. Alix, die sonst wegen ihrer schwachen Füße keine fünf Minuten stehen konnte, rannte eine ganze Stunde in seinem Zimmer hin und her. Sie war am Rande des Wahnsinns.

»Zum erstenmal in meinem Leben weiß ich nicht, was ich tun soll. Bisher hat mir der Herr immer den Weg gewiesen. Aber jetzt höre ich seine Weisungen nicht.«

Als der Zar zurückkam, sagte sie entschlossen zu ihm: »Ich fahre mit dir.«

Dann ging sie zu ihrem Sohn. Sie nahm sich zusammen und erklärte ihm sehr ruhig: Der Zar und sie müßten verreisen. Wenn er wieder gesund sei, werde er mit den Schwestern nachkommen.

»In dieser Nacht schlief natürlich keiner«

In der Nacht schrie der Junge vor Schmerzen und rief nach seiner Mutter. Aber sie ging nicht mehr in sein Zimmer. Sie fürchtete, sie werde nicht die Kraft haben, sich noch einmal von ihm zu verabschieden. Sie schluchzte und sagte immer wieder: »Nein, das ist unmöglich, es muß etwas geschehen... Ich bin sicher, daß gegen Morgen etwas passiert. Der Herr läßt das Eis der Flüsse aufbrechen, diese Reise darf nicht sein...«

Doch allmählich beruhigte sie sich. Sie hatte sich nun endgültig entschieden. Der Junge aber weinte und rief nach ihr.

Sie beschloß, eine Tochter mitzunehmen. Aber welche? Tatjana, die zuverlässigste, mußte sich um Alexej kümmern und den Haushalt führen. Olga hatte eine schwache Gesundheit – bis Tjumen waren es 300 Kilometer in einem offenen Fuhrwerk. Anastasia war noch zu klein, außerdem hing Baby so an ihr. »Ich fahre mit«, sagte Maria.

So schilderten Augenzeugen (Gilliard u. a.) diese Szene.

Aber auch Alix und Nicky beschrieben das Drama in ihren Tagebüchern.

ER: »12. April, Donnerstag. Nach dem Frühstück kam Jakowlew mit Kobylinski und erklärte, er habe den Befehl, mich wegzubringen, sagte aber nicht, wohin. Alix beschloß, mich zu begleiten und Maria mitzunehmen. Widerspruch hätte nichts genützt. Die übrigen Kinder, den kranken Alexej, unter diesen Umständen hierzulassen fällt sehr schwer. Wir begannen sofort, das Notwendigste einzupacken. Später sagte Jakowlew, er werde zurückkommen und O., T., An. und A. holen. Wir verbrachten einen traurigen Abend, in dieser Nacht schlief natürlich keiner!!«

SIE: »Ich mußte mich entscheiden: bei Baby zu bleiben oder ihn (Nikolaus) zu begleiten. Ich beschloß, ihn zu begleiten, denn er braucht mich am meisten. Es wäre zu riskant, ihn allein fahren zu lassen, ohne zu wissen, wohin und wozu (wir nehmen an, nach Moskau). Was für ein schreckliches Leid! Nach dem Abendtee schickten wir das Gefolge weg und verbrachten die ganze Nacht mit den Kindern. Baby schlief ein, wir saßen bis zur Abfahrt bei ihm. Um 4.15 brachen wir auf.«

Aber auch Jakowlew schlief in dieser Nacht nicht. Während Awdejew durch die Stadt lief, um Pferde und Fuhrwerke zu beschaffen, bereitete sich Jakowlew auf die Abreise wie auf eine Schlacht vor. Er ließ den Kommandeur der zweiten Ural-Abteilung Busjazki kommen.

Aus Jakowlews Erinnerungen: »›Ich übertrage Ihnen die Verantwortung für die Bewachung während der Reise... Sie und Ihre Abteilung haften mit Ihrem Kopf für die Sicherheit... Sollte etwas passieren, werden Sie als erster erschossen.‹ Busjazki stand leichenblaß vor mir.«

Busjazki war für eine Weile außer Gefecht gesetzt.

Einen seiner verwegensten »Räuber von Miass« beauftragte Jakowlew, die Abreise aus Tobolsk zu sichern. Er sollte mit seinen Männern den Flußübergang besetzen und so lange wie möglich Saslawskis gefährliche Ural-Abteilung nicht aus der Stadt herauslassen.

Morgengrauen. Auf dem Hof standen die »Kutschen« bereit. Es waren sibirische Lastschlitten – Körbe, die auf langen Kufen lagen, ohne Sitze, die Reisenden mußten direkt auf dem Boden sitzen oder liegen.

Der Kommandant Awdejew konnte in der Stadt nur eine einzige geschlossene Schlittendroschke auftreiben, in der sollte die Zarin fahren. Sie wurde mit Matratzen und Heu ausgelegt.

In der fünften Stunde wurde das Gepäck verladen.

Aus Jakowlews Erinnerungen: »Aus allen Winkeln des Hauses klang Schluchzen. Die Töchter der Romanows und ihr gesamtes Personal traten auf die Vortreppe. Nikolaus ging von einem zum andern und bekreuzigte mit krampfhaften Bewegungen seine Töchter. Seine hochmütige Frau hinderte die Töchter am Weinen. Jede ihrer Gesten besagte: Man darf vor dem ›roten Feind‹ keine Schwäche zeigen.«

Ihnen stand ein langer und beschwerlicher Weg bevor. In Schlitten oder Bauernwagen; vielerorts war der Schnee in der Sonne weggetaut, und sie mußten die 300 Kilometer bis Tjumen auf matschigen Wegen zurücklegen. Von dort würde es mit dem Zug ins Ungewisse weitergehen.

Sie setzten sich in die Schlitten. Alix wollte bei Nikolaus sein, aber Jakowlew erklärte hart, er selber müsse neben dem ehemaligen Zaren sitzen. Alix setzte sich schweigend mit Maria in die Droschke. Sie würde fast den gesamten schrecklichen Weg »beharrliches Schweigen wahren«.

Drei Diener kamen mit ihnen – der Kammerdiener des Zaren Tschemodurow, das Zimmermädchen Demidowa und der Lakai Sednew. Vom Gefolge fuhr Dolgorukow mit und Botkin als Arzt. Mehr konnte ihnen Jakowlew nicht gestatten.

Die Zarin hatte Gilliard gebeten, zur Verabschiedung nicht mit herauszukommen, sondern bei dem schlafenden Jungen zu bleiben.

»Ist es denn möglich, daß keiner auch nur den leisesten Versuch unternahm, die Zarenfamilie zu retten? Wo sind diejenigen, die ihrem Zaren die Treue bewahrt haben?« schrieb Gilliard in sein Tagebuch.

Aus dem Nachbarhaus beobachtete die Tochter Dr. Botkins die Abreise. Sie sah ihren Vater zum letztenmal. Er hatte die Tochter zum Abschied bekreuzigt und geküßt. Sie blickte ihm nach, wie er im Zivilmantel und mit Filzhut die Straße überquerte. Früher hatte der Vater einen Generalsmantel getragen. Doch seit der Befehl erlassen war, die Schulterklappen abzutrennen, trug er nur noch Zivil, denn er mochte die Schulterklappen mit Nikolaus' Initialen nicht abtrennen.

In der Nacht hatten sie seine Koffer und seinen Pelzmantel abgeholt. Jetzt im Morgengrauen sah sie ihren Vater im Hof des »Hauses der Freiheit«; er trug den Hasenmantel des Fürsten Dolgorukow; in seinen eigenen riesigen Pelzmantel waren die Kaiserin und Maria eingemummt. Die Zarenfamilie besaß keinen geeigneten Pelz für die grimmigen Morgenfröste und den eisigen Fahrtwind.

6 Uhr morgens. Zum letztenmal sah Tatjana Botkina das Gesicht des Vaters, das hübsche Gesichtchen Marias, das leidvolle Antlitz der Kaiserin und das ruhige Gesicht Nikolaus'. Die Schlitten setzten sich in Bewegung. Die drei Zarentöchter liefen ins Haus und weinten.

Die letzte Reise

Sibirisches Tagebuch des Arrestanten

Awdejew ritt neben dem Schlitten, in dem der Zar und der Bevollmächtigte des WZIK saßen. In den Schlitten davor saßen Rotarmisten mit drei Maschinengewehren. Kavallerieabteilungen ritten an der Spitze und am Ende des Schlittenzuges. Aufklärer bildeten die Vorhut.

So begann die letzte Reise des Zaren.

Der Weg war beschwerlich, und Nikolaus sorgte sich um Alix.

Sie schwieg finster. Sie dachte an Baby, hatte sein Schreien im Ohr... Früher elegante Jachten, weich gefederte Kutschen mit surrenden Reifen, jetzt schmutzige Bauernwagen.

Auf solchen Wagen würden schon sehr bald ihre sterblichen Überreste transportiert werden. Nikolaus unterhielt sich den ganzen Weg über mit Jakowlew. Sie hatten Gesprächsstoff – der ehemalige Terrorist und der ehemalige Zar. Der Kutscher, der ihren Schlitten lenkte, erzählte später, sie hätten sich die ganze Zeit über politische Themen gestritten. Jakowlew habe den Zaren angegriffen, aber der Zar sei ihm nichts schuldig geblieben.

Doch während sich Jakowlew mit dem Exzaren unterhielt, dachte er fieberhaft an etwas anderes. Den ganzen Weg von Tobolsk bis Tjumen hatte er Patrouillen aufstellen lassen. Frische Pferde standen bereit. Aber die Patrouillen verfügten über wenig Leute. Wie würde sich Busjazki verhalten? Wie lange würde ihm der Schreck in den Gliedern sitzen? Die am Flußübergang zurückgelassenen Männer würden Saslawskis starke Abteilung kaum aufhalten können. Die beiden Ural-Abteilungen, eine vorn und eine hinten, hatten ihn in der Zange. Ob sie einen Angriff wagten?

Nikolaus' Tagebuch: »13. April. Freitag. Um vier Uhr morgens verabschiedeten wir uns von den lieben Kindern und setzten uns in die Reisewagen. Ich mit Jakowlew, Alix mit Maria, Valja mit Botkin. Von den Dienern fahren mit: Demidowa, Tschemodurow und Sednew. Acht Schützen und ein berittener Konvoi der Roten Armee von zehn Mann. Es war kalt. Der Weg war sehr beschwerlich, es rüttelte schrecklich, weil die Fahrrinnen zugefroren waren. Wir überquerten den Irtysch, viermal wurden die Pferde gewechselt. Im Dorf Ijewlewo übernachteten wir in einem sauberen großen Haus und schliefen fest auf unseren Pritschen.«

Auch die Zarin führte Tagebuch: »Eine Fahrt in Pferdewagen … Ich bin todmüde. Mir platzt der Kopf.«

Im Morgengrauen ging die Reise weiter. Beim Dorf Ijewlewo stand das Eis unter Wasser. Der Wind peitschte die Gesichter. Die Fuhrwerke fuhren ins Wasser. Alix weigerte sich, durchs Wasser zu fahren. Sie holten Bretter aus dem Dorf, legten sie übereinander, und die Kaiserin und Maria überquerten an der Hand des galanten Dolgorukow und des guten Doktor Botkin auf den Brettern das Wasser. Am selben Tag erreichten sie das Dorf Pokrowskoje.

Alix sah das Haus des Starez und war glücklich: ein Zeichen, das Gutes verhieß.

Sie schrieb ins Tagebuch: »14. (27.) April. Sonnabend. Gegen zwölf in Pokrowskoje angekommen. Die Pferde wurden gewechselt, wir standen lange vor dem Haus unseres Freundes... Wir sahen seine Verwandten, die aus dem Fenster zu uns herausschauten.«

So segnete der »Heilige Teufel« sie für den Tod.

Jetzt blieb der letzte Abschnitt bis Tjumen. Wenn die Ural-Abteilungen angreifen wollten, mußte es hier geschehen. Jakowlews Abteilung war stärker geworden, weil sich die Patrouillen angeschlossen hatten. Er bereitete sich auf einen Kampf vor, aber zu seinem Erstaunen blieb er aus.

Nikolaus' Tagebuch vom 14. April: »Die letzte Strecke legten wir langsam zurück, unter militärischen Vorsichtsmaßregeln. Wir kamen Viertel zehn bei schönem Mond in Tjumen an. Die ganze Schwadron eskortierte unsere Wagen bei der Einfahrt in die Stadt. Es war angenehm, sich in den Zug setzen zu können, obwohl er nicht sehr sauber war. Wir selber und unsere Sachen waren hoffnungslos verschmutzt. Wir legten uns um zehn schlafen, ohne uns auszuziehen. Ich schlief auf der Pritsche über Alix; Maria und Njuta nebenan.«

In Tjumen wurde Jakowlew von seiner 250 Mann starken Abteilung erwartet. Er atmete erleichtert auf. Er wußte nicht, daß die beiden Ural-Abteilungen eine ganz andere Aufgabe hatten. Sie sollten ihn nur beobachten und bis zum Zug begleiten. Das Schlimmste stand während der Eisenbahnfahrt noch bevor.

Der Zug stand zur Abfahrt bereit.

Jagd auf den Zug

Die Zarenfamilie hatte einen Waggon für sich.

Das zentrale Abteil belegten Jakowlew und Awdejew. Im Abteil rechts von ihnen saßen Nikolaus und Alix, links Maria und Demidowa.

Nachdem die Familie untergebracht war, ging Jakowlew mit seinem Telegraphisten zum Telegraphenamt.

Gleich nach ihm wollte Awdejew den Waggon verlassen, aber Jakowlews Schützen ließen ihn nicht hinaus.

Jakowlew setzte sich mit Moskau in Verbindung.

Seine Mitteilung an Swerdlow: »Bleibt die alte Reiseroute bestehen, oder hast du sie geändert? Erbitte unverzügliche Antwort in Tjumen« (Zentrales Staatsarchiv der Oktoberrevolution).

Nach einer Weile kam die Antwort aus Moskau: »Die alte Reiseroute. Teile mit, ob du die Fracht beförderst. Swerdlow.«

Jakowlew teilte mit: »Ich befördere die Fracht.«

Er kehrte in den Zug zurück. Der setzte sich in Bewegung. Bei der nächsten Ausweichstelle gab Jakowlew den Befehl, eine neue Lokomotive anzukoppeln und die Richtung zu ändern. Bald merkte Awdejew, daß sie nicht auf der Strecke nach Jekaterinburg waren. Der Zug fuhr ohne Licht nach Osten, Richtung Omsk.

»Wohin fährt der Zug?« fragte Awdejew.

Jakowlew erklärte, er habe erfahren, daß die Ural-Abteilung unterwegs den Zug überfallen wolle, um die Zarenfamilie zu liquidieren. Darum habe er beschlossen, einen Umweg zu machen und über Omsk nach Jekaterinburg zu fahren.

Awdejew glaubte ihm natürlich nicht. Er begriff, daß die Familie nicht nach Jekaterinburg gebracht werden sollte. Aber wohin dann?

Tagebuch: »15. April. Sonntag. Wir haben gründlich ausgeschlafen. An den Namen der Bahnhöfe errieten wir, daß wir Richtung Omsk fahren. Wir rätselten, wohin es dann gehen wird: nach Moskau oder nach Wladiwostok? Die Kommissare sagen natürlich nichts. Maria ist zu den Schützen gegangen, die am Ende des Waggons untergebracht sind ... An den Bahnhöfen zogen sie die Fenstervorhänge zu, weil wegen des Feiertags viele Menschen unterwegs waren. Nach einem kalten Imbiß legten wir uns früh schlafen.«

Maria brachte bei den Schützen nichts in Erfahrung, und Jakowlew erklärte ihnen nichts. Nachts, während sie schliefen, waren entscheidende Ereignisse im Gange.

Jakowlew war auf dem Weg nach Omsk. Aber er wußte nicht, daß sich Golostschokin, von Swerdlow über das wahre Ziel der geheimen Mission informiert, mit den Omsker Bolschewiken versöhnt hatte. Die Aversion gegen die Hauptstadt versöhnte wie immer die Provinzstädte. Während Jakowlew triumphierend nach Omsk fuhr, gingen aus Jekaterinburg bereits Telegramme nach Moskau:

»28. April aus Jekaterinburg. Ihr Kommissar Jakowlew brachte Romanow nach Tjumen Punkt Setzte ihn in den Zug nach Jekat(erinburg) Komma änderte nach einer Strecke die Richtung und fuhr zurück Punkt Der Zug mit Nikolaus befindet sich jetzt kurz vor Omsk Punkt Was für ein Ziel er damit verfolgt Komma wissen wir nicht Punkt Wir halten diesen Schritt für Verrat Punkt *Entsprechend Ihrem Brief vom 9. April* muß Nikolaus nach Jekaterinburg Punkt.« Was bedeutet das? Der Gebietssowjet und das Gebietsparteikomitee ordneten an, den Zug um jeden Preis aufzuhalten, Jakowlew zu verhaften und zusammen mit Nikolaus nach Jekaterinburg zu bringen.

Gleichzeitig wurden Telegramme nach Omsk und an andere Orte geschickt, die Jakowlew zum Verräter erklärten.

»Militärtelegramm, höchste Dringlichkeit. Moskau. An Swerdlow. Wir sehen in dem Verhalten des Kommissars Jakowlew einmütig Verrat an der Revolution. Das Bestreben, den ehemaligen Zaren trotz der eindeutigen Anweisung des Vorsitzenden des WZIK mit unbekanntem Ziel aus dem revolutionären Ural herauszubringen, ist ein Akt, der den Kommissar Jakowlew aus den Reihen der Revolutionäre ausschließt. Der Ural-Gebietssowjet schlug allen rev. Organisationen, besonders dem Omsker Deputiertensowjet, vor, außerordentliche Maßnahmen einschließlich Waffengewalt zu ergreifen, um den Zug zu stoppen...«

Man brachte Jakowlew eines dieser Telegramme. Er erfuhr, daß sein Zug in Omsk gestoppt und er selber verhaftet werden sollte.

Jakowlew verlor die Nerven. Er stürmte zu Awdejew, schrie: »Sind denn dort bei euch alle übergeschnappt?« Aber zu spät.

Der Zug näherte sich Omsk, wo schon eine Abteilung Rotgardisten bereitstand.

Da setzte Jakowlew alles auf eine Karte. Kurz vor Omsk, bei der Station Ljublinskaja, ließ er den Zug halten und die Lokomotive abkoppeln. Zusammen mit dem Telegraphisten fuhr er auf der Lok in die Hölle – nach Omsk.

Aus Jakowlews Erinnerungen: »Als die Lok hielt und wir auf den Bahnsteig traten, waren wir von einer Menschenmenge umringt.«

Er stand allein in der aufgebrachten, bewaffneten Menge, die durch die Gerüchte über den Verräter elektrisiert war. Er sah dem Tod ins Auge, aber das hatte er schon oft erlebt.

Aus Jakowlews Erinnerungen: »Ich überschrie die Menge und erklärte: ›Ich bin der außerordentliche Kommissar des WZIK Jakowlew! Ich muß den Vorsitzenden des Omsker Sowjets sprechen!‹«

Zum erstenmal während der Reise hatte er Glück.

Aus Jakowlews Erinnerungen: »Es stellte sich heraus, daß der Vorsitzende des Omsker Sowjets mein Freund Kossarjew war... Ich erkannte meinen alten Kameraden, mit dem ich an der Parteischule in Italien war... Ich schilderte ihm in allgemeinen Zügen die Ereignisse und bat ihn, zusammen mit mir zum Telegraphenamt zu fahren, um mit Swerdlow Verbindung aufzunehmen. Von ihm würde ich erstens weitere Instruktionen erhalten, und zweitens würde Kossarjew begreifen, daß ich nach den Anordnungen des Zentrums handelte. Während wir zum Telegraphenamt rasten, sahen wir überall bewaffnete Abteilungen.«

Er konnte also seinen alten Freund überzeugen. Aber auf dem Telegraphenamt erfuhr Jakowlew, daß er sein Leben umsonst riskiert hatte. Zu diesem Zeitpunkt war das lange telegraphische Gespräch zwischen Jekaterinburg und Moskau beendet. Auf das erste Jekaterinburger Telegramm hatte Moskau geantwortet: »Swerdlow hat mitgeteilt, daß Jakowlew nach Osten fährt... entsprechend seiner Anweisung!«

Aber Golostschokin wußte, daß er energisch und hartnäckig sein mußte. Die Jekaterinburger schickten ein drohendes Telegramm: »In seinem Brief vom 9. April erklärte Genosse Swerdlow, daß Romanow nach Jekaterinburg überführt und der Verantwortung des Gebietssowjets überstellt wird. Als wir heute sahen, daß der Zug aus uns unbekannter Ursache eine andere Richtung einschlug, machten wir Swerdlow Meldung. Seine Antwort verwunderte uns außerordentlich. Es stellte sich heraus, daß er Jakowlew angewiesen hat, nach Osten zu fahren. Er bittet, Jakowlew keine Hindernisse in den Weg zu legen.«

Dann gingen sie zu offenen Drohungen über.

»Den einzigen Ausweg aus der entstandenen Lage sehen wir darin, nach Omsk an Jakowlew den Befehl durchzugeben, den Zug nach Jekaterinburg zurückzuleiten, andernfalls kann der Konflikt extreme Formen annehmen, denn wir sind der Meinung, daß Nikolaus nicht durch Sibirien kutschieren, sondern sich in Jekaterinburg unter strenger Aufsicht befinden sollte.«

Jetzt konnte Swerdlow nachgeben. Moskau willigte ein, natürlich »unter der Bedingung«, daß alles für die Sicherheit der Romanows getan werde, daß »die entsprechenden Garantien« gegeben würden. Diese Garantien wurden umgehend gegeben.

Als Jakowlew nun seinen Telegraphisten an den Apparat setzte, kam aus Moskau Swerdlows Anweisung: »Unverzüglich nach Tjumen zurückkehren. Wir haben uns mit den Uralern geeinigt. Es wurden Maßnahmen ergriffen, Garantien gegeben« (Zentrales Staatsarchiv der Oktoberrevolution).

Jakowlew war fassungslos: Also war alles umsonst gewesen. Er führte ein langes telegraphisches Gespräch mit Moskau und teilte Informationen mit, die Swerdlow berechtigt hätten, die Forderung der Jekaterinburger zurückzuweisen: »Natürlich ordne ich mich allen Befehlen des Zentrums unter. Ich werde das Gepäck dorthin bringen, wohin Sie befehlen. Aber ich halte es für meine Pflicht, den Rat der Volkskommissare noch einmal darauf hinzuweisen, daß durchaus Gefahr besteht... Noch eine Überlegung: Wenn Sie das Gepäck in den Bezirk Sim (Gouvernement Ufa, Jakowlews Heimat) schicken, können Sie es von dort jederzeit nach Moskau oder wohin Sie wollen, bringen lassen. Wird das Gepäck aber nach der ersten Reiseroute (d. h. Jekaterinburg) befördert, so bezweifle ich, daß Sie es von dort je wieder herausbekommen... Wir zweifeln jedoch nicht daran, daß das Gepäck stets in großer Gefahr ist. Wir warnen Sie also zum letztenmal und lehnen jede moralische Verantwortung für die Folgen ab« (Zentrales Staatsarchiv der Oktoberrevolution).

Aber zu Jakowlews Verwunderung reagierte Swerdlow nicht: Moskau blieb bei seiner Entscheidung. Jakowlew mußte die Zarenfamilie nach Jekaterinburg bringen.

Er kehrte mit der Lok zum Zug zurück. Der nahm Kurs nach Jekaterinburg.

Nikolaus' Tagebuch: »16. April. Am Morgen merkten wir, daß wir zurückfuhren. Man wollte uns nicht durch Omsk lassen. Dafür hatten wir mehr Freiheit, wir gingen sogar zweimal spazieren, das erstemal am Zug entlang, das zweitemal ziemlich weit ins Feld, zusammen mit Jakowlew persönlich. Alle waren in munterer Stimmung.«

Nikolaus war in »munterer Stimmung«, weil er den wahren Grund für die Rückkehr des Zuges noch nicht kannte. Sie wurde nach den »Aufzeichnungen« Matwejews mit der Beschädigung einer Brücke erklärt.

Nikolaus glaubte noch, daß sie nach Moskau fuhren. Die Reise ging weiter. Er konnte seinen geliebten Spaziergang machen, »mit Jakowlew persönlich«, wie er nicht ohne Ironie in sein Tagebuch schrieb.

Sie gingen den Zug entlang und unterhielten sich. Worüber? Über die Macht? Über die Massen? Über die Revolution? Oder über Nikolaus' Lieblingsthema: Die Menschen streiten sich, ärgern einander, aber ringsum ist das wunderbare weise Leben der Bäume, der grünen Weite... des ewigen Himmels mit den ewigen Wolken.

So endete der letzte ungezwungene Spaziergang des letzten Zaren.

Als Nikolaus am Morgen erwachte, begriff er alles. Er sah an den Bahnhofsschildern, daß sie sich Jekaterinburg näherten.

Jakowlew befahl, die Vorhänge zuzuziehen. Er wußte, wie die Hauptstadt des Roten Ural sie begrüßen würde. Auch der Zar ahnte es. Kurz vor der Einfahrt in die Stadt kam es im Zug zu einer sonderbaren Szene. Nikolaus ging in Matwejews Abteil und kam gleich wieder heraus, ein Stück Schwarzbrot kauend. Als er sah, daß Matwejew ihn beobachtet hatte, sprach er ihn verlegen an.

Aus den »Aufzeichnungen« Matwejews: »›Verzeihen Sie, Pjotr Matwejewitsch, ich habe mir bei Ihnen ohne Erlaubnis ein Stück Schwarzbrot abgebrochen.‹ Ich bot ihm Weißbrot an, das die Jungs auf einem Bahnhof gekauft hatten, denn der Kanten Schwarzbrot, der auf dem Tischchen lag, war völlig altbacken. Ich wollte ihn auf dem nächsten Bahnhof den Hunden vorwerfen.«

Der Kaiser Rußlands aß Schwarzbrot, das für die Hunde bestimmt war?

Aber diese Szene hatte eine ganz unsentimentale Ursache.

Matwejew berichtet: »Ich sah Nikolaus an und begriff, daß er stark erregt war und das Brot mehr vor Aufregung knabberte...«

Je näher Jekaterinburg kam, desto größer wurde seine Aufregung.

Er wollte Alix nicht erschrecken und beruhigte sie wahrscheinlich noch. Aber zu Matwejew sagte er die Wahrheit.

»Ich würde sonstwohin fahren, bloß nicht in den Ural. Nach den Zeitungen zu urteilen, ist mir der Ural besonders feindlich gesinnt.«

Er hoffte immer noch, »die guten Schützen« der alten Bewachung würden etwas unternehmen.

Um 8.40 morgens hielt der Zug auf dem Bahnhof Jekaterinburg 1, einige Gleise vom nächsten Bahnsteig entfernt.

Der Zar blickte durch die zugezogenen Vorhänge und sah, daß trotz der frühen Stunde eine brodelnde Menschenmenge den Bahnsteig überschwemmte.

Das Ipatjew-Haus erwartete sie

Am frühen Morgen des 30. April erhielt der Fahrer des Ural-Sowjets Fjodor Samochwalow den Befehl, mit dem Wagen zum Haus am Wosnessenski-Prospekt, Ecke Wosnessenski-Gasse, zu fahren. Das Haus hatte dem Ingenieur Ipatjew gehört, der es auf Befehl des Ural-Sowjet räumen mußte. Um das Haus wurde ein hoher Zaun gezogen und davor eine Wache aufgestellt. Bald ging das Gerücht durch die Stadt: In dem bewachten Haus wird die Zarenfamilie wohnen.

Vor dem Haus stand eine riesige Menschenmenge, als Samochwalow vorfuhr. Golostschokin kam heraus, setzte sich in den Wagen und befahl dem Fahrer, ihn zum Hauptbahnhof Jekaterinburg 1 zu bringen. Vor dem Bahnhof stieg er kurz aus, lief irgendwohin und ließ sich dann zum Güterbahnhof Jekaterinburg 2 fahren.

Das war ein geschicktes Manöver, damit sich die Menge zerstreute.

Aus den »Erinnerungen« des Kommissars Shilinski (die »Erinnerungen« werden im Swerdlowsker Parteiarchiv aufbewahrt):

»Wir beschlossen, das Volk zu täuschen, indem wir die Wagen erst zum Bahnhof Jekaterinburg 1 schickten und von dort zum Bahnhof Jekaterinburg 2. Die Leute folgten den Autos zum Bahnhof Jekaterinburg 1.«

Die Menge raste.

Aus Jakowlews Erinnerungen: »Es herrschte ein unbeschreibliches Getöse, drohende Rufe ertönten. Die Menge bewegte sich auf unsern Zug zu. Die Soldaten auf dem Bahnsteig griffen kaum ein.

›Bring den Romanow raus, ich will ihm in die Fresse spucken.‹

›Maschinengewehre fertigmachen...‹

Das wirkte. Die Menge wich zurück. Ich wurde beschimpft.«

Inzwischen hatte der Bahnhofsvorsteher einen Zug losgeschickt, der auf die Leute zufuhr. Die Menge wogte zurück, und der lange Güterzug trennte die tobenden Massen wie eine Mauer von dem Zug mit dem Zaren.

Aus Jakowlews Erinnerungen: »Geschrei und Geschimpfe. Während die Leute über die Puffer des Güterzugs kletterten, fuhren wir los und waren fünfzehn Minuten später in völliger Sicherheit auf dem Bahnhof Jekaterinburg 2.«

Aus Nikolaus' Tagebuch: »17. April. Dienstag. Ein wunderschöner warmer Tag. Acht Uhr vierzig kamen wir in Jekaterinburg an. Drei Stunden standen wir auf dem Bahnhof. Es gab heftigen Streit zwischen den hiesigen und unseren Kommissaren.«

Aber kein Wort über die tobende Masse. Der Zar wollte nicht notieren, wie ihn seine Untertanen begrüßten.

Auf dem Bahnhof Jekaterinburg 2 war alles zum Empfang vorbereitet. 40 Rotgardisten koppelten unverzüglich die Waggons ab. Auf dem Bahnsteig standen die drei Leiter des Ural-Sowjet: der siebenundzwanzigjährige blauäugige Alexander Beloborodow mit weißer Papacha, ehemals Elektromonteur, nun Vorsitzender des Sowjets oder, wie er sich selber gern nannte, »Oberhaupt der revolutionären Regierung des Roten Ural«, Filipp (Issai) Golostschokin, Führer der Ural-Bolschewiken, und noch ein führendes Mitglied des Sowjet, der Bolschewik Boris Didkowski, Sohn eines zaristischen Offiziers, Zögling einer Kadettenschule, Absolvent der Genfer Universität, ein brillanter Bergbauingenieur.

Sie alle waren sehr energische Männer.

In diesem Moment revoltierten die Schützen der alten Wache, die begriffen hatte, was die Romanows erwartete. Sie stellten sich in die

Türen des Waggons und ließen niemanden herein. Da versuchte Jakowlew seine letzte Chance zu nutzen. Er forderte, mit Moskau Verbindung aufzunehmen. Anderthalb Stunden dauerte der Handel. Die energischen Männer wollten nicht länger warten. Sie erklärten: Wenn man sie nicht sofort in den Waggon läßt, beschießen die Rotgardisten den Zug. Erst da besänftigte Jakowlew die Schützen.

Die acht Schützen wurden entwaffnet und saßen gegen Abend im Jekaterinburger Gefängnis, von wo sie Jakowlew mit großer Mühe wieder herausholte.

Beloborodow betrat den Waggon. Er wechselte ein paar Worte mit dem Bevollmächtigten und schrieb gleich im Waggon eine Quittung über den »Erhalt« aus. Jakowlew führte die Zarenfamilie hinaus.

Zehn Jahre später malte der Künstler W. Ptschelin für das Revolutionsmuseum das Bild »Die Übergabe der Romanows an den Ural-Sowjet«. Nicht umsonst wurde die hilflose Familie in Jakowlews Telegrammen als »Fracht« und »Gepäck« bezeichnet. Sie wurden auch wie Gepäck in Empfang genommen – auf dem Güterbahnhof, gegen Quittung. Das war der grimmige Humor der Ural-Revolutionäre.

Eine malerische Gruppe stand an diesem Tag auf dem Jekaterinburger Güterbahnhof: Nikolaus, seine Frau und die Tochter, sie alle sollten in gut zwei Monaten erschossen werden. Aber auch Golostschokin, Beloborodow und Didkowski sollten erschossen werden, allerdings erst zwanzig Jahre später.

Sie setzten sich in die Wagen. In einem Wagen saßen Nikolaus, Awdejew, nunmehr Kommandant des Ipatjew-Hauses oder des Hauses zur besonderen Verwendung, wie es in den offiziellen Papieren genannt wurde, und Beloborodow. In dem anderen Auto saßen Didkowksi, Golostschokin, Maria und die Zarin.

Ihnen folgte ein Lastwagen mit Rotgardisten. Es war wie in den guten alten Zeiten. Auf dem Bahnhof empfingen sie die Führer des Gouvernements, und eine Eskorte Soldaten begleitete sie zum Haus.

Aus Nikolaus' Tagebuch: »Der Zug fuhr zum Güterbahnhof. Nach anderthalb Stunden stiegen wir aus. Jakowlew übergab uns dem Gebietskommissar, wir setzten uns in die Wagen und fuhren durch leere Straßen zu dem für uns vorbereiteten Ipatjew-Haus.«

Tagebuch der Zarin: »Um drei wurden wir aufgefordert auszusteigen. Jakowlew mußte uns an den Ural-Sowjet übergeben. Ihr Chef führte uns zu den Autos. Ein Lastwagen mit Soldaten folgte uns.«

Jakowlew hatte sich also vom Zaren getrennt.

Mit den Leuten vom Ural war nicht zu spaßen, sie hatten offensichtlich immer noch die ernstesten Absichten mit dem gewitzten Kommissar. Swerdlow mußte sich einmischen. Er schickte an Beloborodow und Golostschokin ein Telegramm: »Alles, was Jakowlew tut, geschieht in Erfüllung meines Befehls. Ihm ist volles Vertrauen entgegenzubringen. Swerdlow.«

Golostschokin verstand das Signal und besänftigte seine übereifrigen Genossen. Am Abend des 30. April hörte sich der Ural-Sowjet Jakowlews Vortrag an. In einer Resolution »rehabilitierte« der Sowjet den Bevollmächtigten.

Wer ist er?

Jakowlews Leben nahm eine erstaunliche Wendung.

Ende Mai erhob sich im Wolgagebiet, im südlichen Ural und in Sibirien das Tschechoslowakische Korps gegen die Bolschewiken. Daraufhin eröffneten die Bolschewiken die Ostfront, befehligt von dem Sozialrevolutionär Murawjow, einem ehemaligen zaristischen Offizier. Jakowlew erhielt das Kommando über eine dieser Armeen in der Gegend von Ufa und Orenburg. Doch am 10. Juli rebellierte Murawjow gegen die Bolschewiken und wurde bei seiner Gefangennahme in Kasan getötet.

Da verließ Jakowlew die Front und kehrte heimlich in das von den Bolschewiken befreite Ufa zurück. Hier erklärte er, daß er die Idee des Bolschewismus überwunden habe, und ging zur weißen Armee.

Er wandte sich mit einem Aufruf an die Soldaten der Roten Armee: »Ich wende mich an euch einfache Soldaten, nicht an eure verantwortungslosen Vorgesetzten, die in ihrer Willkür die Geschicke unserer armen geschundenen Heimat lenken. Das Volk murrt, protestiert, windet sich in Todeskämpfen. Da und dort flammen Aufstände auf. Ein entsetzlicher Bürgerkrieg tobt, und es gibt in Rußland keinen freien Bürger mehr, der sich des morgigen Tages sicher wäre. Wie in den letzten Tagen der Selbstherrschaft bedrohliche Gespenster das Ende der Volksgeduld anzeigten, so wird jetzt alles gegen die Sowjetmacht aufstehen, und sie wird zusammenbrechen, nachdem sie euch alle mit ihrem eigenen Gewicht zerquetscht hat. Der ehemalige Befehlshaber der bolschewistischen Orenburger Front, Jakowlew.«

Darauf folgte ein völlig unerwartetes Finale: Der zu den Weißen übergelaufene Jakowlew wurde im Keller der weißgardistischen Spionageabwehr erschossen. Das ist die allgemein bekannte Version vom Ende des Bevollmächtigten des WZIK, wie sie in zahlreichen Werken angegeben wird.

Aber wir müssen uns daran gewöhnen, daß in unserem Buch Menschen zuweilen wieder auferstehen. »Der von den Weißen erschossene Jakowlew« blieb am Leben. Major N. Ljoschkin, Untersuchungsführer für besonders wichtige Fälle, der Zugang zu Geheimdokumenten hatte, veröffentlichte Auszüge aus dem geheimen »Fall Jakowlew«.

Wie sich herausstellt, lebte Jakowlew alias Mjatschin in den zwanziger Jahren wohlbehalten unter dem Namen Stojanowitsch in China. Es hatte keine Erschießung gegeben. Jakowlew war 1919 schlicht und einfach nach Charbin geflohen. Doch 1927 beschloß er, in die UdSSR zurückzukehren. Natürlich geriet er in die Hände der entsprechenden Organisation, die er selber mitbegründet hatte. Nach einem langwierigen Untersuchungsverfahren wurde er verurteilt. Nur seine revolutionären Verdienste retteten ihn vor der Erschießung. Er kam ins Lager – in das schreckliche Lager auf Solowki und an den Weißmeerkanal.

In seinem Artikel führt Ljoschkin die Aussagen eines alten Tschekisten an, der 1929, als Mjatschin unter dem Namen Stojanowitsch verurteilt wurde, in Moskau studierte. Er hörte von Artur Artusow, dem Leiter der sowjetischen Aufklärung, folgende Geschichte:

»Im Bürgerkrieg gab es Opfer, die sich zum Nutzen der Sache als Verräter ausgaben. So lief zum Beispiel Kostja Mjatschin mit dem Einverständnis der Tscheka zu Koltschak über. Er setzte sich nach China ab, wo er als Stojanowitsch Großes leistete. Noch ist es nicht an der Zeit, darüber zu reden. Er war ein vorbildlicher Nachrichtenoffizier. Er wurde enttarnt und mußte zurückkehren. Hier wurde er verurteilt, das war unumgänglich. Aber bald werden wir ihn freisprechen und auszeichnen.«

Tatsächlich wurde Jakowlew bereits nach zwei Jahren wegen seiner »aufopferungsvollen Arbeit am Weißmeerkanal« vorfristig entlassen.

Also gab es keinen Verrat? Kein Verbrechen? Mjatschin alias Jakowlew war ein aufrichtiger Bolschewik, ein treuer Tschekist? Doch im schrecklichen Jahr 1937, auf dem Höhepunkt der Stalinschen Repressionen, als Jakowlew aus allen Ämtern gejagt wurde, schrieb er einen verzweifelten Brief an Stalin, in dem folgender Satz steht: »Es kann doch nicht sein, daß ich noch einmal für dasselbe Verbrechen bestraft werde.«

Also gab es doch ein *Verbrechen*! Und er wurde dafür bestraft? Über dieses *Verbrechen* schreibt auch seine Frau Olga in ihren Erinnerungen.

Wieder hat dieser rätselhafte Mann mit den drei Familiennamen alles durcheinandergebracht. Wer war er nun wirklich? Ein treuer Bolschewik, ein vorbildlicher Tschekist? Oder?

Er war ein Hasardeur, der sein Leben lang ein doppeltes Spiel trieb und die unwahrscheinlichsten Abenteuer riskierte. Nach seiner geheimen Mission war er endgültig von den Bolschewiken enttäuscht und begriff, daß an die Stelle der hohen Ideale der schamlose Kampf um die Macht getreten war. Doch als er zu den Weißen ging, sah er bald, daß sie dem ehemaligen roten Kommissar nicht trauten, daß sie ihn haßten. Seine Frau erzählt in ihren Erinnerungen, daß er nachts oft nicht schlafen konnte, daß er immer wieder rief: »Was habe ich getan!«

Da dachte er sich eine neue Wendung in seinem Leben aus: Er floh von den Weißen nach China. Dort wurde er Berater des chinesischen Revolutionärs Sun Yat sen und nahm offenbar Kontakte zur sowjetischen Aufklärung auf. So versuchte er sich das Recht zu verdienen, in die Heimat zurückzukehren. Aber er hatte sich geirrt. Er war eine zu bekannte Figur, hatte zu viele Feinde in der Heimat. Der Verrat wurde ihm nicht verziehen. In den Lagern schrieb er unzählige Gnadengesuche an die Regierung, erinnerte an seine Verdienste vor der Revolution. In dieser Zeit schrieb er auch seine Erinnerungen – »Die letzte Reise der Romanows«. Sie waren noch ein Versuch, seine Verdienste ins Gedächtnis zu rufen. Damals war Trotzki schon aus der UdSSR ausgewiesen, der Trotzkismus zerschlagen. Darum wagte Jakowlew nicht zu schreiben, daß er den Auftrag hatte, die Zarenfamilie nach Moskau zu bringen, zu der Gerichtsverhandlung, von der Trotzki träumte. Statt dessen wiederholte er die Lüge, mit der er damals die Jekaterinburger verwirrte: Er habe den Zaren von Anfang an nach Jekaterinburg bringen wollen. Swerdlow war längst tot, keiner konnte Jakowlew widerlegen. Aber er wußte nicht, daß sein ehemaliger Reisegefährte in seinen »Aufzeichnungen« schrieb: »Jakowlew bestellte mich zu sich und fragte, ob ich schon militärische Geheimaufträge erfüllt hätte. Als ich dies bejahte, teilte er mir mit, daß er den Auftrag habe, den ehemaligen Zaren nach Moskau zu überführen.«

Ein kleiner Napoleon?

Natürlich geben Jakowlews Erinnerungen keine Antwort auf die wichtigste Frage: Wann hatte er die »Idee des Bolschewismus« überwunden? Wenn es *nach* seiner Überführung des Zaren war, ist alles verständlich. Aber wenn es *davor* war?

Dann erscheint seine Reise in einem völlig neuen Licht. Seine Freundlichkeit, die herzlichen Gespräche. Und schließlich das rätselhafte Telegramm, das die Großfürstinnen mit seiner Unterschrift in Tobolsk erhielten: »Haben eine gute Reise. Christus sei mit euch. Wie geht es dem Kleinen? Jakowlew.« Was für eine ungewöhnliche Wortwahl für einen Bolschewiken! Natürlich war es ein Telegramm des Zaren. Das letzte Telegramm Nikolaus' II. Jakowlew hatte es mit seiner Unterschrift aufgegeben. Ein bolschewistischer Kommissar gab mit seiner Unterschrift ein Telegramm Nikolaus' des Blutigen auf?

Jede Revolution bringt kleine Napoleons hervor. Vielleicht spielte dieser Mann mit den drei Familiennamen *sein eigenes Spiel*. Vielleicht wollte er den Zug überhaupt nicht nach Moskau bringen. Im Tagebuch der Kaiserin steht eine interessante Eintragung:

»16. (29.) April, im Zug. Der Omsker Sowjet erlaubt uns nicht, durch Omsk zu fahren, weil er befürchtet, daß man uns nach *Japan* bringen will.«

Vielleicht liegt darin die Wahrheit? Vielleicht hatte der geheimnisvolle Bevollmächtigte nur der Zarin – dem wirklichen Oberhaupt der Familie – eine Andeutung über sein Ziel gemacht?

Aber das unausweichliche Ende derer, die die Revolution gemacht hatten, ereilte auch ihn. Am 16. September 1938 wurde der letzte Reisebegleiter des letzten Zaren – Jakowlew alias Mjatschin alias Stojanowitsch – verhaftet. Er verschwand für immer im Stalinschen Lager und nahm sein Geheimnis mit.

13. Das letzte Haus

Über der Stadt erhob sich auf dem höchsten Hügel die Mariä-Himmelfahrts-Kathedrale. Daneben standen ein paar Häuser und bildeten den Wosnessenskaja-Platz.

Ein niedriges weißes Haus mit dicken Mauern stand der Kirche genau gegenüber. Die Fassade war dem Prospekt und dem Gotteshaus zugewandt, während die Seitenwand auf die abschüssige Wosnessenski-Gasse zeigte, eine Sackgasse. Die Fenster des Souterrains blickten kaum über die Erde. Eines dieser Souterrainfenster befand sich zwischen zwei Bäumen.

Als sie vor dem Haus ankamen, nahmen sie das Souterrainfenster nicht wahr. Das Haus war von einem hohen Zaun umgeben, der fast bis zum Dach reichte. Nur die Fenster im ersten Stock sahen ein wenig über ihn hinweg. Rings um das Haus waren Wachposten aufgestellt.

Das Haus gehörte dem Ingenieur Ipatjew. Aber der hatte kein Glück. Pjotr Woikow, einflußreiches Mitglied des Sowjets und ebenfalls Absolvent der Genfer Universität, war mit Ipatjew bekannt und hatte ihn manchmal zu Hause besucht. Er fand, das Haus mit den dicken Mauern sei sehr günstig gelegen.

Darum luden sie den Ingenieur Ende April in den Sowjet vor und befahlen ihm, das Haus binnen 24 Stunden zu räumen. Übrigens versprachen sie, es ihm »bald zurückzugeben« (Ipatjew ahnte nicht, welche schreckliche Zukunft sich dahinter verbarg). Er mußte alle Möbel im Haus lassen und seine Sachen in den Abstellraum bringen. Dieser Raum befand sich neben jenem Souterrainzimmer.

Die beiden Autos fuhren am Zaun entlang zu einem Brettertor. Das Tor öffnete sich, und die Autos fuhren hinein. Über den gepflasterten Hof gingen sie ins Haus. Von der Diele führte eine geschnitzte Treppe zum ersten Stock hinauf.

An der Treppe stand Beloborodow und verkündete feierlich: »Auf Anordnung des WZIK werden der ehemalige Zar und seine Familie dem Ural-Sowjet überstellt, sie bleiben bis zur Gerichtsverhandlung als Häftlinge in Jekaterinburg. Zum Kommandanten des Hauses wurde Genosse Awdejew ernannt. Alle Bitten und Beschwerden sind über den Kommandanten an das Ural-Exekutivkomitee zu richten.«

Danach fuhren Golostschokin und Beloborodow ab, und die Zarenfamilie sah sich in Begleitung des Kommandanten und Didkowskis ihre neue Unterkunft an.

Nikolaus' Tagebuch: »Nach und nach trafen unsere Leute und die Sachen ein, aber Valja kam nicht mit.«

Valja Dolgorukow war gleich vom Bahnhof irgendwohin gebracht worden.

Später verbreitete sich das Gerücht, bei Dolgorukow seien zwei Pistolen und viel Geld gefunden worden. Das wußten die Schützen »der alten Bewachung« zu berichten, als sie nach Tobolsk zurückkamen. Wozu hatte Dolgorukow zwei Pistolen? Wie auch immer, Nikolaus sah ihn nicht wieder, der Fürst blieb verschwunden.

M. Medwedew, der Sohn des Tschekisten, der an der Ermordung der Zarenfamilie teilnahm, gibt ein Gespräch mit seinem Vater wieder: »Der junge Tschekist Grigori Nikulin erschoß Dolgorukow.« (Später erschoß er den Zarensohn Alexej.) »Das sagte er selber. Ich erinnere mich nicht mehr an die Einzelheiten, aber ich weiß, daß er Dolgorukow mit den Koffern aufs Feld führte.«

»Also war das gleich nach der Ankunft des Zuges, als er die Koffer noch bei sich hatte?«

»Das weiß ich nicht mehr. Ich erinnere mich nur, daß Schnee lag und daß Nikulin nach der Erschießung Dolgorukows Koffer über das verschneite Feld tragen mußte. Er fluchte, weil er tief im Schnee einsank.«

So starb dieser charmante Mann, der auf den rauschenden Bällen im Winterpalast ein so galanter Kavalier gewesen war.

Tagebuch: »Das Haus ist schön und sauber. Uns wurden vier Zimmer zugewiesen: Schlafzimmer, Toilette, daneben das Speisezimmer mit Blick auf den Garten und den unteren Stadtteil. Dann noch ein geräumiger Salon mit Bögen statt Türen. Wir haben uns folgendermaßen eingerichtet: Alix, Maria und ich im Schlafzimmer. Im Speisezimmer die Demidowa, im Salon Botkin, Tschemodurow und Sednew. Wenn man ins Bad und zum Wasserklosett will, muß man an einem Wachposten vorbei. Das Haus ist von einem sehr hohen Bretterzaun umgeben, vier Meter von den Fenstern entfernt. Dort steht eine Postenkette, im Gärtchen ebenfalls.«

Hier beginnt der letzte Akt des Dramas. Das Finale der Dynastie.

Die Dekoration des Finales

Der Zar und die Zarin wohnten im Schlafzimmer, einem geräumigen Eckzimmer mit vier Fenstern. Zwei Fenster gingen auf den Wosnessenski-Prospekt, aber der hohe Zaun verdeckte die Sicht. Nur das Kreuz über dem Glockenturm war zu sehen. Die beiden anderen Fenster gingen auf die Wosnessenski-Gasse. Das Zimmer war sehr hell, es hatte strohgelbe Tapeten mit einem wellenförmigen geblümten Fries. Ein Teppich, ein Tisch mit grünem Tuch, eine Messinglampe mit selbstgemachtem Schirm, ein Spieltischchen, zwischen den Fenstern ein Regal, in das Alix ihre Bücher stellte. Zwei Betten (in einem sollte Alexej schlafen, wenn sie ihn aus Tobolsk herbrachten) und eine Couch. Alix' Toilettentisch mit Spiegel und je einer elektrischen Lampe zu beiden Seiten. Auf dem Tisch ein Cremedöschen mit der Aufschrift »Kaiserliche Hofapotheke«. Wie merkwürdig das klang. Eine Waschkommode mit gesprungener Marmorplatte, ein Kleiderschrank, in den jetzt die gesamte Kleidung des Zaren und der Zarin hineinpaßte.

Nebenan war ein großes Zimmer mit Fenstern zur Wosnessenski-Gasse. Darin standen ein Tisch, Stühle und ein großer Spiegel. In diesem Zimmer sollten die Großfürstinnen wohnen. Sie würden im Mai kommen, und während ihre Feldbetten noch unterwegs waren, schliefen sie auf Matratzen auf dem Boden.

Diese beiden Zimmer befanden sich direkt über dem Souterrainzimmer.

Neben dem Zimmer der Großfürstinnen war das Speisezimmer, in dem Anna Demidowa schlief. Im Salon waren Botkin, Tschemodurow und Sednew untergebracht.

Ein bislang versiegeltes Zimmer war für Alexej vorgesehen.

Dem Zimmer der Mädchen schräg gegenüber lag das Zimmer des Kommandanten. Es hatte dattelfarbene Tapeten mit goldenen Zierleisten, an der Wand hing ein Hirschkopf. Neben dem Kommandanten hatte die Wache ihr Zimmer.

Schließlich noch die Toilette (»Wasserklosett« nannte sie der Zar). Die Wachsoldaten würden das Toilettenbecken besudeln und die Wände mit schamlosen Zeichnungen beschmieren, die die Zarin und Rasputin darstellten. Zwischen zotigen Ausdrücken wurde ein Zettel an die Wand geheftet: »Es wird gebeten, die Toilette genauso sauber zu verlassen, wie sie vorgefunden wurde.« Das war das Werk des Exzaren und seines Leibarztes.

Alix betrat ihr Zimmer, ging zum rechten Fenster und zeichnete mit Bleistift ihr Lieblingszeichen, das Hakenkreuz, auf den Fensterrahmen. Dazu setzte sie das Datum der Ankunft: 17. (30.).

Ein anderes Hakenkreuz zeichnete sie wie eine Beschwörung auf die Tapete über dem Bett, in dem Baby schlafen sollte.

So markierte sie am 17. (30.) April, ohne es zu wissen, den Beginn des letzten Spiels mit dem letzten Zaren.

Das letzte Spiel

Ural-Tagebuch des Häftlings

Das Gepäck wurde in den Korridor getragen und in Anwesenheit Didkowskis und Awdejews durchsucht: alle Koffer und sogar Alix' Handgepäck. Sie nahmen ihr den Photoapparat weg, den sie aus Zarskoje Selo mitgenommen hatte. Außerdem konfiszierten sie, wie Awdejew in seinen Erinnerungen schreibt, »einen genauen Stadtplan von Jekaterinburg«. Wie kam er in ihr Handgepäck, wenn sie vermuteten, nach Moskau zu fahren? Auch wenn er eigentlich gar nicht in ihrer Tasche sein konnte, mußte er dort gefunden werden, so wie bei Dolgorukow zwei Pistolen gefunden worden waren.

Sie öffneten sogar die Arzneifläschchen und durchwühlten Alix' Reiseapotheke.

Tagebuch vom 17. (30.) April (Fortsetzung): »Es war wie eine strenge Zollkontrolle, sie durchsuchten alles bis zum letzten Arzneifläschchen. Ich war empört und sagte dem Kommissar heftig meine Meinung.«

Alix verstand den Grund dieser Durchsuchung nicht. Sie war nervös und rief entrüstet: »Unverschämtheit!« Ihr Akzent rief bei den Durchsuchern nur ein Lächeln hervor, der hilflose Zorn der ehemaligen Kaiserin belustigte sie. Doch Alix setzte ihren wütenden Monolog fort, sie erinnerte sogar daran, daß »Herr Kerenski« immerhin noch ein Gentleman gewesen sei. Das Wort »Gentleman« erheiterte den ehemaligen Schlosser Awdejew noch mehr. Schließlich hielt es Nikolaus nicht mehr aus, er sagte: »Bis jetzt hatten wir es mit anständigen Menschen zu tun!« Das war für diesen wohlerzogenen Monarchen der höchste Ausdruck von Zorn.

Warum nahmen sie diese Durchsuchung vor?

Wollten sie dem Zarenpaar die Bedingungen seines neuen Lebens in der Hauptstadt des Roten Ural vorführen? Teilweise.

Vor allem suchten sie nach den legendären Juwelen des Zaren. Der »Spion« hatte nicht geschlafen. In Tobolsk hatte er offenbar mitbekommen, daß Alix das Wort »Arznei« gebrauchte, wenn sie im Beisein Fremder von den Juwelen sprach. Darum durchsuchten sie die Arzneifläschchen so gründlich. Aber sie fanden nichts.

Sie begriffen, daß die Juwelen in Tobolsk geblieben waren.

Aber es gab noch einen dritten Grund für die peinliche Durchsuchung. Seit die Zarenfamilie in Jekaterinburg angekommen war, begannen sie, Indizien für eine »monarchistische Verschwörung« zu sammeln. Darum konfiszierten sie den Photoapparat als Beweisstück. Deshalb fanden sie den Stadtplan, noch ein Beweisstück. Außerdem das Gerücht von den zwei Pistolen Dolgorukows – das war fast schon eine Kette von Beweisen.

Dieses Spiel mit dem Zaren hatte bereits auf dem Bahnhof begonnen. Es galt, eine monarchistische Verschwörung nachzuweisen, aufgrund deren die Zarenfamilie erschossen werden mußte. »Die gerechte Strafe« war von Anfang an beschlossen.

Tagebuch: »21. April ... Habe den ganzen Morgen den Töchtern Briefe geschrieben. Und den Grundriß des Hauses gezeichnet.«

Er wollte, daß sich die Töchter ihre Zukunft vorstellen konnten. Er bereitete sie auf das Haus vor.

Aber: »24. April. Awdejew hat den Grundriß des Hauses, den ich für die Töchter zeichnete, aus dem Brief herausgenommen und eingesteckt, er sagte, so etwas dürfe ich nicht schicken.«

Awdejew beschreibt diesen Vorfall in seinen Erinnerungen völlig anders: »Eines Tages fand ich bei der Durchsicht der Briefe einen an Nikolaus Nikolajewitsch (!) gerichteten Brief, der meine Aufmerksamkeit weckte. Im Futter des Briefumschlags entdeckte ich ein Blatt Dünnpapier mit dem Grundriß des Hauses.« Im weiteren beschreibt Awdejew, daß er Nikolaus ins Kommandantenzimmer bestellt, daß Nikolaus gelogen, gestammelt und sich bei dem Kommandanten entschuldigt habe. Der angeblich im Umschlagfutter gefundene Grundriß des Hauses war ein weiterer »unwiderlegbarer Beweis«. Ebenso der »erschrockene und entlarvte Nikolaus«. Sie konstruierten einen Fall und warteten.

»17. April. Die Wache wohnt in den beiden Zimmern neben dem Speiseraum. Wenn man ins Bad und zum Wasserklosett will, muß man an einem Wachposten vorbei«, schreibt der Zar in seinem Tagebuch.

Doch am 20. April wurde die Wache ins Souterrain verlegt, wo das bewußte Zimmer lag. Nikolaus und Alix, die noch vor kurzem in den prächtigsten Palästen Europas residiert hatten, freuten sich, daß sie nun mehr Platz hatten. Ihr »Schamgefühl« wurde nicht mehr verletzt – sie mußten nicht mehr vor den Augen der Schützen »aufs Wasserklosett« und ins Bad gehen. Und im Speiseraum stank es nicht mehr nach Machorka.

Der Ural-Sowjet hatte verfügt, daß die »falschen Titel« im Ipatjew-Haus vom ersten Tag an abgeschafft wurden. Awdejew achtete streng darauf, daß die Diener den Zaren nicht mehr mit »Majestät« ansprachen. Sie hatten ihn Nikolaus Alexandrowitsch Romanow zu nennen.

»18. April. Aus Anlaß des 1. Mai hörten wir die Musik irgendeines Festumzugs. Wir durften heute nicht in den Garten. Ich wollte ein Bad nehmen, aber die Wasserleitung war kaputt. Das ist ärgerlich, denn es verletzt mein Reinlichkeitsbedürfnis. Das Wetter war wunderschön, die Sonne schien, ich schöpfte an der offenen Fensterklappe frische Luft.«

Ein Jahr zuvor hatte der ehemalige Kaiser in Zarskoje Selo an diesem Tag zornige Worte geschrieben. »18. April 1917. Im Ausland ist heute 1. Mai, darum beschlossen unsere Hohlköpfe, diesen Tag mit Straßenumzügen, Chören, Musik und roten Fahnen zu feiern.«

Stiere mögen kein Rot.

Nun ärgerte sich Nikolaus nicht mehr über den 1. Mai. Er hatte begriffen, daß es schon ein Glück war, an der Fensterklappe frische Luft schöpfen zu dürfen.

Allmählich spielte sich alles ein. Sie durften spazierengehen. Ganze zwei Stunden. Nikolaus glaubte immer noch, Dolgorukow werde zurückkehren, und machte sich Sorgen um den treuen Freund.

»20. April. Unklaren Andeutungen war zu entnehmen, daß der arme Valja verhaftet ist, daß gegen ihn ein Untersuchungsverfahren läuft... Es gibt keine Möglichkeit, mit ihm Verbindung aufzunehmen, obwohl sich Botkin sehr darum bemüht hat.«

Ihren Alltag in Jekaterinburg beschrieb ein gewisser Worobjow, Redakteur der Zeitung »Uralski Rabotschi« (Der Uralarbeiter). Er beschrieb ihn natürlich vom Klassenstandpunkt des Revolutionärs.

»Außer dem Kommandanten versahen in der ersten Zeit die Mitglieder des Exekutivkomitees in der Ipatjew-Villa Wachdienst. Auch ich kam an die Reihe. Die Verhafteten waren gerade erst aufgestanden und empfingen uns sozusagen ungewaschen. Nikolaus sah mich mit dumpfem Blick an und nickte schweigend. Maria Nikolajewna dagegen musterte mich neugierig und wollte etwas fragen, genierte sich aber offensichtlich ihrer Morgentoilette und drehte sich zum Fenster um.

Alexandra Fjodorowna, eine böse Frau, die ständig an Migräne und Magenbeschwerden leidet, würdigte mich keines Blicks. Sie saß halb liegend auf der Couch und hatte eine Kompresse auf dem Kopf.

Ich saß den ganzen Tag im Kommandantenzimmer, ich hatte die

Aufsicht über die Wache. Während des Spaziergangs (die Verhafteten durften in der ersten Zeit zweimal am Tag spazierengehen) schritt Nikolaus wie ein Soldat den Weg entlang.

Alexandra Fjodorowna weigerte sich spazierenzugehen.«

Der ehemalige Zar bat Worobjow, für ihn die Zeitung »Uralski Rabotschi« zu abonnieren. »Er hatte schon die zweite Woche keine Zeitung erhalten und litt sehr darunter.« Worobjow versprach es und bat den Zaren, Geld zu schicken.

»Uralski Rabotschi« würde auch die erste Meldung über Nikolaus' Erschießung abdrucken.

»1. Mai. Dienstag. Wir haben uns gefreut, Briefe aus Tobolsk zu erhalten. Ich bekam einen Brief von Tatjana. Wir lasen uns den ganzen Vormittag einander die Briefe vor... Heute ließen sie uns durch Botkin ausrichten, daß wir nur noch eine Stunde am Tag spazierengehen dürfen. Auf die Frage ›Warum?‹ hieß es: ›Damit es mehr einem Gefängnisregime gleicht.‹«

»2. Mai. Die Angleichung an das ›Gefängnisregime‹ geht weiter und zeigt sich darin, daß heute morgen ein alter Maler sämtliche Fenster in unseren Zimmern mit Kalkfarbe anstrich. Es ist, als ob Nebel zum Fenster hereindringt.«

»5. Mai. In den Zimmern ist trübes Licht. Unwahrscheinlich trist.« Dies schrieb er am Vorabend seines 50. Geburtstages.

»In diesem Frühjahr ist Christus nicht auferstanden«

Im Haus hielten »Letten« der Tscheka und junge Arbeiter, die Awdejew aus seiner alten Fabrik geholt hatte, mit Revolvern und Handgranaten Wache. Die »Letten« waren österreichisch-ungarische Kriegsgefangene, die sich der russischen Revolution angeschlossen hatten, und lettische Schützen. Sie waren schweigsam, und wenn sie sich unterhielten, verstanden die Arbeiter sie nicht.

Diese innere Wache wohnte in den unteren Räumen, neben *jenem Zimmer*. Der andere Teil der Wache wohnte gegenüber, im Popow-Haus (nach dem Namen des früheren Besitzers).

Die äußere Bewachung rund um das Haus hatten Arbeiter aus der Slokasow-Fabrik übernommen.

Das Haus verfügte über ein Auto. Zum Fahrer hatte Awdejew den Mann seiner Schwester, Sergej Ljuchanow, bestimmt. Ihren ältesten Sohn hatte er in die Wachmannschaft aufgenommen. Den Zaren zu bewachen war ein erstrebenswerter Posten. Man wurde gut bezahlt, bekam zu essen und mußte nicht im Bürgerkrieg sterben.

Awdejew wohnte nicht im Hause. Er ging abends in seine Wohnung. Im Haus blieb sein Stellvertreter, der Arbeiter Moschkin. Er war ein fröhlicher Saufkopf. Sowie der Kommandant das Haus verlassen hatte, ließ es sich Moschkin wohl gehen. Aus dem Wachzimmer klangen Klaviergeklimper, Gesang zur Harmonika. Die Schützen zechten die halbe Nacht.

Morgens um neun kam Awdejew. Er hatte Spaß an seinem Posten. Der ehemalige Schlosser war sich stets bewußt, über wen er jetzt die Verfügungsgewalt hatte. Das war seine Sternstunde. Wenn ihm eine Bitte der Familie überbracht wurde, antwortete er: »Zum Teufel mit ihnen!« und blickte triumphierend in die Runde, um zu sehen, was für einen Eindruck seine Worte auf die Schützen machten. Kam er aus den Zimmern der Zarenfamilie, so zählte er im Kommandantenzimmer umständlich auf, worum sie ihn dort gebeten hatten und was er alles abgelehnt hatte.

Kommandant Awdejew, ein Wachposten Ukrainzew, irgendein »Glotzauge«, das waren die neuen Namen im Tagebuch des Zaren. Sie hatten Witte, Stolypin und die vielen europäischen Monarchen abgelöst.

»Ich unterhielt mich am Abend lange mit Ukrainzew und Botkin« (22. April.). Mit wem hatte er sich früher nicht alles unterhalten! »Statt Ukrainzew saß Glotzauge da, mein Feind.« (Früher war Kaiser Wilhelm sein Feind gewesen.)

Wenn wir sein 50. Tagebuchheft zu Ende gelesen haben, können wir folgenden Schluß ziehen: Was ihn wirklich anrührte, was ihn tief bewegte, seine inneren Stürme, all das blitzte nur in einzelnen Sätzen auf. Das lag jedoch keineswegs an seiner mangelnden Ausdruckskraft. Er verstand es vorzüglich zu schreiben – erinnern wir uns nur an seine Briefe an die Mutter oder an das Abdankungsmanifest.

Das ist ganz einfach der Stil seines Tagebuchs. Nikolaus war verschlossen und wortkarg. Er notierte die Gespräche mit Awdejew und Ukrainzew oder das Anstreichen der Fenster. Genauso beiläufig erwähnte er: »Morgens und abends las ich all die Tage die entsprechenden Stellen des heiligen Evangeliums laut vor.« Dabei war das für ihn das Wesentliche: *»In diesem Frühjahr ist Christus nicht auferstanden.«*

Ihre gewaltsame Reise nach Jekaterinburg war in die Karwoche gefallen.

Das blutige Ostern 1918. Das Land versank in Blut. »Rußland in Blut gewaschen«.

In diesen großen Tagen der Leiden Christi, als sich die Stunde seiner Kreuzigung näherte, betraten sie das Ipatjew-Haus. Für den mystisch veranlagten Zaren lag durchaus ein tiefer Sinn darin, daß er gerade in diesen Tagen ins Ipatjew-Haus kam. Er muß das bedrohliche Vorzeichen gespürt haben.

Am dritten Ostertag wurde Alix'Schwester Ella aus Moskau verbannt. Anfangs hatte die neue Macht Ella und ihren Schwesternorden nicht angerührt. Sie schrieb in einem ihrer letzten Briefe: »Offensichtlich sind wir der Märtyrerkrone noch nicht würdig.« Ihr Lieblingsgedanke: »Erniedrigung und Leid führen uns näher zu Gott.«

Nun begann ihr Leidensweg. Zu Ostern wurde die verhaftete Ella nach Jekaterinburg gebracht, ins Nowotichwinski-Kloster, aus dem die Zarenfamilie bald ihr Essen bekommen würde. Aber schon Ende Mai wurde Ella in das 140 Werst entfernte Städtchen Alapajewsk verlegt. Hier waren die aus Petrograd verbannten Romanows versammelt: Nickys Jugendfreund Sergej Michailowitsch, die drei Söhne des Großfürsten Konstantin, außerdem der Sohn des Großfürsten Pawel, der siebzehnjährige Wladimir Palej.

Zu Ostern erhielt die Zarenfamilie von Ella Geschenke.

Der von Nikolaus und seinem Vater verehrte Johann von Kronstadt hatte in seinen Prophezeiungen gesagt: »Ein Christ, der Not oder Leid erduldet, darf nicht an Gottes Gnade und Weisheit zweifeln, er muß Gottes Willen darin erkennen ... Jeder Mensch bringe Gott seinen Isaak zum Opfer.«

»In den Leiden Gottes Willen erkennen«, darüber mußte Nikolaus in diesen Tagen nachdenken.

»6. Mai. Ich habe meinen 50. Geburtstag erlebt, das kommt mir selber seltsam vor.«

Ein Romanow wurde selten 50 Jahre alt. Die Zaren aus dieser Dynastie lebten nicht lange. Nun hatte ihm Gott dieses Alter geschenkt. Wozu, da er doch von seinem Land verschmäht wurde?

Märtyrerkrone? Des Leidens würdig?

Die Erde brannte, Städte standen in Flammen, der Bruder erhob sich gegen den Bruder. Das ihm von Gott anvertraute Volk tat Böses. Und er selber hatte dazu beigetragen, daß das Böse entstand.

Ein Sühneopfer? Vielleicht lag darin der Sinn seines Lebens? »Gottes Willen erkennen...«

Langsam und eintönig zogen sich die Tage hin. Langsam gingen die Gedanken des »Stiers«... Oder Lammes?

Und was war mit Alix?

Sie verbrachte die Tage im strohgelben Schlafzimmer zwischen den vier angestrichenen Fenstern im weißen Nebel, saß mit verbundenem Kopf (Migräne) im Rollsessel. Nur sehr selten ging sie spazieren. Sie träumte, las heilige Bücher, stickte oder zeichnete. Ihre kleinen Aquarelle hingen im ganzen Haus.

Wie sie diese Leute verachtete, die es wagten, sie, die Gesalbten Gottes, zu bewachen! Doch die Wachsoldaten achteten, ja, fürchteten sie. »Der Zar war einfach... gar nicht wie ein Zar. Aber Alexandra Fjodorowna war eine strenge Dame, eine richtige Zarin«, würden die Wachsoldaten später erzählen.

Alix hoffte immer noch auf Befreiung. Der Starez würde sie schützen, nicht umsonst waren sie durch sein Dorf gekommen.

Und wirklich, die Legionen der Befreier näherten sich schon. Alix wußte, daß Rußland brannte. Im Norden, im Süden, im Osten und im Westen war Bürgerkrieg.

In ihren halbchiffrierten Briefen an die Töchter in Tobolsk schrieb sie von der »Arznei«, die sie unbedingt nach Jekaterinburg mitbringen müßten. Obwohl die Tobolsker Freunde sie beschworen, die Juwelen in Tobolsk in sicheren Händen zu lassen, blieb sie eisern. Sie glaubte, daß die Befreiung kurz bevorstand. Dann mußten sie die Juwelen bei sich haben.

Also begannen in Tobolsk die Kinderfrau Sascha Teglewa und ihre Gehilfin Lisa Ersberg unter der Leitung von Tatjana (dem ewigen »Gouverneur«), die Juwelen für die Reise vorzubereiten. Sie nähten sie zwischen zwei übereinandergelegte Mieder ein, versteckten Brillanten und Perlen in Knöpfen, im Hutfutter.

Und der »Spion«? Er war natürlich in Tobolsk, weil dort die Edelsteine waren. Er bewachte sie, damit sie »dem werktätigen Volk des Roten Ural zurückgegeben werden konnten«.

In Tobolsk war auch unser alter Bekannter, der ewige Diener Alexander Wolkow.

Als Nikolaus von Tobolsk abfuhr, hatte er Wolkow, seinen alten Lehrer des Militärhandwerkes, umarmt und ihm aufgetragen: »Behüte die Kinder.« Es war für den treuen Diener nicht leicht, diesen Auftrag auszuführen.

Die restliche Zarenfamilie unterstand jetzt dem Sowjet und seinem Vorsitzenden, dem ehemaligen Heizer vom Schiff »Alexander III.«, Pascha Chochrjakow. Er war es auch, der die Abreise der Zarenkinder, des verbliebenen »Gefolges« und der Dienerschaft in die Hauptstadt des Roten Ural vorbereitete. Für viele von ihnen würde es der letzte Weg sein.

Im Hause herrschte Kommissar Rodionow mit seiner Abteilung. Später sagte Sascha Teglewa zu dem weißgardistischen Untersuchungsführer Sokolow: »Über Chochrjakow kann ich nichts Schlechtes sagen, aber Rodionow war ein bösartiges Scheusal.«

Baronesse Buxhöveden identifizierte Rodionow. Sie behauptete, ihn früher einmal am russisch-deutschen Grenzbahnhof Werschbolowo gesehen zu haben. Ein Gendarm, der Rodionow aufs Haar glich, habe ihre Ausweise geprüft.

Kobylinski sagte über Rodionow: »In ihm spürte man sofort den Gendarmen... Einen blutgierigen, grausamen Büttel.«

Rodionow, der rote Kommissar, war also ein ehemaliger Gendarmenbüttel. Die Symbiose der Revolution: Gendarm und Revolutionär.

Der Gendarmen-Revolutionär war sehr eifrig. Er mußte jeden Tag seine Ergebenheit gegenüber dem neuen Regime beweisen.

Während des Gottesdienstes stellte er einen lettischen Schützen neben den Altar und befahl ihm, den Geistlichen zu beobachten. Er durchsuchte den Geistlichen und auch die Nonnen. Es bereitete ihm Vergnügen, wenn sie sich auf seinen Befehl ausziehen mußten. Er führte noch eine merkwürdige Neuerung ein: Die Großfürstinnen durften nachts die Tür ihres Zimmers nicht mehr abschließen, ja, nicht einmal zuklinken:

»Damit ich jederzeit hereinkommen und sehen kann, was sich tut.«

Wolkow versuchte dies abzuwehren: »Aber das geht doch nicht... Es sind junge Mädchen.«

Sie waren vor seinen Augen aufgewachsen. Er hatte vom Tag ihrer Hochzeit geträumt und zu erraten versucht, welcher König sie bekommen würde. Und nun sollten sie bei offener Tür schlafen.

»Wenn sie meinem Befehl nicht nachkommen, bin ich bevollmächtigt, sie auf der Stelle zu erschießen«, sagte der Gendarmen-Revolutionär.

Seine Zeit war gekommen. Der Geist der ewigen russischen Bürokratie triumphierte.

Unterdessen war das Eis der Flüsse aufgebrochen, und Alexej genas allmählich.

In einem ihrer letzten Briefe aus Tobolsk schrieb Olga:

»Dem Kleinen geht es besser. Aber er muß noch liegen. Sowie er gesund ist, fahren wir zu den Unsern. Meine Liebe, Du wirst verstehen, wie schwer es ist. Die Tage werden heller, aber noch ist kein Grün herausgekommen. Auf dem Irtysch bricht seit der Karwoche das Eis auf. Wir haben Sommerwetter... Der Herr sei mit Dir, meine Liebe.«

Vor Ostern wurde dem Tobolsker Sowjet bekannt, daß der Erzbischof Hermogen, der den Kirchenbann über die Bolschewiken verhängt hatte, während der Kirchenprozession mit der Gemeinde zum Gouverneurshaus gehen wollte, um Alexej zu befreien.

Während der Kirchenprozession mischten sich Tschekisten unter die Gläubigen. In jenen Tagen setzte in Tobolsk vorfristig Hitze ein. Die Sonne brannte erbarmungslos, und die Gläubigen – alles ältere Menschen – verließen nach und nach die Prozession. In dem Maße, wie die Gläubigen weggingen, rückten die Tschekisten immer näher an den Erzbischof heran.

Schließlich umringten und verhafteten sie ihn.

»Dann fuhr ich mit Hermogen bis zur Flußmitte. Wir banden gußeiserne Roststäbe an ihm fest, und ich stieß ihn in den Fluß. Ich sah, wie er auf den Grund sank«, erzählte Chochrjakow dem Tschekisten Michail Medwedew.

Der Auszug aus Tobolsk

Nun wurden die unzähligen Romanowschen Koffer auf den Dampfer »Rus« getragen. Dieser Dampfer hatte sie nach Tobolsk gebracht, jetzt brachte er sie zurück, nach Tjumen, zum Zug. Eine bunte Menge ging an Bord – das Gefolge, die Dienerschaft und die Bewachung. Sie wurden auf die Kajüten verteilt.

Rodionow setzte auch auf dem Schiff seine Schikanen fort: Er schloß Alexej und dessen Erzieher Nagorny über Nacht in der Kajüte ein. Den Großfürstinnen dagegen verbot er aufs strengste, ihre Tür nachts abzuschließen. Vor die offene Tür stellte er Wachposten, fröhliche Schützen.

Teglewa (aus den Aussagen vor dem Untersuchungsführer Sokolow):

»Auf dem Dampfer verbot Rodionow den Großfürstinnen, nachts die Kajüte zu verschließen, während er Alexej und Nagorny von außen einschloß. Nagorny schlug Krach: ›So eine Unverschämtheit! Ein kranker Junge! Er kann nachts nicht mal zur Toilette gehen.‹ Er trat überhaupt Rodionow mutig entgegen und beschwor damit sein späteres Schicksal herauf.«

Der Dampfer fuhr dahin. Der alte Soldat Wolkow wunderte sich über das Verhalten der revolutionären Soldaten. Sie feuerten mit Gewehren und MGs auf vorüberfliegende Vögel.

Möwen stürzten herab, Maschinengewehre ratterten. Die Jungs vergnügten sich – das war ihre Freiheit!

Aus einem Brief von A. Saltykow (Kiew): »Ich habe Ihre Erzählung über Jekaterinburg gelesen.« (Gemeint ist meine Skizze »Die Erschießung in Jekaterinburg«, die in »Ogonjok« erschien.) »Ich habe sie in zwei Anläufen gelesen – das Herz ermüdet von soviel Greueln. Ich möchte Ihnen etwas mitteilen; ob es stimmt, weiß ich nicht, aber das können Sie nachprüfen. Bei uns im Haus wohnte ein alter Mann, der früher Rotgardist war, Ljoscha Tschuwyrin oder Tschuwyrjow. Er starb etwa 1962. Er erzählte, daß er als junger Mann auf dem Schiff war, mit dem die Zarenkinder weggebracht wurden. Er gehörte zur Bewachung. Vielleicht lohnt es gar nicht, darüber zu schreiben, aber er erzählte, daß die Großfürstinnen nachts bei offener Tür schlafen mußten, und da kamen die Schützen auf die Idee, zu ihnen hineinzugehen. Das Ende der Geschichte erzählte er jedesmal anders: Entweder wurde es ihnen verboten, oder sie verschliefen es im Suff... Ob er nicht alles sagte oder ob er einfach nur angab, weiß ich nicht.«

Ja, die jungen Schützen gaben gerne an. Die jungen roten Schützen.

Vielleicht hatte unser »Spion« seine Hand im Spiel?

Eine banale Geschichte

Vier wunderschöne eingekerkerte Mädchen. Und er, ein junger Mann. Nach all dem Dreck, der blutigen Abrechnung mit den Bauern, den Tscheka-Kellern sah er diese reinen, bezaubernden Mädchen. Die kokette Anastasia. Er gefiel ihr. Und wer gefiel ihm? Wie es sich für einen eisernen Revolutionär, für den Genossen Maratow gehört – natürlich Tatjana, die die Revolution haßte. Sie war die schönste, die stolzeste der vier Mädchen. Er bemühte sich, im Korridor mit ihr zusammenzutreffen. Und dann ihr majestätischer, verächtlicher Blick.

Sie waren nette, normale junge Mädchen, die in ihrer Jungmädchenwelt lebten. Der merkwürdige junge Zimmermann mit der Studentenjacke und dem intelligenten Gesicht fiel ihnen natürlich auf, denn er stach von den fröhlichen, grobschlächtigen Schützen ab. Anastasia, »le gros bon Toutou«, neckte die ältere Schwester damit, daß ihr der »schreckliche Revolutionär« schöne Augen mache.

Er hobelte für Alexej eine Holzplatte, die dem Jungen ins Bett gelegt wurde und ihm als Tisch zum Essen, Lesen und Schreiben diente. Diese Platte wurde nach Jekaterinburg mitgenommen. Sie stand noch in dem Zimmer, als der Junge schon tot war.

Nein, der »Spion« erfüllte seine Mission. Er besiegte seine Schwäche, und die Mädchen blieben für ihn die »Töchter des Tyrannen«.

Er war auch auf dem Wahnsinnsschiff, von dem die Rotgardisten auf Vögel feuerten … Mit dem bluterkranken Zarensohn und dem Gefolge, auf das in Jekaterinburg schon die Tscheka wartete. Ach, unsere bittere, bittere Revolution! Auf dem Dampfer hörte der »Spion«, wie die Schützen verabredeten, an den Zarentöchtern ihr Mütchen zu kühlen. Was kümmerten ihn die Töchter des Tyrannen, wenn Tausende Soldaten, die einst auf Geheiß des Zaren ihrem Elternhaus entrissen worden waren, vor Manneskraft überschäumten und täglich solche Exzesse veranstalteten? Trotzdem hielt er es im letzten Moment nicht aus und befahl Rodionow, die Schützen zurückzuhalten. Er schloß zur Nacht die Kajüte der Mädchen ab.

Jekaterinburg

In Tjumen stand für sie ein Sonderzug bereit. Die Mädchen, Alexej, Nagorny, der ehemalige Generaladjutant Tatistschew, die ehemalige Vorleserin Jekaterina Schneider und Gräfin Hendrikowa kamen in einen Waggon zweiter Klasse, die übrigen – Gilliard, der Kammerdiener Gibbs, der Lakai Trupp, die Kammerfrau Tutelberg, die Baronesse Buxhöveden, die Kinderfrau Teglewa, Lisa Ersberg, der Koch Charitonow und der Küchenjunge Sednew, Alexejs Freund – in einen Waggon vierter Klasse. Der Zug erreichte Jekaterinburg in der Nacht des 9. Mai, am Tag des heiligen Nikolaus. Er wurde sofort auf ein Abstellgleis gezogen. Es nieselte. Nur wenige Laternen brannten.

»9. Mai. Wir wissen immer noch nicht, wo die Kinder sind und wann sie ankommen. Traurige Ungewißheit.«

»10. Mai. Am Morgen teilte man uns im Verlauf einer Stunde mit, daß sich die Kinder ein paar Stunden von der Stadt entfernt befinden, dann, daß sie auf dem Bahnhof angekommen sind, und schließlich, daß sie auf dem Weg hierher sind, obwohl der Zug schon seit zwei Uhr nachts auf dem Bahnhof steht.«

Am Morgen fuhren Droschken vor dem Bahnhof vor. Die im

Waggon vierter Klasse Sitzenden durften nicht aussteigen. Gilliard und Wolkow sahen vom Fenster aus, wie die Großfürstinnen mit ihren Koffern im Nieselregen durch den Matsch stapften. Tatjana beschloß den Zug und paßte auf, daß keiner zurückblieb. Sie fühlte sich verantwortlich, trug zwei Koffer und das Hündchen.

Dann huschte am Waggonfenster Nagorny vorbei, der Alexej zur Droschke trug. Er wollte zurückkehren, um den Großfürstinnen die Koffer abzunehmen, aber ihm wurde gesagt, sie sollten sie selber tragen! Wieder konnte sich Nagorny nicht beherrschen und gab eine grobe Antwort. Der ehemalige Matrose hatte nicht bedacht, daß die neue Macht nervös und empfindlich war. Ein unvorsichtiges Wort konnte schon das Leben kosten. Vielleicht war es der Werch-Issetsker Kommissar Jermakow gewesen, den er angefahren hatte. Jedenfalls wurde Nagorny bald darauf verhaftet.

In den dreißiger Jahren würde der ehemalige Kommissar Pjotr Jermakow am Lagerfeuer den Jungen Pionieren erzählen, wie er in der Tscheka den »Zarenknecht, den Erzieher des ehemaligen Thronfolgers«, erschoß.

10. Mai (Fortsetzung von Nikolaus' Tagebuch): »Es war eine riesige Freude, die Kinder nach vierwöchiger Trennung und Ungewißheit wiederzusehen und in die Arme zu schließen. Wir hatten uns gegenseitig so viel zu fragen und zu antworten, daß wir kein Ende finden konnten. Die Ärmsten hatten in Tobolsk und während der dreitägigen Reise große Seelenqualen auszustehen.«

Das Ende des Zarengefolges

Während Nikolaus seine Kinder begrüßte, wurden die Dienerschaft und das Gefolge aus dem Waggon geführt und in Droschken gesetzt.

Wolkow erzählte später: »Rodionow kam zum Waggon und sagte: ›Aussteigen, es geht los.‹ Ich wollte ein großes Glas Konfitüre mitnehmen, aber ich mußte es im Zug lassen. Auch später bekam ich es nicht zurück.« (Er hatte so viel verloren! Aber das Glas Konfitüre konnte er nicht vergessen.)

Die Droschken fuhren los. In der ersten Droschke saß Alexander Beloborodow, das Oberhaupt des Roten Ural.

Sie fuhren durch Jekaterinburg. Bald sah Wolkow den hohen Glockenturm auf dem Hügel. Vor einem Haus mit einem fast bis zum Dach reichenden Zaun wurden der Koch Charitonow und der Lakai Sednew abgesetzt. Die übrigen fuhren weiter.

Schließlich hielten sie vor einem Gebäude. Beloborodow stieg aus und kommandierte feierlich: »Macht das Tor auf und nehmt die Häftlinge in Empfang!«

Im Gefängnisbüro versuchte der gutmütige Tatistschew zu scherzen. »Wie wahr: Gegen Gefängnis und Bettelsack ist niemand gefeit«, sagte der ehemalige Generaladjutant Seiner Majestät und jetzige Häftling.

»Macht nichts«, parierte der ehemalige Elektromonteur und jetzige Chef der Ural-Regierung Beloborodow. »Ich bin dank dem Zarismus im Gefängnis geboren worden.«

Das war wohl eine Allegorie, die besagen sollte: Im Gefängnis wurde der Revolutionär in mir geboren. Beloborodow war wohlbehalten im Elternhaus zur Welt gekommen. Doch sterben sollte er in einem sowjetischen Gefängnis.

Tatistschew und Wolkow saßen in einer Zelle. Dann wurde Tatistschew ins Büro gerufen. Er kam glücklich zurück: Sie würden ihn freilassen und aus Jekaterinburg ausweisen. Die beiden Männer umarmten sich zum Abschied. Tatistschew zog seinen prächtigen Pelzmantel an, das einzige, was ihm von seinem früheren Leben geblieben war. Doch in der neuen, revolutionären Zeit trägt man solche Mäntel nicht. Wie auch immer, jedenfalls sah keiner Ilja Tatistschew wieder.

Und was wurde mit Wolkow?

Der alte Diener überlebte seine Herren: Er kam bald in ein anderes Gefängnis. Als die Weißen Jekaterinburg einnahmen, saß er schon in Perm. Eines Tages bestellten sie ihn mit seinen Sachen ins Gefängnisbüro. Dort sah er seine alten Bekannten aus Zarskoje Selo wieder: die junge Gräfin Hendrikowa und die alte Frau Schneider. In einer Gruppe von elf Mann wurden die »Ehemaligen« aus dem Gefängnis gebracht. Man sagte ihnen, sie kämen in ein Etappengefängnis und dann nach Moskau.

Was »Moskau« bedeutete, werden wir noch sehen.

Sie mußten lange zu Fuß gehen, und die alte Frau Schneider

konnte kaum noch die Beine bewegen. Sie hatte ein Körbchen bei sich, in dem zwei Holzlöffel und Brotstückchen lagen. Das war der ganze Besitz der Frau, die zwei Kaiserinnen unterrichtet hatte.

Sie ließen die Stadt hinter sich und kamen auf eine Landstraße. Die Wachposten wurden plötzlich sehr höflich und boten den Häftlingen an, ihnen die Koffer zu tragen. Es war bereits Nacht, und sie hatten offenbar keine Lust, später im Dunkeln die Beute zu teilen. Wolkow begriff, was ihnen bevorstand. Er machte einen Satz in die Finsternis und lief davon. Sie schossen hinter ihm her, aber der alte Soldat lief und lief und entkam.

Die andern wurden getötet. Die Weißen fanden später ihre Leichen. Der Schädel der bezaubernden Nastja Hendrikowa war zertrümmert. Sie hatten sie mit dem Gewehrkolben erschlagen, um die Kugel zu sparen.

»10. Mai (Fortsetzung). Von allen Angekommenen wurden nur der Koch und Sednew zu uns gelassen. Bis in die Nacht warteten wir, daß sie die Betten und die nötigen Sachen vom Bahnhof brachten. Die Töchter mußten auf dem Fußboden schlafen. Alexej schlief in Marias Bett. Er hatte sich am Abend das Knie gestoßen und litt die ganze Nacht starke Schmerzen.«

So mußte der Junge gleich an seinem ersten Tag im Ipatjew-Haus liegen und würde bis zu seinem letzten Tag nicht mehr das Bett verlassen.

Unterdessen verbrachten Gilliard, der Kammerdiener Gibbs, die Baronesse Buxhöveden und Lisa Ersberg die Nacht im Waggon auf dem Abstellgleis. Warum wurden sie verschont? Die einen rettete der deutsche Name. Immerhin gab es den Brester Frieden mit den Deutschen. Und die anderen waren auch Ausländer.

Aber warum verschonten sie die Teglewa?

Sie hatte eine innige Beziehung zu dem Schweizer Gilliard. Das wußte offenbar derjenige, der ihr das Leben rettete. Offensichtlich stand wieder unser »Spion« dahinter. Er konnte Französisch und hatte sich in Tobolsk mit dem gesprächigen Schweizer angefreundet. Und nun hatte er beschlossen, das Paar nicht auseinanderzureißen. Aber genug der Vermutungen.

Umgeben von Tausenden obdachloser Schieber, die in den heizbaren Güterwagen hausten, wohnten die Reste des Zarenhofes in dem Waggon.

Der treue Gilliard suchte immer wieder um die Erlaubnis nach, zur Zarenfamilie zurückzukehren. Aber ihm wurde ständig gesagt: »Ihre Dienste werden nicht mehr benötigt.« Er bat den englischen Konsul um Hilfe. Aber der erklärte, im Interesse der Inhaftierten sei es besser, nichts zu unternehmen. Eine beliebte Erklärung von Ausländern, wenn sie Angst haben, sich in russische Angelegenheiten einzumischen.

Eines Nachts wurde an ihren Waggon eine Lokomotive angekoppelt, und die Überreste des Zarenhofes wurden nach Tjumen gebracht.

»12. März. Nach einer unvorstellbar gründlichen Durchsuchung im Kommandantenzimmer bekamen die Kinder einige ihrer Sachen...«

Der schwarze Mann

Die Familie war also angekommen. Und mit ihnen »die Arznei«.

Die Juwelen lagen in Schatullen. Außerdem trugen die Romanowfrauen sie an den Händen, in den Ohren und am Hals. Die Juwelen, »die das Volk mit seiner Arbeit, seinem Schweiß und seinem Blut bezahlt hatte«. Jetzt brauchte man sie nur noch zu nehmen und dem Volk zurückzugeben. Die Ereignisse beschleunigten sich.

»13. Mai. Wir schliefen ausgezeichnet, außer Alexej, der immer noch Schmerzen hat. Wie in den letzten Tagen kam Derewenko nach ihm schauen. Heute begleitete ihn ein schwarzer Herr, den wir als Arzt akzeptierten.«

»Der schwarze Herr«, der an jenem Tag kam und den sie »als Arzt akzeptierten«, war der Tschekist Jakow Jurowski.

»Mit eiserner Hand treiben wir die Menschheit zu ihrem Glück«

Das war die Losung im Lager Solowki.

Wenn man später das Unmenschliche, das im Souterrain des Ipatjew-Hauses geschah, zu erklären versuchte, bezeichneten die einen Jurowski und seine Genossen als Mörder und Sadisten. Die andern sahen in der Erschießung der Zarenfamilie die blutige Rache der Juden am rechtgläubigen Zaren (die Rache Golostschokins, Jurowskis, denen auch Tschuzkajew, Safarow und andere rein russische Menschen zugerechnet wurden). Damit ließ sich das Geschehene leichter erklären. Rache für die bestialischen Pogrome, für die tägliche Erniedrigung!

Wäre es so gewesen, dann wäre darin, so schrecklich es klingen mag, doch etwas gewesen, was der menschliche Verstand zu erfassen vermag. Aber es war alles anders.

In seinem letzten Brief aus dem Kremlkrankenhaus schrieb der todkranke Jurowski: »Unsere Familie litt weniger unter dem ständigen Hunger als unter dem religiösen Fanatismus des Vaters. An Feiertagen wie an Werktagen mußten wir Kinder beten, und es ist nicht verwunderlich, daß mein erster aktiver Protest gegen die religiösen, nationalistischen Traditionen gerichtet war. Ich haßte Gott und die Gebete, wie ich die Armut und meine Herren haßte.«

Ja, er haßte die Religion seiner Väter und ihren Gott.

Jurowski und Golostschokin hatten ihr Judentum schon in der Jugend verworfen. Sie dienten einem ganz anderen Volk. Dieses Volk lebte ebenfalls auf der ganzen Welt. Es war das weltweite Proletariat. Das war das Volk Jurowskis, Nikulins, Golostschokins, Beloborodows und des Letten Bersin…

Und die Partei, der sie angehörten, versprach, auf der ganzen Erde die Herrschaft dieses Volkes zu befestigen. Dann mußte das lang ersehnte Glück der Menschheit anbrechen.

Aber dazu mußte ein grausamer Kampf geführt werden. »Hebamme der Geschichte« nannten sie Blut und Gewalt.

Die Revolutionäre des 19. Jahrhunderts, Netschajew und Tkatschew, hatten überlegt: Wie viele Menschen der alten Gesellschaft müssen wir vernichten, um eine glückliche Zukunft zu errichten? Sie waren zu dem Schluß gekommen: Wir müssen darüber nachdenken, wie viele wir »übriglassen«. Es ging um »die Methode der Aussonderung der kommunistischen Menschheit aus dem Material der kapitalistischen Epoche« (Bucharin).

Sie machten sich an die Arbeit – sie sonderten aus dem menschlichen Material aus.

Trotzki: »Man muß für immer Schluß machen mit dem Popen- und Quäkergeschwätz über den heiligen Wert des menschlichen Lebens.« Und sie machten damit Schluß. Unbeugsamer Klassenhaß beherrschte ihre Seelen.

»Vorm Fenster geht der Posten auf und ab.
Er ist nicht nur ein Mensch, der andere bewacht.
Er ist ein blut'ger Feind, ein Lette, finster, stumpf,
der kalten Grimm den Häftling fühlen läßt.
Wofür? Wofür? Das sprengt mir noch das Herz...«

Das schrieb im Gefängnis der Dichter Wladimir Palej, ein Sohn des Großfürsten Pawel.

»Suchen Sie bei einem Ermittlungsverfahren nicht nach Material oder Beweisen dafür, daß der Angeklagte in Wort und Tat gegen die Sowjetmacht handelte. Die erste Frage ist, welcher Klasse er angehört. Diese Frage muß das Schicksal des Angeklagten bestimmen. Darin bestehen der Sinn und das Wesen des roten Terrors« (Lacis, Mitglied des Kollegiums der Tscheka, Zeitschrift »Roter Terror«, 1.11.1918).

Die Ermordung der Romanows, des Symbols der gestürzten Klassen, sollte zum inoffiziellen Signal des roten Terrors, des weltweiten Klassenkrieges, werden.

»Man muß mindestens 100 Romanows den Kopf abschlagen, um ihren Nachkommen die Verbrechen abzugewöhnen« (Lenin).

Deshalb waren der Zar und seine Familie, als sie in Jekaterinburg ankamen, schon zum Tode verurteilt.

Jurowski im Jahre 1918: vorstehende Backenknochen, kurzer Hals, gewichtige, bedächtige Redeweise, schwarze Lederjacke, schwarzes Bärtchen, schwarzes Haar – wirklich ein »schwarzer Herr«. Er wußte offenbar von dem »Spion«, daß Nikolaus sein Tagebuch nach dem alten Kalender führte. Darum kam er am 13. Mai »nach dem alten Stil« ins Haus. Er wußte, daß der mystisch veranlagte Zar Vorzeichen vermerkte. Der »schwarze Mann« kam an diesem Teufelsdatum als böses Omen, als drohende Rache zu ihnen. Er kam in Gestalt eines Arztes. Als ehemaligem Feldscher fiel ihm diese Rolle nicht schwer. Sogar Doktor Derewenko glaubte ihm und erzählte später, wie sachkundig Jurowski Alexejs Bein untersucht habe. Doch das war nur revolutionäre Symbolik. Sie heilten diese Welt mit Revolvern. Sie verwirklichten die große Mission, die ihnen ihr Lehrer Marx im Namen der Zukunft hinterlassen hatte: die Agonie der überlebten Klassen zu beschleunigen. Im Namen dieser lichten Zukunft mußte die Zarenfamilie sterben.

Die Romanows wurden auf das Ende vorbereitet.

Tagebuch vom 14. Mai: »Ein Wachposten schoß auf unser Haus, weil er glaubte, jemand habe sich nach 10 Uhr abends am Fenster bewegt. Ich denke, er hat einfach mit dem Gewehr gespielt, wie das Wachposten immer tun.«

Ich blättere im Archiv ein großes schwarzes Heft durch, das Wachbuch: »Am 5. Juni hat der Soldat Dobrynin auf Posten 9 aus Versehen geschossen, als er das Gewehr sicherte. Die Kugel schlug in die Zimmerdecke ein, ohne Schaden anzurichten.

8. Juni. Aus Unvorsichtigkeit eines Wachpostens detonierte eine Handgranate. Es gab keine Opfer oder Verletzungen.«

Die Wachposten gingen nachlässig mit der Waffe um. Der Zar hatte mit seiner Einschätzung recht.

Aus der »Spielerei« des Wachpostens wurde sofort eine Geschichte über die Zarentöchter gesponnen, die am Fenster jemandem Zeichen gaben, und den wachsamen Schützen, der auf das Fenster schoß. So beschrieb Awdejew diesen Vorfall in seinen Erinnerungen.

Der tapfere Nagorny und der Lakai Sednew wurden abgeholt.

»14. Mai. Nach dem Tee wurden Sednew und Nagorny zum Verhör in den Gebiets-Sowjet gebracht.«

In diesen Tagen sah Gilliard, der um das Haus herumstrich, wie

Rotgardisten Nagorny und Sednew in eine Droschke verfrachteten. Schweigend wechselten sie Blicke.

Die beiden kehrten nicht zurück.

»16. Mai. Wir aßen um acht bei Tageslicht zu Abend. Alix legte sich wegen Migräne früher hin. Sednew und Nagorny sind verschollen.«

Die Tschekisten jäteten im Ipatjew-Haus schon aus, sie verminderten die Anzahl der Leute, um in der entscheidenden Nacht weniger Scherereien zu haben.

Der erste Mordversuch

Sie lebten ihren Alltag und führten Tagebuch.

ER: »20. Mai. Um elf wurde bei uns ein Gottesdienst abgehalten. Alexej nahm im Bett daran teil. Wunderbares, warmes Wetter. Es ist unerträglich, so eingesperrt dazusitzen, nicht in den Garten zu können, wann man möchte, den schönen Abend nicht an der frischen Luft zu verbringen. Gefängnisregime!«

SIE: »23. Mai (5. Juni). Mittwoch. Wir standen 6.30 auf, aber nach der Uhr ist es jetzt 8.30. (An diesem Tag wurden die Uhren auf die neue Zeit umgestellt.) Herrliches Wetter. Baby hat nicht geschlafen, ihm tut das Bein weh, vielleicht weil Wladimir Nikolajewitsch (Doktor Derewenko) es bei der Untersuchung berührt hat. Jewgeni Sergejewitsch (Botkin) hatte ihn davor eine Stunde lang in meinem Rollsessel herumgefahren. Ich saß mit ihm eine Weile in der Sonne... Als er sich wieder ins Bett legte, hatte er stärkere Schmerzen. Das kommt bestimmt vom Umziehen und Herumfahren. Der Lunch wurde erst um drei gebracht. Jetzt machen sie den Zaun vor unseren Fenstern noch höher, so daß wir kaum noch die Baumwipfel sehen können.«

In diesen Tagen mußte Nikolaus das Bett hüten. Vom ständigen Sitzen hatte sich sein Hämorrhoidenleiden verschlimmert.

ER: »24. Mai. Ich hatte den ganzen Tag Schmerzen, hervorgerufen von Hämorrhoiden. Ich legte mich ins Bett, um Kompressen aufzulegen. Alix war mit Alexej eine halbe Stunde an der Luft, danach waren wir eine Stunde draußen. Wunderbares Wetter.«

SIE: »25. Mai (4. Juni). Freitag. Herrliches Wetter. N. (Nikolaus) blieb den ganzen Tag im Bett, denn er konnte nachts vor Schmerzen kaum schlafen. Es ist besser für den P..., wenn er still liegt... Wladimir Nikolajewitsch ist heute wieder nicht gekommen.«

Doktor Derewenko wurde nicht mehr zu Alexej gelassen.

ER: »27. Mai. Bin wieder auf den Beinen. Ein sommerlicher Tag, wir waren in zwei Gruppen nacheinander spazieren. Schönes saftiges Grün, angenehmer Geruch.«

Nikolaus spürte, daß irgend etwas vorging.

»28. Mai. Die äußeren Beziehungen haben sich in letzter Zeit verändert. Die Gefängniswärter gehen Gesprächen mit uns aus dem Weg, sie sind irgendwie unruhig und besorgt. Unverständlich!«

Aber außerhalb des Ipatjew-Hauses war dies verständlich. Mitte Mai hatte sich das Tschechoslowakische Korps gegen die Bolschewiken erhoben. Ihm schlossen sich Kosakeneinheiten an. Jetzt rückten sie auf die Hauptstadt des Roten Ural vor.

Sie wurden in der Stadt erwartet. Am 28. Mai (10. Juni nach dem neuen Kalender) kam es zu bedrohlichen Unruhen. Am Vortag war Fähnrich Ardatow mit seiner Abteilung zu den Weißen übergelaufen. Nun war die Arbeiterabteilung der Werch-Issetski-Fabrik unter der Führung von Kommissar Jermakow die Hauptstütze des Ural-Sowjets in der Stadt. Auf dem Wosnessenskaja-Platz versammelte sich eine große Menschenmenge. Jermakows Abteilung, Jurowskis Tschekisten und Kommissar Golostschokin konnten die meuternden Massen nur mit Mühe auseinanderjagen. Sie hatten nicht genug zuverlässige Soldaten. Zur gleichen Zeit bewachten Rotgardisten den »Tyrannen und seine Familie«.

ER: »31. Mai. Wir durften tagsüber nicht in den Garten. Awdejew kam und unterhielt sich lange mit J. S. (Botkin). Nach seinen Worten befürchten er und der Gebietssowjet das Eindringen von Anarchisten. Darum müssen wir vielleicht bald abreisen, wahrscheinlich nach Moskau. Er ließ uns ausrichten, daß wir uns auf die Abreise vorbereiten sollten. Wir begannen unverzüglich zu packen, möglichst leise, damit die Wachposten nichts mitbekamen, darum bat Awdejew. Gegen elf Uhr abends kam er zurück und sagte, daß wir noch ein paar Tage bleiben. Also saßen wir auch am 1. Juni auf gepackten Koffern. Nach dem Abendessen kam endlich Awdejew, leicht beschwipst, und erklärte Botkin, die Anarchisten seien gefaßt, die Gefahr sei vorüber und unsere Abreise entfalle. Nach all den Vorbereitungen war das etwas traurig.«

Die Zarin schrieb an diesem Tag: »31. Mai (13. Juni). Morgengebet. Ein sonniger Morgen. 2.45 Uhr kein Spaziergang. Awdejew befahl zu packen, denn jeden Moment...

Nachts kam Awdejew wieder und sagte: ›Frühestens in ein paar Tagen.‹«

Eine merkwürdige Geschichte. Erst unlängst hatte der Ural-Sowjet mit Moskau gestritten und erklärt, wie gefährlich es sei, die Romanows mit dem Zug zu befördern. Nun hatten sie Angst vor Anarchisten und wollten den Zaren und seine Familie selber nach Moskau bringen. Und das zu einem Zeitpunkt, wo die Tschechen auf die Stadt vorrückten, wo in der Stadt ein Aufstand ausgebrochen war und die Erde rings um Jekaterinburg brannte! Und alles aus Sorge um den blutigen Tyrannen?

Da stimmt etwas nicht. Diese plötzliche Fürsorge ist unglaubhaft. Eine recht merkwürdige *Reise* nach Moskau wurde da vorbereitet.

Erinnern wir uns an das Gespräch, das Kommissar Jakowlew mit Busjazki, dem Kommandeur der Jekaterinburger Abteilung, auf dem Weg nach Tobolsk führte. Busjazki hatte Jakowlew vorgeschlagen, während der *Reise* einen Überfall zu inszenieren und die Romanows dabei zu töten.

Die letzte Reise Mischas

Wenn Nikolaus zu dem Zeitpunkt, als ihm die Reise angekündigt wurde, gewußt hätte, was in der Nacht zuvor geschehen war! Was für eine »Reise« schon stattgefunden hatte! Aber er sollte es bis zu seinem Tode nicht mehr erfahren.

In der Nacht zum 13. Juni erschienen in der Stadt Perm drei unbekannte Männer im Hotel des Kaufmanns Koroljow. Sie wiesen eine Tscheka-Anordnung vor, die besagte, daß sie Nikolaus' Bruder Michail und seinen Sekretär Johnson an einen anderen Ort zu bringen hätten.

Nach der Verbannung aus Gatschina lebte Michail in Perm und genoß, wie Moskau mehrfach in Briefen an den Permer Sowjet bestätigte, »alle Rechte eines Bürgers der Republik«. Zusammen mit ihm wohnten im Hotel sein Sekretär, der Engländer Brian Johnson, sein Kammerdiener und sein Chauffeur (der Großfürst fuhr leidenschaftlich gern Auto). Aber an diesem Tag stand ihm eine völlig andere Reise bevor. Die drei Unbekannten gingen zum Großfürsten hinauf. Als sie wieder herunterkamen, gingen zwischen ihnen der hochgewachsene Großfürst und der kleine dicke Johnson. (Wenn die beiden durch Perm spazierten, wurden sie Pat und Patachon genannt.)

Pat und Patachon und die drei Unbekannten setzten sich in zwei Droschken und fuhren davon.

Was sich in dem Hotelzimmer abspielte, erzählte Tschelyschew, der Kammerdiener des Großfürsten, im Gefängnis unserm Bekannten Wolkow.

Die Unbekannten hatten Michail geweckt, aber er weigerte sich mitzugehen und verlangte einen bestimmten führenden Bolschewiken zu sprechen: »Ihn kenne ich, Sie aber nicht.« Da fluchte der Anführer und packte den Großfürsten an der Schulter. »Ihr Romanows hängt uns alle zum Hals heraus!« Danach zog sich Michail schweigend an. Der Kammerdiener bat ihn: »Hoheit, vergessen Sie nicht Ihre Medikamente.« Die Unbekannten fluchten wieder und nahmen Michail mit.

Am nächsten Morgen erklärte die Tscheka, sie habe kein Mandat ausgestellt, Michail sei entführt worden. In Petrograd traf ein Telegramm ein: »Heute nacht entführten Unbekannte in Uniform Michail Romanow und seinen Sekretär Johnson. Die Fahndung blieb bisher erfolglos. Es werden strengste Maßnahmen ergriffen.« Aber schon bald gingen Gerüchte um, daß die »Unbekannten« sehr bekannte Leute seien: der Vorsitzende des Sowjets von Motowilicha, Mjasnikow, und seine Genossen. Sie hätten Michail entführt und erschossen. Die Gerüchte bestätigten sich. Die Permer Tscheka und die örtlichen Machtorgane bezeichneten die Tat als »anarchistische Selbstjustiz« und distanzierten sich von ihr auf das entschiedenste.

1965 starb in Moskau hochbetagt Andrej Markow, Träger des Rotbannerordens.

Ein Jahr vor seinem Tod hatte ihn die Leiterin des Permer Parteiarchivs N. Alikina, die die Biographien der Permer Bolschewiken sammelte, um ein Gespräch gebeten. Er sollte ihr von der größten Tat seines Lebens erzählen. Bevor der alte Mann mit seinem Bericht begann, zeigte er ihr eine merkwürdig geformte silberne Armbanduhr, die wie eine Scheibe eines gekochten Eies aussah. Markow erklärte, daß die Uhr seit fast 50 Jahren ohne Reparatur tadellos gehe. Dann machte er seine Aussagen, die bis vor kurzem als geheime Verschlußsache im Parteiarchiv des Gebiets aufbewahrt wurden.

Markow erzählte, daß Mjasnikow, der die Ermordung Michails organisierte, den Milizchef Iwantschenko und ihn, Markow, zur Mitwirkung herangezogen habe. Aber drei bewaffnete Männer, das reichte ihnen nicht, und sie holten noch die beiden Arbeiter Schuschgow und Kolpastschikow dazu.

»Gegen sieben Uhr abends fuhren wir in zwei geschlossenen Droschken nach Perm«, erinnerte sich Markow. »Die Pferde stellten wir im Hof der Tscheka unter. Wir weihten den Vorsitzenden der Tscheka Malkow in das Vorhaben ein und stimmten uns endgültig ab. Malkow blieb in der Tscheka, Mjasnikow ging zu Fuß zum Hotel. Iwantschenko und Schuschgow fuhren in der einen Droschke, Kolpastschikow und ich in der andern. Gegen 11 Uhr abends kamen wir vor dem Haupteingang des Hotels an. Schuschgow und Kolpastschikow gingen ins Hotelzimmer, ich blieb mit Iwantschenko auf der Straße.«

Was dann folgte, hatte der Kammerdiener Wolkow im Gefängnis erzählt: Michail weigerte sich mitzugehen und forderte, mit dem Vorsitzenden der Tscheka Malkow (»dem führenden Bolschewiken«) zu sprechen, er berief sich auf das »Dekret über freies Wohnrecht«.

Während Michail auf seine Rechte pochte, mochten die beiden auf der Straße nicht länger warten.

»Ich ging mit dem Nagant und einer Handgranate ins Hotelzimmer, nachdem ich im Korridor die Telephonleitung durchgeschnitten hatte. Michail Romanow sträubte sich, sagte, er sei krank, und verlangte nach dem Arzt und nach Malkow. Da befahl ich, ihn so mitzunehmen, wie er war. Er machte sich fertig und fragte, ob er Gepäck mitnehmen solle. Ich sagte, das würden andere holen. Da bat er, wenigstens seinen Sekretär Johnson mitnehmen zu dürfen. Das erlaubten wir, denn es kam unseren Plänen entgegen. Michail Romanow zog einen Regenmantel über. Schuschgow packte ihn am Kragen und forderte ihn auf hinauszugehen. Johnson kam freiwillig mit. Wir setzten Michail Romanow in die Droschke. Schuschgow machte den Kutscher, und Iwantschenko setzte sich neben Michail.

Wir fuhren zum Petroleumlager, fünf Werst vom Dorf Motowilicha entfernt, und bogen nach einer Werst rechts in den Wald ein. Unterwegs begegnete uns niemand. Nach etwa 200 Metern schrie Schuschgow: ›Aussteigen!‹ Ich sprang aus der Droschke und forderte Johnson ebenfalls zum Aussteigen auf. Kaum war er draußen, schoß ich ihm in die Schläfe. Er taumelte und stürzte. Kolpastschikow schoß ebenfalls auf Johnson, aber sein Browning hatte Ladehemmung. Schuschgow schoß inzwischen auf Michail Romanow, verwundete ihn aber nur. Romanow lief mit ausgebreiteten Armen auf mich zu und wollte sich von seinem Sekretär verabschieden. Schuschgows Nagant streikte auch, er hatte selbstgemachte Kugeln. Ich mußte aus geringer Distanz (etwa zwei Meter) Romanow in den Kopf schießen. Er fiel sofort um.

Wir konnten die Leichen nicht vergraben, weil es schon hell wurde und wir nahe bei der Straße waren. Wir schleiften sie ein Stück weg, bedeckten sie mit Zweigen und fuhren nach Motowilicha. In der Nacht darauf fuhr Schuschgow mit einem zuverlässigen Milizionär zu der Stelle und vergrub die Leichen.«

Nach der Ermordung hatte Markow dem toten Johnson die Uhr abgenommen, »zur Erinnerung«, wie er der Leiterin des Parteiarchivs erzählte. Wir werden auf diese Tradition der Mörder, den Ermordeten die Uhren abzunehmen, noch zurückkommen.

Das interessanteste Detail notierte Alikina zum Schluß: »Andrej Markow erzählte, daß er nach der Erschießung Michail Romanows nach Moskau fuhr. Durch Swerdlows Vermittlung wurde er von Lenin empfangen und berichtete ihm von dem Ereignis.«

So sah diese »Selbstjustiz« aus, an der die Leiter der örtlichen Tscheka, der Miliz und der Vorsitzende eines Sowjets beteiligt waren und von der sie dem Oberhaupt des Landes berichteten.

Was sollte geschehen?

Michail war tot. Währenddessen bereitete sich die ahnungslose Zarenfamilie fieberhaft auf die Reise nach Moskau vor.

Einen Monat später wurde nach dem Jekaterinburger Szenarium eine weitere »Reise« veranstaltet. Alix' Schwester Ella, der Großfürst Sergej Michailowitsch, die Söhne des Großfürsten Konstantin – Johann, Igor und Konstantin –, der junge Fürst Wladimir Palej und ihre Diener wurden am Stadtrand von Alapajewsk in der Napolnaja-Schule gefangengehalten. Am 18. Juli sah eine ortsansässige Köchin, wie sie alle seelenruhig zusammen mit Rotgardisten in Droschken stiegen. Man hatte ihnen ebenfalls erzählt, daß sie eine »Reise« zu einem sicheren Ort machen würden.

Vor einem namenlosen Bergwerk unweit von Alapajewsk hielten die Droschken. Die Rotgardisten schlugen die Insassen, auch die alte Großfürstin Ella, mit Gewehrkolben. Sergej Michailowitsch wehrte sich. Dafür erhielt er die Kugel. Er war als einziger tot, die übrigen lebten noch, als sie in den Schacht geworfen wurden. Die Rotgardisten warfen Handgranaten in den Schacht, schütteten ihn mit Reisig und Bruchholz zu und zündeten es an. Leute aus der Umgebung hörten aus dem Schacht noch lange den Gesang von Gebeten heraufklingen. Die unter Qualen sterbende Ella fand nicht nur die Kraft für Gebete. In dem dunklen Schacht, am Rauch fast erstikkend, kroch sie zu dem sterbenden Johann und verband ihm den zertrümmerten Kopf. Sie erfüllte bis zum Ende die Gebote des Martha-Marien-Ordens.

Als die Weißen Alapajewsk einnahmen, fanden sie die Leichen in dem zugeschütteten Schacht. Das Finale der »Reise« kam ans Tageslicht. Wie auch bei Michail hatte die Tscheka in Alapajewsk eine Flucht vorgetäuscht.

Telegramm vom 19. 7. 1918. Moskau, an den Rat der Volkskommissare. Aus Alapajewsk:

»Ich melde, daß ich in der Stadt Alapajewsk vom Überfall auf das Gebäude, in dem die ehemaligen Fürsten Romanow festgehalten wurden, und von der Entführung derselben erfahren habe. Meine Ermittlungen und die Besichtigung des Tatorts ergaben, daß... die Angreifer ins Haus eindrangen, alle Romanows und ihre Diener befreiten und mitnahmen... Die Besichtigung des Gebäudes ergab, daß die Sachen der Romanows verpackt und verschnürt waren... Ich nehme an, daß Überfall und Flucht von langer Hand vorbereitet waren. Politischer Beauftragter Kobeljanko.«

Immer dasselbe Szenarium. Die Grundlage all dieser Morde ist die Provokation. Die Revolutionäre waren mit den Provokationen der Geheimpolizei aufgewachsen. Und als sie siegten, übernahmen sie deren Methoden. Die unsterbliche allrussische Einrichtung – die Geheimpolizei – erhob sich wie Phönix aus der Asche. Jetzt hieß sie Tscheka. Eines Tages würde sie ihre Gründer umbringen. 1917 hatten die Revolutionäre die Geheimpolizei vernichtet, 1937 vernichtete die Geheimpolizei die Revolutionäre.

Zwischen dem 13. und 14. Juni war also eine große Aktion geplant – die Nacht der langen Messer: die Vernichtung der beiden Zarenbrüder und zugleich die Ermordung der gesamten Zarenfamilie.

Aber nur die Ermordung Michails wurde verwirklicht.

Auf dem Höhepunkt der Vorbereitungen kam plötzlich Awdejew, und die »Reise« der Zarenfamilie wurde abgeblasen.

Was war geschehen? Es war wohl alles eher eine örtliche Entscheidung der grimmigen Ural-Jakobiner. Moskau war für sie ein ferner Mythos. Nicht umsonst nannten sie sich stolz Ural-Regierung. Natürlich hatte das Oberhaupt der Ural-Regierung, Beloborodow, die Entscheidung getroffen. Die später von Weißgardisten verhafteten Tschekisten sagten aus, die Romanows in Alapajewsk seien auf ein Telegramm aus Jekaterinburg hin vernichtet worden, es sei von Beloborodow und Safarow unterschrieben gewesen.

Aber es gab einen Mann, ohne dessen Zustimmung Beloborodow nichts unternehmen konnte. Das war der Führer der Ural-Bolschewiken und Kriegskommissar Golostschokin.

Beloborodow war jung und ungestüm, Golostschokin ein wenig älter und umsichtiger. Er hatte unmittelbaren Kontakt zur Front. Als sie ihre proletarische Rache, die Vernichtung der Romanows, ausbrüteten, war die Katastrophe noch nicht abzusehen. Doch nun wußte Kommissar Golostschokin genau, daß Jekaterinburg fallen würde. Sie mußten bald fliehen. Und fliehen konnten sie nur nach Moskau. Hatten sie noch gestern Moskau von oben herab behandelt, so war es heute für sie die einzige Rettungsinsel. Ohne Moskau, ohne Lenins und Swerdlows Erlaubnis konnten sie nichts mehr unternehmen. Es war zu gefährlich, die Zarenfamilie auf eigene Faust zu vernichten. Darum hatte Golostschokin den Beschluß offenbar im letzten Moment geändert. Er wollte erst die Zustimmung Moskaus einholen.

Sie ließen vorerst einen Probeballon steigen: Mal sehen, wie Moskau auf die Ermordung Michails reagieren würde.

Übrigens hatte Mjasnikow, der Organisator von Michails Ermordung, offenbar das Spiel durchschaut. Er dachte nicht daran, als Versuchskaninchen zu fungieren. Als Michail aus dem Hotel geholt wurde, verschwand Mjasnikow. Nach Markows Aussagen war er bei dem Mord nicht zugegen. Mjasnikow war wendig. In den ersten Jahren nach der Revolution gehörte er zur Arbeiteropposition und kämpfte gegen Lenin. Als jedoch die Verfolgungen losgingen, konnte er ins Ausland fliehen. Er lebte wohlbehalten in Paris, wo er unsere bittere Revolution vergaß. Vergebens. Wie er einst gewaltsam Michail entführen ließ, so kidnappten ihn verwegene Stalinsche Tschekisten in Paris und brachten ihn in die Heimat zurück. Wie damals Michail, so wurde auch er ohne Gerichtsverhandlung wie ein Hund erschossen. Das wurde 1946 offiziell seiner Frau im Butyrka-Gefängnis mitgeteilt.

Oder war alles in Moskau ersonnen worden? Doch jetzt schienen die Tage der Bolschewiken gezählt, sie bekamen Angst und beschlossen, es erst einmal mit Michail bewenden zu lassen. Sie wollten abwarten, wie die Welt reagierte. Vielleicht konnten sie die Zarenfamilie bei eventuellen Verhandlungen mit dem Ausland noch als Trumpfkarte einsetzen.

Wie auch immer, die Ermordung der Zarenfamilie war aufgeschoben. Wieder zogen sich die Tage hin.

»3. Juni. Ich habe die ganze Woche ›Die Geschichte Kaiser Pauls I.‹ von Schilder gelesen und wurde heute damit fertig. Sehr interessant.«

Was mag ihm durch den Kopf gegangen sein, als er die Geschichte seines unglücklichen Vorfahren las? Dachte er an die Voraussagen seiner Mutter, damals, 1916, als er Oberbefehlshaber wurde? Oder las er einfach ein Buch über ein früheres Leben, das so schnell entschwunden war?

»5. Juni. Die liebe Anastasia ist 17 geworden. Es war draußen und drinnen sehr heiß... Die Töchter lernen bei Charitonow kochen, sie setzen abends Teig an und backen morgens Brot. Nicht übel.«

14. Die Flucht

Es geschah im Juni.

Sie waren morgens gerade aufgestanden. Früh aufstehen war für Alix eine Qual. Aber es mußte sein, denn jeden Morgen erschien der Kommandant Awdejew, »um das Vorhandensein der Häftlinge zu überprüfen«.

Nikolaus stand am Fenster und studierte ein winziges Stück Papier.

Mit Erlaubnis des Kommandanten wurde ihnen das Essen jetzt aus dem Nowotichwinski-Kloster gebracht: Sahne, Eier, Milch in Flaschen. In einer der Flaschen hatte Nikolaus einen Brief gefunden.

Trübes Licht drang durch das angestrichene Fenster. Noch war es kühl, aber bald würde es in den Zimmern unerträglich heiß sein. Doch sie durften die Fenster nicht öffnen. Früher hatte Nikolaus seine Truppen im Kampf gegen Länder wie Japan, Deutschland und Österreich-Ungarn befehligt. Jetzt kämpfte er mit dem Kommandanten Awdejew um die Erlaubnis, die Fenster zu öffnen.

»9. Juni. Sonnabend. Heute kamen während des Tees sechs Männer, wahrscheinlich vom Gebietssowjet, um zu prüfen, welche Fenster wir öffnen dürfen. Die Entscheidung dieser Frage zieht sich schon zwei Wochen hin! Ab und zu kamen irgendwelche Subjekte und sahen sich die Fenster an.

Die Gärten der Stadt verströmen einen erstaunlichen Duft.«

Doch jetzt hatte er die Fenster und den Duft der Gärten vergessen. Er entzifferte mühsam den Brief, der im Korken der Milchflasche gesteckt hatte.

Er hat noch immer einen kräftigen, muskulösen Körper. Aber durch die erzwungene Bewegungslosigkeit ist er etwas voller geworden. Er ist nur von mittlerer Größe (was die Wachsoldaten sehr enttäuschte, denn in ihrer Vorstellung muß ein Zar hoch gewachsen sein). Im Vergleich zu seinem Vater, seinen hühnenhaften Onkeln und seinem Bruder Mischa wirkte er klein. Einst hatte seine Ururgroßmutter, die Prinzessin von Württemberg, Gattin des unglücklichen Paul I., die Schönheit und Stattlichkeit ihrer Familie in die Romanowfamilie eingebracht. Seit damals gab es hochgewachsene Romanows – Alexander I., Nikolaus I., Alexander III.

Als Nikolaus jetzt allein am Fenster steht, ist zu sehen, daß seine Figur nicht ganz proportional geraten ist: Die stämmigen Beine sind etwas zu kurz für den muskulösen Oberkörper. Und der Hals ist etwas zu kräftig für den zierlichen Kopf. Er hat ein angenehmes Gesicht mit kleiner Nase, rötlichem Schnurrbart und tabakgelbem Bart.

Im Tageslicht sind in seinem Bart schon vereinzelte graue Haare zu erkennen. Das von Alix' fester Hand geschnittene Kopfhaar schimmert bereits in gleichmäßigem Grau. Die Farbe seiner Augen wechselt, mal sind sie graublau, mal himmelblau, manchmal auch grünlich. »Ein Charmeur mit Gazellenaugen«, so beschrieb ihn der bekannte Advokat Koni. Das Rätsel seines Blicks. Er fühlte sich immer ein wenig als Kind. Kam das von der mächtigen Gestalt seines Vaters und seiner Onkel? Oder lag es an der Kraft der Frauen, die ihn umgaben? Diese Kindlichkeit, in Verbindung mit dem Vorgefühl künftiger Leiden, das Empfinden des Dulders Hiob verliehen seinem Blick etwas Anrührendes. Es war der Blick eines hilflosen und sanften »Opferstiers«. Auf wem dieser Blick einmal ruhte, der vergaß ihn nie mehr.

Viele Jahre später begegnete seine ehemalige Geliebte, die Kschessinskaja, im hohen Alter einer rätselhaften Frau, die sich als Anastasia, die wundersam gerettete Zarentochter, ausgab. Auf die Fragen eines Journalisten antwortete die Kschessinskaja:

»Diese Frau hat *seinen* Blick. Wer ihm einmal in die Augen sah, konnte sie nie mehr vergessen.«

»Sie kannten diese Augen?«

»Sehr gut... Sehr gut«, hauchte die neunzigjährige Greisin voller Zärtlichkeit.

Jetzt ist sein Gesicht verdunkelt, von der Sonne vergröbert. Unter den hellen Augen haben sich Tränensäcke gebildet.

Er geht im Marschschritt durchs Zimmer, eine unausrottbare Gardeangewohnheit. Er überlegt. Schließlich hält er Alix schweigend den Brief hin. Aber bevor sie ihn lesen konnte, kam Awdejew herein, um das »Vorhandensein der Häftlinge zu überprüfen«. Nikolaus trat hinter dem Tisch hervor. So hatte er früher Bittsteller während einer Audienz empfangen – stehend, vor dem Tisch.

Awdejew war morgens immer finster, weil er nachts »kübelte«. Schnapsdunst verbreitete sich im Zimmer.

Nikolaus konnte Trinker nicht ausstehen, obwohl ihm selbst Trunksucht nachgesagt wurde. In Wirklichkeit trank er zum Mittagessen ein Gläschen Wodka – eine Tradition der Romanowmänner. Abends genehmigte er sich manchmal ein Glas französischen Wein.

Mit gleichmäßiger, leiser Stimme (keiner seiner Minister hörte ihn je die Stimme erheben) begrüßte Nikolaus den Kommandanten.

Endlich ging Awdejew.

»Warten Sie auf das Pfeifen um Mitternacht – das ist das Signal«

Nun las Alix den rätselhaften Brief. Er war auf französisch geschrieben und enthielt verdächtige Fehler. Aber sie vertraute diesem Brief sofort. Er kam eben nicht von Aristokraten. Wo waren sie denn, diese Aristokraten? Sie hatten die Zarenfamilie verraten. Diesen Brief hatten Leute aus dem Volk geschrieben. »Gute russische Menschen«. Alix verschlang den lang ersehnten Text: »Wir, eine Gruppe Offiziere der russischen Armee...«

In diesem Brief wurde ihnen die Flucht vorgeschlagen. Unterschrieben war er: »Ein Offizier der russischen Armee, der für Sie zu sterben bereit ist«. Ach, wie ihr diese Unterschrift gefiel. Die Migräne war wie weggeblasen. Sie war wieder der frühere »Spitzbube«. Endlich sind sie gekommen! Die guten russischen Menschen! Sie wollen ihren Kaiser befreien. Der Starez hat eine »Legion Engel« geschickt.

Sie beschwor Nikolaus zu antworten. Er willigte wie immer ein und schrieb einen Antwortbrief. So kam dieser geheime Briefwechsel zustande.

»Ihre Freunde schlafen nicht«, hieß es im nächsten Brief aus dem Kloster. »Die lang ersehnte Stunde ist angebrochen. Mit Gottes Hilfe und Ihrer Kaltblütigkeit hoffen wir unser Ziel zu erreichen, ohne etwas zu riskieren.«

Ein neuer Brief: »Sie müssen unbedingt ein Fenster öffnen. Geben Sie mir an, welches. Wenn der kleine Zarewitsch nicht gehen kann, wird die Sache sehr erschwert. Vielleicht könnte man ihn für eine oder zwei Stunden mit einem Narkotikum einschläfern. Das soll der Arzt entscheiden. Seien Sie unbesorgt, wir unternehmen nichts, wenn wir nicht vom Erfolg überzeugt sind...«

Diese Flucht war im Stil der Romane von Dumas ausgedacht. So war einst die romantische Vorfahrin von Alix, Maria Stuart, aus dem Schloß geflohen.

Aber wie sollten sie ein Fenster öffnen? Alle Fenster waren mit Papierstreifen zugeklebt! Da wurde plötzlich, wie auf Befehl des Starez, ein Fenster geöffnet. »10. Juni. Pfingsten. Heute morgen öffneten sie ein Fenster. Die Luft im Zimmer wurde rein, gegen Abend sogar frisch.«

Der ehemalige Oberbefehlshaber schickte die fällige Botschaft in der Milchflasche, eine Botschaft, die an einen Schlachtplan erinnerte.

»Das zweite Fenster von der Ecke, die auf den Platz geht, steht schon zwei Tage und sogar nachts offen. Die Fenster 7 und 8 neben dem Haupteingang sind auch immer offen. In dem Zimmer sitzen der Kommandant und die innere Wache. Es sind 13 Mann, bewaffnet mit Gewehren, Revolvern und Handgranaten. Der Kommandant und sein Gehilfe kommen in unsre Zimmer, wann sie wollen. Der Diensthabende macht nachts zweimal in der Stunde einen Rundgang durchs Haus. Auf dem Balkon steht ein Maschinengewehr, unter dem Balkon ein zweites – für den Fall eines Alarms. Auf der andern Straßenseite, gegenüber unseren Fenstern, ist in einem kleinen Haus die Wache untergebracht. Sie besteht aus 50 Mann.

Von jedem Wachposten führen Klingelleitungen ins Kommandantenzimmer, in den Wachraum und zu anderen Punkten.«

Diese Klingeln würden später läuten, in der letzten Nacht der Zarenfamilie.

»Entschuldigen Sie«, beschloß Nikolaus seine Botschaft, »werden wir unsere Leute mitnehmen können?«

Wie immer schrieb er alles ordentlich in sein Tagebuch, enthüllte er das Geheimnis der Verschwörung.

»14. Juni. Unsere liebe Maria ist neunzehn Jahre alt geworden. Das Wetter war immer noch tropisch, 26 Grad im Schatten, in den Zimmern 24. Schwer erträglich. Wir verbrachten eine unruhige Nacht und zogen uns nicht aus. Das kam daher, daß wir dieser Tage zwei Briefe erhielten, in denen uns mitgeteilt wurde, wir sollten uns darauf vorbereiten, von uns treu ergebenen Leuten entführt zu werden. Aber die Tage vergingen, und nichts geschah, das Warten und die Ungewißheit waren sehr qualvoll.«

Jetzt stand in seinem Tagebuch seine eigenhändige Eintragung, die vor aller Welt »die monarchistische Verschwörung mit dem Ziel der Flucht und Befreiung der Zarenfamilie bezeugte«.

Alix war vorsichtiger. In ihrer Eintragung vom 14. Juni steht darüber kein Wort. Aber sie wartete und lauschte in die nächtliche Stille.

Doch irgendwer schien sich über die Zarenfamilie lustig zu machen: Statt des Raschelns sich anschleichender Verschwörer vernahm Alix durchs offene Fenster: »15. (28.) Juni. Freitag. Wir hörten nachts, wie dem Wachposten vor unserm Fenster sehr streng befohlen wurde, auf jede Bewegung an unserm Fenster zu achten.«

70 Jahre später sitze ich im Archiv.

Archivsache: Betrifft die Familie des ehemaligen Zaren Nikolaus II., 1918–1920 (Zentrales Staatsarchiv der Oktoberrevolution).

70 Jahre lang durfte niemand Einsicht in diese schmale Mappe nehmen. Ich bin einer der ersten (vielleicht der erste), der sie nach Aufhebung der Geheimhaltung zu sehen bekam. Ich verbrachte viele Stunden mit dieser blutigen Mappe!

Die Mappe enthält die Briefe, die einst in der Milchflasche ins Ipatjew-Haus gelangten. Sie dienten als eine der Begründungen für die Erschießung der Zarenfamilie.

Hier der letzte Brief, säuberlich mit Schülerhandschrift auf französisch geschrieben.

»Wir sind eine Gruppe Offiziere der russischen Armee, die ihr Gewissen nicht verloren haben, die ihre Pflicht gegenüber Zar und Vaterland kennen.

Aus naheliegenden Gründen können wir Ihnen keine genaueren Informationen über uns geben, aber Ihre Freunde D. und T. (Dolgorukow und Tatistschew) die schon gerettet sind, kennen uns.

Die Stunde der Befreiung naht, die Tage der Usurpatoren sind gezählt. Die Armeen der Tschechen nähern sich Jekaterinburg. Sie sind nur noch einige Werst von der Stadt entfernt. Denken Sie daran, daß die Bolschewiken im letzten Moment zu jedem Verbrechen bereit sind. Jetzt ist der Zeitpunkt gekommen, wo gehandelt werden muß. Warten Sie auf das Pfeifen um Mitternacht (gegen 12 Uhr), das ist das Signal. Ein Offizier.«

Aber Dolgorukow und Tatistschew, »die schon gerettet sind«, ruhten zu dieser Zeit längst in namenlosen Gräbern.

Der »Offizier« hatte gelogen. Und er war sehr gut davon unterrichtet, daß die Romanows nichts über das Schicksal von T. und D. wußten.

Als ich schon des ständigen Argwohns müde wurde, erhielt ich einen Brief von dem Historiker M. M. Medwedew, dem Sohn des Tschekisten M. A. Medwedew, der an der Erschießung der Zarenfamilie teilnahm. Dieser Brief war der Beginn vieler Gespräche.

Er schrieb mir in seinem Brief:

1964 kamen zwei alte Männer ins Moskauer Rundfunkkomitee.

Sie galten als die beiden letzten noch Lebenden, die an der Erschießung der Zarenfamilie beteiligt waren.

Der eine war Grigori Nikulin. Er hatte Dolgorukow erschossen und an der Erschießung der Zarenfamilie teilgenommen. Der andere war I. Rodsinski. Er hatte an der Erschießung der Romanows nicht teilgenommen, war aber 1918 Mitarbeiter der Ural-Tscheka gewesen.

Diese beiden Männer waren von dem Historiker Michail Medwedew in den Rundfunk eingeladen worden. Mit großer Mühe konnte er sie überreden, ihre Aussagen für die Geschichte auf Band zu sprechen. Ebensolche Mühe kostete es, die Behörden von der Notwendigkeit dieser Aufzeichnung zu überzeugen. Sie kam erst durch Chruschtschows Eingreifen zustande. Die Fragen stellte Medwedew. Außer ihm nahm noch ein »Vertreter des ZK« am Gespräch teil.

Wir werden auf die Aufzeichnung noch zurückkommen. Jetzt interessieren uns erst einmal die Aussagen des Tschekisten Rodsinski, der folgendes zu sagen wußte:

»Die Briefe mit der Unterschrift ›Ein Offizier‹ wurden in der Tscheka geschrieben. Ihr Verfasser war Pjotr Woikow, Mitglied des Exekutivkomitees des Sowjet.«

Pjotr Lasarewitsch Woikow (1888–1927) hatte den Parteinamen »Intelligenzler«. Wegen revolutionärer Tätigkeit wurde er zuerst vom Gymnasium relegiert, dann vom Petersburger Bergbauinstitut. Er nahm an terroristischen Aktionen teil, emigrierte in die Schweiz und absolvierte die Genfer Universität. Im August 1917 kehrte er nach Rußland zurück und schloß sich den Bolschewiken an. 1918 war er im Ural Volkskommissar für Versorgung. 1924 wurde er Botschafter der UdSSR in Polen. Er hatte Glück – er erlebte das Jahr 1938 nicht mehr. 1927 wurde er in Polen von einem Monarchisten wegen seiner Beteiligung an der Erschießung der Romanows ermordet.

Er hatte also nach Rodsinskis Aussagen die Briefe verfaßt.

Da er aber eine unleserliche Handschrift hatte (oder ganz einfach kein Beweisstück für seine Rolle als Provokateur hinterlassen wollte), bat er Rodsinski, die Briefe abzuschreiben, was dieser auch tat. Um keine Zweifel an der Richtigkeit seiner Worte aufkommen zu lassen, hinterließ Rodsinski beim Rundfunk eine Schriftprobe.

Der alte Tschekist war also nicht nur gekommen, um sich zu erinnern. Er wollte Buße tun.

Man hatte die Geschichte schlau eingefädelt, angefangen bei dem Essen, das die Romanows plötzlich aus dem Kloster bekamen.

Das Kloster sollte der Kanal sein, über den die Romanows »Dokumente einer großangelegten monarchistischen Verschwörung« erhielten.

Das wurde alles sehr geschickt gemacht. Anfang Juni kam ein gewisser Iwan Sidorow (ganz bestimmt ein Pseudonym) nach Jekaterinburg und brachte von den Tolstois, treuen Freunden der Zarenfamilie, eine große Geldsumme. Über Doktor Derewenko nahm Sidorow Verbindung zum Nowotichwinski-Kloster auf. Ebenfalls über Derewenko kam er mit dem Kommandanten Awdejew ins Gespräch. Bald darauf erlaubte der plötzlich mildtätig gewordene Kommandant, daß aus dem Kloster Lebensmittel gebracht wurden (damit diese Fürsorge nicht verdächtig wirkte, nahm er dafür von Derewenko Geld entgegen). So wurde das Kloster für die Zarenfamilie gleichsam eine Verbindung zum Kreis ihrer treuen Freunde, und sie vertrauten den Briefen, die aus dem Kloster kamen.

Wie durchdacht die Geschichte mit dem Fenster war!

Aufgrund der geschlossenen Fenster herrschte zermürbende Schwüle in den Zimmern. Das mußte Nervosität, ja, Wut hervorrufen. Und es mußte die Zustimmung zur Flucht beschleunigen. Aber dann zeigte sich Awdejew plötzlich äußerst wachsam: Er kontrollierte sorgfältig alle Lebensmittel, die aus dem Kloster kamen, und »entdeckte« den Briefwechsel. Schließlich das von irgendwem im voraus erwartete Finale: Nikolaus' Tagebucheintragung über die Flucht. Jetzt lag die monarchistische Verschwörung offen zutage.

Die Person, die sich das alles ausgedacht hatte, kannte Nikolaus' Gewohnheit, *alles* dem Tagebuch anzuvertrauen.

Dieses Spiel hatte sich bestimmt nicht der geradlinig grausame Jurowski ausgedacht, sondern ein gewiefter Menschenkenner, der Nikolaus genau studiert hatte. Es wird wohl unser »Spion« gewesen sein. Nach seiner Abreise aus Tobolsk leitete er in Perm die Tscheka. Aber bereits im Juni war er in Jekaterinburg. Ende Juni wurde er in seinem neuen hohen Amt bestätigt.

Aus dem Brief von A. Sorokina:

»Mein Vater ist Heimatforscher. Er sah die Dokumente über Fjodor Lukojanow durch und fand ein Papier aus dem Swerdlowsker KGB-Museum: ›F. N. Lukojanow war seit dem 15. März 1918 Vorsitzender der Permer Gouvernements-Tscheka, seit dem 21. Juni 1918 Vorsitzender der Ural-Tscheka. Er leitete einen Sonderauftrag des WZIK bezüglich der Zarenfamilie.‹«

Er erledigte diesen »Sonderauftrag« vorzüglich.

Ich stelle mir seinen Triumph vor: Die Familie ging spazieren, und er las inzwischen Nikolaus' Tagebuch. Er fand bestätigt, was er vorausgesehen hatte, wie ein Astronom, der die Position eines Sterns errechnet und ihn dann durchs Fernrohr am Himmel sieht. Erst als er das Tagebuch wieder ordentlich an seinen Platz gelegt hatte, damit der vertrauensselige Zar nichts merkte, wurde ihm bewußt: Er hatte sie alle zum Tode verurteilt – den Zaren, die Zarin, auch Tatjana und die andern netten Mädchen und den kranken Jungen. Wie es bei Hasardeuren zu sein pflegt, hatte das Spiel das Ziel verdeckt.

Nikolaus glaubte also dem Spiel und schrieb den verhängnisvollen Satz in sein Tagebuch.

Aber glaubte er wirklich?

Das Tschechische Korps stand schon vor Jekaterinburg. Später wurde viel darüber geschrieben, wie ungestüm die Weißen nach Jekaterinburg drängten, um die Zarenfamilie zu befreien.

Doch ihr »Drängen« war sehr merkwürdig. Sie nahmen Tjumen und alle großen Städte ringsum ein, bloß nicht Jekaterinburg. Ja, mehr noch, sie umgingen die Stadt von Süden und schlossen langsam einen Ring um sie. Sehr eilig schienen sie es nicht zu haben.

Zu der Zeit standen in Jekaterinburg nur ein paar hundert bewaffnete Rotgardisten. In der Stadt hielten sich viele zaristische Offiziere auf, denn hier befand sich die aus Petrograd evakuierte Akademie des Generalstabs. Aber kein einziger glaubwürdiger Versuch wurde unternommen, die im Ipatjew-Haus Gefangenen zu befreien!

Die Zarenfamilie war unpopulär.

In den eingenommenen Gebieten stellten das Tschechische Korps und die sibirische Armee keineswegs die zaristische Macht wieder her, sondern die Macht der Konstituierenden Versammlung. Die Regierung in Samara nannte sich Komitee der Konstituierenden Versammlung.

Das Rasputin-Unwesen, die im Volk verhaßte Frau des Zaren, der blutige Krieg, die Gerüchte über Verrat hatten das Ansehen des Zaren untergraben. Hätte Koltschak ihn lebend vorgefunden, so hätte er bestimmt ernste Probleme bekommen.

In diesem schrecklichen Jahr hatte der ehemalige Selbstherrscher vieles begriffen: Lebend konnte er niemandem mehr nutzen. Aber als Toter?

»Es gibt kein Opfer, das ich nicht bringen würde« (seine Worte vor der Abdankung). Opfer als Sühne für alles, was geschehen war.

Er dachte: Wenn sie ihn töten, werden sie natürlich seine Familie freilassen. Es war der einzige Weg, sie zu befreien.

Selbstverständlich hatte der besonnene Nikolaus sofort durchschaut, woher dieser »Offizier« mit dem primitiven Französisch kam.

Alle hatten ein Leben lang ihre Spiele mit Nikolaus getrieben: das Polizeidepartement, die Mutter, die Kschessinskaja, Alix, die Duma, Anna Wyrubowa, Rasputin. Aber diesmal war es sein Spiel. Als er dem »Offizier« die Briefe schickte, als er jene Tagebucheintragung machte, wußte er, daß er sich damit zum Tode verurteilte. Sie hatten ihm die Briefe als Köder hingeworfen, waren ihm aber selber an die Angel gegangen.

Moskau, Juli 1918

Ende Juni erhielt der Ural-Sowjet also den Beweis einer Verschwörung.

Golostschokin fuhr nach Moskau.

Voller Unruhe wartete Moskau auf Nachrichten aus dem Ural: Wie lange konnte sich Jekaterinburg noch halten? Was wurde dann?

»Es ist notwendig, aus Petrograd ein Maximum von Arbeitern in Marsch zu setzen. Sonst ist es aus mit uns, denn die Situation mit den Tschechoslowaken ist äußerst schlimm« (Lenin, Briefe).

Es schien tatsächlich eine Frage von Tagen zu sein. Die Bolschewiken waren dem Untergang geweiht. In ganz Sibirien und im Ural brach ihre Macht zusammen.

In der Ukraine saßen die Deutschen, eine Freiwilligenarmee gegen die Bolschewiken wurde gebildet. Im Norden, in Murmansk, landeten die Engländer. Überall herrschte Hunger.

Golostschokin geriet in Moskau in einen Hexenkessel. Jeder Tag brachte bedrohliche Ereignisse.

Am 4. Juli wurde der 5. Sowjetkongreß eröffnet. Eigentlich sollte auf diesem Kongreß der Beschluß über eine Gerichtsverhandlung gegen den Zaren gefaßt werden. Aber wie konnte jetzt davon die Rede sein! Die revolutionären Parteien bekriegten sich. Die linken Sozialrevolutionäre, die nach dem »verräterischen Brester Frieden« die Regierung verlassen hatten, sagten Lenin den Kampf an. Die heilige Jungfrau der russischen Revolution, die berühmte Terroristin Maria Spiridonowa, hielt eine fanatische Rede gegen die Bolschewiken.

Am 6. Juli erfolgte in der deutschen Botschaft eine Explosion. Zwei Personen kletterten über die Umzäunung und jagten in einem bereitstehenden Auto davon. Linke Sozialrevolutionäre hatten den deutschen Botschafter Graf Mirbach getötet. »Die Sozialrevolutionäre versuchten den schmachvollen Brester Frieden zu sprengen«, war die offizielle Version der Regierung. Und die inoffizielle: Das war eine Provokation der Bolschewiken, um mit der gefährlichen Opposition abzurechnen. Nicht zufällig war einer der Mörder, der Sozialrevolutionär Bljumkin, später ein Vertrauter Trotzkis. Gleich nach der Ermordung Mirbachs verhafteten die Bolschewiken die gesamte Fraktion der linken Sozialrevolutionäre auf dem Kongreß. Die Sozialrevolutionäre antworten mit einer Besetzung des Telegraphen- und Fernsprechamtes und des Tscheka-Gebäudes. Da setzte Lenin die lettischen Schützen in Marsch – die Stoßkraft der Bolschewiken. Die Meuterei wurde niedergeschlagen.

Im Land loderte das Feuer der Aufstände: am 7. und 8. Juli Offiziersaufstände in Jaroslawl, Rybinsk und Murom. Am 11. Juli erhob sich Murawjow, der die Truppen gegen die angreifenden Tschechen befehligte.

Eine Atmosphäre des Entsetzens, der Wut und des Blutes ... Das Gespenst der Apokalypse schwebte über der Hauptstadt.

Der rote Terror. Formal wurde er erst einige Monate später erklärt, nachdem der Bolschewik Urizki, Chef der Petrograder Tscheka, ermordet worden war und die Sozialrevolutionärin Kaplan auf Lenin geschossen hatte. Aber in Wirklichkeit begann er schon im Sommer.

Im November 1918 saß Maria Spiridonowa, die Führerin der linken Sozialrevolutionäre, in der Hauptwache des Kreml und zog in ihrem offenen Brief an die Bolschewiken eine bittere Bilanz der Revolution. »Als die Macht der Sowjets zur Macht der Bolschewiken wurde, brauchte Lenin eine verstärkte Leibwache von Letten, so wie früher Kosaken den Zaren und Janitscharen den Sultan beschützt hatten ... Sie brauchten den sogenannten roten Terror. Weil Lenin am linken Unterarm verletzt wurde, töteten sie Tausende Menschen. Sie töteten in Hysterie (das geben sie selber zu), töteten ohne Untersuchung und Gerichtsverfahren, ganz zu schweigen vom sittlichen Sinn... Ja, Lenin ist gerettet. Aber zu dem Zeitpunkt verließ der letzte lebendige Geist die Revolution, die von den Bolschewiken verwaltet wird.«

Ironie der Geschichte: Mit den Sozialrevolutionären, der Hauptkraft, die gegen den Zaren gekämpft hatte, wurde damals im Sommer 1918 abgerechnet.

Was hat es damit auf sich, daß der rote Terror den »lebendigen Geist« der Revolution tötete? Die Bolschewiken waren bei der Französischen Revolution in die Schule gegangen. Als Lenin die Tscheka schuf, träumte er von den Jakobinern, von einem neuen Fouquier-Tinville, der die »zügellosen Konterrevolutionäre« zur Raison brachte. Im Feuer des Bürgerkriegs blickten die Kreml-Revolutionäre aus dem Jahre 1918 ins 18. Jahrhundert, in die schrecklichen Tage der Französischen Revolution. Ganz Frankreich brannte damals im Feuer der Intervention. Die Engländer hatten Toulon besetzt, die Österreicher marschierten an den Ufern des Rheins. In Lyon, der zweiten Hauptstadt Frankreichs, brach ein Aufstand gegen die Republik aus. Da antworteten die Jakobiner.

Am frühen Morgen führten sie 60 junge Männer aus dem Lyoner Gefängnis und schossen aus zehn Meter Entfernung mit Kanonen auf die schutzlosen, gefesselten Menschen: Arme, Beine, Körperteile wurden abgerissen, die Menschen zu einem blutigen, zuckenden Brei zermahlen. Am Abend stellten sie 200 neue Opfer am Flußufer auf.

»Wir haben nicht wenig unsauberes Blut vergossen, aber es geschah im Namen der Menschlichkeit und in Erfüllung unserer Pflicht... Wir werden unsere Feinde töten, bis wir sie mit der vollkommensten, schrecklichsten und schnellsten Methode vernichtet haben.« Das sagte Joseph Fouché, Mitglied des Konvents, später Minister unter Napoleon und dem so christlichen Ludwig XVI. Wer im Jahre 1918 lebte, erkannte unschwer die bekannten Gedanken: Blut im Namen der Menschlichkeit. Aber die treuen Schüler der Jakobiner vergaßen den Richtblock, auf den fast alle ihre französischen Lehrer den Kopf legten.

Worüber verhandelte Golostschokin in Moskau?

Golostschokin war also in Moskau. Später würden alle Uraler Zarenmörder einmütig erklären, daß Golostschokin in Moskau lediglich die Verteidigung Jekaterinburgs erörtert habe. Über das Schicksal der Zarenfamilie sei nicht gesprochen worden. Den Beschluß über die Hinrichtung der Romanows habe der Ural-Sowjet auf eigene Initiative gefaßt.

Aber konnte Golostschokin in Moskau die eventuelle Aufgabe Jekaterinburgs erörtern, ohne das Schicksal des Zaren und seiner Familie zu berühren? Ohne zu klären, was aus ihnen wurde, wenn die Stadt fiel?

Trotzkis Aussage

Als Trotzki von der Front zurückkehrte, hielt er im Tagebuch sein Gespräch mit Swerdlow fest.

»Wo ist der Zar?«

»Natürlich erschossen.«

»Und die Familie?«

»Desgleichen.«

»Alle?«

»Alle. Was denn sonst?«

»Wer hat das beschlossen?«

»Wir haben es beschlossen. Lenin meinte, daß wir ihnen keine lebende Flagge zurücklassen dürften, besonders unter unseren schwierigen Bedingungen.«*

Trotzkis anfänglicher Zorn darüber, daß es nun keinen öffentlichen Prozeß geben würde und er noch nicht einmal konsultiert worden war, verrauchte rasch. In seinem Buch »Die russische Revolution« schrieb er:

»Im Grunde mußte diese Entscheidung gefällt werden. Die Hinrichtung der Zarenfamilie war nicht nur notwendig, um den Feind in Angst und Schrecken zu versetzen und ihm jede Hoffnung zu neh-

---

* L. Trotzki, Tagebücher und Briefe, »Ermitage«, 1986.

men, sondern es galt auch, die eigenen Reihen wachzurütteln und zu zeigen, daß es keinen Rückzug gab. Wir standen vor dem endgültigen Sieg oder der endgültigen Niederlage. Eine andere Entscheidung hätten die Arbeiter und Soldaten nicht verstanden und nicht akzeptiert. Das spürte Lenin sehr wohl.«

Demnach wurde also alles in Moskau entschieden.

Doch das ist lediglich eine Aussage. Ich fand aber noch eine andere Spur. Aus einem Brief von O. N. Kolotow (Leningrad):

»Ich kann Ihnen ein interessantes Detail zu dem Sie interessierenden Thema mitteilen: Mein Großvater erzählte mir oft, daß Sinowjew an dem Beschluß über die Erschießung des Zaren beteiligt war und daß der Zar auf ein *Telegramm* hin erschossen wurde, das aus dem Zentrum in Jekaterinburg eintraf. Mein Großvater sagte, daß er selber an den Erschießungen teilnahm. Er nannte die Erschießung ›einen Tritt in den Hintern‹, und das meinte er wörtlich: Sie stellten den Verurteilten mit dem Gesicht zur Wand, setzten die Pistole an den Hinterkopf, und wenn sie abdrückten, gaben sie dem Verurteilten gleichzeitig einen Tritt in den Hintern, um nicht vom Blut bespritzt zu werden.«

Dieses Telegramm wurde aufgefunden, obwohl es vernichtet werden sollte.

An einem schwülen Julitag saß ich im Archiv der Oktoberrevolution und betrachtete das Telegramm, das vor 72 Jahren abgeschickt worden war. Man hatte es in einer Archivakte mit der langweiligen Bezeichnung »Telegramme über die Organisation und Tätigkeit der Gerichtsorgane und der Tscheka« gefunden. Die Akte war vom 21. Januar 1918 bis zum 31. Oktober 1918 geführt worden. Hinter der Bezeichnung und dem Datum steht der rote Terror. Zwischen schrecklichen primitiven Telegrammtexten auf unsauberem Papier sprang mir ein Doppeladler in die Augen. Das Zarenwappen!

Das war *es*. Auf einem Formular, das vom zaristischen Telegraphenamt übriggeblieben und mit dem Zarenadler geschmückt war, stand die Mitteilung über die bevorstehende Hinrichtung der Zarenfamilie. War das wieder eine Ironie der Geschichte?

Ganz oben die Adresse: Moskau, an Lenin. Weiter unten mit Bleistift der Vermerk: »Angenommen am 16. 7. 1918 um 21 Uhr 22 Minuten.« Aus Petrograd. Die Nummer des Telegramms: 14 228.

Das Telegramm traf also vor der Erschießung der Romanows in Moskau ein.

Es hatte einen langen Weg hinter sich. Es war aus Jekaterinburg »an Swerdlow, mit Kopie an Lenin« geschickt worden. Doch ging es über Sinowjew, den Hausherrn Petrograds, der damals Lenins engster Kampfgefährte war. Sinowjew schickte es von Petrograd weiter an Lenin.

Die Personen, die das Telegramm in Jekaterinburg aufgaben, waren Golostschokin und Safarow, einer der Führer des Ural-Sowjet.

Hier der Text:

»Moskau, Kreml, an Swerdlow, mit Kopie an Lenin. Aus Jekaterinburg wird über Direktleitung folgendes gemeldet: Teilen Sie Moskau mit, daß das mit Filipp vereinbarte Gericht aus militärischen Gründen keinen Aufschub duldet, wir können nicht warten. Teilen Sie unverzüglich mit, falls Sie anderer Meinung sind. Golostschokin, Safarow. Setzen Sie sich aus diesem Anlaß selber mit Jekaterinburg in Verbindung.«

Die Unterschrift – Sinowjew.

(Zentrales Staatsarchiv der Oktoberrevolution)

Wenn man weiß, daß »Genosse Filipp« der Parteiname Golostschokins ist, versteht man die chiffrierte Sprache des Telegramms, das nur wenige Stunden vor der Erschießung der Zarenfamilie abgeschickt wurde. *»Das mit Filipp vereinbarte Gericht«* bedeutet: die mit Golostschokin vereinbarte Hinrichtung der Romanows. (Ein revolutionäres Gericht mußte einen Tyrannen zum Tode verurteilen.)

»Militärische Gründe« – das war die hoffnungslose Lage Jekaterinburgs: Die Stadt mußte jeden Tag fallen.

Über Sinowjew teilte also der Jekaterinburger Ural-Sowjet Swerdlow und Lenin mit, daß die mit Golostschokin vereinbarte Hinrichtung der Zarenfamilie angesichts der kritischen militärischen Lage Jekaterinburgs und der baldigen Aufgabe der Stadt keinen Aufschub mehr duldete. Falls Moskau Einwände hatte, baten sie um sofortige Mitteilung.

Nach diesem Telegramm kann man über Golostschokins Mission in Moskau mit Bestimmtheit sagen: Er erörterte das Schicksal Jekaterinburgs und *vereinbarte* die Hinrichtung der Zarenfamilie.

In dem Telegramm sind noch zwei Personen erwähnt, die keine geringe Rolle im Schicksal der Zarenfamilie spielten. Ein Photo vom Präsidium des Ural-Sowjets: Neben Golostschokin und Beloborodow steht ein typischer Intellektueller mit Brille und Papacha. Das ist Safarow. Die blutrünstigsten Telegramme des Ural-Sowjets tragen seine Unterschrift.

Georgi Iwanowitsch Safarow, Sohn eines Ingenieurs, wurde 1891 geboren. Sein Lebenslauf ist typisch für einen »gebildeten Marxisten«. Verbannungen, Emigration in der Schweiz. Er stand Sinowjew sehr nahe, der in der bolschewistischen Hierarchie gleich nach Lenin und Trotzki kam.

Sie befreundeten sich in der Schweiz. Sinowjew machte Safarow mit Lenin bekannt. Nach der Februarrevolution kam Safarow dank Sinowjew in dem berühmten plombierten Waggon nach Petrograd. Nach dem Oktoberumsturz wurde Safarow Mitglied des Präsidiums des Ural-Sowjets. Seine Tätigkeit in Jekaterinburg erinnert an die Tätigkeit seines Abgotts Sinowjew in Petrograd.

Als Petrograd von den Weißen belagert und angegriffen wurde, führte Sinowjew Geiselnahmen ein und veranstaltete zusammen mit dem nach Petrograd gekommenen Stalin ein Blutbad: Sie ließen nachts Geiseln erschießen – weiße Offiziere, Geistliche und sonstige »Ehemalige«. Als 1919 in Berlin die deutschen Kommunisten Karl Liebknecht und Rosa Luxemburg ermordet wurden, ließ Sinowjew als Antwort darauf vier in der Peter-Pauls-Festung einsitzende Großfürsten hinrichten: Nikolai und Georgi Michailowitsch, Pawel Alexandrowitsch und Dmitri Konstantinowitsch. Übrigens empfahl Lenin kurz nach dieser Aktion internationaler Solidarität Sinowjew für die Leitung der Komintern.

Natürlich unterstützte Sinowjew von Anfang an den Plan, die Romanows zu erschießen. Nach seiner Logik mußte das die Antwort auf den Angriff der Weißen auf Jekaterinburg sein. Außerdem wollte er keinen Prozeß, denn er haßte Trotzki. »Die Partei will Trotzki seit langem das Maul stopfen«, schrieb dieser gebildete Marxist über seinen Rivalen im Kampf um die Macht.

Sinowjew und Safarow blieben einander bis zum Schluß verbunden. Als Sinowjew 1919 die Komintern leitete, machte er Safarow zum Leiter der östlichen Abteilung. Nach Lenins Tod befestigte Sinowjew, das Oberhaupt Petrograds, sein Hinterland. Seinen treuen Freund Safarow ernannte er zum Leiter der Parteizeitung »Leningradskaja Prawda«. Als Stalin Sinowjew mit einem blutigen »Tritt in den Hintern« belohnte, mußte auch Safarow büßen.

Aus einem Brief von S. Poscharski (Rostow am Don):

»In der Zeitschrift ›Ogonjok‹ wurde Ihr Artikel ›Die Erschießung in Jekaterinburg‹ veröffentlicht. Dort ist auf einem Photo Safarow zu sehen. Da Sie die Materie kennen, können Sie mir vielleicht sagen, was aus ihm wurde. 1941 saß in Saratow ein Safarow mit mir in der Zelle. Eine bemerkenswerte Persönlichkeit. Nach seinen Worten war er in der Emigration Lenins Sekretär oder Bibliothekar. Er war Delegierter auf irgendeinem Parteitag und Redakteur einer Zeitung. Dann trat er fast in allen ›Fällen‹ des Jahres 1937 und später als Zeuge auf. Teilen Sie mir bitte mit, ob das mein Zellengenosse war.«

»In Moskau vereinbart«

Swerdlow und Sinowjew unterstützten also in Moskau die Jakobiner vom Ural, die davon träumten, mit dem Zaren abzurechnen. Sie unterstützten Golostschokin bei seinem Gespräch mit Lenin.

Oder gab es keine Begegnung mit Lenin? War Golostschokin, der den Ural regierte, wo sich nach Lenins Worten das Schicksal der bolschewistischen Macht entschied, und in dessen Gewalt sich die Zarenfamilie befand, vielleicht gar nicht von Lenin empfangen worden? Oder wurde diese Begegnung in Lenins Biographie verschwiegen, weil verständlicherweise niemand davon wissen sollte?

Golostschokin mußte bei dieser Begegnung zwei Fragen hinsichtlich der Zarenfamilie entscheiden. Erstens mußte er *vereinbaren*, was mit dem Zaren geschehen sollte, wenn Jekaterinburg fiel. Hier gab es keine Zweifel, zumal man der Welt unbestreitbare Beweise einer monarchistischen Verschwörung vorweisen konnte. Golostschokin hatte sie mitgebracht. Zweitens mußte *vereinbart* werden, wie mit der Familie zu verfahren war.

Aus einem Brief von L. Schmidt (Wladiwostok):

»Bontsch-Brujewitsch erwähnte einmal, wie begeistert sich der junge Lenin über eine Antwort des Revolutionärs Netschajew, des Hauptheiden in Dostojewskis ›Dämonen‹, äußerte. Auf die Frage ›Wen aus dem Herrscherhaus muß man vernichten?‹ antwortete Netschajew: ›Die ganze Jektenija‹ (Fürbitte für das Wohl des Herrscherhauses, in der alle Familienmitglieder aufgezählt werden). – ›Ja, das ganze Haus Romanow, einfach und genial!‹ schwärmte Lenin.« Wenn nur der Zar getötet wurde, warf er den Schatten seines Märtyrertums auf die Kinder. Alexej und seine Schwestern konnten auch zu »lebenden Flaggen« werden. Daran mußte der Mann denken, der einst Netschajews Antwort gewürdigt hatte.

So hatte Nikolaus nicht nur sich selbst zum Tode verurteilt, sondern auch seine ganze Familie.

Offensichtlich wurde *zugleich* auch das Schicksal Ellas und aller in Alapajewsk Eingekerkerten entschieden.

Natürlich besprachen sie auch die heikle Frage, wie die Erschießung bekanntgegeben werden sollte. Wahrscheinlich beschlossen sie, daß die offizielle Mitteilung nur Nikolaus betreffen sollte. »Die Familie wurde an einen sicheren Ort evakuiert« – diese makabre Formulierung stammte vielleicht von Sinowjew.

Ja, der Tod der Familie mußte vorerst ein Geheimnis bleiben, aber ein offenes Geheimnis. Trotzki hatte recht: Die Gefahr, daß für diese blutige Tat Vergeltung geübt wurde, mußte die Reihen der Bolschewiken in diesen für die Revolution schrecklichen Tagen zusammenschließen. Und sollte es zum Zusammenbruch kommen, wollte die Regierung natürlich nichts mit der Erschießung der Familie zu tun haben. Der Beschluß über die Hinrichtung mußte von den Mitgliedern des Jekaterinburger Sowjet ausgehen. Das war sehr günstig: Für die Ural-Bolschewiken, die den Zaren hinrichteten, gab es nur zwei Möglichkeiten: Sieg über die Weißen oder Tod. Das mußte die Verteidiger der Stadt zusammenschweißen.

Doch im Unterschied zu den blutigen Romantikern Trotzki und Sinowjew war Lenin ein Pragmatiker. Der Zar und seine Familie sollten nur hingerichtet werden, wenn Jekaterinburg fiel. Sonst sollten sie eine Trumpfkarte im künftigen Spiel mit den Großmächten bleiben.

Offenbar wurde damals folgender Mechanismus ersonnen: Das Signal zur Hinrichtung der Familie sollte nicht von den grimmigen Ural-Revolutionären ausgehen. Es sollte von außerhalb gegeben werden.

Der Juli ist für Revolutionäre ein schrecklicher Monat. Im Juli wurde Robespierre hingerichtet, im Juli wurden fünf Dekabristen gehenkt. Nun brach im Juli die Stunde der Rache an. Rache am Sohn und am Enkel des Zaren, der vor vielen Jahren Lenins Bruder hinrichten ließ. Die jahrhundertelange Jagd der Revolutionäre auf die russischen Zaren ging zu Ende.

Das Gespräch über das Schicksal des Zaren hatte in Lenin anscheinend Assoziationen geweckt. Jedenfalls interessierte er sich in jenen Tagen, als ringsum alles zusammenbrach, plötzlich für die Erfüllung des »Dekrets über die Beseitigung der Denkmäler zu Ehren der Zaren und ihrer Diener«. Am 9. Juli warf er diese Frage im Rat der Volkskommissare auf und plädierte mit erstaunlichem Engagement gegen die steinernen Standbilder der Romanows.

Aus den Erinnerungen des Kremlkommandanten P. Malkow: »›Diese Gemeinheit da ist noch nicht weggeräumt...‹ Lenin wies auf das Denkmal, das an der Stelle stand, wo der Großfürst Sergej Alexandrowitsch von einer Bombe getötet worden war... Lenin knüpfte geschickt eine Schlinge und warf sie über das Denkmal. Da griffen auch die andern zu, und bald war das Denkmal von allen Seiten mit Stricken umwickelt. Lenin, Swerdlow, Awanessow und die andern Mitglieder des WZIK und des Rates der Volkskommissare spannten sich in die Seile und zogen mit aller Kraft, bis das Denkmal aufs Pflaster stürzte.«

Nach Lenins Tod wurde diese Tradition fortgesetzt. Als man die Mariä-Himmelfahrts-Kathedrale des Kremls abriß, öffnete man die Sarkophage und warf die Überreste der Moskauer Zarinnen, nachdem man sie entkleidet hatte, auf einen Pferdewagen: die Mutter und die Frau Iwans des Schrecklichen, die Frauen der ersten Romanows, die Mutter Peters des Großen. Mit dem Pferdewagen wurden sie über den alten Kremlplatz gekarrt und dann durch ein Loch in den Keller des Justizpalasts geworfen. 70 Jahre später werden dann Lenin-Denkmäler vom Sockel gestoßen.

Aber kehren wir zum Jahr 1918 zurück. In Moskau ging die zermürbende Juliwoche zu Ende. Golostschokin kehrte nach Jekaterinburg zurück. Lenin fuhr mit seiner Frau und seiner Schwester übers Wochenende nach Kunzewo, um auszuspannen.

15.
Die Vorbereitung zum Mord

In Jekaterinburg wartete man auf Golostschokin und traf die letzten Vorbereitungen. Am 4. Juli wurde der Kommandant Awdejew durch den Tschekisten Jakow Jurowski abgelöst. Gleichzeitig wurde die innere Wache ausgewechselt. Die äußere Wache, bestehend aus den von Awdejew herbeigeführten Arbeitern, blieb. Ebenso blieb Awdejews Schwager Sergej Ljuchanow, der Fahrer des Ipatjew-Hauses.

Im Hause erschienen unbekannte, schweigsame junge Männer mit hellen Haaren. Das waren die neuen »Letten« von der Tscheka. Sie besetzten die ganze untere Etage, auch *jenes Zimmer.*

Nikolaus fühlte sofort: Der »schwarze Mann« war gekommen, jetzt würde es nicht mehr lange dauern.

Jurowski betrat das Ipatjew-Haus in Gestalt des Retters. Zuerst war er als Arzt gekommen, jetzt als Kämpfer gegen den Diebstahl. Er informierte Nikolaus über die zahlreichen Diebstähle der früheren Wache. Sie fanden im Garten vergrabene Silberlöffel und gaben sie feierlich der Familie zurück.

Aber zugleich registrierten sie den gesamten Besitz. Natürlich nur zu dem Zweck, um das Ausmaß der Diebereien zu ermitteln. Sie begannen mit den Juwelen.

Die Romanows seien inhaftiert, und sie dürften natürlich keinen Schmuck tragen, wie es das Schicksal aller Häftlinge sei, erklärte Jurowski, vorläufig dürften sie es jedenfalls nicht. Der erfahrene Tschekist wußte dieses »vorläufig« sehr geschickt einzuflechten. *Vorläufig.* Bis Nikolaus' Schicksal entschieden war.

So verstand es Nikolaus. Und er glaubte daran. Er kannte nicht die Losung der großen Revolutionen: »Raube das Geraubte.« Ihm schien, zwischen ihm und dieser ihm so unverständlichen Macht sei es zum erstenmal zu einer Verständigung gekommen. Die Stadt würde fallen, und sie hatten beschlossen, ihm das Leben zu nehmen. Und dann würden sie seiner Familie das gesamte Eigentum unversehrt zurückgeben. Den Schmuck und alles, was ihr gehörte. Es war ungewiß, wo seine Familie *danach* leben würde. Und wovon. Er war der Familienvater, und er mußte an ihre Zukunft denken. Darum freute er sich über dieses unausgesprochene Agreement.

»21. Juni. Heute wurde der Kommandant abgelöst. Während des Mittagessens kam Beloborodow, er erklärte, neuer Kommandant sei der, den wir für einen Arzt hielten, Jurowski. Vor dem Tee kam er mit seinem Stellvertreter und registrierte die Goldsachen von uns und den Kindern. Einen großen Teil (Ringe, Armbänder) nahmen sie mit. Sie erklärten es damit, daß in unserm Haus eine unangenehme Geschichte passiert sei ... Schade um Awdejew, doch er trägt die Verantwortung, daß seine Leute Sachen aus den Truhen im Schuppen gestohlen haben.«

Jurowski wußte Nikolaus' Vertrauen zu würdigen. Er machte nicht einmal eine Haussuchung, um dieses Vertrauen nicht zu erschüttern. Außerdem konnte er die Haussuchung immer noch vornehmen – *danach*.

Alix hingegen traute dem neuen Kommandanten nicht. Sie glaubte ihm kein Wort. Und sie war glücklich, daß sie das Wertvollste vorausschauend versteckt hatte.

»21. Juni (4. Juli). Donnerstag«, schrieb sie. »Awdejew wurde abgelöst, und wir haben einen neuen Kommandanten bekommen (er war schon einmal hier und hat Babys Bein untersucht). Sein junger Stellvertreter kommt mir im Vergleich zu den andern vulgären, unangenehmen Typen anständiger vor ... Unsere Bewacher im Haus sind alle ausgewechselt ... Dann mußten wir ihnen unseren Schmuck zeigen. Der Stellvertreter schrieb alles sorgfältig auf, und sie nahmen den Schmuck mit (wohin, wozu, für wie lange, weiß ich nicht). Sie ließen mir nur zwei Armreifen, die ich nicht abbekam.«

Der »junge Stellvertreter« des Kommandanten, der Alix »anständiger« vorkam, war wirklich ein äußerst angenehmer junger Mann: blaue Augen, sauberes Russenhemd und ein Name, der Alix' Ohren wohltat – Grigori. Es war Nikulin, der schon in ein paar Tagen ihren Sohn erschießen würde.

Aus Nikulins Lebenslauf (aufbewahrt im Revolutionsmuseum):

»Meine Eltern sind Kleinbürger. Mein Vater ist Maurer und Ofensetzer, meine Mutter Hausfrau. Ich habe die zweite Schulklasse abgeschlossen. Ab 1909 arbeitete ich als Maurer, dann in einer Dynamitfabrik.« (Das war während des Krieges, deshalb mußte er nicht an die Front.) »Seit März 1918, nach der Schließung der Fabrik, arbeite ich in der Gebiets-Tscheka des Urals.«

Nikulin fiel Jurowski sofort auf. Er trank nicht, was unter ehemaligen Arbeitern, die in der Tscheka arbeiteten, eine Seltenheit war. Und vor allem vermochte er sofort Vertrauen zu erwecken. Diese Eigenschaften schätzte Jurowski, und er nannte Nikulin liebevoll »Söhnchen«. Als er Kommandant wurde, machte er Nikulin zu seinem Stellvertreter.

Alix' Tagebuch: »22. Juni (5. Juli). Der Kommandant brachte unsern Schmuck zurück. Er wird jetzt jeden Tag kommen und kontrollieren, daß wir die Schatulle nicht öffnen.«

Nikolaus vertraute nach wie vor dem neuen Kommandanten.

»23. Juni. Sonnabend. Gestern brachte der Kommandant J. das Kästchen mit unserm Schmuck, er bat uns, den Inhalt zu überprüfen, versiegelte das Kästchen und ließ es uns zur Aufbewahrung. J. und sein Stellvertreter begreifen allmählich, was für Leute unsere Bewacher waren, die uns bestohlen haben.«

»25. Juni. Montag. Unser Leben hat sich unter Jurowski kein bißchen verändert. Er kommt ins Schlafzimmer, überprüft das Siegel der Schatulle und guckt sich das offene Fenster an. Im Haus halten neue Letten Wache, draußen sind die alten Wachposten geblieben, teils Soldaten, teils Arbeiter. Gerüchten zufolge sollen einige Awdejew-Leute schon verhaftet sein. Die Schuppentür wurde versiegelt. Das hätte schon vor einem Monat geschehen sollen.«

Ein Sommer voller Gewitter. Nikolaus vermerkte sie im Tagebuch. Blitze am Himmel und Wasser auf der Erde. Viel Wasser. Die Waldwege waren aufgeweicht, und der Lastwagen mit den Leichen würde schwer durchkommen.

Unterdessen bereitete man sich im Haus auf das letzte Ereignis vor. Nikolaus achtete nicht darauf, aber Alix notierte:

»25. Juni (8. Juli). Wir bekamen erst um 1.30 Uhr den Lunch, weil sie in unsern Zimmern die elektrischen Leitungen reparierten.«

Am 26. Juni (9. Juli) schrieb Dr. Botkin einen Brief. Unerklärliches Entsetzen, die Unabwendbarkeit des nahenden Ereignisses, die Schwermut lebendig Begrabener – das alles hing in der Luft des schrecklichen Hauses.

»Ich bin gestorben, aber noch nicht beerdigt«

Letzter Brief

Nach der Erschießung holte Jurowski die Papiere des letzten russischen Leibarztes aus Botkins Zimmer.

Nun zu seinem Brief (gerichtet an seinen Studienfreund aus dem Jahr 1889). Er hatte ihn offensichtlich am 3. Juli begonnen und die folgenden Tage fortgesetzt. Dann hatte er den langen Brief in seiner Perlenschrift abgeschrieben, anscheinend bis zum letzten Tag, bis ihn jemand mitten im Wort unterbrach.

»Mein lieber, guter Freund Sascha! Ich mache einen letzten Versuch, einen richtigen Brief zu schreiben, zumindest *von hier*, obwohl diese Einschränkung überflüssig ist: Ich glaube nicht, daß es mir bestimmt war, irgendwann von irgendwo irgendwohin zu schreiben. Meine freiwillige Haft ist zeitlich so unbegrenzt, wie mein irdisches Dasein begrenzt ist. In Wirklichkeit bin ich gestorben, gestorben für meine Kinder, für die Sache... Ich bin gestorben, aber noch nicht beerdigt, oder lebendig begraben, wie Du willst, die Folgen sind fast die gleichen. Meine Kinder hoffen vielleicht noch, daß wir uns in diesem Leben irgendwann wiedersehen, aber ich wiege mich nicht in dieser Hoffnung und blicke der ungeschminkten Wirklichkeit in die Augen... Ich werde Dir mit einer kleinen Episode meinen Zustand illustrieren. Als ich vorgestern Saltykow-Stschedrin las, übrigens mit großem Genuß, sah ich plötzlich wie in einer Verkleinerung das Gesicht meines Sohnes Juri, aber er war tot und hatte die Augen geschlossen. Gestern, bei derselben Lektüre, hörte ich auf einmal ein Wort, das wie ›Papi‹ klang. Ich hätte beinahe losgeheult. Das war keine Halluzination, ich erkannte deutlich die Stimme meiner Tochter, die in Tobolsk sein muß... Ich werde wohl nie mehr diese liebe Stimme und die Koseworte hören, mit denen mich die Kinder verwöhnten.

Wenn ein ›Glaube ohne Anliegen tot ist‹, so kann ein Anliegen ohne Glauben existieren. Und wenn einer von uns Anliegen und Glauben verbindet, dann nur dank Gottes besonderer Gnade. Zu diesen Glücklichen kann ich mich zählen, nachdem ich eine schwere Prüfung zu bestehen hatte – mein erstgeborener Sohn Serjoscha starb mit einem halben Jahr. Seit jener Zeit kümmere ich mich bei jeder Sache auch um das ›Göttliche‹. Das rechtfertigt auch meinen letzten Entschluß, als ich nicht zögerte, meine Kinder als Waisen zurückzulassen, um meine ärztliche Pflicht bis zum Schluß zu erfüllen, so wie Abraham nicht zögerte, auf Gottes Geheiß ihm seinen einzigen Sohn zu opfern.«

Nikolaus' Tagebuch: »28. Juni. Donnerstag. Gegen halb elf vormittags kamen drei Arbeiter ins Zimmer und befestigten ein schweres Gitter am Außenrahmen des offenen Fensters, ohne daß J(urowski) es vorher angekündigt hatte. Dieser Typ gefällt uns immer weniger! Ich bin beim achten Band von Saltykow angelangt.«

Dieses Gitter kündigte das Finale an. Es war schrecklich, ins Zimmer zu kommen und dieses schwarze Gitter zu sehen. Nikolaus litt um Alix und den Jungen.

Alix' Tagebuch: »28. Juni (11. Juli). Donnerstag. Der Kommissar bestand darauf, uns alle um 10 zu sehen. Er hielt uns 20 Minuten fest und verbot, daß wir zum Frühstück Sahne und mehr Käse bekamen. Ein Arbeiter brachte ein Eisengitter an dem einzigen offenen Fenster an. Zweifellos haben sie Angst, daß wir fliehen oder mit den Wachposten Verbindung aufnehmen. Ich habe immer noch starke Schmerzen und blieb den ganzen Tag im Bett.«

Ja, der »schwarze Mann« hatte ihnen an diesem Tag zwei Schläge zugefügt. Immerhin waren Käse, Sahne und Eier, die aus dem Kloster gebracht wurden, in dem trostlosen Einerlei eine Abwechslung für Alexej.

»Langweilig! Wie öde!« Diese Ausrufe tauchen immer wieder im Tagebuch des Jungen auf. Und dann noch das Gitter!

Aber Jurowski tat nur seine Pflicht. Sie hatten nur noch wenige Tage zu leben, und er begann sie von der Außenwelt zu isolieren. Er fürchtete das Kloster. Den »Offizier« hatte sich zwar die Tscheka ausgedacht, aber womöglich gab es wirklich jemanden... Das mußte er bedenken. In der Stadt herrschte Anarchie. Die Goldreserve war evakuiert, das Archiv ausgelagert. Jurowski verfügte nur über eine kleine Abteilung Rotgardisten. Aber er wußte ja, schon bald, schon morgen...

Verfügung über die Hinrichtung

Am 12. Juli berief der aus Moskau zurückgekehrte Golostschokin eine Sitzung des Exekutivkomitees des Ural-Sowjets ein.

Er sagte kein Wort über seine Abmachungen in Moskau, davon erfuhr nur der engste Kreis – das Präsidium des Sowjets. Die einfachen Mitglieder des Sowjets waren überzeugt, daß sie selber den Beschluß über das Schicksal der Romanows fassen mußten. Die Weißen standen vor der Stadt. Und jeder Anwesende wußte, was dieser Beschluß in seinem Leben bedeuten konnte.

Dennoch nahmen sie die Verfügung einstimmig an. Die Verfügung über die Hinrichtung.

Aus einem Brief von A. S. Kruglow (Perm):

»Mein Vater hat noch eine Abschrift der Verfügung über die Erschießung des Zaren. Sie wurde erst nach der Erschießung in der Stadt angeklebt.«

»Verfügung des Ural-Exekutivkomitees des Sowjets der Arbeiter-, Bauern- und Rotarmistendeputierten. Darüber informiert, daß tschechoslowakische Banden die rote Hauptstadt des Urals, Jekaterinburg, bedrohen, und unter Berücksichtigung der Tatsache, daß sich der gekrönte Henker dem Gericht des Volkes durch Flucht entziehen kann, hat das Exekutivkomitee entsprechend dem Willen des Volkes verfügt, den ehemaligen Zaren Nikolaus Romanow, der sich zahlloser blutiger Verbrechen schuldig gemacht hat, zu erschießen.«

Der Vollzug der Verfügung wurde Jakow Jurowski übertragen, dem Kommandanten des Hauses zur besonderen Verwendung. Was für ein schreckliches Wortspiel offenbarte sich jetzt in der Bezeichnung des Hauses.

»Wir haben keinerlei Nachrichten von draußen«

»30. Juni. Sonnabend. Alexej hat sein erstes Wannenbad seit Tobolsk genommen. Sein Knie ist besser geworden, aber er kann es noch nicht ganz strecken. Das Wetter ist warm und angenehm. Wir haben keinerlei Nachrichten von draußen.«

Mit diesem hoffnungslosen Satz, einen Tag nach der Verfügung über die Hinrichtung geschrieben, endet Nikolaus' Tagebuch.

Es folgen leere, sorgsam bis Jahresende durchnumerierte Seiten. Sie haben etwas Unheimliches.

In all diesen Tagen wartete Alix. Sie wartete auf Nachrichten von dem so plötzlich verstummten »Offizier der russischen Armee«. Sie lauschte auf jedes Geräusch vor dem Fenster.

»29. Juni (12. Juli). Wir hören in den letzten zwei Wochen ständig Artillerie, vorbeiziehende Infanterie und zweimal Kavallerie. Manche Einheiten marschieren mit Musik vorbei, das sind österreichische Kriegsgefangene, sie kämpfen gegen die Tschechen (auch unsere ehemaligen Kriegsgefangenen), die zusammen mit anderen Einheiten durch Sibirien ziehen. Sie sind gar nicht mehr weit von hier entfernt. Jeden Tag treffen Verwundete in der Stadt ein.«

»30. Juni (13. Juli). Halb sieben hat Baby zum erstenmal seit Tobolsk gebadet. Er ist allein in die Wanne gestiegen und wieder heraus, er kommt auch allein aus dem Bett. Aber stehen kann er vorläufig nur auf einem Bein ... Es hat die ganze Nacht geregnet, ich habe nachts drei Revolverschüsse gehört.«

Die letzten drei Tage

Drei Tage vor dem Ende brach Nikolaus sein Tagebuch ab. Alix machte bis zum Schluß Eintragungen.

»1. (14.) Juli. Sonntag. Herrliches Sommerwetter. Ich bin vor Schmerzen im Rücken und in den Beinen kaum aus dem Bett gekommen... Halb elf hatten wir eine große Freude – wir hörten die Messe. Der junge Priester ist schon zum zweitenmal zu uns gekommen.«

Es war Sonntag. Während der neue Führer des Landes, der Atheist Uljanow (Lenin), sich auf seiner Datscha in Kunzewo erholte, erhielt der alte Führer des Landes, der Häftling Romanow, die Erlaubnis zum Gottesdienst.

Der Gottesdienst, um den die Zarenfamilie gebeten hatte, wurde von Vater Storoschew abgehalten. Er hatte schon einmal die Messe im Ipatjew-Haus gelesen, und Jurowski hatte eingewilligt, ihn ein zweites Mal zu rufen.

Das Kommandantenzimmer war unordentlich und schmutzig. Auf dem Klavier lagen Handgranaten. Grigori Nikulin lag nach seinem Dienst angezogen auf dem Bett und schlief. Jurowski trank Tee und aß Brot mit Butter. Während der Priester und der Diakon ihr Gewand anlegten, knüpfte Jurowski ein Gespräch an.

»Was ist mit Ihnen?« fragte er den Priester, der sich ständig die Hände rieb.

»Ich habe Pleuritis.«

»Ich hatte auch mal was an der Lunge.«

Jurowski gab dem Geistlichen medizinische Ratschläge. Immerhin war er Feldscher gewesen und glänzte gern mit seinen Kenntnissen. Außerdem begriff nur er die Größe des Augenblicks: Er, der Sohn eines armen Juden und Lehrling eines Schneiders, erlaubte dem letzten Zaren einen letzten Gottesdienst. Daß es der letzte war, wußte er genau.

Als Vater Storoschew in den Salon kam, war die Familie schon beisammen. Alexej saß im Rollsessel. Er war sehr gewachsen, sah aber bleich aus nach der langen Krankheit, die er in stickigen Zimmern verbracht hatte. Alexandra Fjodorowna trug das fliederblaue Kleid, das Vater Storoschew schon beim ersten Gottesdienst an ihr gesehen hatte. Sie saß in einem Sessel neben dem Sohn. Nikolaus stand, er trug wie beim erstenmal Feldbluse, Militärhose und Stiefel. Die Töchter, in weißen Blusen und dunklen Röcken, standen ebenfalls. Ihre Haare waren nachgewachsen und reichten bis zur Schulter. Hinter ihnen standen Doktor Botkin, die Diener und der Küchenjunge Sednew.

Eigentlich hätte das Gebet »Mit den Heiligen zur Seelenruhe« gelesen werden müssen. Aber der Diakon fing plötzlich an zu singen.

Die Zarenfamilie kniete schweigend nieder. Kniend hörten sie die Worte »Mit den Heiligen zur Seelenruhe«.

Nikolaus hatte sich als erster hingekniet. Er wußte schon immer, daß das Geschick des Zaren »in Gottes Hand« ruhte.

Auf dem Rückweg sagte der Diakon zu Vater Storoschew: »Bei ihnen ist etwas passiert. Sie sind *andere* geworden.«

In diesen Tagen verließ Jurowski häufig das Haus. Zusammen mit Jermakow, dem Kommissar von Werch-Issetsk, fuhr er zum Dorf Koptjaki, 18 Werst von Jekaterinburg entfernt. Nicht weit vom Dorf lagen mitten im Wald verlassene Erzminen.

Jurowski wußte, daß die Erschießung der Romanows erst der Anfang seiner Aufgabe war. Danach kam das Schwierigste: sie so zu begraben, daß sie nicht gefunden wurden.

»Die Familie wurde an einen sicheren Ort evakuiert.« Diesen sicheren Ort suchten Jurowski und Jermakow. Unsere bittere, bittere Revolution.

Alix: »2. (15.) Juli. Montag. Ein grauer Morgen, später kam die liebe Sonne heraus. Den Lunch nahmen wir auf der Liege im großen Zimmer ein, während Frauen den Fußboden schrubbten. Dann legte ich mich ins Bett und las zusammen mit Maria... Die andern gingen spazieren, zweimal wie immer. Ich fühle, daß Wladimir Nikolajewitsch wieder nicht kommt. 6.30 nahm Baby sein zweites Bad. Ich ging 10.15 zu Bett. Nachts hörte ich Geschützdonner und etliche Revolverschüsse.«

Wladimir Nikolajewitsch, das ist Doktor Derewenko. Der Kommandant konnte ihm nicht erlauben, die Zarenfamilie in den letzten Tagen zu besuchen. Genauer, am vorletzten Tag.

Die Frauen, die den Fußboden schrubbten, erzählten später, daß sie überall die Böden wischen mußten, in den Zimmern der Familie und unten, wo die Wache wohnte.

Die elektrischen Leitungen waren ausgebessert, die Fußböden geschrubbt, am Fenster war ein Eisengitter angebracht. Jurowski hatte an alles gedacht.

Eintragungen im Wachbuch: »10. Juli. Nikolaus Romanows Antrag, zwecks Lüftung der Zimmer die Fenster zu öffnen, wurde abgelehnt.

11. Juli. Die Familie machte den üblichen Spaziergang. Tatjana und Maria baten um den Photoapparat, was der Kommandant natürlich ablehnte.«

Im Hause befand sich der Photoapparat, den man der Zarin gleich bei ihrem Eintreffen abgenommen hatte. Ihn verwahrte der Kommandant und ehemalige Photograph Jakow Jurowski.

Der Sohn des Tschekisten Michail Medwedew:

»Mein Vater sagte, daß in jenen Tagen im ›Amerikanischen Hotel‹ eine Versammlung stattfand, geleitet von Jurowski. Die Teilnahme an der Erschießung war freiwillig, und die Freiwilligen hatten sich in Jurowskis Zimmer 3 versammelt. Sie vereinbarten, aufs Herz zu zielen, um unnötige Qualen zu vermeiden. Sie sprachen ab, wer auf wen schießen sollte. Den Zaren beanspruchte Pjotr Jermakow, immerhin war er der Kommissar von Werch-Issetsk. Seine Männer sollten helfen, die Leichen heimlich zu begraben.«

Vor allem aber war Jermakow unter den Vollstreckern der Hinrichtung der einzige, der im Zarismus ein Polit-Katorga-Sträfling* gewesen war. Einer der ehrenvollsten Titel der Revolutionäre.

»Jurowski beanspruchte die Zarin, Nikulin verlangte Alexej, meinem Vater fiel Maria zu. Sie war am größten.«

(Michail Medwedew konnte sich zurückgesetzt fühlen. Er war schließlich Polithäftling gewesen, was für einen Revolutionär ebenfalls ein ehrenvoller Titel war. Der ehemalige Matrose hatte im zaristischen Gefängnis gesessen. Sein wirklicher Name war Kudrin. Medwedew war sein Deckname in einem der vielen gefälschten Pässe aus der Zeit seiner illegalen Arbeit in Baku. Seit 1918 arbeitete er in der Tscheka, was ein »alter« Revolutionär selten tat. Die meisten lehnten den Dienst in der Tscheka ab, denn sie wollten nicht jene Sozialrevolutionäre verhaften, mit denen sie gegen den Zaren gekämpft hatten.)

Die übrigen Großfürstinnen wurden einem Namensvetter des

* Katorga – schwere Zwangsarbeit (Anmerkung der Übersetzerin).

Tschekisten, Pawel Medwedew, dem Chef der Wache im Ipatjew-Haus, außerdem dem Tschekisten Alexander Kabanow und sechs Letten von der Tscheka zugewiesen. Jurowski ordnete an, daß Punkt zwölf ein Lastwagen des Sowjets mit Pjotr Jermakow in den Hof des Ipatjew-Hauses fahren sollte. Zum Fahrer wurde Sergej Ljuchanow bestimmt. Mit diesem Lastwagen sollten die Leichen abtransportiert werden.

In der Stadt war es unruhig. Darum ließ Jurowski Parolen ausgeben. Die Parole für den Tag der Hinrichtung war »Schornsteinfeger«. Die Bolschewiken liebten die revolutionäre Rhetorik und besonders das Wort »Schornsteinfeger«, denn sie schickten sich ja an, die schmutzigen Schornsteine der Geschichte zu fegen.

Nun mußte nur noch entschieden werden, wo die Hinrichtung vollzogen werden sollte. Jurowski hatte dafür längst *jenes Zimmer* neben dem Abstellraum vorgesehen. Das Zimmer hatte ein vergittertes Fenster zur abschüssigen Sackgasse hin, so daß es halb unter der Erde lag. Wenn die Glühbirne unter der Decke brannte, war das Licht wegen des hohen Zauns von der Straße nicht zu sehen.

Es herrschte Hunger. Die Tschekisten würde die ganze Nacht arbeiten müssen. Darum erlaubte Jurowski den Nonnen, Milch und einen Korb Eier aus dem Kloster zu bringen – für Alexej. Er bat, die Eier gut zu verpacken, damit sie nicht entzweigingen. Er kümmerte sich um alles.

Der letzte Tag

Am 16. Juli, ihrem letzten Tag, standen sie um 9 auf. Wie immer versammelten sich alle im Zimmer der Eltern und beteten. Früher hatten sie oft im Chor geistliche Lieder gesungen, aber in den letzten Tagen nicht mehr. Um 9 kam wie immer der Kommandant Jurowski ins Ipatjew-Haus. Um 10 tranken sie Tee, während der Kommandant die Zimmer der Häftlinge inspizierte. In dieser Zeit wurden die Eier und die Milch gebracht. Jurowski teilte es Alix mit. Er war mit seiner Idee zufrieden. So würden sie wenigstens guter Laune sein. Und die Eier würden auch seinen Leuten noch zustatten kommen. *Danach.*

Er erlaubte ihnen wie immer eine Stunde Spaziergang. Sie gingen morgens eine halbe Stunde und vor dem Mittagessen eine halbe Stunde spazieren. Der Wachsoldat Jakimow sah den Zaren und die Mädchen spazierengehen. Alexej und die Zarin waren nicht dabei. Alix verbrachte den ganzen Tag im Zimmer.

»Am 16. 7. 1918 kam aus Perm das Telegramm mit dem verschlüsselten *Befehl* zur Liquidierung der Romanows. Um 6 Uhr abends ordnete Filipp Golostschokin an, den Befehl zu vollstrecken« (J. Jurowski, »Aufzeichnung«).

Was war das für ein Telegramm? Woher kam das Wort »Befehl«? Wer konnte dem Kriegskommissar des gesamten Ural Golostschokin einen Befehl erteilen?

Der Mechanismus der Erschießung

Ende Juni, als in Moskau Gerüchte über die Erschießung Nikolaus' II. umgingen, wurde im Namen des Rates der Volkskommissare eine Anfrage an den Ural gerichtet. Die Antwort: »Alle Nachrichten über die Tötung Nikolaus Romanows sind eine Provokation.« Unterschrift: »Oberbefehlshaber der Ural-Sibirischen Nordfront, R. Bersin.«

Nach dem Verrat Murawjows konzentrierte sich die Macht im Ural in den Händen des lettischen Revolutionärs Reinhold Bersin, der die Front gegen die angreifenden Tschechen befehligte. Er war offensichtlich von Moskau beauftragt, den Vorgang der Erschießung der Zarenfamilie in Gang zu setzen. Das war logisch, denn er konnte garantieren, daß der Ural-Sowjet nichts unternahm, bevor das Schicksal Jekaterinburgs entschieden war. Nur er, der Oberbefehlshaber der Armee, kannte diese verhängnisvolle Stunde. Nur er konnte dem Kriegskommissar einen Befehl erteilen. Als Bersin am 16. Juli begriff, daß die Lage der Stadt hoffnungslos war, schickte er offensichtlich seinen Befehl ab. Damit verurteilte er 11 Menschen, darunter einen minderjährigen Jungen, zum Tod.

1939 würde Reinhold Bersin in einem Stalinschen Straflager erschossen werden.

Es war 7 Uhr abends. Die Familie Romanow trank Tee. Ihren letzten Tee. Am Morgen hatte man den Küchenjungen Sednew abgeholt. Alix war sehr beunruhigt und beauftragte Botkin, sich nach ihm zu erkundigen. Man erklärte ihm, der Küchenjunge treffe sich mit seinem Onkel, er werde bald zurück sein.

Als Golostschokin Bersins Befehl erhielt, beschloß er, für alle Fälle nach Moskau zu telegraphieren. Er schickte eben jenes Telegramm, in dem er meldete, daß die mit Moskau vereinbarte Hinrichtung der Familie keinen Aufschub dulde, weil die Stadt aufgegeben werden müsse.

»Teilen Sie unverzüglich mit, falls Sie anderer Meinung sind.«

Er wollte sich der direkten Erlaubnis Moskaus versichern. Das Telegramm schickte er über Sinowjew, denn er wußte, daß Sinowjew für die Erschießung war und keine Änderung des Beschlusses zulassen würde. Sinowjew leitete es nach Moskau an Lenin weiter. 21.22 Uhr war es in Moskau, wie aus dem Vermerk auf dem Telegramm hervorgeht.

Erhielt Jekaterinburg eine Antwort? Oder schwieg sich Moskau wie üblich aus, was natürlich auch eine Zustimmung war?

Am 11. August 1957 erschien in der Zeitung »Stroitelnaja Gaseta« ein Artikel unter dem Titel »Nach Lenins Rat«. Dieser Artikel wird kaum viele Leser gefunden haben. Schade, denn er ist höchst interessant.

Held des Artikels war ein gewisser Alexej Fjodorwitsch Akimow, Dozent am Moskauer Architekturinstitut. Akimow hatte eine verdienstvolle revolutionäre Vergangenheit. Von April 1918 bis Juli 1919 diente er in der Kremlwache. Zuerst beschützte er Swerdlow, später Lenin.

In der Zeitung wird ein Vorfall geschildert, den Akimow im Sommer 1918 erlebte: »Meist hielt er vor Lenins Empfangszimmer oder auf der Treppe Wache. Aber manchmal mußte er auch andere Aufträge ausführen, zum Beispiel zur Funkstation oder zum Telegraphenamt laufen und besonders wichtige Telegramme von Lenin aufgeben. In solchen Fällen brachte er nicht nur das Original des Telegramms, sondern auch den Morsestreifen mit zurück. Nach der Aufgabe eines solchen Telegramms von Lenin sagte der Telegraphist zu Akimow, er werde den Morsestreifen bei sich aufbewahren.

›Ich mußte die Pistole ziehen und auf meiner Forderung bestehen‹, erinnerte sich Akimow. Als er eine halbe Stunde später mit dem Original des Telegramms und dem Morsestreifen wieder im Kreml war, teilte ihm Lenins Sekretär bedeutungsvoll mit, daß Lenin ihn sprechen wolle.

Akimow betrat forschen Schrittes das Zimmer, aber Lenin fuhr ihn an: ›Was haben Sie dort angestellt? Warum haben Sie den Telegraphisten bedroht? Fahren Sie zum Telegraphenamt, und entschuldigen Sie sich bei dem Mann.‹«

An diesem Artikel, der wieder einmal von der Feinfühligkeit des Führers unserer Revolution berichtet, fällt eines auf: Es wird mit keinem Wort gesagt, *worum* es in diesem »besonders wichtigen« Telegramm ging.

Aus einem Brief von N. P. Lapik, Museumsdirektor des Werkes »Progress« (Stadt Kuibyschew):

»Wir haben in unserem Museum die maschinegeschriebene Aufzeichnung eines Gesprächs zwischen Akimow und Smyschljajew, einem Veteranen unseres Werkes, der Materialien zur Geschichte des Werkes sammelt. In der Niederschrift dieses Gesprächs, das am 19. November 1968 stattfand, sind Akimows Worte protokolliert: ›Als das Tulaer (Fehler in der Niederschrift – gemeint ist das Uraler) Gouvernementskomitee beschloß, Nikolaus' Familie zu erschießen, schickten der Rat der Volkskommissare und das WZIK ein Telegramm mit der *Bestätigung* dieses Beschlusses. Swerdlow schickte mich mit diesem Telegramm zum Telegraphenamt, das damals in der Mjasnizkaja-Straße war. Er sagte: ‚Sei vorsichtig.' Das bedeutete, daß ich nicht nur die Kopie des Telegramms, sondern auch den Morsestreifen mitbringen mußte.

Als der Telegraphist das Telegramm durchgegeben hatte, verlangte ich von ihm die Kopie und den Streifen. Er wollte mir den Streifen nicht geben. Da zog ich die Pistole und bedrohte den Telegraphisten. Ich bekam den Streifen und ging. Als ich in den Kreml kam, wußte Lenin schon von dem Vorfall. Sein Sekretär sagte zu mir: ‚Iljitsch will dich sehen, er wird dir jetzt den Kopf waschen...'‹«

Jekaterinburg hatte also vom Rat der Volkskommissare und vom WZIK (von Lenin und Swerdlow) das Telegramm »mit der Bestätigung dieses Beschlusses« über die Hinrichtung der Zarenfamilie bekommen.

In Jekaterinburg ging es zu diesem Zeitpunkt auf Mitternacht zu. Sie warteten auf die Antwort.

Erst nach Mitternacht traf diese Antwort ein. Golostschokin schickte den Lastwagen los. Das war der Grund, warum der LKW erst um halb zwei mit Jermakow beim Ipatjew-Haus ankam. Diese Verspätung erwähnte Jurowski voller Ärger in seiner »Aufzeichnung«.

Während man in Jekaterinburg auf das Telegramm wartete, ging die Familie schlafen. Alexej schlief in dieser Nacht im Zimmer der Eltern. Vor dem Schlafengehen beschrieb Alix in ihrem Tagebuch ausführlich den letzten Tag.

»3. (16.) Juli. Dienstag. Ein grauer Morgen, später kam die liebe Sonne heraus. Baby ist leicht erkältet. Alle waren morgens eine halbe Stunde spazieren. Olga und ich nahmen unsre Arznei ein. Als die andern spazierengingen, blieb Tatjana bei mir, und wir lasen die Bücher der Propheten Obadja und Amos.«

Aus dem Buch des Propheten Amos:

1,15: »Da wird dann ihr König samt seinen Fürsten gefangen weggeführt werden, spricht der Herr.«

4,2: »Gott der Herr hat geschworen bei seiner Heiligkeit: Siehe, es kommt die Zeit über euch, daß man euch herausziehen wird mit Angeln, und was von euch übrigbleibt, mit Fischhaken.«

5,13: »Darum muß der Kluge zu dieser Zeit schweigen; denn es ist eine böse Zeit.«

8,11–12: »Siehe, es kommt die Zeit, spricht Gott der Herr, daß ich einen Hunger ins Land schicken werde, nicht einen Hunger nach Brot oder Durst nach Wasser, sondern nach dem Wort des Herren, es zu hören; daß sie hin und her von einem Meer zum andern, von Norden nach Osten laufen und des Herrn Wort suchen und doch nicht finden werden.«

Der Prophet Obadja 1,4: »Wenn du gleich in die Höhe führest wie ein Adler und machtest ein Nest zwischen den Sternen, dennoch will ich dich herunterstürzen, spricht der Herr.«

Als Tatjana die bedrohlichen heiligen Worte hörte, verstummte sie plötzlich und dachte nach. Die Zarin erzählte der Tochter lustige Geschichten, um sie abzulenken.

»Am Morgen kam der Kommissar wie immer in unsere Zimmer. Nach einer Woche Unterbrechung brachten sie endlich wieder Eier für Baby. Um acht Abendbrot.

Ljoschka Sednew wurde heute plötzlich abgeholt, um sich mit seinem Onkel zu treffen. Es sollte mich wundern, wenn das die Wahrheit ist und wir den Jungen wiedersehen.«

Sie glaubte ihnen nicht, denn alle, die abgeholt worden waren, blieben verschwunden: Sednew, Nagorny.

»10.30 ins Bett.«

Zu dieser Zeit näherten sich angetrunkene Wachsoldaten Popows Haus – die Schützen Prokurikow und Stolow.

Sie hatten Sold bekommen und bei einem Milizionär einen über den Durst getrunken. Fröhlich betraten sie das Haus, aber dort wurden sie von Pawel Medwedew, dem Chef der Wache, empfangen. Er war wütend und jagte die beiden unter wüsten Flüchen ins Badehaus auf dem Hof. Es war eine warme Nacht. Sie legten sich hin und schliefen sofort ein.

Unterdessen stellte Jakimow die Wachposten auf. Auf Posten 7 vor dem Haus stand der Schütze Derjabin. Posten 8, vor dem Dielenfenster, nahm der Schütze Klestschew ein. Nachdem Jakimow die Posten aufgestellt hatte, ging er schlafen. Alix schrieb die letzten Worte in ihr Tagebuch: »15 Grad.« Sie wuschen sich vor dem Schlafengehen. Die Mädchen schliefen schon. Um 11 Uhr erlosch das Licht in ihrem Zimmer.

III.
Die Mordnacht

16.
Die Untersuchung beginnt

17. Juli 1918. Nacht

In jenen Jahren war das Leben gefährlich, und die Menschen waren vorsichtig, denn sie wußten, daß nur die Vorsichtigen überleben. Darum sagten die beiden nichts mehr, sondern verkrochen sich bis zum Morgen in ihren Zimmern.

Von dem nächtlichen Gespräch in der warmen Nacht zum 17. Juli erzählten sie später dem weißgardistischen Untersuchungsführer.

17. Juli. Morgengrauen

Aus einem Brief P. Ljurzows (Kuibyschew):

»Mein Großvater Pjotr Nikolajewitsch Ljurzow arbeitete 1918 in Jekaterinburg in einer sowjetischen Behörde.

Am 16. Juli bekam er Gehalt und feierte mit seinen Freunden. Gegen Morgen machte er sich auf den Heimweg. Eine warme Nacht, es wurde bereits hell. Er war in der Nähe der Rennbahn, als durch die menschenleere Straße ein Lastwagen mit bewaffneten Männern fuhr. Beim Anblick der Rotarmisten versteckte sich mein Großvater für alle Fälle. Bald darauf kamen die Weißen, und alle sprachen von der Erschießung. Da begriff mein Großvater, was für ein Lastwagen das gewesen war. Er sagte uns später: ›Was ist daran schrecklich – ein Lastwagen, aber ich kann ihn nicht vergessen, und wenn ich mir etwas Schreckliches in Erinnerung rufen will, denke ich an den dunklen Lastwagen im Morgengrauen.‹«

Es war ein trüber Morgen, aber wie am Vortag »verströmten die Gärten einen erstaunlichen Duft«. Nach wie vor hielten die Posten Wache rings um das Ipatjew-Haus. Aus dem Kloster kam eine Bedienstete und brachte wie am Vortag Eier und Sahne. Sie wurde nicht ins Haus gelassen. Nikulin empfing sie auf der Treppe. Er nahm ihr die Lebensmittel nicht ab und sagte: »Gehen Sie zurück, und bringen Sie nichts mehr.«

Am frühen Morgen kam Jakimow zum Ipatjew-Haus. Im Hof standen noch Wachen, aber im Haus waren nur noch zwei Letten. Sie wollten nach der gestrigen Nacht nicht mehr im Erdgeschoß schlafen und waren ins Kommandantenzimmer umgezogen. Dort fand sie Jakimow. Sie schliefen auf den Feldbetten der Großfürstinnen. Jurowski war nicht da, am Tisch saßen Nikulin und Pawel Medwedew. Auf dem Tisch lag eine Unmenge Schmuck: in geöffneten Schatullen oder einfach auf der Tischdecke. Medwedew und Nikulin sahen müde und irgendwie niedergeschlagen aus. Sie legten die Juwelen schweigend in die Schatullen. Die Türen zu den Zimmern der Zarenfamilie waren verschlossen.

Der Spaniel Joy stand vor der verschlossenen Tür und stieß mit der Nase dagegen. Er wartete. Aber aus den Zimmern der Zarenfamilie kam kein Laut.

Das erzählte Jakimow später dem weißgardistischen Untersuchungsführer.

Am 17. Juli spielte Beloborodow den nicht eingeweihten Mitgliedern des Exekutivkomitees eine spannende Szene mit dem Titel vor: »Mitteilung über die Erschießung an das ahnungslose Moskau«.

Einer dieser Uneingeweihten war der Redakteur der Zeitung »Uralski Rabotschi« Worobjow, der diese Szene später gewissenhaft in seinen Erinnerungen beschrieb: »Am Morgen erhielt ich im Präsidium des Gebietssowjets den Text der offiziellen Mitteilung über die Erschießung der Romanows. ›Zeig's vorerst keinem‹, sagten sie mir, ›wir müssen den Text erst mit dem Zentrum abstimmen.‹ Ich war entmutigt. Wer je bei der Zeitung gearbeitet hat, wird verstehen, daß ich mit einer so sensationellen Neuigkeit unverzüglich in meiner Zeitung auftrumpfen wollte, schließlich passieren nicht jeden Tag solche Ereignisse wie die Hinrichtung des Zaren! Ich fragte alle nasenlang telephonisch an, ob Moskau seine Zustimmung zur Veröffentlichung gegeben habe. Meine Geduld wurde auf eine harte Probe gestellt. Erst am nächsten Tag, also am 18. Juli, kam eine direkte Verbindung mit Swerdlow zustande. Beloborodow und noch ein Präsidiumsmitglied waren zum Telegraphenamt gefahren. Ich hatte mich aus Ungeduld angeschlossen. An den Apparat setzte sich der Kommissar des Telegraphenamtes persönlich. Beloborodow sagte ihm, was nach Moskau durchgegeben werden mußte.«

Es *mußte* nach Moskau durchgegeben werden, daß aufgrund des Vorrückens der Weißen und einer monarchistischen Verschwörung Nikolaus Romanow auf Beschluß des Urals erschossen und seine Familie an einen »sicheren Ort« evakuiert worden sei.

»Angesichts der Tatsache, daß sich der Feind Jekaterinburg nähert und die Tscheka eine großangelegte weißgardistische Verschwörung aufgedeckt hat, die das Ziel verfolgte, den ehemaligen Zaren und seine Familie zu entführen (entsprechende Dokumente sind in unserer Hand), wurde Nikolaus Romanow auf Verfügung des Präsidiums des Gebietssowjet erschossen. Seine Familie wurde an einen sicheren Ort evakuiert. Aus diesem Anlaß geben wir folgende Mitteilung heraus: ›Angesichts des Vorrückens konterrevolutionärer Banden auf die rote Hauptstadt des Ural und angesichts der Möglichkeit, daß sich der gekrönte Henker dem Gericht des Volkes entziehen könnte (eine Verschwörung von Weißgardisten, die versuchten, ihn selber und seine Familie zu entführen, wurde aufgedeckt, kompromittierende Dokumente wurden sichergestellt), erfüllte das Präsidium des Gebietssowjets den Willen der Revolution und verfügte die Erschießung des ehemaligen Zaren Nikolaus Romanow, der sich unzähliger blutiger Gewalttaten schuldig gemacht hat...‹

Nun warteten wir auf die Antwort aus Moskau. Mit angehaltenem Atem beugten wir uns über den Morsestreifen mit Swerdlows Antwort. ›Noch heute unterrichte ich das Präsidium des WZIK über Ihren Beschluß. Zweifellos wird er gebilligt. Die Mitteilung über die Erschießung muß von der Zentralmacht ausgehen, bis dahin ist die Veröffentlichung zurückzuhalten.‹

Wir atmeten erleichtert auf. Das Problem der Eigenmächtigkeit konnte als erledigt betrachtet werden.« Einen Tag zuvor, am 17. Juli, um neun Uhr abends, hatten die eingeweihten Mitglieder des Sowjet den eingeweihten Mitgliedern des Präsidiums des WZIK folgendes chiffriertes Telegramm geschickt:

»Moskau, Kreml, an den Sekretär des Rates der Volkskommissare Gorbunow. Übermitteln Sie Swerdlow, daß die ganze Familie dasselbe Schicksal erlitten hat wie ihr Oberhaupt. Offiziell wird die Familie bei der Evakuierung ums Leben kommen.«

Dieses Telegramm fanden die Weißgardisten im Büro des Jekaterinburger Telegraphenamtes. Der Untersuchungsführer Sokolow dechiffrierte es.

Die folgenden Tage

18. Juli. Moskau, Rat der Volkskommissare. Abends kam Swerdlow zur Sitzung des Rates der Volkskommissare. Lenin führte den Vorsitz. Der Volkskommissar für Gesundheitswesen referierte. Swerdlow setzte sich hinter Lenin und flüsterte ihm etwas ins Ohr. Lenin verkündete: »Genosse Swerdlow bittet für eine außerordentliche Mitteilung ums Wort.«

Swerdlow berichtete, was offiziell aus Jekaterinburg durchgegeben worden war: Der Zar sei im Begriff gewesen zu fliehen, er allein sei erschossen, die Familie evakuiert worden usw.

Auszug aus dem Protokoll Nummer 1 der Sitzung des WZIK.

»Gehört: Mitteilung über die Erschießung Nikolaus Romanows (Telegramm aus Jekaterinburg).

Beschlossen: Nach Erörterung wird folgende Entschließung angenommen: Das WZIK erkennt in Gestalt seines Präsidiums den Beschluß des Gebietssowjets als richtig an. Die Genossen Swerdlow, Sosnowski und Awanessow werden beauftragt, eine entsprechende Mitteilung für die Presse zu verfassen. Die im WZIK befindlichen Dokumente (Tagebuch, Briefe) sind zu erwähnen. Gen. Swerdlow wird mit der Bildung einer Untersuchungskommission beauftragt.«

Während der Erörterung hatte Lenin geschwiegen, dann setzte er die Sitzung fort.

Lenins Schweigen versuchte man als Verurteilung des Geschehenen zu deuten. Man kann Lenin vieles vorwerfen, aber nicht, daß er sich in Schweigen hüllte, wenn er etwas nicht akzeptierte.

Nach der Billigung der Erschießung wurde wieder über das Gesundheitswesen gesprochen.

Am 18. Juli wurde das Ipatjew-Haus nach wie vor bewacht. An diesem Tag kamen Jurowski und Golostschokin in die Stadt und verschwanden heimlich wieder.

19. Juli. Jekaterinburg. Am Morgen kehrte Jurowski in die Stadt zurück. Jekaterinburg konnte jeden Augenblick fallen, und Jurowski hatte es eilig.

Am 19. Juli fuhr ein Fuhrwerk vor dem Ipatjew-Haus vor, Jurowski verlud sein Gepäck. Der Kutscher half ihm. In seinen Aussagen vor dem weißgardistischen Untersuchungsführer berichtete der Kutscher, daß Jurowski sieben Gepäckstücke und einen großen dunklen versiegelten Koffer aufgeladen habe. Das war das Archiv der Romanows.

Am 19. Juli fuhr Jurowski nach Moskau. Er war so in Eile, daß er die Brieftasche mit allem Geld auf dem Tisch des Ipatjew-Hauses liegenließ. (Er schickte deswegen von unterwegs ein Telegramm, das die Weißen im Büro des Telegraphenamtes fanden.)

Aber wie konnte er an Geld denken, wenn er es nicht einmal schaffte, seine Mutter Esther aus der Stadt zu bringen? Die Weißen verhafteten sie, hatten aber zum Glück nicht genug Klassenbewußtsein, um die unglückliche alte Frau zu erschießen. So erlebte sie die siegreiche Rückkehr ihres Sohnes. Am 19. Juli gab Moskau offiziell die Erschießung Nikolaus Romanows bekannt.

20. Juli. Jekaterinburg. Ein anderer wesentlicher Teilnehmer der Ereignisse, Nikulin, verließ die Stadt.

Im Revolutionsmuseum fand ich eine schreckliche Beglaubigung, geschrieben auf einem Formular der Ural-Regierung und an jenem Tag Nikulin ausgehändigt. »Hiermit wird dem Genossen Nikulin bescheinigt, daß er vom Ural-Sowjet zur Bewachung einer Fracht besonderer Bestimmung abkommandiert wird, die sich in zwei Waggons befindet und in die Stadt Perm zu bringen ist. Alle Eisenbahnorganisationen, die Stadt- und Militärbehörden haben dem Genossen Nikulin volle Unterstützung zu gewähren.

Der *Ort* der Entladung ist dem Genossen Nikulin gemäß seiner Instruktionen bekannt. Vorsitzender des Gebietssowjets des Ural, A. Beloborodow.« In diesen Waggons wurde der Besitz aus dem Ipatjew-Haus transportiert.

Außerdem schleppte sich Nikulin mit einem schmutzigen Sack ab. Bedrohlich war es auf den Schienenwegen. Fröhliche Banden zogen durchs Land und plünderten erbarmungslos Züge und Passagiere. Darum fuhr Nikulin von Perm aus in der ärmlichen Kleidung eines bäuerlichen Schiebers. Der Inhalt seines schmutzigen Sacks konnte ihm gefährlich werden und einen qualvollen Tod zur Folge haben. 1964 erzählte der alte Nikulin während der Tonbandaufzeichnung im Rundfunkkomitee, daß er in dem Sack die Romanowschen Juwelen transportiert habe.

20. Juli. Das Haus des Ingenieurs Ipatjew war verwaist. Die Wachen waren abgezogen, die Posten direkt an die Front geschickt. Sie mußten bis zum letzten Blutstropfen kämpfen, denn sie durften den Weißen nicht in die Hände fallen.

Am 20. Juli gab Kommissar Golostschokin auf der letzten Kundgebung im Stadttheater feierlich die Hinrichtung Nikolaus Romanows bekannt. In der Stadt wurde die offizielle Mitteilung über die Erschießung des Zaren und die Evakuierung seiner Familie an Anschlagsäulen geklebt.

Erst jetzt durfte der Redakteur Worobjow die Mitteilung in der Zeitung »Uralski Rabotschi« zusammen mit einem Artikel von Safarow abdrucken: »Wurden dabei auch etliche formale Seiten der bürgerlichen Prozeßordnung verletzt, wurde auch das traditionellhistorische Zeremoniell der Hinrichtung gekrönter Personen nicht gewahrt, so hat die Arbeiter- und Bauernmacht dabei doch äußerste Demokratie bewiesen. Sie machte für den allrussischen Mörder keine Ausnahme und erschoß ihn wie einen gewöhnlichen *Räuber*.

Nikolaus den Blutigen gibt es nicht mehr... Die Arbeiter und Bauern können mit vollem Recht ihren Feinden sagen: ›Ihr habt auf die Zarenkrone gesetzt? Sie ist zerschlagen, ihr bekommt dafür nur den Kopf ohne Krone!‹« (Wahrscheinlich entstand aus diesem bildhaften Satz des Publizisten Safarow die Legende vom abgeschnittenen Kopf des Zaren, den Jurowski nach Moskau gebracht haben soll.)

Das Ipatjew-Haus in Jekaterinburg, in dem die Familie Romanow gefangengehalten wurde.

Das Zimmer im Ipatjew-Haus, in dem man Nikolaus II. und seine Familie hinrichtete.

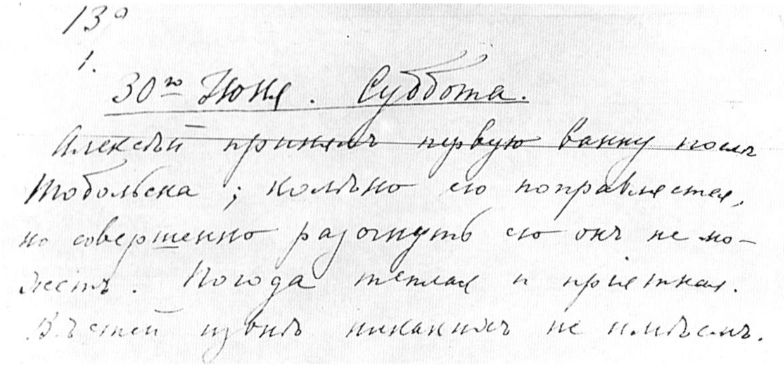

13°

1\. 30-го Іюня. Суббота.

Алексѣй принялъ первую ванну послѣ
Тобольска; колѣно его поправляется,
но совершенно разогнуть его онъ не мо-
жетъ. Погода теплая и пріятная.
Вѣстей извнѣ никакихъ не имѣемъ.

Die letzte Eintragung im Tagebuch Nikolaus II., 1918.

Präsidiumsmitglieder des Ural-Sowjet: Tolmatschow, Beloborodow, Safarow und Golostschokin.

Sergej Ljuchanow, der den Lastwagen mit den Leichen der Zarenfamilie fuhr, kurz vor seinem Tod 1952.

Jakow Jurowski, der Leiter des Erschießungskommandos.

Teilnehmer an der Ermordung Michail Romanows, des Bruders Nikolaus II.: Markow, Schuschgow, Mjasnikow, Iwantschenko und Kolpastschikow. Für sie war dieses Foto ein Andenken an ihre »Heldentat«.

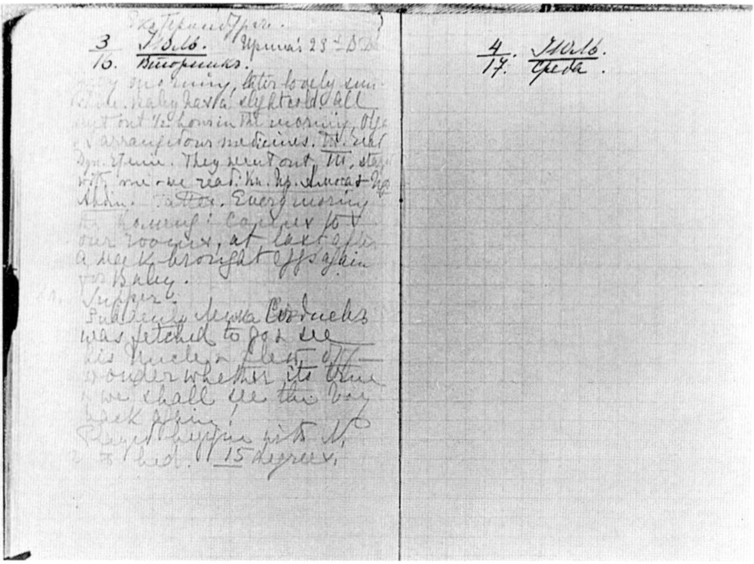

Die letzten Seiten im Tagebuch der Zarin. Ihre letzte Eintragung stammt vom Abend vor der Erschießung.

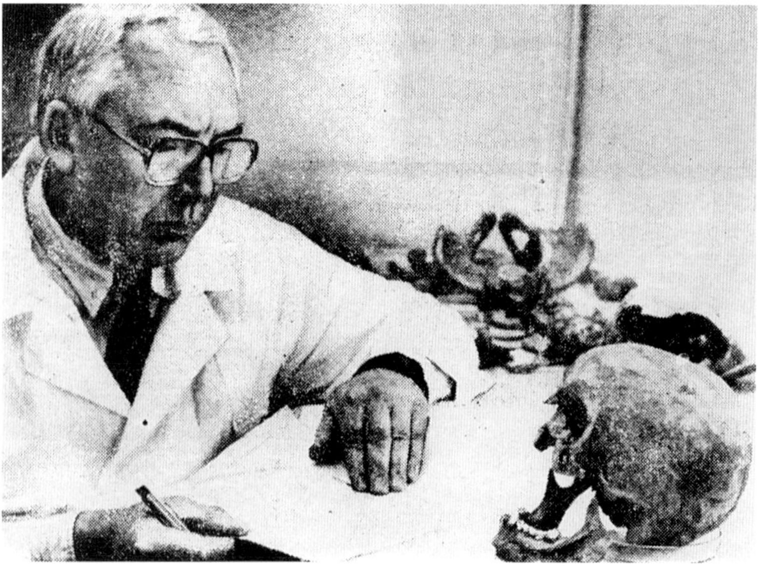

Ursprünglich hielt man diesen Schädel für den des Zaren. Die spätere Untersuchung erwies ihn als einen weiblichen Schädel.

21. Juli: Ingenieur Ipatjew wurde in den Sowjet bestellt und bekam die Schlüssel zu seinem Haus zurück.

Was mag er gefühlt haben, als er sein verdrecktes Haus betrat, das für immer das Entsetzen jener Nacht bewahrte?

Die Untersuchungen

Am 25. Juli gaben die Bolschewiken Jekaterinburg auf. Das Tschechoslowakische Korps zog zusammen mit Einheiten der sibirischen Armee in die Stadt ein. Die weißen Offiziere stürmten sofort ins Ipatjew-Haus.

Der Anblick des Hauses zeugte von überstürzter Abreise. Alle Räume waren stark verdreckt. In den Zimmern lagen Haarspangen, Zahnbürsten, Kämme, Haarbürsten, leere Fläschchen, zerbrochene Photorahmen. Alle Öfen waren voller Asche, in ihnen waren Sachen verbrannt worden.

Im Speisezimmer stand neben dem Kamin der Rollsessel. Ein alter verschlissener Sessel auf drei kleinen Rädern, in dem die fußkranke Alix, zermürbt von ständigem Kopfweh, fast alle ihre Tage verbracht hatte. Der letzte Thron der Zarin Alexandra Fjodorowna.

Das Zimmer der Töchter war leer. Eine Schachtel mit einem übriggebliebenen Konfekt. Das Nachtgeschirr des kranken Jungen, das war alles. Am Fenster hing noch ein Wollplaid. Die Feldbetten der Großfürstinnen wurden in den unteren Räumen der Wache gefunden. Kein Schmuck, keine Kleidungsstücke! Nikulin hatte mit seinen Genossen ganze Arbeit geleistet.

In den Zimmern des Popow-Hauses und in der Müllgrube lag das, was für die Familie das Wertvollste gewesen war – die Ikonen. Auch Bücher waren zurückgeblieben. Die Bibel der Zarin, ein Gebetbuch, »Über das Erdulden von Leid« und die »Vita des heiligen Serafim von Sarow«, außerdem Tschechow, Saltykow-Stschedrin, Awertschenko, »Krieg und Frieden«. Das alles lag auf dem Fußboden verstreut oder in der Müllgrube.

Im Schlafzimmer wurde die gehobelte Platte gefunden, die dem kranken Jungen als Tisch gedient hatte. Außerdem lagen Fläschchen mit Weihwasser und Arzneien am Boden. In der Diele stand ein Körbchen mit Haaren – den Haaren der Großfürstinnen, die ihnen damals, als sie an Masern erkrankten, abgeschnitten worden waren.

Im Speisezimmer lag in einer Ecke ein Bettüberzug. An ihm hatte sich jemand die blutigen Hände abgewischt. In der Müllgrube des Popow-Hauses wurde das Band des Georgskreuzes gefunden, das Nikolaus bis zuletzt am Mantel getragen hatte.

Damals kamen der Lakai Tschemodurow und der Lehrer Gilliard ins Ipatjew-Haus. Der alte Tschemodurow war der Typ des treuen russischen Dieners, ein ergebener Tschechowscher Firs, der sein Leben lang seinen Herrn wie ein Kind umsorgt. Der Zar hatte ihn nach Jekaterinburg mitgenommen, doch als zusammen mit den Kindern ein anderer Diener, der junge Trupp, ankam, hatte Nikolaus den alten, kranken Tschemodurow entlassen, damit er sich erholen und kurieren sollte. Aber in solchen Zeiten hatten sich Lakaien des Zaren nicht zu kurieren – der alte Mann wurde ins Gefängnis gesteckt. Er grämte sich und wußte nicht, daß ihm das Gefängnis das Leben rettete. Die Weißen befreiten ihn und brachten ihn zum Ipatjew-Haus. Als der alte Diener zwischen den herumliegenden heiligen Ikonen die Ikone der Gottesmutter sah, erbleichte er. Er wußte, daß sich seine Herrin nie im Leben von dieser Ikone getrennt hätte. Ihre andere Lieblingsikone – des heiligen Serafim – wurde in der Müllgrube gefunden. Der treue Diener suchte nach Kleidungsstücken seines Herrn. Er zählte dem Untersuchungsführer immer wieder auf, was sie aus Zarskoje Selo mitgenommen hatten: »einen Offiziersmantel, einen einfachen Soldatenmantel, eine Schaffelljacke, 4 Feldblusen, 3 Uniformröcke, 5 Pluderhosen, 7 Paar Chromlederstiefel und 6 Schirmmützen«. Der alte Diener erinnerte sich an alles, doch von alldem war nichts mehr da.

Bücher und Ikonen inmitten von »Dreck und Verwüstung« – das waren die Überreste des Geschehens. Aber zwischen den Büchern wurde das vielleicht Wichtigste gefunden. Die Großfürstin Olga hatte den »Jungen Aar« von Rostand in französischer Sprache mitgenommen, die Geschichte vom Sohn des gestürzten Kaisers Napoleon. Die älteste Tochter eines anderen gestürzten Kaisers las die Geschichte eines Jungen, der bis zum Schluß seinem Vater treu blieb.

Ebenso wie der Junge vergötterte Olga ihren Vater. Auf der Brust trug sie ein Bild des heiligen Nikolaus. In Jekaterinburg hatten sie viel Zeit für Gespräche, und Olga übernahm natürlich *seine* damaligen Gedanken. Ich suche diese Gedanken in einem Gedicht, das Olga abschrieb und in das Buch legte. Dort blieb es als Vermächtnis – sein und ihr Vermächtnis – für den, der in das geplünderte Haus kommen würde:

Gebet

Herrgott, schenke uns Geduld
in düstren Sturmestagen,
hilf uns demütig ertragen
Folter und Verfolgungen.
Gib uns Festigkeit, o Herr,
zu vergeben unsern Nächsten
und das schwere blutige Kreuz
demütig wie du einst anzunehmen.
Wenn in Aufruhr, Rebellion
unsre Feinde uns berauben,
hilf ertragen uns die Schmach,
Jesus Christus, o Erlöser.
Herr der Welt und Gott des Alls,
segne uns mit dem Gebet,
schenk der Seele ihren Frieden,
wenn das Leid nicht zu ertragen.
Schenke in der Todesstunde
deinen Knechten noch die Kraft,
so, wie du es uns geheißen,
für die Feinde auch zu beten.

Von der ersten Etage gingen sie in die unteren Räume der Wache. Hier war es genauso schmutzig. Bis auf ein Zimmer… Um vom ersten Stock in *jenes Zimmer* zu gelangen, mußte man die Treppe hinunter auf den Hof gehen und vom Garten durch eine andere Tür wieder ins Haus, dann kam man, vorbei an den Zimmern der Wache, in eine kleine Diele, die ein Fenster zum Garten hatte. Von der Diele führte eine Tür in dieses Zimmer. Es war nicht groß, 30–35 Quadratmeter, mit karierter Tapete beklebt. Im Zimmer war es dunkel, sein Fenster stieß an den Abhang, und der Schatten des hohen Zauns lag auf dem Fußboden. An dem einzigen Fenster war ein schweres Gitter befestigt.

In diesem Zimmer herrschte peinliche Ordnung, hier war aufgeräumt und gewischt worden.

Das Zimmer war durch eine Zwischenwand vom Abstellraum getrennt. Die Tür zwischen beiden Räumen war zugenagelt. Die gesamte Zwischenwand und die Tür waren von Kugeleinschüssen übersät.

Es wurde klar: Hier waren sie erschossen worden!

Auch die anderen Wände des Zimmers wiesen Kugeleinschüsse auf. Längs der Scheuerleiste waren noch Spuren von weggewischtem Blut. Die Kugeleinschüsse an zwei Wänden waren weit gefächert. Offenbar waren die Opfer im Zimmer hin und her gerannt.

Auf dem Fußboden waren Vertiefungen von Bajonetteinstichen zu sehen. Wer noch lebte, war mit dem Bajonett getötet worden. Auch im braunen Fußboden wurden zwei Kugeleinschüsse entdeckt. Hier war auf einen Liegenden geschossen worden.

Die meisten Kugeleinschüsse stammten von Nagantrevolvern, aber es war auch mit einem *Colt* und einer *Mauser* geschossen worden.

Wie um das Bild abzurunden, waren an der Wand in deutscher Sprache zwei Zeilen von Heine eingeritzt: »Belsazar ward in selbiger Nacht von seinen Knechten umgebracht.«

Man grub den Garten um, durchsuchte den Teich, öffnete auf dem Friedhof die Massengräber, wohin die Leichen aus der Tscheka kamen, fand aber keine Spur der elf Menschen, die in dem Haus gelebt hatten. Sie waren verschwunden.

Die Ural-Regierung hing den Ideen der Februarrevolution an. Sie befürchtete, die Untersuchung könnte reaktionären Umtrieben und monarchistischen Verschwörungen Vorschub leisten.

Darum gingen die ersten beiden Untersuchungsführer Namjotkin und Sergejew recht behutsam vor. Dann wurde die Ural-Regierung durch Koltschak abgelöst, und der 36jährige Nikolai Sokolow wurde zum Untersuchungsführer ernannt.

Vor der Revolution war er Untersuchungsführer für besonders wichtige Fälle gewesen. Nach dem Oktoberumsturz versuchte er, in der Masse der Bauern unterzutauchen, und ging aufs Land. Als in Sibirien die Sowjetmacht zusammenbrach, schlug er sich in seiner Bauernkleidung zum Ural durch. Von Koltschak beauftragt, den Fall der Zarenfamilie aufzuklären, führte er die Untersuchung mit Leidenschaft und Fanatismus. Auch als Koltschak bereits erschossen und die Sowjetmacht in den Ural und nach Sibirien zurückgekehrt war, setzte er seine Arbeit fort. In der Pariser Emigration sammelte er zahlreiche Aussagen von überlebenden Augenzeugen und forschte bis zu seinem Tod. Er starb an einem Herzinfarkt.

Aus einem Brief P. M. Aminjows (Kuibyschew):

»Ich schicke Ihnen einen Zeitungsausschnitt. 1918 lebte ich in Irbit. Die Stadt war von den Weißen besetzt, und das Leben verlief in vorrevolutionären Bahnen. Bei uns erschien die Zeitung ›Irbitskije Ujesdnyje Wedomosti‹ (Irbiter Nachrichten). Darin wurde eine Mitteilung veröffentlicht, die unsere Stadt in Aufregung versetzte. Ich schicke Ihnen den Zeitungsausschnitt (Nr. 18, 1918).«

»Zum Schicksal Nikolaus' II.

Der Korrespondent der ›New York Times‹ Ackerman übersandte seiner Zeitung folgende Angaben, die von dem persönlichen Diener des abgedankten Zaren aufgeschrieben wurden.

›Am späten Abend des 16. Juli kam der Kommissar der Wache ins Zimmer des Zaren und erklärte: ‚Bürger Nikolaus Alexandrowitsch Romanow, Sie müssen mit mir zu einer Sitzung des Sowjet der Arbeiter-, Kosaken- und Rotarmistendeputierten kommen.'

Nikolaus Alexandrowitsch kehrte nach zweieinhalb Stunden zurück. Er war sehr blaß, und sein Kinn zitterte.

‚Bring mir Wasser, Alter.'

Ich holte ihm ein großes Glas Wasser, und er trank es in einem Zug aus.

‚Was ist passiert?' fragte ich.

‚Sie haben mir erklärt, daß sie mich in drei Stunden erschießen werden', antwortete der Zar.

Alexandra ging mit dem Zarewitsch zu ihm, beide weinten. Die Zarin fiel in Ohnmacht, der Arzt wurde gerufen. Als sie wieder zu sich kam, warf sie sich vor den Soldaten auf die Knie und flehte um Gnade, aber die Soldaten sagten, das stehe nicht in ihrer Macht.

‚Um Christi willen, beruhige dich, Alice', sagte Nikolaus ein paarmal mit leiser Stimme. Er bekreuzigte seine Frau und den Sohn, rief mich, gab mir einen Kuß und sagte: ‚Alter, laß Alexandra Fjodorowna und Alexej nicht im Stich.'

Sie brachten den Zaren weg, keiner weiß, wohin. In dieser Nacht wurde er von zwanzig Rotarmisten erschossen.‹«

So stellte man sich damals das Geschehene vor, als man noch glaubte: »Die Familie wurde an einen sicheren Ort evakuiert.«

Erste Zeugnisse

Beim Militärkommandanten erschien der Oberleutnant Scheremetjewski. Vor dem Einmarsch der Weißen hatte er sich im Dorf Koptjaki, 18 Werst von Jekaterinburg entfernt, versteckt. In der Nähe des Dörfchens lagen mitten im Wald alte aufgegebene Schächte. Der Oberleutnant erzählte:

»Am 17. Juli wurden einige Bauern aus diesem Dorf in der Nähe des Waldstücks ›Vier Brüder‹ von bewaffneten Rotarmisten angehalten und zurückgeschickt. Ihnen wurde erklärt, der Wald sei gesperrt, weil dort Manöver stattfänden und geschossen würde. Auf dem Heimweg hörten sie tatsächlich Detonationen von Handgranaten.

Nachdem die bolschewistischen Abteilungen aus Jekaterinburg in Richtung Perm abgezogen waren, gingen die Bauern sofort zum Wald der ›Vier Brüder‹, um nachzusehen, was dort geschehen war.

Den Namen ›Vier Brüder‹ verdankt das Waldstück vier hohen

Kiefern, die einst mitten im Wald standen. Die Kiefern waren längst umgestürzt und vermodert, hatten nur zwei morsche Baumstümpfe zurückgelassen. Und den Namen ›Vier Brüder‹. Nicht weit von diesen Baumstümpfen, vier Werst vom Dorf entfernt, befanden sich, vom Wald umschlossen, die alten Schächte. Dort war einst Gold geschürft worden, jetzt standen die Schächte voller Regenwasser. Ein Schacht hieß ›Ganins Grube‹. Etwa 200 Meter weiter war noch ein Schacht, der aber keinen Namen hatte. Hierher kamen also die Bauern.

In dem *namenlosen* Schacht schwammen auf der Wasseroberfläche frische Zweige und verkohlte Holzscheite. Der Rand des Schachts war von Handgranaten zerfetzt. Die Bauern begriffen, daß in dem Schacht etwas gesprengt worden war. Das Gras rund um den Schacht war von Pferdehufen zertrampelt, und in der feuchten Erde hatten Bauernwagen tiefe Rinnen hinterlassen.

Die Bauern fanden die Reste zweier Feuerstellen, eine bei dem namenlosen Schacht, die andere direkt am Waldweg unter einer Birke. Merkwürdige Feuerstellen. In einer davon glaubten die Bauern verkohlte Menschenknochen zu erkennen, aber als sie sie berührten, zerfielen sie sofort zu Asche. Die Bauern stocherten in den Feuerstellen und fanden: ein rußgeschwärztes Smaragdkreuz, Topasperlen, eine Militärschnalle von einem Kinderkoppel, ein Brillenglas, Knöpfe, Haken usw. Sie fanden auch einen großen Brillanten.«

Der Untersuchungsführer verglich die Funde mit den Sachen im Ipatjew-Haus – die gleichen Knöpfe, Haken und Schuhschnallen. Nun stand fest, daß im Wald Kleidung verbrannt worden war. Also waren die Leichen in den Schacht geworfen worden?

Es wurde beschlossen, die beiden Schächte auszupumpen. In »Ganins Grube« wurde nichts gefunden. Doch auf dem Grund des anderen Schachts entdeckte man im Schlamm einen abgeschnittenen Finger mit einem langen Nagel, ein künstliches Gebiß, das dem Doktor Botkin gehört hatte, wie bald ermittelt wurde, eine Krawattennadel von ihm, einen Perlenohrring der Kaiserin. Außerdem fand man den Photorahmen, den Nikolaus immer mit Alix' Bild bei sich getragen hatte, zerbrochene Heiligenbilder seiner Töchter, Olgas Heiligenbild vom wundertätigen Nikolaus. Im Schlamm lag auch das vergoldete Silberabzeichen des Regiments, dessen Patin die Kaiserin gewesen war. Sie hatte es einst vom Kommandeur dieses Regiments, ihrem platonischen Freund Orlow, geschenkt bekommen.

Die Leichen aber waren nicht in den Schächten. Daraufhin wurde die ganze Gegend abgesucht, jedoch vergebens.

In dieser Zeit sagte ein Bergbautechniker aus, daß er Mitte Juli dem Kommandanten des Ipatjew-Hauses Jurowski in dieser abgelegenen Gegend begegnet sei. Jurowski habe ihn gefragt, ob ein sehr schwerer LKW über diesen Waldweg fahren könne.

Die Herkunft des Lastwagens wurde geklärt. Er war am Abend des 16. Juli auf Anordnung der Tscheka von einem hakennasigen Mann mittleren Alters aus der Garage des Sowjets geholt worden. Einer der Chauffeure des Sowjets erkannte in dem Mann Sergej Ljuchanow, den Fahrer des Ipatjew-Hauses. Der LKW wurde erst am 19. Juli zurückgebracht. Er war völlig verdreckt, und in der Wagenpritsche waren Blutspuren zu erkennen.

Jetzt war klar, was der LKW zu dem Schacht transportiert hatte. Seine Reifenspuren waren noch auf der von Gewitterregen aufgeweichten Straße zu sehen.

Es wurden auch Zeugen ausfindig gemacht, die den LKW auf der Straße nach Koptjaki gesehen hatten.

Die Wärterin des Bahnhäuschens Nummer 184, wo die Straße die Eisenbahnlinie nach Gornosawodsk kreuzte, sagte aus, daß sie im Morgengrauen des 17. Juli vom Lärm eines LKW wach geworden sei. Sie hörte, wie der LKW in den Morast unweit des Häuschens fuhr. Bald darauf klopfte es an die Tür. Die Frau öffnete und sah den Fahrer und die dunkle Silhouette des Lastwagens.

Der Fahrer sagte, der Motor sei heißgelaufen, und bat sie um Wasser. Die Wärterin murrte wie üblich. Da wurde der Fahrer wütend und sagte: »Sie schlafen hier wie feine Herrschaften, und wir schuften die ganze Nacht.«

Die Wärterin wollte etwas erwidern, doch als sie die Rotarmisten beim LKW stehen sah, schwieg sie. »Beim erstenmal lassen wir's noch durchgehen, aber machen Sie das nicht wieder«, sagte der Fahrer beim Abschied. Dann sah sie noch, daß die Rotarmisten Bahnschwellen, die neben dem Häuschen lagen, in den Morast legten und daß der LKW weiterfuhr.

Andere Zeugen meldeten sich. Im Morgengrauen des 17. Juli waren Leute aus dem Dorf Koptjaki auf dem Weg in die Stadt. Plötzlich sahen sie eine seltsame Kolonne. Vornweg ritt im Matrosenhemd ein gewisser Waganow, ein Kronstädter Matrose, der bei der Tscheka arbeitete. Einer der Bauern erkannte ihn sofort. Dem berittenen Tschekisten folgten Pferdewagen, die mit einer Plane zugedeckt waren. Als der Matrose die Bauern sah, brüllte er wütend: »Zurück! Und nicht umdrehen!« Unter Flüchen trieb er die erschrockenen Bauern zurück ins Dorf.

In der Stadt wurden Haussuchungen und Verhaftungen vorgenommen. Pawel Medwedew, Chef der Wache im Ipatjew-Haus, hatte nicht mehr fliehen können. Er hatte den Befehl erhalten, die Brücke zu sprengen, aber auch das hatte er nicht mehr geschafft. Nun saß er vor dem Untersuchungsführer. Verhaftet wurden auch der Wachposten Proskurjakow, ein ehemaliger Arbeiter aus Syssert, und Jakimow, der in der Nacht zum 17. Juli die Posten aufgestellt hatte. Gefaßt wurde der Posten Letjomin. Ihn hatte der Spaniel Joy verraten. Letjomin hatte ihn mit nach Hause genommen, »damit er nicht verhungert«, wie er dem Untersuchungsführer sagte. Das war sein Verderb, denn die Photos des Thronfolgers mit dem Spaniel waren in ganz Rußland bekannt. Man fand bei Letjomin auch Alexejs Tagebuch, angefangen im März 1917 in Zarskoje Selo, gleich nach der Arretierung, und beendet in Tobolsk im November 1917. Außerdem hatte Letjomin von Alexejs Bett einen kleinen Schrein mit Reliquien und ein Heiligenbild mitgenommen.

Damals wurden viele Sachen der Zarenfamilie in Jekaterinburger Wohnungen gefunden. Die Wachposten hatten sie ihren Frauen und Geliebten geschenkt. Auch Golostschokin und Beloborodow verehrten ihren Freunden wunderliche Souvenire jener Welt, die sie so erfolgreich »bis auf den Grund zerstört hatten«. Es wurden ein schwarzer Seidenschirm, ein weißes und ein fliederblaues Kleid der Zarin gefunden, außerdem der Bleistift mit ihren Initialen, mit dem sie ihre Tagebucheintragungen gemacht hatte, auch Silberringe der Mädchen. Der Kammerdiener Tschemodurow ging wie ein Spürhund durch die Wohnungen. Die Zarensachen erwiesen sich als gefährlich. Viele Leute schickten sie dem Untersuchungsführer.

Der Wachposten Proskurjakow war in der Nacht zum 17. Juli mit seinem Freund Stolow betrunken ins Popow-Haus gekommen und im Badehaus eingeschlafen.

Um fünf Uhr morgens sollte ihre Wache beginnen. Um drei Uhr nachts weckte sie Pawel Medwedew und führte sie in *jenes Zimmer*. Was sie dort sahen, ernüchterte sie augenblicklich.

Im Zimmer stand noch Pulverqualm. Die Wände waren voller Kugeleinschüsse. Und überall war Blut – Flecke und Spritzer an den Wänden und kleine Lachen auf dem Boden. Auch die anderen Zimmer wiesen viele Blutspuren auf. Beim Abtransport der Leichen war offensichtlich Blut von ihnen herabgetropft. Außerdem hatten die Leichenträger mit ihren blutbeschmierten Stiefeln Spuren hinterlassen.

Medwedew befahl den beiden, das Zimmer zu schrubben. Sie streuten Sägemehl über das Blut und wischten es dann mit nassen Lappen auf. Mit ihnen arbeiteten zwei Letten von der Tscheka, noch zwei Wachposten und Medwedew selbst.

Während sie die Zimmer wischten, erzählten Medwedew und der Wachposten Strekotin, was in der Nacht geschehen war. (Strekotin hatte in den unteren Räumen am MG gestanden und alles gesehen.)

Beide (Medwedew und Strekotin) sagten übereinstimmend:

Um 12 Uhr nachts weckte Jurowski die Zarenfamilie... Nach Medwedews Worten gab ihr Jurowski folgende Erklärung: In der Nacht könne es im ersten Stock gefährlich werden, falls auf der Straße geschossen werde. Darum forderte er sie auf, nach unten zu gehen. Sie kamen seiner Anordnung nach. Unten verlas Jurowski irgendein Papier. Der Zar hatte nicht richtig verstanden und fragte Jurowski: »Was ist?« Da hob Jurowski nach Medwedews Worten die Hand mit dem Revolver und antwortete dem Zaren: »Das ist!«

Medwedew erzählte, er habe selber »zwei bis drei Kugeln auf den Zaren und auf andere Personen abgegeben«. Als alle erschossen waren, nahm ihnen Andrej Strekotin, wie er selber erzählte, den Schmuck ab. Aber den sammelte Jurowski sofort ein und brachte ihn nach oben. Danach wurden die Getöteten auf den Lastwagen geladen und irgendwohin gebracht. Fahrer war Ljuchanow.

Der Wachposten Letjomin hatte die Erschießung nicht gesehen und sagte dem Untersuchungsführer, was er von Strekotin gehört hatte.

Am 17. Juli kam er um acht Uhr morgens zum Dienst. Er ging ins Popow-Haus und sah dort den Küchenjungen Ljoschka Sednew, der zur Dienerschaft der Zarenfamilie gehörte. Er fragte, was der Junge hier zu suchen habe. Daraufhin nahm ihn Strekotin beiseite und teilte ihm mit, in der vergangenen Nacht seien der Zar und die Zarin, ihre ganze Familie, der Arzt, der Koch, der Lakai und eine Frau erschossen worden. Er selber habe die ganze Nacht unten am MG Wache gestanden.

Während seiner Schicht von 12 Uhr nachts bis 4 Uhr morgens wurden der Zar, die Zarin, die Zarenkinder und die Diener in *jenes Zimmer* neben dem Abstellraum gebracht. Strekotin erzählte, der Kommandant Jurowski habe vor seinen Augen ein Papier verlesen und gesagt: »Ihr Leben ist zu Ende.«

Der Zar hatte nicht verstanden und fragte nach, die Zarin und eine der Töchter bekreuzigten sich. Jurowski schoß auf den Zaren und tötete ihn auf der Stelle. Danach begannen auch die Letten zu schießen.

Nach Strekotins Erzählung wurden alle getötet. Er erzählte Letjomin, gleich nach dem Zaren sei ein Diener getötet worden. Er habe in einer Ecke gestanden. Nach dem Schuß sei er in die Knie gegangen und sofort tot gewesen.

Im Popow-Haus sah Letjomin am 18. Juli den Fahrer Ljuchanow. Der erzählte ihm, daß er die Toten mit dem Lastwagen weggebracht habe, und fügte hinzu, wie beschwerlich der Weg gewesen sei: »Es war dunkel und überall Baumstümpfe.« Aber wohin er die Leichen gebracht hatte, sagte er nicht.

Um vier morgens wurde Jakimow von den Wachposten Klestschew und Derjabin geweckt. Sie erzählten ihm folgendes: Als sie nachts Wache hielten, waren Medwedew und Dobrynin zu ihnen gekommen und hatten ihnen mitgeteilt, daß in dieser Nacht der Zar erschossen werde. Nach dieser Information traten beide ans Fenster.

Klestschew stellte sich im Garten ans Dielenfenster, neben dem er Wache zu halten hatte. Durchs Fenster war die Tür zu *jenem Zimmer* zu sehen. Die Tür stand offen, und Klestschew sah alles, was im Zimmer vorging.

Derjabins Posten war neben dem einzigen, vergitterten Fenster *jenes Zimmers*. Er beobachtete ebenfalls, was geschah.

Beide sahen, wie vom Hof Männer in *jenes Zimmer* kamen. Zuerst Jurowski und Nikulin, ihnen folgten der Zar, die Zarin, die Töchter, Botkin, Demidowa, der Lakai Trupp und der Koch Charitonow. Nikolaus trug den Thronfolger. Zum Schluß kamen Medwedew und die Letten, die Jurowski von der Tscheka geholt hatte. Sie stellten sich folgendermaßen im Zimmer auf: rechts von der Tür Jurowski, links neben ihm Nikulin, die Letten direkt in der Tür, hinter ihnen Medwedew. Derjabin sah durchs Fenster einen Teil der Leute und vor allem Jurowskis Hand. Er sah, daß Jurowski etwas sagte und mit der Hand fuchtelte. Was er sagte, konnte Derjabin nicht wiedergeben. Er sagte, er habe nichts verstanden. Klestschew hingegen behauptete, Jurowskis Worte gehört zu haben: »Nikolaus Alexandrowitsch, Ihre Verwandten haben versucht, Sie zu retten, aber es ist ihnen nicht geglückt, und wir sind gezwungen, Sie zu erschießen.« Nach diesen Worten krachten sofort etliche Schüsse, Frauen kreischten und riefen etwas. Die Opfer fielen eines nach dem andern nieder. Als erster stürzte der Zar zu Boden, nach ihm der Thronfolger. Die Demidowa rannte hin und her... Beide Wachposten sagten Jakimow, daß sich die Demidowa ein Kissen vorhielt. Nach den Worten der Männer wurde sie mit Bajonetten erstochen.

Als alle am Boden lagen, wurde überprüft, ob sie tot waren. Wer noch lebte, wurde erschossen oder mit dem Bajonett erstochen. Von der Zarenfamilie nannten sie nur Anastasia, die mit dem Bajonett erstochen wurde. Dann wurden aus den Zimmern der Zarenfamilie Laken gebracht. Die Toten wurden in die Laken gewickelt und zum Lastwagen getragen. Der Lastwagen wurde mit einer Plane aus der Abstellkammer ausgelegt, darauf wurden die Leichen gepackt und mit der Plane zugedeckt.

Aber das ist nicht die Aussage eines Augenzeugen.

Später erst erhielt der Untersuchungsführer den ersten und einzigen Augenzeugenbericht eines Mannes, der selber in *jenem Zimmer* gewesen war.

Die Aussage Pawel Medwedews, des Chefs der Wache: Am Abend des 16. Juli trat er seinen Dienst an, und der Kommandant Jurowski befahl ihm um acht Uhr abends, der Wachmannschaft alle Nagantrevolver abzunehmen und ihm zu bringen. Jurowski sagte: »Heute werden wir die ganze Familie samt dem Doktor und den Dienern erschießen. Sag den Männern Bescheid, sie sollen sich nicht aufregen, wenn sie Schüsse hören.« Der Küchenjunge war am Morgen auf Jurowskis Anweisung ins Popow-Haus, in den Raum der Wachmannschaft, gebracht worden. Gegen Mitternacht weckte Jurowski die Zarenfamilie. Ob er ihnen sagte, warum sie sich fertigmachen und wohin sie gehen sollten, wußte Medwedew nicht.

Eine Stunde später waren die Familie, der Arzt, eine Dienerin und zwei Diener aufgestanden, hatten sich gewaschen und angekleidet. Noch bevor Jurowski die Zarenfamilie wecken ging, waren zwei Mitarbeiter der Tscheka ins Ipatjew-Haus gekommen. Der eine war Pjotr Jermakow (von der Werch-Issetski-Fabrik), den anderen kannte Medwedew nicht... Der Zar, die Zarin, die vier Zarentöchter, der Arzt, der Koch und der Lakai kamen aus ihren Zimmern. Den Thronfolger trug der Zar. Beide hatten Feldblusen an und Schirmmützen auf dem Kopf. Die Zarin und die Töchter trugen Kleider, nichts darüber. Der Zar ging mit dem Thronfolger voran. Medwedew sagte, daß es in seinem Beisein keine Tränen, kein Schluchzen und keine Fragen gab. Sie gingen die Treppe hinunter in den Hof und von dort durch die zweite Tür ins Erdgeschoß. Sie wurden in das Eckzimmer geführt, das an den Abstellraum grenzte. Jurowski befahl, Stühle zu bringen. Die Zarin setzte sich an die Wand mit dem Fenster, neben den Stützpfeiler. Drei Töchter stellten sich hinter sie. Der Zar setzte sich in die Mitte des Zimmers, daneben der Thronfolger, hinter ihm stand Doktor Botkin. Die Dienerin, eine hochgewachsene Frau, stand neben dem linken Pfosten der Tür, die zum Abstellraum führte. Eine Zarentochter trat neben sie. Die Dienerin hielt ein Kissen in der Hand. Die Zarentöchter hatten auch kleine Kissen mitgebracht. Eins legten sie dem Thronfolger auf den Stuhl, eins der Zarin. Zugleich hatten elf Männer das Zimmer betreten: Jurowski, sein Stellvertreter, die beiden von der Tscheka und sieben Letten. Nach Medwedews Worten sagte Jurowski zu ihm: »Geh nach draußen, paß auf, ob dort jemand ist und ob die Schüsse zu hören sind.«

Er ging in den Hof und hörte Schüsse. Nach zwei, drei Minuten kam er zurück. Als er das Zimmer betrat, sah er, daß alle Mitglieder der Zarenfamilie mit zahlreichen Wunden auf dem Boden lagen.

»Das Blut floß in Strömen... Der Thronfolger lebte noch und stöhnte. Jurowski trat zu ihm und schoß zwei- oder dreimal auf ihn. Der Thronfolger verstummte. Mir wurde schlecht bei dem Anblick.«

Die Leichen wurden auf Bahren aus Bettlaken, die über Schlittendeichseln gespannt waren, gelegt und zum Lastwagen getragen. Fahrer war der Arbeiter Ljuchanow aus der Slokasow-Fabrik. Im Zimmer und im Hof wurde das Blut aufgewischt. Um drei Uhr nachts war alles vorbei.

Der Untersuchungsführer fragte Medwedew nach Strekotin.

»Ich erinnere mich, daß er wirklich am Maschinengewehr stand. Die Tür, die von der Diele in das Erschießungszimmer führte, war offen.«

Aus diesem Satz ist zu schließen, daß Strekotin und Klestschew tatsächlich das Geschehen sehen konnten, daß sie Zeugen des Mordes waren.

Medwedew stritt ab, selber geschossen zu haben, aber seine Frau sagte aus: »Pawel erzählte, daß alle geweckt wurden, daß sie sich wuschen und anzogen, dann wurden sie nach unten in ein Zimmer gebracht. Dort wurde ihnen ein Papier vorgelesen, in dem es hieß: ›Die Revolution geht zugrunde, und Sie gehen auch zugrunde.‹ Danach haben sie geschossen und alle bis auf den letzten getötet. Mein Mann hat auch geschossen.«

Er wurde auch von Proskurjakow überführt, dem er unvorsichtigerweise erzählt hatte, er habe »zwei bis drei Kugeln auf den Zaren abgegeben«. Wahrscheinlich hatte er auch seiner Frau gesagt, daß er auf den *Zaren* geschossen hatte. Aber sie wollte ihren Mann nicht eines so furchtbaren Verbrechens überführen.

Für sie war es ein Verbrechen, aber Pawel Medwedew war stolz darauf. Der Chef der Wache im Ipatjew-Haus war ein fanatischer Mensch, sonst hätten ihm Jurowski und Golostschokin nicht ein solches Amt übertragen. Er sagte vor dem Untersuchungsführer über die Erschießung aus, weil er wußte, daß die andern es sowieso erzählen würden. Leugnen hatte keinen Zweck.

Die Untersuchung ging weiter. Es stellte sich heraus, daß am 18. Juli noch zwei Lastwagen in den Wald von Koptjaki gefahren waren. Sie transportierten drei Fässer, die auf Fuhrwerke umgeladen und in den Wald gebracht wurden. Eines dieser Fässer war mit Benzin gefüllt.

Man brachte auch in Erfahrung, was in den anderen Fässern gewesen war. Man fand ein Papier des Kommissars für Versorgung Woikow, in dem die Jekaterinburger Apotheke angewiesen wurde, eine große Menge Schwefelsäure auszugeben.

Nach den im wesentlichen übereinstimmenden Aussagen der Augenzeugen kam die Untersuchungskommission zu dem Schluß: In der Nacht zum 17. Juli wurden die Zarenfamilie, ihre Vertrauten und Diener, insgesamt 11 Menschen, in dem Souterrainzimmer des Ipatjew-Hauses erschossen.

Nach der Hypothese des Untersuchungsführers wurden die Leichen mit einem Lastwagen zu dem namenlosen Schacht in der Nähe des Dorfes Koptjaki gebracht. Am 18. Juli wurde eine große Menge Benzin und Schwefelsäure dorthin transportiert. Die Leichen wurden mit Äxten zerhackt – eine solche Axt wurde während der Ermittlung gefunden –, mit Benzin und Schwefelsäure übergossen und verbrannt. Unweit des Schachts wurden Feuerstellen gefunden.

Die Auferstehung der Getöteten

Aber Sokolow konnte die Leichen der Zarenfamilie nicht finden. Da waren nur ein abgeschnittener Finger, ein künstliches Gebiß ... Und die Feuerstelle neben dem Schacht, die Sokolow zum Grab der Zarenfamilie erklärte.

Die Aussagen über die Erschießung stimmten zwar überein, aber Sokolow war Monarchist und brachte politische Besessenheit in seine Arbeit ein. Das nahm den von ihm ermittelten Zeugenaussagen die Glaubwürdigkeit. Beide Seiten des Bürgerkrieges wetteiferten in Grausamkeit, und die Keller der weißen Spionageabwehr waren nicht besser als die Keller der Tscheka. Die Verhöre dürften nicht sehr idyllisch gewesen sein. Vielleicht stimmten eben deshalb die Aussagen überein? Skeptiker urteilten: Die Ermittlung ist parteiisch, und die Schlußfolgerung, daß elf Menschen verbrannt werden konnten, ohne daß Spuren zurückblieben, ist anzuzweifeln. Nicht anzuzweifeln ist die Tatsache, daß es keine Leichen gibt.

Anderthalb Jahre nach der »Erschießung der Zarenfamilie im Ipatjew-Haus« (wie Sokolow behauptete) oder nach dem »Verschwinden der Romanowfamilie aus dem Ipatjew-Haus« (wie seine Opponenten sagten) tauchte »Anastasia« auf. Eine geheimnisvolle Frau, deren Schicksal seit siebzig Jahren die Welt bewegt.

Eine kurze Aufzählung der allgemein bekannten Geschichte:

In Berlin beschließt ein unbekanntes Mädchen, sich das Leben zu nehmen, und springt nachts in einen Kanal. Sie wird gerettet und ins Krankenhaus gebracht. Sie leidet unter Depressionen, kann kaum sprechen. Im Krankenhaus fällt ihr ein Photo der Zarenfamilie in die Hände. Dieses Photo versetzt sie in höchste Erregung, sie kann sich nicht von ihm trennen. Bald darauf geht das Gerücht um: Die wundersam gerettete Zarentochter Tatjana befindet sich hier, im Berliner Krankenhaus. Tatjana – so nennt sie sich anfangs. Aber bald ändert sie ihren Namen in Anastasia.

Daran ist noch nichts Verdächtiges. Der starke Schock kann ihr Gedächtnis gelöscht haben. Sie weiß nicht mehr, wer sie ist. Man gräbt in ihrem Gedächtnis – sie begegnet sich selbst, sie ist Anastasia.

Sie erzählt die phantastische Geschichte ihrer Rettung: Ein Schuß, sie stürzt, eine Schwester fällt auf sie, schützt sie mit ihrem Körper vor Kugeln. Dann Bewußtlosigkeit, Verlust des Gedächtnisses ... Dann Sterne ... Sie liegt in einem Pferdewagen. Der Soldat, der sie gerettet hat, bringt sie nach Rumänien. Sie bekommt ein Kind von ihm ... Sie flieht ... Das alles erzählt sie zusammenhangslos.

Sie spricht nicht Russisch. Auch dafür gibt es eine Erklärung: Während der ungeheuerlichen Ermordung, als sie unter den Leichen ihrer Familie lag, wurde die russische Sprache in ihrem Bewußtsein tabuisiert. Sie kann die vertrauten Laute nicht aussprechen, weil sie das Entsetzen auferstehen lassen. Diesen Umstand haben sich ihre Gegner zunutze gemacht. (Ich denke, wenn sich eine Frau, die nicht Russisch spricht, als russische Großfürstin ausgibt, ist sie entweder verrückt oder wirklich Anastasia.)

Sie sah der Tochter des russischen Zaren verblüffend ähnlich. Und sie hatte die Narbe eines entfernten Muttermals, genau an der Körperstelle, wo der jungen Anastasia ein Muttermal entfernt worden war. Die Ohren der rätselhaften Frau waren genauso geformt wie bei Anastasia, und ihre Handschriften glichen sich. Außerdem wußte sie in allen Einzelheiten über das Leben der Zarenfamilie zu erzählen.

Sie versuchte vor Gericht das Recht zu erstreiten, den Namen der Zarentochter tragen zu dürfen, und unterlag.

Doch als die geheimnisvolle »Anastasia« starb, wurde sie in der Gruft der Prinzen von Leuchtenburg, die mit den Romanows verwandt waren, beigesetzt.

Wer war sie?

Für mich ist sie eine Frau, die aus entsetzlichen Gründen einen Schock erlitt, die vergaß, wer sie war, und sich ihr Leben lang zu erinnern versuchte. Sie glaubte wirklich, eine Zarentochter zu sein, wußte aber nicht genau, welche von den vieren. Sie gab sich als Anastasia aus, weil sie ihr am ähnlichsten sah. Dennoch durchforstete sie bis ans Ende ihres Lebens ihr Gedächtnis und blieb immer etwas unsicher. Wie qualvoll muß ihr Bemühen gewesen, sich zu erinnern, in die schreckliche Vergangenheit zurückzukehren, um sich dort selbst wiederzufinden oder auch nicht.

»Anastasia« erklärte, sie sei nach der Erschießung gerettet worden. Aber bald darauf erschienen Bücher, in denen behauptet wurde, die Zarentöchter seien überhaupt nicht erschossen worden.

Nur der Zar und der Thronfolger seien hingerichtet worden. Die Diener und Botkin hätten sterben müssen, weil der Anschein erweckt werden sollte, daß die ganze Familie getötet worden sei. In Wirklichkeit aber seien auf Verlangen der Deutschen, aufgrund einer Geheimklausel des Brester Friedensvertrages, die Töchter und die Zarin aus Rußland gebracht worden. Und das soll Trotzki nicht gewußt haben? Der zweite Mann im Staat, der beim Friedensschluß zugegen war und noch im Exil behauptete, daß die gesamte Zarenfamilie erschossen wurde. (Er hätte viel darum gegeben, wenn es nicht so gewesen wäre!)

Übrigens mußten diese phantastischen Versionen aufkommen.

Siebzig Jahre lang wurde *keine einzige freiwillige* Aussage von Teilnehmern der Erschießung im Ipatjew-Haus veröffentlicht. Die schreckliche Nacht vom 16. zum 17. Juli 1918 blieb im Bereich geheimnisvoller Gerüchte und Legenden.

Als ich in den siebziger Jahren mit meinen Nachforschungen begann, glaubte ich niemandem – weder Sokolow noch seinen Opponenten. Ich setzte mir das Ziel, *freiwillige* Aussagen von Zeugen jener schrecklichen Nacht zu *finden*. Ich war überzeugt, daß sie in den Tiefen sowjetischer Geheimarchive ruhten. Nur sie konnten die Frage beantworten, was im Ipatjew-Haus geschehen war. Über ein solches Dokument – die legendäre »Aufzeichnung« Jurowskis – gingen viele Gerüchte um.

Ich fragte meine ehemaligen Kommilitonen, die in Archiven arbeiteten. Jeder hatte von dieser »Aufzeichnung« gehört, aber keiner hatte sie gelesen.

»Beweisstücke – die Waffe der Hinrichtung«

Ende der siebziger Jahre rief mich eine alte und mir einstmals nahestehende Freundin an. Wir hatten zusammen Geschichte studiert. Nun trafen wir uns nach vielen Jahren wieder. Sie setzte sich zu mir ins Auto und legte mir schweigend ein Papier auf die Knie.

Ich begann zu lesen: »An das Revolutionsmuseum. An den Museumsdirektor Genossen Mizkewitsch.

Da der 10. Jahrestag der Oktoberrevolution näherrückt und die junge Generation bestimmt interessiert ist, die Beweisstücke (die Waffe, mit der der ehemalige Zar Nikolaus II., seine Familie und die ihnen bis zum Grab ergebene Dienerschaft hingerichtet wurden) zu sehen, halte ich es für notwendig, dem Museum zwei Waffen zur Aufbewahrung zu übergeben: einen Colt Nummer 71905 mit Magazin und sieben Patronen und eine Mauser Nummer 167177 mit Holzfutteral und einem Magazin mit 10 Patronen. Mit dem Colt habe ich Nikolaus mit einem Schuß getötet, die übrigen Patronen des Colts und der Mauser wurden für die Erschießung der Zarentöchter verbraucht, deren Mieder mit vielen großen Brillanten gepanzert waren, ebenso für den erstaunlich zählebigen

Thronfolger, auf den mein Stellvertreter das ganze Magazin leerschoß (der Grund für die merkwürdige Zählebigkeit des Thronfolgers ist wohl mangelnde Beherrschung der Waffe oder Nervosität infolge der Schwierigkeiten mit den gepanzerten Töchtern).

Der ehemalige Kommandant des Hauses zur besonderen Verwendung in der Stadt Jekaterinburg, wo der ehemalige Zar Nikolaus II. mit seiner Familie im Jahre 1918 arretiert war (bis zur Erschießung am 16.07. 1918), Jakow Michailowitsch Jurowski und sein Stellvertreter Grigori Petrowitsch Nikulin bezeugen das oben Dargelegte.

J. M. Jurowski ist Parteimitglied seit 1905, die Nummer des Parteiausweises ist 1500, Parteigruppe Krasnaja Presnja.

G. P. Nikulin ist seit 1917 Parteimitglied, Nummer 128185, Parteigruppe Krasnaja Presnja.«

Meine Freundin sagte: »Das ist eine Kopie des Dokuments, das in einem verschlossenen Spezialarchiv des Revolutionsmuseums aufbewahrt wird. Ich habe gehört, daß du herausfinden willst, wie *das* war. Ich bin froh, daß ich dir helfen kann. Aber dieses Dokument wurde auf meine Bitte kopiert, und ich möchte niemanden in Schwierigkeiten bringen. Du mußt also schweigen. Übrigens wird es dir in den nächsten hundert Jahren kaum gelingen, darüber zu reden. Begnüge dich also mit dem bloßen Wissen, das reicht.«

»Ist das die ›Aufzeichnung‹ Jurowskis?«

»Nein. Das ist nur eine einfache Erklärung Jurowskis.«

1989 gelang es mir, mit eigenen Augen das Original dieser »einfache Erklärung« zu sehen. Sie zeigt die charakteristische Handschrift des Mörder-Kommandanten.

»Nein, nein.« Sie lachte. »Die ›Aufzeichnung‹ Jurowskis ist etwas ganz anderes. Ein großes Dokument. Übrigens hat er sie in den zwanziger Jahren Pokrowski übergeben.«

Michail Pokrowski war der Leiter der Kommunistischen Akademie, er gab in den zwanziger Jahren in der sowjetischen Geschichtswissenschaft den Ton an.

»Hast du sie gesehen? Ist sie im Revolutionsmuseum?«

»Ich weiß nicht«, sagte sie. »Ich weiß nur, daß das NKWD vor dem Krieg Jurowskis Waffen und seine Dokumente aus dem Museum entfernt hat. Darüber gibt es eine Notiz. Das ging nicht anders, denn seine Tochter war verhaftet worden.«

»Jurowskis Tochter?«

»Sie hieß Rimma. Eine große Komsomol-Funktionärin, ich glaube, Sekretär des ZK. Sie hat mehr als 25 Jahre in Lagern gesessen. Übrigens, selbst wenn Jurowskis ›Aufzeichnung‹ im Museum wäre, würdest du sie nicht zu sehen bekommen. Dokumente über die Erschießung der Zarenfamilie unterliegen einer besonderen Geheimhaltung.«

Sie ging, und ich blieb mit Jurowskis Erklärung allein. Die erste freiwillige Aussage eines Zeugen!

Das war also die Wahrheit über die stattgefundene Erschießung! Noch zehn Jahre später lebte Jurowski von dieser Erschießung. Das Ipatjew-Haus ließ ihn nicht los – die »gepanzerten Mädchen«, der »zählebige« Junge. Wenn das eine »einfache Erklärung« war, wie ausführlich mußte dann seine »Aufzeichnung« sein! Meine Freundin hatte recht: Im Museum würden sie mir nichts geben.

Jurowskis Leben ist im Stil einer sowjetischen Heiligenvita in einem Buch beschrieben, das in Swerdlowsk in kleiner Auflage unter dem stolzen Titel »Ich bin Tschekist« (von J. Resnik) erschien.

In diesem Buch ist das Vermächtnis des Kommandanten abgedruckt. Darin wendet er sich an sein treues »Söhnchen«, seinen Erschießungsgehilfen Nikulin. Als er im Sterben lag, beschwor er wieder das Gespenst des schrecklichen Ipatjew-Hauses.

»An G. P. Nikulin.

Mein Freund, das Leben geht zu Ende. Ich muß letzte Anordnungen treffen. Man wird Dir eine Liste der wichtigen Dokumente und ein Verzeichnis meines Eigentums aushändigen. Übergib die Dokumente dem Revolutionsmuseum.

Du warst mir wie ein Sohn, und ich umarme Dich wie meine Söhne. Dein Jakow Jurowski.«

»Übergib die Dokumente dem Revolutionsmuseum.« Der Kreis hat sich geschlossen. Ohne Hoffnung ging ich ins Archiv des Museums. Auf meine Frage kam die klare Antwort: Wir haben keine Dokumente von Jurowski. Von einer »Aufzeichnung« haben wir noch nie gehört.

Nun fertigte ich eine Liste der Behörden an, in denen er gearbeitet hatte. Ich folgte den Ereignissen seines Lebens. Nach der Erschießung und seiner Moskaureise kehrte er in den Ural zurück. Er erhielt den Auftrag, den »Goldzug« – die Schätze der Ural-Banken – aus Perm in die Hauptstadt zu überführen.

In einer Augustnacht 1918 verlud er mit seiner Frau Mussja, der Tochter Rimma, dem Sohn Schurik und dem mit ihm aus Moskau zurückgekehrten Nikulin zahlreiche Leinensäcke mit Gold, Silber und Platin in die Waggons. Wieder war er Kommandant – Kommandant des Zuges, und wieder war sein »Söhnchen«, Nikulin, bei ihm.

In Moskau bekam Jurowski Arbeit in der Allunions-Tscheka, eine vertraute Arbeit. Nach dem Kaplan-Attentat auf Lenin wurde er einer Sondergruppe zugeteilt. Sie sollte Sozialrevolutionäre aufspüren, die verdächtig waren, mit der Kaplan in Verbindung gestanden zu haben. Er war einer der gründlichsten Untersuchungsführer. Aber die Kaplan erklärte bis zum Schluß, daß sie allein gehandelt habe. Sie wurde erschossen.

Nachdem Jekaterinburg von den Weißen aufgegeben wurde, kehrte Jurowski in die Stadt zurück. Er wurde Leiter der Sozialabteilung und zugleich einer der Leiter der Tscheka. Wie makaber: Er verwirklichte die allseitige soziale Betreuung der Bürger! In der Zeitung »Uralski Rabotschi« erschien regelmäßig die Rubrik »Die strafende Tätigkeit der Tscheka«.

Im Mai 1921 wurde Jurowski nach Moskau an das Staatliche Schatzamt versetzt. Dort wurden die Schätze aufbewahrt, die man den »Räubern« weggenommen hatte. Jurowski hütete sie. Einen »zuverlässigen Kommunisten« nannte ihn Lenin in einem Brief an den Volkskommissar für Finanzen. Am Ende seines Lebens leitete unser Held ein Polytechnisches Museum.

Ich fragte in allen Ämtern, in denen der »zuverlässige Kommunist« gearbeitet hatte, nach seinen Hinterlassenschaften. Entweder bekam ich gar keine Antwort oder: »Wir haben keine Dokumente.«

Als die Öffnung der Archive begonnen hatte, lag in einem kleinen Zimmer des Zentralen Staatsarchivs der Oktoberrevolution auf meinem Tisch eine Akte mit einer höchst interessanten Bezeichnung:

»WZIK (Allrussisches Zentrales Exekutivkomitee). Akte über die Familie des ehem. Zaren Nikolaus II. 1918–1919.«

Eine Akte über die Familie? 1919 war die Familie doch längst erschossen!

Diese Akte enthielt also ein Dokument, das nach der Erschießung der Zarenfamilie angefertigt worden war!

Voller Ungeduld blätterte ich in der Akte.

Sie begann mit dem Telegramm, das dem ehemaligen Zaren das Tragen der Schulterstücke verbot. Dann das berühmte Telegramm des Ural-Sowjets an das WZIK – über die Erschießung des Zaren... Und Dokumente der monarchistischen Scheinverschwörung, alle die Briefe mit der Unterschrift »Ein Offizier...«.

Ganz zum Schluß zwei schwer zu lesende maschinegeschriebene Kopien eines Dokuments ohne Titel und Unterschrift.

Ich begann zu lesen. Es war ein Schock: Die ganze ungeheuerliche Nacht zum 17. Juli – die Erschießung... Die zweitägigen Schwierigkeiten mit den Leichen, das alles wurde ausführlich und leidenschaftslos dargelegt. Die Mordnacht, von einem Augenzeugen beschrieben! Das Dokument ist ohne Unterschrift, aber eine der Kopien ist von der Hand des Verfassers korrigiert. Und handschriftlich ist am Ende die Grabstelle hinzugefügt, wo die Leichen der Zarenfamilie nach der Erschießung heimlich vergraben worden waren.

Zu dieser Zeit kannte ich schon einige Schriftproben von Jurowski. Er war unzweifelhaft der Verfasser!

Vor mir lag die 70 Jahre lang geheimgehaltene, legendäre »Aufzeichnung« Jakow Jurowskis, nach der ich so viele Jahre gesucht hatte.

Sie ist in einem erstaunlichen Stil geschrieben. Die neue Macht hatte den ungebildeten Arbeitern, Soldaten und Matrosen von gestern das verlockende Amt angetragen, Schöpfer der Geschichte zu werden. Als Jurowski die Erschießung schilderte, nannte er sich stolz in der dritten Person »der Kommandant« (oder abgekürzt »Kom.«), denn in jener Nacht war er nicht Jakow Jurowski gewesen, sondern der furchtgebietende Kommandant – die Waffe der proletarischen Rache. Die Waffe der Geschichte.

Ich beschloß, dieses Dokument zu veröffentlichen. Das war 1989, als Glasnost bereits triumphierte. Dennoch wurde die Nummer der Zeitschrift »Ogonjok«, in der die 70 Jahre lang geheimgehaltenen Aussagen des »zuverlässigen Kommunisten« abgedruckt wurden, zunächst von der Zensur zurückgehalten. Doch die Zeiten hatten sich geändert – die Nummer erschien. Noch ein mystisches Lächeln der Geschichte: Dank der Verzögerung durch die Zensur erschien die Zeitschrift am 19. Mai (6. Mai nach dem alten Kalender). Am Tag des leidgeprüften Hiob! Am Geburtstag des Zaren erblickte die Welt zum erstenmal diesen schrecklichen Bericht über den Tod des Zaren und seiner Familie.

Birnams Wald

Ich bekam Briefe, Tausende Leserbriefe. Denn Millionen Mitbürger erfuhren zum erstenmal, wie blutig die Dynastie endete, die 300 Jahre lang das Land beherrscht hatte.

Ich bekam in Briefen und Telephongesprächen immer neue Dokumente und Mitteilungen. Sie tauchten aus dem Nichts wieder auf, so wie in Shakespeares »Macbeth« Birnams Wald gegen die Mörder anrückt.

Dann geschah das, worauf ich gehofft hatte: Im Revolutionsmuseum fand sich plötzlich noch eine Kopie der bereits veröffentlichten »Aufzeichnung«. Sie hatte eine Überschrift und sogar eine Unterschrift:

»Kopie des Dokuments, das mein Vater Jakow Michailowitsch Jurowski 1920 dem Historiker M. N. Pokrowski übergab.«

Der Sohn Alexander Jakowlewitsch Jurowski hatte diese Kopie 1964 beglaubigt und dem Museum geschickt. Aber in diesem Dokument fehlt die Angabe über das geheime Grab.

Jurowski hatte also seine »Aufzeichnung« 1920 dem Historiker übergeben. Aber er hatte sie früher geschrieben, als Rechenschaftsbericht für die Behörden. Darum fand ich sie im Fonds des WZIK.

Übrigens war der Historiker Pokrowski Mitglied des Präsidiums des WZIK. Der führende Vertreter der offiziellen Geschichtswissenschaft gehörte zu den »Eingeweihten«. Als Jurowski ihm die »Aufzeichnung« übergab, rechnete er keineswegs mit einer Veröffentlichung. Er hatte sie für die Nachkommen, für die künftige Geschichte geschrieben. Seinen Zeitgenossen fehlte noch das nötige Bewußtsein, um die ganze Wahrheit über die Erschießung zu erfahren.

»Was ich jetzt erzähle, wird erst nach vielen Jahren an die Öffentlichkeit kommen«, schrieb Jurowski 1924 in einem Stenogramm über die Hinrichtung der Zarenfamilie.

Augenzeugen und Teilnehmer des Mordes

Ich bekam Briefe über Briefe, das Volk selbst stellte Nachforschungen an. Mir wurde mitgeteilt, daß in einer Kleinstadt des Urals in einem Geheimarchiv die Aussagen Alexander Strekotins aufbewahrt wurden. Es war derselbe Strekotin, dessen Bericht über die Erschießung die Wachposten Letjomin und Proskurjakow dem Untersuchungsführer Sokolow wiedergegeben hatten.

Nun stellte sich heraus, daß Strekotin selber seine Erinnerungen niedergeschrieben hatte (sie wurden mir von zwei Lesern zugeschickt). Jetzt hatte ich die *wichtigsten* und *freiwilligen* Aussagen in der Hand. Ich nenne sie die wichtigsten, denn Jurowski war der wichtigste Vollstrecker, und auf Strekotins mündliche Erzählung stützte sich Sokolows Untersuchung.

Strekotin diente zusammen mit seinem Bruder in der Wache des Ipatjew-Hauses.

»Die persönlichen Erinnerungen Alexander Andrejewitsch Strekotins, der als Rotarmist zum Kommando der Bewachung der Familie Romanow gehörte und Zeuge ihrer Erschießung war«. Anhand der einfältigen Überschrift kann man sich denken, wie die Niederschrift zustande kam: Der ungebildete Strekotin erinnerte sich, und irgendwer (offenbar ein Mitarbeiter des Museums) schrieb es auf. Die Erinnerungen wurden 1928 zum Jahrestag der Erschießung verfaßt, und 62 Jahre später veröffentlichte ich zum erstenmal einen Ausschnitt in der Zeitschrift »Ogonjok«.

Strekotin beginnt mit der Vorgeschichte: »In Syssert wurden Freiwillige für das Bewachungskommando des ehemaligen Zaren Nikolaus II. und seiner Familie gesucht, die zu der Zeit in Jekaterinburg ankam. Es wurden vor allem Arbeiter geworben. Viele meldeten sich. Auch ich und mein älterer Bruder Andrej traten dem Kommando bei. Es war im Haus gegenüber untergebracht – im Popow-Haus. Chef unseres Wachkommandos war der Sysserter Genosse Pawel Spiridonowitsch Medwedew – Arbeiter, Unteroffizier der zaristischen Armee, Teilnehmer der Kämpfe gegen die Dutow-Armee...

An den Zarentöchtern war nichts Besonderes. Ich hatte gedacht, sie müßten irgendwas Besonderes sein, aber das waren sie nicht. Wenn man ihre Kleider usw. unseren armen Mädchen anziehen würde, dann wären viele von ihnen besonders schön. Und der Zar, der sah für meine Begriffe gar nicht wie ein Zar aus. Der Exkaiser trug immer ein und dieselbe Uniformjacke. Er war etwas größer als mittelgroß. Er hatte blonde Haare und graue Augen. Er war lebhaft und beweglich. Er zwirbelte oft seinen rötlichen Schnurrbart...«

Endlich kommt Strekotin zur Beschreibung jener Nacht.

Es gibt noch einen Zeugen, mit dessen Augen wir diese Nacht sehen werden – Alexej Kabanow. Der Sohn des Tschekisten Medwedew-Kudrin erzählte mir von ihm. 1964 hatte ihm Kabanow auf seine Bitte hin in einem Brief ausführlich jene Nacht geschildert.

Und schließlich ist da noch Pjotr Jermakow, der Kommissar von Werch-Issetsk, einer der gnadenlosesten Teilnehmer jener Nacht. Seine »Erinnerungen« wurden in einer Geheimmappe des Swerdlowsker Parteiarchivs aufbewahrt. Auch sie gelangten dank einem Leser in meine Hände. (Von dem erstaunlichen Besuch dieses eigenartigen Helfers werde ich noch ausführlich erzählen).

Und noch ein Augenzeuge – der Tschekist Michail Medwedew-Kudrin. Ich habe mich oft mit seinem Sohn, dem Historiker M. M. Medwedew, unterhalten. Er ist im Milieu der Jekaterinburger Zarenmörder aufgewachsen, kennt die ausführlichen Erinnerungen seines Vaters und bewahrt in seinem Haus die schwarze Lederjacke auf, die sein Vater in jener Nacht trug.

Ich erhielt von Lesern Ausschnitte aus dem »Stenogramm der Erinnerungen von Teilnehmern der Erschießung«, das 1924 in Swerdlowsk zusammengestellt wurde, außerdem den Ausschnitt einer erstaunlichen Vorlesung, die der Mörder Jurowski im Mordhaus vor dem Parteiaktiv der Stadt hielt.

So hatte ich die freiwilligen Aussagen von fünf Leuten, die in jener Nacht dabeigewesen waren. Ich verglich sie mit den Aussagen des sechsten Zeugen, des anderen Medwedew, des Chefs der Wache. Sechs Augenzeugen haben die Mordnacht beschrieben.

Das Unwahrscheinliche geschah: Was ein ewiges Geheimnis bleiben sollte, wurde in allen Einzelheiten bekannt.

Die Vernichtung der Romanows

Chronik der Ipatjew-Nacht in den Aussagen von Augenzeugen

Jurowski: »Mitte Juli sagte mir Filipp (Golostschokin), falls die Front näher rückt, müßten wir uns auf die Liquidierung vorbereiten. Am 15. abends oder morgens kam er und sagte, daß die Liquidierung heute vonstatten gehen soll. Am 16. 7. kam aus Perm ein verschlüsseltes Telegramm mit dem Befehl, die Romanows zu vernichten. Am 16. 7. um sechs Uhr abends ordnete Filipp (Golostschokin) an, den Befehl auszuführen. Um Mitternacht sollte ein Wagen kommen, um die Leichen abzutransportieren.«

Also erhielt Golostschokin am 15. Juli von Bersin die Anweisung »Es ist soweit!« und setzte den Mechanismus der Erschießung in Gang. Am 16. Juli informierte er Moskau telegraphisch über die geplante Erschießung und wartete über Sinowjew auf Antwort. Inzwischen liefen im Ipatjew-Haus die Vorbereitungen.

Pawel Medwedew: »Jurowski befahl mir um acht Uhr abends, der Wachmannschaft alle Nagantrevolver abzunehmen. Ich sammelte die Revolver ein und brachte sie ins Zimmer des Kommandanten. Jurowski sagte: ›Heute werden wir die ganze Familie samt dem Doktor und den Dienern erschießen. Sage den Männern, sie sollen sich nicht aufregen, wenn sie Schüsse hören.‹ Ich fragte nicht, wer das beschlossen hatte.« Jurowski: »Wir brachten den Jungen weg, was die Romanows und ihre Leute sehr beunruhigte.«

Aus dem Tagebuch der Zarin: »Um acht Abendbrot... Ljoschka Sednew wurde heute plötzlich abgeholt, um sich mit seinem Onkel zu treffen. Es sollte mich wundern, wenn das die Wahrheit ist und wir den Jungen wiedersehen.«

Jurowski hatte recht, die Zarin glaubte ihm nicht. Und sie schickte den Arzt zum Kommandanten.

Jurowski: »Dr. Botkin kam und fragte nach dem Grund. Ich erklärte, der Onkel des Jungen habe im Gefängnis gesessen und sei geflohen. Jetzt sei er zurückgekommen und wolle den Neffen sehen. Am nächsten Tag wurde der Junge in seinen Heimatort (ich glaube, im Gouvernement Tula) geschickt.«

Pawel Medwedew: »Der Küchenjunge war auf Jurowskis Anweisung ins Popow-Haus gebracht worden, in den Raum der Wache. Gegen zehn sagte ich den Männern, sie sollten sich nicht aufregen, wenn sie Schüsse hören.«

In dieser Nacht hatte Strekotin in der unteren Etage am MG Wachdienst, direkt neben der Diele und jenem Zimmer.

Strekotin stand an seinem MG, als er auf der Treppe Schritte hörte.

Strekotin: »Jemand kam rasch die Treppe herunter, trat schweigend zu mir und gab mir einen Revolver. (Es war Medwedew.) ›Was soll ich damit?‹ fragte ich Medwedew. ›Heute ist die Erschießung‹, sagte er und ging rasch davon.«

Medwedew verschwand in der Dunkelheit, Strekotin blieb bei seinem MG.

Aus dem Tagebuch der Zarin: »10.30 ins Bett...«

Zu dieser Zeit stand im Hof auf Posten 7 (vor dem vergitterten Fenster jenes Zimmers) der Wachposten Derjabin. Posten 8, im Garten neben dem Dielenfenster, nahm der Schütze Klestschew ein. Von der Diele führte die Tür in eben jenes Zimmer. Die Tür stand offen, und er konnte das beleuchtete Zimmer gut sehen.

Klestschew und Derjabin hatten von Pawel Medwedew soeben erfahren, *was* geschehen sollte. Sie stellten sich so hin, daß sie alles beobachten konnten.

Die beiden angetrunkenen Wachposten Proskurjakow und Stolow kamen ins Popow-Haus. Medwedew jagte sie ins Badehäuschen auf dem Hof. Dort schliefen sie ein.

Es war kurz vor Mitternacht. Jurowski saß im Kommandantenzimmer, er wartete auf Jermakow, der mit dem Lastwagen kommen sollte, und war nervös. Der Lastwagen kam nicht pünktlich. Jurowski war »uneingeweiht«, er wußte nicht, daß Golostschokin auf Antwort aus Moskau wartete.

Strekotin: »Bald kamen Medwedew und Okulow oder noch wer herunter, ich erinnre mich nicht genau... (Akulow oder Okulow – das ist Nikulin. Er arbeitete unter dem Namen Okulow in der Tscheka.) Zur gleichen Zeit kam eine Gruppe von sechs, sieben Leuten, die ich nicht kannte. Akulow führte sie in ein Zimmer... Jetzt wurde mir endgültig klar, das ist die Erschießung.«

Das Erschießungskommando der Letten wartete bereits in einem Zimmer. Es lag neben jenem Zimmer, das schon hergerichtet und leer geräumt war.

Sie warteten wie Jurowski auf den Lastwagen. Die letzten Teilnehmer – Golostschokin und Beloborodow warteten auf Antwort aus Moskau. Um 21 Uhr 22 Minuten kam das über Sinowjew an Lenin geschickte Jekaterinburger Telegramm in Moskau an. Nach Jekaterinburger Zeit war es 22 Minuten nach elf. Zu der Zeit waren in Moskau bereits alle Fragen entschieden.

Akimow: »Der Rat der Volkskommissare und das WZIK schickten ein Telegramm mit der *Bestätigung* des Beschlusses. Swerdlow schickte mich mit diesem Telegramm zum Telegraphenamt, das damals in der Mjasnizkaja-Straße war.«

In dieser Zeit schlief die Zarenfamilie in Jekaterinburg im ersten Stock des Ipatjew-Hauses. Genauer, er schlief. Und sie? Sie horchte wahrscheinlich wie in den vergangenen Nächten auf die Geräusche vor dem Fenster... Auf den fernen Geschützdonner, der die baldige Befreiung versprach. Und sie wartete auf den ersehnten Schlaf. Natürlich muß sie gehört haben, wie der Lastwagen in den Hof fuhr.

Die Antwort aus Moskau traf erst in der Nacht ein, und gegen halb zwei fuhr der Lastwagen vor, um die Leichen abzuholen.

Auf die Parole »Schornsteinfeger« wurde das Tor geöffnet, und der Lastwagen rollte in den Hof.

Jurowski: »Der Lastwagen kam nicht um 12 Uhr, sondern erst halb zwei. Das verzögerte die Ausführung des Befehls. Unterdessen waren alle Vorbereitungen getroffen. Zwölf Mann (darunter sechs Letten) sollten mit Nagantrevolvern das Urteil vollstrecken. Zwei Letten weigerten sich, auf die Mädchen zu schießen... Sie weigerten sich im letzten Moment, und ich mußte sie durch andere ersetzen...

Als das Auto kam, schliefen alle.«

Pawel Medwedew: »Noch bevor Jurowski die Zarenfamilie wekken ging, waren zwei Mitarbeiter der Tscheka ins Ipatjew-Haus gekommen. Der eine war Pjotr Jermakow (von der Werch-Issetski-Fabrik), den andern kenne ich nicht...«

Den Namen des anderen teilt Jermakow mit.

Jermakow: »Ich erhielt den Beschluß über die Erschießung am 16. Juli um acht Uhr abends. Ich fuhr mit zwei Genossen hin, mit Medwedew und einem Letten, den Namen weiß ich nicht mehr...«

Der ehemalige Matrose Michail Medwedew-Kudrin, der mit Jermakow ins Ipatjew-Haus kam, war Mitglied des Kollegiums der Ural-Tscheka. (In Baku hatte er zusammen mit Mjasnikow in derselben illegalen Organisation der Sozialdemokratischen Partei gearbeitet. Zum 300jährigen Jubiläum der Romanowdynastie hatten sie ein Flugblatt in Umlauf gebracht, in dem Nikolaus zum Tode verurteilt wurde. Vor einem Monat hatte Mjasnikow dieses Urteil teilweise vollstreckt – er hatte die Ermordung von Nikolaus' Bruder organisiert. Jetzt war die Reihe an Medwedew-Kudrin, das Versprechen einzulösen.)

Das Erschießungskommando

Das Kommando war also zusammengestellt.

Sechs Letten von der Tscheka – wer waren die beiden, die sich weigerten? Unter denen, die sich nicht weigerten, war der Legende nach Imre Nagy, der spätere Führer der ungarischen Revolution von 1956. Zu den Letten gesellten sich noch Jurowski, Nikulin, Jermakow und die beiden Medwedews, Pawel Medwedew, der Chef der Wache, und der Tschekist Medwedew-Kudrin.

Noch einer war dabei. Zu Beginn der Erschießung kam er vom Dachboden herunter, wo er am MG stand: Alexej Kabanow, ein ehemaliger Leibgardist.

Der Zar hatte ein erstaunliches visuelles Gedächtnis. Jakimow erzählte dem Untersuchungsführer Sokolow folgende Begebenheit: »Eines Tages hatte Kabanow im Haus Wachdienst. Der Zar ging an ihm vorbei, blickte ihn an, blieb stehen und sagte: ›Sie haben in meinem berittenen Regiment gedient?‹ Kabanow bejahte.«

Jetzt diente der frühere Leibgardist in der Tscheka und führte den MG-Zug im Ipatjew-Haus.

Die Tatsache, daß ihn der Zar wiedererkannt hatte, bestimmte vielleicht seinen Entschluß. Kabanows Bruder hatte einen verantwortungsvollen Posten, er war Leiter des Jekaterinburger Gefängnisses. Alexej wollte der neuen Macht seine Ergebenheit bezeugen, indem er an der Erschießung teilnahm.

Pawel Medwedew: »Gegen Mitternacht (nach dem alten Kalender, in der dritten Stunde nach dem neuen) weckte Jurowski die Zarenfamilie. Ob er ihnen sagte, warum sie sich fertigmachen und wohin sie gehen sollten, weiß ich nicht...«

Strekotin: »In diesem Moment läutete die elektrische Klingel. So wurde die Zarenfamilie geweckt.«

Jurowski: »Ich ging sie wecken. Doktor Botkin kam heraus, er schlief nahe bei der Tür.« (In Wirklichkeit schrieb er seinen letzten Brief und wurde mitten im Wort unterbrochen.)

»Ich gab folgende Erklärung: Da es in der Stadt unruhig ist, müsse die Familie Romanow aus dem oberen Stockwerk ins untere umziehen. Ich forderte sie auf, sich sofort anzuziehen. Botkin weckte die übrigen. Sie zogen sich ziemlich lange an. Es dauerte mindestens vierzig Minuten. Als sie fertig waren, führte ich sie über die Innentreppe ins Souterrain.«

Jurowski: »Unten war ein Zimmer mit einer verputzten hölzernen Zwischenwand (um Querschläger zu vermeiden) ausgesucht worden, die Möbel wurden rausgeschafft. Das Kommando wartete im Nebenzimmer. Die Romanows ahnten nichts.«

Pawel Medwedew: »Den Thronfolger trug der Zar. Beide hatten Feldblusen an und Schirmmützen auf dem Kopf. Die Zarin und die Töchter trugen Kleider, nichts darüber. Der Zar ging mit dem Thronfolger voran. In meinem Beisein gab es keine Tränen, kein Schluchzen und keinerlei Fragen. Sie gingen die Treppe hinunter in den Hof und von dort durch die zweite Tür ins Erdgeschoß. Sie wurden in das Eckzimmer geführt, das an den Abstellraum grenzte. Jurowski befahl, Stühle zu bringen.«

Jurowski: »Nik(olaus) trug Alexej. Die übrigen hatten Kissen und kleine Gegenstände bei sich. Als A(lexandra) F(jodorowna) das leere Zimmer betrat, fragte sie: ›Was denn, keine Stühle? Kann man sich nicht mal setzen?‹ Der Kom(mandant) befahl, zwei Stühle zu bringen. Auf einen setzte Nik(olaus) den Jungen, auf den anderen setzte sich A(lexandra) F(jodorowna). Den übrigen befahl der Kom(mandant), sich in einer Reihe aufzustellen.«

Strekotin: »Alle wurden in jenes Zimmer geführt... neben meinem Posten. Akulow (Nikulin) kam heraus und sagte im Vorbeigehen zu mir: ›Der Thronfolger braucht einen Stuhl... Offenbar will er auf dem Stuhl sterben... Na schön, holen wir einen.‹«

Nikulin brachte die beiden Stühle, die Jurowski erwähnte. Einer war für die Zarin, der zweite für Alexej.

Die Zarin verlangte nicht aus Launenhaftigkeit einen Stuhl. Ihr taten ständig die Füße weh, sie konnte nicht lange stehen. Darum hatte sie auch den Rollsessel. Auch der Junge konnte nicht stehen, denn er litt an einem Anfall seiner Krankheit. Darum wollten sie auf Stühlen sterben.

Medwedew: »Die Zarin setzte sich an die Wand mit dem Fenster, neben den Stützpfeiler. Drei Töchter stellten sich hinter sie. Der Zar setzte sich in die Mitte des Zimmers, daneben der Thronfolger, hinter ihm stand Doktor Botkin. Die Dienerin, eine hochgewachsene Frau, stand neben dem linken Pfosten der Tür, die zum Abstellraum führte. Eine Zarentochter trat neben sie. Die Dienerin hielt ein Kissen in der Hand. Die Zarentöchter hatten auch kleine Kissen mitgebracht. Eins legten sie dem Thronfolger auf den Stuhl, eins der Zarin.«

In dieser Zeit sah Derjabin das gleiche Bild, aber aus einem andern Blickwinkel. Durch das Fenster des Souterrainzimmers sah er die Henker: »Sie stellten sich folgendermaßen auf: rechts vom Eingang Jurowski, links neben ihm Nikulin, die Letten standen in der Tür, hinter ihnen Medwedew (Paschka).«

Derjabin sah durchs Fenster einen Teil der Leute und vor allem Jurowskis Hand. Er sah, daß Jurowski mit der Hand fuchtelte und etwas sagte. Aber was er sagte, konnte Derjabin nicht wiedergeben. Er sagte, er habe nichts verstanden.

Strekotin: »Jurowski zeigte mit flinken Bewegungen, wer sich wohin stellen sollte. Er sagte mit leiser Stimme: ›Sie stellen sich bitte hierhin und Sie dahin... in einer Reihe.‹ Die Häftlinge stellten sich in zwei Reihen auf. In der ersten Reihe die Zarenfamilie, in der zweiten Reihe ihre Leute. Der Thronfolger saß auf dem Stuhl. In der ersten Reihe stand der Zar, hinter ihm ein Lakai.«

Ja, Nikolaus *stand*. Alles war genauso wie bei dem letzten Gottesdienst, als das »Mit den Heiligen zur Seelenruhe« erklang.

Unklar ist nur, warum sie sich so malerisch aufstellten. Bei dem Gottesdienst hatten sie sich vor Vater Storoschew und dem Diakon so hingestellt, aber jetzt, während sie *abwarteten*? Jurowski hatte ihnen nämlich gesagt, daß sie in dem Zimmer die Gefahr abwarten sollten. Warum also diese malerische Aufstellung? Und warum hatten sie nur um zwei Stühle gebeten? Es war doch ungewiß, wie lange sie »abwarten« mußten.

Die Erschießung

Dieser Mann rief mich nach der Veröffentlichung meines ersten Artikels an. Er sagte: »Ich werde Ihnen erzählen, was der zweiten Generation sowjetischer Aufklärer bei der Ausbildung gesagt wurde: Die Zarenfamilie mußte sich so aufstellen, wie es für die Erschießung am günstigsten war. Das Zimmer war klein, und es bestand die Befürchtung, daß sich alle zusammendrängten. Da hatte sich Jurowski etwas einfallen lassen. Er sagte ihnen, sie müßten ins Souterrain gehen, weil das Haus unter Beschuß geraten könnte. Außerdem müßte ein Photo von ihnen gemacht werden, denn in Moskau gingen Gerüchte um, daß sie geflohen seien. (Ende Juni war tatsächlich eine telegraphische Anfrage aus Moskau gekommen.)

Darum gingen sie hinunter und stellten sich an der Wand auf – für das Photo.

Jurowski: »Als sie sich hingestellt hatten, wurde das Kommando hereingerufen.«

Strekotin: »Die Männer gingen zu dem Zimmer, in das man gerade erst die Gefangenen geführt hatte. Ich verließ meinen Posten und folgte ihnen. Sie blieben an der Tür stehen, ich auch.«

Die Todesschützen drängten sich an der breiten zweiflügligen Tür. Bei ihnen stand Strekotin.

Jermakow: »Da ging ich hinaus und sagte zum Fahrer: ›Fang an!‹ Er wußte, was er zu tun hatte. Der Motor ratterte. Das war nötig, damit die Schüsse übertönt wurden und draußen nichts zu hören war.«

Der Fahrer Sergej Ljuchanow saß im Fahrerhaus, er lauschte dem Motor und wartete.

Jurowski: »Als das Kommando hereinkam, sagte der Kom(mandant) zu den Romanows: ›Angesichts der Tatsache, daß Ihre Verwandten fortgesetzt Anschläge auf Sowjetrußland verüben, hat das Ural-Exekutivkomitee verfügt, Sie zu erschießen. Nikolaus drehte sich zu seiner Familie um, dann schien er sich zu besinnen, wandte sich dem Kom(mandanten) zu und fragte: ›Was ist? Was ist?‹«

Strekotin: »Jurowski stand vor dem Zaren, die rechte Hand in der Hosentasche, in der linken hielt er ein kleines Stück Papier. Dann verlas er das Urteil. Aber bevor er das letzte Wort aussprechen konnte, fragte der Zar laut... Und Jurowski las noch einmal.«

Jurowski: »Der Kom(mandant) wiederholte hastig seine Worte und befahl dem Kommando, sich bereit zu machen... Nikolaus sagte nichts mehr, er drehte sich wieder zu seiner Familie um, die andern riefen durcheinander, das alles dauerte einige Sekunden.«

Die letzten Worte des letzten Zaren

»Er sagte nichts mehr.« So schreiben Jurowski und Strekotin.

Aber der Zar sagte noch ein paar Worte. Jurowski und Strekotin verstanden sie nicht, genauer, sie wollten sie nicht aufschreiben.

Jermakow schrieb sie auch nicht auf. Aber er merkte sie sich. Vieles vergaß er, aber an die Worte erinnerte er sich. Manchmal sprach er sogar davon.

Aus dem Brief von A. L. Karelin (Magnitogorsk):

»Man stellte Jermakow einmal die Frage: ›Was sagte der Zar vor der Hinrichtung?‹ Er antwortete: ›Der Zar sagte: ‚Sie wissen nicht, was sie tun.'‹«

Diesen Satz konnte sich Jermakow nicht ausdenken, dem Mörder und Atheisten waren diese Worte fremd. Und er konnte nicht wissen, daß diese Worte des Herrn auf dem Grabstein Sergej Alexandrowitschs standen, des ermordeten Onkels des Zaren. Der Zar hatte sie wiederholt. Auch Ella hatte am Grunde des Schachts gebetet: »Vergib ihnen, denn sie wissen nicht, was sie tun.«

Ein paar Monate später wurde ein anderer Romanow, der Großfürst Dmitri Konstantinowitsch, in der Peter-und-Pauls-Festung erschossen.

Der Gefängniswärter erzählte: »Als Dmitri Konstantinowitsch zur Erschießung geführt wurde, wiederholte er Christi Worte: ›Herr, vergib ihnen, denn sie wissen nicht, was sie tun‹« (aus den Erinnerungen des Großfürsten Gawriil Konstantinowitsch, »Im Marmorpalast«).

Nachdem Jurowski das Papier verlesen hatte, zog er ruckartig seinen Colt.

Jurowski: »Dem Kommando war vorher gesagt worden, wer auf wen schießen sollte, und es war befohlen worden, aufs Herz zu zielen, um größere Blutlachen zu vermeiden und schnell fertig zu werden.«

Strekotin: »Beim letzten Wort zog er den Revolver aus der Tasche und schoß auf den Zaren. Die Zarin und Olga versuchten, sich zu bekreuzigen, kamen aber nicht mehr dazu.«

Jurowski: »Nik(olaus) wurde vom Kommandanten getötet. Er war auf der Stelle tot. Gleich darauf starb A(lexandra) F(jodorowna)...«

Jurowski schreibt, daß er den Zaren tötete. Strekotin sah auch, daß Jurowski nach dem Verlesen des Papiers sofort die Hand mit dem Revolver hochriß und auf den Zaren schoß.

Übrigens hatte Jurowski an dem Tag zwei Waffen bei sich.

Jurowski: »Einen Colt Nummer 71 905 mit Magazin und sieben Patronen und eine Mauser Nummer 167 177 mit Holzfutteral und einem Magazin mit zehn Patronen. Mit dem Colt habe ich Nikolaus mit einem Schuß getötet...«

Aber Strekotin beobachtete damals nur Jurowski und sah nur seine Hand mit dem Colt, der auf den ehemaligen Zaren gerichtet war.

Später sollten noch zwei Schützen behaupten, den Zaren erschossen zu haben.

Der Sohn des Tschekisten Medwedew: »Den Zaren hat mein Vater erschossen. Wie ich schon sagte, hatten sie vorher abgesprochen, wer wen erschießen sollte. Jermakow den Zaren, Jurowski die Zarin, mein Vater Maria. Aber dann stand mein Vater genau vor Nikolaus. Während Jurowski das Papier verlas, musterte mein Vater den Zaren. Er hatte ihn noch nie von so nahem gesehen. Kaum hatte Jurowski die letzten Worte wiederholt, schoß mein Vater auch schon. Und tötete den Zaren. Er war schneller als die andern. Er hatte als einziger einen Browning. Bei Mauser, Nagant und Colt muß erst der Hahn gespannt werden, das kostet Zeit. Beim Browning ist das nicht nötig.«

Jermakow: »Ich habe aus nächster Nähe auf ihn geschossen, er stürzte sofort...«

Ich bin überzeugt, daß alle zwölf Revolutionäre, die sich an der Tür des schrecklichen Zimmers drängten, gekommen waren, um den Zaren zu töten. Alle zwölf gaben die erste Kugel auf ihn ab. Die triumphierende Inschrift, die sie an der Wand zurückließen: »Belsazar ward in selbiger Nacht von seinen Knechten umgebracht«, ist wörtlich zu nehmen. Darum stürzte Nikolaus sofort mit solcher Wucht nieder.

Erst danach nahmen sie sich die anderen vor, und es kam zu einer wilden Schießerei.

Kabanow: »Ich erinnere mich genau: Als wir Teilnehmer der Hinrichtung zur offenen Tür kamen, bildeten sich drei Reihen von Schützen, und die in der zweiten und dritten Reihe schossen über die Schultern der vorn Stehenden hinweg. Alle standen mit ihren Revolvern so dicht beieinander, daß die vorn Stehenden von den Schüssen der Hinteren versengt wurden.«

In dem kleinen Zimmer befanden sich nur die elf Opfer. Sie rannten in dem Käfig hin und her, und die zwölf Schützen feuerten pausenlos von der Tür auf sie. Dabei wurden die vorn Stehenden versengt.

Der Sohn des Tschekisten Medwedew: »Bei meinem Vater war der Hals verbrannt, bei Jurowski ein Finger.«

Jurowski: »Alexej, drei seiner Schwestern, die Hofdame und Botkin lebten noch. Sie mußten durch weitere Schüsse getötet werden.

Das wunderte den Kom(mandanten), denn es war doch aufs Herz gezielt worden. Verwunderlich war auch, daß die Kugeln von etwas abprallten und wie Hagelkörner durchs Zimmer sprangen...«

Der Zar war also von den ersten Schüssen niedergestreckt worden, von allen Schützen. Auch die Zarin war tot, auf dem Stuhl erschossen. Der Diener Trupp war gleich nach seinem Herrn zusammengebrochen. Dann starben Botkin und der Koch Charitonow. Aber die Mädchen lebten immer noch. Die Kugeln prallten seltsamerweise von ihnen ab und flogen durchs Zimmer. Die Demidowa rannte kreischend durch das Zimmer. Sie hielt sich das Kissen vor, und die Männer feuerten Kugel um Kugel auf dieses Kissen ab.

Das Kommando ballerte wie von Sinnen. In dem Pulverrauch war kaum die Glühbirne zu sehen. Die Toten lagen in Blutlachen auf dem Boden. Auch der Junge lag am Boden, er streckte eine Hand aus und versuchte sich vor den Kugeln zu schützen. Nikulin begriff nicht, wieso der Junge noch lebte, und feuerte voller Entsetzen immer wieder auf ihn.

Jurowski: »Mein Stellvertreter verschoß das ganze Magazin (der Grund für die merkwürdige Zählebigkeit des Thronfolgers ist wohl mangelnde Beherrschung der Waffe oder Nervosität infolge der Schwierigkeiten mit den »gepanzerten« Töchtern).«

Als der Kommandant in den beißenden Rauch ging, »...verbrauchte er die restlichen Patronen des Colts und der Mauser für Nikolaus' Töchter und den zählebigen Thronfolger«.

Mit zwei Schüssen machte er dieser »Zählebigkeit« ein Ende. So nahm er an. Der Junge rührte sich nicht mehr.

Kabanow: »Die beiden jüngeren Zarentöchter hockten an der Wand und bedeckten den Kopf mit den Händen. Zwei Männer schossen auf ihre Köpfe. Alexej lag am Boden, auf ihn wurde auch geschossen. Die Hofdame lag noch lebend am Boden. Da lief ich in den Raum und rief: ›Aufhören mit der Schießerei, wir erledigen sie mit dem Bajonett...‹ Ein Genosse versuchte, der Hofdame das Bajonett eines amerikanischen Winchestergewehrs in die Brust zu stoßen. Aber es war stumpf und drang nicht ein. Sie griff mit beiden Händen nach dem Bajonett und schrie... Dann wurde sie mit Gewehrkolben erschlagen.«

Jetzt lagen alle elf auf dem Boden, kaum zu sehen in dem Rauch.

Pawel Medwedew: »Das Blut floß in Strömen. Als ich hereinkam, lebte der Thronfolger noch und stöhnte. Jurowski trat zu ihm und schoß zwei- oder dreimal auf ihn. Der Thronfolger verstummte. Mir wurde schlecht bei dem Anblick.«

Der Sohn des Tschekisten Medwedew: »Als Pawel Medwedew zurückkam, trat er zu dem am Boden liegenden Zaren und schoß das ganze Magazin auf ihn leer. Das taten dann auch andere.«

Strekotin: »Der Rauch trübte das elektrische Licht. Die Schießerei war zu Ende. Die Türen wurden geöffnet, damit der Rauch abziehen konnte. Wir begannen, die Leichen hinauszutragen.«

Eile tat not. Der Lastwagen mußte abfahren, solange es noch Nacht war. Hastig drehten sie die Leichen um, fühlten den Puls.

Jurowski: »Die ganze Prozedur einschließlich Überprüfung (Fühlen des Pulses usw.) dauerte zwanzig Minuten.«

Die Leichen mußten durch alle Zimmer der unteren Etage zum Haupteingang getragen werden, wo der Lastwagen stand.

Pawel Medwedew kam auf die Idee, sie in Bettlaken zu wickeln, damit das Blut nicht die Zimmer volltropfte. Er ging hinauf in die Zarenzimmer. Als er im Schlafzimmer der Mädchen die Laken einsammelte, nahm er den Überzug vom Bett, wischte sich die blutbeschmierten Hände daran ab und warf ihn in die Ecke. Der Überzug wurde später gefunden, mit den Blutspuren von Medwedews Fingern.

Pawel Medwedew: »Die Leichen wurden auf Bahren hinausgetragen, angefertigt aus Laken, die über Schlittendeichseln gespannt waren.«

Strekotin: »Zuerst wurde die Leiche des Zaren hinausgetragen. Die Leichen wurden auf den Lastwagen gelegt.«

Der Boden des Lastwagens wurde mit einer Plane ausgelegt, die in dem Abstellraum die Sachen der Zarenfamilie bedeckt hatte.

In dem großen Laken aus dem Ehebett wurde als erster der Zar hinausgetragen. Dann die Töchter.

Strekotin: »Als wir eine der Töchter auf die Bahre legten, schrie sie auf und bedeckte das Gesicht mit der Hand. Es stellte sich heraus, daß auch andere (Töchter) noch lebten. Schießen konnten wir nicht mehr, die Türen standen offen, und man hätte die Schüsse auf der Straße gehört. Nach den Worten von Kameraden waren sie auf allen Posten zu hören.«

Als sich die verletzte Großfürstin in dem Laken mit einem Schrei aufsetzte und ihre Schwestern sich am Boden bewegten, ergriff Entsetzen das Erschießungskommando.

Sie kannten noch nicht den Grund der »merkwürdigen Zählebigkeit«, wie sich Jurowski ausdrückte. Ihnen schien, der Himmel selber sei gegen sie. Doch die Tschekisten standen ihren Mann. Jermakow gab das Beispiel. Er hatte keine Angst vor dem Himmel.

Strekotin: »Jermakow nahm mein Gewehr und erstach mit dem Bajonett alle, die noch lebten.«

Der Palast in Liwadia, Kinderbälle, der Prunk des Winterpalasts, das Warten auf die Liebe... Das alles endete auf dem schmutzigen Fußboden unter grauenhaften Schmerzen...

Jurowski: »Als man eins der Mädchen mit dem Bajonett erstechen wollte, drang dieses nicht durch das Korsett.«

Als sie zum Lastwagen getragen wurden, lebte eine der Verletzten noch. Aber man hatte doch den Puls geprüft!

Doch was war das schon für eine Überprüfung – in diesem Rauch, in dieser Atmosphäre des Entsetzens, zwischen den »Blutlachen«.

Die Hingerichteten wurden zum Lastwagen getragen. Zuvor hatte man ihnen den Schmuck und die Wertsachen abgenommen. Wie Sokolow in seinem Untersuchungsbericht schreibt, begann Strekotin die Toten sofort zu durchsuchen und Schmucksachen an sich zu nehmen.

Strekotin: »Als die Leichen hinausgetragen wurden, nahmen sich einige von unseren Genossen verschiedene Dinge, die sie bei den Toten fanden: Uhren, Ringe, Armreifen, Zigarettenetuis und anderes. Das wurde dem Gen. Jurowski gemeldet, und er kam herunter. Da wurde gerade die letzte Leiche hinausgeschafft. Gen. Jurowski sagte, alle sollten freiwillig herausgeben, was sie den Leichen abgenommen hatten. Der eine gab alles ab, ein andrer einen Teil, ein dritter gar nichts...«

Jurowski: »Dann wurden die Leichen in das mit einer Plane ausgelegte Auto gebracht, die das Blut aufsaugen sollte. Hierbei wurde gestohlen, und drei zuverlässige Genossen mußten mit der Bewachung der Leichen beauftragt werden. Unter Androhung der Erschießung wurde alles Gestohlene zurückgegeben (goldene Uhren, ein brillantenbesetztes Zigarettenetui usw.).«

Der Sohn des Tschekisten Medwedew: »Als man im Ipatjew-Haus den toten Romanows die Wertsachen abnahm, waren im Nu die Uhren verschwunden. Auch die von Botkin. Da sagte Jurowski: ›Wir gehen jetzt hinaus und kommen in drei Minuten wieder. Dann sind die Uhren an ihrem Platz.‹ Jurowski wachte sorgfältig darüber, daß nichts gestohlen wurde. Als der Zar niederstürzte, flog seine Mütze in eine Ecke. Später nahm einer der Wachposten, die die Leichen hinaustrugen, die Mütze an sich. Jurowski machte meinen Vater mit einer Kopfbewegung darauf aufmerksam. Mein Vater holte die Mütze. Es war eine ganz gewöhnliche Schirmmütze ohne Initialen. Mein Vater machte die Kokarde ab und behielt sie. Ich habe als Kind mit dieser Kokarde gespielt. Später ging sie bei einem Umzug verloren. In der Schule führten wir einmal ein Theaterstück auf. Ich spielte mit der Kokarde einen Gendarmen.«

Nun lag die Zarenfamilie auf dem Lastwagen, zugedeckt mit Segeltuch. Irgendwer fand bei einer Großfürstin ein totes Hündchen. Es wurde auf den Lastwagen geworfen – mochte es die Zarenfamilie bewachen.

Jurowski: »Der Kom(mandant) war nur beauftragt, das Urteil zu vollstrecken. Für den Abtransport der Leichen war Gen. Jermakow (Arbeiter der Werch-Issetski-Fabrik, ehemaliger politischer Sträfling) verantwortlich. Er war mit dem Lastwagen gekommen und auf die Parole ›Schornsteinfeger‹ eingelassen worden. Das verspätete Eintreffen des Autos ließ beim Kom(mandanten) Zweifel an der Zuverlässigkeit Jermakows aufkommen, und der Kom(mandant) beschloß, die Operation bis zum Schluß zu überwachen. Gegen drei fuhren wir los, zu der Stelle, die Jermakow hinter der Werch-Issetski-Fabrik ausgesucht hatte. Der Transport sollte zuerst mit dem Auto erfolgen und ab einem bestimmten Punkt mit Pferden (weil das Auto dort nicht weiterkam, die ausgewählte Stelle war ein aufgegebener Schacht).«

Zwei Tage und Nächte verbrachten Jurowski und Jermakow mit den Leichen.

Jurowski beschreibt die Beerdigung der Zarenfamilie sehr ausführlich. An dieser Stelle unterbrechen wir. Wir werden auf den

Lastwagen, der jetzt mit seiner schrecklichen Fracht durch die nächtliche Stadt fährt, noch zurückkommen.

Das Tor öffnete sich, und in der anbrechenden Dämmerung fuhr der Lastwagen auf den Wosnessenski-Prospekt.

Strekotin: »Erst als die Leichen verladen waren und das Auto abfuhr, wurde unsere Schicht abgelöst.«

17. Der Besucher

Er rief mich an und bat um eine Begegnung. Ich hörte eine brüchige Greisenstimme und sagte: »Ich kann zu Ihnen kommen.« Aber er wehrte sofort ab wie viele andere seiner Generation, die mich angerufen hatten. »Wozu? Ich komme zu Ihnen.« Dann lachte er. »Nicht daß Sie denken, ich hätte Angst... Nein, vor mir hatten viele Angst. Ich bin ein alter Soldat und gehe gern zu Fuß.«

Nun sitzt er in meinem Zimmer.

Er klopft sich aufs Knie und zeigt lachend auf seine alte Hose. Eine ehemals grüne Pluderhose.

»Diese Hose gehörte Nikolaus. Ich habe sie 1945 in der Tschechoslowakei erworben. Von einem ehemaligen Legionär. 1918 hatte er sie in Jekaterinburg gekauft. Er besaß angeblich viele Sachen von der Zarenfamilie. (Er lacht.) Nein, nein, ich bin nicht überzeugt, daß es die Hose des letzten Kaisers ist... Aber zumindest stammt sie aus jener Epoche. Ich mag diese Hose und erlaube mir manchmal diese Verkleidung... Nun zu der Sie interessierenden Sache. Ich habe viele Jahre in einer ernst zu nehmenden Behörde gearbeitet. In Swerdlowsk. Seit langem..., nein, nicht aus Arbeitsgründen..., sondern aus einem inneren Bedürfnis... fesselt mich Ihr Thema... Genauer, mich interessiert *eine Frage*. Sie hat mich schon beschäftigt, als Sie noch gar nicht auf der Welt waren, und mein Leben lang suche ich eine Antwort darauf. Es begann damit, daß ich Pjotr Jermakow kennenlernte. Ich kannte ihn ganz gut. Er war ein komplizierter Mensch. Genauer, ein simpler. Es juckte ihn in den Fingern zu töten. Wegen seiner revolutionären Unbändigkeit wurde er ›Genosse Mauser‹ genannt. In der Zarenzeit hatte er einen Provokateur auf eine überaus originelle Weise getötet, darauf kommen Sie nie ... Er sägte ihm den Kopf ab. Als beschlossen wurde, die Leichen der Zarenfamilie unkenntlich zu machen, ist er, wie die Jekaterinburger Legende besagt, in die Apotheke gefahren, um einen Vorrat an Schwefelsäure zu holen. Der Apotheker hatte Bedenken, denn Jermakow verlangte eine sehr große Menge. Jermakow wollte den Mann eigentlich umstimmen, aber aus einem Reflex heraus erschoß er ihn ... Wissen Sie eigentlich, daß Jermakow allen und jedem erklärt hat, daß er es war, der den Zaren erschoß? Wie hat Jurowski darauf reagiert?«

Das weiß ich sehr gut.

Seit 1921 lebte Jurowski in Moskau. Er arbeitete im Staatlichen Schatzamt.

Der Sohn des Tschekisten Medwedew: »Sie trafen sich häufig in unserer Wohnung, die ehemaligen Zarenmörder, die jetzt in Moskau lebten.«

(Ja, bald nach der Erschießung zogen sie nach Moskau und stiegen auf. Beloborodow wurde Dserschinskis Stellvertreter in der Tscheka. Golostschokin bekleidete hohe Ämter. Die Jekaterinburger Herrscher wurden zu »Kreml-Bojaren«. Nur der Tschekist Medwedew war bescheidener. Er langte nicht nach den Sternen und brachte es nur zum Oberst, zum Lehrer an der Milizschule. Darum überlebte er. Die Kreml-Bojaren hingegen kamen alle ums Leben.)

Aber in den zwanziger Jahren lebten sie noch. Und waren jung. Sie tafelten gern in dem gastfreundlichen Haus Medwedews. Golostschokin, Nikulin und natürlich Jurowski.

Der Sohn des Tschekisten Medwedew: »Mein Vater machte sich oft über Jurowskis Anmaßung lustig, den Zaren erschossen zu haben. Einmal schlug mir der Vater ein Experiment vor. Er besaß eine ganze Kollektion von Waffen: Mauser, Colt und Browning. Und er schlug vor auszuprobieren, wer mit welcher Waffe schneller schoß. Wir machten das Experiment. Natürlich schoß der Browning als erster. Er war auch damals der erste gewesen. Jurowski stritt mit meinem Vater nie darüber. Einmal sagte er sogar: ›Ach, du hast mich nicht ausreden lassen, hast mit der Schießerei angefangen! Als ich ihm das zweitemal die Verfügung vorlas, wollte ich hinzufügen, daß es die Rache für die Hinrichtung der Revolutionäre sei.‹«

So unterhielten sie sich bei einer Tasse Tee darüber, was für ein Glück sie hatten, die historische Mission zu erfüllen.

Aber bald erhielt Jurowski einen weitaus gefährlicheren Rivalen in Pjotr Jermakow. Der ehemalige Kommissar von Werch-Issetsk erklärte seit 1918 überall, den Zaren habe *er* getötet.

Jurowski begann um die »Ehre der Erschießung des letzten Zaren« zu kämpfen. Das war einer der Gründe, warum er seine »Aufzeichnung« dem Historiker Pokrowski übergab. Der führende sowjetische Historiker sollte in der offiziellen sowjetischen Geschichtsschreibung Jurowski für immer als Zarenmörder festhalten.

Inzwischen war das Jahr 1927 angebrochen. Der zehnte Jahrestag der Revolution. Jurowski lebte im Vorgefühl des Jahres 1928 – des zehnten Jahrestages der Erschießung der Zarenfamilie.

Damals übergab er seine beiden Waffen dem Revolutionsmuseum, wo die Geschichte der neuen Zeit aufbewahrt wurde.

Aber prompt erfolgte die Antwort: Im selben Jahr übergab Pjotr Jermakow dem örtlichen Revolutionsmuseum seine Mauser.

Aus der Akte des Swerdlowsker Revolutionsmuseums:

»Am 10. Dezember 1927 erhielten wir vom Genossen P. S. Jermakow die Mauser 161474, mit der nach Jermakows Aussage der Zar erschossen wurde.«

Jurowski machte einen neuen Schachzug.

Der Sohn des Tschekisten Medwedew: »1927 schlug Jurowski dem ZK der KPdSU (B) vor, zum zehnten Jahrestag der Erschießung der Romanows einen Sammelband mit Dokumenten und Erinnerungen von Teilnehmern der Erschießung herauszubringen (vor allem Erinnerungen von Nikulin und Strekotin, die bestätigten, daß er den historischen Schuß auf den Zaren abgegeben hatte). Doch Golostschokin, Mitglied des Kollegiums der OGPU, richtete ihm Stalins mündlichen Befehl aus: ›Nichts veröffentlichen und überhaupt den Mund halten.‹«

Schon damals, 1927, begann Stalin seinen Kampf gegen das menschliche Gedächtnis: Der Tod der Zarenfamilie war mit vielen Namen verknüpft, die für immer vergessen sein sollten. Hauptankläger in dem geplanten Prozeß gegen Romanow hatte Trotzki sein sollen; der Vorsitzende des Ural-Sowjets, Beloborodow, war Trotzkist gewesen (auch wenn er bereut hatte) usw.

Wie immer gab es zwei Modelle: »für die andern« und »für uns«. Für die andern, d. h. für die »fortschrittliche Weltöffentlichkeit«, blieb alles beim alten: Die Erschießung des blutigen Despoten war die heilige Rache der Volksrevolution. Als in den dreißiger Jahren der Journalist Richard Hollyburton nach Swerdlowsk kam, erzählte ihm Jermakow bereitwillig von der Erschießung der Romanows und davon, daß er eigenhändig den Zaren erschossen habe. Aber wir erinnern daran, daß ohne Genehmigung der »zuständigen Organe« eine Begegnung mit einem ausländischen Journalisten unmöglich gewesen wäre. Hollyburton war beeindruckt von Jermakows Offenheit. Der gewiefte Tschekist erklärte sie damit, daß er an Kehlkopfkrebs leide und sozusagen vor dem Tod eine Beichte ablege. Doch Jermakow erfreute sich danach noch 20 Jahre bester Gesundheit. Die Krankheit hatte er sich bei seinem Freund im Ural-Sowjet ausgeliehen. Von diesem Freund wird noch die Rede sein.

Bis zum letzten Tag kämpfte der »Genosse Mauser« um seinen Anspruch, den Zaren erschossen zu haben. In vielen Ferienlagern der Jungen Pioniere erzählte er zu den Jahrestagen der Erschießung am Lagerfeuer enthusiastisch von seiner Tat.

Aus einem Brief von A. L. Karelin (Magnitogorsk):

»Ich hatte Gelegenheit, Jermakow, einen der ›Helden‹, die an der Erschießung der Zarenfamilie teilgenommen hatten, zu sehen und zu hören. Das war 1934 oder 1935 in einem Pionierferienlager in der Nähe von Tscheljabinsk. Ich war damals 12 oder 13 Jahre alt, und es hat sich mir eingeprägt, was Jermakow am Lagerfeuer erzählte. Er wurde uns als Held vorgestellt. Wir schenkten ihm Blumen. Mein Gott, wie wurden wir zum Patriotismus erzogen! Ich blickte Jermakow voller Neid an. Er beendete seine ›Vorlesung‹ mit den feierlichen Worten: ›Ich habe eigenhändig den Zaren erschossen.‹ Dann zählte er alle Mitglieder der Zarenfamilie mit Vor-und Vatersnamen auf. Jermakow sagte, die Erschießung habe Lenin persönlich angeordnet...«

An jenem Abend erwähnte Jermakow auch die letzten Worte des Zaren.

Er schrieb ebenfalls seine »Erinnerungen« und übergab sie zum 30. Jahrestag der Erschießung dem Swerdlowsker Parteiarchiv.

Ich hatte viel von Jermakows »Erinnerungen« gehört. Natürlich bekam ich sie nicht zu sehen, denn sie unterlagen der Geheimhaltung. Aber aus Leserbriefen kannte ich bereits etliche Zitate aus diesen »Erinnerungen«.

Das erzählte ich meinem Besucher. Er griente nur und sagte: »Auch mich beschäftigte dieser Kampf um den Anspruch, der Zarenmörder zu sein. Sie haben recht, 1947 verfaßte Jermakow seine ›Erinnerungen‹. Aber auch schon vorher, zu Jurowskis Lebzeiten, hat er einiges geschrieben.«

Er öffnete seinen Diplomatenkoffer und nahm Papiere heraus.

»Bleiben Sie ruhig, und versuchen Sie nicht, unbemerkt das Tonbandgerät einzuschalten, zumal Ihnen das sowieso nicht gelingt... Ich überlasse Ihnen diese Dokumente. Lesen Sie für den Anfang das erste.«

Ich begann zu lesen:

»Aus dem kurzen Lebenslauf P. S. Jermakows.

Ende Juni 1918 bestimmte mich das Ural-Exekutivkomitee zum Chef der Wache des Hauses zur besonderen Verwendung, in dem der ehemalige Zar Romanow und seine Familie arretiert waren. Am 16. Juli 1918 führte ich den Beschluß des Gebiets-Exekutivkomitees über die Erschießung des ehemaligen Zaren Romanow aus, *ich* erschoß den Zaren und ebenfalls die Familie. Die Leichen wurden auch von *mir persönlich* verbrannt. Als die Weißen Swerdlowsk einnahmen, gelang es ihnen nicht, die Überreste der Leichen zu finden. 3. August 1932« (Swerdlowsk, Parteiarchiv, Fonds 41, Verzeichnis 2, Akte 79, Blatt 12).

Mein Besucher fuhr fort: »Wie Sie sehen, ist jedes Wort in diesen wenigen Zeilen erfunden. Wäre es für Jurowski nicht ein leichtes gewesen, die Ansprüche des verlogenen Rivalen ein für allemal zu widerlegen? Aber irgend etwas schien den eisernen Kommandanten von Anfang an daran zu hindern. Er wollte wohl eine direkte Konfrontation mit Jermakow vermeiden. Statt dessen veranstaltete er an einem Januarabend 1934 im Ipatjew-Haus eine öffentliche Vorlesung für das Parteiaktiv.

Kurzum, Jurowski bekräftigte in dieser Vorlesung seine ›Aufzeichnung‹. Aber Jermakows Ansprüchen trat er recht bescheiden entgegen: ›Wie ich gehört habe, erzählen einige Genossen, sie hätten Nikolaus erschossen. Geschossen haben sie vielleicht, das mag sein...‹

So konnte Jermakow schon zu Jurowskis Lebzeiten seelenruhig seine Phantastereien verbreiten, als wisse er genau, daß Jurowski es nie wagen werde, ihn zu entlarven. Es schien einen Umstand zu geben, der jede Konfrontation ausschloß.

Nach dem Krieg, Ende der vierziger Jahre, begann ich mich dafür zu interessieren.

Übrigens übergab Jermakow außer seinen ›Erinnerungen‹ dem Swerdlowsker Parteiarchiv einen ausführlichen Lebenslauf. Der unterliegt auch der Geheimhaltung. Aber ich habe gehört, daß man ihn jetzt publizieren will...« Lächelnd fügte er hinzu: »Doch bis es soweit ist... Kurzum, das habe ich Ihnen auch mitgebracht, Sie können es behalten.«

Endlich konnte ich das lesen, wonach ich schon so lange suchte!

»Dieser Teil der ›Erinnerungen‹ heißt ›Erschießung des ehemaligen Zaren‹. Das ist nicht alles, es geht nur bis zu dem Moment, wo der Lastwagen mit den Leichen durchs Tor fährt. Den Schluß gebe ich Ihnen später.«

An die »Erinnerungen« war ein Auszug aus dem Lebenslauf angeheftet: »Mir wurde das große Glück zuteil, das proletarische sowjetische Urteil gegen den Tyrannen zu vollstrecken, den gekrönten Selbstherrscher, der in seiner Regierungszeit Tausende Menschen verurteilen, hängen und erschießen ließ, wofür er sich vor dem Volk verantworten mußte. Ich habe vor dem Volk und dem Land meine Pflicht in Ehren erfüllt, ich habe an der Erschießung der gesamten Herrscherfamilie teilgenommen« (Swerdlowsk, Parteiarchiv, Fonds 41, Verzeichnis 2, Akte 79, Blatt 5–6).

In seinen »Erinnerungen« ging Jermakow noch weiter:

»Das Jekaterinburger Exekutivkomitee faßte den Beschluß, Nikolaus zu erschießen, aber aus irgendeinem Grund stand in der Verfügung nichts über die Erschießung der Familie. Als man mir den Auftrag erteilte, sagte man: ›Dir wird das Glück zuteil, sie zu erschießen und so zu begraben, daß niemand je die Leichen findet, du trägst dafür die Verantwortung, wir vertrauen dir als altem Revolutionär.‹

Ich nahm den Auftrag an und sagte, daß alles ordentlich erledigt wird. Ich suchte die Stelle aus, wo sie versteckt werden sollten, wobei ich alle Umstände des wichtigen politischen Moments berücksichtigte.

Als ich Beloborodow meldete, daß ich alles vorbereitet hatte, sagte er: ›Mach es so, daß alle erschossen werden, das haben wir beschlossen.‹ Ich fragte nicht weiter, sondern erfüllte alles so, wie es sein mußte.

Ich erhielt die Verfügung am 16. Juli um acht Uhr abends und fuhr mit zwei Genossen hin, mit Medwedew und einem Letten (den Namen weiß ich nicht mehr), der bei mir im Strafkommando diente. Ich traf Punkt 10 Uhr im Haus zur besonderen Verwendung ein; bald darauf kam mein Auto, ein kleiner Lastwagen. Um 11 Uhr wurden die inhaftierten Romanows und ihre Leute aufgefordert, in das untere Stockwerk zu gehen. Sie fragten: ›Weshalb?‹ Ich sagte: ›Sie werden ins Zentrum gebracht, hier können Sie nicht länger bleiben, es droht Gefahr.‹ – ›Und unsere Sachen?‹ fragten sie. Ich sagte: ›Wir packen Ihre Sachen zusammen und geben Sie Ihnen in die Hand.‹ Sie waren einverstanden und gingen nach unten, wo längs der Wand Stühle aufgestellt waren.

Ich erinnere mich genau: Ganz außen setzte sich Nikolaus, dann Alexej, Alexandra, die älteste Tochter Tatjana, dann Doktor Botkin, dann die Hofdame und die übrigen. Als sich alles beruhigt hatte, ging ich hinaus und sagte zum Fahrer: ›Fang an.‹ Er wußte, was er zu tun hatte. Der Motor ratterte. Das war notwendig, damit die Schüsse übertönt wurden und draußen nichts zu hören war. Die Sitzenden warteten auf etwas. Sie waren alle in angespannter Verfassung und wechselten hin und wieder ein paar Worte. Alexandra sagte etwas in einer anderen Sprache. Als alles bereit war, übergab ich dem Kommandanten Jurowski in seinem Arbeitszimmer die Verfügung des Gebiets-Exekutivkomitees. Er hatte Zweifel: ›Warum alle?‹ Aber ich sagte ihm: ›Es muß sein, was sollen wir lange darüber reden, die Zeit ist knapp, wir müssen anfangen.‹ Ich ging zusammen mit dem Kommandanten hinunter. Dazu muß ich sagen, daß schon vorher ausgemacht war, wer wen erschießen sollte. Ich hatte Nikolaus, Alexandra, eine Tochter und Alexej gefordert, denn ich besaß eine Mauser, mit der läßt sich arbeiten. Die übrigen hatten Nagantrevolver. Als wir unten waren, warteten wir noch etwas. Dann befahl der Kommandant allen aufzustehen. Sie standen auf, nur Alexej blieb sitzen. Ich las das Urteil vor, in dem stand, daß das Exekutivkomitee die Erschießung verfügt hat. Da rief Nikolaus: ›Sie bringen uns also nirgendwohin?‹ Die Zeit drängte, ich schoß aus nächster Nähe auf ihn, er fiel sofort um. Da fingen sie an zu weinen und fielen einander um den Hals. Wir gaben etliche Schüsse ab, und alle stürzten zu Boden. Ich prüfte ihren Zustand, und wer noch lebte, der kriegte von mir noch eine Kugel. Nikolaus war von der ersten Kugel tot, auf seine Frau waren zwei Schüsse abgegeben worden, auf die andern auch mehrere. Nach der Überprüfung des Pulses, als schon alle tot waren, gab ich Anweisung, sie zum Auto zu tragen und hineinzulegen, was auch geschah, alle wurden mit einer Zeltplane zugedeckt« (Fonds 221, Verzeichnis 2, Registriernummer 774).

»Ich habe Ihnen extra den Archivnachweis angegeben, um jeden Zweifel auszuschließen«, sagte mein Besucher, als ich zu Ende gelesen hatte.

Trotzdem prüfte ich es nach. Zu der Zeit hatte ich von einer Leserin aus Swerdlowsk einen Brief mit Auszügen von Jermakows »Erinnerungen« bekommen. Die hatte ihr Mann angefertigt, ein Politoffizier, der Zugang zum Geheimarchiv hatte. Beide Texte stimmten völlig überein.

Vor mir lagen tatsächlich die authentischen »Erinnerungen« eines der Hauptakteure jener ungeheuerlichen Nacht.

»Sind das nicht sonderbare ›Erinnerungen‹?« fuhr mein Besucher fort. »Kaum ein Detail stimmt.« Während Jurowskis »Aufzeichnung« und die Aussagen der übrigen Augenzeugen übereinstimmten, wies Jermakows Erzählung sehr viele Ungenauigkeiten auf.

»Erstens verwechselt er sich mit Jurowski, schreibt sich zu, was der Kommandant getan hat. Aber läßt man diese prahlerischen Hirngespinste mal beiseite, so sind die ›Erinnerungen‹ eine verfälschte Sammlung von allgemein bekannten Fakten. Sowie er ins Detail geht, beginnen die Fehler. Der Lastwagen kam nicht um 10 Uhr, sondern um Mitternacht nach dem alten Kalender, das heißt, gegen zwei nach dem neuen. Nicht nur Jermakow hatte eine Mauser, sondern auch Jurowski, die Verfügung verlas Jurowski, es gab nur zwei Stühle usw. Das einzige richtige Detail ist die Geschichte mit dem eingeschalteten Motor des Lastwagens. Was den letzten Satz Nikolaus' betrifft, so ist der frei erfunden. Jermakow hat ihn selber immer wieder anders erzählt.«

Ich erzählte meinem seltsamen Besucher, was Jermakow am Lagerfeuer als letzten Satz angegeben hatte.

»Nun ja, ›Sie wissen nicht, was sie tun‹ – diese Worte konnte sich Jermakow wohl kaum ausdenken... bei all seiner blühenden Phantasie! Diese Worte lagen ihm zu fern. Durchaus möglich, daß es die letzten Worte Nikolaus' waren, die plötzlich in Jermakows Gedächtnis hochgespült wurden. Auf das ›Hochspülen‹ werden wir gleich zurückkommen... Es ist schwer zu glauben, daß ein Mann, der aktiv an der Erschießung beteiligt war, sich an kein Detail richtig erinnern kann, sondern nur imstande ist, allgemein bekannte Fakten zu verdrehen. Man hat das Gefühl, daß er überhaupt nicht dabei war, daß er nur die Worte anderer wiedergibt... Oder daß er alles wie im Nebel erlebte... Und ab und zu wird etwas hochgespült... Nein, nein, ich weiß, daß er dabei war, aber er war«, er lachte, *»betrunken!«*

Natürlich, er war betrunken! Wieso bin ich nicht früher darauf gekommen? Wollte er seinen revolutionären Haß schüren? Oder waren es die Nerven... Hielt er das Warten nicht aus? (Sein Lastwagen war ja ein paar Stunden aufgehalten worden.) Oder hatte er sich, was am wahrscheinlichsten ist, ganz einfach deshalb betrunken, weil es an dem Tag Sold gegeben hatte? Auch etliche Schützen der Wache (wie Proskurjakow und Stolow) hatten gebechert. In seinem Rausch hatte Jermakow auf bestialische Weise die noch lebenden Mädchen erstochen.

Ich erzählte meinem Besucher von einem anderen Brief, dem Brief von M. J. Afanassjew (Moskau). In ihm hieß es:

»In den 20er Jahren arbeitete mein Vater als Inspektor der Feuerwehr in der Stadt Saposchok im Gouvernement Rjasan. Der ortsansässige Geistliche erzählte ihm, was ihm einer der Mörder der Romanowfamilie vor dem Tod anvertraut hatte. Wer das war, sagte er meinem Vater nicht, aber er hatte dem Sterbenden die Sünden vergeben. Der Mann hatte dem Geistlichen erzählt, der Chef der Erschießung habe ihnen angeboten, die Großfürstinnen zu vergewaltigen. An dem Tag hätten sie ihren Sold bekommen und seien alle betrunken gewesen. Sie hätten keine Frauen töten wollen. ›Weiber erschießen wir nicht! Bloß Männer!‹ Der Hauptmörder sei ein chronischer Alkoholiker gewesen. Er sei auch an jenem Tag betrunken gewesen. Sie hätten ihn angeschrien: ›So wird keine Revolution gemacht!‹«

Wieder ein hüstelndes Lachen meines Besuchers: »Mein alter Freund Jermakow hat ihnen also die Mädchen versprochen? Nein, nicht den Mordschützen... Das hat der Geistliche nicht richtig verstanden... Seiner Abteilung aus Werch-Issetsk hat er die Mädchen versprochen... Natürlich, der Sterbende in Saposchok gehörte nicht zu den Zarenmördern, sondern zu Jermakows Leuten. Die nahmen an der Beerdigung der Leichen teil, darum rechneten sie sich stolz zu den Mördern... Das habe ich schon gehört. Und was die versprochene Vergewaltigung betrifft, das kam in jenen Jahren vor... Darüber hat auch Melgunow im ›Roten Terror‹ geschrieben... Übrigens haben das auch die Weißen praktiziert, das ist nichts Neues... Und daß Jermakow betrunken war, daran habe ich nie gezweifelt. Darum sah sich Jurowski gezwungen, ›die Beerdigung der Leichen zu überwachen‹. Sonst hätte der Kommandant nie gewagt, den Kommissar von Werch-Issetsk zu kontrollieren. Jermakow nahm mit der Hartnäckigkeit eines Betrunkenen sicherlich auch am Verladen der Leichen teil, das war ja seine Arbeit. Aus Gesprächen mit Jermakow begriff ich, daß er auf die Pritsche des Lastwagen stieg und das Verladen befehligte. Aber offensichtlich war er nicht imstande, wieder herunterzusteigen, und blieb bei den Leichen.

Jermakow war also im entscheidenden Moment der revolutionären Geschichte schlicht und einfach betrunken. Aber warum machte sich Jurowski bei seinem Kampf um die ›Ehre der Erschießung‹ diesen Umstand nie zunutze? Deutete ihn nicht einmal an? Wollte er die Ehre des ehemaligen Politsträflings schonen? Oder hinderte ihn irgend etwas? Ich versuchte es aus Jermakow herauszubekommen, aber vergebens. Ich habe dabei die Fahrt im Auge...«

Wieder fragte ich nach. Ich konnte mich nicht an seine Gesprächsführung gewöhnen.

»Ich rechnete mir aus, wo *irgend etwas* zwischen den beiden passiert sein konnte: die Fahrt... der Lastwagen mit den Leichen. Vorsichtig begann ich ihn über die Fahrt auszufragen. Er gab mir jedesmal eine andere Antwort, selbst auf so einfache Fragen wie: ›Fuhren die Schützen der Bewachung im Lastwagen mit, oder ritten sie hinterher?‹. Er sagte, er könne sich an nichts erinnern, er habe sein Gedächtnis versoffen. Ja, er trank sehr gern. In Bierkneipen unterhielt er die Leute mit Erzählungen, wie er den Zaren getötet hatte. Aber auch wenn er betrunken war, sagte er kein Wort über die Fahrt. Doch einmal..., als er sternhagelvoll war, brachte ich das Gespräch wieder darauf, und er erzählte wie üblich, daß er alle getötet hatte... Und dann, schon im Gehen, fragte er auf einmal: ›Du glaubst mir wohl nicht, daß sie *alle*...?‹ Er grinste. Dann fügte er hinzu: ›Sie waren alle tot!‹ Er hatte plötzlich einen bestialischen Blick.

Kurz vor dem Tod besuchte ich ihn. Zu meiner Zeit hatte man die revolutionäre Idee, daß statt des Geistlichen ein Tschekist einen Sterbenden aufsuchen sollte. Schließlich müssen sich auch Atheisten die Seele erleichtern. Und das können sie am besten bei der Behörde, der man nur die Wahrheit sagen darf. Die Tscheka hätte ein Sonderkorps aufstellen können – Tschekisten, die sich als Geistliche betätigten. ›Wahrheitssucher‹ hätte man sie nennen können. Als solch ein ›Wahrheitssucher‹ unterhielt ich mich mit Jermakow. Aber wieder nichts! Übrigens, haben Sie versucht, sich die Fahrt und den Weg des Lastwagens vorzustellen?«

Ich kannte diesen Weg sehr gut. Der Untersuchungsführer Sokolow hatte einst versucht, ihn anhand der Spuren, die der Lastwagen auf der von Gewitterregen feuchten Erde hinterlassen hatte, und anhand der Zeugenaussagen zu rekonstruieren.

Der Weg der Leichen zu ihrem ersten Grab war in der geheimen »Aufzeichnung« des Kommandanten Jurowski ausführlich beschrieben.

Zwei Männer aus Swerdlowsk, die sich mit der Geschichte der Erschießung beschäftigten, hatten mir eine Karte vom Weg des Lastwagens geschickt.

Im Sommer 1989 fuhr ich nach Swerdlowsk und legte die ganze Strecke bis zum ersten Grab der Zarenfamilie zu Fuß zurück.

Das Tor des Ipatjew-Hauses öffnete sich, und Ljuchanow lenkte den Lastwagen auf die Straße. Es war drei Uhr nachts. Der LKW fuhr den Wosnessenski-Prospekt entlang und bog dann in die Hauptstraße ein. An der Rennbahn fuhr er aus der Stadt hinaus und schlug den Weg zum Dorf Koptjaki ein.

Der Lastwagen passierte die Werch-Issetski-Fabrik, überquerte die Eisenbahnlinie nach Perm und fuhr in einen dichten Mischwald, der sich bis Koptjaki erstreckte. Etwa drei Werst nördlich von der Permer Bahnlinie überquerte der Lastwagen bei der Ausweichstelle 120 eine zweite Bahnlinie – nach Gornosawodsk.

Eine abgelegene Gegend, die einzigen Gebäude weit und breit waren Bahnwärterhäuschen. Der Weg gabelte sich. Der Lastwagen bog zum Bahnübergang ab, zum Bahnwärterhäuschen 184. Der Boden war sehr morastig, und etwa hundert Meter vor dem Wärterhäuschen blieb das Auto im Schlamm stecken. Ljuchanow gab Gas, aber der Motor lief heiß. Nun brauchte Ljuchanow Wasser für den Motor und Bahnschwellen für eine Art Knüppeldamm. Zum Glück war das Wärterhäuschen in der Nähe. Ljuchanow stieg aus.

Die Bahnwärterin war von dem Lärm des Lastwagens aufgewacht. Bald darauf klopfte es an die Tür. Sie öffnete und sah Ljuchanow und vor dem dämmrigen Himmel die Silhouette des Lastwagens.

Ljuchanow sagte, der Motor sei heißgelaufen, und bat um Wasser. Die Wärterin murrte wie üblich. Da wurde Ljuchanow wütend und sagte: »Sie schlafen hier wie feine Herrschaften, und wir schuften die ganze Nacht.«

Die Wärterin sah durch die offene Tür Rotarmisten am Lastwagen stehen und füllte dem Fahrer eilig Wasser ein. Dann bauten die Rotarmisten mit den Bahnschwellen, die bei dem Häuschen lagen, einen Damm durch den Morast. Über diesen Damm fuhr der Lastwagen mit den Leichen in den Wald, etwa drei Werst bis zu dem Waldstück »Vier Brüder«.

Zu dieser Zeit stand auf dem Hügel bei dem Dorf Koptjaki eine Rotarmisteneinheit und schickte alle Bewohner zurück. Eine andere Einheit stand in der Nähe des Wärterhäuschens 184 und ließ niemanden in den Wald. Wahrscheinlich hatte sie auch den Lastwagen empfangen und zum Waldstück »Vier Brüder« gebracht.

Jurowski: »Etwa fünf Werst hinter der Werch-Issetski-Fabrik stießen wir auf ein richtiges Lager, ca. 25 Leute zu Pferd, in einspännigen Droschken usw. Es waren Arbeiter (Mitglieder des Sowjets, des Exekutivkomitees), die Jermakow hinbeordert hatte. Sie schrien: ›Warum habt ihr sie uns tot hergebracht?‹ Sie hatten gedacht, die Hinrichtung der R(omanows) werde ihnen übertragen.«

Eine blutrünstige, betrunkene Menge hatte auf die von Jermakow versprochenen Großfürstinnen gewartet, und nun konnten sie die Mädchen nicht haben und weder den Jungen noch Väterchen Zar kaltmachen. Das ärgerte sie. »Warum habt ihr sie uns tot hergebracht?«

Jurowski: »Unterdessen wurden die Leichen in die Droschken umgeladen, es war sehr mühsam, wir hätten Leiterwagen gebraucht. Sofort gingen die Leute daran, den Toten die Taschen zu leeren. Auch hier mußte mit Erschießung gedroht werden.

Jetzt stellte sich heraus, daß Tatjana, Olga und Anastasia besondere Korsetts trugen. Es wurde beschlossen, die Leichen auszuziehen, doch nicht hier, sondern an der Begräbnisstelle.«

Aber die Leichen fanden nicht alle Platz in den Droschken. Die Pferdewagen drohten auseinanderzufallen. Darum fuhr der LKW mit einem Teil der Leichen bis zum Schacht.

Jurowski: »Doch es zeigte sich, daß niemand wußte, wo der Schacht war. Es wurde hell. Der Kom(mandant) schickte Reiter los, die Stelle zu suchen, aber keiner fand sie. Wie sich herausstellte, war überhaupt nichts vorbereitet, es gab keine Spaten usw.«

Es wußte also niemand, wo sie hinfahren mußten. Es fällt schwer zu glauben, daß den Werch-Issetsker Kampfgenossen von Jermakow plötzlich entfallen war, wo sich die Stelle befand. Aber Jurowski durchschaute ihre Hinterlist: Sie hofften, daß er aufgab und wegfuhr; sie wollten mit den Leichen allein bleiben, um sich die »besonderen Korsetts« anzusehen.

Jurowski wartete geduldig, bis sie den Schacht fanden. Der unheimliche Wagenzug setzte sich in Bewegung.

Vorneweg ritt Jermakows treuer Gehilfe, der Kronstädter Matrose Waganow. Im Wald kamen ihnen Bauern aus Koptjaki entgegen. Waganow jagte sie zurück. Die Sonne war schon aufgegangen, als sie den namenlosen Schacht fast erreicht hatten, den Jermakow und Jurowski ausgewählt hatten. Da sank der Lastwagen ein.

Jurowski: »Da der Lastwagen zwischen zwei Bäumen steckenblieb, ließen wir ihn stehen und fuhren mit den Droschken weiter, nachdem wir die Leichen zugedeckt hatten. Wir waren 16,5 Werst von Jekaterinburg und 1,5 Werst vom Dorf Koptjaki entfernt, als wir anhielten. Es war zwischen sechs und sieben Uhr morgens.«

Der Lastwagen war in eine Grube gerutscht. Sie war nahe am Weg, und Ljuchanow hatte den Abstand falsch eingeschätzt.

Bis zum Schacht waren es noch etwa 200 Schritte. Während ein Teil der Rotarmisten den Lastwagen aus der Grube schob, bauten die andern Bahren aus jungen Kiefernstämmen und dem Zelttuch, mit dem die Leichen zugedeckt waren. (Die Weißen fanden später abgebrochene Zweige längs des Weges.) Die Leichen wurden umgeladen und mit Pferdewagen und auf Bahren zum Schacht gebracht.

Jurowski: »Im Wald fanden wir den verlassenen Schacht (dort wurde früher Gold geschürft), er war dreieinhalb Arschin* tief, darin stand einen halben Arschin hoch Wasser...« Neben dem Schacht war ein ebener Lehmplatz, auf den die Leichen gelegt wurden.

Jurowski: »Der Kommandant ordnete an, die Leichen zu entkleiden und mehrere Feuer anzuzünden, um alles zu verbrennen. Ringsum wurden berittene Posten aufgestellt, die jeden Unbefugten vertreiben sollten. Als eines der Mädchen ausgezogen wurde, kam ein von Kugeln zerfetztes Korsett zum Vorschein, durch die Löcher schimmerten Brillanten. Die Leute guckten gierig. Der Kom(mandant) beschloß, alle wegzuschicken und nur ein paar Wachposten und fünf Mann vom Kommando dazulassen. Die übrigen fuhren weg.«

Neben dem Schacht lag die Zarenfamilie auf dem vom Regen aufgeweichten Lehmboden. Dort lagen auch die Diener und Doktor Botkin. Die Sonne stand schon hoch, als die Leichen ausgezogen wurden. Den Mädchen wurden die Korsetts mit den eingenähten Brillanten und der Zarin ein Perlengürtel abgenommen.

---

* Altes russisches Längenmaß = 0,71 m (Anmerkung der Übersetzerin).

Jurowski: »Das Kommando ging daran, die Toten auszuziehen und die Sachen zu verbrennen. A(lexandra) (Fjodorowna) trug einen Perlengürtel, der aus mehreren Ketten bestand, in Leinen eingenäht. Die Brillanten wurden sofort registriert, es kamen ungefähr acht Kilo zusammen.«

Die Kleidung wurde verbrannt. Die nackten Menschen lagen neben dem Schacht auf der Erde.

Jurowski: »Jedes Mädchen hatte um den Hals ein Porträt Rasputins mit dem Text eines Gebets, in ein Amulett eingenäht.«

Der Starez war auch noch nach dem Tod bei ihnen.

Aus einem Bericht an das Justizministerium Koltschaks:

»27. 11. 1919, vom Staatsanwalt der Kasaner Gerichtskammer N. Miroljubow, 12. Dezember 1918, Omsk.

Kuchtenkow sagte aus, daß er nach seiner Entlassung aus dem Militärdienst Wirtschaftsleiter eines Arbeiterklubs wurde. Am 18. oder 19. Juli kamen um vier Uhr morgens der Vorsitzende des Werch-Issetski-Exekutivkomitees Sergej Malyschkin, der Kriegskommissar Jermakow und die führenden Bolschewiken Alexander Kostoussow, Wassili Lewatnych, Nikolai Partin und Sergej Kriwzow in den Klub.

Hier im Klub hielten besagte Personen eine geheime Sitzung ab... Kriwzow stellte die Fragen, Lewatnych und Partin gaben die Erklärungen. Lewatnych sagte: ›Als wir hinkamen, waren sie noch warm. Ich habe die Zarin berührt, sie war noch warm... Jetzt kann ich ruhig sterben, ich habe die Zarin befühlt...‹ (Der letzte Satz ist im Dokument unterstrichen.) Dann folgten die Fragen: ›Wie waren die Toten angezogen? Waren sie schön?‹ Partin sagte, daß sie alle Zivil trugen, daß in der Kleidung Juwelen eingenäht waren, daß von Schönheit nichts zu sehen war. ›Bei Toten erkennst du keine Schönheit.‹«

Schließlich wurden die Toten mit Zeltplane zugedeckt. Die Kleidung wurde verbrannt. Dann wurde beschlossen, die Toten in den Schacht zu werfen.

Jurowski: »Nachdem die Wertsachen in Taschen verstaut waren, wurden die übrigen Gegenstände verbrannt und die Leichen in den Schacht geworfen. Dabei fiel einiges herunter (eine Brosche, Botkins Gebiß).«

Es waren so viele Brillanten und Perlen gefunden worden, daß auf Kleinigkeiten nicht mehr geachtet wurde. Man war müde.

Jurowski: »Alles wurde im Alapajewsker Werk im Keller eines Hauses vergraben. 1919 wurde es ausgegraben und nach Moskau gebracht.«

Der historische Augenblick war vorüber. Das Leben ging weiter.

Jurowski frühstückte auf einem Baumstumpf. Er aß die Eier, die für Alexej bestimmt gewesen waren. Beim Essen kam ihm die Idee, ein paar Granaten hinunterzuwerfen...

Jurowski: »...bei dem Versuch, den Schacht mit Handgranaten zum Einsturz zu bringen, wurden die Leichen offensichtlich beschädigt und einige Körperteile abgerissen. Das ist nach Meinung des Kommandanten der Grund, daß die Weißen später an der Stelle einen abgerissenen Finger usw. fanden.«

Danach fuhr Jermakow mit seinen Genossen nach Werch-Issetsk, während Jurowski sich darum kümmerte, daß die Juwelen nach Alapajewsk kamen. In dieser Nacht sollten in Alapajewsk auch Ella und die mit ihr Eingekerkerten »liquidiert« werden.

So wurden im Keller eines namenlosen Hauses in Alapajewsk die Wertsachen der »Uraler Romanows« zusammengetragen.

Jurowski: »Nachdem der Kommandant die Operation abgeschlossen und eine Wache aufgestellt hatte, fuhr er zwischen 10 und 11 Uhr morgens (am 17. Juli) zur Berichterstattung ins Ural-Exekutivkomitee, wo er Safarow und Beloborodow vorfand. Der Kommandant erzählte von den gefundenen Sachen und äußerte sein Bedauern, daß ihm seinerzeit untersagt worden war, bei den Romanows eine Durchsuchung vorzunehmen.«

In Wirklichkeit erlitt Jurowski im Sowjet einen grausamen Schlag, den er in seiner »Aufzeichnung« verschwieg.

Der Sohn des Tschekisten Medwedew: »Am Morgen ging mein Vater auf den Markt. Dort erzählten ihm die Händler in allen Einzelheiten, wo und wie die Leichen der Zarenfamilie versteckt waren. Darum mußte ein neuer Begräbnisplatz gesucht werden.«

Jermakows Männer hatten ihre Zunge nicht im Zaum halten können. Jetzt ging alles von vorn los. Sie mußten überlegen, wo sie die Leichen verstecken könnten. Die Zeit drängte, die Weißen standen vor der Stadt.

Jurowski: »Der Kommandant erfuhr von Tschuzkajew (dem Vorsitzenden des Stadt-Exekutivkomitees), daß es etwa neun Werst entfernt, an der Moskauer Landstraße, sehr tiefe Schächte gebe, die sich als Begräbnisplatz der Romanows eigneten. Der Kommandant fuhr dorthin, aber unterwegs streikte das Auto. Da legte er den restlichen Weg zu Fuß zurück und fand tatsächlich drei sehr tiefe, wassergefüllte Schächte. Er beschloß, die Leichen mit Steinen zu beschweren und dort zu versenken. Weil dort aber Wächter waren, also unerwünschte Zeugen, wurde beschlossen, zusammen mit dem LKW, der die Leichen transportierte, ein Auto mit Tschekisten hinzuschicken, die unter dem Vorwand einer Durchsuchung alle Leute festnehmen sollten. Der Kommandant fuhr mit einem Zweispänner zurück, den er unterwegs requiriert hatte... Für den Fall, daß der Plan mit den Schächten scheiterte, wurde beschlossen, die Leichen mit Schwefelsäure unkenntlich zu machen, zu verbrennen und in wassergefüllte Lehmgruben zu werfen.

Nachdem wir gegen acht Uhr abends (am 17. Juli) endlich wieder in der Stadt waren, beschafften wir alles Notwendige – Kerosin und Schwefelsäure. Pferdewagen ohne Kutscher holten wir aus dem Gefängnis... Halb eins in der Nacht zum 18. Juli machten wir uns auf den Weg. Um die Schächte für die Dauer der Operation zu isolieren, gaben wir im Dorf Koptjaki bekannt, daß sich im Wald Tschechen versteckt hielten, darum werde der Wald durchkämmt, niemand dürfe das Dorf verlassen. Es wurde beschlossen, jeden, der die Absperrung durchbrach, auf der Stelle zu erschießen.«

Einem zufällig vorbeifahrenden Bauern den Zweispänner wegnehmen, einen Menschen erschießen, der versehentlich in die Sperrzone geriet – alles im Namen der lichten Zukunft.

Das geheime Grab

Gegen Mitternacht erreichte der Kommandant den Schacht.

Der Sohn des Tschekisten Medwedew: »Sie leuchteten mit Fackeln. Waganow stieg in den Schacht und stand in der Dunkelheit im eisigen Wasser, das ihm bis zur Brust reichte. Stricke wurden herabgelassen. Er band die Leichen fest, und sie wurden nach oben gezogen.«

Wieder sah der Kommandant im Licht der Fackeln die ganze Zarenfamilie... Zu dieser Zeit wurden in Alapajewsk Ella und die übrigen »Uraler Romanows« umgebracht.

Jurowski: »Unterdessen war es hell geworden (es war inzwischen der dritte Tag, der 18. Juli). Da hatten wir die Idee, einen Teil der Leichen gleich neben dem Schacht zu begraben. Wir begannen eine Grube auszuheben und hatten sie fast fertig, aber da kam ein Bauer zu Jermakow und sagte, daß die Grube zu sehen sei. Wir mußten die Sache aufgeben. Es wurde beschlossen, die Leichen zu den tiefen Schächten zu bringen.«

Die Leichen wurden wieder auf Pferdewagen geladen, dann auf den Lastwagen. Jurowski war immer dabei. Er verbrachte schon den dritten Tag mit den Toten, er »evakuierte sie an einen sicheren Ort«.

Jurowski: »Da die Leiterwagen auseinanderzufallen drohten, fuhr der Kommandant in die Stadt, um einen LKW und zwei PKW für die Tschekisten zu holen. Erst um neun Uhr abends konnten wir die Leichen abtransportieren. Nach einer halben Werst überquerten wir eine Eisenbahnlinie und luden die Leichen auf den Lastwagen um. Die Fahrt war sehr mühselig, wir legten Bahnschwellen über gefährliche Stellen und blieben trotzdem ein paarmal stecken. Am 19. Juli gegen halb fünf Uhr morgens saß der Lastwagen endgültig fest. Da wir nicht mehr bis zum Schacht kommen würden, mußten wir die Leichen entweder begraben oder verbrennen. Letzteres versprach ein Genosse zu erledigen, dessen Namen der Kommandant vergessen hat, aber er fuhr einfach weg, ohne sein Versprechen zu halten. Wir wollten A(lexej) und A(lexandra) verbrennen, verbrannten aber statt letzterer aus Versehen die Hofdame. Dann vergruben wir unter der Feuerstelle die Überreste und legten wieder ein Feuer an, um die Spuren der Grube zu verwischen. Für die übrigen wurde unterdessen ein Massengrab ausgehoben. Gegen sieben Uhr morgens war die Grube von etwa zweieinhalb Arschin Tiefe und dreieinhalb Arschin im Quadrat fertig. Wir legten die Leichen in die Grube und übergossen die Gesichter und Körper mit Schwefelsäure, um sie unkenntlich zu machen und um Verwesungsgerüchen vorzubeugen (die Grube war ja nicht sehr tief). Wir bedeckten sie mit Erde und Reisig, legten

Bahnschwellen darauf und fuhren ein paarmal darüber. Von der Grube blieb keine Spur zurück. Das Geheimnis wurde gewahrt, diese Begräbnisstelle fanden die Weißen nicht.«

Am Schluß seiner »Aufzeichnung« beschrieb Jurowski in einem Zusatz genau die Stelle des geheimen Grabs:

»Koptjaki, 18 Werst von Jekaterinburg in nordwestlicher Richtung. Neun Werst davon entfernt verläuft die Eisenbahnlinie zwischen Koptjaki und dem Werch-Issetski-Werk. Sie liegen etwa 200 Meter vom Bahnübergang in Richtung Issetski-Fabrik.«

War es dieses Grab?

Mein Besucher lachte auf. »Sie haben die Geschichte der Beerdigung so erzählt, wie sie Jurowski in seiner ›Aufzeichnung‹ schilderte. Aber es gab noch einen, nicht minder wichtigen Zeugen – meinen Freund Jermakow. Er hat auch über die Beerdigung berichtet. Es gibt also *zwei* Darstellungen. In den fünfziger Jahren erschien im Westen sogar noch die dritte Beschreibung eines Augenzeugen.«

»Sie meinen die Broschüre von Johann Meier?«

»Ganz recht. Aber die ist nicht ernst zu nehmen, er schreibt von Menschen, die nie existiert haben. Jermakows Bericht ist eins der beiden glaubwürdigen Dokumente, verfaßt von den Männern, die diese schreckliche Beerdigung geleitet haben, wenn man das überhaupt als ›Beerdigung‹ bezeichnen kann.«

Nach diesen Worten öffnete mein Besucher wieder den Diplomatenkoffer, und ich bekam den sorgfältig von Hand abgeschriebenen Schluß der »Erinnerungen« Jermakows. Da sind sie:

»Als die Operation in der Nacht vom 16. zum 17. Juli 1918 gegen ein Uhr beendet war, fuhr das Auto mit den Leichen in den Wald über Werch-Issetsk in Richtung Koptjaki, wo ich einen Platz für das Vergraben der Leichen ausgesucht hatte.

Aber ich hatte im voraus kalkuliert, daß die Leichen nicht vergraben werden durften, denn ich war nicht allein, sondern mit anderen Genossen. Ich konnte überhaupt kaum jemandem in dieser Sache trauen, zumal ich doch für alles geradestehen mußte, darum hatte ich im voraus beschlossen, sie zu verbrennen. Ich beschaffte Schwefelsäure und Kerosin, alles war bedacht. Aber ich behielt erst mal alles für mich und sagte: ›Wir werfen sie in den Schacht. So wurde es beschlossen.‹ Da befahl ich, die Toten auszuziehen, um die Kleidung zu verbrennen, was auch geschah. Als wir ihnen die Kleider auszogen, fanden wir bei der Zarin und den Töchtern Medaillons mit dem Bild von Rasputin. Außerdem hatten sie unter den Kleidern am Körper doppelte, mit Watte ausgefütterte Mieder, in die Edelsteine eingelegt und festgeheftet waren. So war es bei der Zarin und den vier Töchtern. Diese Stücke wurden alle dem Mitglied des Ural-Sowjets Jurowski übergeben. Es interessierte mich überhaupt nicht, was das alles war, denn wir hatten keine Zeit. Ich verbrannte sofort die Kleider. Die Leichen wurden etwa 50 Meter weit getragen und in den Schacht geworfen. Er war nicht sehr tief, ungefähr 12 Meter, ich kenne diese Schächte sehr gut. So konnte man sie für die weitere Operation leicht wieder herausholen. Das alles tat ich, um die Spuren vor überflüssigen anwesenden Genossen zu verwischen. Als alles beendet war, war es schon richtig hell, gegen 4 Uhr morgens. Die Stelle befand sich etwa 3 Werst vom Weg entfernt.

Als alle weggefahren waren, blieb ich im Wald, was niemand wußte. In der Nacht vom 17. zum 18. Juli kam ich wieder in den Wald und hatte ein Seil mitgebracht. Man ließ mich in den Schacht hinab, ich band jeden einzeln fest (das heißt die Leichen), und zwei Jungs zogen sie nach oben (die Leichen). Als alle draußen waren, befahl ich, sie auf einen zweirädrigen Wagen zu legen. Wir fuhren sie ein Stück weg, schichteten drei Holzstöße auf, übergossen sie mit Kerosin und sie selber (das heißt die Leichen) mit Schwefelsäure. Die Leichen verbrannten zu Asche, und die Asche wurde verscharrt. Das alles geschah in der Nacht vom 17. zum 18. Juli 1918 in der zwölften Stunde. Danach erstattete ich am 18. Juli darüber Bericht. Damit schließe ich. 29. 10. 47. Jermakow« (Fonds 221, Verzeichnis 2, Registriernummer 774, Blatt 7–12).

Ich fragte meinen Besucher, ob ich das veröffentlichen könne.

Er zuckte gleichgültig die Achseln. »Das ist mir egal, ich bin alt ... und werde *sie* schon bald wiedersehen ... Ich überlasse Ihnen das alles mit Vergnügen.« (Diese »Erinnerungen«, die damals noch im Geheimarchiv aufbewahrt wurden, veröffentlichte ich bald darauf in der Zeitschrift »Ogonjok«.) »Sie haben sich auf ein gefährliches

Thema eingelassen, es wird Ihr Leben auffressen, wie es meines aufgefressen hat... Doch Ihre Frage enttäuscht mich. Ich an Ihrer Stelle würde mich für etwas ganz anderes interessieren. Lenken Sie Ihre Aufmerksamkeit auf das Wesentliche: Laut Jermakow gab es keine zweite Beerdigung – die Leichen wurden unweit von Koptjaki verbrannt... In dem wichtigsten Punkt weicht er völlig von Jurowskis Darstellung ab. Hier wiederholt Jermakow, was Sokolow konstatierte: ›Es gibt keine Gräber, die Leichen der Zarenfamilie sind in den Flammen verschwunden...‹ Mir kam der Gedanke: ›Vielleicht haben sie Jermakow wegen seiner Betrunkenheit nicht zur zweiten Beerdigung mitgenommen?‹ Aber Jurowski schreibt in seiner ›Aufzeichnung‹: ›Da kam ein Bauer *zu Jermakow.*‹ Jermakow war also bis zum Schluß dabei. Darum fragte ich ihn immer wieder aus, und er wiederholte immer dasselbe: ›Wir haben die Leichen verbrannt!‹

So kam es zu meiner Begegnung mit dem DRITTEN.«

Charon

»1943, als ich den DRITTEN zum erstenmal sah, lebte er in Perm (damals hieß die Stadt Molotow)... Ich sprach ihn mit ›Genosse Charon‹ an. Aber er lachte nicht. Nicht einmal, als ich ihm erklärte, daß Charon bei den Griechen der Fährmann ins Totenreich war. Er lachte *nie* und sagte *nie* etwas zu dem uns interessierenden Thema. Ich sah ihn 1953 wieder, kurz vor seinem Tod. Er war ein verhutzelter Greis mit Hakennase und schütterem Haar und trug eine schäbige Ohrenklappenmütze und ein abgewetztes Wintermäntelchen. Der ehemalige Fahrer des Leichenwagens lebte in einem elenden winzigen Zimmer, zusammen mit seinem jüngsten Sohn. Die Bruchbude befand sich auf der Straße des 25. Jahrestages des Oktobers... In dieser schmutzigen Baracke starb der alte Bolschewik... Sie haben schon begriffen, von wem ich erzähle? Sergej Iwanowitsch Ljuchanow ist der DRITTE ZEUGE jener schrecklichen Fahrt. Sein Lebenslauf ist höchst interessant. Im Unterschied zu den anderen Zarenmördern erwähnte er nie seine Beteiligung an der großen proletarischen Mission der Zarenermordung und bemühte sich nicht um Vergünstigungen. Wie mir sein Sohn erzählte, sprach er nie davon,

1918 in Jekaterinburg gewesen zu sein. Auch mir erzählte er bei unseren Begegnungen kein Wort. Es war sehr schwer, mit diesem Schweiger zu reden. Einmal lud ich ihn ins Restaurant ein. Er saß den ganzen Abend schweigend da, dann guckte er sich die Rechnung an, die ich bezahlt hatte. Er sagte: ›Schade, davon könnte ich einen ganzen Monat leben‹ und ging. Alles, was ich über ihn weiß, erfuhr ich von seinem jüngsten Sohn. Er heißt Alexej wie der Thronfolger. Er erzählte mir, sein Vater sei 80 Jahre alt geworden und habe nie eine Rente bekommen. Alexej erklärte es damit, daß sein Vater nicht wußte, daß er darauf Anspruch hatte. Seltsam. Ljuchanow, Bolschewik seit 1906, soll nicht gewußt haben, daß im Land des siegreichen Sozialismus den alten Leuten eine Rente zustand? Vieles in seinem Leben ist merkwürdig. Zum Beispiel seine ständigen Umzüge von einer Stadt in die andere. Sofort nach der Erschießung verließ er zusammen mit den abziehenden Bolschewiken die Stadt. Auch als die Sowjetmacht wieder in Jekaterinburg Einzug gehalten hatte, kehrte er nicht zurück. Er fuhr in die Stadt Ossa, verließ sie aber bald wieder. Er zog von Ort zu Ort... Kaum war er irgendwo ein bißchen heimisch geworden, machte er sich wieder auf den Weg. Er lehnte jeden lukrativen Posten ab und schien vor etwas Angst zu haben. Am interessantesten jedoch ist die Beziehung zu seiner Frau Augusta.

Die Lehrerin Augusta, die Schwester Awdejews, des ersten Kommandanten des Ipatjew-Hauses, trat 1918 in die Partei ein. Übrigens befindet sich auf ihrem Grab kein Kreuz, sondern ein Stern, einer der ersten auf dem Jekaterinburger Friedhof. Diese ›bewußte Atheistin‹ verließ bald nach der Erschießung Ljuchanow. Sie kehrte nach Jekaterinburg zurück und übernahm die Leitung aller Kinderheime. 1921 starb sie an Typhus. Vor dem Tod verzieh sie ihrem Mann, wie mir sein Sohn erzählte.

Er hatte also etwas getan, weshalb ihn seine Frau mit den vier Kindern verließ! Und was sie ihm vor dem Tod verzeihen mußte. Offensichtlich hatte Ljuchanow selber Angst vor dem, was er getan hatte, und irrte deshalb durch das Land. Und dann verkroch er sich so, daß er sich sogar fürchtete, eine Rente zu beantragen. Ich sah sein Photo von 1918 – ein Herr! Und dann das letzte Photo – ein kläglicher, bettelarmer Greis.«

»Aber genug der Andeutungen!« sagte mein Besucher. »Ich werde Ihnen erzählen, was nach meiner Meinung, ich betone, nach meiner Meinung passiert ist.

Das kann nur an einem Ort geschehen sein, wo der Lastwagen kurz vor dem Bahnwärterhäuschen 184 steckenblieb. Unweit dieses Häuschens (wie Jurowski schrieb) sollte eine Gruppe von Jermakows Leuten den Lastwagen erwarten. Während der Fahrt schlief Jermakow wahrscheinlich seinen Rausch aus. Jurowski weckte ihn, und beide machten sich auf die Suche nach Jermakows Abteilung. Inzwischen ging Ljuchanow zu dem Wärterhäuschen, um Kühlwasser für seinen Motor zu holen.

Bei dem steckengebliebenen Lastwagen blieben die Rotarmisten. Wie viele mochten es sein? Sicherlich drei oder vier. Es tagte bereits. Stellen Sie sich die Situation vor. Die Weißen würden in Kürze die Stadt nehmen. Mit der Sowjetmacht schien es für immer vorbei zu sein. Die Offiziere würden für die Erschießung der Zarenfamilie gehängt werden. Darum fiel es ihnen nicht leicht, in dem Lastwagen mitzufahren. Immerhin lag unter der Zeltplane die ermordete Zarenfamilie. Während Jermakow wie ein Toter schlief, hatten die Rotarmisten wahrscheinlich das Stöhnen unter der Plane gehört. Als Jermakow mit Jurowski seine Leute suchen ging, könnte es passiert sein.

Die Rotarmisten sahen eine Chance… Für ihre Beteiligung an der schrecklichen Tat war ihnen der Tod gewiß, aber wenn sie einen von der Familie retteten! Hatten sie sich abgesprochen, als sie unterwegs das Stöhnen hörten? Oder verstanden sie einander ohne Worte? Zogen sie die *zwei* noch Lebenden von dem Lastwagen? Und trugen sie in den Wald? Ringsum war dichter Wald… Beobachtete sie Ljuchanow vom Fenster des Wärterhäuschens? Oder sah er nichts, während er mit der Frau schimpfte? Das kann ich alles nur vermuten, wie auch das Weitere: Flohen die Rotarmisten? Kaum. Das wäre zu verdächtig gewesen. Wahrscheinlich kehrten sie zum Auto zurück und legten Bahnschwellen über den Morast. Dann kamen Jermakow und Jurowski, sie hatten die Männer gefunden.

Wie ging es mit den Rotarmisten weiter? Konnten sie unterwegs fliehen und zu den Geretteten zurückkehren? Starben die Geretteten im Wald? Oder überlebte wirklich jemand, und die Frau, die auf dem Pferdewagen erwachte und sich später ›Anastasia‹ nannte, sah wirklich die Sterne jener unglaublichen Nacht? Was sagte Jurowski zu Jermakow, als er beim Umladen der Leichen entdeckte, daß zwei fehlten? Und das Entsetzen Jermakows, der mit einem Schlag nüchtern war! Aber sie hatten keine Zeit, die zwei Leichen zu suchen. Die Weißen rückten immer näher. Sie mußten die Sache zu Ende bringen – die restlichen Leichen vernichten ... Und Ljuchanow? Er saß im Fahrerhaus und hatte angeblich nichts gesehen. Jermakows Männer, die alle betrunken waren, hatten natürlich auch nichts bemerkt. Übrigens wurden sie bald weggeschickt, wie Jurowski schreibt. Nur die Zuverlässigsten blieben. Das war das Geheimnis der beiden Männer, die um ›die Ehre der Erschießung‹ kämpften. Sie verschwiegen das Fehlen der beiden Leichen. Aber Jurowski konnte nun nicht mehr photographieren. Wahrscheinlich hatte er davon geträumt, die ›Liquidierung‹ mit einem Photo zu krönen.«

»Warum reden Sie immer von *zweien*?«

»Lesen Sie aufmerksam die von Ihnen veröffentlichte ›Aufzeichnung‹ Jurowskis. Er schreibt, daß drei Töchter Mieder mit Brillanten trugen. Und was war mit der vierten? Reichten die Brillanten nicht? Oder nehmen Sie die Geschichte mit Alexej. Nikulin schoß aus zwei Schritt Entfernung auf ihn und konnte ihn nicht töten. Der Tschekist wird wohl kaum so nervös gewesen sein, daß er aus nächster Nähe danebenschoß. Also war auch Alexej mit Brillanten ›gepanzert‹. Das war der Grund für seine ›merkwürdige Zählebigkeit‹. Aber darüber schreibt Jurowski nichts. Warum nicht? Weil sie Alexej nicht auszogen! Hätten sie ihn ausgezogen, dann hätten sie bestimmt auch ein Amulett Rasputins gefunden! Die Zarin hatte ihrem Sohn ganz bestimmt ein Amulett seines Retters umgehängt. Jurowski schreibt aber nur von den Amuletten der Mädchen. Sie zogen ihn also nicht aus. Warum nicht? Aus Gottesfurcht? Lächerlich, nicht wahr? Also warum nicht?

Die Antwort finden Sie am Schluß von Jurowskis ›Aufzeichnung‹. Sie haben nur zwei verbrannt: Alexej und eine Person weiblichen Geschlechts. Warum die zwei? Warum die übrigen nicht? Oder wenn sie die übrigen nicht verbrannten, warum dann diese *zwei*?

Warum verbrannten sie nicht Nikolaus? Ihn zu verbrennen wäre doch viel wichtiger gewesen.« Er lachte. »Weil *zwei* Leichen fehlten: der Junge und ein Mädchen. Und auch die Brillanten, die diese am Körper hatten. Darum schrieb Jurowski, daß sie zwei verbrannten, den Jungen und eine Person weiblichen Geschlechts. Wer war diese Person? Anna Demidowa, wie Jurowski schreibt? Vielleicht haben sie das in dieser Wahnsinnsnacht verwechselt? Vielleicht war die gerettete Frau nicht Demidowa?

Ljuchanow hatte natürlich gesehen, wie die beiden vom Lastwagen geholt wurden. Er blieb absichtlich so lange im Wärterhäuschen, bis die Rotarmisten sie weggetragen hatten. Sein jüngster Sohn hieß ja auch Alexej... Sein Sohn erzählte, daß Ljuchanow oft sagte: ›Gott vermag alles...‹ Offenbar vertraute sich Ljuchanow seiner Frau an. Erst schwieg er lange, aber dann hielt er es nicht mehr aus und erzählte es ihr. Die Schwester des Kommandanten Awdejew konnte ihn nicht verstehen! Sie kämpfte für eine Idee. Wie Jurowski, wie sie alle... Das Äußerste, was sie über sich brachte, war, den Vater ihrer vier Kinder nicht anzuzeigen. Aber mit ihm leben konnte sie nicht mehr. So verlor er die prinzipienfeste Augusta. Aber offenbar ist sie in der Qual der Todesstunde doch zu gewissen Einsichten gekommen und hat ihm verziehen.«

Wir schwiegen. Dann sagte ich: »Aber irgendwer erzählte dem Untersuchungsführer Sokolow, jemand von Jermakows Männern habe ihm gesagt, daß er Alexejs Leiche bei dem Schacht gesehen hat.«

»Ja, irgendwer erzählt, was ihm irgendwer erzählt hat... Übrigens war auch Jurowski beunruhigt. Die Gerüchte über Anastasia ließen ihn aktiv werden. 1920, als in Berlin die wundersam Gerettete auftauchte, übergab er dem Historiker Pokrowski seine ›Aufzeichnung‹, in der er nachwies, daß alle umgekommen waren.«

»Sie sagen, eine Öffnung des Grabes würde das Rätsel nicht lösen. Das ist eine recht zweifelhafte Behauptung. Haben Sie... bei Ihren offensichtlich großen Möglichkeiten nicht versucht, das Grab zu öffnen? Sie wußten doch, wo es ist...«

Er sagte grinsend: »Ob ich es versucht habe oder nicht, es ist ein furchtbarer Ort, glauben Sie mir. Wie euch alle dieses Grab anzieht! 1928 kam Majakowski nach Swerdlowsk und wollte sofort das Grab der Zarenfamilie sehen. Damals war ein gewisser Paramonow Vorsitzender des Ural-Sowjets. Er wurde später eingesperrt, aber als einer der wenigen nicht erschossen. Nach der Rehabilitierung kehrte er lebend zurück. Er erzählte mir, wie er Majakowski zum ›Verbrennungsort der Zarenfamilie‹ gebracht habe, so nannte er das ›Grab‹... Er erzählte, wie er die Stelle suchte, die Kerben in der Birke... An dem Tag, als er Majakowski hinführte, herrschte starker Frost, die Bäume waren bereift, und er mußte lange suchen, bis er die Kerben fand.

(Was Paramonow und die Kerben in der Birke betrifft, so wurde mir das später in einem Brief bestätigt.)

Aus dem Brief des Literaturwissenschaftlers I. A. Schwerstok (Frunse):

»Als ich an der Dissertation über Majakowski arbeitete, erzählte mir Paramonow, daß Majakowski zweimal bei ihm war und sie zusammen zum Ort der letzten Zuflucht des letzten russischen Zaren gefahren sind. Paramonow sagte, Majakowski sei in dem Gedicht ›Der Imperator‹ ein Fehler unterlaufen, indem er behauptete, der Zar sei unter einer Zeder vergraben. In Wirklichkeit sei er bei drei Birken vergraben. Ich fragte ihn nach der genauen Stelle. Er antwortete, es gebe nur noch zwei Menschen, die das wissen: ihn und noch einen Mann, dessen Namen er nicht nannte. Paramonow sagte: ›Das braucht niemand zu wissen.‹ Und fügte hinzu: ›Damit es keine Prozessionen dorthin gibt.‹«

Natürlich versuchte ich, die Erzählung meines Besuchers zu überprüfen. Ich machte in Perm den schon betagten Sohn Sergej Ljuchanows ausfindig – Alexej, den Namensvetter des Thronfolgers.

In dem winzigen, armseligen Zimmer, in dem der Fahrer des schrecklichen Lastwagens lebte und starb, schrieb ich nach den Worten Alexejs seinen Lebenslauf auf. Hier ist er:

»Mein Vater, Sergej Iwanowitsch Ljuchanow, wurde 1875 im Gebiet Tscheljabinsk in einer Bauernfamilie geboren. Er besuchte vier Jahre die Schule. Ab 1894 arbeitete er in der Mühle der Brüder Stepanow. 1900 zog er nach Tscheljabinsk, wo er bis 1916 in der Gesellschaft ›Brüder Pokrowski‹ als Leiter der Telephonzentrale arbeitete. Er war auch der persönliche Fahrer der Brüder Pokrowski und fuhr mit ihnen mehrmals nach Petersburg. 1899 heiratete er Augusta Dmitrijewna Awdejewa (sie war vier Jahre jünger als er, hatte das Gymnasium beendet und arbeitete als Lehrerin).

1900 wurde der älteste Sohn Valentin geboren, der später zusammen mit dem Vater in der Wache des Ipatjew-Hauses diente. Dann wurden Wladimir, Alexej (1910) und die Tochter Antonina geboren. 1907 trat er in die Partei der Bolschewiken ein. Im Sommer 1916 begann er in der Fabrik der Brüder Slokasow als Schlosser zu arbeiten. Später kam Augustas Bruder, Alexander Awdejew, der künftige Kommandant des Ipatjew-Hauses, in die Fabrik. Ljuchanow brachte ihn als seinen Gehilfen unter und machte für ihn die Arbeit, da Awdejew nichts davon verstand.

Über die Jekaterinburger Periode seines Lebens sprach mein Vater nie.«

Nach dem Fall Jekaterinburgs 1918 fuhr Ljuchanow in die Stadt Ossa im Gebiet Perm. »Bald darauf trennte sich meine Mutter von ihm. 1921 kehrte sie mit allen Kindern nach Jekaterinburg zurück und leitete dort die Kinderheime. Am 23. März 1924 starb sie an Typhus. Kurz vor ihrem Tod bat sie, meinem Vater auszurichten, daß sie unrecht gehabt hat. Der älteste Sohn erfüllte ihre Bitte nicht, und Sergej Ljuchanow erfuhr erst kurz vor seinem Tod von mir die letzten Worte der Mutter. Es wühlte ihn auf, und er war erschüttert, daß er erst am Ende seines Lebens davon erfuhr.

Meine Mutter ist in Swerdlowsk auf dem Michailowskoje-Friedhof beerdigt. Nach ihrem Tod kam ich ins Waisenhaus, meine Schwester Antonina wurde von unserem Onkel, von Awdejew, nach Moskau geholt. Von 1918 bis 1926 arbeitete mein Vater in der Stadt Ossa als Leiter eines Kraftwerks. 1923 heiratete er eine Deutsche, die Deutschlehrerin Galina Karlowna (sie starb 1928). Von 1926 bis 1939 zog mein Vater sehr oft um, er arbeitete in verschiedenen Städten des Urals als Mechaniker. 1939 zog er schließlich in die Stadt Molotow, wo er während des Krieges im Stalin-Werk (heute Swerdlow-Werk) arbeitete. Nach dem Krieg war er bis 1952 Schlosser im Seuchenkrankenhaus in Perm. Er arbeitete viel und reparierte den Mitarbeitern des Krankenhauses alle möglichen Haushaltsgeräte (wobei er nie mehr als einen Rubel für die Arbeit nahm).

Er arbeitete bis zu seinem 80. Lebensjahr und kam nicht auf den Gedanken, daß ihm eine Rente zustand. Er war immer sehr wortkarg. Seit 1944 lebte er zusammen mit mir und meiner zweiten Frau in einem Zimmer, in der Straße des 25. Oktobers, Haus 30. Er starb 1954 und wurde auf dem alten Friedhof in Perm beigesetzt.«

Das alles war fast eine wörtliche Wiederholung dessen, was mir mein Besucher erzählt hatte. Ich fragte Alexej nach dem Mann, er antwortete verschwommen: »Ja, ich glaube, da kam jemand und traf sich mit meinem Vater... Dann war er wohl noch einmal hier, nach dem Tod des Vaters.« Das ist alles, was mir der 80jährige Alexej erzählen konnte. Beim Abschied gab er mir alle Dokumente seines Vaters. Darunter war auch eine Beglaubigung, die Sergej Ljuchanow 1899 von der »Gesellschaft der Brüder Pokrowski« ausgestellt worden war, geschmückt mit dem Zarenwappen und dem Profil des Mannes, dessen Leiche er später mit seinem Lastwagen transportierte. Und Photos des Vaters, darunter das letzte, auf dem der ehemalige Fahrer des Lasters ein kleiner, unscheinbarer Greis ist.

Ich wurde noch einmal an meinen seltsamen Besucher erinnert, als ich einen Brief von der Psychiaterin D. Kaufman (Petrosawodsk) erhielt. Sie schrieb:

»Es handelt sich um einen Mann, der eine Zeitlang in der Petrosawodsker psychiatrischen Klinik lag, in der ich von September 1946 bis Oktober 1949 nach Abschluß des zweiten Leningrader medizinischen Instituts als Assistenzärztin arbeitete.

Unsere Patienten waren Zivilpersonen und Häftlinge, die in jenen Jahren zur Behandlung oder zur Erstellung von psychiatrischen Gerichtsgutachten zu uns geschickt wurden.

Im Winter 1947 oder 1948 wurde ein Häftling eingeliefert. Er hatte eine schwere Psychose vom Typ hysterischer psychogener Reaktionen. Er hatte Bewußtseinsstörungen, konnte sich nicht in seiner Umgebung orientieren, begriff nicht, wo er sich befand... Er fuchtelte mit den Armen, wollte fliehen... In zusammenhangslosen Ausrufen fiel zwei- oder dreimal der Name *Beloborodow*, auf den wir anfangs nicht achteten, weil er uns nichts sagte. Aus den Begleitpapieren erfuhren wir, daß er sich schon lange im Lager befand und daß die Psychose plötzlich ausgebrochen war, als er versuchte, eine

Frau (eine Gefangene) vor den Schlägen eines Wachpostens zu schützen. Er wurde gefesselt und natürlich ›bearbeitet‹. Doch bei seiner Einlieferung waren keine sichtbaren körperlichen Schäden festzustellen, soweit ich mich erinnere. In seinen Papieren war 1904 als Geburtsjahr angegeben, an seinen Vor- und Familiennamen kann ich mich nicht mehr genau erinnern. Er hieß entweder Semjon Grigorjewitsch Filippow oder Filipp Grigorjewitsch Semjonow. Nach zwei, drei Tagen waren die Symptome der Psychose völlig verschwunden, wie das in solchen Fällen üblich ist. Der Patient war ausgeglichen und kontaktfreudig. Er behielt während seines Aufenthalts in der Klinik ein klares Bewußtsein und normales Benehmen. Sein Äußeres, soweit ich es wiedergeben kann: ziemlich groß, etwas korpulent, abfallende Schultern, gebückte Haltung, längliches blasses Gesicht, leicht vorstehende blaue oder graue Augen, hohe Stirn, die in eine Glatze überging, Reste von kastanienbraunem, angegrautem Haar...«

(Im weiteren Verlauf des Briefes erzählt sie, daß der Patient sich ihr offenbarte.)

»Wir erfuhren also, daß er der Thronfolger war. Während der Erschießung in Jekaterinburg hatte ihn der Vater mit dem Gesicht an sich gedrückt, damit er nicht die auf ihn gerichteten Pistolenmündungen sah. Ich glaube, er hatte gar nicht erfaßt, daß etwas Schreckliches vorging, weil das Erschießungskommando ganz plötzlich kam und er das Verlesen des Urteils nicht mitbekommen hatte. Er erinnerte sich nur an den Namen Beloborodow... Schüsse fielen, er wurde am Gesäß verwundet, verlor das Bewußtsein und fiel auf die bereits am Boden Liegenden. Als er wieder zu sich kam, stellte sich heraus, daß ihn ein Mann gerettet, aus dem Keller getragen und lange gepflegt hatte...« Es folgte die Geschichte seines weiteren Lebens, die Inhaftierung. Das Interessanteste aber stand am Ende des Briefes.

»Allmählich betrachteten wir ihn mit anderen Augen. Die Hämaturie, an der er litt, wurde erklärlich. Der Thronfolger hatte Hämophilie. Sein Gesäß wies eine alte kreuzförmige Narbe auf. Endlich begriffen wir, woran uns das Äußere des Patienten erinnerte – an die bekannten Porträts von Nikolaus dem Zweiten, nur daß er keine Husarenuniform trug, sondern Steppjacke, gestreifte Pyjamahose und Filzstiefel.

Damals kam alle anderthalb bis zwei Monate ein Konsultant aus Leningrad zu uns. Es war S. I. Gendelewitsch, der beste Psychiater, der mir in meinem Leben begegnet ist. Natürlich führten wir ihm unsern Patienten vor. Zwei bis drei Stunden löcherte er ihn mit Fragen, die wir nicht stellen konnten, da wir uns in dieser Sphäre nicht auskannten. Der Konsultant kannte die Anordnung und Bezeichnung aller Räume des Winterpalasts und der Residenzen außerhalb der Stadt zu Beginn des Jahrhunderts. Er kannte die Namen und Titel aller Mitglieder der Zarenfamilie und des weitverzweigten Netzes der Dynastie, alle Ämter bei Hofe usw.... Er kannte auch das Protokoll aller Zeremonien und Rituale, die am Hof üblich waren, die Daten verschiedener Namenstage und anderer Feste, die im Familienkreis der Romanows begangen wurden. Auf alle diese Fragen antwortete der Patient völlig exakt und ohne nachzudenken. Er benahm sich wie immer: zurückhaltend und würdevoll. Dann bat der Konsultant die Frauen hinauszugehen und untersuchte den Patienten unterhalb der Gürtellinie. Als wir wieder hereinkamen (der Patient war inzwischen weggeschickt worden), teilte uns der Konsultant ganz verwirrt mit, daß der Patient Kryptorchismus (Hochstand eines Hodens) hatte, was nach Kenntnis des Konsultanten auch bei dem Thronfolger Alexej festgestellt worden war.

Der Konsultant erklärte uns die Situation: Entweder wir diagnostizierten ›Paranoia‹ im Stadium einer guten Remission, so daß der Patient weiter im Lager arbeiten konnte, oder wir erklärten den Fall für unklar und forderten eine zusätzliche stationäre Beobachtung. In diesem Fall wären wir verpflichtet gewesen, unsere Entscheidung bei der Staatsanwaltschaft zu begründen, dann hätte man sofort einen Untersuchungsführer für besonders wichtige Fälle aus Moskau zu uns geschickt... Wir hielten es im Interesse des Patienten für besser, ihm die endgültige Diagnose Paranoia zu stellen, von der wir keineswegs überzeugt waren, und ihn ins Lager zurückzuschikken... Der Patient war mit unserem Entschluß, ihn ins Lager zurückzuschicken, einverstanden (natürlich teilten wir ihm die Diagnose nicht mit), und wir schieden als Freunde.«

Der Brief von D. Kaufman war so bildhaft, daß ich mich fragte, ob ich nicht das Opfer einer Mystifizierung zu werden drohte. Ich stellte Nachforschungen an.

Hier der Brief von Kiviniemi, dem stellvertretenden Chefarzt des psychiatrischen Krankenhauses Nummer 1 der Karelischen Republik. Er hatte die Krankengeschichte dieses Patienten im Archiv des Krankenhauses gefunden und überprüft. Er schreibt:

»Also, ich habe das Krankenblatt Nummer 64 auf den Namen F. G. Semjonow, Geburtsjahr 1904. Mit Rotstift der Vermerk ›Häftling‹... Er wurde am 23. 4. 49 aus dem Krankenhaus in die ITK Nummer 1 entlassen (es existiert eine Bescheinigung des Konvoichefs Michejew).

Semjonow war aus dem Lazarett der ITK (Arbeits- und Besserungskolonie) ins Krankenhaus verlegt worden. In dem Überweisungsschein des Arztes wird der akute psychotische Zustand des Patienten beschrieben und vermerkt, daß Semjonow ständig einen gewissen Beloborodow beschimpfte. In die psychiatrische Klinik kam er in geschwächter körperlicher Verfassung, aber ohne akute Anzeichen einer Psychose. Er war höflich, umgänglich, verhielt sich würdevoll und bescheiden. Der Arzt vermerkte im Krankenblatt, daß er im Gespräch seine Herkunft nicht verleugnete. Seine Manieren, sein Ton und sein Auftreten sprachen dafür, daß ihm das Leben der gehobenen Gesellschaft vor 1917 vertraut war. Semjonow erzählte, er habe Hauslehrer gehabt, er sei der Sohn des ehemaligen Zaren. Als seine Familie getötet wurde, sei er gerettet und nach Leningrad gebracht worden, wo er eine Zeitlang lebte. Er habe als Kavallerist in der Roten Armee gedient, am Wirtschaftsinstitut (offensichtlich in Baku) studiert und nach Beendigung des Studiums in Mittelasien als Ökonom gearbeitet, er sei verheiratet, seine Frau heiße Assja. Dann sagte er, daß Beloborodow sein Geheimnis gekannt und ihn erpreßt habe... Im Februar 1949 wurde er von Gendelewitsch, einem Psychiater aus Leningrad, untersucht. Semjonow erklärte ihm, daß er sich keinen anderen Namen aneignen wolle, daß er keinerlei Privilegien erwarte, denn er verstehe, daß sich um seinen Namen antisowjetische Elemente sammeln könnten. Um Unheil zu verhüten, sei er jederzeit bereit, aus dem Leben zu scheiden. Im April 1949 wurde ein psychiatrisches Gerichtsgutachten angefertigt, in dem Semjonow als psychisch Kranker eingestuft wurde, der in die psychiatrische Klinik des Innenministeriums zu verlegen sei. Letzteres ist in bezug auf Semjonow für die damalige Zeit als humanitärer Akt anzusehen, denn zwischen Lager und Krankenhaus besteht doch ein Unterschied. Semjonow selbst nahm das positiv auf...«

Diesem Schreiben war ein Brief des sonderbaren Patienten an seine Frau Assja beigefügt.

Einige Zeit später rief mich ein alter Mann an. Es stellte sich heraus, daß er mit dem rätselhaften Semjonow in einem Lager gesessen hatte. Alle Häftlinge hatten ihn den »Zarensohn« genannt und fest daran geglaubt, daß er der Sohn des Zaren war.

Auf meine Bitte wurden im Zentralen Staatsarchiv einige Seiten des dort aufbewahrten Tagebuchs von Alexej aus dem Jahr 1916 photokopiert. Mit den Kopien und dem Brief, den Semjonow 1949 aus dem Krankenhaus seiner Frau Assja geschrieben hatte, ging ich ins Institut für Kriminalistik. Sie bemühten sich zu helfen, aber die Dokumente erwiesen sich als nicht vergleichbar. Der Brief an Assja war in einer geschliffenen Handschrift geschrieben, während die Tagebucheintragungen des dreizehnjährigen Alexej hingekritzelt waren. Die Experten konnten weder ja noch nein sagen.

Epilog

Der »Spion«: Am Vorabend der Erschießung im Ipatjew-Haus fuhr der Vorsitzende der Ural-Tscheka F. Lukojanow plötzlich nach Perm, um das Archiv der Tscheka auszulagern. Der Chef der Ural-Tscheka, der Leiter des »Sonderauftrags«, nahm nicht an der Ausführung dieses Auftrags teil! Konnte er es nicht über sich bringen? Jedenfalls blieb er während der Erschießung in Perm.

Bald darauf erkrankte er an einem schweren Nervenleiden, das ihn sein Leben lang quälte.

Der ehemalige Vorsitzende der Ural-Tscheka starb 1947. Er erlebte den 30. Jahrestag der Ipatjew-Nacht nicht mehr. Er wurde in seinem Heimatort Perm beigesetzt.

Jurowski: In den dreißiger Jahren wurden die führenden Parteifunktionäre einer nach dem andern in die Lager oder in den Tod geschickt. 1935 traf es auch Jurowskis Familie. Die schöne Rimma, Liebling des Komsomol, wurde verhaftet und ins Lager gesteckt. Jurowski bat Golostschokin um Hilfe, aber der konnte nicht helfen.

Jetzt mußte Jurowski beweisen: Seine Familie ist die Partei... Und wenn die Partei seine Tochter braucht...

Sie trafen sich nach wie vor in Medwedews Wohnung und erinnerten sich. Immer an dasselbe. An die Erschießung. Mehr gab es in ihrem Leben nicht. Bei einer Tasse Tee tauschten sie prosaische Erinnerungen an die Apokalypse. Und debattierten, wer als erster geschossen hatte. Jurowski hatte das Vorrecht, seinen Traum zu verwirklichen. Er war Jude. Die Monarchisten erklärten die Ermordung des Zaren leichtfertig als Rache der Juden.

Der Sohn des Tschekisten Medwedew: »Eines Tages kam Jurowski triumphierend zu uns. Man hatte ihm ein im Westen erschienenes Buch geschickt, in dem schwarz auf weiß geschrieben stand, daß Jurowski Nikolaus getötet hatte. Er war glücklich – er war in die Geschichte eingegangen.«

Beloborodow: Aber zu den Zusammenkünften kam nie ihr früherer Freund Sascha Beloborodow, damals Volkskommissar für innere Angelegenheiten. Wie auch Jurowskis Tochter Rimma war er ein Anhänger Trotzkis gewesen. Er wurde aus der Partei ausgeschlossen, bereute, orientierte sich um. Und wurde wieder in die Partei aufgenommen.

Aus einem Brief von N. Bjaler: »In den 30er Jahren lebte unsere Familie in Paris. Mein Vater, Akim Jakowslewitsch Bjaler, war Sekretär des Militärattachés.

1935 brachte mein Vater einen Mann mit nach Hause, den er als Nikolai Alexejewitsch Sokolow vorstellte. Ob das sein richtiger Name war, weiß ich nicht. Aus der UdSSR kamen damals manchmal Leute unter fremdem Namen. Warum ich mich an ihn erinnere? Ich sah in der Botschaft und in unserem Haus sehr viele Leute, die damals berühmt waren. Da kamen Tschkalow und Gromow, Tuchatschewski, Uborewitsch und Jakir... Sokolow war von Woroschilow persönlich nach Paris geschickt worden, um einen Onkologen zu konsultieren. Der hieß, soweit ich mich erinnere, Rocard. Mein Vater kannte ihn. Professor Rocard diagnostizierte Kehlkopfkrebs und lehnte die Behandlung ab. Als Woroschilow davon unterrichtet wurde, befahl er, man solle dennoch eine Therapie durchführen. Der Botschafter Potjomkin fuhr selber zu Rocard, wonach eine Therapie festgelegt wurde. Unter anderem sollte er fünfmal am Tag eine halbflüssige Nahrung zu sich nehmen. Diese Nahrung bereitete meine Mutter zu. Meine Mutter und ich brachten Sokolow zur Behandlung, gingen mit ihm in Paris spazieren und verbrachten überhaupt den ganzen Tag mit ihm. Ich schreibe so ausführlich darüber, damit verständlich wird, warum Sokolow offen mit meiner Mutter sprach. Er wußte, daß er bald sterben würde. Er erzählte meiner Mutter, daß er den Zug, der die Zarenfamilie erschoß, befehligt hatte. Das lag als Sünde auf seinem Gewissen... Als wir nach Moskau zurückgekehrt waren, sagte uns mein Vater, Sokolow sei 1938 im Kremlkrankenhaus gestorben. Meine Mutter erzählte mir Sokolows Geschichte erst Ende der 60er Jahre, nach Vaters Tod, denn sie hatte ihm ihr Wort gegeben, nie darüber zu sprechen.«

Warum nahm Bjaler seiner Frau das Versprechen ab, nie über ihre Bekanntschaft mit dem geheimnisvollen Sokolow zu sprechen? Weil er seiner Frau die Unwahrheit über dessen Tod gesagt hatte, um sie nicht zu erschrecken. Der Kommandeur des Zuges, »der die Zarenfamilie erschoß«, war zwar 1938 gestorben, aber keineswegs im Krankenhaus.

Übrigens war er ebensowenig Kommandeur des Zuges, wie er Nikolai Alexejewitsch Sokolow hieß. Obendrein wählte er ein recht zynisches Pseudonym, denn Sokolow hieß der berühmte Untersuchungsführer, der die Ermordung der Zarenfamilie untersuchte.

Wer er war, ist leicht zu klären. Dieser Mann muß eine hohe Position eingenommen haben, wenn Woroschilow, der »Erste Marschall«, den sowjetischen Botschafter in Paris beauftragte, sich um ihn zu kümmern. Von allen Beteiligten an der Erschießung konnte es nur einer sein – Alexander Beloborodow, der grausame Beloborodow, der 15 Romanows für immer in den Uralbergen liegen ließ. Jetzt war er Volkskommissar für innere Angelegenheiten, ein unglücklicher, todkranker Mann, der mit Mühe die flüssige Nahrung schluckte, die ihm eine mildtätige Frau reichte. Aber das war noch nicht sein Ende. Das Ende erwartete ihn in Moskau. 1938 wurde der allmächtige Kreml-Bojar verhaftet. Und in der Ljubjanka bekam der hilflose Mann, der seine Hosen festhalten mußte, weil der Gürtel herausgezogen worden war, sehr vieles am eigenen Leibe zu spüren... Erst nachdem der Napoleon des Urals durch alle Qualen der Hölle gegangen war, wurde er an die letzte Wand gestellt und bekam »einen Tritt in den Hintern«.

So beging Alexander Beloborodow mit einer Kugel im Herzen den 20. Jahrestag der Hinrichtung der Zarenfamilie.

Golostschokin und Co: Auch er kam an die Reihe. Eine lange Kette von Titeln hatte der »Genosse Filipp«: vom XII. bis zum XV. Parteikongreß Kandidat des ZK der Partei, seit dem XV. Parteikongreß Mitglied des ZK. Und oberster Schiedsrichter beim Rat der Volkskommissare. Jede Stufe nach oben war eine Stufe auf dem Weg zum Tod.

In den vierziger Jahren durchlief Golostschokin das unvermeidliche Programm der Kreml-Bojaren: Gulag, Erschießung und Massengrab – eine Grube, hastig mit Erde zugeschüttet.

In der Grube, die ihr großer Vater und Lehrer für sie vorgesehen hatte, landeten auch Didkowski, Safarow und der Armeekommandeur Bersin, nachdem sie erschossen worden waren. Von den Führern des Ural-Sowjet war Tolmatschow der einzige, der »rechtzeitig« im Bürgerkrieg ums Leben kam.

So oder anders – alle, die den Erschießungsbefehl unterschrieben hatten, starben von einer Kugel.

Und die unmittelbaren Henker?

Alle, deren Namen uns zuverlässig bekannt sind, starben in ihren Betten.

Das Kommando verschwindet

1938, in dem Jahr, in dem sich die Ermordung der Zarenfamilie zum zwanzigsten Mal jährte, starb ebenfalls im Juli Jakow Jurowski qualvoll an einem Geschwür.

Der Sohn des Tschekisten M. Medwedew erzählt:

»Mein Vater sagte, daß Jurowski in letzter Zeit Herzbeschwerden hatte, er grämte sich um die Tochter. Und er konnte nichts tun, konnte ihr nicht helfen.

Ja, die Theorie war weitaus leichter als die Praxis. In der Praxis mußte er im Namen der Partei die Tochter hergeben... So zahlte der eiserne Kommandant mit Herzschmerz und einem tödlichen Geschwür, das ihm die Eingeweide zerfraß. In dem Wissen, daß er bald sterben würde, schrieb er an einem schwülen Julitag des schrecklichen Jahres 1938 seinen Kindern einen Brief. Während seine geliebte Tochter im Lager saß und seine nächsten Freunde auf den Tod gefaßt sein mußten, schrieb er von der wunderbaren Vergangenheit, Gegenwart und Zukunft.

»Schenja und Schura, meine Lieben! Am 3. Juli nach dem neuen Kalender werde ich sechzig. Es hat sich so gefügt, daß ich Euch fast nichts von mir erzählt habe, besonders von meiner Kindheit und Jugend... Ich bedaure das. Rimma kann sich noch an einzelne Episoden der Revolution von 1905 erinnern: Verhaftung, Gefängnis, Arbeit in Jekaterinburg.« (Ein merkwürdiger Satz! In dieser Zeit saß die unglückliche Rimma in einem sowjetischen Gefängnis, dem gegenüber das zaristische Gefängnis ihres Vaters ein Sanatorium gewesen war.)

»Im Gewitter der Oktoberrevolution wandte mir das Schicksal seine lichteste Seite zu... Ich sah und hörte Lenin viele Male, er empfing mich und unterhielt sich mit mir, er unterstützte mich wie kein anderer in den Jahren meiner Arbeit im Schatzamt. Ich hatte das Glück, die treuesten Schüler und Mitarbeiter Lenins gut zu kennen – Swerdlow, Dserschinski, Ordshonikidse. Ich arbeitete unter ihrer Führung und kam auch privat mit ihnen zusammen.

Das Schicksal hat es gut mit mir gemeint. Wenn ein Mensch drei Stürme mit Lenin und den Lenin-Anhängern durchgestanden hat, kann er sich zu den Glücklichsten unter den Sterblichen zählen...

Obwohl ich mich von den Krankheiten todmüde fühle, glaube ich immer noch, daß ich zusammen mit Euch an den künftigen Ereignissen teilnehmen werde. Ich umarme Euch, ich küsse Rimma, Eure Frauen und meine Enkel. Vater.«

Jurowski hatte, als er starb, sein Ziel erreicht: Im Revolutionsmuseum lag seine ›Aufzeichnung‹, in der stand, daß *er* den letzten Zaren getötet hatte. In zahlreichen im Westen verlegten Büchern wurde das bestätigt. Er konnte sich als einen der »Glücklichsten unter den Sterblichen« bezeichnen.

1952, kurz vor seinem siebzigsten Geburtstag, starb Pjotr Sacharowitsch Jermakow, der eine personengebundene Rente bezogen hatte. Nach ihm ist eine Straße in Swerdlowsk benannt.

1964 starb ebenfalls eines natürlichen Todes Michail Medwedew. Kurz vor dem Tod hatte er seinen Browning dem Revolutionsmuseum übergeben, den bewußten Browning Nummer 389965.

Der Browning hatte eine Geschichte. Anfang des Jahrhunderts begann man in Baku gegen die Provokateure zu kämpfen, die in die Untergrundorganisationen der Sozialdemokratischen Partei eingeschleust wurden. Zu diesem Zweck hatte sich Medwedew den Browning angeschafft. Damals beschuldigte Schaumjan, der Führer der Bakuer Revolutionäre, Stalin, er sei als Provokateur in ihre Organisation entsandt worden. Da wurde Stalin plötzlich von der Geheimpolizei verhaftet und verschwand aus Baku. Wäre er länger in Baku geblieben, hätte den ersten roten Zaren womöglich die erste Kugel dieses Brownings getroffen. Aber Stalin verschwand rechtzeitig. Und mit dem Browning wurde der letzte Zar aus dem Haus Romanow getötet.

1964 lebten nur noch zwei von den Teilnehmern der Erschießung. Einer von ihnen war Nikulin.

Nach der Erschießung war ihm das Schicksal gnädig. Aus seinem 1923 geschriebenen Lebenslauf:

»1919 fuhr ich nach Moskau und wurde in der administrativen Abteilung des Moskauer Sowjets eingestellt. Ich bekleidete folgende Ämter: Leiter der Moskauer Gefängnisse, Leiter der Verwaltung Zwangsverpflichtung und stellvertretender Chef der Moskauer Kriminalmiliz.«

1921 wurde dem ehemaligen Mordschützen eine etwas überraschende Arbeit übertragen – die Leitung der Staatlichen Versicherung.

Die Angestellten der Versicherung wären sehr erstaunt gewesen, wenn sie von der jüngsten Vergangenheit ihres Chefs erfahren hätten. Übrigens erwähnte er sie nie. Nicht einmal in seinem Lebenslauf. Nur Jurowskis Autorität konnte das »Söhnchen« bewegen, 1927 die Erklärung zu unterschreiben, in welcher der Kommandant die verhängnisvolle Waffe dem Museum übereignete.

Nach Jurowskis Tod strich er das Geschehene endgültig aus seinem Gedächtnis. Er heiratete zum zweitenmal – eine schöne, herrschsüchtige junge Frau.

Aus der Erzählung von A. I. Winogradowa (Moskau): »Meine Eltern waren mit ihm befreundet. Ein sehr angenehmer Mensch mit gutem Gesicht. Er sprach nie über die Erschießung. Und seine Frau verbot allen, ihn danach zu fragen ... Er ist auf dem berühmten Nowodewitschje-Friedhof beigesetzt, nicht weit von meinem Vater.«

Der Sohn des Tschekisten Medwedew: »Am Ende seines Lebens war Nikulin für die gesamte Wasserversorgung Moskaus verantwortlich – er leitete das ›Stalinsche Wasserwerk‹. Seine Frau brüstete sich vor ihren Gästen mit ihrem luxuriösen Leben: Sie bewohnten eine Villa, in der sogar der Hund ein eigenes Zimmer hatte. Sie besaßen tatsächlich einen riesigen Köter. Unter den Gästen war auch Rimma Jurowskaja. Nach 20 Jahren Lager war sie gerade erst nach Moskau zurückgekehrt und wußte nicht, wo sie wohnen sollte. Sie sagte spöttisch: ›Da könnte ich ja in das Zimmer Ihres Hundes ziehen ...‹«

Rimma Jurowskaja, der Liebling des Jekaterinburger Komsomol, war durch die Schule der Stalinschen Lager gegangen, hatte die Herrlichkeiten der lichten Zukunft, von der ihr Vater so gern träumte, mit eigenen Augen gesehen. Und nun hörte diese Frau, die keine Wohnung hatte, deren Gesundheit untergraben und deren Leben verpfuscht war, wie die neuen Reichen, die neuen Herren lebten.

1964 überredete M. M. Medwedew, der Sohn des Tschekisten, Nikulin, seine Aussagen im Rundfunk auf Band zu sprechen.

Das war nicht einfach. Nikulin war gewohnt, »den Mund zu halten«, wie ihnen einst ihr Führer und Lehrer befohlen hatte. Obwohl Stalin schon elf Jahre tot war, saß die Angst noch in den Menschen.

Trotzdem ließ sich Nikulin überreden. Sein Entschluß wurde davon beeinflußt, daß der Tschekist Medwedew gestorben war. Nikulin fühlte sich als letzter Augenzeuge, der für die Geschichte seine Aussage machen und endlich den Namen des wirklichen Zarenmörders nennen konnte.

Die Fragen stellte M. Medwedew.

»Begann die Erschießung mit einer Salve?«

»Nein, es war eine wilde Schießerei.«

»Aber einer muß doch als erster geschossen haben. Wer hat den ersten Schuß abgegeben?«

Nikulin sagte: »Ihr Vater, Michail Medwedew. Er hat als erster geschossen und den Zaren getötet.«

Jetzt, nach Jurowskis Tod, konnte das »Söhnchen« die Wahrheit sagen. Sein Leben ging ohnehin zu Ende.

Der Sohn des Tschekisten Medwedew: »Ich bat ihn, Einzelheiten der Erschießung zu erzählen. Er sagte: ›Man soll nicht in diesen Dingen schwelgen. Das werden wir mit ins Grab nehmen…‹

Auf die Frage nach Anastasia, die damals im Westen großes Aufsehen erregte, antwortete Nikulin: ›Alle sind umgekommen.‹«

Offensichtlich erfuhr Jurowskis Sohn von dieser gefährlichen Tonbandaufnahme. Darum übergab er 1964 dem Revolutionsmuseum eine Kopie der »Aufzeichnung« seines Vater, in der der Kommandant noch aus dem Jenseits verkündet: »Ich habe den letzten Zaren getötet.«

Doch Nikulin war nicht der letzte noch lebende Zarenmörder. 1964 erhielt M. M. Medwedew aus dem fernen Chabarowsk einen Brief von dem ehemaligen Leibgardisten und Zarenmörder Kabanow. Als er in der »Prawda« den Nekrolog über seinen alten Bekannten Medwedew gelesen hatte, schrieb er dessen Sohn. Sie traten in Briefwechsel. Der alte Tschekist antwortete Medwedew aus Chabarowsk auf die Hauptfrage: »Der Zar starb von der Kugel Ihres Vaters, das wußten damals alle Mitarbeiter der Ural-Tscheka.«

So ging der erstaunliche Kampf um die »Ehre der Erschießung« weiter.

Im selben Jahr 1964, als im Moskauer Rundfunk die letzten Augenzeugen der Erschießung ihre Aussage machten, wurde in Finnland auf dem rechtgläubigen Friedhof eine 80jährige Nonne beigesetzt. Ihr Haar war geschoren, doch sie hatte nicht im Kloster gelebt. Sie hatte sich heimlich zur Nonne scheren lassen, um ein Gelübde zu erfüllen, das sie noch in der Heimat, in Rußland, abgelegt hatte. Diese heimliche Nonne hinterließ zahlreiche Photos: Zarskoje Selo, das Schloß in Liwadia – die alte, für immer entschwundene Welt. Sie hinterließ auch Aquarelle von der Hand der letzten Zarin, außerdem Zeichnungen des letzten Zarewitsch und Briefe der Zarin und ihrer Kinder... Es war die Freundin Anna Wyrubowa.

Neue Geheimnisse?

Ein Berg neuer Leserbriefe. Ich versuche immer wieder den Schlußpunkt unter mein Buch zu setzen. Aber die Briefe nehmen kein Ende.

Wieder ein Brief von der Nichte Jelisaweta Ersbergs, des Zimmermädchens der Zarenfamilie: »Ein paar Worte über das Schicksal meiner Tante nach der Erschießung der Zarenfamilie. Als Koltschak Tobolsk einnahm, wurde Jelisaweta von der Kommission Nikolai Sokolows verhört (wie sich herausstellte, war er ein Schulkamerad meines Vaters). Meine Tante kam mit der Vorhut der weißen Truppen nach Jekaterinburg. Sie mietete einen Bootsmann und suchte im Teich und in einem Sumpf (sie hatte irgendwelche Informationen bekommen) nach den Leichen, fand aber nichts. Dann fuhr sie mit der Mission des Roten Kreuzes über den Fernen Osten, Japan, Amerika und Frankreich nach Dänemark, zur Mutter des Zaren, Kaiserin Maria Fjodorowna. Sie erhielt von ihr finanzielle Mittel und reiste über die Schweiz und die Tschechoslowakei nach Rußland. Im November 1928 erreichte sie die russische Grenze. Die Einreise in die Heimat wurde ihr erst erlaubt, nachdem sich mein Vater an Molotow gewandt hatte. Sie mußte sich an der Grenze schriftlich verpflichten, innerhalb von 24 Stunden bei der Tscheka vorstellig zu werden. Dort gab sie ihre Unterschrift, über das Leben der Zarenfamilie und damit verbundene Umstände Stillschweigen zu bewahren.

Nun zur Freundin meiner Tante – Anna Demidowa, die angeblich im Ipatjew-Haus erschossen wurde.

Die Geschichte Anna Demidowas endete nicht mit dem Tag der Erschießung, was ich begründen werde. Mein Vater photographierte gern. Wir hatten zu Hause eine Schachtel mit Negativen – Parkanlagen außerhalb der Stadt und vor diesem Hintergrund Bekannte. Wir hatten sehr viele Bilder von meiner Tante in Gesellschaft der Demidowa und anderer Bediensteter der Zarenfamilie.

Darum kannte ich das Gesicht von Anna Demidowa sehr gut und sehe es noch heute vor mir. Sie war mittelgroß, füllig, hatte ein schlichtes, rundes Gesicht mit an den Schläfen anliegenden Haaren.

Noch bevor Tante Jelisaweta nach Rußland zurückkehrte, war ich bei ihrer Schwester zu Besuch. Um mich zu unterhalten, gab sie mir ein schön gebundenes Album von Tante Jelisaweta. Es enthielt mindestens zehn Photos der mir bereits bekannten Anna Demidowa. Außerdem war in dem Album das Photo einer großen, mageren, pockennarbigen Frau. Wer das war, konnte mir keiner sagen. Weihnachten 1929, als Jelisaweta wieder zu Hause war, fuhren wir die Tanten besuchen. Ich bat um das Album und begann darin zu blättern, aber alle Photos der Demidowa, auch Gruppenbilder, waren verschwunden oder übermalt. Als ich danach fragte, bekam ich keine Antwort. Ich erkundigte mich nach der großen, pockennarbigen Frau. Jelisaweta sagte, sie sei ein sehr guter Mensch gewesen, aber sie sei umgekommen. Und sie weinte.

Die Tanten verhungerten später, sie starben beide am 12. März. Man wollte sie evakuieren und hatte ihnen den Paß abgenommen, aber sie fuhren nicht. Ohne Paß bekamen sie jedoch keine Brotkarten.« (So verhungerte das Zimmermädchen der Zarin.)

»Die Geschichte der Demidowa erfuhr ich erst später. Ich arbeitete in der Fabrik (Leningrad, Lermontow-Prospekt 54). 1968 kam der Techniker für Kompressoranlagen Demidow zu uns in die Halle 17. Als ich ihn zum erstenmal sah, glaubte ich, sein Gesicht schon einmal gesehen zu haben. Plötzlich kam mir die Erleuchtung – Anna Demidowa. Ich sagte im Scherz zu ihm, wenn man ihm eine Kapuze aufsetzte, könnte er für eine bekannte Dame gehalten werden. Ich fragte ihn, ob er mit Anna Stepanowna Demidowa verwandt sei. Er antwortete, nicht Stepanowna, sondern Stefanowna, das sei die ältere Halbschwester seines Vaters. Sie sei nach dem Vaterländischen Krieg gestorben. Wie er sie mir beschrieb, war sie mittelgroß und füllig, sie trank gern, rauchte, verließ nie das Haus... Sie hatte Angst vor dem Neffen oder mochte ihn nicht. Wenn sie ihn im Korridor traf, lief sie davon. Nachts phantasierte sie und schrie. Schließlich schloß der Bruder sie im Zimmer ein. Ich bat Demidow, über seine Tante zu schreiben. Er sagte: ›Das gibt bloß Ärger.‹ Die unter dem Namen Demidowa Erschossene war allen Beschreibungen nach sehr groß... Wer war die große Frau aus dem Album, die anstelle der Demidowa erschossen wurde?«

Ich lege den Brief beiseite. »Anstelle der Demidowa«? Aber vielleicht nicht anstelle? Vielleicht stimmt die Version meines Besuchers, daß zwei gerettet wurden? Vielleicht hatten sich der Vater und die Tanten die nebulöse Geschichte mit den Photos ausgedacht, damit das Mädchen nicht hinter das gefährliche Geheimnis kam?

Bald nachdem ich diesen Brief erhielt, klingelte das Telefon: ein Ferngespräch.

Im Hörer erklang Hüsteln, dann vernahm ich die bekannte Stimme...

Er sagte ohne Einleitung: »Gestern wurden in der Stadt Swerdlowsk, die nun wieder Jekaterinburg heißt, die Überreste von neun Menschen in die Leichenhalle eines Krankenhauses gebracht. Ich hoffe, Sie haben verstanden, von wem ich spreche?«

»Nein«, sagte ich, obwohl ich es bereits ahnte.

»Ja, die Überreste aus dem Grab, das Jurowski beschrieben hat. Gestern wurde es geöffnet.«

Im Hörer ertönte das Freizeichen.

Erst einige Tage nach diesem Anruf erschien in den Zeitungen eine Meldung: Am 12. Juli wurde in der Umgebung des Dorfes Koptjaki das Grab geöffnet, in dem vermutlich die sterblichen Überreste der Zarenfamilie lagen.

Wieder saß der Besucher bei mir zu Hause.

Er war in den vergangenen Monaten recht klapprig geworden, offensichtlich war er krank, das Gespräch wurde immer wieder von seinem Husten unterbrochen, doch das sarkastische Lächeln war das alte.

»Ja, also... Obwohl unsere letzte Begegnung gar nicht so lange zurückliegt, ist inzwischen viel passiert: Leningrad wurde wieder zu Sankt Petersburg, Swerdlowsk zu Jekaterinburg, die KPdSU wurde verboten. Was für ein Zusammentreffen: Sie haben Ihr Buch über den letzten Zaren genau in dem Zeitpunkt beendet, wo die Ära des Kommunismus in Rußland zu Ende ging... Übrigens, kürzlich haben sich in Saratow der Enkel und der Urenkel Tschernyschewskis das Leben genommen. Damit endete das Geschlecht des größten russischen Sozialisten, des Vorläufers aller russischen Revolutionen, der als einer der ersten die Intelligenz aufforderte, sie solle Rußland aufrufen, zur Axt zu greifen. Er rief zum Zarenmord auf...«

Die Einleitung war beendet, und nun begann die Erzählung: »Also das von Jurowski beschriebene Grab wurde geöffnet. Übrigens, der erste Versuch, es zu öffnen, war bereits 1979.«

»Ich weiß.«

Aber er fuhr unbeirrt fort:

»Damals fanden drei Swerdlowsker Geologen und ein Moskauer Literat das von Jurowski beschriebene Grab. Später erzählten sie, wie Sie wissen, von allen möglichen Schwierigkeiten bei ihrer Suche, aber das war mehr zur Unterhaltung. In Wirklichkeit hatte einer von ihnen Zugang zu den Geheimarchiven, und sie wußten, wo das Grab war. 1979 beschlossen sie, es zu öffnen... Damals entnahmen sie dem Grab drei Schädel, machten Abdrücke und legten sie zurück ins Grab. Einer der Schädel hatte eine goldene Zahnbrücke. Sie vermuteten, daß es Nikolaus' Schädel war. Aber darüber wahrten sie natürlich Schweigen. Erst zehn Jahre später erzählten sie zum erstenmal in der Presse ihre Geschichte.

Und nun, nach zwölf Jahren, öffnen diese Swerdlowsker Geologen zum zweitenmal das Grab. In Jekaterinburg ging nämlich das Gerücht um, daß Moskau das Grab öffnen und die Überreste wegbringen wolle. Und so, wie Jekaterinburg damals die lebenden Romanows nicht nach Moskau gelassen hatte, beschloß es jetzt, sie auch nach dem Tod nicht herzugeben... Überhaupt war alles wie damals: Heimlich wurden sie ermordet, und heimlich wurden sie ausgegraben... Soldaten zäunten die Ausgrabungsstelle ein. Die Wache ließ niemanden durch... Und genau wie im Juli 1918 herrschte auch diesmal eine schreckliche Hitze. Aber am Tag der Ausgrabung goß es in Strömen...«

»Waren Sie dabei?«

»Wozu... Aber ich mußte es wissen... Sie öffneten das Grab wie Barbaren, ohne Geistlichen. Es war gegen Mitternacht, als sie auf die Bahnschwellen stießen, von denen Jurowski schrieb. Dann kamen Knochen und ganze Skelette zum Vorschein, Schädel mit Kugeleinschüssen, mit Spuren von Kolbenschlägen... Scherben der Gefäße für die Schwefelsäure, mit der die Leichen bis zur ›Unkenntlichkeit‹ entstellt werden sollten, und Reste des Seils, mit dem die Leichen aus dem ersten Schacht gezogen wurden. Die Gebeine wurden schleunigst in Karabinerkisten weggebracht. An der Stelle des Grabes blieb eine Grube zurück, die sich rasch mit Regenwasser füllte, eine schmutzige Pfütze. Später schütteten die Soldaten sie mit Erde zu. Die Zarenfamilie wurde in die Leichenhalle des Krankenhauses, in die ›schmutzige Kammer‹ gebracht, wo die verstümmelten Leichen hinkommen. Die Gerichtsmediziner reinigten die Knochen und Schädel von Erde, trockneten und numerierten sie... Märtyrer, die zu einem geologischen Fund geworden waren.«

»Sie nehmen also an, daß es wirklich das Grab der Zarenfamilie ist?«

»Ich nehme an, daß es das Grab ist, von dem Jurowski schrieb. Lagen darin die Überreste der Zarenfamilie? Oder wurden sie verbrannt, und das ist bloß ein Pseudograb? Sollte dennoch bewiesen werden, daß es die Zarenfamilie ist, so gewinnen die unlängst veröffentlichten ersten Schlußfolgerungen des Gutachtens höchstes Interesse: Von den elf Erschossenen wurden im Grab nur neun Skelette gefunden.

Die Überreste von Alexej und ein weibliches Skelett *fehlen.*«

Nach diesem Besuch erhielt ich von ihm verblüffende »Geschenke«. Das Jekaterinburger Gutachten wurde unter strengster Geheimhaltung erstellt. Dennoch schickte er mir eine ausführliche Zeichnung über die Anordnung der Leichen in dem geheimnisvollen Grab. Dann landeten die Photos der gefundenen Schädel der Zarenfamilie auf meinem Tisch.

Ein letztes Mal rief mich mein Besucher an und sagte: »Die Ausgrabungen gehen weiter. Sie suchen die fehlenden zwei Leichen, genauer, die Überreste der Feuerstelle, wo nach Jurowskis Behauptung diese zwei verbrannt wurden. Sie suchen, weil die Experten annehmen: Jurowski konnte die zwei Leichen nicht völlig spurlos verbrennen. Dazu hätte er sehr viel Brennholz, sehr viel Benzin und sehr viel Zeit gebraucht. Das alles hatte er nicht. Dennoch wurde die Feuerstelle bis jetzt nicht gefunden.« Er lachte. »Nach wie vor fehlen zwei Leichen.«

»Und wenn sie doch gefunden werden?«

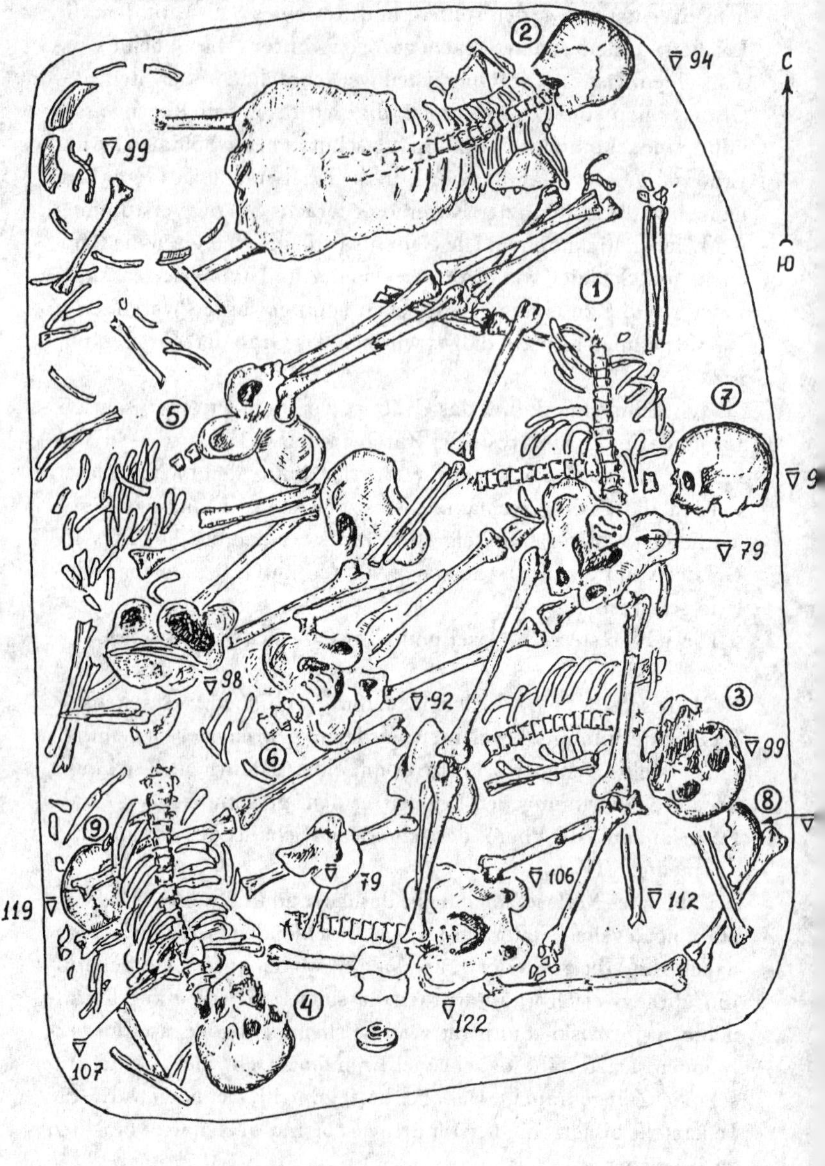

2
94
С
Ю
99
1
5
7
9
79
98
92
3
99
6
8
9
79
106
119
112
4
122
107
0
10
20 см

»Das würde bedeuten, daß die beiden Geretteten nicht überlebten, daß sie ihren Verletzungen erlagen. Das übrige kann man sich leicht vostellen: Die Retter ließen die beiden Toten im Wald zurück, und dort fand sie mein Freund Pjotr Jermakow, der nach ihrem Verschwinden nicht mehr zur Ruhe kam. Und dann hat er sie vielleicht wirklich verbrannt oder aus Zeitmangel vergraben.« Er lachte wieder. »Obwohl, wenn man den Charakter dieses tüchtigen Tschekisten kennt, kann man sich auch eine andere Variante vorstellen: Als er die beiden nicht fand, verbrannte er für alle Fälle ähnliche Leichen, denn an Erschossenen hatte die Tscheka in jenen Jahren eine reiche Auswahl. Das Gutachten muß also mit äußerster Sorgfalt angefertigt werden.«

Genug der Rätsel! Genug der endlosen Auferstehungen...

Abbildung linke Seite:
Skizze des Grabes bei Koptjaki, in dem sich vermutlich die Überreste der erschossenen Zarenfamilie befinden. Die Skizze zeigt die Anordnung der Leichen, Scherben des Gefäßes, das Schwefelsäure enthielt, Reste des Seils, mit dem die Leichen umschnürt waren. Die Skizze wurde von den Leuten angefertigt, die 1991 das Grab öffneten. (Aus dem Archiv des Autors)
(Die Ziffern beziehen sich auf die Zuordnung von einzelnen Knochen und Skelettteilen zu Skeletten, die von Fachleuten anfänglich vorgenommen wurde, aber nicht als eindeutig anerkannt ist.)

Bibliographie

1. Quellen

Tagebücher des Zaren Nikolaus II., 1882–1918 (Zentrales Staatsarchiv der UdSSR, Fonds 601, Verzeichnis 1, Akte 217–226)

Tagebuch der Zarin Alexandra Fjodorowna, 1917 (Zentrales Staatsarchiv der UdSSR, Fonds 640, Verzeichnis 1, Akte 333)

Tagebuch Alexandra Fjodorownas von 1918 (Zentrales Staatsarchiv der UdSSR, Fonds 640, Verzeichnis 1, Akte 326)

Notizbuch Alexandra Fjodorownas mit Kopien von Gedichten und Auszügen aus Büchern (1905–1916) (Zentrales Staatsarchiv der UdSSR, Fonds 640, Verzeichnis 1, Akte 312)

Notizbuch Alexandra Fjodorownas mit Aussprüchen Rasputins (Zentrales Staatsarchiv der UdSSR, Fonds 640, Akte 309)

Übungsheft Alexandra Fjodorownas für den Russischunterricht (Zentrales Staatsarchiv der UdSSR, Fonds 640, Verzeichnis 1, Akte 520)

Tagebücher Alexanders II. (Zentrales Staatsarchiv der UdSSR, Fonds 678, Verzeichnis 1, Akte 294–295)

Tagebuch der Großfürstin Olga (Zentrales Staatsarchiv der UdSSR, Fonds 673, Verzeichnis 1, Akte 8)

Tagebuch der Großfürstin Tatjana (Zentrales Staatsarchiv der UdSSR, Fonds 651, Verzeichnis 1, Akte 26)

Tagebuch der Großfürstin Maria (Zentrales Staatsarchiv der UdSSR, Fonds 685, Verzeichnis 1, Akte 10)

Tagebuch des Zesarewitsch Alexej (Zentrales Staatsarchiv der UdSSR, Fonds 682, Verzeichnis 1, Akte 189)

Briefwechsel zwischen Nikolaus und Alix von Hessen im Jahre 1894 (Zentrales Staatsarchiv der UdSSR, Fonds 601, Verzeichnis 1, Akte 1147)

»Briefwechsel zwischen Nikolaus II. und Alexandra Fjodorowna«, 1914–1917, Band 1–5, Moskau, Leningrad 1923–1927

Briefwechsel zwischen Nikolaus und seiner Mutter, der Kaiserin Maria Fjodorowna (Zentrales Staatsarchiv der UdSSR, Fonds 642, Verzeichnis 1, Akte 2328)

Telegramme Jakowlews, der den Zaren von Tobolsk nach Moskau überführen sollte (Zentrales Staatsarchiv der UdSSR, Sammlung)

Wachbuch der Abteilung zur besonderen Bestimmung (Zentrales Staatsarchiv der UdSSR, Fonds 601, Verzeichnis 2, Akte 37)

Telegramm vom 16. Juli 1918 von Jekaterinburg nach Moskau über die geplante Erschießung der Zarenfamilie (Zentrales Staatsarchiv der UdSSR, Fonds 130, Verzeichnis 2, Akte 653, Blatt 12)

Aufzeichnung des Kommandanten des Ipatjew-Hauses J. Jurowski über die Erschießung der Zarenfamilie, Dokumente der monarchistischen Scheinverschwörung, offizielles Telegramm des Ural-Sowjet über die Erschießung Nikolaus II. (Zentrales Staatsarchiv der UdSSR, Fonds 601, Verzeichnis 2, Akte 35)

Erinnerungen P. Jermakows (Swerdlowsker Parteiarchiv, Fonds 221, Verzeichnis 2, Akte 774, Blatt 7–12)

Lebenslauf P. Jermakows (Swerdlowsker Parteiarchiv, Fonds 41, Verzeichnis 2, Akte 79, Blatt 5–6)

Bericht des Staatsanwalts der Kasaner Gerichtskammer N. Miroljubow an das Justizministerium, 12. Dezember 1918 (Zentrales Staatsarchiv der UdSSR, Fonds 601, Verzeichnis 2, Akte 36)

Lebenslauf des Vorsitzenden der Ural-Tscheka F. Lukojanow (Kopie befindet sich beim Autor)

Lebenslauf des Fahrers des Ipatjew-Hauses, S. Ljuchanow, zusammengestellt von seinem Sohn Alexej (befindet sich beim Autor)

Erinnerungen P. Matwejews an die Tobolsker Gefangenschaft der Zarenfamilie (Zeitung »Uralski rabotschi«, 16. 9. 90)

Markows Erinnerungen an die Erschießung des Großfürsten Michail (Kopie aus dem Permer Parteiarchiv befindet sich beim Autor, teilweise veröffentlicht in »Wetschernaja Perm«, 15. 1. 1990, und »Sowerschenno sekretno«, September 1990)

Erzählung der Leiterin des Permer Parteiarchivs N. Alikina über Begegnungen mit Markow und Markows Audienz bei Lenin nach der Ermordung Michails (»Wetschernaja Perm«, 3. 2. 1990)

Kabanows Brief über die Erschießung der Zarenfamilie (befindet sich bei dem Historiker M. M. Medwedew)

Lebenslauf G. Nikulins (befindet sich im Revolutionsmuseum)

»Die persönlichen Erinnerungen A. Strekotins« (die Kopie einer Variante der »Erinnerungen« aus dem Sysserter Archiv befindet sich beim Autor, »Die Erinnerungen« aus dem Swerdlowsker Parteiarchiv wurden am 23. 9. 1990 in »Uralski rabotschi« abgedruckt)

Erklärung Jurowskis zur Übergabe seiner beiden Waffen (an das Revolutionsmuseum), mit denen der Zar und seine Familie erschossen wurden (befindet sich im Revolutionsmuseum)

Kopie der Aufzeichnung Jurowskis über die Erschießung der Zarenfamilie, von Jurowski dem Historiker M. Pokrowski übergeben und von Jurowskis Sohn A. Jurowski beglaubigt (befindet sich im Revolutionsmuseum)

»Der Sturz des Zarenregimes«, Stenographischer Bericht der Verhöre und Aussagen, Leningrad, Moskau, Band 1–7, 1924.

»Die Leninsche Garde des Ural«, Swerdlowsk 1987.

»Revolutionäre an der Kama, 150 Biographien«, Perm 1956.

»Der persönliche Konvoi Seiner Kaiserlichen Majestät«, San Francisco 1961.

Alferjow, J.: »Briefe der Zarenfamilie aus der Haft«. Geordanville 1984.

Amwrossi, Erzbischof: »Dem lichten Andenken an die Großfürstin Jelisaweta Fjodorowna«. Jerusalem 1915.

Awdejew, A.: »Nikolaus Romanow in Tobolsk und Jekaterinburg«, in: »Krasnaja Now«, Nummer 5. o. O. 1928.

»Bei Grigori Rasputin«, in: »Nowoje Wremja«, 12/90. o. O. 1912.

Berberowa, N.: »Menschen und Lügen«. New York 1986.

Block, A.: »Notizbücher«. Moskau 1965.

Buchanan, G.: »Memoiren eines Diplomaten«. Moskau 1924.

Budberg, A.: »Tagebuch eines Weißgardisten«. o. O. 1929.

Burzew, W.: »Die wahren Mörder Nikolaus' II. – Lenin und seine Genossen«. Paris 1921.

Bykow, P.: »Die letzten Tage der Romanows«. Swerdlowsk 1926.

»Der lichte Knabe«, Artikelsammlung über den Zarewitsch Alexej. Geordanville 1984.

Dieterichs, M.: »Die Ermordung der kaiserlichen Familie im Ural«, Band 1 u. 2. Wladiwostok 1922.

Gilliard, P.: »Das tragische Schicksal der russischen kaiserlichen Familie«. Reval 1921.

Iliodor, Mönch: »Der heilige Teufel. Stimme der Vergangenheit«. o. O. 1917.

Jakowlew (Mjatschin): »Die letzte Reise der Romanows« (Erinnerungen), in: »Ural«, 8. o. O. 1988.

Jassenizki, G.: »Hinter den Kulissen der großen Katastrophe«. San Francisco o. J.

Jussupow, F.: »Das Ende Rasputins«. Paris 1927.

Kaschiz, W.: »Die letzte Reise des letzten Zaren«, in: »Sowjetski Krim«. o. O. 1988.

Kaswinow, M.: »23 Stufen nach unten«. Moskau 1982.

Koganizki, I.: »1917 und 1918 in Tobolsk«, in: »Proletarskaja revoluzia«, Nr. 4. o. O. 1922.

Kolzow, M.: »Ausgewählte Werke«, Band 1. Moskau 1957.

Lamsdorff, W.: »Tagebuch«. Moskau 1934.

Lemke, M.: »250 Tage im Hauptquartier des Zaren«. o. O. 1920.

Ljoschkin, N.: »Die letzte Reise der Romanows«, in: »Leninez«. Ufa 1976.

Malkow, P.: »Aufzeichnungen des Kreml-Kommandanten«. Moskau 1967.

Markow, S.: »Die verlassene Zarenfamilie«. Wien 1926.

Matwejew, P.: »Aufzeichnungen« (Erinnerungen an die Tobolsker Gefangenschaft der Zarenfamilie), teilweise veröffentlicht in »Uralski rabotschi«. o. O. 16. 9. 90.

Melgunow, S.: »Auf den Wegen zur Palastrevolution«. Paris 1923.

Melgunow, S.: »Der rote Terror in Rußland«. Moskau 1990.

Melgunow, S.: »Nikolaus II., Materialien zur Charakteristik der Persönlichkeit und der Herrschaft«. Moskau 1917.

Melnik-Botkina, T.: »Erinnerungen an die Zarenfamilie und ihr Leben vor und nach der Revolution«, Belgrad 1921.

Miljukow, P.: »Die Geschichte der zweiten russischen Revolution«. Sofia 1921–1924.

Mstislawski, S.: »5 Tage«. Berlin 1922.
Nemzow, N.: »Die letzte Reise des Oberst Romanow«, in: »Krasnaja Niwa«, Nr. 27. o. O. 1928.
Nikon, Bischof: »Tag der allgemeinen Buße und der Fasten vom 4. bis 17. Juli 1917–1958«. New York 1958.
Paganuzzi, P.: »Die Wahrheit über die Ermordung der Zarenfamilie«. Geordanville 1981.
Paléologue, G.: »Das zaristische Rußland am Vorabend des Weltkrieges«. Moskau 1923.
Pankratow, W.: »Mit dem Zaren in Tobolsk«, in: »Byloje«, Nr. 24–26. o. O. 1924.
Purischkewitsch, W.: »Tagebuch«. Moskau 1990.
Resnik, J.: »Tschekist« (Bericht über Jurowski). Swerdlowsk 1972.
Romanow, A. W.: »Tagebuch des Großfürsten Andrej Wladimirowitsch«. o. O. 1925.
Romanow, Großfürst Gawriil Konstantinowitsch: »Im Marmorpalast«. New York 1955.
Romanow, N. M.: »Tagebücher des Großfürsten Nikolai Michailowitsch«. Rotes Archiv 49/6, 1931.
Rudnew, W.: »Die Wahrheit über die russische Zarenfamilie und die dunklen Kräfte«. Jekaterinburg 1919.
Rudnew, W.: »Erinnerungen«, in: »Russkaja letopis«, Nr. 2. Paris 1922.
Sawinkow, B.: »Erinnerungen eines Terroristen«. Moskau 1990.
Sawtschenko, P.: »Ein russisches Mädchen«. Geordanville 1986.
Sawtschenko, P.: »Die Kaiserin Alexandra Fjodorowna«. Geordanville 1983.
Schulenberg, W.: »Erinnerungen an die Kaiserin Alexandra Fjodorowna«, Paris 1928.
Schulgin, W.: »Tage, 1920«. Moskau 1989.
Simanowitsch, A.: »Erinnerungen des ehemaligen Sekretärs G. Rasputins«, in: »Slowo«. o. O. 1990.
Sokolow, N.: »Die Ermordung der Zarenfamilie«. Berlin 1925.
Struwe, P.: »Überlegungen zur russischen Revolution«. Sofia 1931.
Suchomlinow, W.: »Erinnerungen«. Berlin 1924.
Tichmenew, N.: »Erinnerungen an die letzten Tage Nikolaus' II. im Hauptquartier«. Nizza 1925.
Trotzki, L.: »Die russische Revolution«. o. O. o. J.
Trotzki, L.: »Tagebücher und Briefe«, »Ermitage«. o. O. 1986.
Wilton, R.: »Die letzten Tage der Romanows«. Berlin 1923.
Witte, S.: »Erinnerungen«, Band 1–2. Moskau 1960.
Wojekow, W.: »Mit dem Zaren und ohne den Zaren«. Helsinki 1936.
Wolkow, A.: »In der Nähe der Zarenfamilie«. o. O. o. J.
Worobjow, W.: »Das Ende der Romanows«, in: »Projektor«. o. O. 15. Juli 1928.
Wyrubowa, A.: »Seiten aus meinem Leben«. Berlin 1923.

Register